KB009045

[개정판]

한권으로 끝내는

토지수용 및 손실보상절차

법학박사 · 행정사 김 동 근
변호사 김 요 한
공저

▶ 법조인, 공무원, 실무자(사업시행자, 보상대상자)용 보상실무지침서

▶ 토지수용관련 대법원 및 하급심 판결, 헌재 재결례, 질의회신 상세수록

▶ 토지수용보상 관한 각종 실무지침 및 서식 수록

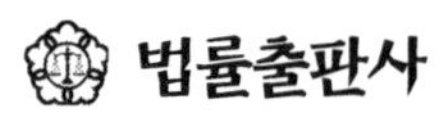
법률출판사

머리말

"토지수용으로 벼락부자? 수천억 돈놀이 판에서 원주민은 호구", "50년 넘게 반복되는 토지수용의 비극… 승자는 언제나 공공", "공공개발 탈 쓰고 토지강제 수용 울분", "토지수용 원주민 내 땅 가지고 배당금 잔치 벌였다" 등 요즘 토지수용과 관련된 뉴스를 검색해 보면 온통 부정적인 표현들뿐 긍정적인 표현은 어디서도 찾아 볼 수 없는 현실이다.

토지보상 대상자라면, 반드시 토지수용 과정뿐만 아니라 보상대상까지 인지하고 있어야 위와 같은 불이익을 어느 정도는 피할 수 있는 것이다. 가령 토지보상 과정에서 사업시행자는 지장물조사만 제대로 마치면 보상대상이 완벽하게 특정되기 때문에 더 이상 두려운 것이 없게 된다. 소위 이럴 경우 보상금에 대한 협상보다는 그보다 손쉬운 방법으로 소위 공탁하면 그만이기 때문이다. 그럼에도 불구하고 보상대상자들은 지장물조사에 원만히 협조를 하여야만 보상을 잘 받을 수 있다고 오해를 하는 경우가 많다. 보상대상자의 가장 큰 무기는 지장물조사 거부이다. 즉, 경우에 따라 출입을 금지하고 자료제출을 거부하여야 하는 것이다. 또한 토지조서나 물건조서에 대해서 사업시행자에게 이의신청서를 제출하지 아니하는 것이 유리하다. 만일 이의신청서를 제출할 경우 사업시행자는 매우 고마워하는데 그 이유는 가장 두려운 부분을 보상대상자가 스스로 고쳐주기 때문이다.

결국 아는 만큼 받는 것이 토지수용보상의 현실인 것이다. 그렇다면 무엇을 어떻게 알아야만 할까? 본서는 이러한 질문에 대한 답을 제시하고자 한다. 이에 따라 본서는 보상실무에서 가장 필요로 하는 내용이 무엇인지에 대한 고민 끝에 토지보상과 관련된 법령의 정리(일부 개정 법률 반영)는 물론 그와 관련된 각종 보상지침, 보상기준 등을 전편에 비하여 보강하고, 핵심 판례(대법원, 하급심), 헌재 재결례 및 질의요지 등도 전편에 비하여 대폭 보강함으로써 보상대상자 및 실무자들이 가장 궁금해 하는 부분에 초점을 맞추는 방향으로 개정작업을 진행하였다는 데 그 특징이 있다.

부디 본서에 담긴 저자의 생각 및 내용들이 현재 수용대상자로 지정되어 많은 고민에 빠져 있는 분들이나 관련 실무자 등에게 희망을 줄 수 있는 길라잡이 역할을 다할 수 있기를 기대해 본다.

끝으로 본서의 출간을 위하여 여러모로 아낌없이 조언 및 도움을 주신 법률사무소 로앤어스 대표변호사인 최나리 변호사님께 이 면을 빌어 고마움을 표하며, 특히 어려운 시국에서도 본서의 출간을 위하여 불철주야 노력하신 법률출판사 김용성 사장님을 비롯하여 법률출판사 편집자 여러분께도 깊은 감사를 표하는 바이다.

2021. 12.
저자 김동근

차 례

제1편
토지수용보상 이론 일반

Ⅰ. 공익사업 등

1. 수용제도의 의의 등

가. 수용제도의 의의

자유경제체제를 선택하고 있는 국가에서는 국가라도 여러 이유로 토지가 필요할 때가 있다. 이러한 경우 국가라도 당연히 당사자 간 협의에 의하여 또는 소유자와 그 취득을 위한 계약을 통하여 이를 취득하는 것이 원칙이다. 그런데 국가가 도로, 철도 등과 같은 공익시설의 설치에 필요한 토지취득을 사법상의 수단에만 의존하고 만일 그 토지의 소유자가 매매를 거부할 경우 극단적인 경우 공익사업자체가 불가능하게 될 수 있다는 불합리한 상황에 놓이게 될 수 있다. 결국 공익사업을 위한 토지를 90% 이상 취득하고도 어느 한 두 사람의 반대로 공익사업이 불가능하게 될 수도 있다는 얘기다. 이러한 사태를 방지하고 원만한 사업진행을 가능케 하기 위한 목적으로 공익사업을 위한 토지의 취득의 경우에는 타인 등의 재산권을 법률에 의하여 강제적으로 취득케 하는 제도를 도입하였는데 그것이 바로 토지수용제도이다.
이렇듯 국가에 의한 강제수용은 공익사업을 위하여 어느 정도는 불가피한 면이 있기는 하지만 이유야 어찌되었든 결국엔 국민의 재산권을 국가가 소유자의 의사에 반하여 강제적으로 취득하는 성격이 강하기 때문에 그에 대한 중대한 침해가 된다. 따라서 토지를 자신의 의사에 반하여 강제적으로 수용당하는 소유자의 입장에서 보면 이는 헌법상 보장된 재산권의 명백한 침해가 될 뿐 아니라 감정적인 거부감도 발생할 수밖에 없을 것이다.
그러므로 수용에서는 필연적으로 국가가 추구하는 공익과 토지소유자인 국민의 사익이 충돌하는 구조에 놓일 수밖에 없다. 이 때문에 수용과 관련하여서는 공익목적을 위한 재산권의 효율적인 확보와 아울러 그에 반대하는 재산권 소유자 등의 보호가 문제된다.

나. 손실보상청구권의 법적성질

손실보상청구권의 법적성질이 공권인지 아니면 사권인지에 따라 소송의 형태가 달라진다. 이에 대하여 학설은 공용침해행위 자체는 공행정작용지만 그에 기한 손실보상청구권은 사법상청구라고 보는 사권설과 침해행위 자체가 공권력행사인 공용침해로 발생한 만큼 이를 공법상 청구권으로 보는 것이 맞다는 공권설(통설)이 대립하고 있다. 이에 대하여 대법원은 "토지보상법의 관련 규정에 의하여 취득하는 손실보상청구권은 민사소송의 방법으로 행사할 수는 없고, 토지보상법에 규정된 재결절차를 거친 다음 그 재결에 대하여 불복이 있는 때에 비로소 구 공익사업법 제83조 내지 제85조에 따라 권리구제를 받아야 한다"며 이를 공법상의 권리로 보고 있다.[1)]

【판시사항】

토지소유자가 구 공익사업을 위한 토지 등의 취득 및 보상에 관한 법률 제34조, 제50조 등에 정한 재결절차를 거치지 않고 곧바로 사업시행자를 상대로 같은 법 제73조에 따른 잔여지 가격감소 등으로 인한 손실보상을 청구할 수 있는지 여부(소극)(대법원 2008. 7. 10. 선고 2006두19495 판결)

【판결요지】

공익사업을 위한 토지 등의 취득 및 보상에 관한 법률(2007. 10. 17. 법률 제8665호로 개정되기 전의 것, 이하 '공익사업법'이라 한다) 제73조에서는 "사업시행자는 동일한 토지소유자에 속하는 일단의 토지의 일부가 취득 또는 사용됨으로 인하여 잔여지의 가격이 감소하거나 그 밖의 손실이 있는 때 또는 잔여지에 통로 · 도랑 · 담장 등의 신설 그 밖의 공사가 필요한 때에는 건설교통부령이 정하는 바에 따라 그 손실이나 공사의 비용을 보상하여야 한다"고 규정하고 있는바, 공익사업법 제34조, 제50조, 제61조, 제73조, 제83조 내지 제85조의 규정 내용 및 입법 취지 등을 종합하여 보면, 토지소유자가 사업시행자로부터 공익사업법 제73조에 따른 잔여지 가격감소 등으로 인한 손실보상을 받기 위해서는 공익사업법 제34조, 제50조 등에 규정된 재결절차를 거친 다음 그 재결에 대하여 불복이 있는 때에 비로소 공익사업법 제83조 내지 제85조에 따라 권리구제를 받을 수 있을 뿐, 이러한 재결절차를 거치지 않은 채 곧바로 사업시행자를 상대로 손실보상을 청구하는 것은 허용되지 않는다고 봄이 상당하다.

1) 대법원 2014. 5. 29. 선고 2013두12478 판결.

2. 토지수용법의 제정목적 및 적용범위

가. 제정목적

공익사업[2]을 위한 토지 등의 취득 및 보상에 관한 법률(이하 '토지보상법'이라 약칭합니다)은 공익사업에 필요한 토지 등을 협의 또는 수용에 의하여 취득하거나 사용함에 따른 손실의 보상에 관한 사항을 규정함으로써 공익사업의 효율적인 수행을 통하여 공공복리의 증진과 재산권의 적정한 보호를 도모하는 것을 목적으로 한다(토지보상법 제1조). 한편, 이때의 공익사업은 보상법」 제4조제1호 내지 제7호 또는 제8호의 그 밖에 별표에 규정된 법률에 따라 토지 등을 수용하거나 사용할 수 있는 사업으로 한정되며, 별표는 「토지보상법」 외의 다른 법률로 개정할 수 없다.

나. 연역

과거 토지보상법은 공익사업을 위한 토지 등을 취득•사용하는 방법에 관하여 구 공공용지의 취득 및 손실보상에 관한 특례법(공특법)과 구 토지수용법의 이원적 수용체계를 운영하였지만, 이에 대한 비판에 따라 공익사업 진행에 따른 손실보상에 관한 절차와 기준을 체계화하고 제도를 개선하기 위하여 토지수용법과 공특법을 "공익사업을 위한 토지 등의 취득 및 보상에 관한 법률('토지보상법')"로 통합(2002. 2. 4. 법률 제6656호)하여 제정하고 2003년 1월 1일부터 시행하게 되었다. 이에 따라 토지보상법은 현재까지 공익사업에서의 토지수용과 관련한 기본법으로서 지위를 가지고 있고 100여개의 개별 법률에서 토지보상법을 준용하여 보상의 절차 및 기준을 정하고 있다

---

2) 공익사업이란 공공의 이익 증진을 위하여 필요한 사업으로서 사업시행자가 해당 사업의 목적 달성을 위하여 토지 등을 취득하거나 사용할 수 있는 사업을 말한다.

1)「토지수용법」 개정 연혁 및 주요 내용

연혁	주요 내용
1962. 1.15. 제정 법률 제965호	- 수용하거나 사용할 수 있는 공익사업을 정함 - 공익사업의 준비 절차와 사업인정 - 토지수용 또는 사용의 구체적 절차 - 토지수용위원회 설치, 이의절차 등
1차 개정 1963. 4. 2. 법률 제1312호	- 협의성립확인 제도 도입 - 재결의 위산오기시 경정재결제도 도입 - 이의신청 불복자의 행정소송제기 가능규정 신설
2차 개정 1971. 1. 19. 법률 제2293호	- 공익사업 추가, 세목고시공고 규정 신설 - 지가고시제도 및 재결신청 촉구청구권 신설 - 사업인정 後 재결신청기간 단축(3년 → 1년)
3차 개정 1981.12. 31. 법률 제3534호	- 지가고시제도 폐지 및 기준지가고시제도로 일원화 - 협의성립확인의 공증제도 도입, - 재결신청 지연가산금제, 증액재결근거
4차 개정 1989. 7. 8. 법률 제4120호	-「지가공시 및 토지 등의 평가에 관한 법률」제정에 따라「국토이용관리법」의 기준지가에서 공시지가로 변경
5차 개정 1990. 4. 7. 법률 제4213호	- 중앙토지수용위원회의 사무기구 설치 - 보상금 증감소송의 당사자소송제도 도입 - 대재결제도 폐지, 토지평가사 → 감정평가업자 변경
6차 개정 1991.12.31. 법률 제4483호	- 채권보상제도 도입 - 공시지가의 기준시점 및 가격기준시점 신설
7차 개정 1995.12.29. 법률 제5109호	- 한국토지개발공사 → 한국토지공사
8차 개정 1997.12.13. 법률 제5454호	- 직할시장 → 광역시장, 건설부장관 → 건설교통부장관
9차 개정 1999. 2. 8. 법률 제5909호	- 타인 토지 출입허가권 이양(시·도 → 시·군·구) - 사업인정 후 공작물 등의 허가권 이양(시·도 → 시·군·구) - 잔여지 수용청구기간 연장(열람기간 내 → 재결일 전)
10차 개정 2003. 1. 1. 법률 제6656호	- 토지수용법 폐지(「공익사업을 위한 토지 등의 취득 및 보상에 관한 법률」로 통합)

2)「공공용지의 취득 및 손실보상에 관한 특례법」 개정연혁 및 주요내용

연혁	주요 내용
1975.12.31. 제정 법률 제2847호	- 법의 적용범위를 토지수용법상 공익사업으로 한정 - 평가방법과 보상액의 산정방법을 하위법령에 위임 - 소유자 불명토지 공시송달로 협의갈음, 공탁근거마련 - 이주비, 이농비, 이주대책 규정 - 보상금청구절차 간소화 및 관계서류 발급수수료 면제
1차 개정 1990. 1.13. 법률 제4206호	-「산림법 및 임산물단속에 관한 법률」→「산림법」
2차 개정 1991.12.31. 법률 제4484호	- 채권보상의 근거, 기한 등의 신설 - 공공용지보상채권발행근거 규정 - 개발이익배제를 위한 공시지가 기준의 보상액 산정
3차 개정 1994.12.22. 법률 제4796호	-「도농복합형태의시설치에따른행정특례등에관한법률」개정
4차 개정 1995.12.29. 법률 제5109호	- 한국토지개발공사 → 한국토지공사
5차 개정 1996.12.30. 법률 제5237호	- 소유자 불명 토지 등의 취득조항 삭제 - 소유자 불명시 협의 불가시 공시송달 갈음제 삭제(위헌)
6차 개정 1999. 2. 8. 법률 제5906호	- 관계서류 발급시 지자체 발급서류 외에 국가에서 발급하는 서류도 면제
7차 개정 2003. 1. 1. 법률 제6656호	- 토지수용법 폐지(「공익사업을 위한 토지 등의 취득 및 보상에 관한 법률」로 통합)

3)「공익사업을 위한 토지 등의 취득 및 보상에 관한 법률」 개정연혁 및 주요내용

연혁	주요 내용
2002. 2. 4. 제정 법률 제6656호	- 공익사업의 범위 조정(관계법률에 의한 철도·공항·항만·공영차고지·폐수처리 등에 관한 공익사업, 국가·지자체 시행 공공용 시설사업 등으로 한정, 제철·비료·전자·조선 등에 관한 사업을 제외) - 공익사업의 준비를 위한 출입, 조사등과 이로 인한 손실에 대하여는 보상 - 보상협의 절차를 규정하여 재산권에 대한 절차적인 보호와 원활한 사업추진 도모 - 중앙토지수용위원회의 위원 수를 늘려 효율적인 운영을 도모함(전체 20명이내, 매회 9명의 위원으로 구성) - 보상액 산정 시 감정평가업자 2인 이상에게 의뢰하되, 토지소유자 추천 1인을 추가로 선정할 수 있도록 함 - 보상에 관한 업무를 보상전문기관에 위탁할 수 있도록 함 - 재결불복시 이의신청을 거치지 아니하고도 행정소송을 제기할 수 있도록 함 - 환매금액의 증감 청구를 법원에 할 수 있도록 함 - 사업시행자가 국가·지자체인 경우 직접대집행을 할 수 있도록 하여 사업의 원활한 추진 도모
1차 개정 2003.5.29. 법률 제6916호	-「주택건설촉진법」→「주택법」
2차 개정 2004.12. 31. 법률 제7304호	-「공공철도건설촉진법」→「철도건설법」
3차 개정 2005. 1. 14. 법률 제7335호	-「지가공시 및 토지 등의 평가에 관한 법률」→「부동산가격공시 및 감정평가에 관한 법률」
4차 개정 2005. 3.31. 법률 제7475호	- 공익사업의 범위에 수목원 추가
5차 개정 2005.12.23. 법률 제7758호	- 토지투기우려 지역 대규모 사업의 경우 부재부동산소유자에게 채권보상근거 규정
6차 개정 2005.12.29. 법률 제7773호	- 정부조직법 개정에 따른 조문정리(직급→계급 등)
7차 개정 2005.12.29. 법률 제7796호	- 국가공무원법 개정에 따른 조문정리(고위공무원)
8차 개정 2005.12.30. 법률 제7836호	- 보상업무 등의 위탁대상 기관에 「지방공기업법」에 따른 지방공사를 포함

9차 개정 2007.10.17. 법률 제8665호	– 소유사실확인서 발급제도 폐지 – 공익사업으로 조성된 토지로 보상하는 대토보상제도 도입 – 잔여 건축물 감가보상 및 매수청구제도 도입 – 공장에 대한 이주대책의 수립 – 보상협의회 설치 의무화
10차 개정 2008. 2. 29. 법률 제8852호	–「정부조직법」 개정에 따른 조문정리 (건설교통부 → 국토해양부)
11차 개정 2008. 3. 28. 법률 제9053호	– 자발적 수령 보상채권에 대한 금리를 부재지주 보상채권 금리보다 높게 함 – 보상채권 발행기관에 「지방공기업법」에 따른 지방공사 포함
12차 개정 2009. 4. 1. 법률 제9595호	– 영업주가 종업원 등에 대한 관리·감독상 주의의무를 다한 때에는 처벌을 면하게 함 –「질서위반행위규제법」 제정에 따라 관련 규정을 정비
13차 개정 2010. 4. 5. 법률 제10239호	– 대토보상제도 개선(면적확대 : 주택용지(330㎡→990㎡), 부동산투자회사 현물출자 전매금지제외, 1년 경과 후 현금전환 가능) – 5년 만기채권 발행 시 5년 만기 국고채 금리적용 – 공익사업으로 취득한 토지가 다시 택지사업에 편입되는 경우 환매권 행사를 유보하도록 함
14차 개정 2010. 5. 17. 법률 제10303호	–「은행법」 개정에 따른 조문정리 (금융기관 → 은행)
15차 개정 2011. 8. 4. 법률 제11017호	– 법 문장을 원칙적으로 한글로 적고, 어려운 용어를 쉬운 용어로 바꾸며, 길고 복잡한 문장 체계 등을 정비
16차 개정 2012. 6. 1. 법률 제11468호	– 보상액 산정을 위한 감정평가시 시·도지사 감정평가업자 추천 허용(사업시행자 2, 토지소유자 1 → 사업시행자 1, 시·도지사 1, 토지소유자 1) – 지방토지수용위원회 위원수 확대(9인 이내 → 20인 이내)
17차 개정 2013. 3. 23. 법률 제11690호	–「정부조직법」 개정에 따른 조문정리 (국토해양부 → 국토교통부)
18차 개정 2014. 3. 18. 법률 제12471호	공익사업에 '산업단지 조성에 관한 사업' 추가
19차 개정 2015. 1. 6. 법률 제12972호	공익사업에 따른 행위제한 등 벌칙 규정 정리
20차 개정 2015. 12. 29. 일부개정 법률 제13677호	– 이 법 별표에 따르지 아니하고는 개별 법률에 따라 토지등을 수용 · 사용하는 사업을 규정할 수 없도록 하고, – 다른 법률에 따라 사업인정이 의제되는 경우에도 이해관계인 등의 의견청취를 의무화하며, –「민법」 개정에 따라 토지수용위원회 위원의 결격사유 중 금치산자 및 한정치산

	자를 각각 피성년후견인 및 피한정후견인으로 개정
21차 개정 2016. 1. 19. 타법개정 법률 제13782호	감정평가사 제도를 별도의 법률로 제정하여 감정평가사 제도를 발전시킴과 동시에 감정평가의 신뢰성과 공정성 제고에 기여하고자 함. 가. 토지에 대한 감정평가 기준으로 실거래가를 활용할 수 있도록 함(안 제3조제1항). 나. 감정평가사의 직무 및 감정평가업자의 업무 범위를 규정함(안 제4조 및 제10조). 다. 국가, 지방자치단체, 공공기관, 금융회사 등이 감정평가를 의뢰하는 경우 한국감정평가사협회에 감정평가업자의 추천을 요청할 수 있도록 함(제5조). 라. 감정평가업자의 감정평가 정보체계에 대한 감정평가 결과 등록의무를 부과함(제9조제2항). 마. 감정평가사 자격시험, 시험의 일부면제, 부정행위자에 대한 제재처분 등의 근거를 규정함(제3장제2절).
제32차 개정 2020. 4. 7. 타법개정 법률 제17219호	감정평가사에 대한 이미지를 향상하고 위상을 제고할 수 있도록 감정평가법인 등을 지칭하고 있는 감정평가업자 용어를 정비하고, 무자격자의 감정평가로 인한 국민 혼란과 자격제도 근간의 훼손을 방지하기 위하여 감정평가사 자격증 등의 대여 등을 알선하는 행위를 한 자를 처벌할 수 있는 근거를 마련하려는 것임.
제33차 개정 2020. 4. 7. 일부개정 법률 제17225호	공익사업에 편입되는 토지의 소유자에 대한 손실보상을 현금이 아닌 공익사업의 시행으로 조성한 토지로 보상하는 대토보상 제도가 편법적인 신탁방식을 통해 왜곡되는 것을 방지하기 위하여 대토보상 계약 체결일부터 1년이 지나 현금으로 전환하여 보상받을 권리도 전매금지 대상임을 명문화하는 한편, 대토보상 제도가 도입취지에 맞게 운영될 수 있도록 대토보상을 받을 권리의 전매금지를 위반한 자에 대한 처벌 규정을 신설하려는 것임.
제35차 개정 2021. 1. 5. 일부개정 법률 제17868호	토지 등을 수용 · 사용할 수 있는 공익사업에 공공주택건설사업과 해양산업클러스터 개발사업을 추가함
제36차 개정 2021. 4. 13. 일부개정 법률 제18044호	빈집정비사업이 원활하게 시행될 수 있도록 빈집정비사업을 이 법에 따른 공익사업으로 추가하는 한편, 토지 등에 대한 수용 · 사용이 남용되는 것을 방지하기 위하여 국토교통부장관으로 하여금 별표에 규정된 공익사업의 공공성과 수용의 필요성 등을 5년마다 재검토하여 폐지 등 필요한 조치를 하게 하려는 것임.
38차 개정 2021. 7. 20. 일부개정 법률 제18312호	토지 등을 취득하거나 사용할 수 있는 공익사업에 「도시재생 활성화 및 지원에 관한 특별법」에 따른 혁신지구재생사업, 「빈집 및 소규모주택 정비에 관한 특례법」에 따른 소규모재개발사업 및 토지주택공사등이 관리지역에서 시행하는 가로주택정비사업, 「공공주택 특별법」에 따른 도심 공공주택 복합사업을 추가
39차 개정 2021. 8. 10. 일부개정 법률 제18386호	공익사업의 폐지 · 변경 등으로 인해 취득한 토지의 전부 또는 일부가 필요 없게 된 경우 토지소유자는 공익사업이 폐지 · 변경된 날 또는 사업완료일로부터 10년 이내에 환매권을 행사할 수 있도록 함.

다. 적용범위

토지보상법은 위 가.항의 제정목적과 같이 공익사업에 필요한 토지 등을 협의 또는 수용에 의하여 취득하거나 사용함에 따른 손실의 보상에 관한 사항을 규정한 법률이기 때문에 그 외 공유재산의 사용 · 관리를 위하여 사유지를 매수하는 경우 및 공익사업 외의 목적을 위한 토지 등의 매수 등은 동법 적용대상이 아니다.

토지수용법 제4조(공익사업) 이 법에 따라 토지등을 취득하거나 사용할 수 있는 사업은 다음 각 호의 어느 하나에 해당하는 사업이어야 한다.

1. 국방 · 군사에 관한 사업
2. 관계 법률에 따라 허가 · 인가 · 승인 · 지정 등을 받아 공익을 목적으로 시행하는 철도 · 도로 · 공항 · 항만 · 주차장 · 공영차고지 · 화물터미널 · 궤도(軌道) · 하천 · 제방 · 댐 · 운하 · 수도 · 하수도 · 하수종말처리 · 폐수처리 · 사방(砂防) · 방풍(防風) · 방화(防火) · 방조(防潮) · 방수(防水) · 저수지 · 용수로 · 배수로 · 석유비축 · 송유 · 폐기물처리 · 전기 · 전기통신 · 방송 · 가스 및 기상 관측에 관한 사업
3. 국가나 지방자치단체가 설치하는 청사 · 공장 · 연구소 · 시험소 · 보건시설 · 문화시설 · 공원 · 수목원 · 광장 · 운동장 · 시장 · 묘지 · 화장장 · 도축장 또는 그 밖의 공공용 시설에 관한 사업
4. 관계 법률에 따라 허가 · 인가 · 승인 · 지정 등을 받아 공익을 목적으로 시행하는 학교 · 도서관 · 박물관 및 미술관 건립에 관한 사업
5. 국가, 지방자치단체, 「공공기관의 운영에 관한 법률」 제4조에 따른 공공기관, 「지방공기업법」에 따른 지방공기업 또는 국가나 지방자치단체가 지정한 자가 임대나 양도의 목적으로 시행하는 주택 건설 또는 택지 및 산업단지 조성에 관한 사업
6. 제1호부터 제5호까지의 사업을 시행하기 위하여 필요한 통로, 교량, 전선로, 재료 적치장 또는 그 밖의 부속시설에 관한 사업
7. 제1호부터 제5호까지의 사업을 시행하기 위하여 필요한 주택, 공장 등의 이주단지 조성에 관한 사업
8. 그 밖에 별표에 규정된 법률에 따라 토지등을 수용하거나 사용할 수 있는 사업

■ 공익사업을 위한 토지 등의 취득 및 보상에 관한 법률【별표】

그 밖에 별표에 규정된 법률에 따라 토지등을 수용하거나 사용할 수 있는 사업(제4조제8호 관련)

1. 법 제20조에 따라 사업인정을 받아야 하는 공익사업

(1)「공간정보의 구축 및 관리 등에 관한 법률」에 따른 기본측량의 실시

(2)「공공토지의 비축에 관한 법률」에 따라 한국토지주택공사가 공공개발용 토지의 비축사업계획을 승인받은 공공개발용 토지의 취득

(3)「국립대학법인 서울대학교 설립 · 운영에 관한 법률」에 따른 국립대학법인 서울대학교의 학교용지 확보

(4)「국립대학법인 인천대학교 설립 · 운영에 관한 법률」에 따른 국립대학법인 인천대학교의 학교용지 확보

(5)「규제자유특구 및 지역특화발전특구에 관한 규제특례법」에 따른 특화사업

(6)「농어업재해대책법」에 따른 응급조치

(7)「대기환경보전법」 제4조에 따라 고시된 측정망설치계획에 따른 환경부장관 또는 시 · 도지사의 측정망 설치

(8)「문화재보호법」에 따른 문화재의 보존 · 관리

(9)「석면안전관리법」 제7조에 따른 실태조사, 제8조제2항에 따른 조사, 제13조에 따른 자연발생석면영향조사, 제25조에 따른 슬레이트 시설물 등에 대한 석면조사(환경부장관, 관계중앙행정기관의 장, 시 · 도지사 또는 시장 · 군수 · 구청장이 실시하는 경우에 한정한다)

(10)「석탄산업법」 제23조제1항에 따른 연료단지 조성(특별시장 · 광역시장 · 도지사 또는 특별자치도지사가 실시하는 경우에 한정한다)

(11)「수목원 · 정원의 조성 및 진흥에 관한 법률」에 따른 국가 또는 지방자치단체의 수목원 조성

(12)「자동차관리법」에 따른 자동차서비스복합단지 개발사업

(13)「전기사업법」에 따른 전기사업용전기설비의 설치나 이를 위한 실지조사 · 측량 및 시공 또는 전기사업용전기설비의 유지 · 보수

(14)「전기통신사업법」에 따른 전기통신업무에 제공되는 선로등의 설치

(15)「지능형 로봇 개발 및 보급 촉진법」 제34조에 따른 공익시설의 조성사업

(16)「지하수법」 제17조 및 제18조에 따른 지하수관측시설 및 수질측정망(국토교통부장관, 환경부장관 또는 시장 · 군수 · 구청장이 설치하는 경우에 한정한다) 설치

(17)「집단에너지사업법」에 따른 공급시설의 설치나 이를 위한 실지조사 · 측량 및 시공 또는 공급시설의 유지 · 보수

(18) 「청소년활동 진흥법」 제11조제1항에 따른 수련시설의 설치
(19) 「한국석유공사법」에 따라 한국석유공사가 시행하는 석유의 탐사 · 개발 · 비축 및 수송사업

2. 법 제20조에 따른 사업인정이 의제되는 사업

(1) 「2018 평창 동계올림픽대회 및 동계패럴림픽대회 지원 등에 관한 특별법」에 따른 특구개발사업
(2) 「간선급행버스체계의 건설 및 운영에 관한 특별법」에 따른 체계건설사업
(3) 「간척지의 농어업적 이용 및 관리에 관한 법률」에 따른 간척지활용사업
(4) 「건설기계관리법」에 따른 공영주기장의 설치
(5) 「경제자유구역의 지정 및 운영에 관한 특별법」에 따른 경제자유구역에서 실시되는 개발사업
(6) 「고도 보존 및 육성에 관한 특별법」에 따른 고도보존육성사업 및 주민지원사업
(7) 「공공주택 특별법」 제2조제3호가목에 따른 공공주택지구조성사업, 같은 호 나목에 따른 공공주택건설사업 및 같은 호 마목에 따른 도심 공공주택 복합사업
(8) 「공사중단 장기방치 건축물의 정비 등에 관한 특별조치법」에 따른 정비사업
(9) 「공항시설법」에 따른 공항개발사업
(10) 「관광진흥법」 제55조에 따른 조성계획을 시행하기 위한 사업
(11) 「광산피해의 방지 및 복구에 관한 법률」에 따른 광해방지사업
(12) 「광업법」 제70조 각 호와 제71조 각 호의 목적을 위하여 광업권자나 조광권자가 산업통상자원부장관의 인정을 받은 행위
(13) 「국가통합교통체계효율화법」에 따른 복합환승센터 개발사업
(14) 「국방 · 군사시설 사업에 관한 법률」에 따른 국방 · 군사시설
(15) 「국제경기대회 지원법」에 따른 대회관련시설의 설치 · 이용 등에 관한 사업
(16) 「국토의 계획 및 이용에 관한 법률」에 따른 도시 · 군계획시설사업
(17) 「군 공항 이전 및 지원에 관한 특별법」에 따른 이전주변지역 지원사업
(18) 「금강수계 물관리 및 주민지원 등에 관한 법률」 제4조의3에 따른 수변생태벨트 조성사업 또는 제24조에 따른 수질개선사업
(19) 「급경사지 재해예방에 관한 법률」에 따른 붕괴위험지역의 정비사업
(20) 「기업도시개발 특별법」에 따른 기업도시개발사업
(21) 「낙동강수계 물관리 및 주민지원 등에 관한 법률」 제4조의3에 따른 수변생태벨트 조성사업 또는 제26조에 따른 수질개선사업
(22) 「농어촌도로 정비법」에 따른 농어촌도로 정비공사

(23) 「농어촌마을 주거환경 개선 및 리모델링 촉진을 위한 특별법」에 따른 정비사업
(24) 「농어촌정비법」에 따른 농어촌정비사업
(25) 「농업생산기반시설 및 주변지역 활용에 관한 특별법」에 따른 농업생산기반시설등활용사업
(26) 「댐건설 · 관리 및 주변지역지원 등에 관한 법률」에 따른 댐건설사업
(27) 「도로법」에 따른 도로공사
(28) 「도시개발법」에 따른 도시개발사업
(29) 「도시교통정비 촉진법」에 따른 중기계획의 단계적 시행에 필요한 연차별 시행계획
(30) 「도시 및 주거환경정비법」 제63조에 따라 토지등을 수용하거나 사용할 수 있는 사업
(31) 「도시철도법」에 따른 도시철도건설사업
(32) 「도청이전을 위한 도시건설 및 지원에 관한 특별법」에 따른 도청이전신도시 개발사업
(33) 「동 · 서 · 남해안 및 내륙권 발전 특별법」에 따른 해안권 또는 내륙권 개발사업
(34) 「마리나항만의 조성 및 관리 등에 관한 법률」에 따른 마리나항만의 개발사업
(35) 「물류시설의 개발 및 운영에 관한 법률」에 따른 물류터미널사업 및 물류단지개발사업
(36) 「물환경보전법」에 따른 공공폐수처리시설 설치
(37) 「민간임대주택에 관한 특별법」 제20조에 따라 토지등을 수용하거나 사용할 수 있는 사업
(38) 「빈집 및 소규모주택 정비에 관한 특례법」에 따른 빈집정비사업 및 같은 법 제35조의2에 따라 토지 등을 수용하거나 사용할 수 있는 사업
(39) 「사방사업법」에 따른 사방사업
(40) 「사회기반시설에 대한 민간투자법」에 따른 민간투자사업
(41) 「산림복지 진흥에 관한 법률」에 따른 산림복지단지의 조성
(42) 「산업입지 및 개발에 관한 법률」에 따른 산업단지개발사업 및 제39조에 따른 특수지역개발사업
(43) 「새만금사업 추진 및 지원에 관한 특별법」에 따른 새만금사업
(44) 「소규모 공공시설 안전관리 등에 관한 법률」에 따른 소규모 위험시설 정비사업
(45) 「소하천정비법」에 따른 소하천의 정비
(46) 「수도법」에 따른 수도사업
(47) 「수자원의 조사 · 계획 및 관리에 관한 법률」에 따른 수문조사시설 설치사업
(48) 「신항만건설 촉진법」에 따른 신항만건설사업
(49) 「신행정수도 후속대책을 위한 연기 · 공주지역 행정중심복합도시 건설을 위한 특별법」에 따른 행정중심복합도시건설사업

(50) 「어촌 · 어항법」에 따른 어항의 육역에 관한 개발사업
(51) 「어촌특화발전 지원 특별법」에 따른 어촌특화사업
(52) 「역세권의 개발 및 이용에 관한 법률」에 따른 역세권개발사업
(53) 「연구개발특구의 육성에 관한 특별법」에 따른 특구개발사업
(54) 「연안관리법」에 따른 연안정비사업
(55) 「영산강 · 섬진강수계 물관리 및 주민지원 등에 관한 법률」 제4조의3에 따른 수변생태벨트 조성사업 또는 제24조에 따른 수질개선사업
(56) 「온천법」에 따라 개발계획을 수립하거나 그 승인을 받은 시장 · 군수가 시행하는 개발계획에 따른 사업
(57) 「용산공원 조성 특별법」에 따른 공원조성사업
(58) 「자연공원법」에 따른 공원사업
(59) 「자연재해대책법」에 따른 자연재해위험개선지구 정비사업
(60) 「자연환경보전법」 제38조에 따른 자연환경보전 · 이용시설(국가 또는 지방자치단체가 설치하는 경우에 한정한다)
(61) 「재해위험 개선사업 및 이주대책에 관한 특별법」에 따른 재해위험 개선사업
(62) 「저수지 · 댐의 안전관리 및 재해예방에 관한 법률」에 따른 저수지 · 댐의 안전점검, 정밀안전진단, 정비계획의 수립, 정비사업
(63) 「전원개발촉진법」에 따른 전원개발사업
(64) 「접경지역 지원 특별법」 제13조제6항 및 제9항에 따라 고시된 사업시행계획에 포함되어 있는 사업
(65) 「제주특별자치도 설치 및 국제자유도시 조성을 위한 특별법」에 따른 개발사업
(66) 「주택법」에 따른 국가 · 지방자치단체 · 한국토지주택공사 및 지방공사인 사업주체가 국민주택을 건설하거나 국민주택을 건설하기 위한 대지 조성
(67) 「주한미군 공여구역주변지역 등 지원 특별법」 제9조에 따른 사업계획에 따른 사업
(68) 「주한미군기지 이전에 따른 평택시 등의 지원 등에 관한 특별법」에 따른 평택시개발사업과 국제화계획지구 개발사업
(69) 「중소기업진흥에 관한 법률」 제31조에 따라 중소벤처기업진흥공단이 시행하는 단지조성사업
(70) 「지방소도읍 육성 지원법」 제4조에 따라 수립하는 종합육성계획에 따른 사업
(71) 「지역 개발 및 지원에 관한 법률」에 따른 지역개발사업
(72) 「철도의 건설 및 철도시설 유지관리에 관한 법률」에 따른 철도건설사업

(73) 「친수구역 활용에 관한 특별법」에 따른 친수구역조성사업
(74) 「태권도 진흥 및 태권도공원 조성 등에 관한 법률」에 따른 공원조성사업
(75) 「택지개발촉진법」에 따른 택지개발사업
(76) 「토양환경보전법」 제7조제1항 각 호의 어느 하나에 해당하는 측정, 조사, 설치 및 토양정화(환경부장관, 시 · 도지사 또는 시장 · 군수 · 구청장이 실시하는 경우에 한정한다)
(77) 「폐기물처리시설 설치촉진 및 주변지역지원 등에 관한 법률」에 따른 폐기물처리시설의 설치 및 이주대책의 시행
(78) 「하수도법」에 따른 공공하수도 설치
(79) 「하천법」에 따른 하천공사
(80) 「학교시설사업 촉진법」에 따른 학교시설사업
(81) 「한강수계 상수원수질개선 및 주민지원 등에 관한 법률」 제4조의3에 따른 수변생태벨트 조성사업 또는 제13조에 따른 수질개선사업
(82) 「한국가스공사법」 제11조에 따른 사업 중 한국가스공사가 천연가스의 인수 · 저장 · 생산 · 공급 설비 및 그 부대시설을 설치하는 공사
(83) 「한국수자원공사법」 제9조제1항제1호 · 제2호 · 제5호 · 제5호의2 · 제7호부터 제11호까지의 사업
(84) 「한국환경공단법」 제17조제1항제1호부터 제19호까지 및 제22호의 사업
(85) 「항만공사법」 제8조제1항제1호, 제2호, 제2호의2, 제2호의3, 제3호부터 제8호까지에 따른 사업
(86) 「항만법」에 따른 항만개발사업 또는 항만배후단지개발사업
(87) 「항만 재개발 및 주변지역 발전에 관한 법률」에 따른 항만재개발사업
(88) 「해수욕장의 이용 및 관리에 관한 법률」에 따른 해수욕장시설사업
(89) 「해양산업클러스터의 지정 및 육성 등에 관한 특별법」에 따른 해양산업클러스터 개발사업
(90) 「해저광물자원 개발법」에 따라 해저조광권자가 실시하는 해저광물 탐사 또는 채취
(91) 「혁신도시 조성 및 발전에 관한 특별법」에 따른 혁신도시개발사업
(92) 「화물자동차 운수사업법」에 따른 공영차고지의 설치 및 화물자동차 휴게소의 건설
(93) 「도시재생 활성화 및 지원에 관한 특별법」 제55조의2에 따라 주거재생혁신지구(같은 조를 준용하는 국가시범지구를 포함한다)에서 시행하는 혁신지구재생사업

(1) 공유재산의 사용 · 관리를 위한 사유지 매수

토지수용법은 공익사업의 수행에 한하여 적용된다. 따라서 단지 공유재산의 효율적인 사

용 · 관리를 위해 사유지를 매수하는 경우 및 공유재산을 취득하거나 처분하는 경우와 같이 공익사업 외의 목적을 위하여 토지 등을 매수 · 처분하는 경우에는 이 법이 적용되지 아니할 뿐만 아니라 토지 등의 사용 및 취득이 아닌 사용제한의 경우에도 이 법이 적용되지 아니함에 유의하여야 한다.

(2) 토지보상법 제4조 제2호 및 제4호 사업

토지보상법 제4조 제2호 및 제4호 사업은 관계 법률에 따라 허가 · 인가 · 승인 · 지정 등을 받아 공익을 목적으로 시행하는 사업으로 규정하고 있다. 따라서 위 각호에 규정되어 있는 사업은 관계 법률에 따라 허가 등을 받은 시점부터 이 법이 적용된다.

(3) 토지수용법 제4조 제1호, 제3호, 제5호 사업

토지수용법 시행령 제7조 제1항은 사업시행자는 공익사업의 계획이 확정되었을 때 토지조서 및 물건조서 등을 작성하도록 규정하고 있기 때문에 토지수용법 제4조 제1호, 제3호, 제5호 사업은 이 이후부터 토지수용법이 적용된다. 여기서 공익사업의 계획이 확정되었을 때란, 관련 법령에 따라 계획이 고시 등의 절차를 거쳐야 하는 경우는 그러한 절차를 거친 때를 의미하며, 그러한 규정이 없는 경우에는 행정적인 의사결정 절차가 완료된 때를 의미한다.

3. 토지보상법 적용대상 재산

공용수용은 공익사업을 위하여 타인의 특정한 재산권을 법률의 힘에 의하여 강제적으로 취득하는 것이므로 수용할 목적물의 범위는 원칙적으로 사업을 위하여 필요한 최소한도에 그쳐야 한다.[3] 따라서 보상대상인 토지 등은 공익사업의 목적에 적합하여야 하며(공익사업에의 적합성), 다른 방법으로는 그 공익사업에 필요한 수요를 충당시킬 수 없고(비대체성), 그 필요한 최소한도에 그쳐야 하며(최소성), 그 사업에 제공되는 것이 현실의 이용에 있어서 보다도 공익성이 높아야 하는(공익성) 등의 요건이 충족되어야 한다.

다만, 치외법권을 가진 외국대사관등의 부지나 건물 등과 같이 물건자체의 성질상 수용이 불가능하거나(외교관계에 관한 빈조약 제22조 제3항), 공익사업에 이용되고 있는 토지,

3) 대법원 1987. 9. 8. 선고 87누395 판결, 1994. 1. 11. 선고 93누8108 판결 등 참조.

공물, 토지세목에 포함되지 아니하는 토지 그리고 사업시행자 소유의 토지 등은 취득 또는 사용의 대상이 되지 않는다.

【판시사항】

토지보상법에 의한 재결을 통해 요존국유림의 소유권이나 사용권을 취득할 수 있는지 여부(대법원 2018. 11. 29. 선고 2018두51911 판결)

【판결요지】

공익사업의 시행자가 요존국유림을 철도사업 등 토지보상법에 의한 공익사업에 사용할 필요가 있는 경우에, 국유림법에서 정하는 절차와 방법에 따르지 아니한 채, 토지보상법에 의한 재결을 통해 요존국유림의 소유권이나 사용권을 취득할 수 없다고 보아야 한다.

가. 헌법의 규정

헌법 제23조 제3항에서는 "공공필요에 의한 재산권의 수용 · 사용 또는 제한 및 그에 대한 보상은 법률로써 하되, 정당한 보상을 지급하여야 한다."고 규정하여, 그 대상을 재산권으로 하고 있다. 여기서 헌법상 보장된 재산권의 의미가 상당히 추상적이어서 다의적으로 해석될 여지가 있지만, 이에 대하여 헌법재판소에서는 그 의미에 관하여 헌법상 보장된 재산권은 "사적 유용성 및 그에 대한 원칙적인 처분권을 내포하는 재산가치 있는 구체적인 권리이므로, 구체적인 권리가 아닌 영리획득의 단순한 기회나 기업 활동의 사실적 · 법적 여건은 기업(개인)에게는 중요한 의미를 갖는다고 하더라도 이를 재산권으로 보지 아니한다."고 판시함으로서 재산권의 의미를 명백히 하고 있다.[4] 따라서 단순히 토지의 문화적, 학술적 가치 등도 토지수용법상 손실보상의 대상이 되지 아니한다.

4) 헌법재판소 2001. 7. 18. 선고 95헌마574 결정.

【판시사항】

토지의 문화적, 학술적 가치가 토지수용법상 손실보상의 대상이 될 수 있는지 여부(대법원 1989. 9. 12. 선고 88누11216 판결)

【판결요지】

문화적, 학술적 가치는 특별한 사정이 없는 한 그 토지의 부동산으로서의 경제적, 재산적 가치를 높여 주는 것이 아니므로 토지수용법 제51조 소정의 손실보상의 대상이 될 수 없으니, 이 사건 토지가 철새 도래지로서 자연 문화적인 학술가치를 지녔다 하더라도 손실보상의 대상이 될 수 없다.

나. 토지보상법의 규정

토지보상법 제3조는 헌법 제23조 제3항의 규정을 보다 구체화하여 재산권에 대하여, 사업시행자가 토지 및 이에 관한 소유권 외의 권리, 토지와 함께 공익사업을 위하여 필요한 입목(立木), 건물, 그 밖에 토지에 정착된 물건 및 이에 관한 소유권 외의 권리, 광업권 · 어업권 또는 물의 사용에 관한 권리, 토지에 속한 흙 · 돌 · 모래 또는 자갈에 관한 권리에 해당하는 토지 · 물건 및 권리를 취득하거나 사용하는 경우에는 이 법을 적용한다고 규정하고 있다(토지보상법 제3조). 토지보상법에 의하여 취득·사용 또는 수용의 대상이 되는 토지의 범위에는 국유 토지와 문화재보호법 제55조 제1항에 의하여 문화재로 지정된 토지도 포함된다.[5)]

(1) 토지에 관한 소유권 이외의 권리

토지에 관한 소유권 이외의 권리란 지상권, 지역권, 전세권, 저당권 및 사용대차, 임대차 등의 권리를 의미한다. 이러한 권리는 통상 토지의 소유권과 함께 취득 또는 사용의 목적물이 되지만 예외적으로 토지소유권과 관계없이 이러한 권리만이 독립적으로 취득 또는 사용의 대상이 되기도 한다.

---

5) 대법원 1981. 6. 9. 선고 80다316 판결, 대법원 1996. 4. 26. 선고 95누13241 판결.

(2) 건물, 그 밖에 토지에 정착된 물건 및 이에 관한 소유권 외의 권리

일반적으로 그 자체로 독립하여 취득 또는 사용의 목적물로 되지 않고 토지와 함께 취득 또는 사용의 목적물이 되지만 예외적으로 토지에 정착한 물건 및 물건에 대한 소유권 외의 권리만이 독립적으로 취득 또는 사용의 대상이 되기도 한다.

(3) 토지에 속한 흙 · 돌 · 모래 또는 자갈에 관한 권리

구 공익사업을 위한 토지 등의 취득 및 보상에 관한 법률(2011. 8. 4. 법률 제11017호로 개정되기 전의 것) 제75조 제3항은 "토지에 속한 흙 · 돌 · 모래 또는 자갈(흙 · 돌 · 모래 또는 자갈이 당해 토지와 별도로 취득 또는 사용의 대상이 되는 경우에 한한다)에 대하여는 거래가격 등을 참작하여 평가한 적정가격으로 보상하여야 한다."라고 규정하고 있다. 위 규정에서 '흙 · 돌 · 모래 또는 자갈이 당해 토지와 별도로 취득 또는 사용의 대상이 되는 경우'란 흙 · 돌 · 모래 또는 자갈이 속한 수용대상 토지에 관하여 토지의 형질변경 또는 채석 · 채취를 적법하게 할 수 있는 행정적 조치가 있거나 그것이 가능하고 구체적으로 토지의 가격에 영향을 미치고 있음이 객관적으로 인정되어 토지와는 별도의 경제적 가치가 있다고 평가되는 경우 등을 의미한다.[6]

【판시사항】

지하수에 대한 이용권이 수용대상인 물의 사용에 관한 권리에 해당하지는 여부(대법원 2005. 7. 29. 선고 2003두2311 판결)

【판결요지】

'먹는샘물'(생수) 제조에 사용되던 지하수에 대한 이용권이, 관계 법령상 물권에 준하는 권리 또는 관습상의 물권이라고 할 수 없고, 구 먹는물관리법(1997. 12. 13. 법률 제5453호로 개정되기 전의 것) 제9조에 의한 샘물개발허가를 받은 것만으로는 그 토지의 지면 하에 있는 지하수를 계속적, 배타적으로 이용할 수 있는 권리가 생긴다고 볼 수도 없다는 이유로, 구 토지수용법(2002. 2. 4. 법률 제6656호 공익사업을위한토지등의취득및보상에관한법률 부칙 제2조로 폐지) 제2조 제2항 제3호에서 수용대상으로 규정한'물의 사용에 관한 권리'에 해당하지 않는다.

6) 대법원 2014. 4. 24. 선고 2012두16534 판결.

【질의요지】

해안가 토지가 포락된 경우 보상대상인지 여부

【회신내용】

[2015. 5. 12. 토지정책과 -3308]

해안가에 있던 토지가 포락되어 해수면이 되었고 복구가 심히 곤란하여 토지로서의 효용을 상실하였다면 종전의 소유권은 영구히 소멸되고 그 후 포락된 토지가 다시 성토한다 할지라도 종전의 소유자가 다시 소유권을 취득할 수 없습니다(대법원 1980.2.26. 선고 79다2094 판결 등 참조). 따라서 해안가에 있던 토지가 포락되어 해수면이 되었고 복구가 심히 곤란하여 토지로서의 효용을 상실하였다면 종전의 소유자 는 공익사업의 시행으로 인하여 손실이 발생한다고 볼 수 없으므로 보상대상이 아닌 것으로 본다.

다. 공물 및 공익사업에 이용되는 있는 토지 등

외교특권이 인정되는 자의 재산, 다른 공익사업에 이용되고 있는 토지 등[7], 공물[8], 토지세목에 포함되지 아니한 토지, 사업시행자 소유의 토지 등은 취득 사용의 대상이 되지 아니함이 원칙이다. 그러나 공익사업에 이용되고 있는 토지 등 및 공물은 공익성의 정도 등을 고려하여 취득 또는 사용의 대상이 될 수 있다고 본다. 따라서 문화재와 같은 보존공물도 일정한 경우 수용의 대상의 될 수 있다는 것이 판례의 태도이다.

【판시사항】

보존공물도 수용의 대상이 되는지 여부(대법원 1996. 4. 26. 선고 95누13241 판결)

【판결요지】

7) 다른 공익사업에 사용되고 있는 토지 등을 특별히 필요한 경우가 아니면 이를 수용하거나 사용할 수 없는데. 여기서 특별한 경우란 현재의 공익사업보다 새로운 공익사업의 공익이 더 큰 경우 등으로 본다(국토교통부, 2009. 12. 2. 토지정책과-5719).

8) 공물이란 국가, 지방자치단체 등의 행정주체에 의하여 직접 공적목적에 공용된 개개의 유체물을 말한다. 이에는 도로, 하천, 공원 등과 같이 일반 공중의 사용에 제공되는 공공용물과 청사, 국영철도시설 등과 같이 직접 행정주체 자신의 사용에 제공되는 공용물 그리고 문화재, 산림보호구역과 등과 같이 공적목적을 위하여 그 물건의 보존이 강제되는 공적 보존물이 있다.

토지수용법은 제5조의 규정에 의한 제한 이외에는 수용의 대상이 되는 토지에 관하여 아무런 제한을 하지 아니하고 있을 뿐만 아니라, 토지수용법 제5조, 문화재보호법 제20조 제4호, 제58조 제1항, 부칙 제3조 제2항 등의 규정을 종합하면 구 문화재보호법(1982. 12. 31. 법률 제3644호로 전문 개정되기 전의 것) 제54조의2 제1항에 의하여 지방문화재로 지정된 토지가 수용의 대상이 될 수 없다고 볼 수는 없다.

【판시사항】

재판의 전제성이 없다는 이유로 각하한 사례(토지수용법 제5조 위헌소원)
(헌법재판소 2000. 10. 5. 선고 2000헌바32결정)

【결정요지】

토지수용법 제5조는 이른바 공익 또는 수용권의 충돌 문제를 해결하기 위한 것으로서, 수용적격사업이 경합하여 충돌하는 공익의 조정을 목적으로 한 규정이다. 즉, 현재 공익사업에 이용되고 있는 토지는 가능하면 그 용도를 유지하도록 하기 위하여 수용의 목적물이 될 수 없도록 하는 것이 그 공익사업의 목적을 달성하기 위하여 합리적이라는 이유로, 보다 더 중요한 공익사업을 위하여 특별한 필요가 있는 경우에 한하여 예외적으로 수용의 목적물이 될 수 있다고 규정한 것이고, 토지 등을 수용할 수 있는 요건 또는 그 한계를 정한 것이 아니다. 그런데 이 사건 토지가 수용재결 당시 공익사업에 이용되고 있었음을 인정할 만한 아무런 자료가 없는 이 사건에 있어 위 법률조항은 당해 소송사건의 재판에 적용되는 것이라 할 수 없으므로, 이 사건 심판청구는 재판의 전제성을 갖추지 못한 것이다.

라. 잔여지 등의 수용대상 여부

공익사업에 직접 필요하지는 않는 경우에도, 잔여지에 대한 도로 등의 공사비가 잔여지의 가치를 초과하는 경우의 잔여지, 종래의 목적에 사용하는 것이 현저히 곤란한 잔여지, 이전이 어렵거나 이전 후 종래의 목적대로 사용할 수 없게 되거나, 이전비가 가액을 넘는 건축물 등, 토지사용으로서 사용기간이 3년 이상인 경우, 토지사용으로 인하여 형질이 변경되는 경우, 토지소유자의 건축물이 있는 사용 토지 등은 예외적으로 취득할 수 있다.

한편, 잔여지의 손실보상에 관하여, 토지수용법 제73조 제1항, 시행규칙 제32조 제2항에 의하면, 사업시행자는 동일한 소유자에게 속하는 일단의 토지의 일부가 취득되거나 사용됨으로 인하여 잔여지의 가격이 감소하거나 그 밖의 손실이 있을 때 또는 잔여지에 통로 · 도랑 · 담장 등의 신설이나 그 밖의 공사가 필요할 때에는 국토교통부령으로 정하는 바에 따라 그 손실이나 공사의 비용을 보상하여야 하고, 잔여지에 공사가 필요하게 된 경우 손실은 그 시설의 설치나 공사에 필요한 비용으로 평가한다. 이 경우 보상하여야 할 손실에는 토지 일부의 취득 또는 사용으로 인하여 그 획지조건이나 접근조건 등의 가격형성요인이 변동됨에 따라 발생하는 손실뿐만 아니라 그 취득 또는 사용 목적 사업의 시행으로 설치되는 시설의 형태 · 구조 · 사용 등에 기인하여 발생하는 손실과 수용재결 당시의 현실적 이용상황의 변경 외 장래의 이용가능성이나 거래의 용이성 등에 의한 사용가치 및 교환가치상의 하락 모두가 포함된다.[9)]

【판시사항】

잔여지 수용청구권 행사기간의 법적 성질(=제척기간) 및 잔여지 수용청구 의사표시의 상대방(=관할 토지수용위원회)(대법원 2010. 8. 19. 선고 2008두822 판결)

【판결요지】

구 '공익사업을 위한 토지 등의 취득 및 보상에 관한 법률'(2007. 10. 17. 법률 제8665호로 개정되기 전의 것) 제74조 제1항에 의하면, 잔여지 수용청구는 사업시행자와 사이에 매수에 관한 협의가 성립되지 아니한 경우 일단의 토지의 일부에 대한 관할 토지수용위원회의 수용재결이 있기 전까지 관할 토지수용위원회에 하여야 하고, 잔여지 수용청구권의 행사기간은 제척기간으로서, 토지소유자가 그 행사기간 내에 잔여지 수용청구권을 행사하지 아니하면 그 권리가 소멸한다. 또한 위 조항의 문언 내용 등에 비추어 볼 때, 잔여지 수용청구의 의사표시는 관할 토지수용위원회에 하여야 하는 것으로서, 관할 토지수용위원회가 사업시행자에게 잔여지 수용청구의 의사표시를 수령할 권한을 부여하였다고 인정할 만한 사정이 없는 한, 사업시행자에게 한 잔여지 매수청구의 의사표시를 관할 토지수용위원회에 한 잔여지 수용청구의 의사표시로 볼 수는 없다.

---

9) 대법원 2011. 2. 24. 선고 2010두23149 판결 등 참조.

마. 공부상과 실측면적이 상이한 경우 보상대상

공익사업에 편입되는 토지를 취득함에 있어 공부상 면적과 실측면적이 사이한 경우 사업시행자는 실제로 취득하는 토지면적(실측면적)에 의하여 보상한다.

4. 보상의 당사자

토지수용 및 그에 대한 보상금 증감에 관한 소송은 이해관계를 가진 법률관계 당사자를 피고로 한다. 즉, 토지소유자 또는 이해관계인이 소송을 제기하는 경우 사업시행자를, 사업시행자가 소송을 제기하는 경우 토지소유자 또는 관계인을 피고를 하는데, 이하에서는 토지소유자 등 개념 및 범위 등에 대하여 살펴보기로 한다.

가. 보상자 – 사업시행자

'사업시행자'란 공익사업을 수행하는 자를 말한다(토지수용법 제2조 제3호). 사업시행자는 토지 등의 취득 또는 사용의 측면에서는 관리자가 되는 반면, 손실보상의 측면에서는 의무자가 된다. 토지보상법에서는 사업시행자의 요건에 대해서 별도로 정하고 있지 않으나, 사업인정을 의제하고 있는 110개의 개별 법률에서는 사업시행자의 요건에 대해 별도로 규정하고 있는 경우도 있으므로 사업시행자가 되기 위해서는 해당 법률에서 규정하고 있는 요건을 충족[10]하여야 한다.

나. 피보상자 – 토지소유자

'토지소유자'란 공익사업에 필요한 토지의 소유자를 말한다(토지수용법 제2조 제4호). 토지소유자는 관계인과 달리 사업인정고시일 이후에 권리를 승계한 자는 물론이고, 공유수면의 매립 등에 의하여 원시취득한 자도 포함된다.

---

10) 한편, 시장 등이 아닌 자가 도시·군계획시설사업의 사업시행자 지정을 받기 위해서는 대상 토지(국·공유지 제외)면적의 3분의 2 이상에 해당하는 토지를 소유하고, 토지소유자 총수의 2분의 1 이상에 해당하는 자의 동의를 받아야 한다(국토의 계획 및 이용에 관한 법률 제86조).

다. 관계인

(1) 관계인의 개념 및 범위

'관계인'이란 사업시행자가 취득하거나 사용할 토지에 관하여 지상권 · 지역권 · 전세권 · 저당권 · 사용대차 또는 임대차에 따른 권리 또는 그 밖에 토지에 관한 소유권 외의 권리를 가진 자나 그 토지에 있는 물건에 관하여 소유권이나 그 밖의 권리를 가진 자를 말한다. 이와 같은 권리는 물권에 한정되지 아니하며, 부동산 물권을 제외하고는 등기 여부와도 상관이 없다. 다만, 제22조에 따른 사업인정의 고시가 된 후에 권리를 취득한 자는 기존의 권리를 승계한 자를 제외하고는 관계인에 포함되지 아니한다(토지수용법 제2조 제5호). 그 외 가처분권자도 관계인으로 보지 않는다.[11)]

관계인은 취득 또는 사용의 절차에 참가하여 자신의 권리를 보호받을 수 있는 자이므로 사업시행자가 임의로 관계인을 배제할 수 없으며, 사업시행자가 관계인을 배제한 경우 토지수용법 제30조에 따른 재결신청의 청구를 통하여 토지수용위원회에서 다툴 수 있다.

【판시사항】

토지수용재결 전에 토지를 매수하여 대금을 완결한 후 인도받은 자가 수용재결에 대하여 관계인으로서 이의신청할 수 있는지 여부(대법원 1982. 9. 14. 선고 81누1301 판결)

【판결요지】

토지에 대한 수용재결절차개시 이전에 당해 토지를 매수하여 대금을 완급하고 그 토지를 인도받아 사용권을 취득하였으나 그 소유권이전등기만을 마치지 아니한 자는 토지수용으로 말미암아 그 소유권을 취득할 수 없게 되는 결과를 초래하는 점에 비추어 토지수용법 제4조 제3항에서 말하는 관계인으로 해석함이 상당하므로 토지수용위원회의 수용재결에 대하여 이의를 신청할 수 있다.

11) 대법원 1973. 9. 14. 선고 81누130 판결.

【판시사항】

공익사업을 위한 토지 등의 취득 및 보상에 관한 법률의 보상 대상인 '기타 토지에 정착한 물건에 대한 소유권 그 밖의 권리를 가진 관계인'의 범위(대법원 2009. 2. 12. 선고 2008다76112 판결)

【판결요지】

공익사업을 위한 토지 등의 취득 및 보상에 관한 법률의 보상 대상이 되는 '기타 토지에 정착한 물건에 대한 소유권 그 밖의 권리를 가진 관계인'에는 독립하여 거래의 객체가 되는 정착물에 대한 소유권 등을 가진 자뿐 아니라, 당해 토지와 일체를 이루는 토지의 구성부분이 되었다고 보기 어렵고 거래관념상 토지와 별도로 취득 또는 사용의 대상이 되는 정착물에 대한 소유권이나 수거 · 철거권 등 실질적 처분권을 가진 자도 포함된다.

한편, 등기부상 전세권 설정등기 등을 하지 아니한 전 · 월세 거주자 및 임차 영업자도 관계인으로 볼 수 있는지, 가처분권자도 토지보상법상 관계인으로 볼 수 있는지가 문제될 수 있는데, 전자의 경우 토지에 있는 물건에 관하여 소유권이나 그 밖의 권리를 가진 자로 인정될 수 있는 경우에는 관계인으로 볼 수 있는 것으로, 이 경우 반드시 등기가 가능한 권리만을 그 밖의 권리로 인정하도록 규정하고 있지는 않으며,[12] 또한 후자의 경우 가처분등기는 토지소유자에 대하여 임의처분을 금지함에 그치는 권리이기 때문에 토지수용법상 관계인이 될 수 없다는 것이 판례의 태도이다.[13]

【재결례】

매매대금 일부 또는 전부만 수수되고 소유권이전등기가 경료되지 아니한 자를 소유자로 보아 보상할 수 없다([중토위 2018. 9. 20.]

【재결요지】

토지의 매매대금을 완납한 경우 권리관계"에 대하여 대법원은 "토지에 대한 수용절차 개시 이전에 당해 토지를 매수하여 대금전액을 지급하고 그 토지를 인도받아 사용권을 취득하였으나 그 소유권이전등 기만을 마치지 아니한 자는 그로써 당해 토지의 소유권을 주장할 수 있는 것은 아니라 하더라도 그 토지의 매수인으로서 사실상의 소유자이며 토지수용으로 말미암아

12) 2012. 3. 5. 토지정책과-1286 질의 · 회신 참조.
13) 대법원 1973. 3. 26. 선고 72다2041, 2042 판결.

그 소유권을 취득할 수 없게 되는 결과를 초래하는 점에 비추어 이러한 자는 위 법조에서 말하는 관계인으로 해석함이 상당하고 따라서 토지수용위원회의 수용재결에 대하여 이의가 있는 경우에는 이의를 신청할 수 있다고 볼 것이다."라고 판시하고 있다.(대법원 1982. 9. 14. 선고 81누130 판결) 위 법 및 판례에 비추어 볼 때 별지 제1목록 기재 토지(위 시유지)를 분양받은 이의신청인들을 별지 제1목록 기재 토지(위 시유지)의 "관계인"으로 볼 수 있는 지 여부는 별론으로 하고, 이의신청인들이 별지 제1목록 기재 토지(위 시유지)에 대한 매매대금의 완납 여부와 별개로 이의신청인들이 소유권이전등 기를 하지 않은 것(수용재결일기준 소유자는 서울특별시 또는 서울특별시 노원구)으로 확인되므로 이의 신청인들을 별지 제1목록 기재 토지(위 시유지)의 "소유자"(일부 또는 전부 소유권인정)로 보고 재결한 것은 적법하다고 할 수 없을 것이다.

(2) 공고일 이후에 새로운 권리를 취득한 자의 관계인 여부

어업권보상 · 영업보상 · 영농보상 · 축산보상 · 잠업보상 · 휴직 또는 실직보상 등으로서 사업인정 전 협의의 경우에는 보상계획공고일 이후에 새로운 권리를 취득한 자는 관계인에 포함되지 아니하며, 또한 택지개발촉진법, 공공주택 특별법, 산업입지법 등에 의한 공익사업에서는 주민 등의 의견청취를 위한 공고일 이후에 새로운 권리를 취득한 자는 관계인에 포함되지 아니한다.

5. 권리 · 의무 등의 승계

가. 권리 · 의무의 승계

토지수용법에 따른 사업시행자의 권리 · 의무는 그 사업을 승계한 자에게 이전하며, 이 법에 따라 이행한 절차와 그 밖의 행위는 사업시행자, 토지소유자 및 관계인의 승계인에게도 그 효력이 미친다(토지수용법 제5조). 위 규정은 공익사업의 시행 중에 예기치 아니한 사정으로 사업시행자 또는 토지소유자 등이 변경되는 경우에도 이미 진행한 절차를 다시 진행하지 아니하도록 하여 공익사업의 효율적인 추진을 목적으로 한다.

【질의요지】

사업인정고시일 이후 영업을 승계한 경우 보상이 가능한지 및 이 경우 판단 기준은?

【회신내용】

공익사업을 위한 토지 등의 취득 및 보상에 관한 법률(이하 "토지보상법"이라 함)」 제2조제5호에 따르면 "관계인"이란 사업시행자가 취득하거나 사용할 토지에 관하여 지상권 · 지역권 · 전세권 · 저당권 · 사용대 차 또는 임대차에 따른 권리 또는 그 밖에 토지에 관한 소유권 외의 권리를 가진 자나 그 토지에 있는 물건에 관하여 소유권이나 그 밖의 권리를 가진 자를 말하며, 다만 제22조에 따른 사업인정의 고시가 된 후에 권리를 취득한 자는 기존의 권리를 승계한 자를 제외하고는 관계인에 포함되지 아니한다고 규정하 고 있고, 같은 법 제5조제2항에서 이 법에 따라 이행한 절차와 그 밖의 행위는 사업시행자, 토지소유자 및 관계인의 승계인에게도 그 효력이 미친다고 규정하고 … 있습니다. 따라서 위 규정에 따라 영업을 행함에 필요한 허가 등을 받아 사업인정고시일등 전부터 적법한 장소에서 인적 · 물적 시설을 갖추고 계속적으로 행하고 있는 영업을 사업인정의 고시가 된 후에 적법하게 승계한 경우라면 영업손실 보상이 가능할 것으로 보나, 개별적인 사례에 있어 영업의 승계가 가능한지 여부 등은 관련법령과 사실관계 등을 검토하여 판단할 사항으로 봅니다(2013. 8. 19. 토지정책과 - 2747)

나. 사업인정고시일 이후 영업을 승계한 경우

공익사업을 승계한다는 것은 그리 흔한 일은 아니다. 하지만 실무에서는 간혹 공익사업이 승계되는 경우도 있는데, 이 경우 사업시행자의 권리 · 의무가 그 사업을 승계한 자에게 이전하는지가 문제될 수 있다. 이에 대하여 토지수용법 제5조 2항에서는 "이 법에 따라 이행한 절차와 그 밖의 행위는 사업시행자, 토지소유자 및 관계인의 승계인에게도 그 효력이 미친다."고 규정하고 있다. 따라서 위 규정에 따라 영업을 행함에 필요한 허가 등을 받아 사업인정고시일등 전부터 적법한 장소에서 인적 · 물적 시설을 갖추고 계속적으로 행하고 있는 영업을 사업인정이 고시된 후에 적법하게 승계한 경우라면 영업손실 보상이 가능하다. 다만, 개별적인 사례에 있어 영업의 승계가 가능한지 여부 등은 관련법령과 사실관계 등을 검토하여 판단하여야 한다.[14)]

14) 2013. 8. 19. 토지정책과 2747 질의 · 회신 참조.

다. 권리 · 의무 승계 제한

영업보상대상인 사업을 사업인정고시일 이후 적법하게 승계한 경우라면 영업보상의 대상이 되는 것이 원칙이지만,[15] 사업시행자의 권리 · 의무로서 공익사업의 변환이 인정되지 않는 환매의 경우는 승계가 일부 제한되며, 환매권에 있어서는 토지소유자의 포괄승계인이 아닌 특정승계인에게는 환매권이 승계되지 아니한다.

6. 기간의 계산방법 등

가. 기간의 계산방법

토지수용법에서 기간의 계산방법은「민법」에 따른다(토지수용법 제6조).

(1) 기간의 기산점

기간을 시, 분, 초로 정한 때에는 즉시로부터 기산하며(민법 제156조), 기간을 일, 주, 월 또는 연으로 정한 때에는 기간의 초일은 산입하지 아니한다. 그러나 그 기간이 오전 영시로부터 시작하는 때에는 그러하지 아니하다(민법 제157조).

(2) 기간의 만료점

기간을 일, 주, 월 또는 연으로 정한 때에는 기간말일의 종료로 기간이 만료한다(민법 제159조).

(3) 역에 의한 계산

기간을 주, 월 또는 연으로 정한 때에는 역에 의하여 계산하며, 주, 월 또는 연의 처음으로부터 기간을 기산하지 아니하는 때에는 최후의 주, 월 또는 연에서 그 기산일에 해당한 날의 전일로 기간이 만료한다. 또 하나 월 또는 연으로 정한 경우에 최종의 월에 해당일이 없는 때에는 그 월의 말일로 기간이 만료한다(민법 제160조).

(4) 공휴일 등과 기간의 만료점

기간의 말일이 토요일 또는 공휴일에 해당한 때에는 기간은 그 익일로 만료한다(민법 제161조).

---

15) 2013. 8. 19. 토지정책과-2747 질의 · 회신 참조.

나. 통지 및 송달

통지 및 서류의 송달에 필요한 사항은 대통령령으로 정한다(토지수용법 제6조).

(1) 통지

(가) 통지방법

토지보상법에 따른 통지는 서면으로 함이 원칙이다. 다만, 공익사업의 준비를 위해 장해물 제거 등을 하려는 자가 그 소유자 및 점유자에게 제거 등을 하려는 날의 3일 전까지 하는 통지는 구두로 할 수 있다(토지보상법 제12조).

(나) 통지사유

토지보상법상이 통지는 사업시행자가 보상계획을 공고하였을 때, 국토교통부장관이 사업을 인정하였을 때, 사업인정고시가 된 후 사업의 전부 또는 일부가 폐지 · 변경됨으로 인하여 토지 등의 수용 또는 사용이 필요 없게 되었을 때, 천재지변 등으로 인하여 공익사업을 긴급히 시행할 필요가 있을 때 등의 경우에는 반드시 토지소유자 및 관계인에게 통지하여야 한다.

(2) 송달

토지보상법에 따른 서류의 송달은 서류를 송달받을 자에게 교부함이 원칙이고, 교부송달 등 정상적인 방법으로 송달이 불가능할 경우 최후 · 보충적으로 우편법 시행규칙 제25조 제1항 제6호의 규정에 의한 특별송달의 방법에 의한다(토지보상법 시행규칙 제3조). 그 외 통상의 송달에 관하여는 민사소송법 제178조부터 제183조까지, 제186조, 제191조 및 제192조를 준용한다. 다만, 토지보상법 상의 송달에는 민사소송법 제187조(우편송달)가 적용되지 아니하므로 등기우편 등에 의한 방법으로는 송달할 수 없다.

(가) 교부송달의 원칙

송달은 특별한 규정이 없으면 송달받을 사람에게 서류의 등본 또는 사본을 교부함이 원칙이다(민사소송법 제178조). 다만, 내용증명우편이나 등기우편과는 달리, 보통우편의 방법으로 발송되었다는 사실만으로는 그 우편물이 상당기간 내에 도달하였다고 추정할 수 없고 송달의 효력을 주장하는 측에서 증거에 의하여 도달사실을 입증하여야 한다.[16]

---

16) 대법원 2002. 7. 26. 선고 2000다250021 판결.

(나) 송달장소

송달은 받을 사람의 주소 · 거소 · 영업소 또는 사무소에서 한다. 다만, 법정대리인에게 할 송달은 본인의 영업소나 사무소에서도 할 수 있다. 위의 장소를 알지 못하거나 그 장소에서 송달할 수 없는 때에는 송달받을 사람이 고용 · 위임 그 밖에 법률상 행위로 취업하고 있는 다른 사람의 주소 등에서 송달할 수 있다. 또한, 송달받을 사람의 주소 등 또는 근무장소가 국내에 없거나 알 수 없는 때에는 그를 만나는 장소에서 송달할 수 있으며, 주소 등 또는 근무장소가 있는 사람의 경우에도 송달받기를 거부하지 아니하면 만나는 장소에서 송달할 수 있다(민사소송법 제183조).

(다) 보충송달 · 유치송달

근무장소 외의 송달할 장소에서 송달받을 사람을 만나지 못한 때에는 그 사무원, 피용자(被用者) 또는 동거인으로서 사리를 분별할 지능이 있는 사람에게 서류를 교부할 수 있으며, 근무장소에서 송달받을 사람을 만나지 못한 때에는 제183조제2항의 다른 사람 또는 그 법정대리인이나 피용자 그 밖의 종업원으로서 사리를 분별할 지능이 있는 사람이 서류의 수령을 거부하지 아니하면 그에게 서류를 교부할 수 있다(보충송달), 또한, 서류를 송달받을 사람 또는 제1항의 규정에 의하여 서류를 넘겨받을 사람이 정당한 사유 없이 송달받기를 거부하는 때에는 송달할 장소에 서류를 놓아둘 수 있다(유치송달)(민사소송법 제186조).

(라) 구속된 사람 등에게 할 송달

교도소 · 구치소 또는 국가경찰관서의 유치장에 체포 · 구속 또는 유치(留置)된 사람에게 할 송달은 교도소 · 구치소 또는 국가경찰관서의 장에게 한다(민사소송법 제182조).

다. 공시송달

(가) 공시송달의 요건

당사자의 주소등 또는 근무장소를 알 수 없는 경우, 송달받을 자를 알 수 없는 경우 또는 외국에서 하여야 할 송달에 관하여 민사소송법 제191조의 규정에 따를 수 없거나 이에 따라도 효력이 없을 것으로 인정되는 경우에는 법원사무관등은 직권으로 또는 당사자의 신청에 따라 공시송달을 할 수 있다(민사소송법 제194조, 토지보상법 시행령 제4조).

(나) 공시송달의 방법 및 효과

공시송달을 하려는 자는 토지 등의 소재지를 관할하는 시장 등에게 해당 서류를 송부하여야 하며, 시장 등이 송부된 서류를 받았을 때에는 그 서류의 사본을 해당 시 등의 게시판에 게시하여야 한다. 이 경우 그 게시일부터 14일이 지난 날에 해당 서류가 송달받을 자에게 송달된 것으로 본다(토지보상법 시행령 제4조 제5, 6항).

【판시사항】

토지수용법상 재결서의 공시송달 요건(대법원 1993. 12. 14. 선고 93누9422 판결)

【판결요지】

토지수용법 제7조, 같은법시행령 제6조 제1항, 제2항, 제7조 제1항, 민사소송법 제170조 등의 각 규정에 의하면, 토지수용법상의 재결서는 송달받을 자의 주소, 거소 기타 송달할 장소를 알 수 없을 때에 한하여 공시송달할 수 있는바, 여기에서 주소, 거소, 기타 송달할 장소를 알 수 없을 때라 함은 주민등록표에 의하여 이를 조사하는 등 통상의 조사방법에 의하여 그 송달장소를 탐색하여도 이를 확인할 수 없을 때를 말한다.

【판시사항】

토지수용재결서의 공시송달이 부적법하다고 한 사례(대법원 1996. 3. 8. 선고, 95누18741 판결)

【판결요지】

원고의 등기부상 주소는 행정구역 변경으로 새로운 주소로 변경되어 그 장소로 원고에게 송달이 가능하고, 위 등기부상의 주소지는 존재하지 않게 되었으며, 재결청으로서는 위 새로운 주소가 기재되어 원고 명의로 제출된 의견서에 의하여 위 송달가능한 장소를 쉽게 알 수 있었음에도 불구하고, 이 사건 재결서를 송달함에 있어 원고의 등기부상의 주소로 송달하여 본 다음 주소불명으로 송달불능이 되자 송달가능한 주소를 더 이상 조사함이 없이 바로 공시송달하였다면, 위 공시송달은 법령에 정하여진 기간 동안 게시판에 게시된 여부에 관계없이 그 요건을 갖추지 못한 것으로서 적법한 송달로서의 효력을 발생하지 못한다.

7. 대리인

사업시행자, 토지소유자 또는 관계인은 사업인정의 신청, 재결(裁決)의 신청, 의견서 제출 등의 행위를 할 때 변호사나 그 밖의 자를 대리인으로 할 수 있다(토지수용법 제7조). 이 경우 대리인은 서면으로 그 권한을 증명하여야 한다.

Ⅱ. 협의취득

제1장 사업준비를 위한 출입의 허가 등

1. 사업시행자의 타인 토지 출입 및 허가

사업시행자(특별자치도, 시 · 군 또는 자치구가 사업시행자인 경우는 제외한다)는 공익사업을 준비하기 위하여 타인이 점유하는 토지에 출입하여 측량하거나 조사할 수 있다(토지보상법 제9조 제1항). 여기서 사업지역 선정을 위한 현장 확인행위도 공익사업의 준비에 해당하는지가 문제될 수 있지만, 사업지역선정을 위한 후보지역에 대해 현장을 확인하는 행위는 공익사업을 준비하는 과정으로 보고 있다.[17]

한편, 특별자치도, 시 · 군 또는 자치구가 아닌 사업시행자는 측량이나 조사를 하려면 사업의 종류와 출입할 토지의 구역 및 기간을 정하여 특별자치도지사, 시장 · 군수 또는 자치구의 구청장의 허가를 받아야 한다(같은 조 2항 본문). 여기서의 출입허가는 항고소송의 대상이 되는 행정처분이다.[18] 따라서 정당한 취소사유를 갖추지 못한 상태에서 출입허가를 취소하는 처분은 위법하여 항고소송의 대상이 된다.[19]

■ 공익사업을 위한 토지 등의 취득 및 보상에 관한 법률 시행규칙 [별지 제2호서식] 〈개정 2016. 6. 14.〉

제 호

토지출입 허가증

1. 성명(또는 명칭) :
2. 주소 :

---

17) 국토교통부 2006. 7. 21. 토지정책팀 2899 질의 · 회신 참조.
18) 시장 등이 행하는 타인 토지에의 출입허가는 금지의 해제인 강학상의 허가가 아니라, 사업시행자가 그 사업의 시행을 위하여 타인의 토지에 출입할 수 있는 권리를 부여하는 강학상의 특허에 해당된다.
19) 춘천지방법원 강릉지원 2015. 5. 21. 선고 2015구합1541 판결.

3. 사업의 종류 :

4. 출입목적 :

5. 출입할 토지의 구역 :

6. 출입기간 : 년 월 일 ~ 년 월 일

「공익사업을 위한 토지 등의 취득 및 보상에 관한 법률」 제9조제2항에 따라 위와 같이 타인이 점유하는 토지에 출입하는 것을 허가합니다.

년 월 일

특별자치도지사
시장 · 군수 · 구청장 **직인**

210mm×297mm[백상지 150g/㎡]

2. 특별시장 등에 통지

다만, 사업시행자가 국가일 때에는 그 사업을 시행할 관계 중앙행정기관의 장이 특별자치도지사, 시장 · 군수 또는 구청장에게 통지하고, 사업시행자가 특별시 · 광역시 또는 도일 때에는 특별시장 · 광역시장 또는 도지사가 시장 · 군수 또는 구청장에게 통지하여야 한다(토지보상법 제9조 제2항 단서).

3. 출입의 통지

가. 토지점유자에 통지

특별자치도지사, 시장 · 군수 또는 구청장은 출입을 허가한 경우, 출입의 통지를 받은 경우, 사업시행자로서 타인이 점유하는 토지에 출입하여 측량이나 조사를 하려는 경우에는 사업시행자 · 사업의 종류와 출입할 토지의 구역 및 기간을 공고하고 이를 토지점유자에게 통지하여야 한다(토지보상법 제9조 제3항). 이처럼 통지의 대상을 토지소유자가 아닌 그 점유자로 규정한 이유는 만일 토지점유자를 알지 못하여 적법하게 출입하지 못하는 경우를 사전에 차단하기 위한 조치이다. 따라서 통지의 대상이 토지소유자가 아닌 그 점유자라는 사실을 특별히 유의하여 그 절차를 진행하여야 할 것이다.

나. 출입자의 통지방법

타인이 점유하는 토지에 출입하려는 자는 출입하려는 날의 5일 전까지 그 일시 및 장소를 특별자치도지사, 시장 · 군수 또는 구청장에게 통지하여야 하여야 하며, 시장 등은 통지를 받은 경우 또는 시 등이 사업시행자인 경우로서 시장 등이 타인이 점유하는 토지에 출입하려는 경우에는 지체 없이 이를 공고하고 그 토지점유자에게 통지하여야 한다(토지보상법 제10조 제1, 2항).

다. 출입제한

출입의 허가를 받았다고 하더라도 해가 뜨기 전이나 해가 진 후에는 토지점유자의 승낙 없이 그 주거(住居)나 경계표 · 담 등으로 둘러싸인 토지에 출입할 수 없다(토지보상법 제10조 제3항).

4. 토지점유자의 인용의무

토지점유자는 정당한 사유 없이 사업시행자가 통지하고 출입 · 측량 또는 조사하는 행위를 방해하지 못한다(토지보상법 제11조). 만일 이를 위반하여 토지점유자가 사업시행자 또는 감정평가업자의 행위를 방해한 경우 200만원 이하의 벌금에 처해진다(토지보상법 제97조). 다만, 사업시행자가 무단으로 사업시행을 목적으로 타인의 토지에 출입하여 조사 또는 측량 등의 업무를 수행할 경우 그 행위는 (특수)주거침입죄로 처벌받을 수 있음에 유의하여야 한다.

5. 장해물의 제거 등

가. 장해물의 제거

사업시행자는 타인이 점유하는 토지에 출입하여 측량 또는 조사를 할 때 장해물을 제거하거나 토지를 파는 행위(이하 "장해물 제거등"이라 한다)를 하여야 할 부득이한 사유가 있는 경우에는 그 소유자 및 점유자의 동의를 받아야 한다. 다만, 그 소유자 및 점유자의 동의를 받지 못하였을 때에는 사업시행자(특별자치도, 시 · 군 또는 구가 사업시행자인 경우는 제외한다)는 특별자치도지사, 시장 · 군수 또는 구청장의 허가를 받아 장해물 제거등을 할 수 있으며, 특별자치도, 시 · 군 또는 구가 사업시행자인 경우에 특별자치도지사, 시장 · 군수 또는 구청장은 허가 없이 장해물 제거등을 할 수 있다(토지보상법 제12조 제1항).

나. 소유자 및 점유자의 의견청취

특별자치도지사, 시장 · 군수 또는 구청장은 토지보상법 제12조 제1항 단서에 따라 허가를 하거나 장해물 제거등을 하려면 미리 그 소유자 및 점유자의 의견을 들어야 한다(토지보상법 제12조 2항).

다. 장해물제거 등의 통지기간

사업시행자는 장해물 제거등을 하려는 날의 3일 전까지 그 소유자 및 점유자에게 통지하여야 하며, 이 경우 통지는 서면으로 하지 않고 구두로 할 수 있다(토지보상법 제12조 제3항). 또한 장해물을 제거하려는 경우 당일 증표 및 허가증 등을 장해물 등의 소유자 및 점유자 그 밖의 이해관계인에게 이를 제시하여야 한다(토지보상법 제13조 제3항).

라. 행정소송 제기방법

사업시행자는 타인의 점유하는 토지에 출입하여 측량 · 조사함으로써 발생하는 손실을 보상하여야 하고(토지보상법 제9조 제4항), 장해물의 제거 등을 함으로써 발생하는 손실을 보상하여 한다(토지보상법 제12조 제4항).

한편, 장해물의 제거 등으로 인한 손실을 입은 자는 토지수용법의 관련 규정이 정하는 바에 따라 반드시 직접 관할 토지수용위원회에 재결신청을 하고 그에 대한 재결 및 불복절차를 거친 다음에야 행정소송을 제기할 수 있다.

【판시사항】

사업 준비과정에서 장해물 등의 제거로 인하여 손실을 입은 자가 행정소송의 방법으로 손실보상을 청구할 수 있는지 여부 및 그 경우 거쳐야 할 전심절차(대법원 1999. 4. 23. 선고 97누3439 판결)

【판결요지】

공공사업의 시행자 또는 기업자가 관계 법령상 수용 또는 사용 목적물에 대한 권리를 취득하여 사업을 시행하기 전까지 그로 인한 손실을 미리 보상할 의무가 있음에도 이러한 보상절차를 이행하지 아니하고 소유자 또는 관계인으로부터 동의를 얻지도 아니한 채 공공사업을 시행하여 그 목적물에 대하여 실질적이고 현실적인 침해를 가한 경우 불법행위로 인한 손해배상으로서 민사소송을 제기할 수 있음은 별론으로 하고, 전기통신사업법 제42조 제1항, 제45조, 제47조의 각 규정 등에 의하면, 전기통신시설의 설치 및 보전시에 있어서 기간통신사업자의 장해물 등의 제거로 인한 손실보상을 청구하는 경우에는 그 보상의 시기 및 내용 등에 비추어 토지수용법 제57조 제2항의 규정에 의한 재결신청 및 그 불복절차에 관한 규정이 준용된다고 할 것이므로, 이 경우 손실을 입은 자는 토지수용법의 관련 규정이 정하는 바에 따라 직접 관할 토지수용위원회에 재결신청을 하고 그에 대한 재결 및 불복절차를 거친 다음에야 행정소송을 제기할 수 있고, 또한 전기통신사업법의 위 각 규정이 아니라 토지수용법 자체의 규정에 기하여 손실보상을 청구하는 경우에는 그 손실보상의 근거 및 내용에 따라 위와 같이 토지수용법 제57조 제2항의 규정 등에 의한 절차를 거치거나 또는 같은 법 제25조의3 제1항, 제2항, 제73조 내지 제75조의 각 규정이 정하는 바에 따라 기업자의 신청에 의한 재결 및 그 불복절차를 거친 다음에야 행정소송을 제기할 수 있을 뿐이다.

6. 증표 등의 휴대

시장 등의 허가를 받고 타인이 점유하는 토지에 출입하려는 사람과 장해물 제거등을 하려는 사람(특별자치도, 시 · 군 또는 구가 사업시행자인 경우는 제외한다)은 그 신분을 표시하는 증표와 시장 등의 허가증을 지녀야 하며, 또한 시장 · 군수 또는 구청장에게 통지하고 타인이 점유하는 토지를 출입하려는 사람과 사업시행자가 특별자치시도, 시 · 군 또는 구인 경우로서 법 제9조 제3항 제3호 또는 제12조 제1항 단서에 따라 타인이 점유하는 토지에 출입하거나 장해물 제거등을 하려는 사람은 그 신분을 표시하는 증표를 지녀야 하며, 그 증표 및 허가증은 토지 또는 장해물의 소유자 및 점유자, 그 밖의 이해관계인에게 이를 보여주어야 한다(토지보상법 제13조).

■ 공익사업을 위한 토지 등의 취득 및 보상에 관한 법률 시행규칙 [별지 제13호서식] 〈개정 2016. 6. 14.〉

제 호

[ ] 장해물 제거
[ ] 토지를 파는 행위
허가증

1. 성명(또는 명칭) :

2. 주소 :

3. 사업의 종류 :

4. 사업목적 :

5. 기간 : 년 월 일 ~ 년 월 일

6. 허 가 내 용

가. 장해물 제거 또는 토지를 파는 행위가 필요한 토지의 소재지 · 지번	
나. 장해물의 종류 및 수량	
다. 장해물 제거의 방법 및 토지의 면적	
라. 토지소유자 및 점유자의 성명	

「공익사업을 위한 토지 등의 취득 및 보상에 관한 법률」 제12조제1항에 따라 위와 같이 장해물의 제거 또는 토지를 파는 행위를 허가합니다.

년 월 일

특별자치도지사
시장 · 군수 · 구청장 　**직인**

210mm×297mm[백상지 150g/㎡]

7. 손실보상

가. 손실보상 청구시기

사업시행자는 타인이 점유하는 토지에 출입하여 측량 · 조사함으로써 발생하는 손실을 보상하여야 한다. 이 경우 손실의 보상은 손실이 있음을 안 날부터 1년이 지났거나 손실이 발생한 날부터 3년이 지난 후에는 청구할 수 없다(토지보상법 제9조 제4, 5항).

나. 청구의 방법

손실의 보상은 사업시행자와 손실을 입은 자가 협의하여 결정하는 것이 원칙이다. 그러나 협의가 성립되지 아니하면 사업시행자나 손실을 입은 자는 관할 토지수용위원회에 재결을 신청할 수 있다(토지보상법 제9조 제6, 7항).

다. 재결신청서 기재사항

재결신청을 하려는 자는 손실보상재결신청서에 다음의 사항을 적어 관할 토지수용위원회에 제출하여야 한다(토지보상법 시행령 제6조의2).

(1) 재결의 신청인과 상대방의 성명 또는 명칭 및 주소

(2) 공익사업의 종류 및 명칭

(3) 손실 발생사실

(4) 손실보상액과 그 명세

(5) 협의의 경위

제2장 협의에 의한 취득 또는 사용

토지수용에서 협의란 사업시행자가 토지소유자와 수용할 토지의 범위 및 수용시기, 손실보상 등에 관하여 강제수용 전에 교섭하는 행위를 말하는데, 이러한 협의는 의무적인 과정이다.

1. 토지조서 및 물건조서의 작성

토지조서 및 물건조의 작성제도는 공익사업을 위한 토지 등의 취득절차가 시작되기 전에 사업시행자 및 토지소유자 등에게 미리 토지나 물건에 대하여 필요한 사항을 확인하게 하여 이후의 취득과정에서 당사자 간의 분쟁의 소지를 사전에 예방하여 공익사업을 원활하게 진행하기 위한 제도이다.

【판시사항】

토지조서 등의 작성목적(대법원 1993. 9. 10. 선고 93누5543 판결)

【판결요지】

토지조서는 재결절차의 개시 전에 기업자로 하여금 미리 토지에 대하여 필요한 사항을 확인하게 하고, 또한 토지소유자와 관계인에게도 이를 확인하게 하여 토지의 상황을 명백히 함으로써 조서에 개재된 사항에 대하여는 일응 진실성의 추정을 인정하여(토지수용법 제24조), 토지의 상황에 관한 당사자 사이의 차후 분쟁을 예방하며 토지수용위원회의 심리와 재결 등의 절차를 용이하게 하고 신속 · 원활을 기하려는데 그 작성의 목적이 있다.

가. 토지소유자 등의 서명 · 날인

사업시행자는 공익사업의 수행을 위하여 사업인정 전에 협의에 의한 토지등의 취득 또는 사용이 필요할 때에는 토지조서와 물건조서를 작성하여 서명 또는 날인을 하고 토지소유자와 관계인의 서명 또는 날인을 받아야 한다. 다만, 토지소유자 및 관계인이 정당한 사유 없이 서명 또는 날인을 거부하는 경우 및 토지소유자 및 관계인을 알 수 없거나 그 주소 · 거소를 알 수 없는 등의 사유로 서명 또는 날인을 받을 수 없는 경우에는 그러하지 아니하다. 이 경우 사업시행자는 해당 토지조서와 물건조서에 그 사유를 적어야 한다(토지보상법 제14조 제1항).

【질의요지】

① 사업시행자가 토지조서 등을 작성한 후 토지소유자 등의 서명 등을 받지 아니하고 사업인정, 보상계획의 열람, 보상액의 산정 재결신청 등을 할 수 있는지?

② 사업시행자가 사업인정, 보상계획의 열람 등을 진행한 상태에서 토지조서 등에 서명을 받지 아니하였을 경우 사업인정, 보상계획의 열람 절차를 다시 거치지 아니하고 토지조서 등에 서명을 받으면서 동시에 보상액의 산정, 협의, 재결의 신청을 진행할 수 있는지

【회신내용】

토지조서 등에 서명을 받아야 사업인정 등의 진행이 가능한 것은 아니라고 보며, 다만, 서명을 받는 것을 누락하였다면 해당 사항을 보완하여야 될 것으로 봅니다. 기타 수용재결 신청과 그에 따른 재결여부는 관할 토지수용위원회에서 관계법령 및 사업추진현황 등을 검토하여 결정할 사항으로 봅니다(2018. 8. 9. 토지정책과—5142)

나. 토지조서 및 물건조서 등의 작성

(1) 용지도 및 토지조서 · 물건조서 작성

사업시행자는 공익사업의 계획이 확정되었을 때에는 지적도 또는 임야도에 대상 물건인 토지를 표시한 용지도(用地圖)를 작성하여야 하며, 사업시행자는 이에 따라 작성된 용지도를 기본으로 하여 토지조서 및 물건조서를 작성하여야 한다(토지보상법 시행령 제7조 제1, 2항).

(2) 토지조서 포함사항

토지조서에는 다음의 사항이 포함되어야 한다(토지보상법 시행령 제7조 제3항).

(가) 토지의 소재지 · 지번 · 지목 · 전체면적 및 편입면적과 현실적인 이용상황

(나) 토지소유자의 성명 또는 명칭 및 주소

(다) 토지에 관하여 소유권 외의 권리를 가진 자의 성명 또는 명칭 및 주소와 그 권리의 종류 및 내용

(라) 작성일

(마) 그 밖에 토지에 관한 보상금 산정에 필요한 사항

(3) 물건조서 포함사항

(가) 물건조서에는 다음의 사항이 포함되어야 한다(토지보상법 시행령 제7조 제4항).

1) 물건(광업권 · 어업권 또는 물의 사용에 관한 권리를 포함한다. 이하 같다)이 있는 토지의 소재지 및 지번

2) 물건의 종류 · 구조 · 규격 및 수량

3) 물건소유자의 성명 또는 명칭 및 주소

4) 물건에 관하여 소유권 외의 권리를 가진 자의 성명 또는 명칭 및 주소와 그 권리의 종류 및 내용

5) 작성일

6) 그 밖에 물건에 관한 보상금 산정에 필요한 사항

(나) 건축물에 대한 조서작성 방법

물건조서를 작성할 때 그 물건이 건축물인 경우에는 건축물의 연면적과 편입면적을 적고, 그 실측평면도를 첨부하여야 한다. 다만, 실측한 편입면적이 건축물대장에 첨부된 건축물현황도에 따른 편입면적과 일치하는 경우에는 건축물현황도로 실측평면도를 갈음할 수 있다(토지보상법 시행령 제7조 제5항). 이때 건축물의 면적 또는 규모의 산정은 건축법 시행령 제119조 등 관계법령이 정하는 바에 따른다.

다. 토지조서 및 물건조서의 작성시점

(1) 작성시점

토지조서 및 물건조서의 작성시점에 대하여 토지보상법 시행령 제7조 제1항에서는 "공익사업의 계획이 확정되었을 때"라고 규정하고 있다. 여기서 공익사업의 계획이 확정되었을 때란 관련법령에 따라 계획의 고시 등의 절차를 거쳐야 하는 경우는 이러한 절차를 걸친 때를, 그러한 규정이 없을 때에는 행정적인 의사결정 철차가 완료된 때로 본다.

(2) 이의부기 가부

토지보상법에서는 토지소유자 등이 사업시행자가 작성한 토지조서 등에 서명 또는 날인하면서 그에 대한 이의를 부기할 수 있다는 규정이 없지만, 구 토지보상법 제23조 제2항에서는

토지소유자 등이 사업시행자가 작성한 토지조서 및 물건조서에 서명 또는 날인하면서 이의를 부기할 수 있도록 규정하였다. 그러나 위 규정이 폐지된 후 현재의 토지보상법에는 위와 같은 내용이 명문으로 규정되어 있지는 아니하다. 하지만 토지조서 및 물건조의 내용에 이의가 있는 토지소유자 등은 조서에 서명 또는 날인하면서 이의부기를 할 수 있다고 보는 것이 맞다.

라. 절차상 하자있는 토지조서 등의 효력

(1) 서명 · 날인 거부

사업시행자는 현황을 조사하여 토지조서 및 토지조서 및 물건조서를 작성함에 있어서 토지소유자 및 관계인 등의 서명 · 날인을 받아야 한다. 그러나 간혹 이들이 서명 · 날인 등을 거부하거나 주소 · 거소 불명 등의 사유로 서명 또는 날인을 할 수 없는 경우에는 그 사유를 기재하도록 되어 있다. 이는 재결의 효력에 영향을 미칠 수 있기 때문에 재결과정에서는 그들의 서명 · 날인이 없는 경우 그 사유를 확인하여야 하며, 토지조서 및 물건조서에 이의가 부기된 사항에 대해서는 재결과정에서 그 타당성 여부를 심의 · 결정하고, 조서에 이의가 부기되지 않은 사항을 재결과정에서 주장하는 경우는 토지소유자 등에게 주장하는 사실을 입증하도록 하여야 한다.

【판시사항】

토지조서 및 물건조서의 작성상의 하자의 효과 등(대법원 2005. 9. 30. 선고 2003두12349,12356 판결)

【판결요지】

기업자가 토지수용법 제23조 소정의 토지조서 및 물건조서를 작성함에 있어서 토지소유자를 입회시켜서 이에 서명날인을 하게 하지 아니하였다 하더라도 그러한 사유만으로는 그 토지에 대한 수용재결 및 이의재결까지 무효가 된다고 할 수 없고, 기업자가 토지소유자에게 성의있고 진실하게 설명하여 이해할 수 있도록 협의요청을 하지 아니하였다거나, 협의경위서를 작성함에 있어서 토지소유자의 서명날인을 받지 아니하였다는 하자 역시 절차상의 위법으로서 수용재결 및 이의재결에 대한 당연무효의 사유가 된다고 할 수도 없다.

(2) 실사거부

간혹 토지소유자 등이 사업시행자의 실사를 거부하여, 사업시행자가 실제 현황을 조사할 수 없기 때문에 어쩔 수 없이 토지대장 등의 공부만을 검토하여 그를 토대로 토지조서 등을 작성하는 경우가 있다.

실무적으로는 행정소송 사실심 감정평가 시까지만 입증을 하면 보상을 받을 수 있지만, 물건의 동일성이 부인될 정도로 차이가 날 경우에는 그 물건에 대해서는 협의절차가 없었다고 보아야 하고, 나아가 수용재결 자체도 없었다고 보아야 한다. 이러한 위험은 사업시행자가 져야 하는 것이다.[20] 다만, 판례는 이러한 경우에도 그것이 곧 재결의 효력에 영향을 미치는 것은 아니라고 판시하고 있다.

> **【판시사항】**
>
> 토지조서 작성상의 하자가 재결의 효력에 미치는 영향(대법원 1993. 9. 10. 선고 93누5543 판결)
>
> **【판결요지】**
>
> 토지수용을 함에 있어 토지소유자 등에게 입회를 요구하지 아니하고 작성한 토지조서는 절차상의 하자를 지니게 되는 것으로서 토지조서로서의 효력이 부인되어 조서의 기재에 대한 증명력에 관하여 추정력이 인정되지 아니하는 것일 뿐, 토지조서의 작성에 하자가 있다 하여 그것이 곧 수용재결이나 그에 대한 이의재결의 효력에 영향을 미치는 것은 아니라 할 것이므로 토지조서에 실제 현황에 관한 기재가 되어 있지 아니하다거나 실측평면도가 첨부되어 있지 아니하다거나 토지소유자의 입회나 서명날인이 없었다든지 하는 사유만으로는 이의재결이 위법하다 하여 그 취소를 구할 사유로 삼을 수 없다.

마. 토지조서 및 물건조서의 서식

토지보상법 시행령 제7조 제6항의 규정에 의한 토지조서 및 물건조서는 각각 별지 제4호 서식 및 별지 제5호 서식에 의한다(토지보상법 시행규칙 제5조).

■ 공익사업을 위한 토지 등의 취득 및 보상에 관한 법률 시행규칙 [별지 제4호서식] 〈개정 2016. 6. 14.〉

---

20) 김은유 외, 앞의 책 139면.

토지조서

공익사업의 명칭		
사업인정의 근거 및 고시일		
사업시행자	성명(또는 명칭)	
	주소	
토지소유자	성명(또는 명칭)	
	주소	

토지의 명세

소재지	지번 (원래 지번)	지목	현실적인 이용 상황	전체 면적 (㎡)	편입 면적 (㎡)	용도지역 및 지구	관계인			비고
							성명 또는 명칭	주소	권리의 종류 및 내용	

그 밖에 보상금 산정에 필요한 사항

「공익사업을 위한 토지 등의 취득 및 보상에 관한 법률」 제14조제1항 및 같은 법 시행령 제7조제3항에 따라 위와 같이 토지조서를 작성합니다.

년 월 일

사업시행자 (인)

토지소유자 (서명 또는 인)

관 계 인 (서명 또는 인)

토지소유자(관계인 포함)가 서명(인)할 수 없는 경우 그 사유

작성방법

1. 이 서식은 토지소유자별로 작성합니다.
2. 해당 공익사업에 따라 토지가 분할되는 경우에는 분할 전의 지번은 "지번(원래 지번)"란에 ( )로 적습니다.
3. "관계인"란에는 토지에 관한 소유권 외의 권리를 가진 자를 적습니다.
4. 공부(公簿)상 면적과 실측(實測) 면적이 다른 경우 실측 면적을 "비고"란에 적습니다.
5. 도로부지인 경우에는 도로의 구분, 이용상황 및 위치 등 그 특성을 "비고"란에 다른 참고사항과 같이 적습니다.

210mm×297mm[백상지 80g/㎡]

■ 공익사업을 위한 토지 등의 취득 및 보상에 관한 법률 시행규칙[별지 제5호서식] 〈개정 2016. 6. 14.〉

물건조서

공익사업의 명칭		
사업인정의 근거 및 고시일		
사업시행자	성명(또는 명칭)	
	주소	
물건소유자	성명(또는 명칭)	
	주소	

물건의 명세

소재지	지번	물건의 종류	구조 및 규격	수량 (면적)	관계인			비고
					성명 또는 명칭	주소	권리의 종류 및 내용	

그 밖에 보상금 산정에 필요한 사항

「공익사업을 위한 토지 등의 취득 및 보상에 관한 법률」 제14조제1항 및 같은 법 시행령 제7조제4항에 따라 위와 같이 물건조서를 작성합니다.

년 월 일

사업시행자 (인)

물건소유자	(서명 또는 인)
관 계 인	(서명 또는 인)

토지소유자(관계인 포함)가 서명(인)할 수 없는 경우 그 사유

작성방법

1. 이 서식은 물건소유자별로 작성합니다.
2. 건물이 일부 편입되는 경우에는 "수량(면적)"란에 편입 면적을 적고, "비고"란에 연면적을 적습니다.
3. "관계인"란에는 물건에 관한 소유권 외의 권리를 가진 자를 적습니다.
4. 공부(公簿)상 면적과 실측(實測) 면적이 다른 경우에는 공부상 면적을 "비고"란에 적습니다.

210mm×297mm[백상지 80g/㎡]

바. 지적측량실시 여부

사업시행자는 원칙적으로 공익사업에 편입되는 토지 및 물건 전부에 대하여 지적측량을 실시할 필요는 없다. 그러나 편입되는 부분이 애매한 공익사업시행지구의 경계에 있는 건축물 등과 같이 보상대상 면적을 정확히 확정할 필요가 있는 경우이거나, 그 위치나 면적을 확인할 수 없는 무허가건축물 등에 대하여는 사후에 다툼의 여지를 방지하고 보상업무의 적법성확보 차원에서 지적측량을 실시할 필요가 있다. 한편 이 경우 공부의 면적과 실제면적이 다른 경우에는 공공사업에 편입되는 실제면적을 기준으로 산정하여야 한다.

【판시사항】

소유자의 청구 없이 사업구역 안·밖에 걸쳐서 건립된 건물 전부를 수용대상으로 삼아 손실보상액을 정한 수용재결의 위법 여부(적극) 및 그 경우 재결 전부를 취소하여야 하는지 여부(적극)(서울고등법원 1999. 2. 24. 선고 97구31542 판결 : 상고)

【판결요지】

일반적으로 기업자가 지적법에 의한 지적측량을 실시하여 수용대상 목적물의 위치·면적을 확인할 필요는 없다고 할 것이나, 수용대상이 무허가건물인 경우에는 그 위치·면적을 확인할 공부가 없으므로 지적법령이 규정하는 경계복원측량·현황측량을 실시하여 이를 확인하여야 함에도 불구하고 담당공무원 등이 목측이나 줄자 등을 이용하여 어림짐작으로 그 위치·면적

을 정하고 이에 터잡아 토지수용위원회가 손실보상액을 정하였다면, 이와 같이 재결에서 정한 손실보상액이 지적측량에 의하여 확인된 위치 · 면적을 기초로 산정한 손실보상액보다 많다는 등의 특별한 사정이 없으면 그 소유자에 대한 관계에서 그 재결 중 위 부족부분은 위법하다고 할 것이고, 나아가 어느 무허가건물이 사업구역 안과 밖에 걸쳐서 건립된 경우에는 그 소유자의 청구가 없는 한 사업구역 밖의 부분은 수용대상으로 삼아야 하지 아니함에도 불구하고 재결에서 그 무허가건물 전부를 수용대상으로 삼고 사업구역 안 · 밖의 구분 없이 전체로서 손실보상액을 정하였다면 이는 가분적 행정처분이라고 할 수 없으므로 사업구역 밖의 부분을 수용하였음을 이유로 취소함에 있어서는 이에 대한 재결 전부를 취소하여야 할 것이다.

2. 보상계획의 공고 및 열람 등

국민의 권리에 영향을 미치는 국가행위에 대하여는 당사자에 대한 적절한 고지, 당사자의 의견 및 자료 제출의 기회 부여 등의 적법절차의 원칙이 적용되어야 한다. 그러므로 사업시행자의 보상계획공고 및 열람 등과 같이 국민의 권리에 직접적인 영향을 주는 절차의 경우 이러한 적법절차의 원칙의 준수를 위하여 반드시 거쳐야 하는 절차이다.

이는 적법절차원칙에서 도출할 수 있는 가장 중요한 절차적 요청 중의 하나로, 당사자에게 적절한 고지를 행할 것, 당사자에게 의견 및 자료제출의 기회를 부여할 것을 들 수 있겠으나, 이 원칙이 구체적으로 어떠한 절차를 어느 정도로 요구하는지는 일률적으로 말하기 어렵고, 규율되는 사항의 성질, 관련 당사자의 사익, 절차의 이행으로 제공될 가치, 국가작용의 효율성, 절차에 소요되는 비용, 불복의 기회 등 다양한 자료들을 형량하여 개별적으로 판단할 수밖에 없다.[21]

21) 헌법재판서 2007. 11. 29. 선고 2006헌바79 결정.

가. 보상계획 공고 및 통지 등

(1) 보상계획 공고 등

사업시행자는 토지조서와 물건조서를 작성하였을 때에는 공익사업의 개요, 토지조서 및 물건조서의 내용과 보상의 시기 · 방법 및 절차 등이 포함된 보상계획을 전국을 보급지역으로 하는 일간신문에 공고하고, 토지소유자 및 관계인에게 각각 통지하여야 하여야 한다(토지보상법 제15조 제1항). 여기서의 공고는 원칙적으로 토지조서 및 물건조서의 내용을 그대로 공고하는 것이 원칙이다. 그러나 그 모두를 공고하는 것이 곤란한 경우에 전체를 공고하지 않더라도 위법하지는 아니하다. 따라서 여기서의 공고는 토지조서 및 물건조서 전체를 의미하는 것이 아니라 보상대상 토지 및 물건의 범위를 의미하는 것이다. 한편, 사업시행자가 보상계획을 공고할 때에는 시 · 도지사와 토지소유자가 감정평가업자를 추천할 수 있다는 내용을 포함하여 공고하고, 보상 대상 토지가 소재하는 시 · 도의 시 · 도지사와 토지소유자에게 이를 통지하여야 한다.

한편, 평가 후 1년이 경과되어 재평가하는 경우에는 토지보상법 제15조에 의한 보상계획의 공고 등의 절차를 반드시 거쳐야 하는 것은 아니다.[22]

【질의요지】

「공익사업을 위한 토지 등의 취득 및 보상에 관한 법률(이하 "토지보상법"이라 함)」 제15조에 의한 보상계획 공고시 일간신문에 게재하여야 하는 "토지조서 및 물건조서의 내용" 범위

【회신내용】

일간신문에 공고하여야 할 토지조서 및 물건조서의 내용은 보상대상 토지 및 물건의 범위를 말한다고 보며, 토지소유자 및 관계인 등의 인적사항이 포함된 토지조서 및 물건조서의 구체적인 내용은 위 규정에 따라 토지소유자 및 관계인에게 각각 개별 통지하여야 할 것으로 봅니다(2011. 3. 24. 토지정책과-1398)

(2) 공고 생략

토지보상법 제20조에 의한 사업인정 전 협의에 의한 보상절차를 이행함에 있어동 법 제15조

22) 국토교통부, 2011. 3. 11. 토지정책과-1200.

제1항에 의한 토지소유자와 관계인이 20인 이하인 경우에는 보상계획을 전국을 보급지역으로 하는 일간신문에 공고를 생략할 수 있다(토지보상법 제15조 제1항 단서). 이때 생략하는 것은 공고절차일 뿐 토지소유자 등 및 시장 등에 대한 통지 및 열람절차는 생략할 수 없다. 따라서 토지소유자 및 관계인이 20인 이하인 경우에는 보상계획 공고를 생략하고 통지 및 열람의 절차를 거친 후 협의보상할 수 있다.

(3) 통지 생략

사업지역이 둘 이상의 시 · 군 또는 구에 걸쳐 있거나 사업시행자가 행정청이 아닌 경우에 해당되어 해당 시장 등에게도 그 사본을 송부하여 열람을 의뢰는 경우에는 시장 등에 대한 통지는 생략할 수 있다.

나. 보상계획 열람기간

사업시행자는 공고나 통지를 하였을 때에는 그 내용을 14일 이상 일반인이 열람할 수 있도록 하여야 한다. 다만, 사업지역이 둘 이상의 시 · 군 또는 구에 걸쳐 있거나 사업시행자가 행정청이 아닌 경우에는 해당 특별자치도지사, 시장 · 군수 또는 구청장에게도 그 사본을 송부하여 열람을 의뢰하여야 한다(토지보상법 제15조 제2항). 이때 열람을 의뢰하는 사업시행자를 제외하고는 특별자치도지사, 시장 · 군수 또는 구청장에게도 통지하여야 한다.

다. 이의제기

공고되거나 통지된 토지조서 및 물건조서의 내용에 대하여 이의(異議)가 있는 토지소유자 또는 관계인은 14일의 열람기간 이내에 사업시행자에게 서면으로 이의를 제기할 수 있다. 이 경우 사업시행자는 해당 토지조서 및 물건조서에 제기된 이의를 부기(附記)하고 그 이의가 이유 있다고 인정할 때에는 적절한 조치를 하여야 한다(토지보상법 제15조 제3, 4항). 다만, 사업시행자가 고의 또는 과실로 인하여 토지소유자 또는 관계인에게 보상계획을 통지하지 아니한 경우 해당 토지소유자 또는 관계인은 제16조에 따른 협의가 완료되기 전까지 서면으로 이의를 제기할 수 있으며, 이 경우 사업시행자는 해당 토지조서 및 물건조서에 제기된 이의를 부기하고 그 이의가 이유 있다고 인정할 때에는 적절한 조치를 취하여야 한다.

■ 공익사업을 위한 토지 등의 취득 및 보상에 관한 법률 시행규칙[별지 제21호서식] 〈개정 2016. 6. 14.〉

이의신청서

(앞쪽)

접수번호	접수일

신청인	성명 또는 명칭
	주소

상대방	성명 또는 명칭
	주소

이의신청 대상 토지 및 물건	
이의신청의 요지	
이의신청의 이유	
재결일	재결서 수령일

「공익사업을 위한 토지 등의 취득 및 보상에 관한 법률」 제83조 및 같은 법 시행령 제45조제1항에 따라 토지수용위원회의 재결에 대하여 위와 같이 이의를 신청합니다.

년 월 일

신청인 (서명 또는 인)

중앙토지수용위원회 위원장 귀하

첨부서류	재결서 정본의 사본 1부	수수료 없음

210mm×297mm[백상지 80g/㎡]

(뒤쪽)

처리절차

이 신청서는 아래와 같이 처리됩니다.

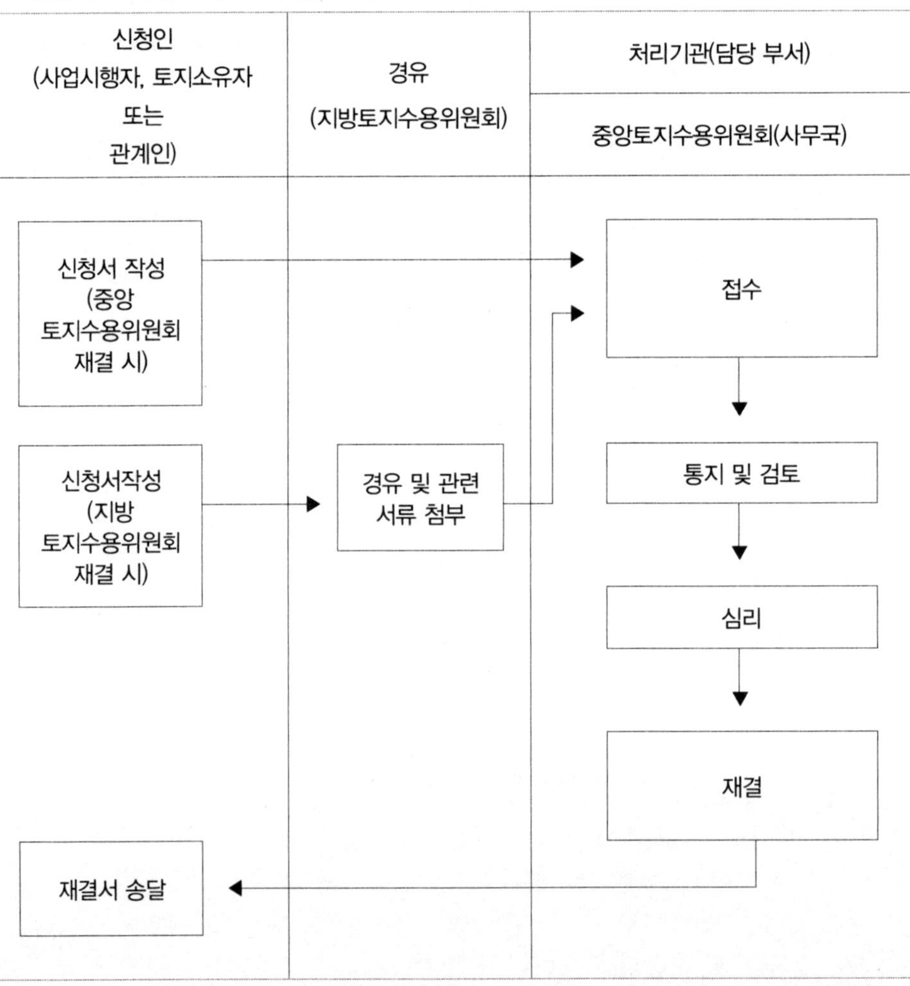

3. 보상협의회

보상협의회는 사업시행자와 토지소유자 등의 협의를 통하여 의견을 조정하고 이해와 협조를 얻어 원활한 협의를 이루기 위한 사전의견 조정을 위하여 설치하는 기구이다. 한편, 보상협의회는 심의나 의결기능을 가지고 있는 것은 아니고 단순한 자문적 성격을 가지므로 사업시행자 또는 감정평가업자 협의사항을 반드시 준수하여야 하는 것은 아니다.

가. 보상협의회 설치 및 보상위원회 위원

(1) 보상협의회 설치

공익사업이 시행되는 해당 지방자치단체의 장은 필요한 경우에는 보상액 평가를 위한 사전의견수렴에 관한 사항, 잔여지의 범위 및 이주대책 수립에 관한 사항, 해당 사업지역 내 공공시설의 이전 등에 관한 사항, 토지소유자나 관계인 등이 요구하는 사항 중 지방자치단체의 장이 필요하다고 인정하는 사항, 그 밖에 지방자치단체의 장이 회의에 부치는 사항을 협의하기 위하여 보상협의회를 둘 수 있다(임의적 보상협의회). 다만, 대통령령으로 정하는 규모 이상의 공익사업을 시행하는 경우에는 대통령령으로 정하는 바에 따라 보상협의회를 두어야 한다(필요적 보상협의회)(토지보상법 제82조 제1항).

(2) 보상협의회 위원

보상협의회 위원은 토지소유자 및 관계인, 법관, 변호사, 공증인 또는 감정평가나 보상업무에 5년 이상 종사한 경험이 있는 사람, 해당 지방자치단체의 공무원, 사업시행자 중에서 해당 지방자치단체의 장이 임명하거나 위촉한다. 다만, 제1항 각 호 외의 부분 단서에 따라 보상협의회를 설치하는 경우에는 대통령령으로 정하는 사람이 임명하거나 위촉한다(토지보상법 제82조 제2항).

나. 임의적 보상협의회 설치

(1) 설치지역

임의적 보상협의회는 해당 사업지역을 관할하는 특별자치도, 시 · 군 또는 구(자치구를 말한다. 이하 이 조에서 같다)에 설치한다. 이 경우 공익사업을 시행하는 지역이 둘 이상의 시 · 군 또는 구에 걸쳐 있는 경우에는 해당 시장 · 군수 또는 구청장(자치구의 구청장을 말한다. 이하 이 조에서 같다)이 협의하여 보상협의회를 설치할 시 · 군 또는 구를 결정하여야 한다(토지보상법 시행령 제44조의2 제1항).

(2) 설치시기

특별자치도지사 · 시장 · 군수 또는 구청장은 보상협의회를 설치할 필요가 있다고 인정하는 경우에는 특별한 사유가 있는 경우를 제외하고는 보상계획의 열람기간 만료 후 30일 이내에 보상협의회를 설치하고 사업시행자에게 이를 통지하여야 한다(같은 법 시행령 제44조의2 제3항).

(3) 구성

보상협의회는 위원장 1명을 포함하여 8명 이상 16명 이내의 위원으로 구성하되,[23] 사업시행자를 위원에 포함시키고, 위원 중 3분의 1 이상은 토지소유자 또는 관계인으로 구성하여야 한다. 위원장은 해당 특별자치도 · 시 · 군 또는 구의 부지사 · 부시장 · 부군수 또는 부구청장이 되며, 위원장이 부득이한 사유로 직무를 수행할 수 없을 때에는 위원장이 지명하는 위원이 그 직무를 대행한다. 이때 보상협의회의 위원장은 보상협의회를 대표하며, 보상협의회의 업무를 총괄한다. 또한, 회의에서 협의된 사항을 해당 사업시행자에게 통보하여야 하며, 사업시행자는 정당하다고 인정되는 사항에 대해서는 이를 반영하여 사업을 수행하여야 한다.

한편, 보상협의회에는 보상협의회의 사무를 처리할 간사와 서기를 두며, 간사와 서기는 보상협의회의 위원장이 해당 특별자치도 · 시 · 군 또는 구의 소속 공무원 중에서 임명한다.

(4) 보상협의회의 회의

보상협의회 회의는 재적위원 과반수의 출석으로 개의(開議)한다.

23) 보상협의회 위원은, 토지소유자 등, 법관, 변호사, 공증인 또는 감정평가나 보상업무에 5년 이상 종사한 경험이 있는 사람, 해당 지방자치단체 공무원, 사업시행자 중에서 해당 지방자치단체의 장이 임명하거나 위촉한다. 다만, 사업시행자가 보상협의회를 설치하는 경우에는 사업시행자가 임명하거나 위촉한다.

나. 필수적 보상협의회 설치

(1) 필요적 설치지역

해당 공익사업지구 면적이 10만 제곱미터 이상이고, 토지등의 소유자가 50인 이상인 공익사업을 시행하는 경우에는 반드시 보상협의회를 두어야 하며(토지보상법 시행령 제44조의2 제2항), 특별한 사유가 있는 경우를 제외하고는 보상계획의 열람기간 만료 후 30일 이내에 보상협의회를 설치하고, 사업시행자에게 이를 통지하여야 한다.

한편, 필수적으로 보상협의회를 설치하여야 하는 공익사업인지 여부를 판단하는 공익사업지구 면적은 보상대상 면적이 아닌 해당 공익사업지구 전체면적을 기준으로 하며, 토지 등의 소유자의 수는 보상대상자가 아닌 전체 소유자를 기준으로 한다.

(2) 사업시행자 설치

위 (1)에 해당되는 경우로서, 사업지역을 관할하는 특별자치도, 시 · 군 또는 구의 부득이한 사정으로 보상협의회 설치가 곤란한 경우, 공익사업을 시행하는 지역이 둘 이상의 시 · 군 또는 구에 걸쳐 있는 경우로서 보상협의회 설치를 위한 해당 시장 · 군수 또는 구청장 간의 협의가 보상계획의 열람기간 만료 후 30일 이내에 이루어지지 아니하는 경우 중 어느 하나에 해당하는 경우에는 사업시행자가 설치하여야 한다. 이 경우 특별한 사유가 있는 경우를 제외하고는 지체 없이 보상협의회를 설치하고, 특별자치도지사, 시장 · 군수 또는 구청장에게 이를 통지하여야 한다(토지보상법 시행령 제44조의2 제3항).

(3) 구성

보상협의회의 위원장은 해당 특별자치도, 시 · 군 또는 구의 부지사, 부시장 · 부군수 또는 부구청장이 되며, 위원장이 부득이한 사유로 직무를 수행할 수 없을 때에는 위원장이 지명하는 위원이 그 직무를 대행한다. 다만, 제1항 각 호 외의 부분 단서에 따른 보상협의회의 경우 위원은 해당 사업시행자가 임명하거나 위촉하고, 위원장은 위원 중에서 호선(互選)한다.

또한, 보상협의회에 보상협의회의 사무를 처리할 간사와 서기를 두며, 간사와 서기는 보상협의회의 위원장이 해당 특별자치도, 시 · 군 또는 구의 소속 공무원 중에서 임명한다(같은 조 제4, 5항).

(4) 필수적 보상협의회 설치않고 신청한 수용재결의 효력

사업시행자가 보상협의회 설치의무가 있음에도 불구하구 이를 설치하지 아니하고 신청한 수용재결은 부적법하여 각하의 대상이다.[24]

다. 협의사항

보상협의회는 다음의 사항 등을 협의하는 자문기구이다.

(1) 보상액 평가를 위한 사전 의견수렴에 관한 사항[25]
(2) 잔여지의 범위 및 이주대책 수립에 관한 사항[26]
(3) 해당 사업지역 내 공공시설의 이전 등에 관한 사항
(4) 토지소유자 등이 요구하는 사항 중 지방자치단체의 장이 필요하다고 인정하는 사항
(5) 그 밖에 지방자치단체의 장이 회의에 부치는 사항

4. 보상평가

보상평가를 함에 있어서는 토지보상법 등 관계법령에서 정하는 모든 산정요인들을 구체적·종합적으로 참작하여 하나도 빠짐없이 반영된 적정가격을 산출하여야 한다. 비록 그 감정평가서에 모든 가격산정요인의 세세한 부분까지 설시하거나 그 요소가 평가에 미치는 영향을 수치적으로 표현할 수 없다고 하더라도, 적어도 그 가치산정요인들을 구체적으로 특정·명시하고 그 요인들이 어떻게 참작되었는지를 알아볼 수 있을 정도로 기술하여야 할 것이다.

24) 2017. 7. 13. 수용재결요지 참조.
25) 이는 감정평가업자의 현장조사 일정, 대상지역의 지역적 특성 및 지가기준 등에 대하여 소유자들과 의견을 교환하고 수렴하는 것을 의미하는 것이지, 구체적인 감정평가기준 및 방법에 대한 협의를 의미하는 것은 아니다.
26) 이는 잔여지의 범위나 이주대책 수립에 있어 지역적 특성 등의 반영에 관한 사항으로 그 내용은 관계법규에서 정한 기준이나 요건에 적합하여야 한다.

【판시사항】

토지수용 보상액의 평가 방법 및 감정평가서에 기재하여야 할 가격산정요인의 기술 방법(대법원 2000. 7. 28. 선고 98두6081 판결)

【판결요지】

토지수용 보상액을 평가하는 데에는 관계 법령에서 들고 있는 모든 가격산정요인들을 구체적 · 종합적으로 참작하여 그 각 요인들이 빠짐없이 반영된 적정가격을 산출하여야 하고, 이 경우 감정평가서에는 모든 가격산정요인의 세세한 부분까지 일일이 설시하거나 그 요소가 평가에 미치는 영향을 수치로 표현할 필요는 없다고 하더라도, 적어도 그 가격산정요인들을 특정 · 명시하고 그 요인들이 어떻게 참작되었는지를 알아 볼 수 있는 정도로 기술하여야 한다.

가. 보상평가의 의뢰 등

(1) 평가의뢰 등

(가) 평가의뢰

사업시행자는 대상물건에 대한 평가를 의뢰하고자 하는 때에는 보상평가의뢰서에 다음의 사항을 기재하여 감정평가업자에게 평가를 의뢰하여야 한다(토지보상법 시행규칙 제16조 제1항). 다만, 사업시행자가 직접 보상액을 산정할 수 있을 때에는 평가를 의뢰하지 아니할 수 있다(토지보상법 제68조 제1항 단서).

1) 대상물건의 표시, 2) 대상물건의 가격시점, 3) 평가서 제출기한, 4) 대상물건의 취득 또는 사용의 구분, 4) 건축물등 물건에 대하여는 그 이전 또는 취득의 구분, 5) 영업손실을 보상하는 경우에는 그 폐지 또는 휴업의 구분, 6) 보상액 평가를 위한 사전 의견수렴에 관한 사항, 7) 그 밖의 평가조건 및 참고사항

■ 공익사업을 위한 토지 등의 취득 및 보상에 관한 법률 시행규칙[별지 제15호서식] 〈개정 2016. 6. 14.〉

사업시행자의 명칭

수신자
(경유)
제 목 **보상금 산정을 위한 감정평가 의뢰**

「공익사업을 위한 토지 등의 취득 및 보상에 관한 법률」 제68조제1항 및 같은 법 시행규칙 제16조제1항에 따라 아래와 같이 보상액의 산정을 위한 감정평가를 의뢰합니다.

사업시행자	성명 또는 명칭	
	주소	
공익사업의 명칭		
가격시점		
평가서 제출기한		
평가 의뢰 물건 (토지 및 물건의 명세)		
평가조건 및 참고사항		

사업시행자 인

기안자 직위(직급) (서명 또는 인) 검토자 직위(직급) (서명 또는 인) 결재권자 직위(직급) (서명 또는 인)

협조자

시행　　　처리기관-일련번호(시행일자)　　　접수　처리과명-일련번호(접수일자)

우편번호　　주소　　　　　　　　　　　　/ 홈페이지 주소

전화번호( )　　　　　　팩스번호( )　　　　/ 전자우편주소　　　　/

작성방법

1. "평가 의뢰 물건(토지 및 물건의 명세)"란에는 아래 사항을 적습니다.
   가. 토지의 명세에는 토지의 소재지, 지번, 지목, 이용상황, 면적 및 토지소유자 등과 취득 또는 사용을 구분하여 적습니다.
   나. 물건의 명세에는 물건의 소재지, 지번, 물건의 종류, 구조 · 규격, 수량 · 면적, 소유자 등과 취득 또는 사용을 구분하여 적습니다.
   다. 대상물건이 건축물 등 물건인 경우에는 이전 또는 취득, 영업인 경우에는 폐업 또는 휴업을 구분하여 물건의 명세에 적습니다.
2. 「공익사업을 위한 토지 등의 취득 및 보상에 관한 법률 시행규칙」 제16조제1항제7호의 보상액 평가를 위한 사전 의견수렴에 관한 사항은 "평가조건 및 참고사항"란에 평가조건 등과 구분하여 적습니다.

210mm×297mm[백상지 80g/㎡]

(2) 감정평가업자 선정 등

(가) 감정평가업자 선정

사업시행자는 토지등에 대한 보상액을 산정하려는 경우에는 감정평가업자 3인을 선정하여 토지등의 평가를 의뢰하여야 한다(토지보상법 제68조 제1항). 이에 따라 사업시행자가 감정평가업자를 선정할 때 해당 토지를 관할하는 시 · 도지사와 토지소유자는 감정평가업자를 각 1인씩 추천할 수 있으며, 이 경우 사업시행자는 추천된 감정평가업자를 포함하여 선정하여야 한다(같은 조 제2항). 다만, 시 · 도지사와 토지소유자가 모두 감정평가업자를 추천하지 아니하거나 시 · 도지사 또는 토지소유자 어느 한쪽이 감정평가업자를 추천하지 아니하는 경우에는 2인을 선정한다.

(나) 감정평가업자 추천

1) 감정평가사 추천공고 및 통지

사업시행자는 보상계획을 공고할 때에는 시 · 도지사와 토지소유자가 감정평가업자를 추천할 수 있다는 내용을 포함하여 공고하고, 보상 대상 토지가 소재하는 시 · 도의 시 · 도지사와 토지소유자에게 이를 통지하여야 한다(토지보상법 시행령 28조 제1항).

2) 시 · 도지사와 토지소유자의 추천

시 · 도지사와 토지소유자는 보상계획의 열람기간 만료일부터 30일 이내에 사업시행자에게 감정평가업자를 추천할 수 있으며(같은 법 제2조), 이에 따라 시 · 도지사가 감정평가업자를 추천하는 경우에는 다음의 사항을 지켜야 한다.

가) 감정평가 수행능력, 소속 감정평가사의 수, 감정평가 실적, 징계 여부 등을 고려하여 추천대상 집단을 선정할 것

나) 추천대상 집단 중에서 추첨 등 객관적이고 투명한 절차에 따라 감정평가업자를 선정할 것

다) 위 가)의 추천대상 집단 및 추천 과정을 이해당사자에게 공개할 것

라) 보상 대상 토지가 둘 이상의 시 · 도에 걸쳐 있는 경우에는 관계 시 · 도지사가 협의하여 감정평가업자를 추천할 것

【질의요지】

토지보상법령에 따른 감정평가업자 추천과 관련하여 토지면적 기준은 전체 사업면적인지 아니면 보상대상 면적인지?

【회신내용】

「공익사업을 위한 토지 등의 취득 및 보상에 관한 법률」(이하 "토지보상법"이라 함) 시행령 제28조제1항 에서 사업시행자는 법 제15조제1항에 따른 보상계획을 공고할 때에는 시 · 도지사와 토지소유자가 감정평 가업자(「감정평가 및 감정평가사에 관한 법률」 제2조제4호에 따른 감정평가업자를 말하며, 이하 "감정평가 업자"라 한다)를 추천할 수 있다는 내용을 포함하여 공고하고, 보상 대상 토지가 소재하는 시 · 도의 시 · 도 지사와 토지소유자에게 이를 통지하도록 하고 있으며, 토지보상법 시행령 제28조제4항에서 감정평가업자를 추천하려는 토지소유자는 보상 대상 토지면적의 2분의 1 이상에 해당하는 토지소유자와 보상 대상 토지의 토지소유자 총수의 과반수의 동의를 받은 사실을 증명하는 서류를 첨부하여 사업시행자에게 감정

평가업자를 추천하여야 한다고 규정하고 있습니다. 따라서 토지보상법에 따른 감정평가업자 추천은 동 규정에 따라 사업지구 면적이 아닌 보상을 하여야 하는 토지면적을 기준으로 하여야 할 것으로 보며, 기타 개별적인 사례에 대하여는 관계법령 및 사업현황 등을 검토하여 판단할 사항으로 봅니다(2018. 9. 20. 토지정책과-6016)

3) 토지소유자의 추천

감정평가업자를 추천하려는 토지소유자는 보상 대상 토지면적의 2분의 1 이상에 해당하는 토지소유자와 보상 대상 토지의 토지소유자 총수의 과반수의 동의를 받은 사실을 증명하는 서류를 첨부하여 사업시행자에게 감정평가업자를 추천하여야 한다. 감정평가업자를 추천하려는 토지소유자는 해당 시 · 도지사와 한국감정평가사협회에 감정평가업자를 추천하는데 필요한 자료를 요청할 수 있다. 이 경우 토지소유자는 감정평가업자 1명에 대해서만 동의할 수 있다.

【질의요지】

보상평가를 위한 감정평가업자 추천을 토지소유자 대표로 선정된 사람이 할 수 있는지와 사업시행자의 추천 권한을 토지소유자에게 위임할 수 있는지?

【회신내용】

「공익사업을 위한 토지 등의 취득 및 보상에 관한 법률」(이하"토지보상법"이라 함) 제68조 제1항에서 사업 시행자는 토지 등에 대한 보상액을 산정하려는 경우에는 감정평가업자 3인(제2항에 따라 시 · 도지사와 토지소유자가 모두 감정평가업자를 추천하지 아니하거나 시 · 도지사 또는 토지소유자 어느 한쪽이 감정 평가업자를 추천하지 아니하는 경우에는 2인)을 선정하여 토지 등의 평가를 의뢰하도록 하고, 토지보상법 시행령 제28조제2항에서 시 · 도지사와 토지소유자는 법 제15조제2항에 따른 보상계획의 열람 기간 만료일부터 30일 이내에 사업시행자에게 감정평가업자를 추천할 수 있도록 하고 있습니다. 또한, 토지보상법 시행령 제28조제4항에서 제2항에 따라 감정평가업자를 추천하려는 토지소유자는 보상 대상 토지면적의 2분의 1 이상에 해당하는 토지소유자와 보상 대상 토지의 토지소유자 총수의 과반수의 동의를 받은 사실을 증명하는 서류를 첨부하여 사업시행자에게 감정평가업자를 추천하도록 하고 있습니다. 토지보상법령에서는 감정평가업자 추천 · 선정은 동 규정에 따라 사업시행자, 시 · 도시자와 토지소유자 각자가 상기 규정에 따라야 할 것으로 보며, 기타 개별적인 사례에 대하여는 사업시행자가 관계법령 및 사실관계를 검토하여 판단할 사항으로 봅니다(2018. 12. 7. 토지정책과-7817)

나. 보상평가

(1) 현지조사 평가

감정평가업자는 평가를 의뢰받은 때에는 대상물건 및 그 주변의 상황을 현지조사하고 평가를 하여야 한다. 이 경우 고도의 기술을 필요로 하는 등의 사유로 인하여 자기가 직접 평가할 수 없는 대상물건에 대하여는 사업시행자의 승낙을 얻어 전문기관의 자문 또는 용역을 거쳐 평가할 수 있다(같은 법 시행규칙 제16조 제3항).

(2) 평가방법

(가) 원칙

대상물건의 평가는 토지보상법 시행규칙에서 정하는 방법에 의하되, 그 방법으로 구한 가격 또는 사용료를 다른 방법으로 구한 가격등과 비교하여 그 합리성을 검토하여야 한다(토지보상법 시행규칙 제18조 제1항). 다만, 대상물건의 특성이나 조건이 이 규칙에서 정한 방법으로 구한 가액 또는 임료를 다른 방법과 비교 · 검토하기에 부적합한 경우에는 그러한 비교 · 검토를 생략할 수 있다.

한편, 토지수용 재결의 전제 조건인 성실한 협의는 수용절차에 관한 완전한 이행과 그에 따른 정당한 보상금의 제시를 요소로 한다. 이때 정당한 보상금의 산정은 감정평가업자 3인 또는 2인이 평가한 보상액의 산술평균치에 의하게 된다(토지보상법 제68조 제1항). 따라서 재결시 감정평가업자의 보상평가에 의하지 아니하거나 기준 인원수에 미달한 감정평가업자의 평가를 기준으로 산정한 보상금을 제시하고 한 협의는 성실한 협의로 볼 수 없어 각하될 수 있다. 다만, 보상평가 의뢰 후에 토지소유자 또는 시 · 도지사가 추천을 철회한 경우에는 해당 감정평가업자를 제외한 나머지 감정평가업자가 평가한 평가액의 산출평균치를 기준으로 보상액 산정이 가능하다.

【판시사항】

보상액 산정에 관한 구체적 기준을 정하고 있는 토지보상법 시행규칙이 대외적인 구속력을 가지는지 여부(대법원 2012. 3. 29. 선고 2011다104253 판결)

【판결요지】

공익사업을 위한 토지 등의 취득 및 보상에 관한 법률(이하 '공익사업법'이라 한다) 제68조 제3항은 협의취득의 보상액 산정에 관한 구체적 기준을 시행규칙에 위임하고 있고, 위임 범위 내에서 공익사업을 위한 토지 등의 취득 및 보상에 관한 법률 시행규칙 제22조는 토지에 건축물 등이 있는 경우에는 건축물 등이 없는 상태를 상정하여 토지를 평가하도록 규정하고 있는데, 이는 비록 행정규칙의 형식이나 공익사업법의 내용이 될 사항을 구체적으로 정하여 내용을 보충하는 기능을 갖는 것이므로, 공익사업법 규정과 결합하여 대외적인 구속력을 가진다.

(나) 예외

이 규칙에서 정하는 방법으로 평가하는 경우 평가가 크게 부적정하게 될 요인이 있는 경우에는 적정하다고 판단되는 다른 방법으로 평가할 수 있으며, 이 규칙에서 정하지 아니한 대상물건에 대하여는 이 규칙의 취지와 감정평가의 일반이론에 의하여 객관적으로 판단 · 평가하여야 한다(토지보상법 시행규칙 제18조 제1, 2항). 이 경우 보상평가서에 그 사유를 기재하여야 한다.

(3) 보상평가의 기준시점

(가) 기준시점

보상평가의 기준시점은 사업시행자가 제시하는 협의성립 당시를 기준으로 하여야 한다. 따라서 감정평가에 관한 규칙 제9조 제2항에 따라 대상물건의 가격조사를 완료한 날짜를 기준으로 하여서는 아니된다.

(나) 보상계약의 체결되지 아니한 경우

보상평가 후 1년이 경과할 때까지 보상계약이 체결되지 아니한 경우에는 재평가하여 다시 협의절차를 거친 후 재결신청을 하는 것이 원칙이다.[27]

(4) 평가기준

감정평가업자는 사업시행자가 제시한 목록을 기준으로 보상평가 함이 원칙이다. 이때, 대상물건의 취득 또는 사용의 구분, 건축물 등에 대한 이전 또는 취득의 구분, 영업보상의 경우에는 폐지 또는 휴업의 구분, 미지급용지인지 여부 등은 사업시행자가 정하여 보상평가를 의뢰하여야 하므로 감정평가업자가 임의로 정하여서는 아니 된다. 따라서 평가대상토지의 지목 및 면적산정 등은 평가의뢰자가 제시한 기준에 따르되 실지조사결과 제시목록의 내용과 현실적인 이용상황이 다른 것으로 인정되는 경우에는 평가의뢰자에게 그 내용을 조회한 후 제시목록을 다시 제출받아 평가함을 원칙으로 하며, 수정된 목록의 제시가 없는 때에는 당초 제시목록을 기준으로 평가하되, 비고란에 현실적인 이용상황을 기준으로 한 평가가격을 따로 기재하면 될 것이다.

(5) 보상평가 시 가치산정요인의 기술정도

토지수용 보상액을 평가하는 데에는 관계 법령에서 들고 있는 모든 가격산정요인들을 구체적 · 종합적으로 참작하여 그 각 요인들이 빠짐없이 반영된 적정가격을 산출하여야 하고, 이 경우 감정평가서에는 모든 가격산정요인의 세세한 부분까지 일일이 설시하거나 그 요소가 평가에 미치는 영향을 수치로 표현할 필요는 없다고 하더라도, 적어도 그 가격산정요인들을 특정 · 명시하고 그 요인들이 어떻게 참작되었는지를 알아 볼 수 있는 정도로 기술하여야 한다.[28]

(6) 평가서 제출기한

평가서 제출기한은 30일 이내로 하여야 한다. 다만, 대상물건이나 평가내용이 특수한 경우에는 그러하지 아니하다(같은 법 시행규칙 제16조 제2항). 한편, 감정평가업자는 평가를 한 후 보상평가서를 작성하여 심사자 1인 이상의 심사를 받고 보상평가서에 당해 심사자의 서명날인을 받은 후 제출기한 내에 사업시행자에게 이를 제출하여야 한다. 이 경우 심사자는 보상평가서의 위산 · 오기 여부, 관계 법령에서 정하는 바에 따라 대상물건이 적정하게 평가되었는지 여부, 비교 대상이 되는 표준지의 적정성 등 대상물건에 대한 평가액의 타당성 등의 사항을 성실하게 심사하여야 한다.

---

27) 2012. 12. 21. 토지정책과 6538 회신내용 참조.

28) 대법원 2000. 7. 28. 선고 98두6081 판결.

■ 공익사업을 위한 토지 등의 취득 및 보상에 관한 법률 시행규칙 [별지 제16호서식] 〈개정 2016. 6. 14.〉

평가업자의 명칭

수신자

(경유)

제 목 **감정평가서 제출**

「공익사업을 위한 토지 등의 취득 및 보상에 관한 법률 시행규칙」 제16조제4항에 따라 대상물건에 대한 보상평가서를 아래와 같이 제출합니다.

보상평가 요약

<table>
<tr><td colspan="2">공익사업의 명칭</td><td colspan="3"></td></tr>
<tr><td colspan="2">평가액 합계</td><td colspan="3"></td></tr>
<tr><td colspan="2">의뢰일</td><td></td><td>의뢰
문서
번호</td><td></td></tr>
<tr><td colspan="2">제출기한</td><td></td><td>가격
시점</td><td></td></tr>
<tr><td colspan="2">산출개요, 평가방법과
그 밖에 평가에 참고한 사항</td><td colspan="3"></td></tr>
<tr><td rowspan="3">감정평가업자</td><td>명 칭</td><td></td><td>평가자</td><td>(서명 또는 인)</td></tr>
<tr><td>대표자</td><td>(서명 또는 인)</td><td rowspan="2">심사자</td><td>(서명 또는 인)</td></tr>
<tr><td>주 소</td><td></td><td>(서명 또는 인)</td></tr>
</table>

붙임: 감정평가서

사무직원 (서명 또는 인)	담당평가사 (서명 또는 인)		
시행	처리기관-일련번호(시행)	접수	처리기관-일련번호(접수)
우편번호	주소	/ 홈페이지 주소	
전화번호( )	팩스번호( )	/ 전자우편주소	/

210mm×297mm| 백상지 80g/㎡ |

다. 감정평가서의 검토 및 재평가

(1) 재평가요구

사업시행자는 제출된 보상평가서를 검토한 결과 그 평가가 관계법령에 위반하여 평가되었거나 합리적 근거 없이 비교 대상이 되는 표준지의 공시지가와 현저하게 차이가 나는 등 부당하게 평가되었다고 인정하는 경우에는 당해 감정평가업자에게 그 사유를 명시하여 다시 평가할 것을 요구하여야 한다. 이 경우 사업시행자는 필요하면 국토교통부장관이 보상평가에 관한 전문성이 있는 것으로 인정하여 고시하는 기관에 해당 평가가 위법 또는 부당하게 이루어졌는지에 대한 검토를 의뢰할 수 있다(토지보상법 시행규칙 제17조 제1항).

(2) 2인 이상의 감정평가업자에게 재평가 의뢰

(가) 재평가 의뢰

사업시행자는 당해 감정평가업자에게 평가를 요구할 수 없는 특별한 사유가 있는 경우, 대상물건의 평가액 중 최고평가액이 최저평가액의 110퍼센트를 초과하는 경우(대상물건이 지장물인 경우 최고평가액과 최저평가액의 비교는 소유자별로 지장물 전체 평가액의 합계액을 기준으로 한다),[29] 보상평가를 한 후 1년이 경과할 때까지 보상계약이 체결되지 아니한 경우

29) 이에 해당하는 경우 사업시행자는 평가내역 및 당해 감정평가업자를 국토교통부장관에게 통지하여야 하며, 국토교통부장관은 당해 감정평가가 관계법령이 정하는 바에 따라 적법하게 행하여졌는지 여부를 조사하여야 한다.

등에 해당하는 경우에는 다른 2인 이상의 감정평가업자에게 대상물건의 평가를 다시 의뢰하여야 한다(같은 조 제2항).

> **질의요지**
>
> 공익사업에 편입되는 토지등에 대하여 감정평가를 한 후 소유자와 보상협의가 성립되지 않는 채 1년이 경과된 경우, 향후 수용재결 신청시 반려사유가 되는지?
>
> **회신내용**
>
> 「공익사업을 위한 토지 등의 취득 및 보상에 관한 법률 시행규칙」 제17조제2항제3호에 따르면 사업시행자는 평가를 한 후 1년이 경과할 때까지 보상계약이 체결되지 아니한 경우에는 다른 2인 이상의 감정평가업자에 게 대상물건의 평가를 다시 의뢰하도록 규정하고 있습니다. 따라서 평가 후 1년이 경과할 때까지 보상계약이 체결되지 않는 경우에는 위 규정에 따라 다시 평가를 의뢰하여야 할 것으로 보며, 개별적인 사례에 있어 재결신청 반려 여부에 대하여는 관할 토지수용위원회에 서 판단할 사항으로 봅니다(2012. 12. 21. 토지정책과-6538).

(나) 최고평가액이 최저평가액의 110% 초과여부 판단

보상평가액 중 최고평가액이 최저평가액의 110%를 초과하는지 여부는 토지의 경우에는 필지별로 판단하고 지장물인 경우에는 소유자별로 지장물 전체 평가액의 합계액을 기준으로 한다.

(3) 다른 감정평가업자 추천 통지

사업시행자는 재평가를 하여야 하는 경우로서 종전의 평가가 시 · 도지사와 토지소유자가 추천한 감정평가업자를 선정하여 행하여진 경우에는 시 · 도지사와 토지소유자(보상계약을 체결하지 아니한 토지소유자를 말한다.)에게 다른 감정평가업자를 추천하여 줄 것을 통지하여야 한다. 이 경우 시 · 도지사와 토지소유자가 통지를 받은 날부터 30일 이내에 추천하지 아니한 경우에는 추천이 없는 것으로 본다(같은 조 제3항).

(4) 재평가시 보상액산정

재평가를 행한 경우 보상액의 산정은 각 감정평가업자가 다시 평가한 평가액의 산술평균치를 기준으로 한다(같은 조 제4항).

5. 보상액의 산정

보상액의 산정은 각 감정평가업자가 평가한 평가액의 산술평균치를 기준으로 함이 원칙이다. 따라서 보상액 산정시 보상평가를 의뢰받은 감정평가업자 중 일부가 평가에 참가하지 아니한 경우 그 평가에 참가한 감정평가업자가 평가한 평가액의 산술평균치만을 기준으로 보상액을 산정하는 것은 허용되지 아니하다.

다만, 분묘이전비 · 농업의 손실에 대한 보상 · 이주정착금 · 주거이전비 · 이사비 · 이농비 또는 이어비 등과 같이 「토지보상법 시행규칙」에서 정액 또는 정률로 지급하도록 규정되어 있어 그 기준에 따라 사업시행자가 직접 보상액을 산정 할 수 있는 때에는 감정평가법인 등에게 평가의뢰하지 않고, 사업시행자가 그 금액을직접 산정할 수 있다.

가. 보상액의 산정

사업시행자는 토지등에 대한 보상액을 산정하려는 경우에는 감정평가업자 3인(제2항에 따라 시 · 도지사와 토지소유자가 모두 감정평가업자를 추천하지 아니하거나 시 · 도지사 또는 토지소유자 어느 한쪽이 감정평가업자를 추천하지 아니하는 경우에는 2인)을 선정하여 토지등의 평가를 의뢰하여야 한다(토지보상법 제68조 제1항).

나. 보상평가 기준

보상액의 산정은 각 감정평가업자가 평가한 평가액의 산술평균치를 기준으로 한다(토지보상법 시행규칙 제16조 제6항).

다. 통계자료를 기준으로 산정하는 손실보상금

(1) 폐업보상

폐업보상은 당해 영업의 특수성으로 인하여 다른 인접 시,군,구로 이전하여서는 영업을 할 수 없거나, 동일 영업에 대한 허가 등을 받을 수 없는 경우 등의 객관적인 사유가 있을 때 이루어진다.[30] 이는 당해 및 인접지역의 관할 시장,군수,구청장의 확인이 필요적이다. 또한

30) 폐업보상을 판단하는데 다른 지역의 이전가능성 여부에서 한 곳만 판단하여서는 안되고 인접 다른 지역의 모든 지역이 불가능한지 판단하여야 한다.

이때 보상은 2년간의 영업이익과 영업시설물의 매각손실 등을 더한 금액으로 평가 보상한다(영업자 본인의 주관적인 폐업결정으로 폐업보상이 되는 것은 아님).
연간 영업이익의 최소기준 :「통계법」 제3조제3호에 따른 통계작성기관이 같은 법 제18조에 따른 승인을 받아 작성 · 공표한 제조부문 보통인부의 노임단가×25(일)× 12(월)(토지보상법 시행규칙 제46조 제3항).[31]

(2) 휴업보상

영업의 휴업은 폐업할 정도는 아니나 공익사업의 시행으로 인하여 일정기간 영업을 할 수 없거나 영업장소의 이전으로 인해 종전의 통상적인 수익의 손실이 예상되는 경우에 행하는 보상휴업보상은 영업권 보상 대상 중 폐업보상에 해당하지 않는 영업에 대하여 통상 3개월의 영업이익과 영업시설물의 이전에 소요되는 비용 을 더한 금액으로 평가 보상한다. 다만 3개월 초과시는 증빙자료가 필요하다.
휴업기간에 해당하는 영업이익의 최소기준 : 「통계법」 제3조제3호에 따른 통계작성기관이 조사 · 발표하는 가계조사통계의 도시근로자가구 월평균 가계지출비를 기준으로 산정한 3인 가구의 휴업기간으로 한다(토지보상법 시행규칙 제47조 제5항).
한편, 영업의 폐지로 볼 것인지 아니면 영업의 휴업으로 볼 것인지를 구별하는 기준은 당해 영업을 그 영업소 소재지나 인접 시 · 군 또는 구 지역 안의 다른 장소로 이전하는 것이 가능한지의 여부에 달려 있다 할 것이고, 이러한 이전가능 여부는 법령상의 이전장애사유 유무와 당해 영업의 종류와 특성, 영업시설의 규모, 인접 지역의 현황과 특성, 그 이전을 위하여 당사자가 들인 노력 등과 인근 주민들의 이전 반대 등과 같은 사실상의 이전장애사유 유무 등을 종합하여 판단함이 상당하다.[32]

31) 제조부문 단순노무종사원 노임 81,196 원(원본데이터 원용, 공표시점: 2021.06.25.), 연간 영업이익 하한액 = 81,196원 × 25일 × 12월 = 24,358,800원
32) 대법원 2001. 11. 13. 선고 2000두1003 판결.

(3) 영농손실

공익사업시행지구에 편입되는 농지에 대하여는 그 면적에 통계작성기관이 매년 조사 · 발표하는 농가경제조사통계의 도별 농업총수입 중 농작물수입을 도별 표본농가현황 중 경지면적으로 나누어 산정한 도별 연간 농가평균 단위경작면적당 농작물총수입[33]의 직전 3년간 평균의 2년분을 곱하여 산정한 금액을 영농손실액으로 보상한다(토지보상법 시행규칙 제48조 제1항).

(4) 영업보상 특례

허가등을 받지 아니한 영업에 관한 손실보상은 「통계법」 제3조제3호에 따른 통계작성기관이 조사 · 발표하는 가계조사통계의 도시근로자가구 월평균 가계지출비를 기준으로 산정한 3인 가구 3개월분 가계지출비에 해당하는 금액을 영업손실에 대한 보상금으로 지급한다(토지보상법 시행규칙 제52조).

(5) 주거이전비 보상

주거이전비는 「통계법」 제3조제3호에 따른 통계작성기관이 조사 · 발표하는 가계조사통계의 도시근로자가구의 가구원수별 월평균 명목 가계지출비를 기준으로 산정한다. 이 경우 가구원수가 5인인 경우에는 5인 이상 기준의 월평균 가계지출비를 적용하며, 가구원수가 6인 이상인 경우에는 5인 이상 기준의 월평균 가계지출비에 5인을 초과하는 가구원수에 다음의 산식에 의하여 산정한 1인당 평균비용을 곱한 금액을 더한 금액으로 산정한다(토지보상법 제54조 제3항).

(6) 이농비 또는 이어비 보상

「통계법」 제3조제3호에 따른 통계작성기관이 조사 · 발표하는 농가경제조사통계의 연간 전국평균 가계지출비 및 농업기본통계조사의 가구당 전국평균 농가인구를 기준으로 다음 산식에 의하여 산정한 가구원수에 따른 1년분의 평균생계비를 말한다(토지보상법 시행규칙 제56조).

---

33) 서울특별시 · 인천광역시는 경기도, 대전광역시는 충청남도, 광주광역시는 전라남도, 대구광역시는 경상북도, 부산광역시 · 울산광역시는 경상남도의 통계를 각각 적용한다.

6. 협의

공익사업을 위한 토지의 취득도 예외적인 경우(수용)를 제외하고는 협의로 취득하는 것이 원칙이다.

가. 토지보상 협의

(1) 협의

사업시행자는 토지등에 대한 보상에 관하여 토지소유자 및 관계인과 성실하게 협의하여야 하며, 협의의 절차 및 방법 등 협의에 필요한 사항은 대통령령으로 정한다(토지보상법 제16조). 이때 성실한 협의란 토지보상법상에서 정한 절차의 완전한 이행뿐만 아니라 정당한 보상금의 제시 등의 요건을 충족할 것을 요한다.[34)]

(2) 협의의 법적성질

협의는 사법상의 매매와 같은 사법행위이다. 그 결과 협의취득에 따르는 보상금의 지급행위도 토지 등의 권리이전에 대한 반대급부의 교부행위이기 때문에 그 효력은 당사자 사이에서만 미친다. 따라서 당사자 간의 합의로 같은 법 소정의 손실보상의 기준에 의하지 아니한 손실보상금을 정할 수 있으며, 그 합의가 착오 등의 이유로 취소되지 않는한 유효하다.

【판시사항】

공익사업을 위한 토지 등의 취득 및 보상에 관한 법률에 의한 보상을 하면서 손실보상금에 관한 당사자 간의 합의가 성립한 경우, 그 합의 내용이 같은 법에서 정하는 손실보상 기준에 맞지 않는다는 이유로 그 기준에 따른 손실보상금 청구를 추가로 할 수 있는지 여부(대법원 2013. 8. 22. 선고 2012다 3517 판결)

【판결요지】

공익사업을 위한 토지 등의 취득 및 보상에 관한 법률(이하 '공익사업법'이라고 한다)에 의한 보상합의는 공공기관이 사경제주체로서 행하는 사법상 계약의 실질을 가지는 것으로서, 이와 같이 같은 법이 정하는 기준에 따르지 아니하고 손실보상액에 관한 합의를 하였다고 하

34) 대법원 2013. 5. 9. 선고 2011다101315, 101322 판결.

더라도 그 합의가 착오 등을 이유로 적법하게 취소되지 않는 한 유효하다. 따라서 공익사업법에 의한 보상을 하면서 손실보상금에 관한 당사자 간의 합의가 성립하면 그 합의 내용대로 구속력이 있고, 손실보상금에 관한 합의 내용이 공익사업법에서 정하는 손실보상 기준에 맞지 않는다고 하더라도 합의가 적법하게 취소되는 등의 특별한 사정이 없는 한 추가로 공익사업법상 기준에 따른 손실보상금 청구를 할 수는 없다.

나. 협의의 절차 및 방법 등

(1) 협의의 상대상

토지보상법상 협의는 토지보상법에 의해 결정된 토지소유자 또한 관계인 등을 대상으로 한다. 따라서 협의대상에서 민법상 계약자유의 원칙 중 상대방 선택의 자유는 포함되지 않기 때문에 사업시행자는 협의과정에서 보상대상자 중 일부를 자신의 임의로 배제할 수는 없다.

(2) 사업시행자의 통지

사업시행자는 협의를 하려는 경우에는 국토교통부령으로 정하는 보상협의요청서에 ⅰ) 협의기간 · 협의장소 및 협의방법, ⅱ) 보상의 시기 · 방법 · 절차 및 금액, ⅲ) 계약체결에 필요한 구비서류 등의 사항을 적어 토지소유자 및 관계인에게 통지하여야 한다.

다만, 토지소유자 및 관계인을 알 수 없거나 그 주소 · 거소 또는 그 밖에 통지할 장소를 알 수 없을 때에는 공고로 통지를 갈음할 수 있다(토지보상법 시행령 제8조 제1항). 이때의 공고는 사업시행자가 공고할 서류를 토지등의 소재지를 관할하는 시장[35] · 군수 또는 구청장(자치구가 아닌 구의 구청장을 포함한다)에게 송부하여 해당 시(행정시를 포함한다) · 군 또는 구(자치구가 아닌 구를 포함한다)의 게시판 및 홈페이지와 사업시행자의 홈페이지에 14일 이상 게시하는 방법으로 한다(같은 조 제2항). 이처럼 사업시행자가 협의를 하려는 경우 토지소유자 등에게 통지 · 공고하도록 규정한 취지는 토지소유자 등의 권리를 보호하기 위한 것이므로, 이를 생략할 수는 없다.

보상협의요청서를 통지할 때에 처음의 통지는 통상우편으로 한다하더라도 토지소유자가 또는 관계인의 응답이 없을 경우 통지한 보상협의요청서가 반송되지 아니하였다고 하여

35) 행정시의 시장을 포함한다.

그것이 배달되었다고 추정되지 아니하므로,[36] 다시 통지할 때에는 등기우편으로 통지하여 보상협의요청서가 상대방에게 배달되었음을 확인하여 성실한 협의를 거쳤다는 입증자료로 활용하는 것이 타당하다.[37]

(3) 성실한 협의의 요건

공용수용의 경우 사업시행자는 토지 등에 대한 보상에 관하여 토지소유자 및 관계인과 성실하게 협의하여야 하고, 협의의 절차 및 방법 등 협의에 관하 필요한사항은 대통령령으로 정하도록 하고 있다. 사업시행자는 위 규정에 의한 협의를하고자 하는 때에는 협의기간 · 협의장소 및 협의방법, 보상의 시기 · 방법 · 절차및 금액, 계약체결에 필요한 구비서류 등을 기재한 보상협의요청서를 토지소유자 및 관계인에게 통지하여야 하고, 같은 조 제5항에 의하면, 사업시행자는 협의기간 내에 협의가 성립되지 아니한 경우에는 협의의 일시 · 장소 및 방법, 대상 토지의 소재지 · 지번 · 지목 및 면적과 토지에 있는 물건의 종류 · 구조 및 수량, 토지소유자 및 관계인의 성명 또는 명칭 및 주소, 토지소유자 및 관계인의 구체적인 주장 내용과 이에 대한 사업시행자의 의견, 그 밖에 협의와 관련된 사항 등이 기재된 협의경위서에 토지소유자 및 관계인의 서명 또는 날인을 받아야 한다. 따라서 '협의'는 사업주체와 대지 소유자 사이에서의 구체적이고 실질적인 협의를 뜻한다고 보아야 한다. 그리고 특별한 사정이 없는 한 그와 같은 협의 요건을 갖추었는지를 판단할 때에는, 주택건설사업계획승인을 얻은 사업주체가 매매가격 또는 그 산정을 위한 상당한 근거를 제시하였는지, 사업주체가 협의 진행을 위하여 노력하였는지, 대지 소유자가 협의에 어떠한 태도를 보였는지 등의 여러 사정을 종합적으로 고려하여야 하며, 요건 충족에 대한 증명책임은 사업주체가 부담한다.[38]

---

36) 대법원 1977. 2. 22. 선고 76누263 판결.
37) 김은유 외, 앞의 책 160면.
38) 대법원 2013.5.9. 선고 2011다101315,101322 판결

[별표 2] 성실한 협의의 요건[39]

16. 1. 1.부터 상기 적법한 협의의 토지보상법상의 의무적 규정을 준수하지 않은 재결신청에 대하여는 재결신청 요건을 갖추지 않은 것으로 보아 각하되는 경우가 있을 수 있음

구분	세부 항목	관련근거
토지조서 및 물건조서 작성	1. 토지조서 및 물건조서에 소유자 및 관계인의 서명 또는 날인 ※ 미서명, 미날인시 사유 기재	법 제14조, 시행령 제7조
보상계획의 열람 등	2. 공익사업의 개요, 토지조서 및 물건조서의 내용, 보상의 시기, 보상방법, 보상절차 등이 포함된 보상계획 작성 여부 3. 위 보상계획의 일간신문 공고 실시 여부(공고문 첨부) ※ 전국을 보급지역으로 하는 일간신문 4. 위 보상계획의 소유자, 관계인 및 시 · 군 · 구에 통지 실시 여부(통지대상은 보상계획공고전 1개월 이내에 발급된 등기부등본에 의함) ※ 통지 확인을 위한 우편송달증명서(등기우편내역서 포함) 첨부 5. 보상계획의 14일이상의 일반인에게 열람 실시 여부 ※ 사업지역이 2이상의 시 · 군 · 구에 걸치는 경우, 비행정청인 경우는 시 · 군 · 구에 의뢰 하여 열람 실시	법 제15조
협의	6. 보상요청서 기재사항 적정 여부 – 협의기간(30일이상), 장소, 방법 – 보상의 시기, 방법, 절차, 금액 – 계약체결구비서류 7. 소유자 및 관계인에 대한 통지 실시 여부(통지대상은 보상협의실시 전 1개월 이내에 발급된 등기부 등본에 의함) ※ 통지 확인을 위한 우편송달증명서(등기우편 내역서 포함) 첨부 ※ 반송우편물에 대하여는 해당 소유자 및 관계인에 대하여 주민등록표 발급 등을 거쳐 재통지 실시하였는지에 대한 증빙(주민등록표 발급의뢰 공문) 첨부 8. 통지불능자(토지소유자 및 관계인을 알 수 없거나 그 주소 · 거소 또는 그 밖의 통지할 장소를 알 수 없는 때)들에 대한 공시송달 실시여부 ※ 시 · 군 · 구 게시판의 게시결과 첨부 9. 협의경위서 기재사항 적정 여부(시행령 제18조제5항 소정사항)	법 제16조, 시행령 제8조
보상협의회의 개최	10. 해당 공익사업지구 면적이 10만 제곱미터 이상이고, 토지 등의 소유자가 50인 이상인 공익사업을 시행하는 경우에는 보상협의회 개최여부 ※ 통보된 협의사항의 반영 여부	법 제82조
보상평가	11. 보상계획의 공고시 '시 · 도지사와 토지소유자가 감정평가업자를 추천할 수 있다'는 내용을 포함하여 공고하였는지 여부 12. 위 내용을 시 · 도지사와 토지소유자에게 통지하였는지 여부 ※ 통지 확인을 위한 우편송달증명서 (등기우편 내역서 포함) 첨부 13. 추천결과를 반영하여 보상금을 산정하였는지 여부	법 제68조, 시행령 28조

39) 한국감정평가사협회, 2018 토지수용 업무편람의 활용, 10면.

【판시사항】

협의에 대한 통지를 규정한 취지(부산지방법원 2008. 11. 3. 선고 2007가단145338 판결)

【판결요지】

공익사업을 위한 토지 등의 취득 및 보상에 관한 법률이 사업시행자로 하여금 관계인과 협의하거나 그 협의를 위한 통지를 하도록 규정한 취지는 비자발적으로 담보권을 상실하게 되는 관계인으로 하여금 당해 협의절차에 참여하여 자신의 권리를 스스로 행사할 수 있는 기회를 부여함으로써 그와 같은 토지수용으로 인하여 불측의 손해를 입지 아니하도록 예방할 뿐만 아니라, 협의가 성립하지 아니하여 수용재결로 나아가는 경우 물상대위권을 행사할 수 있는 기회를 제공함으써 법률상 당연히 인정되는 물상대위권 행사를 실효성을 보장하기 위한 것이다.

(4) 협의기간

협의기간은 특별한 사유가 없으면 30일 이상으로 하여야 한다(토지보상법 시행령 제8조 제3항).

(5) 계약내용에 포함될 사항

체결되는 계약의 내용에는 계약의 해지 또는 변경에 관한 사항과 이에 따르는 보상액의 환수 및 원상복구 등에 관한 사항이 포함되어야 한다(토지보상법 시행령 제8조 제4항).

(6) 협의불성립

사업시행자는 협의기간에 협의가 성립되지 아니한 경우에는 협의경위서에 ⅰ) 협의의 일시 · 장소 및 방법, ⅱ) 대상 토지의 소재지 · 지번 · 지목 및 면적과 토지에 있는 물건의 종류 · 구조 및 수량, ⅲ) 토지소유자 및 관계인의 성명 또는 명칭 및 주소, ⅳ) 토지소유자 및 관계인의 구체적인 주장내용과 이에 대한 사업시행자의 의견, ⅴ) 그 밖에 협의와 관련된 사항 등의 사항을 적어 토지소유자 및 관계인의 서명 또는 날인을 받아야 한다. 다만, 사업시행자는 토지소유자 및 관계인이 정당한 사유 없이 서명 또는 날인을 거부하거나 토지소유자 및 관계인을 알 수 없거나 그 주소 · 거소, 그 밖에 통지할 장소를 알 수 없는 등의 사유로 서명 또는 날인을 받을 수 없는 경우에는 서명 또는 날인을 받지 아니하되, 해당 협의경위서에 그 사유를 기재하여야 한다(토지보상법 시행령 제8조 제5항).

【판시사항】

기업자의 저당권자에 대한 토지수용법령에 의한 협의나 통지의 해태와 저당권자의 물상대위권 상실 사이의 인과관계를 인정할 수 있는지 여부(대법원 2003. 4. 25. 선고 2001다78553 판결)

【판결요지】

기업자가 수용할 토지의 저당권자에게 토지수용법령에 의한 협의나 통지를 하지 아니하였다면 이는 위법하다고 할 것이나, 기업자와 토지소유자 사이에 협의가 이루어지지 아니하여 토지가 수용되고 나아가 그 수용보상금이 공탁되기에 이른 경우에 있어서는 그 토지의 저당권자는 공탁금이 출급되어 토지소유자의 일반재산에 혼입되기 전까지 구 토지수용법 제69조의 규정에 따른 물상대위권을 행사하여 토지소유자의 위 수용보상공탁금 출급청구권 등을 압류함으로써 우선변제를 받을 수 있으므로 수용 토지의 저당권자가 어떠한 경위로든지 수용보상공탁금이 토지소유자에 의하여 출급되어 그 일반재산에 혼입되기 전에 물상대위권을 행사할 수 있는 충분한 시간적 간격을 두고 토지가 수용된 사실을 알게 되었음에도 불구하고 물상대위권을 행사하여 토지소유자의 공탁금출급청구권을 압류하지 아니함으로써 우선변제를 받을 수 없게 된 경우에는, 저당권자가 토지수용보상금으로부터 우선변제를 받지 못한 것이 기업자가 저당권자에게 토지수용과 관련하여 토지수용법령에 의한 협의나 통지를 하지 아니한 데에 그 원인이 있는 것이라고는 할 수 없다.

(7) 토지소유자와 관계인의 서명 · 날인을 받지 않은 경우

실무상 사업시행자는 손실보상협의요청서를 우편으로 3번 정도 보낸 후에 토지소유자가 아무런 반응이 없으면, 협의경위서에 무조건 토지소유자가 정당한 사유 없이 거부하였다고 기재하고, 이를 근거로 수용재결을 신청하고 있다.[40] 법원은 이에 대하여 보상협의통지서를 발송하거나 보상금 수령을 촉구한 사실이 있는데 토지소유자가 협의에 응하지 않으면 정당한 사유 없이 거부하였다고 보아야 한다고 판시하고 있다.[41]

---

40) 김은유 외, 앞의 책 162면.

41) 대구지방법원 2013. 9. 13. 선고 2012구합1626 판결.

■ 공익사업을 위한 토지 등의 취득 및 보상에 관한 법률 시행규칙[별지 제7호서식] 〈개정 2016. 6. 14.〉

협의경위서

1. 공익사업의 명칭:

2. 사업시행자의 성명 또는 명칭 및 주소:

3. 협의대상 토지 및 물건

소재지	지번	토지		물건		
		지목 (현실적인 이용현황)	면적 (㎡)	종류	구조	수량 (면적)

4. 토지소유자 및 관계인의 성명 또는 명칭 및 주소

가. 소유자:

나. 관계인:

5. 협의내용

협의 일시	협의장소 및 방법	토지소유자 및 관계인의 구체적인 주장내용	사업시행자의 의견	비고

6. 토지소유자 및 관계인이 서명 또는 날인을 거부하거나 서명날인을 할 수 없는 경우 그 사유

7. 그 밖에 협의와 관련된 사항

「공익사업을 위한 토지 등의 취득 및 보상에 관한 법률 시행령」 제8조제5항에 따라 위와 같이 협의경위서를 작성합니다.

년 월 일

사업시행자 (인)

토지소유자 (서명 또는 인)

관 계 인 (서명 또는 인)

작성방법

이 서식은 토지 및 물건의 소유자별로 작성합니다.

210mm×297mm[백상지 80g/㎡]

(8) 협의경위서 작성시기

이때 협의경위서는 협의기간 내에 협의가 성립되지 아니하면 그 기간이 경과한 후에 작성하여야 하는 것은 아니고 토지소유자 및 관계인이 협의에 불응할 의사를 명백히 표시하였거나 협의기간 만료일까지 기다려도 협의가 성립될 가망이 없을 것이 명백하다면 협의기간이 만료되기 전에 협의경위서가 작성되었다 하더라도 이를 잘못이라고 할 수는 없다.[42]

【판시사항】

협의기간 만료전에 작성된 토지수용법시행령 제15조의2 제2항 소정 협의경위서의 효력(대법원 1987. 5. 12. 선고 85누755 판결)

【판결요지】

토지수용법시행령 제15조의2 제1항, 제2항의 취지는 원칙적으로 기업자와 토지소유자 및 관계인사이에 토지수용에 관한 협의기간내에 협의가 성립되지 아니하면 그 기간이 경과한 후에 협의경위서를 작성하도록 규정한 것이라고 할 것이나 토지소유자 및 관계인이 협의에 불응할 의사를 명백히 표시하였거나 협의기간 만료일까지 기다려도 협의가 성립될 가망이 없을 것이 명백하다면 협의기간이 만료되기 전에 협의경위서가 작성되었다 하더라도 이를 잘못이라고 할 수는 없다.

■ 공익사업을 위한 토지 등의 취득 및 보상에 관한 법률 시행규칙[별지 제6호서식] 〈개정 2016. 6. 14.〉

사업시행자의 명칭

수신자
(경유)
제 목 **보상에 관한 협의 요청**

---

1. 「공익사업을 위한 토지 등의 취득 및 보상에 관한 법률」 제16조 및 같은 법 시행령 제8조제1항에 따라 ○○○○사업에 편입된 토지 및 물건의 보상에 관하여 협의를 요청하오니 협의기간 내에 협의하여 주시기 바랍니다.
2. 귀하의 토지 중 일부가 공익사업 시행구역에 편입됨에 따라 잔여지를 종래의 목적으로 사용하는 것이 현저히 곤란한 경우에는 「공익사업을 위한 토지 등의 취득 및 보상에 관한 법률 시행령」 제39조에 따라 잔여지를 매수하여 줄 것을 청구할 수 있으며, 사업인정 이후에는 그 사업의 공사완료일까지 관할 토지수용위원회에 수용을 청구할 수 있습니다.

42) 대법원 1987. 5. 12. 선고 85누755 판결.

협의 기간	
협의 장소	
협의 방법	
보상하는 시기, 방법 및 절차	
계약체결에 필요한 구비서류	

보상액 명세

일련 번호	소재지	지번 (원래 지번)	지목 또는 물건의 종류	구조 및 규격	면적 (원래 면적) 또는 수량	보상액	비고

사업시행자 인

기안자 직위(직급) (서명 또는 인) 검토자 직위(직급) (서명 또는 인) 결재권자 직위(직급) (서명 또는 인)

협조자

시행 처리기관-일련번호(시행일자) 접수 처리기관-일련번호(접수일자)

우 주소 / 홈페이지 주소

전화번호( ) 팩스번호( ) / 전자우편주소

작성방법

1. 해당 공익사업으로 인하여 토지가 분할되는 경우에는 분할 전의 지번은 면적은 "지번(원래 지번)" 및 "면적(원래 면적) 또는 수량"란에 ( )로 적습니다.
2. 검토항목의 내용은 별지로 작성할 수 있습니다.

210mm×297mm[백상지 80g/㎡]

(9) 협의생략 가능성

사업시행자가 협의를 하려는 경우 토지소유자 등에게 통지하거나 공고하도록 한 취지는 토지소유자 등의 권리를 보호하기 위한 것이므로 이를 생략할 수 없다.

【판시사항】

관계인에게 협의에 대한 통지를 하도록 규정한 취지는 관계인의 권리를 보호하기 위함이다. [부산지법 2008. 11. 13. 선고 2007가단145338 판결

【판결이유】

근저당권이 설정된 토지가 수용되어 보상금이 지급되는 경우 근저당권자는 보상금을 그 지급전에 압류하지 아니하면 담보권을 상실하게 되는 바, 공익사업을 위한 토지 등의 취득 및 보상에 관한 법률이 사업시행 자로 하여금 관계인과 협의하거나 그 협의를 위한 통지를 하도록 규정한 취지는 비자발적으로 담보권을 상실하게 될 저당권자 등의 관계인으로 하여금 당해 협의절차에 참여하여 자신의 권리를 스스로 행사할 수 있는 기회를 부여함으로써 그와 같은 토지수용으로 인하여 불측의 손해를 입지 아니하도록 예방할 뿐만 아니라, 협의가 성립하지 아니하여 수용재결로 나아가는 경우 물상대위권을 행사할 수 있는 기회를 제공함으로써 법률상 당연히 인정되는 물상대위권 행사의 실효성을 보장하기 위한 것이다

7. 계약의 체결 등

토지보상법에 의한 보상을 하면서 손실보상금에 관한 당사자 간의 합의가 성립하면 그 합의 내용대로 구속력이 있고, 손실보상금에 관한 합의 내용이 토지보상법에서 정하는 손실보상 기준에 맞지 않는다고 하더라도 합의가 적법하게 취소되는 등의 특별한 사정이 없는 한 추가로 토지보상법상 기준에 따른 손실보상을 청구할 수 없음에 유의하여야 한다.[43]

가. 계약의 체결

사업시행자는 협의가 성립되었을 때에는 토지소유자 및 관계인과 계약을 체결하여야 한다(토지보상법 제17조). 이때 계약의 내용에는 계약의 해지 또는 변경에 관한 사항과 이에 따르는 보상액의 환수 및 원상복구 등에 관한 사항이 포함되어야 한다(토지보상법 시행령 제8조 제4항).

43) 대법원 2013. 8. 22. 선고 2012다3517 판결.

【판시사항】

매매계약서 상의 매매대금의 지급시기 등(대법원 2011. 2. 24. 선고 2010다83755 판결)

【판결요지】

구 공익사업을 위한 토지 등의 취득 및 보상에 관한 법률상의 사업시행자가 사업구역 내에 편입되는 토지의 소유자에게서 그 토지를 협의취득하면서 일부는 현금으로, 나머지는 채권으로 보상하기로 하고, 매매계약서에 '소유권이전등기를 필한 후 매매대금을 지급한다'고 정한 사안에서, 위 매매계약서상 매매대금 지급기일은 사업시행자 명의의 소유권이전등기가 경료된 때, 즉 등기에 필요한 서류가 등기소에 접수되고 등기관에 의해 해당 등기가 마쳐진 때에 도래하는 것으로 보아야 하고, 이는 불확정기한이므로 매매대금 지급의무의 이행을 지체하였다고 하기 위해서는 소유권이전등기가 경료된 것만으로는 부족하고 채무자인 사업시행자가 그 사실을 알아야 하며, 이에 관한 증명책임은 채권자인 토지소유자에게 있음에도, 소유권이전등기신청 접수일에 매매대금 지급의무의 이행기가 도래하였다고 보아 이를 기준으로 대금지급을 위하여 발행한 보상채권의 이율을 산정한 원심판단에는 법리오해 등 위법이 있다.

나. 채무불이행책임 특약

협의는 사법상 법률행위(계약)의 성질을 갖는다. 따라서 사업시행자와 토지소유자 등은 자유로운 의사에 따라 채무불이행 책임 등에 대한 특약을 할 수 있다.

【판시사항】

협의취득시 채무불이행특약 가부(대법원 2012. 2. 23. 선고 2010다91206 판결)

【판결요지】

공익사업을 위한 토지 등의 취득 및 보상에 관한 법령(이하 '공익사업법령'이라고 한다)에 의한 협의취득은 사법상의 법률행위이므로 당사자 사이의 자유로운 의사에 따라 채무불이행 책임이나 매매대금 과부족금에 대한 지급의무를 약정할 수 있다.

다. 협의취득의 법적성질 등

(1) 법적성질

공익사업을 위한 토지 등의 취득 및 보상에 관한 법률(이하 '공익사업법'이라고 한다)에 의한 보상합의는 공공기관이 사경제주체로서 행하는 사법상 계약의 실질을 가지는 것으로서, 당사자 간의 합의로 같은 법 소정의 손실보상의 기준에 의하지 아니한 손실보상금을 정할 수 있으며, 이와 같이 같은 법이 정하는 기준에 따르지 아니하고 손실보상액에 관한 합의를 하였다고 하더라도 그 합의가 착오 등을 이유로 적법하게 취소되지 않는 한 유효하다. 따라서 공익사업법에 의한 보상을 하면서 손실보상금에 관한 당사자 간의 합의가 성립하면 그 합의 내용대로 구속력이 있고, 손실보상금에 관한 합의 내용이 공익사업법에서 정하는 손실보상 기준에 맞지 않는다고 하더라도 합의가 적법하게 취소되는 등의 특별한 사정이 없는 한 추가로 공익사업법상 기준에 따른 손실보상금 청구를 할 수는 없다.[44]. 이렇듯 협의취득은 사법상의 법률행위이므로 당사자 사이의 자유로운 의사에 따라 채무불이행책임이나 매매대금 과부족금에 대한 지급의무를 약정할 수 있다. 그리고 협의취득을 위한 매매계약을 해석함에 있어서도 처분문서 해석의 일반원칙으로 돌아와 매매계약서에 기재되어 있는 문언대로의 의사표시의 존재와 내용을 인정하여야 하고, 당사자 사이에 계약의 해석을 둘러싸고 이견이 있어 처분문서에 나타난 당사자의 의사해석이 문제되는 경우에는 그 문언의 내용, 그러한 약정이 이루어진 동기와 경위, 그 약정에 의하여 달성하려는 목적, 당사자의 진정한 의사 등을 종합적으로 고찰하여 논리와 경험칙에 따라 합리적으로 해석하여야 한다. 다만 공익사업법은 공익사업의 효율적인 수행을 통하여 공공복리의 증진과 재산권의 적정한 보호를 도모하는 것을 목적으로 하고 협의취득의 배후에는 수용에 의한 강제취득 방법이 남아 있어 토지 등의 소유자로서는 협의에 불응하면 바로 수용을 당하게 된다는 심리적 강박감이 자리 잡을 수밖에 없으며 협의취득 과정에는 여러 가지 공법적 규제가 있는 등 공익적 특성을 고려하여야 한다.[45]

(2) 요건완화 계약가부

공익사업을 위한 토지 등의 취득 및 보상에 관한 법률(이하 '공익사업법'이라고 한다)에 의한 보상합의는 공공기관이 사경제주체로서 행하는 사법상 계약의 실질을 가지는 것으로서, 당사자 간의 합의로 같은 법 소정의 손실보상의 기준에 의하지 아니한 손실보상금을 정할 수 있으며, 이와 같이 같은 법이 정하는 기준에 따르지 아니하고 손실보상액에 관한 합의를

44) 대법원 2013. 8. 22. 선고 2012다3517 판결.
45) 대법원 2012. 2. 23. 선고 2010다91206 판결.

하였다고 하더라도 그 합의가 착오 등을 이유로 적법하게 취소되지 않는 한 유효하다. 따라서 공익사업법에 의한 보상을 하면서 손실보상금에 관한 당사자 간의 합의가 성립하면 그 합의 내용대로 구속력이 있고, 손실보상금에 관한 합의 내용이 공익사업법에서 정하는 손실보상 기준에 맞지 않는다고 하더라도 합의가 적법하게 취소되는 등의 특별한 사정이 없는 한 추가로 공익사업법상 기준에 따른 손실보상금 청구를 할 수는 없다.[46]

라. 평가착오시 과부족금 청구 등

(1) 과부족금의 청구

협의취득 당시 보상평가에 의하여 산정한 매매대금이 고의 · 과실 내지 착오평가 등으로 과다 또는 과소하게 책정되어 지급되었을 때에는 과부족금액을 상대방에게 청구할 수 있다

【판시사항】

잘못된 감정평가기준을 적용한 경우 과부족금액 청구의 가능성(대법원 2012. 3. 29. 선고 2011다104253 판결)

【판결요지】

한국토지주택공사가 국민임대주택단지를 조성하기 위하여 갑 등에게서 토지를 협의취득하면서 '매매대금이 고의 · 과실 내지 착오평가 등으로 과다 또는 과소하게 책정되어 지급되었을 때에는 과부족금액을 상대방에게 청구할 수 있다'고 약정하였는데, 공사가 협의취득을 위한 보상액을 산정하면서 한국감정평가업협회의 구 토지보상평가지침(2003. 2. 14.자로 개정된 것, 이하 '구 토지보상평가지침'이라 한다)에 따라 토지를 지상에 설치된 철탑 및 고압송전선의 제한을 받는 상태로 평가한 사안에서, 위 약정은 단순히 협의취득 대상토지 현황이나 면적을 잘못 평가하거나 계산상 오류 등으로 감정평가금액을 잘못 산정한 경우뿐만 아니라 공익사업을 위한 토지 등의 취득 및 보상에 관한 법률(이하 '공익사업법'이라 한다)상 보상액 산정기준에 적합하지 아니한 감정평가기준을 적용함으로써 감정평가금액을 잘못 산정하여 이를 기준으로 협의매수금액을 산정한 경우에도 적용되고, 한편 공사가 협의취득을 위한 보상액을 산정하면서 대외적 구속력을 갖는 공익사업을 위한 토지 등의 취득 및 보상에 관한 법률 시행규칙 제22조에 따라 토지에 건축물 등이 있는 때에는 건축물 등이 없는 상태를 상정하여 토지를 평가하여야 함에도, 대외적 구속력이 없는 구 토지보상평가지침에 따라 토지를 건축물 등

46) 대법원 2013. 8. 22. 선고 2012다3517 판결.

> 에 해당하는 철탑 및 고압송전선의 제한을 받는 상태로 평가한 것은 정당한 토지 평가라고 할 수 없는 점 등에 비추어 위 협의매수금액 산정은 공사가 고의 · 과실 내지 착오평가 등으로 과소하게 책정하여 지급한 경우에 해당한다.

(2) 착오에 의하여 체결된 계약의 취소

보상협의나 계약체결 과정에 착오가 있는 경우 그 계약 등은 취소할 수 있음이 원칙이다. 따라서 감정평가기관이 용도지역을 착오하여 정당한 가액보다 과다하게 평가된 금액을 기준으로 협의매수한 사업시행자는 계약내용의 중요부분에 관한 착오를 이유로 매수계약을 취소할 수 있다. 이 경우 그 동기를 당해 의사표시의 내용으로 삼을 것을 상대방에게 표시하고 의사표시의 해석상 법률행위의 내용으로 되어 있다고 인정되면 충분하고 당사자들 사이에 별도로 그 동기를 의사표시의 내용으로 삼기로 하는 합의까지 이루어질 필요는 없지만, 그 법률행위의 내용의 착오는 보통 일반인이 표의자의 입장에 섰더라면 그와 같은 의사표시를 하지 아니하였으리라고 여겨질 정도로 그 착오가 중요한 부분에 관한 것이어야 한다.

> **【판시사항】**
>
> 동기의 착오(용도지역 오인)를 이유로 법률행위를 취소하기 위한 요건(대법원 1998. 2. 10. 선고 97다44737 판결)
>
> **【판결요지】**
>
> 동기의 착오가 법률행위의 내용의 중요 부분의 착오에 해당함을 이유로 표의자가 법률행위를 취소하려면 그 동기를 당해 의사표시의 내용으로 삼을 것을 상대방에게 표시하고 의사표시의 해석상 법률행위의 내용으로 되어 있다고 인정되면 충분하고 당사자들 사이에 별도로 그 동기를 의사표시의 내용으로 삼기로 하는 합의까지 이루어질 필요는 없지만, 그 법률행위의 내용의 착오는 보통 일반인이 표의자의 입장에 섰더라면 그와 같은 의사표시를 하지 아니하였으리라고 여겨질 정도로 그 착오가 중요한 부분에 관한 것이어야 한다.

마. 수용재결 후 협의에 의한 계약의 가부

공익사업을 위한 토지 등의 취득 및 보상에 관한 법률(이하 '토지보상법'이라 한다)은 사업시행자로 하여금 우선 협의취득 절차를 거치도록 하고, 협의가 성립되지 않거나 협의를 할 수 없을 때에 수용재결취 득 절차를 밟도록 예정하고 있기는 하다. 그렇지만 일단 토지수용위원회가 수용재결을 하였더라도 사업시 행자로서는 수용 또는 사용의 개시일까지 토지수용위원회가 재결한 보상금을 지급 또는 공탁하지 아니함 으로써 재결의 효력을 상실시킬 수 있는 점, 토지소유자 등은 수용재결에 대하여 이의를 신청하거나 행정 소송을 제기하여 보상금의 적정 여부를 다툴 수 있는데, 그 절차에서 사업시행자와 보상금액에 관하여 임의로 합의할 수 있는 점, 공익사업의 효율적인 수행을 통하여 공공복리를 증진시키고, 재산권을 적정하게 보호하려는 토지보상법의 입법 목적(제1조)에 비추어 보더라도 수용재결이 있은 후에라도 사법상 계약의 실질을 가지는 협의취득 절차를 금지해야할 별다른 필요성을 찾기 어려운 점 등을 종합해보면, 토지수용 위원회의 수용재결이 있은 후라고 하더라도 토지소유자 등과 사업시행자가 다시 협의하여 토지 등의 취득이나 사용 및 그에 대한 보상에 관하여 임의로 계약을 체결할 수 있다.[47]

바. 하자담보책임(협의취득토지상 하자)

협의취득한 토지 등에 하자 즉 그 토지에 폐기물 매립 등과 같은 하자가 있는 경우 사업시행자는 불완전이행으로 손해배상 및 하자담보책임으로 처리할 수 있으며, 양자는 경합적으로 인정될 수 있다.

【판시사항】

채무불이행책임과 하자담보책임의 경합적 인정여부(대법원 2004. 7. 22. 선고 2002다51586 판결)

【판결요지】

토지 매도인이 성토작업을 기화로 다량의 폐기물을 은밀히 매립하고 그 위에 토사를 덮은 다음 도시계획사업을 시행하는 공공사업시행자와 사이에서 정상적인 토지임을 전제로 협의취득절차를 진행하여 이를 매도함으로써 매수자로 하여금 그 토지의 폐기물처리비용 상당의 손해를 입게 하였다면 매도인은 이른바 불완전이행으로서 채무불이행으로 인한 손해배상책임을 부담하고, 이는 하자 있는 토지의 매매로 인한 민법 제580조 소정의 하자담보책임과 경합적으로 인정된다.

---

47) 대법원 2017. 4. 13. 선고 2016두64241 판결

Ⅲ. 수용취득

제1장 토지등의 취득 또는 사용

1. 개설

사업시행자는 공익사업의 수행을 위하여 필요로 하는 토지 등에 대하여는 토지소유자 등과 원만한 합의가 성립되지 아니하는 경우에는 이 법에서 정하는 바에 따라 강제적으로 수용하거나 사용할 수 있다.

2. 수용 및 사용의 제한

가. 공익사업에 이용되고 있는 토지

공익사업에 수용되거나 사용되고 있는 토지 등은 특별히 필요한 경우가 아니면 다른 공익사업을 위하여 수용하거나 사용할 수 없다(토지보상법 제19조 제2항). 이는 이미 공익사업에 사용되고 있는 토지 등을 다시 다른 공익사업에 제공하게 된다면 기존의 공익사업의 목적을 달성할 수 없게 되어 애초 수용의 목적에 반하기 때문이다. 다만, 이러한 토지라 하더라도 보다 중요한 공익에 이바지하는 바가 클 경우 예외적으로 이미 공익사업에 제공된 토지라 하더라도 수용의 목적물이 될 수 있다.

【판시사항】

토지수용법(토지보상법 제19조 제2항)의 입법취지(헌법재판소 2000. 10. 25. 선고 2000헌바32 결정)

【판결요지】

토지수용법 제5조는 이른바 공익 또는 수용권의 충돌 문제를 해결하기 위한 규정으로서, 현재 공익사업에 이용되고 있는 토지는 가능하면 그 용도를 유지하도록 하기 위하여 수용의 목적물이 될 수 없도록 하고, 보다 더 중요한 공익사업을 위하여 특별한 필요가 있는 경우에 한하여 예외적으로 수용의 목적물이 될 수 있다는 것일 뿐, 일반적으로 토지 등을 수용할 수 있는 요건 또는 그 한계를 정한 것이 아니다.

나. 공물 등의 수용제한

외교특권이 인정되는 자의 재산, 공물 등도 수용 또는 사용이 제한된다.

다. 사업시행자 소유의 토지 등

토지세목에 포함되지 아니한 토지 및 사업시행자 소유의 토지 등도 그 성격상 수용 또는 사용이 허용되지 않는다.

제2장 수용 또는 사용의 절차

토지수용절차

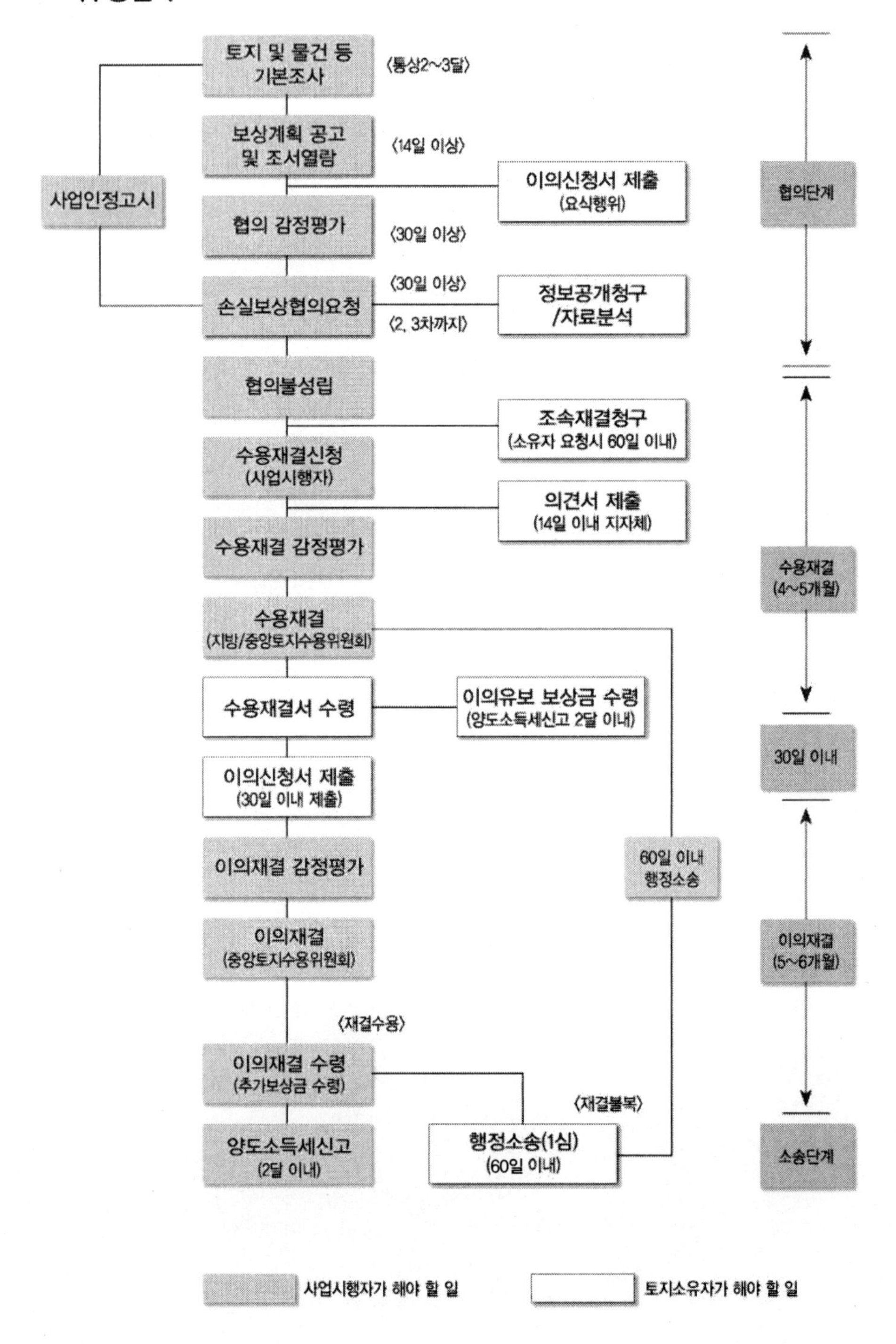

1. 사업인정

사업인정이란 공익사업에서 토지 등을 수용하거나 사용할 사업을 결정하는 것을 말한다(토지보상법 제2조 제7호). 토지보상법 또는 개별 법률에서 수용 또는 사용할 수 있는 공익사업으로 열거되어 있더라도 이는 공공필요의 유무를 판단하는 1차적인 기준을 제시한 것에 불과하다. 따라서 사업인정 단계에서 사업인정권자가 개별적 · 구체적으로 공공필요[48]에 대한 검토 즉, 해당 사업이 토지보상법 제4조에 따른 공익사업에 해당하는지 여부 및 해당 사업으로 인하여 취득되는 공익과 그로 인해 침해되는 사익을 비교형량하여 충분한 공익성이 있는지 등을 검토한 후 이를 결정하여야 한다.

| 사업인정의 효과 |

토지소유자등의 토지 보전의무	토지소유자 등은 해당 사업인정 고시된 토지의 형질변경, 건축물 건축행위 등이 제한됨
사업시행자의 보상절차 이행의무	사업시행자는 토지조서 작성, 보상계획 공고, 보상 협의 절차 등을 이행하여야 함
사업 폐지 등에 따른 사업시행자의 손실 보상의무	사업인정 후 사업이 폐지 · 변경되거나 사업인정이 실효됨으로써 당초 사업인정고시 된 토지의 수용 필요성이 없게 된 경우 토지소유자 등의 손실을 보상하여야 함
공법적 효력 발생	사업인정행위는 행정소송 대상이 됨
기타	사업시행자의 토지출입, 사업시행자의 재결신청권한, 토지소유자 등의 조기재결 신청청구권한 등 발생

가. 사업인정의 개념 및 공익성의 검토기준

(1) 사업인정의 개념 및 성격

사업인정은 공익사업의 시행을 위하여 필요한 토지 등을 수용 또는 사용할 사업으로 결정하는 것을 말한다. 이는 사업시행자에게 토지보상법상의 일정한 절차를 거칠 것을 조건으로 공익사업에 필요한 토지를 그 소유자와 협의 취득하는 것이 불가능할 경우 강제적으로 이를 취득할 수 있는 권한을 부여하는 행정행위로써 처분성을 가지므로 행정심판 및 행정소송의 대상이 된다.

---

48) 공공필요는 '공익성'과 '필요성'이라는 2가지 측면에서 판단하여야 하며, '공익성'은 수용 또는 사용을 허용하고 있는 개별법의 입법목적 · 사업내용 및 사업이 입법 목적에 이바지 하는 정도 등을 고려하여 판단하고, '필요성'은 수용 또는 사용을 통하여 달성하려는 공익과 침해당하는 사익을 비교 · 형량하여 사인의 재산권 침해를 정당화할 정도의 공익 우월성이 있는지 등을 고려하여 판단한다.

【판시사항】

토지수용을 위한 사업인정이 행정청의 재량행위인지 여부(대법원 1992. 11. 13. 선고 92누596 판결)

【판결요지】

광업법 제87조 내지 제89조, 토지수용법 제14조에 의한 토지수용을 위한 사업인정은 단순한 확인행위가 아니라 형성행위이고 당해 사업이 비록 토지를 수용할 수 있는 사업에 해당된다 하더라도 행정청으로서는 그 사업이 공용수용을 할 만한 공익성이 있는지의 여부를 모든 사정을 참작하여 구체적으로 판단하여야 하는 것이므로 사업인정의 여부는 행정청의 재량에 속한다.

한편, 헌법 제23조 제3항에서 규정하고 있는 공공필요는 국민의 재산권을 그 의사에 반하여 강제적으로라도 취득해야 할 공익적 필요성으로서, 공공필요의 개념은 공익성과 필요성이라는 2가지 요소로 구성되어 있는바, 공익성의 정도를 판단함에 있어서는 공용수용을 허용하고 있는 개별법의 입법목적, 사업내용, 사업이 입법목적에 이바지 하는 정도는 물론, 특히 그 사업이 대중을 상대로 하는 영업인 경우에는 그 사업 시설에 대한 대중의 이용 · 접근가능성도 아울러 고려하여야 한다. 그리고 필요성이 인정되기 위해서는 공용수용을 통하여 달성하려는 공익과 그로 인하여 재산권을 침해당하는 사인의 이익 사이의 형량에서 사인의 재산권침해를 정당화할 정도의 공익의 우월성이 인정되어야 하며,[49] 이러한 공익성 등의 입증은 사업시행자에게 있다.

【판시사항】

공익성에 입증책임자(대법원 2005. 11. 10. 선고 2003두7507 판결)

【판결요지】

공용수용은 공익사업을 위하여 특정의 재산권을 법률에 의하여 강제적으로 취득하는 것을 내용으로 하므로 그 공익사업을 위한 필요가 있어야 하고, 그 필요가 있는지에 대하여는 수용에 따른 상대방의 재산권침해를 정당화할 만한 공익의 존재가 쌍방의 이익의 비교형량의 결과로 입증되어야 하며, 그 입증책임은 사업시행자에게 있다.

49) 헌법재판소 2014. 10. 30. 선고 2011헌바129 · 172(병합) 결정.

【판시사항】

행정주체가 공익사업을위한토지등의취득및보상에관한법률의 규정에 의한 사업인정처분을 함에 있어서의 결정 기준(대법원 2005. 4. 29. 선고 2004두14670 판결)

【판결요지】

공익사업을위한토지등의취득및보상에관한법률의 규정에 의한 사업인정처분이라 함은 공익사업을 토지 등을 수용 또는 사용할 사업으로 결정하는 것으로서(같은 법 제2조 제7호) 단순한 확인행위가 아니라 형성행위이므로, 당해 사업이 외형상 토지 등을 수용 또는 사용할 수 있는 사업에 해당된다 하더라도 행정주체로서는 그 사업이 공용수용을 할 만한 공익성이 있는지의 여부와 공익성이 있는 경우에도 그 사업의 내용과 방법에 대하여 사업인정처분에 관련된 자들의 이익을 공익과 사익 간에서는 물론, 공익 상호간 및 사익 상호간에도 정당하게 비교·교량하여야 하고, 그 비교·교량은 비례의 원칙에 적합하도록 하여야 한다.

(2) 공익성 검토기준

| 공익성 검토기준 |

사업인정 요건	공익성 판단 기준(항목)
법령상 전제	「토지보상법」 제4조 각호 및 별표에 규정된 사업에 해당하는가? 개별법에서 정한 수용재결의 신청요건을 갖추었는가?
시행자 의사와 능력	사업을 수행할 정당하고 적극적인 의사를 보유하였는가?
	사업을 수행할 충분한 능력을 구비하였는가?
입법목적 부합성	법령목적, 상위계획 · 지침, 절차 등에 부합하였는가?
	영업이 수반되는 사업의 경우 대중성 · 개방성이 있는가?
공익 우월성	사업으로 얻게 되는 공익이 사업으로 잃게 되는 이익보다 우월하다고 볼 수 있는가?
사업계획의 합리성	구체적이고 합리적인 계획이라 볼 수 있는가?
수용 필요성	수용방식으로 사업을 수행할 필요가 있는가?
	수용 대상 및 범위가 적정한가?
공익 지속성	사업의 정상 시행 및 완공 후 지속적 공익 관리가 가능한가?

(가) 시행자 의사와 능력

사업시행자가 국가 또는 지방자치단체인 경우라면 그 사업 시행을 위하여 국회, 지방의회 등의 의결이 필요한 경우에 그 절차를 거쳤는지 여부, 사업시행자가 기업(민간기업, 국가,

지자체이외의 공공기관을 포함)이라면 당해 기업의 이사회 등 의사 결정을 할 수 있는 권한 있는 내부 기구에서 대상 사업을 시행하는 것으로 공식적으로 결정했는지 여부 등 확인 및 사업인정(의제)절차에 선행하거나 병행하여 대상 사업 시행을 위하여 이행이 필요한 절차가 있는 경우 이를 이행하였거나 이행하는 노력을 기울이고 있는지 여부도 사업시행자가 그 시행 의사를 갖고 있는지 여부를 판단하는데 중요한 기준이 된다.

【판시사항】
사업인정기관이 공익사업을 위한 토지 등의 취득 및 보상에 관한 법률상의 사업인정을 하기 위한 요건(대법원 2011. 1. 27. 선고 2009두1051 판결)

【판결요지】
사업인정이란 공익사업을 토지 등을 수용 또는 사용할 사업으로 결정하는 것으로서 공익사업의 시행자에게 그 후 일정한 절차를 거칠 것을 조건으로 일정한 내용의 수용권을 설정하여 주는 형성행위이므로, 해당 사업이 외형상 토지 등을 수용 또는 사용할 수 있는 사업에 해당한다고 하더라도 사업인정기관으로서는 그 사업이 공용수용을 할 만한 공익성이 있는지의 여부와 공익성이 있는 경우에도 그 사업의 내용과 방법에 관하여 사업인정에 관련된 자들의 이익을 공익과 사익 사이에서는 물론, 공익 상호간 및 사익 상호간에도 정당하게 비교 · 교량하여야 하고, 그 비교 · 교량은 비례의 원칙에 적합하도록 하여야 한다. 그뿐만 아니라 해당 공익사업을 수행하여 공익을 실현할 의사나 능력이 없는 자에게 타인의 재산권을 공권력적 · 강제적으로 박탈할 수 있는 수용권을 설정하여 줄 수는 없으므로, 사업시행자에게 해당 공익사업을 수행할 의사와 능력이 있어야 한다는 것도 사업인정의 한 요건이라고 보아야 한다.

(나) 입법목적의 부합성

법령의 목적에 부합(기여)하여 함은 물론 관련 계획, 지침 등에 부합하고 법령상 정해진 절차에 제반 절차를 적법하게 이행하였는지 검토한다.

【판시사항】
행정청이 도시계획시설인 유원지를 설치하는 도시계획시설사업에 관한 실시계획을 인가하기 위한 요건(대법원 2015. 3. 20. 선고 2011두3746 판결)

【판결요지】
구 국토의 계획 및 이용에 관한 법률(2005. 12. 7. 법률 제7707호로 개정되기 전의 것, 이하 '국토계획법'이라 한다) 제2조 제6호 (나)목, 제43조 제2항, 구 국토의 계획 및 이용에 관한 법률 시행령(2005. 12. 28. 대통령령 제19206호로 개정되기 전의 것) 제2조 제1항 제2호, 제3항, 구 도시계획시설의 결정 · 구조 및 설치기준에 관한 규칙(2005. 12. 14. 건설교통부령 제480호로 개정되기 전의 것) 제56조 등의 각 규정 형식과 내용, 그리고 도시계획시설사업에 관한 실시계획의 인가처분은 특정 도시계획시설사업을 구체화하여 현실적으로 실현하기 위한 것인 점 등을 종합하여 보면, 행정청이 도시계획시설인 유원지를 설치하는 도시계획시설사업에 관한 실시계획을 인가하려면, 실시계획에서 설치하고자 하는 시설이 국토계획법령상 유원지의 개념인 '주로 주민의 복지향상에 기여하기 위하여 설치하는 오락과 휴양을 위한 시설'에 해당하고, 실시계획이 국토계획법령이 정한 도시계획시설(유원지)의 결정 · 구조 및 설치의 기준에 적합하여야 한다.

따라서 구 국토의 계획 및 이용에 관한 법률(2005. 12. 7. 법률 제7707호로 개정되기 전의 것) 제88조 제2항, 제95조, 제96조의 규정 내용에다가 도시계획시설사업은 도시 형성이나 주민 생활에 필수적인 기반시설 중 도시관리계획으로 체계적인 배치가 결정된 시설을 설치하는 사업으로서 공공복리와 밀접한 관련이 있는 점, 도시계획시설사업에 관한 실시계획의 인가처분은 특정 도시계획시설사업을 현실적으로 실현하기 위한 것으로서 사업에 필요한 토지 등의 수용 및 사용권 부여의 요건이 되는 점 등을 종합하면, 실시계획의 인가 요건을 갖추지 못한 인가처분은 공공성을 가지는 도시계획시설사업의 시행을 위하여 필요한 수용 등의 특별한 권한을 부여하는 데 정당성을 갖추지 못한 것으로서 법규의 중요한 부분을 위반한 중대한 하자가 있다.

(다) 대중성, 개방성

시설을 이용하는 일반인의 숫자 및 비율, 당해 시설의 운영방식, 시설이용에 드는 경제적 부담정도, 시설의 규모 등을 종합적으로 고려하여 그 시설의 이용 가능성이 불특정 다수에게 실질적으로 열려있는 지를 중심으로 구체적, 종합적으로 검토한다.

【판시사항】

영업이 수반되는 사업의 경우 대중성 · 공익성(헌법재판소 2014. 10. 30. 선고 2011헌바129 결정)

【결정요지】

공익성의 정도를 판단함에 있어서는 공용수용을 허용하고 있는 개별법의 입법목적, 사업내용, 사업이 입법목적에 이바지 하는 정도는 물론, 특히 그 사업이 대중을 상대로 하는 영업인 경우에는 그 사업 시설에 대한 대중의 이용 · 접근가능성도 아울러 고려하여야 한다. 그러나 관광휴양지 조성사업 중에는 대규모 놀이공원 사업과 같이 위와 같이 개발수준이 다른 지역에 비하여 현저하게 낮은 지역 등의 주민소득 증대에 이바지할 수 있는 등 입법목적에 대한 기여도가 높을 뿐만 아니라 그 사업이 대중을 상대로 하는 영업이면서 대중이 비용부담 등에서 손쉽게 이용할 수 있어 사업 시설에 대한 대중의 이용 · 접근가능성이 커서 공익성이 높은 사업도 있는 반면, 고급골프장, 고급리 조트 등(이하 '고급골프장 등'이라 한다)의 사업과 같이 넓은 부지에 많은 설치비용을 들여 조성됨에도 불구하고 평균고용인원이 적고, 시설 내에서 모든 소비행위가 이루어지는 자족적 영업행태를 가지고 있어 개발이 낙후된 지역의 균형발전이나 주민소득 증대 등 입법목적에 대한 기여도가 낮을 뿐만 아니라, 그 사업이 대중을 상대로 하는 영업이면서도 사업 시설을 이용할 때 수반되는 과도한 재정적 부담 등으로 소수에게만 접근이 용이하는 등 대중의 이용 · 접근가능성이 작아 공익성이 낮은 사업도 있다

(라) 공익우월성

공익사업을 통하여 얻게 되는 공익은 대상 사업의 목적에 비추어 사업시행의 필요성(현재 발생하고 있는 손실), 사업시행을 하지 않으면 장래 발생할 것으로 예상되는 문제(손실), 사업 시행을 함으로써 발생하게 될 효과 등(사회 적, 경제적, 정책적 효과 등)을 구체적인 근거와 통계 예측 등을 통해 확 인하여야 하며, 잃게 되는 이익은 주안점은 환경, 문화재 등이 대상이 되며 환경영향평가결과를 적극적으로 활용하는 것이 바람직하다.

【판시사항】

공익우월성에 대한 판단기준(헌법재판소 2014. 10. 30. 선고 2011헌바 129 결정)

【결정요지】

헌법 제23조 제3항에서 규정하고 있는 '공공필요'는 "국민의 재산권을 그 의사에 반하여 강제적으로라도 취득해야 할 공익적 필요성"으로서, '공공필요'의 개념은 '공익성'과 '필요성'이라는 요소로 구성되어 있는 바, '공익성'의 정도를 판단함에 있어서는 공용수용을 허용하고 있는 개별법의 입법목적, 사업내용, 사업이 입법목적에 이바지 하는 정도는 물론, 특히 그 사업이 대중을 상대로 하는 영업인 경우에는 그 사업 시설에 대한 대중의 이용 · 접근가능성도 아울러 고려하여야 한다. 그리고 '필요성'이 인정되기 위해서는 공용수용 을 통하여 달성하려는 공익과 그로 인하여 재산권을 침해당하는 사인의 이익 사이의 형량에서 사인의 재산권침해를 정당화할 정도의 공익의 우월성이 인정되어야 하며, 사업시행자가 사인인 경우에는 그

사업 시행으로 획득할 수 있는 공익이 현저히 해태되지 않도록 보장하는 제도적 규율도 갖추어져 있어야 한다. 수용은 타인의 재산권을 직접적으로 박탈하는 것일 뿐 아니라, 헌법 제10조로부터 도출되는 계약의 자유 내지 피수용자의 거주이전 자유까지 문제될 수 있는 등 사실상 많은 헌법상 가치들의 제약을 초래할 수 있으므로, 헌법적 요청에 의한 수용이라 하더라도 국민의 재산을 그 의사에 반하여 강제적으로라도 취득해야 할 정도의 필요성이 인정되어야 하고, 그 필요성이 인정되기 위해서는 공용수용을 통하여 달성하 려는 공익과 그로 인하여 재산권을 침해당하는 사인의 이익 사이의 형량에서 사인의 재산권침해를 정당화 할 정도의 공익의 우월성이 인정되어야 한다. 이 사건 법률조항은 이윤 추구를 우선적 목적으로 하는 민간개발자라 하더라도 개발촉진지구에서 시행하 는 지역개발사업, 즉 지구개발사업의 시행자로 지정되기만 하면 실시계획의 승인을 받아 해당 지구개발사 업의 시행을 위하여 타인의 재산을 수용할 수 있는 권한을 부여하고 있다. 그러나 앞서 본 바와 같이 타인의 재산을 그 의사에 반하여 강제적으로라도 취득해야 할 공익적 필요성이 인정되지 않는다면 그 재산에 대한 공용수용은 헌법 제23조 제3항에 반하므로 허용될 수 없다 할 것이다. 지구개발사업은 지역균형개발법 제10조의 기준에 따라 '개발수준이 다른 지역에 비하여 현저하게 낮은 지역 등의 개발을 촉진하기 위하여 필요하다고 인정되어' 국토해양부장관에 의하여 개발촉진지구로 지정된 지역 내에서 시행하는 지역개발사업으로서, 여기에는 ① 생산기반의 조성 및 이에 부대되는 사업, ② 주민생활환경 개선을 위한 시설의 설치 · 개량 사업, ③ 교통시설, 용수공급시설 등 지역발전을 위한 기반시설 정비사업, ④ 관광휴양지 조성, 지역특화산업의 육성 등 주민소득 증대에 이바지할 수 있는 사업, ⑤ 자연환경 보전 등에 필요한 환경 관련 사업, ⑥ 그 밖에 해당 개발촉진지구의 지정목적 달성을 위하여 필요하다고 인정되어 국토해양부장관이 관계 중앙행정기관의 장과의 협의를 거쳐 선정한 사업 등이 있다(제14조 제7항 제1호 내지 제6호). 그런데 예를 들어 국토의 계획 및 이용에 관한 법률에 의한 도시계획시설사업은 도로 · 철도 · 항만 · 공항 · 주차장 등 교통시설, 수도 · 전기 · 가스공급설비 등 공급시설과 같은 도시계획시설을 설치 · 정비 또는 개량하여 공공복리를 증진시키고 국민의 삶의 질을 향상시키는 것을 목적으로 하고 있어 그 자체로 공공필요성의 요건이 충족되지만, 위에서 본 지구개발사업에는 그 자체로 공공필요성이 충족되기 어려운 사업도 포함하고 있다

(마) 수용필요성

사업의 규모, 성격, 전체 일정 등을 감안할 때 사업을 조기에 도모할 필요가 있거나 사업을 조기 시행하지 않더라도 현재 시점에서 사업인정을 할 상당한 이유가 있는지 여부에 대하여 그 타당성을 구체적으로 확인하는 것이 필요하다. 이 경우 국가, 지자체 등 행정기관에서 사업의 조기 추진 및 완성을 요구하는 경우 필요성 판단에서 고려될 수 있다.

【판시사항】

수용방식의 필요성에 대한 판단기준(헌법재판소 2011. 4. 28. 선고 2010헌바114 결정)

【결정요지】

도시개발사업과 같이 사업지구지정 후 사업시행에 이르기까지 상당한 기간이 소요되는 대규모 개발사업 의 경우 사업인정시기를 이 사건 사업인정의제조항과 같이 정한 경우가 많은데, 예를 들어 택지개발촉진법 의 경우 제12조 제2항에서 '택지개발예정지구의 지정 · 고시가 있은 때에는 공익사업법상 사업인정 및 고시가 있은 것으로 본다.'고 정하고 있고, '산업입지 및 개발에 관한 법률'도 제22조 제2항에서 '산업단지 의 지정고시가 있는 때 공익사업법상 사업인정 및 고시가 있은 것으로 본다.'고 정하고 있으며, '물류시설의 개발 및 운영에 관한 법률'도 제32조 제2항에서 물류단지의 지정고시가 있은 때를 사업인정시기로 보고 있다. 반면, '도시 및 주거환경정비법' 제40조 제2항이나 '지역균형개발 및 지방중소기업 육성에 관한 법률' 제19조 제2항, '국토의 계획 및 이용에 관한 법률' 제96조 제2항에서는 공익사업법상의 사업인정시점을 실시계획의 인가시점으로 정하고 있다. 이처럼 개발사업의 종류에 따라 제각각 상이한 목적 및 기능이 있음에 비추어 볼 때, 개발관련 법률이라고 해서 토지의 수용 등과 관련한 공익사업법상의 사업인정시점이 반드시 일치해야 하는 것은 아니며, 그 규율대상을 당연히 동일한 비교집단으로 볼 수도 없으므로, 이 사건 사업인정의제조항에 의한 어떠한 불합리한 차별이 있다고 보기 어렵다

(바) 공익지속성

민간기업이 시행자인 경우 및 SOC형태의 사업시행자(민관공동사업 포함)인 경우에 사업시행자 지정 후 사업을 착수하지 않고 사업이 지연 되거나, 사업에는 착수하였으나 사업진행 중 사업 시행 의사나 능력을 상실하거나, 사업진행 중 분쟁이 발생하거나 발생할 우려가 있거나 또는 준공 후 사업의 지속관리가 필요함에도 그 책임소재가 없어 질 가능성이 있는지 등을 검토(SPC 청산 등)한다.

【판시사항】

공익지속성의 판단기준(헌법재판소 2014. 10. 30. 선고 2011헌바129 결정)

【결정요지】

헌법 제23조 제3항에서 규정하고 있는 '공공필요'는 "국민의 재산권을 그 의사에 반하여 강제적으로라도 취득해야 할 공익적 필요성"으로서, '공공필요'의 개념은 '공익성'과 '필요성'이라는 요소로 구성되어 있는 바, '공익성'의 정도를 판단함에 있어서는 공용수용을 허용하고 있는 개별법의 입법목적, 사업내용, 사업이 입법목적에 이바지 하는 정도는 물론, 특히 그 사업이 대중을 상대로 하는 영업인 경우에는 그 사업 시설에 대한 대중의 이용 · 접근가능성도 아울러 고려하여야 한다. 그리고 '필요성'이 인정되기 위해서는 공용수용 을 통하여 달성하려는 공익과 그로 인하여 재산권을 침해당하는 사인의 이익 사이의 형량에서 사인의 재산권침해를 정당화할 정도의 공익의 우월성이 인정되어야 하며, 사업시행자가 사인인 경우에는 그 사업 시행으로 획득할 수 있는 공익이 현저히 해태되지 않도록 보장하는 제도적 규율도 갖추어져 있어야 한다. 특히 사업시행자가 사인인 경우에는 위와 같은 공익의 우월성이 인정되는 것 외에도 사인은 경제활동의 근본적인 목적이 이윤을 추구하는 일에 있으므로, 그 사업 시행으로 획득할 수 있는 공익이 현저히 해태되지 않도록 보장하는 제도적 규율도 갖추어져 있어야 한다.

나. 사업인정권자 등

(1) 사업인정권자

사업시행자는 토지등을 수용하거나 사용하려면 국토교통부장관의 사업인정을 받아야 한다(토지보상법 제20조 제1항). 이렇듯 사업인정은 국가 등이 사업시행자에게 일정한 내용의 수용권을 부영하는 재량행위로서 신청자가 이를 요구할 권리가 없다는 것이 판례의 견해이다.

【판시사항】

토지수용법상의 토지수용을 위한 사업인정이 행정청의 재량행위인지 여부(대법원 1992. 11. 13. 선고 92누596 판결)

【판결요지】

토지수용법 제14조에 의한 토지수용을 위한 사업인정은 단순한 확인행위가 아니라 형성행위이고 당해 사업이 비록 토지를 수용할 수 있는 사업에 해당된다 하더라도 행정청으로서는 그 사업이 공용수용을 할 만한 공익성이 있는지의 여부를 모든 사정을 참작하여 구체적으로 판단하여야 하는 것이므로 사업인정의 여부는 행정청의 재량에 속한다.

(2) 사업시행자의 요건

토지보상법에서는 사업인정에 있어 사업시행자의 요건을 별도로 규정하고 있지 아니하다. 그러나 해당 공익사업을 수행하여 공익을 실현할 의사나 능력이 없는 자에게 타인의 재산권을 공권력적 · 강제적으로 박탈할 수 있는 수용권을 설정하여 줄 수는 없으므로, 사업시행자에게는 최소한 해당 공익사업을 수행할 의사와 능력이 있는지 여부가 사업인정의 요건이 된다.

【판시사항】

사업인정기관이 공익사업을 위한 토지 등의 취득 및 보상에 관한 법률상의 사업인정을 하기 위한 요건(대법원 2011. 1. 27. 선고 2009두1051 판결)

【판결요지】

사업인정이란 공익사업을 토지 등을 수용 또는 사용할 사업으로 결정하는 것으로서 공익사업의 시행자에게 그 후 일정한 절차를 거칠 것을 조건으로 일정한 내용의 수용권을 설정하여 주는 형성행위이므로, 해당 사업이 외형상 토지 등을 수용 또는 사용할 수 있는 사업에 해당한다고 하더라도 사업인정기관으로서는 그 사업이 공용수용을 할 만한 공익성이 있는지의 여부와 공익성이 있는 경우에도 그 사업의 내용과 방법에 관하여 사업인정에 관련된 자들의 이익을 공익과 사익 사이에서는 물론, 공익 상호간 및 사익 상호간에도 정당하게 비교 · 교량하여야 하고, 그 비교 · 교량은 비례의 원칙에 적합하도록 하여야 한다. 그뿐만 아니라 해당 공익사업을 수행하여 공익을 실현할 의사나 능력이 없는 자에게 타인의 재산권을 공권력적 · 강제적으로 박탈할 수 있는 수용권을 설정하여 줄 수는 없으므로, 사업시행자에게 해당 공익사업을 수행할 의사와 능력이 있어야 한다는 것도 사업인정의 한 요건이라고 보아야 한다.

다. 사업인정의 신청

(1) 사업인정신청서

(가) 사업인정신청서 제출

공용수용을 하려는 사업시행자는 국토교통부장관으로부터 사업인정을 받아야 하는데, 이 경우 국토교통부령으로 정하는 사업인정신청서에 ⅰ) 사업시행자의 성명 또는 명칭 및 주소, ⅱ) 사업의 종류 및 명칭, ⅲ) 사업예정지, ⅳ) 사업인정을 신청하는 사유등의 사항을 적고 소정의 수수료 5만원을 납부한 후(토지보상법 제20조 제2항, 법 시행규칙 제9조 제1항) 특별시장 · 광역시장 · 도지사 또는 특별자치도지사)를 거쳐 국토교통부장관에게 제출하여야 한다. 다만, 사업시행자가 국가인 경우에는 해당 사업을 시행할 관계 중앙행정기관의 장이 직접 사업인정신청서를 국토교통부장관에게 제출할 수 있다(토지보상법 시행령 제10조 제1항).

[별표 1] 〈개정 2007.4.12〉

재결신청 등의 수수료(제9조제1항관련)

납부의무자	수수료
1. 법 제20조제1항의 규정에 의하여 사업인정을 신청하는 자	5만원
2. 법 제28조제1항 및 법 제30조제2항의 규정에 의하여 재결을 신청하는 자 또는 법 제29조제1항의 규정에 의하여 협의성립의 확인을 신청하는 자	가. 보상예정액이 1천만원 이하인 경우 : 1만원 나. 보상예정액이 1천만원 초과 1억원 이하인 경우 : 2만원 다. 보상예정액이 1억원 초과 5억원 이하인 경우 : 3만원 라. 보상예정액이 5억원 초과 10억원 이하인 경우 : 4만원 마. 보상예정액이 10억원 초과 50억원 이하인 경우 : 6만원 바. 보상예정액이 50억원 초과 100억원 이하인 경우 : 8만원 사. 보상예정액이 100억원을 초과하는 경우 : 10만원
3. 삭제 〈2007.4.12〉	

■ 공익사업을 위한 토지 등의 취득 및 보상에 관한 법률 시행규칙[별지 제10호서식] 〈개정 2016. 6. 14.〉

사업인정신청서

(앞쪽)

접수번호	접수일	처리기간 180일
신청인 (사업시행자)	성명 또는 명칭	
	주소	
신청내용	사업의 종류 및 명칭	
	사업예정지	
	사업인정을 신청하는 사유	

「공익사업을 위한 토지 등의 취득 및 보상에 관한 법률」 제20조제1항 및 같은 법 시행령 제10조제1항에 따라 위와 같이 사업인정을 신청합니다.

년 월 일

신청인(사업시행자) 인

국토교통부장관 귀하

첨부서류	1. 사업계획서 1부 2. 사업예정지와 사업계획을 표시한 도면 각 1부 3. 사업예정지 안에 「공익사업을 위한 토지 등의 취득 및 보상에 관한 법률」 제19조제2항에 따른 토지등이 있는 경우에는 그 토지등에 관한 조서 · 도면 및 해당 토지등의 관리자의 의견서 각 1부 4. 사업예정지 안에 있는 토지의 이용이 다른 법령에 따라 제한된 경우에는 해당 법령의 시행에 관하여 권한 있는 행정기관의 장의 의견서 1부 5. 사업의 시행에 관하여 행정기관의 면허 또는 인가, 그 밖의 처분이 필요한 경우에는 그 처분사실을 증명하는 서류 또는 해당 행정기관의 장의 의견서 1부 6. 토지소유자 또는 관계인과의 협의내용을 적은 서류(협의를 한 경우에만 제출합니다) 1부 7. 수용 또는 사용할 토지의 세목(토지 외의 물건 또는 권리를 수용하거나 사용할 경우에는 해당 물건 또는 권리가 소재하는 토지의 세목을 말합니다)을 적은 서류 1부	수수료 「공익사업을 위한 토지 등의 취득 및 보상에 관한 법률 시행규칙」 별표 1에서 정하는 금액

210mm×297mm[백상지 80g/㎡]

(뒤쪽)

처리절차

이 신청서는 아래와 같이 처리됩니다.

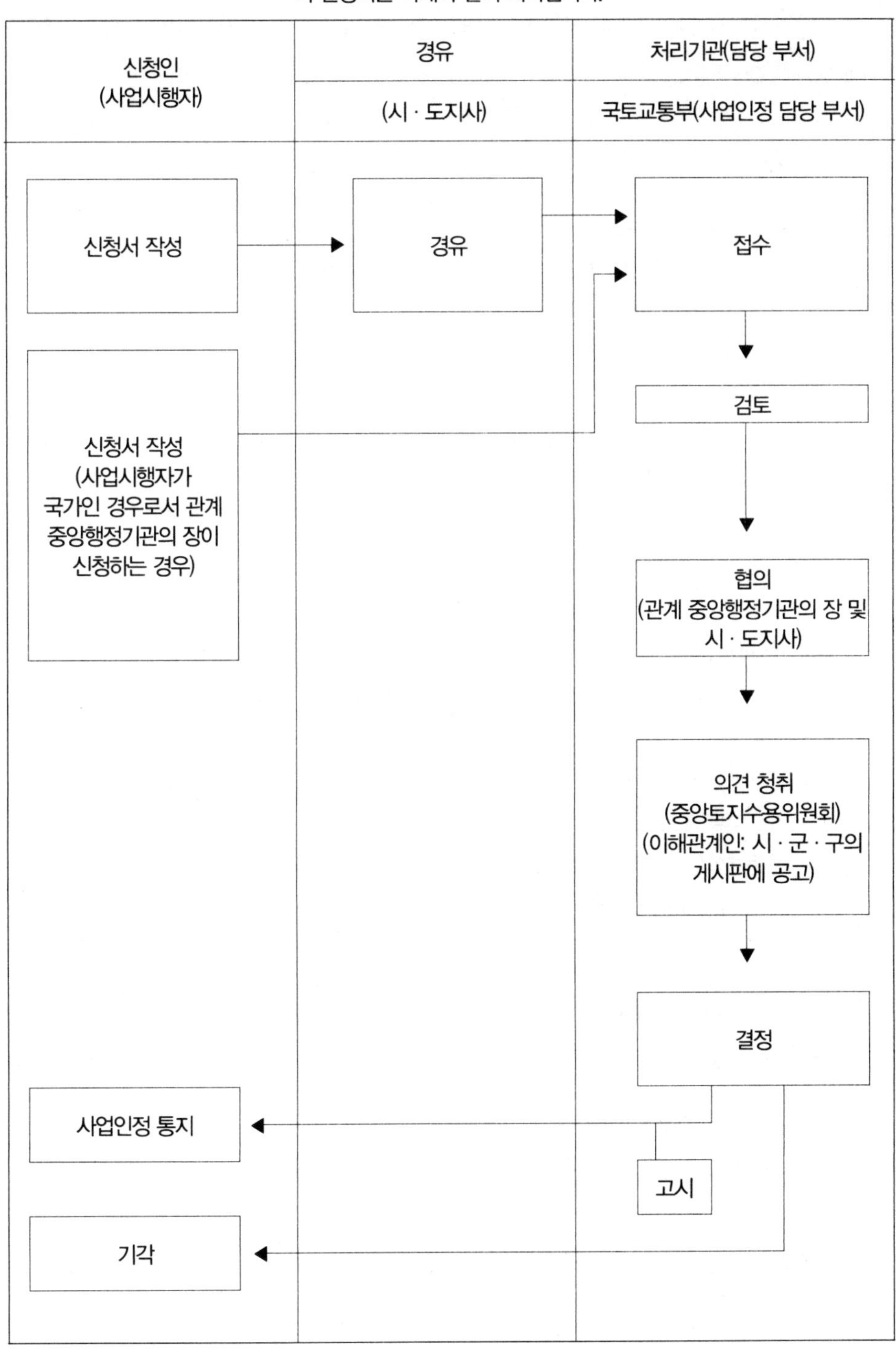

(나) 사업인정신청서 첨부서류

사업인정신청서에는 다음의 서류 및 도면을 첨부하여야 한다(토지보상법 시행령 제10조 제2항).

1) 사업계획서

> **토지보상법 시행규칙**
>
> ② 영 제10조 제2항 제1호의 규정에 의한 사업계획서에는 다음 각호의 사항을 기재하여야 한다.
>
> 1. 사업의 개요 및 법적 근거
> 2. 사업의 착수 · 완공예정일
> 3. 소요경비와 재원조서
> 4. 사업에 필요한 토지와 물건의 세목
> 5. 사업의 필요성 및 그 효과

2) 사업예정지 및 사업계획을 표시한 도면

> **토지보상법 시행규칙**
>
> ③ 영 제10조 제2항 제2호의 규정에 의한 도면은 다음 각호에서 정하는 바에 따라 작성하여야 한다.
>
> 1. 사업예정지를 표시하는 도면 : 축척 5천분의 1 내지 2만5천분의 1의 지형도에 사업예정지를 담홍색으로 착색할 것
> 2. 사업계획을 표시하는 도면 : 축척 1백분의 1 내지 5천분의 1의 지도에 설치하고자 하는 시설물의 위치를 명시하고 그 시설물에 대한 평면도를 첨부할 것

3) 사업예정지 안에 법 제19조제2항에 따른 토지등이 있는 경우에는 그 토지 등에 관한 조서 · 도면 및 해당 토지등의 관리자의 의견서

> **토지보상법 시행규칙**
>
> ④ 영 제10조 제2항 제3호의 규정에 의한 토지등에 관한 조서는 별지 제11호서식에 의하여 이를 작성하고, 동호의 규정에 의한 토지등에 관한 도면은 축척 1백분의 1 내지 1천2백분의 1의 지도에 토지등(법 제2조제1호의 규정에 의한 토지 · 물건 및 권리를 말한다. 이하 같다)의 위치를 표시하여 작성하여야 한다

■ 공익사업을 위한 토지 등의 취득 및 보상에 관한 법률 시행규칙[별지 제11호서식] 〈개정 2016. 6. 14.〉

공익사업에 수용되거나 사용되고 있는 토지등에 관한 조서

도면 표시번호	소재지	지번	지목 또는 물건의 종류	면적 또는 수량	공익사업의 종류 및 토지관리자	이용방법

작성방법

1. 공익사업에 이용되고 있는 토지 또는 물건 · 시설을 "도면 표시번호"별로 작성합니다.
2. 토지등이 수용되거나 사용되고 있는 공익사업의 종류와 해당 토지등을 관리하고 있는 관리자의 성명 또는 명칭을 "공익사업의 종류 및 토지관리자"란에 적습니다.
3. 토지관리자가 해당 토지등을 이용하는 방법을 취득 또는 사용의 방법으로 구분하여 "이용방법"란에 적습니다.

210mm×297mm[백상지 80g/㎡]

4) 사업예정지 안에 있는 토지의 이용이 다른 법령에 따라 제한된 경우에는 해당 법령의 시행에 관하여 권한 있는 행정기관의 장의 의견서

5) 사업의 시행에 관하여 행정기관의 면허 또는 인가, 그 밖의 처분이 필요한 경우에는 그 처분사실을 증명하는 서류 또는 해당 행정기관의 장의 의견서

6) 토지소유자 또는 관계인과의 협의내용을 적은 서류(협의를 한 경우로 한정한다)

7) 수용 또는 사용할 토지의 세목(토지 외의 물건 또는 권리를 수용하거나 사용할 경우에는 해당 물건 또는 권리가 소재하는 토지의 세목을 말한다)을 적은 서류, 위 규정에 의한 수용 또는 사용할 토지의 세목을 기재한 서류는 별지 제12호서식에 의한다.

■ 공익사업을 위한 토지 등의 취득 및 보상에 관한 법률 시행규칙[별지 제12호서식] 〈개정 2016. 6. 14.〉

수용되거나 사용할 토지의 세목조서

일련번호	소재지	지번(원래 지번)	지목	면적		토지소유자		관계인			비고
				공부상 면적(㎡)	편입면적(㎡)	성명 또는 명칭	주소	성명 또는 명칭	주소	권리의 종류 및 내용	

297mm×210mm[백상지 80g/㎡]

(다) 제출부수

사업시행자는 사업인정신청서 및 그 첨부서류 · 도면을 제출하는 때에는 정본 1통과 공익사업시행지구에 포함된 시[50] · 군 또는 구[51]의 수의 합계에 3을 더한 부수의 사본을 제출하여야 한다(토지보상법 시행규칙 제8조 제6항).

(2) 의견청취

(가) 사업인정 협의의무 및 이해관계인의 의견청취

국토교통부장관은 사업인정을 하려면 관계 중앙행정기관의 장 및 특별시장 · 광역시장 · 도지사 · 특별자치도지사와 협의하여야 하며, 미리 중앙토지수용위원회 및 사업인정에 이해관계가 있는 자의 의견을 들어야 한다(토지보상법 제21조 제1항). 이에 따라 국토교통부장관으로부터 사업인정에 관한 협의를 요청받은 관계 중앙행정기관의 장 또는 시 · 도지사는 특별한 사유가 없으면 협의를 요청받은 날부터 7일 이내에 국토교통부장관에게 의견을 제시하여야 한다(토지보상법 시행령 제11조 제1항).

(나) 사업인정이 의제되는 경우

별표의 규정에 따라 사업인정이 있는 것으로 의제되는 공익사업의 허가 · 인가 · 승인권자 등은 사업인정이 의제되는 지구지정 · 사업계획승인 등을 하려는 경우 제1항에 따라 제49조에 따른 중앙토지수용위원회와 협의하여야 한다(토지보상법 제21조 제2항).

1) 협의시 검토사항

중앙토지수용위원회는 제1항 또는 제2항에 따라 협의를 요청받은 경우 사업인정에 이해관계가 있는 자에 대한 의견 수렴 절차 이행 여부, 허가 · 인가 · 승인대상 사업의 공공성, 수용의 필요성, 그 밖에 대통령령으로 정하는 사항을 검토하여야 한다(토지보상법 제21조 제3항).

2) 현지조사 및 자료제출 요구

중앙토지수용위원회는 제3항의 검토를 위하여 필요한 경우 관계 전문기관이나 전문가에게 현지조사를 의뢰하거나 그 의견을 들을 수 있고, 관계 행정기관의 장에게 관련 자료의 제출을 요청할 수 있다(토지보상법 제21조 제4항).

---

50) 「제주특별자치도 설치 및 국제자유도시 조성을 위한 특별법」 제15조제2항에 따른 행정시를 포함한다.
51) 자치구가 아닌 구를 포함한다.

3) 보완요청

중앙토지수용위원회는 제3항의 사항을 검토한 결과 자료 등을 보완할 필요가 있는 경우에는 해당 허가 · 인가 · 승인권자에게 14일 이내의 기간을 정하여 보완을 요청할 수 있다. 이 경우 그 기간은 제5항의 기간에 산입하지 아니한다(토지보상법 제21조 제6항).

4) 협의기간

다만, 중앙토지수용위원회는 협의를 요청받은 날부터 30일 이내에 의견을 제시하여야 한다. 다만, 그 기간 내에 의견을 제시하기 어려운 경우에는 한 차례만 30일의 범위에서 그 기간을 연장할 수 있다(토지보상법 제21조 제5항). 다만, 중앙토지수용위원회가 위 기간 이내에 의견을 제시하지 아니하는 경우에는 협의가 완료된 것으로 본다(토지보상법 제21조 제7항)

(다) 의견청취 방법 등

국토교통부장관 또는 사업인정이 있는 것으로 의제되는 공익사업의 허가 · 인가 · 승인권자 등은 사업인정을 하고자 이해관계가 있는 자의 의견을 들으려는 경우에는 사업인정신청서[52] 및 관계 서류의 사본을 토지등의 소재지를 관할하는 시장 · 군수 또는 구청장[53]에게 송부[54]) 하여야 한다(법 시행령 제11조 제2항). 시장 · 군수 또는 구청장은 이에 따라 송부된 서류를 받았을 때에는 지체 없이 ⅰ) 사업시행자의 성명 또는 명칭 및 주소, ⅱ) 사업의 종류 및 명칭, ⅲ) 사업예정지 등의 사항을 시 · 군 또는 구의 게시판에 공고하고, 공고한 날부터 14일 이상 그 서류를 일반인이 열람할 수 있도록 하여야 한다.

(라) 이해관계인의 의견서제출

시장 · 군수 또는 구청장은 공고를 한 경우에는 그 공고의 내용과 의견이 있으면 의견서를 제출할 수 있다는 뜻을 토지소유자 및 관계인에게 통지[55]하여야 한다(법 시행령 제11조 제4항).[56] 토지소유자 및 관계인, 그 밖에 사업인정에 관하여 이해관계가 있는 자는 이에 따른 열람기간에 해당

52) 법 별표에 규정된 법률에 따라 사업인정이 있는 것으로 의제되는 공익사업의 경우에는 허가 · 인가 · 승인 등 신청서를 말한다.
53) 자치구가 아닌 구의 구청장을 포함한다.
54) 전자문서에 의한 송부를 포함한다.
55) 토지소유자 및 관계인이 원하는 경우에는 전자문서에 의한 통지를 포함한다.
56) 다만, 통지받을 자를 알 수 없거나 그 주소 · 거소 또는 그 밖에 통지할 장소를 알 수 없을 때에는 그러하지 아니하다.

시장 · 군수 또는 구청장에게 의견서를 제출할 수 있다(같은 조 제5항).

(마) 의견서 송부

시장 · 군수 또는 구청장은 14일의 열람기간이 끝나면 제출된 의견서를 지체 없이 국토교통부장관 또는 사업인정이 있는 것으로 의제되는 공익사업의 허가 · 인가 · 승인권자 등에게 송부하여야 하며, 제출된 의견서가 없는 경우에는 그 사실을 통지(전자문서에 의한 통지 포함)하여야 한다(법 시행령 제11조 제6항).

(바) 토지수용위원회의 의견제출

중앙토지수용위원회는 의견제출을 요청받은 날부터 30일 이내에 의견을 제출하여야 한다. 이 경우 같은 기간 이내에 의견을 제출하지 아니하는 경우에는 의견이 없는 것으로 본다(법 시행령 제11조 제3항).

(3) 사업인정의 고시 등

(가) 사업인정의 고시 및 통지 등

1) 사업인정의 고시 및 통지

가) 고시 및 통지

국토교통부장관은 사업인정을 하였을 때에는 지체 없이 그 뜻을 사업시행자, 토지소유자 및 관계인, 관계 시 · 도지사에게 통지하고 사업시행자의 성명이나 명칭, 사업의 종류, 사업지역 및 수용하거나 사용할 토지의 세목을 관보에 고시하여야 하며, 이에 따라 사업인정의 사실을 통지받은 시 · 도지사(특별자치도지사는 제외한다)는 관계 시장 · 군수 및 구청장에게 이를 통지하여야 한다(토지보상법 제22조 제1항).

한편, 사업인정 절차 중의 일부를 누락할 경우 그 절차의 효력여부가 문제될 수 있는데, 그것은 취소사유는 될지언정 사업인정 자체를 무효로 할 중대하고 명백한 사유에는 해당하지 아니하다. 따라서 이러한 위법을 이유로 재결처분의 취소를 구하거나 무효확인을 구할 수는 없다.

【판시사항】

토지수용법상 사업인정의 고시 절차를 누락한 것을 이유로 수용재결처분의 취소를 구하거나 무효확인을 구할 수 있는지 여부(대법원 2000. 10. 13. 선고 2000두5142 판결)

【판결요지】

구 토지수용법(1990. 4. 7. 법률 제4231호로 개정되기 전의 것) 제16조 제1항에서는 건설부장관이 사업인정을 하는 때에는 지체 없이 그 뜻을 기업자 · 토지소유자 · 관계인 및 관계도지사에게 통보하고 기업자의 성명 또는 명칭, 사업의 종류, 기업지 및 수용 또는 사용할 토지의 세목을 관보에 공시하여야 한다고 규정하고 있는바, 가령 건설부장관이 위와 같은 절차를 누락한 경우 이는 절차상의 위법으로서 수용재결 단계 전의 사업인정 단계에서 다툴 수 있는 취소사유에 해당하기는 하나, 더 나아가 그 사업인정 자체를 무효로 할 중대하고 명백한 하자라고 보기는 어렵고, 따라서 이러한 위법을 들어 수용재결처분의 취소를 구하거나 무효확인을 구할 수는 없다.

【판시사항】

사업인정 시 토지세목 고시가 누락될 경우 사업인정 취소가능성(대법원 2009. 11. 26. 선고 2009두11607 판결).

【판결요지】

도시계획사업허가의 공고시에 토지세목의 고시를 누락하거나 사업인정을 함에 있어 수용 또는 사용할 토지의 세목을 공시하는 절차를 누락한 경우, 이는 절차상의 위법으로서 수용재결 단계 전의 사업인정단계에서 다툴 수 있는 취소사유에 해당하기는 하나 더 나아가 그 사업인정 자체를 무효로 할 중대하고 명백한 하자라도 보기는 어렵고, 따라서 이러한 위법을 들어 수용재결처분의 취소를 구하거나 무효확인을 구할 수는 없다.

나) 사업인정 고시 후 토지소유자 변경시

사업인정 고시에는 그 지상의 물건 등이 수용 또는 사용할 물건이 아닌 지장물인 경우에는 토지세목조서와 별도로 고시할 필요가 없다.[57]

57) 국토교통부 2004. 5. 3. 토지관리과 2051 질의회신 참조.

다) 지장물 고시의 필요성 여부

공익사업을위한토지등의취득및보상에관한법률 제40조제3항의 규정에 의하면 사업인정의 고시가 있은 후 권리의 변동이 있는 때에는 그 권리를 승계한 자가 같은조 제1항의 규정에 의한 보상금 또는 제2항의 규정에 의한 공탁금을 수령할 수 있으므로, 토지소유자가 변경되었다 하더라도 변경고시를 할 필요는 없다.

2) 사업인정의 효력발생 및 실효

가) 효력발생

사업인정은 관보에 고시한 날부터 그 효력이 발생한다(토지보상법 제22조 제2항).

나) 실효

그러나 사업시행자가 사업인정의 고시가 된 날부터 1년 이내에 재결신청을 하지 아니한 경우에는 사업인정고시가 된 날부터 1년이 되는 날의 다음 날에 사업인정은 그 효력을 상실한다. 그러나 변경인가가 새로운 인가로서의 요건을 갖춘 경우에는 변경인가를 새로운 사업인정으로 본다. 이 경우 공익사업의 동일성은 새로운 사업인정에서도 계속 유지되는 것으로 보지만, 토지보상법에서는 사업인정의 변경에 대하여는 별도로 규정하고 있지 아니하다.

【판시사항】

사업시행기간이 경과된 후 실시계획변경인가의 효력(대법원 2005. 7. 28. 선고 2003두9312 판결)

【판결요지】

도시계획사업의 시행자는 늦어도 고시된 도시계획사업의 실시계획인가에서 정한 사업시행기간 내에 사법상의 계약에 의하여 도시계획사업에 필요한 타인 소유의 토지를 양수하거나 수용재결의 신청을 하여야 하고, 그 사업시행기간 내에 이와 같은 취득절차가 선행되지 아니하면 그 도시계획사업의 실시계획인가는 실효되고, 그 후에 실효된 실시계획인가를 변경인가하여 그 시행기간을 연장하였다고 하여 실효된 실시계획의 인가가 효력을 회복하여 소급적으로 유효하게 될 수는 없지만, 도시계획사업의 실시계획변경인가도 시행자에게 도시계획사업을 실시할 수 있는 권한을 설정하여 주는 처분인 점에서는 당초의 인가와 다를 바 없으므로 도시계획사업의 실시계획인가고시에 정해진 사업시행기간 경과 후에 이루어진 변경인가고시도 그것이 새로운 인가로서의 요건을 갖춘 경우에는 그에 따른 효과가 있다 할 것이다.

3) 손실보상

가) 사업시행자

사업시행자는 사업인정이 실효됨으로 인하여 토지소유자나 관계인이 입은 손실을 보상하여야 하며, 이에 따른 손실보상에 관하여는 토지보상법 제9조 제5항부터 제7항까지의 규정을 준용한다(토지보상법 제23조 제2, 3항).

나) 사업인정고시의 효과

사업인정의 고시가 있으면, 사업시행자에게 수용권이 부여되고, 수용대상토지가 확정되며, 관계인이 한정되고, 토지 등의 보전의무가 부과되며, 사업시행자 또는 보상평가를 의뢰받은 감정평가업자는 토지 및 물건에 관한 조사권이 생긴다.

【질의요지】

공익사업에 따라 사업인정고시 후 사업준비를 위해 타인 토지를 출입하는 경우 관계기관의 출입허가를 받아야 하는지?

【회신내용】

사업인정 고시 전에 공익사업 준비를 위해 타인이 점유하는 토지에 출입하려는 경우 관할관청의 허가를 받아야 하나, 사업인정의 고시 후 조사권 등이 있는 경우에는 사업시행자가 토지보상법 제9조에 따른 허가 등이 없이 출입 예정 일시 및 장소를 직접 통지하면 될 것으로 봅니다. * 2018.12.31.토지보상법 개정으로 제27조제1항 및 제2항에 명문화됨(2018. 11. 6. 토지정책과 - 7078)

① 수용권 발생

사업인정은 그후 일정한 절차를 거칠 것을 조건으로 하여 일정한 내용의 수용권을 설정하여 주는 행정처분의 성격을 띠는 것으로서 독립하여 행정소송의 대상이 된다고 할 것이고, 그 사업인정을 받음으로써 수용할 목적물의 범위가 확정되고 수용권으로 하여금 목적물에 관한 현재 및 장래의 권리자에게 대항할 수 있는 일종의 공법상의 권리로서의 효력을 발생시킨다.[58]

58) 대법원 1994. 5. 24. 선고 93누24230 판결.

【판시사항】

사업실시계획의 승인전에 협의수용이 가능한지 여부(대법원 1991. 1. 29. 선고 판결)

【판결요지】

토지수용법 제14조의 규정에 의한 사업인정은 토지수용절차를 개시하는 제1차적 단계이며, 사업인정에 의하여 기업자에게 기업지내 토지에 대한 공용징수권이 설정되고, 기업자는 협의수용 또는 재결수용의 절차를 거쳐 그 토지 소유권을 취득하게 되는 것이므로, 사업인정으로 보는 구 산업기지개발촉진법 제8조 소정의 사업실시계획승인이 토지세목고시에 의하여 그 효력을 발생하기 전에는 협의수용이 있을 수 없다.

② 수용대상토지의 확정

사업인정을 받음으로써 수용할 목적물의 범위가 확정된다. 따라서 만일 사업인정을 함에 있어 수용 또는 사용할 토지의 세목을 공시하는 절차를 누락한 경우, 이는 절차상의 위법으로서 수용재결 단계 전의 사업인정 단계에서 다툴 수 있는 취소사유에 해당하기는 하나 더 나아가 그 사업인정 자체를 무효로 할 중대하고 명백한 하자라고 보기는 어렵고, 따라서 이러한 위법을 들어 수용재결처분의 취소를 구하거나 무효확인을 구할 수는 없다 .[59]

③ 관계인의 한정

'관계인'이란 사업시행자가 취득하거나 사용할 토지에 관하여 지상권 · 지역권 · 전세권 · 저당권 · 사용대차 또는 임대차에 따른 권리 또는 그 밖에 토지에 관한 소유권 외의 권리를 가진 자나 그 토지에 있는 물건에 관하여 소유권이나 그 밖의 권리를 가진 자를 말한다. 다만, 사업인정의 고시가 된 후에 권리를 취득한 자는 기존의 권리를 승계한 자를 제외하고는 관계인에 포함되지 아니한다. 따라서 위자는 수용절차에 참여할 수 없다.

④ 토지 · 물건조사권

사업인정의 고시가 된 후에는 사업시행자 또는 감정평가를 의뢰받은 감정평가업자는 해당 토지나 물건에 출입하여 측량하거나 조사할 수 있다(토지보상법 제27조).

---

59) 대법원 1988. 12. 27. 선고 87누1141 판결, 대법원 2000. 10. 13. 선고 2000두5142 판결 등 참조.

(4) 재결단계에서 사업인정 위법성주장 가부

사업인정과 수용재결은 절차상 연속적으로 이어지기는 하지만 상호 별개의 법률효과를 목적으로 한다. 따라서 사업인정 자체에 대한 쟁송기간이 도과하여 더 이상 다툴 수 없게 된 경우, 그 것이 중대하고 명백한 하자가 있어 당연무효가 아니한 수용재결단계에서 사업인정처분 자체의 위법을 이유로 재결의 취소를 구할 수 없다.

【판시사항】

수용재결단계에서 사업인정처분 자체의 위법을 이유로 재결의 취소를 구할 수 없는지 여부 (대법원 1992. 3. 13. 선고 91누4324 판결)

【판결요지】

사업인정처분 자체의 위법은 사업인정단계에서 다투어야 하고 이미 그 쟁송기간이 도과한 수용재결단계에서는 사업인정처분이 당연무효라고 볼 만한 특단의 사정이 없는 한 그 위법을 이유로 재결의 취소를 구할 수는 없다.

(5) 토지등의 보전

(가) 토지등의 보전

1) 토지등의 보전

사업인정고시가 된 후에는 누구든지 고시된 토지에 대하여 사업에 지장을 줄 우려가 있는 형질의 변경이나 제3조 제2호 또는 제4호에 규정된 물건을 손괴하거나 수거하는 행위를 하지 못한다. 그 결과 사업인정고시가 된 후에 고시된 토지에 건축물의 건축 · 대수선, 공작물(工作物)의 설치 또는 물건의 부가(附加) · 증치(增置)를 하려는 자는 특별자치도지사, 시장 · 군수 또는 구청장의 허가를 받아야 한다. 이 경우 특별자치도지사, 시장 · 군수 또는 구청장은 미리 사업시행자의 의견을 들어야 한다(토지보상법 제25조 제1, 2항).

한편, 위의 규정에 따라 사업인정고시 후 사무집기, 식당 가자재 등이 지방자치단체의 허가 없이 사무실, 상가 등에 적치된 경우 보상이 가능한 것인지가 문제될 수 있는데, 이렇듯 사업인정고시가 된 이후 특별자치도지사, 시장 · 군수 또는 구청장의 허가를 받아야 하는 건축물의 건축 · 대수 선, 공작물의 설치 또는 물건의 부가, 증치를 허가를 받지 않고 한 경우에는 보상대상에 해당하지 않는 것으로 보나, 허가대상이 아닌 통상적인 범위 내의 영업행위 등을 위한 물건의 증치나 부가 등은 보상대상에 해당하는 것으로 본다.[60)]

2) 건축허가 후 착공하지 아니한 상태에서 사업인정고시가 된 경우

사업인정고시로 인한 토지의 보전의무 중 건축물의 건축 등과 관련하여 사업인정고시일 이전에 건축허가 등을 받았다고 하더라도 착공하지 않는 경우에는 사업인정고시로 종전의 건축허가는 실효된다. 따라서 건축을 위해서는 새로운 건축허가를 득하여야 한다.

【판시사항】

건축법상 건축허가를 받았으나 허가받은 건축행위에 착수하지 않고 있는 사이에 사업인정고시가 된 경우, 고시된 토지에 건축물을 건축하려는 자는 토지보상법 제25조에서 정한 허가를 따로 받아야 하는지(대법원 2014. 11. 13. 선고 2013두19738,19745 판결)

【판결요지】

구「공익사업을 위한 토지 등의 취득 및 보상에 관한 법률」(2011. 8. 4. 법률 제11017호로 개정되기 전의 것. 이하 '토지보상법'이라 한다) 제25조 제2항은 "사업인정고시가 있은 후에는 고시된 토지에 건축물의 건축 · 대수선, 공작물의 설치 또는 물건의 부가 · 증치를 하고자 하는 자는 특별자치도지사, 시장 · 군수 또는 구청장의 허가를 받아야 한다. 이 경우 특별자치도지사, 시장 · 군수 또는 구청장은 미리 사업시행자의 의견을 들어야 한다."고 규정하고, 같은 조 제3항은 "제2항의 규정에 위반하여 건축물의 건축 · 대수선, 공작물의 설치 또는 물건의 부가 · 증치를 한 토지소유자 또는 관계인은 당해 건축물 · 공작물 또는 물건을 원상으로 회복하여야 하며 이에 관한 손실의 보상을 청구할 수 없다."고 규정하고 있다. 이러한 규정의 취지에 비추어 보면, 건축법상 건축허가를 받았더라도 허가받은 건축행위에 착수하지 아니하고 있는 사이에 토지보상법상 사업인정고시가 된 경우 고시된 토지에 건축물을 건축하려는 자는 토지보상법 제25조에 정한 허가를 따로 받아야 하고, 그 허가 없이 건축된 건축물에 관하여는 토지보상법상 손실보상을 청구할 수 없다고 할 것이다.

(나) 원상회복

위 (가)항을 위반하여 건축물의 건축 · 대수선, 공작물의 설치 또는 물건의 부가 · 증치를 한 토지소유자 또는 관계인은 해당 건축물 · 공작물 또는 물건을 원상으로 회복하여야 하며

60) 2012. 09. 18. 토지정책과-4634.

이에 관한 손실의 보상을 청구할 수 없다(토지보상법 제25조 제3항).

라. 기시행된 공익사업 유지를 위한 사업인정

토지보상법 제20조는 공익사업의 수행을 위하여 필요한 때, 즉 공공의 필요가 있을 때 사업인정처분을 할 수 있다고 되어 있을 뿐 장래에 시행할 공익사업만을 대상으로 한정한다거나 이미 시행된 공익사업의 유지를 그 대상에서 제외하고 있지 아니하다. 따라서 이미 시행된 공익사업의 유지를 위한 사업인정을 하더라도 이를 당연히 위법이라 할 수 없다. 그러므로 이미 시행된 공익사업을 유지를 위한 사업인정의 허용여부는 공익사업의 시행으로 인한 공익과 재산권 보장에 의한 사익 형량 등을 고려하여 판단할 수 있다.

【판시사항】

공익사업을위한토지등의취득및보상에관한법률 제20조에 의한 사업인정처분이 이미 시행된 공익사업의 유지를 위한 것이라는 이유만으로 당연히 위법한 것인지 여부(대법원 2005. 4. 29. 선고 2004두14670 판결)

【판결요지】

공익사업을위한토지등의취득및보상에관한법률 제20조는 공익사업의 수행을 위하여 필요한 때, 즉 공공의 필요가 있을 때 사업인정처분을 할 수 있다고 되어 있을 뿐 장래에 시행할 공익사업만을 대상으로 한정한다거나 이미 시행된 공익사업의 유지를 그 대상에서 제외하고 있지 않은 점, 당해 공익사업이 적법한 절차를 거치지 아니한 채 시행되었다 하여 그 시행된 공익사업의 결과를 원상회복한 후 다시 사업인정처분을 거쳐 같은 공익사업을 시행하도록 하는 것은 해당 토지 소유자에게 비슷한 영향을 미치면서도 사회적으로 불필요한 비용이 소요되고, 그 과정에서 당해 사업에 의하여 제공되었던 공익적 기능이 저해되는 사태를 초래하게 되어 사회 · 경제적인 측면에서 반드시 합리적이라고 할 수 없으며, 이미 시행된 공익사업의 유지를 위한 사업인정처분의 허용 여부는 사업인정처분의 요건인 공공의 필요, 즉 공익사업의 시행으로 인한 공익과 재산권 보장에 의한 사익 사이의 이익형량을 통한 재량권의 한계문제로서 통제될 수 있는 점 등에 비추어 보면, 사업인정처분이 이미 실행된 공익사업의 유지를 위한 것이라는 이유만으로 당연히 위법하다고 할 수 없다.

다만, 공익사업이 완료된 이후 종전의 공익사업을 위하여 사용되고 있는 부지에 매입되지 아니한 토지가 존재하나 해당 토지에 대한 매수협의가 이루어지지 않음을 이유로 사업시행자가 실제로 공익사업을 수행하지 아니하면서 그 토지의소유권만을 취득하기 위하여 「공익사업을 위한 토지 등의 취득 및 보상에 관한법률」 제20조에 따른 사업인정을 신청한 경우, 국토교통부장관은 그 신청에 대한 사업인정을 하지 않을 수 있다.[61]

마. 수수료 납부

사업인정을 신청하려는 자는 국토교통부령으로 정하는 수수료를 내야 한다(토지보상법 제20조 제2항). 수수료는 수입인지 또는 수입증지(법 제28조제1항 · 제29조제1항 및 제30조제2항의 규정에 의한 재결신청 및 협의성립확인신청을 지방토지수용위원회에 하는 경우에 한한다)로 납부하여야 한다. 다만, 국토교통부장관 또는 관할 토지수용위원회는 정보통신망을 이용하여 전자화폐 · 전자결제 등의 방법으로 이를 납부하게 할 수 있다(토지보상법 시행규칙 제9조 제2항).

| 별표 1 | 〈개정 2007.4.12〉
재결신청 등의 수수료(제9조제1항관련)

납부의무자	수수료
1. 법 제20조제1항의 규정에 의하여 사업인정을 신청하는 자	5만원
2. 법 제28조제1항 및 법 제30조제2항의 규정에 의하여 재결을 신청하는 자 또는 법 제29조제1항의 규정에 의하여 협의성립의 확인을 신청하는 자	가. 보상예정액이 1천만원 이하인 경우 : 1만원 나. 보상예정액이 1천만원 초과 1억원 이하인 경우 : 2만원 다. 보상예정액이 1억원 초과 5억원 이하인 경우 : 3만원 라. 보상예정액이 5억원 초과 10억원 이하인 경우 : 4만원 마. 보상예정액이 10억원 초과 50억원 이하인 경우 : 6만원 바. 보상예정액이 50억원 초과 100억원 이하인 경우 : 8만원 사. 보상예정액이 100억원을 초과하는 경우 : 10만원
3. 삭제 〈2007.4.12〉	

61) 2011. 04. 07. 법제처-11-0073.

2. 협의

가. 협의 등 절차의 준용

(1) 절차의 준용

사업인정을 받은 사업시행자는 토지조서 및 물건조서의 작성, 보상계획의 공고 · 통지 및 열람, 보상액의 산정과 토지소유자 및 관계인과의 협의 절차를 거쳐야 한다. 이 경우 토지보상법 제14조(토지조서 및 물건조서의 작서), 제15조(보상계획의 열람), 제16조(협의) 및 제68조(보상액의 산정 등)를 준용한다(토지보상법 제26조 제1항).

(2) 협의 등 절차의 생략

(가) 절차생략

사업인정 이전에 토지보상법 제14조부터 제16조까지 및 제68조에 따른 절차를 거쳤으나 협의가 성립되지 아니하고 사업인정을 받은 사업으로서 토지조서 및 물건조서의 내용에 변동이 없을 때에는 제14조부터 제16조까지의 절차를 거치지 아니할 수 있다. 이는 사업인정 전에 토지조서 및 물건조서의 작성, 보상계획의 열람 등의 절차를 거친 경우에 한하여 사업인정 후 협의절차를 생략할 수 있는 것이지, 이러한 절차를 거치지 않은 경우에는 사업인정 후 이러한 절차를 다시 거치지 않을 경우 재결신청이 불가능해 진다.

다만, 사업시행자나 토지소유자 및 관계인이 제16조에 따른 협의를 요구할 때에는 협의하여야 한다(토지보상법 제26조 제2항). 이 경우 보상평가를 한 후 1년이 경과된 경우에는 재평가하여 다시 보상액을 산정한 후 협의하여야 한다.

(나) 재산권침해 여부

토지보상법 제26조 제2항은 공익사업을 신속하게 추진하기 위하여 이미 거쳤던 절차를 반복하지 않도록 한 것으로서 토지조서 등에 변동이 있는 경우에는 다시 협의 등의 절차를 거쳐야 하므로 재산권을 침해하지 않는다.[62]

나. 토지조서 등의 진실추정

사업인정고시가 있은 후 토지소유자 등이 토지조서 및 물건조서의 내용에 대하여 열람기간

62) 헌법재판소 2007. 11. 29. 선고 2006헌바79 결정.

이내에 이의를 제기하는 경우를 제외하고는 그에 대한 이의를 제기할 수 없다. 그 결과 이의가 부기된 사항을 제외하고는 진실에 합치하는 것으로 추정된다. 다만, 추정된 사실은 그것이 진실에 반하다는 사실을 입증하는 경우에는 복멸된다.

다. 협의성립의 확인

(1) 협의성립확인신청

(가) 확인신청

사업시행자와 토지소유자 및 관계인 간에 협의가 성립되었을 때에는 사업시행자는 재결신청기간 이내에 해당 토지소유자 및 관계인의 동의를 받아 관할 토지수용위원회에 협의성립의 확인을 신청할 수 있다. 그 절차는 재결절차(토지보상법 제28조제2항, 제31조, 제32조, 제34조, 제35조, 제52조제7항, 제53조제4항, 제57조 및 제58조)를 준용한다(토지보상법 제29조 제1, 2항).

(나) 확인신청서 기재사항

사업시행자는 협의 성립의 확인을 신청하려는 경우에는 국토교통부령으로 정하는 협의성립확인신청서에 ⅰ) 협의가 성립된 토지의 소재지 · 지번 · 지목 및 면적, ⅱ) 협의가 성립된 물건의 소재지 · 지번 · 종류 · 구조 및 수량, ⅲ) 토지 또는 물건을 사용하는 경우에는 그 방법 및 기간, ⅳ) 토지 또는 물건의 소유자 및 관계인의 성명 또는 명칭 및 주소, ⅴ) 협의에 의하여 취득하거나 소멸되는 권리의 내용과 그 권리의 취득 또는 소멸의 시기, ⅵ) 보상액 및 그 지급일 등의 사항을 적어 관할 토지수용위원회에 제출하여야 한다(토지보상법 시행령 제13조 제1항).

(다) 확인신청서 첨부서류

협의성립확인신청서에는 ⅰ) 토지소유자 및 관계인의 동의서, ⅱ) 계약서, ⅲ) 토지조서 및 물건조서, ⅳ) 사업계획서 등의 서류를 첨부하여야 한다(토지보상법 시행령 제13조 제2항).

(라) 협의성립확인신청서의 서식 등

협의성립확인신청서는 별지 제14호 서식에 의한다. 한편, 사업시행자는 협의성립확인신청서 및 그 첨부서류를 제출하는 때에는 정본 1통과 공익사업시행지구에 포함된 시 · 군 또는 구의 수의 합계에 해당하는 부수의 사본을 제출하여야 한다. 다만, 법 제29조제3항의 규정에 의한 협의성립확인신청의 경우에는 사본은 제출하지 아니한다(토지보상법 시행규칙 제11조).

■ 공익사업을 위한 토지 등의 취득 및 보상에 관한 법률 시행규칙[별지 제14호서식] 〈개정 2016. 6. 14.〉

협의성립확인신청서

(앞쪽)

접수번호	접수일

신청인 (사업시행자)	성명 또는 명칭
	주소

협의가 성립된 토지등의 명세										
소재지	지번	지목 (물건의 종류 및 구조)	면적 (수량)	보상액	지급일	토지 또는 물건의 소유자		관계인		
						성명 또는 명칭	주소	성명 또는 명칭	주소	권리의 종류

토지 또는 물건을 사용하는 경우	사용 방법
	사용 기간
협의에 의하여 취득하거나 소멸되는 권리	취득하는 권리 및 취득시기
	소멸되는 권리 및 소멸시기

년 월 일 사업인정의 고시가 있었던 사업에 관하여 위와 같이 협의가 성립되었으므로 「공익사업을 위한 토지 등의 취득 및 보상에 관한 법률」 제29조제1항 · 제3항 및 같은 법 시행령 제13조제1항에 따라 위와 같이 협의성립의 확인을 신청합니다.

년 월 일

신청인(사업시행자) | 인 |

토지수용위원회 위원장 귀하

첨부서류	1. 토지소유자 및 관계인의 동의서 1부 2. 계약서 1부 3. 토지조서 및 물건조서 각 1부 4. 사업계획서 1부 5. 공증을 받은 서류 1부(「공익사업을 위한 토지 등의 취득 및 보상에 관한 법률」 제29조제3항에 따라 공증을 받은 경우에만 제출합니다)	수수료 「공익사업을 위한 토지 등의 취득 및 보상에 관한 법률 시행규칙」 별표 1에서 정하는 금액

210mm×297mm[백상지 80g/㎡]

(뒤쪽)

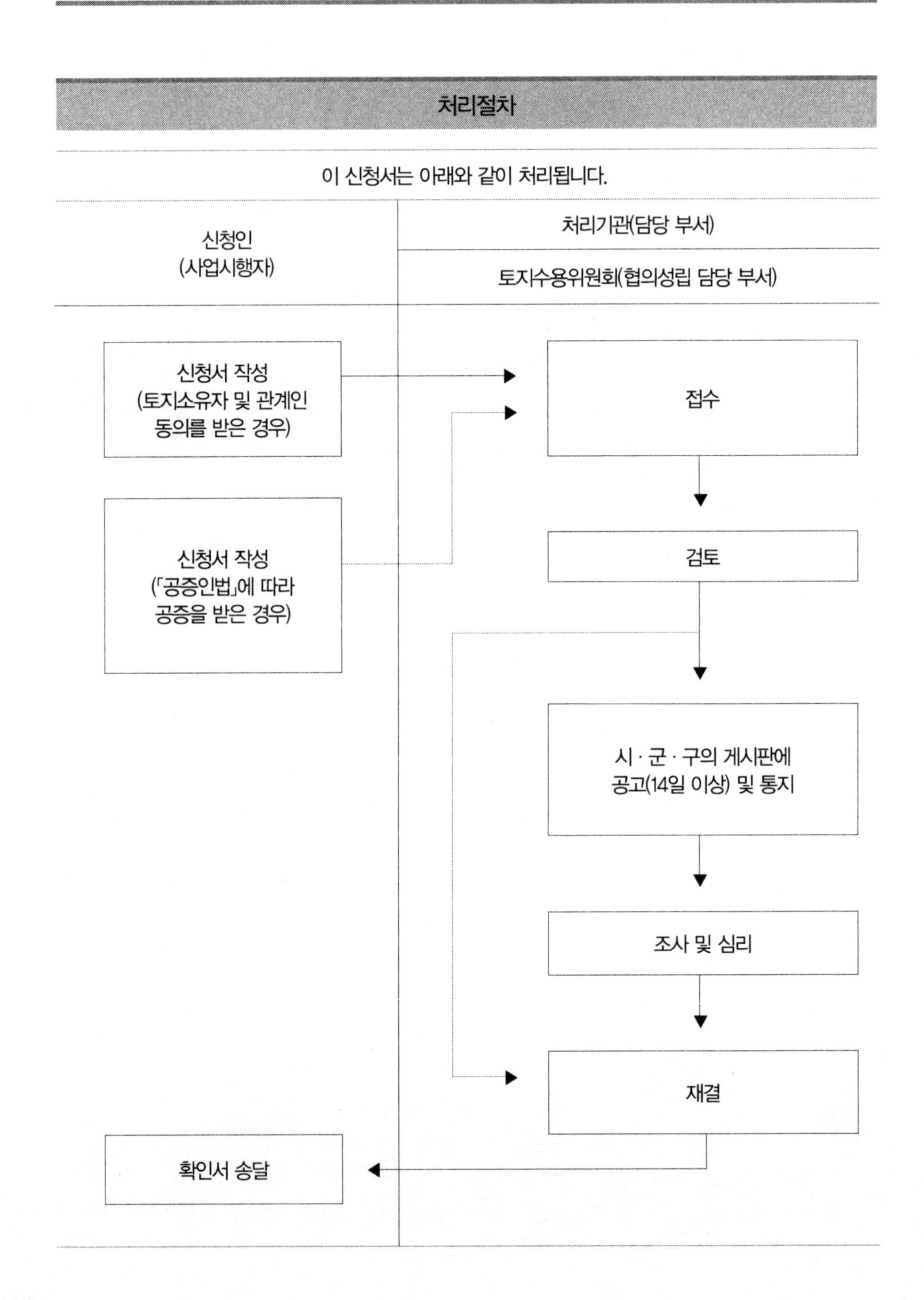

처리절차
이 신청서는 아래와 같이 처리됩니다.
신청인
(사업시행자)
처리기관(담당 부서)
토지수용위원회(협의성립 담당 부서)
신청서 작성
(토지소유자 및 관계인
동의를 받은 경우)
접수
신청서 작성
(「공증인법」에 따라
공증을 받은 경우)
검토
시 · 군 · 구의 게시판에
공고(14일 이상) 및 통지
조사 및 심리
재결
확인서 송달

(2) 협의성립 확인의제

사업시행자가 협의가 성립된 토지의 소재지 · 지번 · 지목 및 면적 등 대통령령으로 정하는 사항에 대하여 공증인법에 따른 공증을 받아 협의 성립의 확인을 신청하였을 때에는 관할 토지수용위원회가 이를 수리함으로써 협의 성립이 확인된 것으로 본다(토지보상법 제29조 제3항).

(3) 재결의제

협의 성립의 확인은 토지보상법에 따른 재결로 보며, 사업시행자, 토지소유자 및 관계인은 그 확인된 협의의 성립이나 내용을 다툴 수 없다(토지보상법 제29조 제4항).

(4) 협의성립 대상

협의성립의 확인신청은 토지보상법 제26조 규정에 의한 절차를 거쳐 협의가 성립된 때에 토지소유자 등의 동의를 얻어 재결의 신청기간이내에 신청하여야 한다. 그러므로 제26조의 규정에 의한 절차를 건친 때, 즉 사업인정의 고시가 있은 이후에 협의가 성립된 토지에 대하여만 신청 수 있고, 사업인정의 고시가 있기 이전에 협의가 성립된 토지는 협의성립의 확인을 신청할 수 있는 대상토지가 될 수 없다.[63]

라. 사업인정 후 협의취득의 법적성질 등

(1) 법적성질

사업인정 후 협의취득의 성격에 대하여 대법원은 사법상의 취득으로서 승계취득한 것으로 보아야 한다며 사법상의 계약으로 본다. 이렇듯 사업인정의 고시 후 협의취득은 승계취득이나, 그 협의성립에 대하여 토지수용위원회의 확인을 받으면 그 확인을 재결로 보므로 사업시행자는 목적물을 원시취득하게 된다.

【판시사항】

공공사업시행자의 협의매수에 의한 토지 취득행위의 법적 성질(대법원 1996. 2. 13. 선고 95다3510 판결)

【판결요지】

63) 2004. 2. 9. 토관-521 질의회신 참조.

> 공공사업의 시행자가 토지수용법에 의하여 그 사업에 필요한 토지를 취득하는 경우 그것이 협의에 의한 취득이고 토지수용법 제25조의2의 규정에 의한 협의 성립의 확인이 없는 이상, 그 취득행위는 어디까지나 사경제 주체로서 행하는 사법상의 취득으로서 승계취득한 것으로 보아야 할 것이고, 재결에 의한 취득과 같이 원시취득한 것으로 볼 수는 없다.

(2) 원시취득 시기

사업인정고시 후 협의가 성립된 경우에는 기업자는 토지소유자 및 관계인의 동의를 얻어 관할 토지수용위원회에 협의성립의 확인을 신청할 수 있는데, 관할 토지수용위원회로부터 협의성립의 확인을 받게 되면 재결이 있는 것으로 간주되는바, 협의성립 확인에 기한 원시취득의 시점은 수용의 시기이다.[64]

3. 재결절차

재결신청 청구의 제도적 취지는 사업시행자의 경우 협의가 성립되지 아니하거나 협의를 할 수 없을 때 사업인정고시 후부터 1년 이내에는 언제든지 재결을 신청할 수 있는 반면에 토지소유자 등은 그러한 재결신청권이 없기 때문에 수용을 둘러싸고 발생할 수 있는 여러 법률관계의 조속한 확정을 바라는 토지소유자 등의 이익을 보호하고 수용당사자 간의 공평을 기하기 위한 것이다.

> **【질의요지】**
> 토지보상법 제28조에 따른 재결신청과 관련하여 "협의를 할 수 없을 때"라 함은 협의자체를 거부하는 경우도 포함되는지?
>
> **【회신내용】**
> 토지보상법 제28조제1항에서 제26조에 따른 협의가 성립되지 아니하거나 협의를 할 수 없을 때(제26조제 2항 단서에 따른 협의 요구가 없을 때를 포함한다)에는 사업시행자는 사업인정고시가 된 날부터 1년 이내 에 대통령령으로 정하는 바에 따라 관할 토지수용위원회에 재결을 신청할 수 있다고 규정하고 있습니다. 토지보상법에서는 협의를 할 수 없을 때에 대하여 구체적으로 규정하고 있지는 아니하나 사업시행자에 기인한 것이 아닌 보상대상자가 부득한 사유로 협의를 거부하는 경우라면 이에 해당할 수 있을 것으로 본다(2018. 9. 12. 토지정책과 -5847)

---

64) 2002. 12. 5. 법원행정처 등기 3402-693 참조.

| 토지수용 재결절차도 |

토지수용위원회에 수용재결이 신청되면 다음과 같은 절차에 따라 수용재결이 이루어진다.

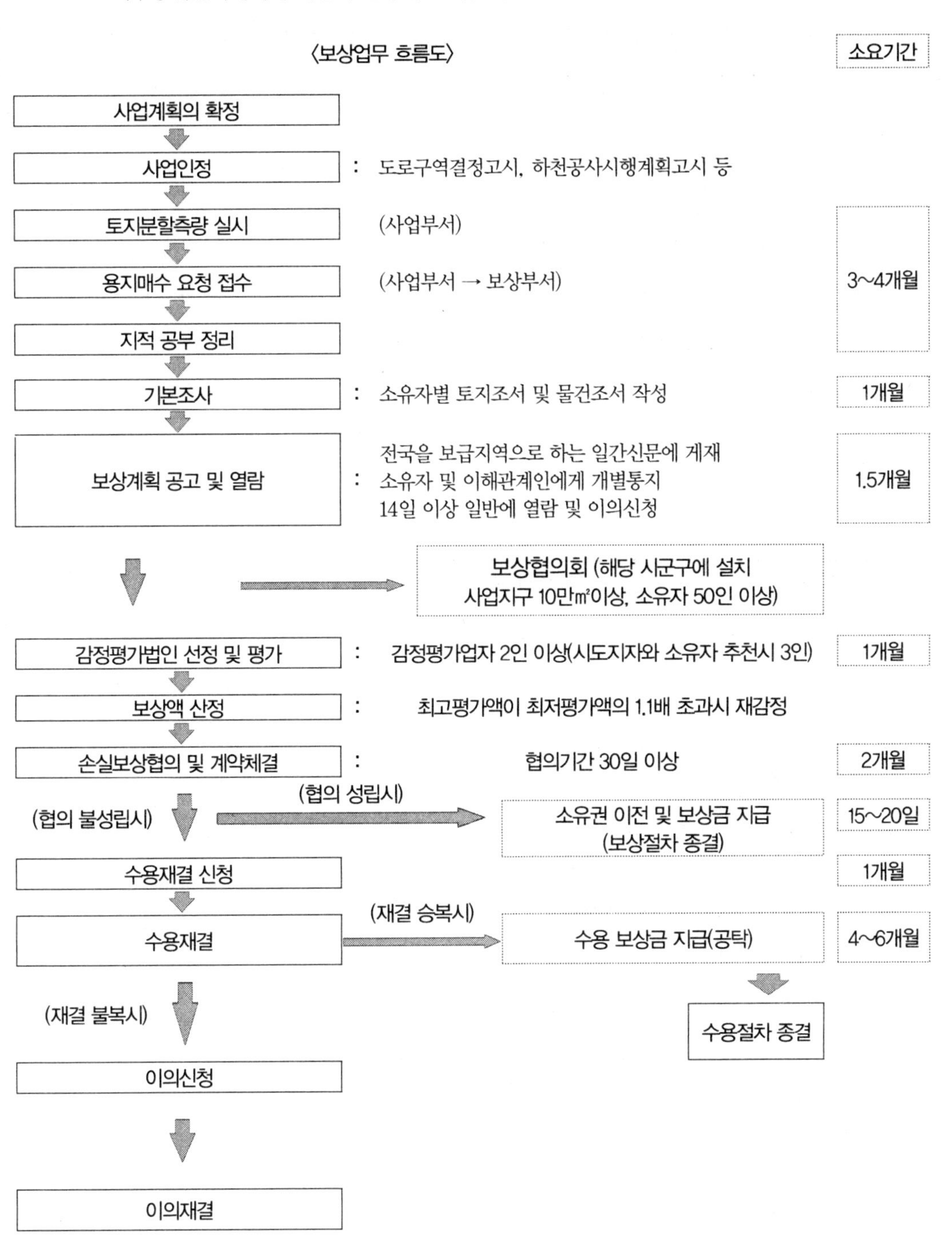

가. 재결의 신청

재결신청청구제도는 토지소유자 등 재결신청권이 없는 자의 이익을 보호(사업시행자는 사업인정의 고시 후 1년 언제든지 재결신청 가능)하고 수용 당사자 간의 공평을 기하기 위하여 도입된 제도이다.

(1) 신청기간

(가) 통상 신청기간

재결은 협의가 성립되지 아니하거나(특별한 사유가 없는 한 30일 이상 협의) 협의를 할 수 없을 때[65]에는 사업시행자는 사업인정고시가 된 날부터 1년 이내에 사업시행자가 관할 토지수용위원회에 재결을 신청할 수 있다(토지보상법 제23조 제1항, 제28조 제1항). 따라서 사업인정고시가 된 날부터 1년 이내에 재결신청을 하지 아니하면 사업인정이 실효되고 그 결과 사업인정 고시일로부터 1년 이후에 한 재결신청은 각하된다.

[보상절차별 주요내용 소요기간]

항 목	주 요 내 용	소요기간	비 고
사업준비	타당성조사, 사업인정 등		
토지분할	분할측량, 토지대장 정리, 사업(도로, 하천)인정고시	3 ~ 4개월	
기본조사	토지조서 및 물건조서 작성	2 ~ 3개월	
보상계획	주요일간신문 공고(14일 이상), 소유자 및 관계인에게 개별통지 (단, 소유자 및 관계인이 21인 이상의 경우)	1.5개월	감정평가법인 추천기간감안
감정평가	감정평가업자 3인(사업시행자 1, 소유자 1, 시·도지사 1)	1개월	
보상협의	보상금 산정 및 협의 요청, 보상금 청구	2개월	
협의성립	소유권이전등기 → 보상금 지급	15 ~ 20일	
재결신청	미협의시 수용재결 신청(협의경위서 등 작성)	1개월	
수용재결	중앙토지수용위원회가 조사·심의·재결	4 ~ 6개월	
재결금지급	재결금은 소유자 청구에 의거 지급,	1.5개월	공탁금 10년

65) 토지보상법 제26조 제2항 단서에 따른 협의 요구가 없을 때를 포함한다.

	미청구시 관할 지법(원)에 공탁 (법원에서 소유자에게 공탁통지서 발송), 수용시기(국유이전등기일) 도과시 수용재결실효		보관
이의신청	재결서 송달받은 날로부터 30일내 제기	30일이내	
이의재결	중앙토지수용위원회가 조사·심의·재결	3개월	
재결금지급	재결 증액금 소유자 청구에 의거 지급, 미청구시 관할 지법(원)에 공탁	1월이내	
행정소송	수용재결 불복시 소송제기	60일이내	송달일 기준
"	이의재결 불복시 소송제기	30일이내	"

【판시사항】

도시계획사업 시행자가 사업인정의 고시 후 상당한 기간이 경과하도록 토지수용법시행령 제15조의2 제1항 소정의 협의기간을 통지하지 아니한 경우 토지소유자는 같은 법 제25조의3 제1항 소정의 재결신청의 청구를 할 수 있는지 여부(대법원 1993. 8. 27. 선고 93누9064 판결)

【판결요지】

토지수용법이 토지소유자 등에게 재결신청의 청구권을 부여한 이유는, 협의가 성립되지 아니한 경우 시행자는 사업인정의 고시 후 1년 이내(도시계획사업은 그 사업의 시행기간 내)에는 언제든지 재결을 신청할 수 있는 반면 토지소유자는 재결신청권이 없으므로, 수용을 둘러싼 법률관계의 조속한 확정을 바라는 토지소유자 등의 이익을 보호함과 동시에 수용당사자간의 공평을 기하기 위한 것이라고 해석되는 점, 같은 법 제25조의3 제3항의 가산금 제도의 취지는 위 청구권의 실효를 확보하자는 것이라고 해석되는 점을 참작하여 볼 때, 도시계획사업 시행자가 사업실시계획인가의 고시 후 상당한 기간이 경과하도록 협의대상 토지소유자에게 협의기간을 통지하지 아니하였다면 토지소유자로서는 토지수용법 제25조의3 제1항에 따라 재결신청의 청구를 할 수 있다.

(나) 개별 법률에 따라 사업인정이 의제되는 사업

개별 법률에 따라 사업인정이 의제되는 사업의 경우 사업인정이 의제되는 지구지정 · 사업계획승인 등에서 정하는 재결신청기간 이내에 사업시행자가 관할 토지수용위원회에 신청하여야 하며, 이 기간 이내에 재결신청을 하지 않으면 사업인정이 실효되기 때문에 그 이후에 한 재결신청은 각하된다. 이 경우 사업시행자는 사업인정이 실효됨으로 인하여 토지소유자나 관계인이 입은 손실을 보상하여야 하는데, 이때 보상액은 협의로 결정하고, 협의가 성립되지 아니하면 사업시행자 또는 손실을 입은 자는 재결을 신청할 수 있다. 이때 손실보상청구는 손실이 있음을 안날부터 1년, 손실이 발생한 때로부터 3년이 지난 후에는 이를 청구할 수 없다.

(2) 재결신청서 제출

(가) 신청서 기재사항

사업시행자는 재결을 신청하는 경우에는 재결신청서에 i) 공익사업의 종류 및 명칭, ii) 사업인정의 근거 및 고시일, iii) 수용하거나 사용할 토지의 소재지 · 지번 · 지목 및 면적(물건의 경우에는 물건의 소재지 · 지번 · 종류 · 구조 및 수량), iv) 수용하거나 사용할 토지에 물건이 있는 경우에는 물건의 소재지 · 지번 · 종류 · 구조 및 수량, v) 토지를 사용하려는 경우에는 그 사용의 방법 및 기간, vi) 토지소유자 및 관계인의 성명 또는 명칭 및 주소, vii) 보상액 및 그 명세, viii) 수용 또는 사용의 개시예정일, ix) 청구인의 성명 또는 명칭 및 주소와 청구일(법 제30조제2항에 따라 재결을 신청하는 경우로 한정한다) 등의 사항을 적어 관할 토지수용위원회에 제출하여야 한다(토지보상법 시행령 제12조 제1항).

(나) 첨부서류 등

재결신청서에는 i) 토지조서 또는 물건조서, ii) 협의경위서, iii) 사업계획서, iv) 사업예정지 및 사업계획을 표시한 도면 등의 서류 및 도면을 첨부하여야 한다(같은 법 시행령 제12조 제2항).

다만, 사업시행자는 보상금을 채권으로 지급하려는 경우에는 위의 서류 및 도면 외에 채권으로 보상금을 지급할 수 있는 경우에 해당함을 증명하는 서류와 i) 채권으로 보상하는 보상금의 금액, ii) 채권원금의 상환방법 및 상환기일, iii) 채권의 이자율과 이자의 지급방법 및 지급기일 등의 사항을 적은 서류를 첨부하여야 한다(같은 조 제3항).

(3) 재결신청서 제출방법

재결신청청구서의 제출은 사업시행자에게 직접 제출하거나 「우편법 시행규칙」 제25조 제1항 제4호 다목의 규정에 의한 배달증명취급우편물로 우송하는 방법에 의한다(토지보상법 시행규칙 제12조).

(4) 재결신청서 서식

재결신청서는 별지 제13호 서식에 의한다(토지보상법 시행규칙 제10조 제1항). 또한 사업시행자는 재결신청서 및 그 첨부서류 · 도면을 제출하는 때에는 정본 1통과 공익사업시행지구에 포함된 시 · 군 또는 구의 수의 합계에 해당하는 부수의 사본을 제출하여야 한다(같은 조 제3항).

■ 공익사업을 위한 토지 등의 취득 및 보상에 관한 법률 시행규칙[별지 제13호서식] 〈개정 2016. 6. 14.〉

재결신청서

(앞쪽)

접수번호		접수일
신청인 (사업시행자)	성명 또는 명칭	
	주소	
공익사업의 종류 및 명칭		
사업인정의 근거 및 고시일		
수용하거나 사용할 토지등		
수용할 토지에 있는 물건		
보상액 및 그 명세		
사용하려는 경우	사용의 방법	
	사용의 기간	

토지소유자	성명 또는 명칭	
	주 소	
관계인	성명 또는 명칭	
	주 소	
수용 또는 사용의 개시예정일		
재결신청의 청구	청구일	
	청구인의 성명 또는 명칭	
	청구인의 주소	

「공익사업을 위한 토지 등의 취득 및 보상에 관한 법률」 제28조제1항 · 제30조제2항 및 같은 법 시행령 제12조제1항에 따라 위와 같이 재결을 신청합니다.

년 월 일

신청인(사업시행자) 인

토지수용위원회 위원장 귀하

첨부서류	1. 토지조서 또는 물건조서 각 1부 2. 협의경위서 1부 3. 사업계획서 1부 4. 사업예정지 및 사업계획을 표시한 도면 각 1부 5. 보상금을 채권으로 지급할 수 있는 경우에 해당함을 증명하는 서류와 채권으로 보상하는 보상금의 금액, 채권원금의 상환방법 및 상환기일, 채권의 이자율과 이자의 지급방법 및 지급기일을 적은 서류 각 1부(보상금을 채권으로 보상하는 경우에만 제출합니다)	수수료 「공익사업을 위한 토지 등의 취득 및 보상에 관한 법률 시행규칙」 별표 1에서 정하는 금액

210mm×297mm| 백상지 80g/㎡ |

(뒤쪽)

처리절차

이 신청서는 아래와 같이 처리됩니다.

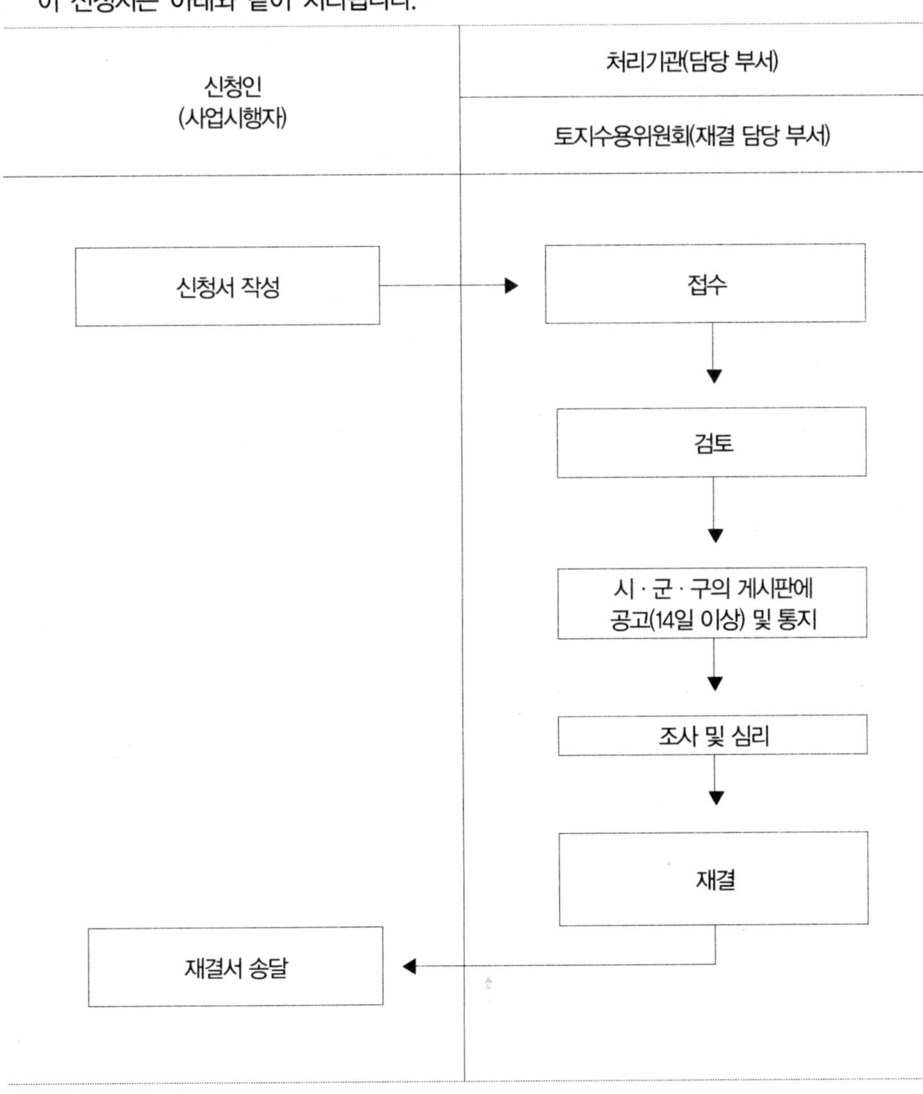

작성요령(양식 참조)

① 신청인(사업시행자) 성명 또는 명칭 : 신청인인 사업시행자의 관직명 또 는 법인등기부상의 법인명 및 대표자 성명 기재 – 반드시 사업인정 고시 시 명기된 사업시행자명을 기재

② 신청인(사업시행자)의 주소 : 주소는 관공서 또는 법인등기부상의 본점 소재지의 주소를 기재

③ 공익사업의 종류 및 명칭 : 공익사업의 종류를 기재하고 공익사업의 명 칭은 약칭이나 편의상 사업명을 기재하여서는 안되며 반드시 사업인정시의 사업명을 기재

④ 사업인정의 근거 및 고시일 : 사업인정의 근거가 되는 관계법령의 조문 및 조항을 기재하고, 토지보상법상 사업인정으로 의제되는 행정처분의 고시일을 기재(변경인가시 변경인가 고시일을 기재하고 고시문 사본을 첨부)

⑤ 수용 또는 사용할 토지 등의 표시 : 수용 또는 사용할 토지 중 첫 번째 토지의 주소 표시(예 : 경기도 과천시 중앙동 12번지 90㎡ 등 총 20필지 3,000㎡)

⑥ 수용할 토지에 있는 물건의 표시 : 수용할 토지상의 첫번째 물건명 기재 (예 : 경기도 과천시 중앙동 13번지 단독주택 등 총 23건) 600 토지수용 업무편람

⑦ 보상액 및 그 내역 : 별첨(사업시행자 제시액 조서)으로 첨부

⑧ 사용하고자 하는 경우 사용의 방법 : 토지사용의 경우 사용의 방법 기재 (예 : 지하사용, 공중사용, 긴급 시 사용)

⑨ 사용하고자 하는 경우 사용의 기간 : 토지사용의 경우 사용의 개시예정 일 및 기간 기재

⑩ 토지소유자 성명 또는 명칭 : 사업시행자제시액조서상의 첫번째 토지소 유자의 성명 또는 법인명칭 기재(예 : 홍길동 외 20명)

⑪ 토지소유자 주소 : 사업시행자제시액조서상의 첫번째 토지소유자 또는 법인의 주소 기재

⑫ 관계인 성명 또는 명칭 : 사업시행자제시액조서상의 첫번째 관계인의 성 명 또는 법인명칭 기재(예 : 농업협동조합 외 10명)

⑬ 관계인 주소 : 사업시행자제시액조서상의 첫번째 관계인의 주소 기재

⑭ 수용 또는 사용의 개시예정일 : 사업시행자가 예정하고 있는 수용 또는 사용의 개시일을 기재

⑮ 재결신청의 청구란의 청구일 : 「토지보상법」 제30조에 따른 재결신청의 청구가 있은 경우 그 청구서 접수일자를 기재

⑯ 재결신청의 청구란의 청구인의 성명 또는 명칭 : 「토지보상법」 제30조에 따른 재결신청의 청구가 있은 경우 그 청구인의 성명 또는 법인명 기재

⑰ 재결신청의 청구란의 청구인의 주소 : 「토지보상법」 제30조에 따른 재결 신청의 청구가 있은 경우 그 청구인의 주소 기재

⑱ 연월일 : 수용재결신청서 문서시행일을 기재

⑲ 신청인(사업시행자) ㊞ : 사업시행자의 관인 또는 법인의 인감 날인

⑳ 수수료 : 「토지보상법 시행규칙」 제9조제1항 및 별표1에 따른 수입인지 (중토위에 신청 시) 또는 수입증지(지토위에 신청 시)를 첨부

나. 토지소유자 등 (조속)재결신청의 청구

(1) (조속)재결신청시기 등

(가) 시기

토지소유자 등은 사업인정고시가 된 후 협의가 성립되지 아니하였을 때에는 토지소유자와 관계인은 서면으로 사업시행자에게 조속히 재결을 신청할 것을 청구할 수 있다(토지보상법 제30조 제1항). 이는 사업시행자에게만 재결신청권이 부여될 경우에 인정되는 권리이며, 이러한 청구는 사업인정고시 후 협의절차를 거쳤으나 협의가 성립되지 아니한 경우에 가능한 것이므로 원칙적으로 협의절차가 진행되는 경우에는 재결신청의 청구를 할 수 없다. 여기서 협의가 성립되지 아니한 때에는 보상액 등에 관한 협의가 성립되지 아니한 경우뿐만 아니라 사업시행자가 보상대상에서 제외하여 협의 자체가 성립되지 않은 경우도 포함되므로 이런 경우에도 토지소유자 등은 사업시행자에게 재결신청의 청구를 구할 수 있다. 만일, 사업시행자가 토지소유자 등의 재결신청의 청구를 거부할 경우 이를 민사소송의 방법으로 그 절차 이행을 구할 수는 없으며, 행정소송(부작위위법확인의 소 또는 재결신청거부처분취소의 소)을 통하여 그 이행을 구하여야 한다.

【판시사항】

보상대상에 포함여부도 재결신청의 대상이 되지는 여부(대법원 2011. 7. 14. 선고 2011두2309 판결)

【판결요지】

[1] 공익사업을 위한 토지 등의 취득 및 보상에 관한 법률(이하 '공익사업법'이라 한다) 제30조 제1항은 재결신청을 청구할 수 있는 경우를 사업시행자와 토지소유자 및 관계인 사이에 '협의가 성립하지 아니한 때'로 정하고 있을 뿐 손실보상대상에 관한 이견으로 협의가 성립하지 아니한 경우를 제외하는 등 그 사유를 제한하고 있지 않은 점, 위 조항이 토지소유자 등에게 재결신청청구권을 부여한 취지는 공익사업에 필요한 토지 등을 수용에 의하여 취득하거나 사용할 때 손실보상에 관한 법률관계를 조속히 확정함으로써 공익사업을 효율적으로 수행하고 토지소유자 등의 재산권을 적정하게 보호하기 위한 것인데, 손실보상대상에 관한 이견으로 손실보상협의가 성립하지 아니한 경우에도 재결을 통해 손실보상에 관한 법률관계를 조속히 확정할 필요가 있는 점 등에 비추어 볼 때, '협의가 성립되지 아니한 때'에는 사업시행자가 토지소유자 등과 공익사업법 제26조에서 정한 협의절차를 거쳤으나 보상액 등에 관하여 협의가 성립하지 아니한 경우는 물론 토지소유자 등이 손실보상대상에 해당한다고 주장하며 보상

을 요구하는데도 사업시행자가 손실보상대상에 해당하지 아니한다며 보상대상에서 이를 제외한 채 협의를 하지 않아 결국 협의가 성립하지 않은 경우도 포함된다고 보아야 한다.

다만, 사업인정고시 후 상당한 기간이 경과하도록 협의기간을 통지하지 아니한 경우 토지소유자는 재결신청의 청구를 할 수 있다.[66]

【판시사항】

도시계획사업 시행자가 사업인정의 고시 후 상당한 기간이 경과하도록 토지수용법시행령 제15조의2 제1항 소정의 협의기간을 통지하지 아니한 경우 토지소유자는 같은 법 제25조의3 제1항 소정의 재결신청의 청구를 할 수 있는지 여부(대법원 1993. 8. 27. 선고 93누9064 판결)

【판결요지】

토지수용법이 토지소유자 등에게 재결신청의 청구권을 부여한 이유는, 협의가 성립되지 아니한 경우 시행자는 사업인정의 고시 후 1년 이내(도시계획사업은 그 사업의 시행기간 내)에는 언제든지 재결을 신청할 수 있는 반면 토지소유자는 재결신청권이 없으므로, 수용을 둘러싼 법률관계의 조속한 확정을 바라는 토지소유자 등의 이익을 보호함과 동시에 수용당사자간의 공평을 기하기 위한 것이라고 해석되는 점, 같은 법 제25조의3 제3항의 가산금 제도의 취지는 위 청구권의 실효를 확보하자는 것이라고 해석되는 점을 참작하여 볼 때, 도시계획사업 시행자가 사업실시계획인가의 고시 후 상당한 기간이 경과하도록 협의대상 토지소유자에게 협의기간을 통지하지 아니하였다면 토지소유자로서는 토지수용법 제25조의3 제1항에 따라 재결신청의 청구를 할 수 있다.

(나) 재결신청기간 등

1) 청구대상

토지의 현실적인 이용상황 등 토지조서 및 물건조서의 내용에 대해서 사업시행자와 토지소유자 등 사이에 다툼이 있는 경우에는 물론이고 토지 등이 보상대상에 포함되는지 여부에 대해서도 재결신청이 가능하며, 이에 대해서는 토지수용위원회가 재결로 결정한다.[67]

---

66) 2011. 1. 18. 토지정책과-261 질의회신 참조.
67) 2019. 토지수용업무편람, 91면.

【판시사항】

사업을 위한 토지 등의 취득 및 보상에 관한 법률 제30조 제1항에서 정한 '협의가 성립되지 아니한 때'에, 토지소유자 등이 손실보상대상에 해당한다고 주장하며 보상을 요구하는데도 사업시행자가 손실보상대상에 해당하지 않는다며 보상대상에서 이를 제외한 채 협의를 하지 않아 결국 협의가 성립하지 않은 경우도 포함되는지 여부(대법원 2011. 7. 14. 선고 2011두2309 판결)

【판결요지】

공익사업을 위한 토지 등의 취득 및 보상에 관한 법률(이하 '공익사업법'이라 한다) 제30조 제1항은 재결신청을 청구할 수 있는 경우를 사업시행자와 토지소유자 및 관계인 사이에 '협의가 성립하지 아니한 때'로 정하고 있을 뿐 손실보상대상에 관한 이견으로 협의가 성립하지 아니한 경우를 제외하는 등 그 사유를 제한하고 있지 않은 점, 위 조항이 토지소유자 등에게 재결신청청구권을 부여한 취지는 공익사업에 필요한 토지 등을 수용에 의하여 취득하거나 사용할 때 손실보상에 관한 법률관계를 조속히 확정함으로써 공익사업을 효율적으로 수행하고 토지소유자 등의 재산권을 적정하게 보호하기 위한 것인데, 손실보상대상에 관한 이견으로 손실보상협의가 성립하지 아니한 경우에도 재결을 통해 손실보상에 관한 법률관계를 조속히 확정할 필요가 있는 점 등에 비추어 볼 때, '협의가 성립되지 아니한 때'에는 사업시행자가 토지소유자 등과 공익사업법 제26조에서 정한 협의절차를 거쳤으나 보상액 등에 관하여 협의가 성립하지 아니한 경우는 물론 토지소유자 등이 손실보상대상에 해당한다고 주장하며 보상을 요구하는데도 사업시행자가 손실보상대상에 해당하지 아니한다며 보상대상에서 이를 제외한 채 협의를 하지 않아 결국 협의가 성립하지 않은 경우도 포함된다고 보아야 한다.

2) 재결신청기간

사업시행자는 청구를 받았을 때에는 그 청구를 받은 날부터 60일 이내에 관할 토지수용위원회에 재결을 신청하여야 한다.

3) 가산금

재결신청 지연에 따른 가산금은 해당 재결신청의 청구 건이 관할 토지수용위원회에 신청하였을 때를 기준으로 하여 계산한다. 사업시행자가 위의 기간을 넘겨서 재결을 신청하였을 때에는 그 지연된 기간에 대하여「소송촉진 등에 관한 특례법」제3조에 따른 법정이율(연 12%)을 적용하여 산정한 금액을 관할 토지수용위원회에서 재결한 보상금에 가산(加算)하여 지급하여야 한다(토지보상법 제30조 제2, 3항). 이에 따라 가산하여 지급하여야 하는 금액은 관할 토지수용위원회가 재결서에 적어야 하며, 사업시행자는 수용 또는 사용의 개시일까지 보상금과 함께 이를 지급하여야 한다(토지보상법 시행령 제14조 제2항). 이때 지연가산금도 보상금의 일부이므로 이를 수용의 개시일까지 지급하거나 공탁하지 않으면 재결의 효력은 상실한다.

【재결례】

재결보상금의 일부(지연가산금)을 수용 개시일까지 지급하거나 공탁하지 아니하였을 때에는 재결은 실효된다[중토위 2017. 11. 23]

【재결요지】

공익사업을 위한 토지 등의 취득 및 보상에 관한 법률(이하 "법"이라 한다)」 제30조제2항에 따르면 사업시행자는 제1항에 따른 청구를 받았을 때에는 그 청구를 받은 날부터 60일 이내에 대통령령으로 정하는 바에 따라 관할 토지수용위원회에 재결을 신청하여야 하고, 같은 조 제3항에 따르면 사업시행자가 제2항에 따른 기간을 넘겨서 재결을 신청하였을 때에는 그 지연된 기간에 대하여 「소송촉진 등에 관한 특례법」 제3조에 따른 법정이율을 적용하여 산정한 금액을 관할 토지수용위원회에서 재결한 보상금에 가산(加算)하여 지급하여야 한다고 되어있다. 법 제40조제1항에 따르면 사업시행자는 제38조 또는 제39조에 따른 사용의 경우를 제외하고는 수용 또는 사용의 개시일(토지수용위원회가 재결로써 결정한 수용 또는 사용을 시작하는 날을 말한다. 이하 같다)까지 관할 토지수용위원회가 재결한 보상금을 지급하여야 하고, 법 제42조에 따르면 사업시행자가 수용 또는 사용의 개시일까지 관할 토지수용위원회가 재결한 보상금을 지급하거나 공탁하지 아니하였을 때에는 해당 토지수용위원회의 재결은 효력을 상실한다고 되어 있다. 관계자료(이의신청서, 사업시행자 의견 등)를 검토한 결과, 사업시행자는 00지방토지수용위원회의 2017. 2. 20. 수용재결에서 정한 재결보상금을 수용의 개시일까지 지급하거나 공탁하여야 함에도 불구하고 이의 신청인 000, 000의 재결보상금의 일부(지연가산금)를 수용개시일까지 지급 또는 공탁하지 아니하였다. 따라서 법 제42조제1항에 따라 000, 000에 대한 이 건 수용재결은 2017. 5. 5. 효력을 상실하였는바, 존재하지 않는 처분에 대한 취소를 구하는 000, 000의 이의신청은 실익이 없으므로 각하하기로 한다.

이러한 가산금은 사업시행자가 수용 · 사용사업 시행권을 부여받은 경우에 인정될 수 있는 것이다. 따라서 사업시행자의 협의요청과 이에 따른 소유자의 재결신청청구가 있었으나 당시 사업시행자에게 아직 수용사업 시행권한이 부여되지 아니한 상태였고, 사업시행자가 수용사업 시행권한을 부여받은 후에 계속하여 협의요청을 하여 협의가 성립되지 아니하자 비로소 재결신청을 하게 된 것이라면, 당초의 소유자의 재결신청청구를 받은 때로부터 2개월이 지난 후에 사업시행자의 재결신청이 있게 되었더라도 소유자에게 토지수용법 제25조의3 제3항의 규정에 의한 지연가산금은 인정될 수 없다.[68)]

【판시사항】

사업시행자가 보상협의요청서에 기재한 협의기간이 종료하기 전에 토지소유자 및 관계인이 재결신청의 청구를 하였으나 사업시행자가 협의기간이 종료하기 전에 협의기간을 연장한 경우, 구 공익사업을 위한 토지 등의 취득 및 보상에 관한 법률 제30조 제2항에서 정한 60일 기간의 기산 시기(=당초의 협의기간 만료일)(대법원 2012. 12. 27. 선고 2010두9457 판결)

【판결요지】

공익사업을 위한 토지 등의 취득 및 보상에 관한 법률 시행령 제8조 제1항, 제14조 제1항의 내용, 형식 및 취지를 비롯하여, 토지소유자 및 관계인이 협의기간 종료 전에 사업시행자에게 재결신청의 청구를 한 경우 구 공익사업을 위한 토지 등의 취득 및 보상에 관한 법률(2011. 8. 4. 법률 제11017호로 개정되기 전의 것, 이하 '구 공익사업법'이라고 한다) 제30조 제2항에서 정한 60일의 기간은 협의기간 만료일로부터 기산하여야 하는 점, 사업인정고시가 있게 되면 토지소유자 및 관계인에 대하여 구 공익사업법 제25조에서 정한 토지 등의 보전의무가 발생하고, 사업시행자에게는 구 공익사업법 제27조에서 정한 토지 및 물건에 관한 조사권이 주어지게 되는 이상, 협의기간 연장을 허용하게 되면 토지소유자 및 관계인에게 위와 같은 실질적인 불이익도 연장될 우려가 있는 점, 협의기간 내에 협의가 성립되지 아니하여 토지소유자 및 관계인이 재결신청의 청구까지 한 마당에 사업시행자의 협의기간 연장을 허용하는 것은 사업시행자가 일방적으로 재결신청을 지연할 수 있도록 하는 부당한 결과를 가져올 수 있는 점 등을 종합해 보면, 사업시행자가 보상협의요청서에 기재한 협의기간을 토지소유자 및 관계인에게 통지하고, 토지소유자 및 관계인이 그 협의기간이 종료하기 전에 재결신청의 청구를 한 경우에는 사업시행자가 협의기간이 종료하기 전에 협의기간을 연장하였다고 하더라도 구 공익사업법 제30조 제2항에서 정한 60일의 기간은 당초의 협의기간 만료일로부터 기산하여야 한다고 보는 것이 타당하다.

68) 대법원 1994. 10. 11. 선고 94누1746 판결.

4) 재결실효 후 다시 재결신청시 가산금 산정

재결이 실효된 경우에는 재결의 전제가 되는 재결신청도 아울러 그 효력을 상실하는 것이므로(대법원 1987. 3. 10. 선고 84누158 판결) 재결실효 후 다시 재결신청을 하는 경우 토지소유자 및 관계인이 재결신청을 청구한 날부터 60일을 경과한 날부터 기산하여 다시 재결신청하는 날까지 경과한 기간에 대하여는 지연가산금을 지급하여야 하고, 재결실효에 따른 손실은 손실이 있는 것을 입증하는 객관적인 자료 등을 검토하여 손실이 있는 경우 보상을 하여야 한다.[69]

5) 지연가산금에 대한 불복

지연가산금에 대한 불복은 민사소송이 아닌 보상금의 증감에 관한 행정소송에 의하여야 하며, 지연가산금은 재결 보상금에 부수하여 구 공익사업법상 인정되는 공법상 청구권이므로 제소기간 내에 재결 보상금의 증감에 대한 소송을 제기한 이상, 지연가산금은 구 공익사업법 제85조에서 정한 제소기간에 구애받지 않고 그 소송절차에서 청구취지 변경 등을 통해 청구할 수 있다.[70]

【판시사항】

지연가산금 청구를 보상금의 증감에 관한 행정소송이 아닌 민사소송으로 제기할 수 있는지 여부(대법원 1997. 10. 24. 선고 97다31175 판결)

【판결요지】

토지수용법 제25조의3 제3항이 정한 지연가산금은 수용보상금에 대한 법정 지연손해금의 성격을 갖는 것이므로 이에 대한 불복은 수용보상금에 대한 불복절차에 의함이 상당할 뿐 아니라, 토지수용법시행령 제16조의3은 " 법 제25조의3 제3항의 규정에 의하여 가산하여 지급할 금액은 관할 토지수용위원회가 재결서에 기재하여야 하며, 기업자는 수용 시기까지 보상금과 함께 이를 지급하여야 한다."라고 하여 지연가산금은 수용보상금과 함께 수용재결로 정하도록 규정하고 있으므로, 지연가산금에 대한 불복은 수용보상금의 증액에 관한 소에 의하여야 한다.

69) 2012. 1. 10. 토지정책과-146 질의회신 참조.
70) 대법원 2012. 12. 27. 선고 2010두9457 판결.

(다) 서면에 의한 재결신청시 일부누락한 신청의 효력

재결신청의 청구는 엄격한 형식을 요하지 아니하는 서면행위이고, 따라서 토지소유자 등이 서면에 의하여 재결청구의 의사를 명백히 표시한 이상 같은 법 시행령 제16조의2 제1항 각호의 사항 중 일부를 누락하였다고 하더라도 위 청구의 효력을 부인할 것은 아니고, 또한 기업자를 대신하여 협의절차의 업무를 대행하고 있는 자가 따로 있는 경우에는 특별한 사정이 없는 한 재결신청의 청구서를 그 업무대행자에게도 제출할 수 있다.[71]

【재결례】

법률대리인이 제출한 청구서의 첨부서류에는 위임인의 주소와 주민번호, 인적사항 등이 기재되어 있고, 날인도 되어 있어 위임의 의사도 분명히 하다고 볼 수 있다면 재결신청청구는 적법하다[중토위 2019. 6. 27.]

【재결요지】

재결신청의 청구는 엄격한 형식을 요하지 아니하는 서면행위이고, 법률대리인이 제출한 청구서의 첨부서류 에는 위임인의 주소와 주민번호, 인적사항 등이 기재되어 있고, 날인도 되어 있어 위임의 의사도 분명히 하다고 볼 수 있으므로 위임장에 인감도장이 날인되지 않고 인감증명서를 첨부하지 않았다는 등의 사유로 청구서를 반려한 사업시행자의 행위는 부당한 것으로 판단되어 강신구 외 116명의 재결신청 청구일은 당초 서류를 제출한 2016. 5. 9. ~ 2017. 6. 2. 사이의 각 제출일로 함이 타당하다.

(2) (조속)재결신청서의 제출

토지소유자 및 관계인이 재결 신청을 청구하려는 경우에는 협의기간이 지난 후 ⅰ) 사업시행자의 성명 또는 명칭, ⅱ) 공익사업의 종류 및 명칭, ⅲ) 토지소유자 및 관계인의 성명 또는 명칭 및 주소, ⅳ) 대상 토지의 소재지 · 지번 · 지목 및 면적과 토지에 있는 물건의 종류 · 구조 및 수량, ⅴ)협의가 성립되지 아니한 사유 등의 사항을 적은 재결신청청구서를 사업시행자에게 제출하여야 한다(토지보상법 시행령 제14조 제1항).

그러나 위 청구서의 내용 중 일부 누락한 경우에도 서면으로 한 재결신청은 유효하다.

---

71) 대법원 1995. 10. 13. 선고 94누7232 판결.

【판시사항】

토지수용법 제25조의3 제1항 소정 재결신청청구의 형식 및 상대방(대법원 1995. 10. 13. 선고 94누7232 판결)

【판결요지】

재결신청청구서에 토지수용법시행령 제16조의2 제1항 각 호 소정의 사유들이 명확히 항목별로 나뉘어 기재되어 있지는 아니하나, 그 내용을 자세히 검토하여 보면 위 청구서에 위 사항이 모두 포함되어 있다고 보여질 뿐 아니라, 법이 위와 같은 형식을 요구하는 취지는 토지소유자 등의 의사를 명확히 하려는 데 있고, 재결신청의 청구는 엄격한 형식을 요하지 아니하는 서면행위이고, 따라서 토지소유자 등이 서면에 의하여 재결청구의 의사를 명백히 표시한 이상 같은 법 시행령 제16조의2 제1항 각호의 사항 중 일부를 누락하였다고 하더라도 위 청구의 효력을 부인할 것은 아니고, 또한 기업자를 대신하여 협의절차의 업무를 대행하고 있는 자가 따로 있는 경우에는 특별한 사정이 없는 한 재결신청의 청구서를 그 업무대행자에게도 제출할 수 있다.

다. 재결신청서의 열람 등

(1) 토지수용위원회의 공고 및 열람 등

(가) 공고 등

중앙토지수용위원회 또는 지방토지수용위원회는 재결신청서를 접수하였을 때에는 지체 없이 이를 공고하고, 공고한 날부터 14일 이상 관계 서류의 사본을 일반인이 열람할 수 있도록 하여야 한다(토지보상법 제13조 제1항).

(나) 공고 및 열람 의뢰

관할 토지수용위원회는 재결신청서를 접수하였을 때에는 그 신청서 및 관계 서류의 사본을 토지등의 소재지를 관할하는 시장 · 군수 또는 구청장에게 송부하여 공고 및 열람을 의뢰하여야 하며(토지보상법 시행령 제15조 제1항), 시장 · 군수 또는 구청장은 송부된 서류를 받았을 때에는 지체 없이 재결신청 내용을 시 · 군 또는 구의 게시판에 공고하고, 공고한 날부터 14일 이상 그 서류를 일반인이 열람할 수 있도록 하여야 한다.[72] 다만, 시장 · 군수 또는

72) 열람기간이 끝나면 제출된 의견서를 지체 없이 관할 토지수용위원회에 송부하여야 하며, 제출된 의견서

구청장이 공고 및 열람 의뢰를 받은 날부터 14일 이내에 공고하지 아니하거나 일반인이 열람할 수 있도록 하지 아니하는 경우 관할 토지수용위원회는 직접 재결신청 내용을 공고[73]하고, 재결신청서와 관계 서류의 사본을 일반인이 14일 이상 열람할 수 있도록 할 수 있다(같은 조 제2항).

(다) 토지소유자에 대한 통지 및 관계인 등의 의견서 제출

시장 · 군수 · 구청장 또는 관할 토지수용위원회는 공고를 한 경우에는 그 공고의 내용과 의견이 있으면 의견서를 제출할 수 있다는 뜻을 토지소유자 및 관계인에게 통지하여야 하며,[74] 토지소유자 등은 이에 따른 열람기간에 해당 시장 · 군수 · 구청장 또는 관할 토지수용위원회에 의견서를 제출할 수 있다(토지보상법 시행령 제15조 제3, 4항). 다만, 관할 토지수용위원회는 상당한 이유가 있다고 인정하는 경우에는 열람기간이 지난 후 제출된 의견서를 수리할 수 있다.

(2) 토지소유자 등의 의견제시

토지수용위원회가 공고를 하였을 때에는 관계 서류의 열람기간 중에 토지소유자 또는 관계인은 의견을 제시할 수 있다(같은 조 제2항).

다. 심리 등

(1) 토지수용위원회의 심리

토지수용위원회는 열람기간이 지났을 때에는 지체 없이 해당 신청에 대한 조사 및 심리를 하여야 하며, 심리를 할 때 필요하다고 인정하면 사업시행자, 토지소유자 및 관계인을 출석시켜 그 의견을 진술하게 할 수 있다. 이 경우 사업시행자, 토지소유자 및 관계인에게 미리 그 심리의 일시 및 장소를 통지하여야 한다(토지보상법 제32조).

(2) 심리의 기간

토지수용위원회는 심리를 시작한 날부터 14일 이내에 재결을 하여야 한다. 다만 특별한 사유

가 없는 경우에는 그 사실을 통지하여야 한다.

73) 중앙토지수용위원회는 관보에, 지방토지수용위원회는 공보에 게재하는 방법으로 한다.

74) 다만, 통지받을 자를 알 수 없거나 그 주소 · 거소 또는 그 밖에 통지할 장소를 알 수 없을 때에는 그러하지 아니하다.

가 있는 때에는 14일의 범위 안에서 한 차례만 연기할 수 있다. 여기서 심리를 시작한 날은 토지수용위원회가 회의를 소집하여 사실상 심리에 착수한 날이다.[75)]

(3) 심리조사상의 권한

토지수용위원회는 심리에 필요하다고 인정할 때에는 ⅰ) 사업시행자, 토지소유자, 관계인 또는 참고인에게 토지수용위원회에 출석하여 진술하게 하거나 그 의견서 또는 자료의 제출을 요구하는 것, ⅱ) 감정평가업자나 그 밖의 감정인에게 감정평가를 의뢰하거나 토지수용위원회에 출석하여 진술하게 하는 것, ⅲ) 토지수용위원회의 위원 또는 사무기구의 직원이나 지방토지수용위원회의 업무를 담당하는 직원으로 하여금 실지조사를 하게 하는 것 등의 행위를 할 수 있다(토지보상법 제58조).

라. 화해의 권고

(1) 화해의 권고의 성질

화해의 권고는 반드시 거쳐야 하는 필요적인 절차가 아니라 토지수용위원회의 재량에 따른 임의적인 절차이다.

【판시사항】

토지수용법 제40조 소정의 화해권고의 성질(대법원 1986. 6. 24. 선고 84누554 판결)

【판결요지】

토지수용법 제40조 소정의 토지수용위원회의 기업자, 토지소유자 또는 관계인에 대한 화해의 권고는 반드시 거쳐야 하는 필요적인 절차가 아니라 토지수용위원회의 재량에 따른 임의적인 절차이다.

(2) 소위원회의 화해권고

토지수용위원회는 그 재결이 있기 전에는 그 위원 3명으로 구성되는 소위원회로 하여금 사업시행자, 토지소유자 및 관계인에게 화해를 권고하게 할 수 있다. 이 경우 소위원회는 위원장이 지명하거나 위원회에서 선임한 위원으로 구성하며(토지보상법 제33조 제1항),

75) 2011. 3. 14. 토지정책과-1219.

소위원회의 위원 중에는 중앙토지수용위원회에는 국토교통부, 지방토지수용위원회에는 특별시 · 광역시 · 도 또는 특별자치도 소속 공무원인 위원이 1명씩 포함되어야 한다(토지보상법 시행령 제16조). 한편, 이러한 화해권고는 토지소유자 또는 관계인에 대한 화해의 권고는 반드시 거쳐야 하는 필요적인 절차가 아니라 토지수용위원회의 재량에 따른 임의적인 절차이다.

> **【판시사항】**
> 토지수용법 제40조 소정의 화해권고의 성질 (대법원 1986. 6. 24. 선고 84누554 판결)
>
> **【판결요지】**
> 토지수용법 제40조 소정의 토지수용위원회의 기업자, 토지소유자 또는 관계인에 대한 화해의 권고는 반드시 거쳐야 하는 필요적인 절차가 아니라 토지수용위원회의 재량에 따른 임의적인 절차이다.

(3) 화해성립

화해가 성립되었을 때에는 해당 토지수용위원회는 화해조서를 작성하여 화해에 참여한 위원, 사업시행자, 토지소유자 및 관계인이 서명 또는 날인을 하도록 하여야 하며, 이에 따라 화해조서에 서명 또는 날인이 된 경우에는 당사자 간에 화해조서와 동일한 내용의 합의가 성립된 것으로 본다(토지보상법 제33조 제2, 3항).

(4) 화해조서의 송달

중앙토지수용위원회 또는 지방토지수용위원회는 화해가 성립된 경우에는 화해조서의 정본을 사업시행자 · 토지소유자 및 관계인에게 송달하여야 한다(토지보상법 시행령 제17조).

마. 재결

수용 또는 사용의 최종절차인 재결은 보상금의 지급을 조건으로 목적물을 사업시행자에게 취득시키고 토지소유자 등에게는 그 권리를 상실시키는 형성행위이다. 따라서 그 절차는 성실한 협의(절차의 완전한 이행과 정당한 보상금 제시 등)를 전제를 하고 있으며, 이러한 요건이 충족되지 아니할 경우 재결신청은 위법하여 각하될 수 있다.

【판시사항】

토지수용위원회가 사업의 시행이 불가능하게 되는 것과 같은 재결을 행할 수 있는지 여부(대법원 1994. 11. 11. 선고 93누19375 판결)

【판결요지】

토지수용법은 수용 · 사용의 일차 단계인 사업인정에 속하는 부분은 사업의 공익성 판단으로 사업인정기관에 일임하고, 그 이후의 구체적인 수용 · 사용의 결정은 토지수용위원회에 맡기고 있는바, 이와 같은 토지수용절차의 2분화 및 사업인정의 성격과 토지수용위원회의 재결사항을 열거하고 있는 같은 법 제29조 제2항의 규정 내용에 비추어 볼 때, 토지수용위원회는 행정쟁송에 의하여 사업인정이 취소되지 않는 한 그 기능상 사업인정 자체를 무의미하게 하는, 즉 사업의 시행이 불가능하게 되는 것과 같은 재결을 행할 수는 없다.

【판시사항】

재개발구역 내 토지 등 소유자들에게 구 도시재개발법 제33조 제1항에서 정한 분양신청기간의 통지 등 절차를 이행하지 아니한 채 한 수용재결이 위법한지 여부(대법원 2007. 3. 29. 선고 2004두6235 판결)

【판결요지】

구 도시재개발법(2002. 2. 4. 법률 제6655호로 개정되기 전의 것) 제33조 제1항에서 정한 분양신청기간의 통지 등 절차는 재개발구역 내의 토지 등의 소유자에게 분양신청의 기회를 보장해 주기 위한 것으로서 같은 법 제31조 제2항에 의한 토지수용을 하기 위하여 반드시 거쳐야 할 필요적 절차이고, 또한 그 통지를 함에 있어서는 분양신청기간과 그 기간 내에 분양신청을 할 수 있다는 취지를 명백히 표시하여야 하므로, 이러한 통지 등의 절차를 제대로 거치지 않고 이루어진 수용재결은 위법하다.

(1) 재결신청권자 및 대상

(가) 사업시행자의 재결신청

재결의 신청권자는 원칙적으로 사업시행자이며, 토지소유자나 관계인 등은 사업시행자에게 조속히 재결을 신청하여 달라는 재결신청의 청구를 할 수 있을 뿐, 직접 재결을 신청할 권리는 없다.

그러나, i) 사업의 준비를 위한 측량 · 조사 및 장해물 제거 등으로 인한 손실보상, ii) 사업의 실효로 인한 손실보상, iii) 사업의 폐지 및 변경으로 인한 손실보상, iv) 사업인정 후 토지 및 물건조서 작성을 위한 측량 · 조사로 인한 손실보상, v) 천재지변 시의 토지사용으로 인한 손실보상, vi) 재결의 실효로 인한 손실보상, vii) 잔여지 가치감소보상 또는 공사비보상, viii) 잔여지 매수보상, ix) 수용할 토지 및 잔여지 이외의 토지에 통로 · 도랑 · 담장 등의 신설 그 밖의 공사가 필요한 경우 그 공사에 소요되는 비용의 보상, x) 공익사업시행지역 밖에 있는 토지 등의 공익사업의 시행으로 인하여 본래의 기능을 다할 수 없게 되는 경우의 손실보상 등에 대하여 사업시행자와 토지소유자 등 사이에 협의가 성립되지 아니할 경우 토지소유자 등도 재결신청을 할 수 있다.

(나) 대상

토지수용위원회는 i) 수용하거나 사용할 토지의 구역 및 사용방법, ii) 손실보상, iii) 수용 또는 사용의 개시일과 기간, iv) 그 밖에 이 법 및 다른 법률에서 규정한 사항 등을 대하여 재결한다. 다만, 토지수용위원회는 행정쟁송에 의하여 사업인정이 취소되지 않는 한 그 기능상 사업인정 자체를 무의미하게 하는, 즉 사업의 시행이 불가능하게 되는 것과 같은 재결을 행할 수는 없다.[76]

위의 재결사항 ii) 손실보상에는 손실보상금뿐만 아니라 토지의 현실적 이용상황, 건축물 등의 면적 등 손실보상의 전제가 되는 토지 등의 물리적 상황도 포함되므로 토지조서 및 물건조서의 내용도 재결의 대상이 된다.

【판시사항】

사업시행자가 토지의 이용상황을 조사한 토지조서를 보상계획과 함께 공고하고 대상물건의 소유자등에게 개별통지한 경우, 중앙토지수용위원회가 정당한 손실보상금을 결정함에 있어서 반드시 그 토지조서에 표시된 대로의 이용상황을 기준으로 하여야 하는지 여부(대법원 2002. 9. 6. 선고 2001두11236 판결)

【판결요지】

76) 대법원 1994. 11. 11. 선고 93누19375 판결.

공공용지의취득및손실보상에관한특례법시행규칙 제5조의2, 제5조의3, 제5조의4, 토지수용법 제23조, 제24조, 토지수용법시행령 제15조의 규정을 종합하면, 협의취득의 전제로서 사업시행자가 공공용지의취득및손실보상에관한특례법시행규칙에 의하여 토지의 이용상황을 조사한 토지조서를 보상계획과 함께 공고하고 대상물건의 소유자등에게 개별통지하였다 하더라도, 중앙토지수용위원회가 정당한 손실보상금을 결정함에 있어서 반드시 그 토지조서에 표시된 대로의 이용상황을 기준으로 하여야 하는 것은 아니다.

(2) 불고불리의 원칙

(가) 원칙 - 불고불리의 원칙

토지수용위원회는 재결을 함에 있어 사업시행자 및 토지소유자 등이 신청한 범위 내에서 재결하여야 한다.

(나) 증액재결

다만, 손실보상의 경우에는 토지소유자 등이 신청하지 않은 경우 또는 신청한 범위를 초과하여 증액재결을 할 수 있다.

(3) 재결

(가) 재결방법

토지수용위원회의 재결은 서면으로 한다. 이에 따른 재결서에는 주문 및 그 이유와 재결일을 적고, 위원장 및 회의에 참석한 위원이 기명날인한 후 그 정본(正本)을 사업시행자, 토지소유자 및 관계인에게 송달하여야 한다(토지보상법 제24조).

【판례취지】

사업인정 자체를 무의미하게 하여 사업의 시행을 불가능하게 하는 재결은 행할 수 없다[대법원 2007. 01. 11. 선고 2004두8538]

【판결요지】

구 토지수용법(2002. 2. 4. 법률 제6656호 공익사업을 위한 토지 등의 취득 및 보상에 관한 법률 부칙 제2조로 폐지)은 수용 · 사용의 일차 단계인 사업인정에 속하는 부분은 사업의 공익성 판단으로 사업인정 기관에 일임하고 그 이후의 구체적인 수용 · 사용의 결정은 토지수용위원회에 맡기고 있는바, 이와 같은 토지수용절차의 2분화 및 사업인정의 성격과 토지수용위원회의 재결사항을 열거하고 있는 같은법 제29조 제2항의 규정 내용에 비추어 볼 때, 토지수용위원회는 행정쟁송에 의하여 사업인정이 취소되지 않는 한 그 기능상 사업인정 자체를 무의미하게 하는, 즉사업의 시행이 불가능하게 되는 것과 같은 재결을 행할 수는 없다

(나) 재결서 송달

1) 송달방법

재결서의 송달은 당사자에게 직접 교부하거나 우편법 시행규칙 제25조 제1항 제6호에 의한 특별송달에 의함이 원칙이다. 그러나 i) 수용의 당사자 중 송달받을 자를 알 수 없거나, ii) 송달받을 자의 주소 · 거소 그밖에 송달할 장소를 알 수 없을 때, iii) 민사소송법 제191조(외국에서 하는 송달의 방법)의 규정에 의할 수 없을 때 등의 경우에는 공시송달을 할 수 있다.

2) 송달기간

재결서의 송달 기간에 관하여 토지보상법에서는 별도로 규정하고 있지 아니하므로 상당한 기간이 경과한 뒤에 송달이 이루어졌다는 것만으로 그 송달이 무효라고 할 수는 없다.

【판시사항】

토지수용재결 후 상당한 기간이 경과된 후에 이루어진 재결서 정본 송달의 효력(대법원 1995. 6. 30. 선고 95다13159 판결)

【판결요지】

토지수용재결 후 상당한 기간이 경과된 뒤에 송달이 이루어졌다는 것만으로 그 송달이 무효라고 할 수는 없다.

(다) 이의신청

토지수용위원회가 재결서 정본을 송달하는 경우 재결서의 정본을 송달받은 날로부터 30일 이내에 중앙토지수용위원회에 이의를 신청할 수 있음을 알려야 하고, 이 경우 지방토지수용위원회의 재결에 이의가 있는 자는 해당 지방토지수용위원회를 거쳐 중앙토지수용위원회에

이의를 신청할 수 있다.

(3) 재결기간

토지수용위원회는 심리를 시작한 날부터 14일 이내에 재결을 하여야 한다. 여기서 심리를 개시한 날은 사무처에서 조사 등을 행한 날이 아니라 토지수용위원회가 회의를 소집하여 사실상 심리에 착수한 날을 의미한다.[77] 다만, 위의 재결기간은 특별한 사유가 있을 때에 한하여 14일의 범위에서 한 차례만 연장할 수 있다(토지보상법 제35조).

(4) 재결의 경정

가) 재결의 경정

재결에 계산상 또는 기재상의 잘못이나 그 밖에 이와 비슷한 잘못이 있는 것이 명백할 때에는 토지수용위원회는 직권으로 또는 당사자의 신청에 의하여 경정재결(更正裁決)을 할 수 있으며, 경정재결은 원재결서(原裁決書)의 원본과 정본에 부기하여야 한다. 다만, 정본에 부기할 수 없을 때에는 경정재결의 정본을 작성하여 당사자에게 송달하여야 한다(토지보상법 제36조).

나) 경정기간

토지보상법에는 재결서의 경정기간에 관한 별도의 규정이 없다. 즉, 토지보상법 제36조 제1항은 재결에 계산상 또는 기재상의 잘못이나 그 밖에 이와 비슷한 잘못이 있는 것이 명백할 때에는 토지수용위원회는 직권으로 또는 당사자의 신청에 의하여 경정재결을 할 수 있다고 규정하고 있으며, 경정재결을 할 수 있는 기간에 대해서는 별도로 규정하고 있지 않다. 따라서 사업기간 만료 후에는 재결에 계산상 또는 기재상의 잘못이나 그 밖에 이와 비슷한 잘못이 있는 것이 명백할 때에는 토지수용위원회는 직권으로 또는 당사자의 신청에 의하여 경정재결을 할 수 있다.[78]

(5) 재결의 유탈

토지수용위원회가 신청의 일부에 대한 재결을 빠뜨린 경우에 그 빠뜨린 부분의 신청은 계속

77) 2011. 3. 14. 토지정책과-1219 질의회신 참조.
78) 2016. 2. 5. 토지정책과-1053 질의회신 참조.

하여 그 토지수용위원회에 계속(係屬)된다(토지보상법 제37조).

바. 도시정비사업과 관련한 재결신청

(1) 도시정비법상 현금청산을 거친 경우 토지보상법상 재결신청 방법

도시정비법 제40조 제1항 본문은 "정비구역 안에서 정비사업의 시행을 위한 토지 또는 건축물의 소유권과 그 밖의 권리에 대한 수용 또는 사용에 관하여는 이 법에 특별한 규정이 있는 경우를 제외하고는 공익사업을 위한 토지 등의 취득 및 보상에 관한 법률을 준용한다."고 규정하고 있다.

한편 토지보상법 제14조, 제15조, 제16조, 제68조 등은 공익사업을 위한 수용에 선행하는 협의 및 그 사전절차를 정하고 있는데, 앞서 본 도시정비법령의 체계와 내용, 일반적인 공익사업과 구별되는 도시정비법상 정비사업의 절차진행의 특수성 등에 비추어 보면, 토지보상법상 협의 및 그 사전절차를 정한 위 규정들은 도시정비법 제40조 제1항 본문에서 말하는 '이 법에 특별한 규정이 있는 경우'에 해당하므로 도시정비법상 현금청산대상자인 토지등소유자에 대하여는 준용될 여지가 없다고 보아야 하므로,[79] 도시정비법상 주택재개발사업에 있어서 분양신청을 하지 아니하여 현금청산대상자가 된 토지등소유자는 도시정비법 제47조 제1항이 정한 기간(이하 '현금청산기간'이라고 한다) 내에 현금청산에 관한 협의가 성립되지 않은 경우 토지보상법상의 손실보상에 관한 협의를 별도로 거칠 필요 없이 사업시행자에게 수용재결신청을 청구할 수 있다고 보아야 한다.[80]

(2) 도시정비법상 현금청산절차에서 토지보상법상 평가절차를 거쳐야 하는지

도시정비법령의 체계와 내용, 일반적인 공익사업과 구별되는 도시정비법상 정비사업의 절차진행의 특수성과 아울러, ① 도시정비법상 정비사업의 단계별 진행과정을 보면, 현금청산대상자와 사업시행자 사이의 청산금 협의에 앞서 사업시행인가 신청과 그 인가처분 · 고시 및 분양신청 통지 · 공고 절차가 선행하게 되는데, 이를 통하여 수용의 대상이 되는 토지 등의 명세가 작성되고 그 개요가 대외적으로 고시되며, 세부사항이 토지등소유자에게 개별적으로 통지되거나 공고되는 점, ② 따라서 토지등소유자에 대하여는 위와 같은 도시정비법

79) 대법원 2015. 11. 27. 선고 2015두48877 판결.
80) 대법원 2015. 12. 23. 선고 2015두50535 판결.

고유의 절차와 별도로 토지보상법상 토지조서 및 물건조서의 작성(제14조)이나 보상계획의 공고·통지 및 열람(제15조)의 절차를 새로이 거쳐야 할 필요나 이유가 없는 점, ③ 토지보상법상 손실보상의 협의는 사업시행자와 토지등소유자 사이의 사법상 계약의 실질을 갖는다[81]는 점에서 도시정비법상 협의와 그 성격상 구별된다고 보기 어려운 점, ④ 또한 도시정비법은 협의의 기준이 되는 감정평가액의 산정에 관하여 별도의 규정을 두고 있으므로, 토지보상법상 감정평가업자를 통한 보상액의 산정(제68조)이나 이를 기초로 한 사업시행자와의 협의(제16조) 절차를 따로 거칠 필요도 없는 점 등에 비추어 보면, 토지보상법상 협의 및 그 사전절차를 정한 위 각 규정은 도시정비법 제40조 제1항 본문에서 말하는 '이 법에 특별한 규정이 있는 경우'에 해당하므로 도시정비법상 현금청산대상자인 토지등소유자에 대하여는 준용될 여지가 없다고 보아야 한다.[82]

사. 재결의 실효

사업시행자가 수용 또는 사용의 개시일까지 관할 토지수용위원회가 재결한 보상금을 지급하거나 공탁하지 아니하였을 때에는 해당 토지수용위원회의 재결은 효력을 상실하며, 이 경우 사업시행자는 토지소유자 또는 관계인이 입은 손실을 보상하여야 한다.

81) 대법원 2014. 4. 24. 선고 2013다218620 판결.
82) 대법원 2015. 11. 27. 선고 2015두48877 판결.

제3장 수용 또는 사용의 효과

1. 보상금의 지급 또는 공탁

가. 보상금 지급

사업시행자는 천재지변 시의 토지의 사용 또는 시급한 토지 사용에 대한 허가에 따른 사용의 경우를 제외하고는 수용 또는 사용의 개시일[83]까지 관할 토지수용위원회가 재결한 보상금을 지급하여야 한다(토지보상법 제40조 제1항).

나. 보상금의 공탁

(1) 공탁

(가) 보상금공탁의 법적성격 – 집행공탁

토지수용법 제61조 제2항 제4호의 규정에 따라 압류 또는 가압류에 의하여 보상금의 지급이 금지되었음을 이유로 공탁하는 경우에는 공탁원인 사실에 압류 또는 가압류의 내용을 구체적으로 명시하여야 하고, 이 경우 공탁을 수리한 공탁공무원은 원표에 공탁금출급청구권에 대한 압류 · 가압류사실을 기재하고 공탁금출급청구권에 대한 압류 · 가압류가 있는 경우에 준하여 처리하여야 하며, 보상금지급청구권에 대한 중복압류(가압류를 포함한다)에 의하여 채권자가 경합된 경우에는 토지수용법 제61조 제2항 제4호 및 민사소송법 제581조에 의하여 기업자는 그 보상금을 집행공탁을 함으로써 면책될 수 있다.[84] 즉, 토지수용법 제61조 제2항 제4호에 따른 공탁의 성격은 집행공탁이다.

(나) 공탁사유

사업시행자는 ⅰ) 보상금을 받을 자가 그 수령을 거부하거나 보상금을 수령할 수 없을 때,[85] ⅱ) 사업시행자의 과실 없이 보상금을 받을 자를 알 수 없을 때,[86] ⅲ) 관할 토지수용위원회가

---

83) 토지수용위원회가 재결로써 결정한 수용 또는 사용을 시작하는 날을 말한다.

84) 대법원 1998. 9. 22. 선고 98다12812 판결.

85) 보상금을 수령할 수 없을 때에는 사실상 수령할 수 없을 때와 법률상 수령할 수 없을 때로 나뉜다. 사실상 수령할 수 없을 때란, 보상금을 받을 자가 주소지에 없기 때문에 수용의 개시일까지 보상금을 지급할 수 없거나 등기부상에 주소는 기재되어 있지만 주민등록상의 현주소를 알 수 엇을 경우 등이며, 법률상 수령할 수 없을 때란, 보상금을 받을 자가 무능력자로서 법정대리인이 없을 때 등이다.

86) 보상금을 받을 자를 모르는 경우에는 보상금을 받을 자의 외관을 갖춘 범위나 기준이 정해져 있으나

재결한 보상금에 대하여 사업시행자가 불복할 때, iv) 압류나 가압류에 의하여 보상금의 지급이 금지되었을 때 등의 어느 하나에 해당할 때에는 수용 또는 사용의 개시일까지 수용하거나 사용하려는 토지 등의 소재지의 공탁소에 보상금을 공탁(供託)할 수 있다(토지보상법 제40조 제2항). 다만, 사업시행자가 보상금의 전액이 아닌 일부를 지급하고자 하거나 보상금의 지급에 조건을 붙여서 지급하고자 하는 경우에는 그것이 적법한 지급이 아니므로 그 수령을 거부하였다고 하여 그 이유로 공탁할 수는 없다.

(다) 명백한 공탁금 수령거부시 공탁

보상금 수령을 거절할 것이 명백한 경우, 현실제공 없이 바로 보상금을 공탁할 수 있다.

【판시사항】

수용보상금 수령을 거절할 것이 명백한 경우, 기업자는 현실제공 없이 바로 보상금을 공탁할 수 있는지 여부(대법원 1998. 10. 20. 선고 98다30537 판결).

【판결요지】

토지수용법 제61조 제2항 제1호는 보상금을 받을 자가 그 수령을 거부하는 때에는 기업자는 수용의 시기까지 보상금을 공탁할 수 있다고 규정하고 있으므로, 보상금을 받을 자가 보상금의 수령을 거절할 것이 명백하다고 인정되는 경우에는 기업자는 보상금을 현실제공하지 아니하고 바로 보상금을 공탁할 수 있다.

(라) 보상금공탁이 문제되는 경우

1) 국세처분에 의한 압류시 공탁가부

국세징수법상의 체납처분에 의한 압류만을 이유로 하여 사업시행자가 공익사업을 위한 토지

누가 진정한 보상금을 받을 자인지를 모르는 경우(상대적 불확지)와 보상금을 받을 자가 누구인지 전혀 알 수 없는 경우(절대적 볼확지)가 있으며, 두 경우 모두 공탁할 수 있다. 불확지로 공탁할 수 있는 경우에는 i) 미등기이고 토지대장 등으로 소유자를 확정할 수 없는 경우, ii) 등기는 되어있으나 등기부상 소유자를 특정할 수 없는 경우, iii) 토지소유자 등이 사망하고 상속인의 범위 · 상속지분을 알 수 없는 경우, iv) 토지소유자 등의 등기부상 주소지가 미수복지구인 경우, v) 수용대상토지에 대한 소유권말소등기청구권을 피보전권리로 하는 처분금지가처분등기가 경료되어 있는 경우, vi) 수용대상 토지에 대한 원인무효에 기한 소유권이전등기말소청구소송의 계속으로 인한 예고등기가 경료되어 있는 경우, vii) 동일 부동산에 소유자를 달리하는 2개의 등기부가 있는 경우, viii) 등기부상 공유지분의 합계가 1을 초과 또는 1에 미달하는 경우 등이다.

등의 취득 및 보상에 관한 법률(이하 '공익사업보상법'이라 한다) 제40조 제2항 제4호 또는 민사집행법 제248조 제1항에 의한 집행공탁을 할 수는 없으므로, 체납처분에 의한 압류만을 이유로 집행공탁이 이루어지고 사업시행자가 민사집행법 제248조 제4항에 따라 법원에 공탁사유를 신고하였다고 하더라도, 이러한 공탁사유의 신고로 인하여 민사집행법 제247조 제1항에 따른 배당요구 종기가 도래하고 그 후의 배당요구를 차단하는 효력이 발생한다고 할 수는 없다.[87)]

> **【판시사항】**
>
> 국세징수법에 의한 채권의 압류만을 이유로 민사집행법 제248조 제1항 또는 공익사업을 위한 토지 등의 취득 및 보상에 관한 법률 제40조 제2항 제4호에 의한 집행공탁을 할 수 있는지 여부(대법원 2007. 4. 12. 선고 2004다20326 판결)
>
> **【판결요지】**
>
> 국세징수법 제41조, 같은 법 시행령 제44조 제1항 제4호, 같은 법 시행규칙 제25조 제1항 및 민사집행법 제227조, 제229조에 의하면, 국세징수법상의 금전채권의 압류와 민사집행법상의 금전채권의 압류는 그 효력을 달리 규정하고 있고, 국세징수법 제56조, 제14조 제1항 및 민사집행법 제235조에 의하면 복수의 압류가 있는 경우의 효력에 관하여도 달리 규정하고 있다. 이와 같은 차이는 강제집행절차가 경합하는 일반채권에 대한 할당 변제에 의한 사법적 해결을 그 본지로 함에 비하여, 체납처분절차는 행정기관에 의한 조세채권의 신속한 만족을 위한 절차라는 점에서 비롯된 것이다. 이와 같은 국세징수법상의 압류와 민사집행법상의 압류의 효력의 차이 및 체납처분절차와 강제집행절차의 차이 등에 비추어 볼 때, 민사집행법 제248조 제1항 및 공익사업을 위한 토지 등의 취득 및 보상에 관한 법률 제40조 제2항 제4호 소정의 공탁의 전제가 되는 '압류'에는 국세징수법에 의한 채권의 압류는 포함되지 않는다고 보아야 한다. 따라서 국세징수법상의 체납처분에 의한 압류만을 이유로 집행공탁이 이루어진 경우에는 사업시행자가 민사집행법 제248조 제4항에 따라 법원에 공탁사유를 신고하였다고 하더라도 민사집행법 제247조 제1항에 의한 배당요구 종기가 도래한다고 할 수는 없다.

2) 채권압류 및 전부명령이 있는 경우

손실보상금에 대한 압류 또는 가압류로 보상금의 지불이 금지되었을 때를 별도의 공탁사유로서 인정하고 있는 토지수용법 제61조 제2항 제4호는 손실보상금청구권이 피수용자에게 귀

87) 대법원 2008. 4. 10. 선고 2006다60557 판결.

속되어 있음을 전제로 하여 다만 압류 또는 가압류 등에 의하여 기업자가 피수용자에게 직접 손실보상금을 지급할 수 없을 때에 적용되는 것일 뿐, 나아가 손실보상금의 귀속주체가 변경된 경우 즉, 손실보상금청구권에 대한 전부명령이 이루어진 경우에까지 적용되는 것은 아니다.[88]

【판시사항】

구 토지수용법에 의한 사업인정의 고시 후 수용재결 이전 단계에 있는 피수용자의 기업자에 대한 손실보상금채권의 피전부적격 유무(대법원 2004. 8. 20. 선고 2004다24168 판결)

【판결요지】

토지수용으로 인한 피수용자의 손실보상금채권은 관할 토지수용위원회의 수용재결로 인하여 비로소 발생하는 것이지만, 구 토지수용법 제14조, 제16조 소정의 사업인정의 고시가 있음으로써 고시된 수용대상 토지에 대하여 피수용자와의 협의 등 일정한 절차를 거칠 것을 조건으로 한 기업자의 수용권이 발생하고, 같은 법 제18조 소정의 사업의 폐지, 같은 법 제17조 소정의 사업인정의 고시가 있은 날로부터 1년 이내 혹은 같은 법을 준용하는 개개 법률 소정의 사업시행기간 내의 재결의 미신청 등의 특별한 사정이 없는 한 사업인정은 실효되지 아니하여 수용권이 소멸하지 아니하므로, 사업인정의 고시가 있으면 수용대상 토지에 대한 손실보상금의 지급이 확실시된다 할 것이니, 사업인정 고시 후 수용재결 이전 단계에 있는 피수용자의 기업자에 대한 손실보상금채권은 피전부채권의 적격이 있다.

3) 수용대상 토지가 압류되어 있는 경우

토지수용법 제67조 제1항에 의하면, 기업자는 토지를 수용한 날에 그 소유권을 취득하며 그 토지에 관한 다른 권리는 소멸하는 것인바, 수용되는 토지에 대하여 가압류가 집행되어 있어도 토지의 수용으로 기업자가 그 소유권을 원시취득함으로써 가압류의 효력은 소멸되는 것이고, 토지에 대한 가압류가 그 수용 보상금 청구권에 당연히 전이되어 그 효력이 미치게 된다고는 볼 수 없다.[89]

88) 대법원 2000. 6. 23. 선고 98다31899 판결.
89) 대법원 2000. 7. 4. 선고 98다62961 판결.

4) 조건부공탁

변제공탁에 있어서 채권자에게 반대급부 기타조건의 이행의무가 없음에도 불구하고 채무자가 이를 조건으로 공탁한 때에는 채권자가 이를 수락하지 않는 한 그 변제공탁은 무효이다.[90)]

【판시사항】

실효된 지방토지수용위원회의 재결을 유효한 재결로 보고서 한 중앙토지수용위원회의 이의재결의 효력(대법원 1986. 8. 19. 선고 85누280 판결)

【판결요지】

토지수용에 있어서 기업자가 지방토지수용위원회의 원재결에 정한 토지수용보상금을 공탁함에 있어 토지소유권이전에 필요한 일체의 서류를 반대급부로 제공할 것을 조건으로 하였고 원재결수용시기 이후에야 반대급부 없는 공탁으로 정정인가결정이 있었다면 토지수용에 있어서 토지소유자가 위 서류를 반대급부로 제공할 의무가 없고 그 정정인가의 효력이 당초의 공탁시나 원재결수용시기에 소급되는 것이 아니므로 위 공탁은 원재결대로의 보상금지급의 효력이 없으며 따라서 원재결은 토지수용법 제65조에 의한 기업자가 수용시기까지 재결보상금을 지급 또는 공탁하지 아니한 때에 해당하여 그 효력을 상실하였다 할 것이고 실효된 원판결을 유효한 재결로 보고서 한 중앙토지수용위원회의 이의재결도 또한 위법하여 무효이다.

(2) 공탁금의 관할 및 지급방법 등

(가) 공탁의 관할

보상금의 공탁은 보상금을 수령할 자의 주소지 관할의 공탁소에 한다. 다만, 보상금을 수령할 자가 특정되지 아니한 수인인 상대적불확지 공탁의 경우에는 그 중 1인의 주소지 관할 공탁소에 공탁할 수 있고, 보상금을 수령할 자가 여러 지역에 산재하여 있는 경우 토지소재지의 공탁소에 공탁할 수 있다.

(나) 공탁서 정정의 허용범위

공탁서는 공탁의 동일성을 해하지 아니하는 한도 내에서 공탁자의 신청에 의하여 그 오류를 시정하는 정정이 인정된다. 그러나 공탁자, 피공탁자, 공탁금액 등은 공탁요건에 관한 것이

---

90) 대법원 1984. 4. 10. 선고 84다77 판결.

므로 그 정정이 인정되지 아니함에 유의하여야 한다.

【판시사항】

공탁서 정정의 허용 범위(대법원 1995. 12. 12. 선고 94다42693 판결)

【판결요지】

공탁서의 정정은 공탁신청이 수리된 후 공탁서의 착오 기재가 발견된 때에 공탁의 동일성을 해하지 아니하는 범위 내에서만 허용되는 것인데, '갑 및 을' 2인으로 되어 있는 피공탁자 명의를 '갑' 1인으로 정정하는 것은 단순한 착오 기재의 정정에 그치지 아니하고 공탁에 의하여 형성된 실체관계의 변경을 가져오는 것으로서 공탁의 동일성을 해하는 내용의 정정이므로 허용될 수 없다.

(다) 지급방법

공탁을 채권으로 하는 경우 그 금액은 채권으로 지급할 수 있는 금액으로 한다. 다만, 사업시행자가 국가인 경우에는 보상채권을 보상채권취급기관으로부터 교부받아 공탁한다. 이 경우 보상채권의 발행일은 사업시행자가 보상채권취급기관으로부터 보상채권을 교부받은 날이 속하는 달의 말일로 하며, 보상채권을 교부받은 날부터 보상채권 발행일의 전날까지의 이자는 현금으로 공탁하여야 한다(토지보상법 시행령 제20조 제1, 2항).

(라) 공탁금의 회수제한

보상금의 공탁은 비자발적인 변제공탁이다. 따라서 토지소유자 등이 공탁금의 수령을 거절하는 경우에도 사업시행자는 공탁금을 회수할 수 없다.

【판시사항】

기업자가 토지수용법 제61조 제2항에 의해 손실보상금을 공탁한 경우, 피공탁자의 수령 거절의 의사표시를 이유로 그 공탁금을 회수할 수 있는지 여부(대법원 1997. 9. 26. 선고 97다24290 판결)

【판결요지】

토지수용법 제61조 제2항에 의한 손실보상금의 공탁은 같은 법 제65조에 의하여 간접적으로 강제되는 것으로서 이와 같이 그 공탁이 자발적이 아닌 경우에는 민법 제489조의 적용은 배제되어 피공탁자가 공탁자에게 공탁금을 수령하지 아니한다는 의사를 표시하였다 할지라도 기업자는 그 공탁금을 회수할 수 없으므로 기업자가 피공탁자가 공탁금 수령을 거절한다는 이유로 그 공탁금을 회수한 것은 부적법하다.

(마) 이의유보의 방법 및 공탁금수령의 효과

1) 이의유보의 방법

이의유보의 의사표시는 보상금 수령 전에 사업시행자 또는 공탁공무원에게 한다. 이때 의사표시의 방식에는 제한이 없으므로 단지 토지수용위원회의 재결에 승복하여 보상금을 수령하는 것이 아님을 표시하면 되고 반드시 문서로써 해야 하는 것도 아니다.

2) 공탁금수령의 효과

토지소유자가 기업자로부터 토지수용위원회의 수용재결 또는 이의재결에서 정한 보상금을 별다른 의사표시 없이 수령하였다면 이로써 위 수용재결 또는 이의재결에 승복하여 보상금을 수령한 취지로 봄이 상당하다 할 것이고 토지소유자가 수용재결에서 정한 보상금을 수령할 당시에는 이의유보를 하였다 하여도 이의재결에서 증액된 보상금을 수령하면서 일부 수령이라는 등 유보의 의사표시를 하지 않은 이상 중앙토지수용위원회가 이의재결에서 정한 결과에 승복하여 이를 수령한 것이라고 봄이 상당하다.[91]

【판시사항】

토지소유자가 수용재결에서 정한 손실보상금을 이의유보하고 수령한 후, 이의재결의 효력을 다투는 행정소송의 계속중 이의재결에서 증액된 추가보상금을 이의유보 없이 수령한 경우 그 소의 이익 유무(대법원 1993. 9. 14. 선고 92누18573 판결)

【판결요지】

토지소유자가 수용재결에서 정한 손실보상금을 수령할 당시 이의유보의 뜻을 표시하였다 하더라도 이의재결에서 증액된 손실보상금을 수령하면서 이의유보의 뜻을 표시하지 아니한 이상 이는 이의재결의 결과에 승복하여 수령한 것으로 보아야 하고 위 추가보상금을 수령할 당시 이의재결을 다투는 행정소송이 계속중이라는 사실만으로는 추가보상금의 수령에 관하

91) 대법원 1992. 10. 13. 선고 91누13342 판결.

여 이의유보의 의사표시가 있는 것과 같이 볼 수 없으므로 결국 이의재결의 효력을 다투는 위 소는 소의 이익이 없는 부적법한 소이다.

라. 사업인정고시 후 권리변동시

피공탁자는 토지수용으로 인한 수용대상 토지의 소유자이지만, 그런데 사업인정고시가 된 후 권리의 변동이 있을 때에는 그 권리를 승계한 자가 보상금 또는 공탁금을 받는다(같은 조 제3항). 이에 따라 보상금(공탁된 경우 공탁금을 말한다)을 받는 자는 보상금을 받을 권리를 승계한 사실을 증명하는 서류를 사업시행자(공탁된 경우에는 공탁공무원을 말한다)에게 제출하여야 한다.

마. 공탁물 회수

채권자가 공탁을 승인하거거나 공탁소에 대하여 공탁물을 받기로 통고한 경우, 공탁유효의 확정판결이 있기 전까지는 언제든지 공탁물을 회수할 수 있다(민법 제489조 제1항). 그러나 토지보상법에 의한 공탁과 같이 비자발적인 변제공탁의 경우에는 위 원칙이 적용되지 아니함에 유의하여야 한다.

【판시사항】

기업자가 토지수용법 제61조 제2항에 의해 손실보상금을 공탁한 경우, 피공탁자의 수령거절의 의사표시를 이유로 그 공탁금을 회수할 수 있는지 여부(대법원 1997. 9. 26. 선고 97다24290 판결)

【판결요지】

토지수용법 제61조 제2항에 의한 손실보상금의 공탁은 같은 법 제65조에 의하여 간접적으로 강제되는 것으로서 이와 같이 그 공탁이 자발적이 아닌 경우에는 민법 제489조의 적용은 배제되어 피공탁자가 공탁자에게 공탁금을 수령하지 아니한다는 의사를 표시하였다 할지라도 기업자는 그 공탁금을 회수할 수 없으므로 기업자가 피공탁자가 공탁금 수령을 거절한다는 이유로 그 공탁금을 회수한 것은 부적법하다.

마. 사업시행자가 보상금에 대하여 불복하여 공탁할 경우

사업시행자는 보상금을 받을 자에게 자기가 산정한 보상금을 지급하고 그 금액과 토지수용위원회가 재결한 보상금과의 차액(差額)을 공탁하여야 한다. 이 경우 보상금을 받을 자는 그 불복의 절차가 종결될 때까지 공탁된 보상금을 수령할 수 없다(토지보상법 제40조 제4항).

2. 시급한 토지 사용에 대한 보상

가. 보상금 지급

(1) 보상금지급

시급한 토지 사용에 대한 허가에 따라 토지를 사용하는 경우 토지수용위원회의 재결이 있기 전에 토지소유자나 관계인이 청구할 때에는 사업시행자는 자기가 산정한 보상금을 토지소유자나 관계인에게 지급하여야 한다(토지보상법 제41조 제1항).

(2) 보상금 미지급시 담보의 일부 취득 등

토지소유자나 관계인은 사업시행자가 토지수용위원회의 재결에 따른 보상금의 지급시기까지 보상금을 지급하지 아니하면 제공된 담보의 전부 또는 일부를 취득한다(토지보상법 제41조 제2항).

(3) 이의재결에서 보상금이 증액된 경우

이의재결에서 보상금이 증액된 경우 사업시행자는 재결서정본을 받은 날부터 30일 이내에 보상금을 받을 자에게 증액된 보상금을 지급하거나 그 금액을 공탁할 수 있다.

나. 담보의 취득 및 반환

(1) 담보의 취득

토지소유자 또는 관계인이 담보를 취득하려는 경우에는 미리 관할 토지수용위원회의 확인을 받아야 한다(토지보상법 시행령 제22조 제1항). 관할 토지수용위원회가 이에 따른 확인을 한 경우에는 확인서를 토지소유자 등에게 발급하여야 한다(같은 조 제2항).

(2) 확인서 작성방법

확인서에는 i) 토지소유자 또는 관계인 및 사업시행자의 성명 또는 명칭 및 주소, ii) 기일 내에 손실을 보상하지 아니한 사실, iii) 취득할 담보의 금액, iv) 공탁서의 공탁번호 및 공탁일 등의 사항을 적고, 관할 토지수용위원회의 위원장이 기명날인하여야 한다(토지보상법 시행령 제22조 제3항).

(3) 담보의 반환

사업시행자가 토지소유자 또는 관계인에게 손실을 보상한 후 제공한 담보를 반환받으려는 경우에 관하여는 토지보상법 시행령 제22조 제1항부터 제3항까지의 규정을 준용한다(토지보상법 시행령 제22조 제4항).

3. 재결의 실효

가. 재결의 실효 등

(1) 재결의 실효

재결로써 수용의 절차는 종결되고 재결의 내용에 따라 사업시행자와 토지소유자 등에게 수용의 효과가 발생한다. 그 결과 사업시행자가 수용 또는 사용의 개시일까지 관할 토지수용위원회가 재결한 보상금을 지급하거나 공탁하지 아니하였을 때에는 해당 토지수용위원회의 재결은 효력을 상실한다.

【판시사항】

재결 및 재결신청의 실효와 사업인정의 효력(대법원 1987. 3. 10. 선고 84누158 판결)

【판결요지】

재결의 효력이 상실되면 재결신청 역시 그 효력을 상실하게 되는 것이므로 그로 인하여 토지수용법 제17조 소정의 사업인정의 고시가 있은 날로부터 1년 이내에 재결신청을 하지 않는 것으로 되었다면 사업인정도 역시 효력을 상실하여 결국 그 수용절차 일체가 백지상태로 환원된다.

(2) 다시 수용재결신청시 보상계획 열람 등의 절차를 거쳐야 하는지

토지보상법 제42조 제1항에서 사업시행자자가 수용 또는 사용의 개시일까지 관할 토지수용위원회가 재결한 보상금을 지급 도는 공탁하지 아니한 때에는 당해 토지수용위원회의 재결은 그 효력을 상실한다고 규정하고 있다. 위 규정에 해당되어 재결이 실효된 후 다시 수용재결을 신청하는 경우에는 토지보상법 제15조에 의한 보상계획의 열람등의 절차를 거치는 것이 아니고, 토지보상법 제28조에 의한 수용재결신청 절차부터 다시 거쳐야 할 것이다.

나. 실효에 따른 손실보상

사업시행자는 재결의 효력이 상실됨으로 인하여 토지소유자 또는 관계인이 입은 손실을 보상하여야 하며, 이에 따른 손실보상은 손실이 있음을 안날부터 1년 이내에 청구하여야 하며, 사업시행자와 손실을 입은 자 사이의 협의가 성립되지 아니하면 토지수용위원회에 재결을 신청할 수 있다(토지보상법 제42조).

4. 토지 또는 물건의 인도 등

가. 인도 및 이전의무

(1) 사업시행자의 인도 및 이전청구권

토지소유자 및 관계인과 그 밖에 토지소유자나 관계인에 포함되지 아니하는 자로서 수용하거나 사용할 토지나 그 토지에 있는 물건에 관한 권리를 가진 자는 수용 또는 사용의 개시일까지 그 토지나 물건을 사업시행자에게 인도하거나 이전하여야 한다(토지보상법 제43조). 이렇듯 수용의 효과로서 사업시행자는 토지나 물건의 인도 또는 이전 청구권을 갖는 것이므로 해당 물건 등이 사업인정 이전 또는 이후에 설치되었는지, 합병 또는 불법적으로 설치되었는지를 묻지 않을 뿐만 아니라, 그 물건을 이전하여야 할 토지소유자 등뿐만 아니라 불법점유자, 사업인정 후 새로이 권리를 취득하는 자에게도 주장할 수 있다.

(2) 부당이득청구권

사업시행자는 인도 또는 이전 의무자가 인도 또는 이전에 응하지 않으면 그 기한에 상응하는 차임 상당의 부당이득 반환청구권을 행사할 수 있다.

【판시사항】

지장물을 이전하지 않은 토지소유자 등은 토지의 점유사용에 따른 차임상당의 부당이득을 반환할 의무가 있는지 여부(대법원 2012. 12. 13. 선고 2012다71978 판결)

【판결요지】

갑 지방공사가 공익사업을 위한 토지 등의 취득 및 보상에 관한 법률에 따라 토지를 협의취득한 후에도 을이 그 지상에 설치했거나 보관하던 창고 등 지장물을 이전하지 않자, 갑 공사가 을을 상대로 토지 인도 시까지의 차임 상당 부당이득반환을 구한 사안에서, 을은 지장물이 철거 · 이전되어 토지가 인도된 시점까지 토지의 점유 · 사용에 따른 차임 상당의 부당이득 반환 의무가 있다.

나. 수용으로 인한 물권변동시기

수용으로 인한 부동산물권 변동은 민법 제187조(등기를 요하지 아니하는 부동산물권취득) 규정에 따라 등기하지 않아도 그 효력이 발생하며, 단독으로 등기를 신청할 수 있다. 다만, 사업시행자가 수용으로 취득한 물건을 다른 사람에 처분하기 위해서는 그 취득의 등기를 먼저 하여야 한다.

한편, 재결보상금 지급이후 수용개시일전 사이에 소유권이 제3자에게 이전된 경우에는, 사업시행자가 단독으로 수용을 원인으로 하여 소유권이전등기를 신청할 수 있다.[92)]

5. 인도 또는 이전의 대행(대집행)

가. 인도 또는 이전의 대행

특별자치도지사, 시장 · 군수 또는 구청장은 ⅰ) 토지나 물건을 인도하거나 이전하여야 할 자가 고의나 과실 없이 그 의무를 이행할 수 없을 때, ⅱ) 사업시행자가 과실 없이 토지나 물건을 인도하거나 이전하여야 할 의무가 있는 자를 알 수 없을 때의 어느 하나에 해당할 때에는 사업시행자의 청구에 의하여 토지나 물건의 인도 또는 이전을 대행하여야 한다(토지보상법 제44조 제1항).

---

92) 2004. 8. 23. 법원행정처 부등 3402-419 질의회신 참조.

나. 비용부담자

특별자치도지사, 시장 · 군수 또는 구청장이 토지나 물건의 인도 또는 이전을 대행하는 경우 그로 인한 비용은 그 의무자가 부담한다(같은 조 제2항). 만일, 그 의무자가 그 비용을 자진 납부하지 않는 경우 특별자치도지사, 시장 · 군수 또는 구청장은 지방세체납처분의 예에 따라 이를 징수할 수 있다(토지보상법 제90조). 다만, 물건의 가격으로 보상한 건축물의 철거비용은 사업시행자가 부담하기 때문에(토지보상법 시행규칙 제33조 제4항) 이러한 경우에는 대집행을 하였다고 하여도 그 비용을 토지등소유자에게 부담시킬 수 없다.

다. 사업시행자의 대집행 신청

토지보상법 및 그에 따른 처분으로 인한 의무를 이행하여야 할 자가 정하여진 기간 이내에 의무를 이행하지 아니하거나 완료하기 어려운 경우 또는 그로 하여금 그 의무를 이행케 하는 것이 현저히 공익을 해한다고 인정되는 사유가 있는 경우에는 사업시행자는 시장 등에게 행정대집행법에서 정하는 바에 따라 대집행을 신청할 수 있다(토지보상법 제89조 제1항). 다만, 사업시행자가 국가나 지방자치단체인 경우에는 행정대집행법에서 정하는 바에 따라 직접 대집행을 할 수 있다(같은 조 제2항).

라. 협의취득시 대집행신청권 인정여부

협의취득시 건축물소유자가 약정한 철거의무의 강제적 이행을 대집행의 방법으로 실현할 수는 없다. 즉, 사업시행자에게 물권 등의 인도 등의 청구권이나 대집행 신청권은 발생치 않는다.

【판시사항】

구 공공용지의 취득 및 손실보상에 관한 특례법에 의한 협의취득시 건물소유자가 매매대상 건물에 대한 철거의무를 부담하겠다는 취지의 약정을 한 경우, 그 철거의무가 행정대집행법에 의한 대집행의 대상이 되는지 여부(대법원 2006. 10. 13. 선고 2006두7096 판결 [건물철거대집행계고처분취소] >종합법률정보 판례)

【판결요지】

> 행정대집행법상 대집행의 대상이 되는 대체적 작위의무는 공법상 의무이어야 할 것인데, 구 공공용지의 취득 및 손실보상에 관한 특례법(2002. 2. 4. 법률 제6656호 공익사업을 위한 토지 등의 취득 및 보상에 관한 법률 부칙 제2조로 폐지)에 따른 토지 등의 협의취득은 공공사업에 필요한 토지 등을 그 소유자와의 협의에 의하여 취득하는 것으로서 공공기관이 사경제주체로서 행하는 사법상 매매 내지 사법상 계약의 실질을 가지는 것이므로, 그 협의취득시 건물소유자가 매매대상 건물에 대한 철거의무를 부담하겠다는 취지의 약정을 하였다고 하더라도 이러한 철거의무는 공법상의 의무가 될 수 없고, 이 경우에도 행정대집행법을 준용하여 대집행을 허용하는 별도의 규정이 없는 한 위와 같은 철거의무는 행정대집행법에 의한 대집행의 대상이 되지 않는다.

마. 보상금증액소송 중 대집행신청 가부

사업시행자가 수용개시일까지 재결 보상금을 지급 또는 공탁한 경우에는 토지보상법에서 정한 절차에 따라 대집행을 신청할 수 있고, 보상금을 받을 자는 증액되어 공탁된 보상금을 소송종결시까지 수령할 수 없으며, 이를 수령하였을 경우에는 이의재결 결과를 인정하는 것으로서 주장이 가능하다.

바. 비대체적 작위의무

지방재정법 제85조는 공유재산을 정당한 이유 없이 점유하거나 그에 시설을 한 때에 이를 강제로 철거시킬 수 있는 권한을 지방자치단체의 장에게 부여하고(제1항), 위와 같이 강제철거를 시키는 경우 행정대집행법 제3조 내지 제6조를 준용하도록 정하고 있는바(제2항), 위 규정은 철거 대집행에 관한 개별적인 근거 규정을 마련함과 동시에 행정대집행법상의 대집행 요건 및 절차에 관한 일부 규정만을 준용한다는 취지에 그치는 것이고(대법원 1996. 10. 11. 선고 95누10020 판결 참조), 그것이 대체적 작위의무에 속하지 아니하여 원칙적으로 대집행의 대상이 될 수 없는 다른 종류의 의무에 대하여서까지 강제집행을 허용하는 취지는 아니다[93]

따라서 비대체적 작위의무는 원칙상 대집행의 대상이 되지 아니한다. 결국 비대체적 작위의무의 경우 사업시행자는 인도청구 소송 등 별도의 조치를 취하여야 할 것이다.

---

93) 대법원 1998. 10. 23. 선고 97누157 판결.

6. 권리의 취득 · 소멸 및 제한

가. 권리 등의 취득시기

사업시행자는 수용의 개시일에 토지나 물건의 소유권을 취득하며, 그 토지나 물건에 관한 다른 권리는 이와 동시에 소멸한다(토지보상법 제45조 제1항). 이렇듯 사업시행자는 수용의 개시일에 토지 등의 소유권을 취득하는데, 가령 수용재결에 의하여 수용의 효력이 발생하기 전에 사업시행자가 수용대상 토지를 권원 없이 점용할 경우 그 것이 수용재결의 효력에 어떠한 영향을 미치는지가 문제될 수 있는데, 법원은 이러한 경우 사업시행자에게 손해배상이나 손실보상의 책임이 발생함은 별론으로 하고 수용재결의 효력에는 아무런 영향이 없다는 태도를 취하고 있다.[94]

나. 토지 등의 사용권 취득시기

사업시행자는 사용의 개시일에 토지나 물건의 사용권을 취득하며, 그 토지나 물건에 관한 다른 권리는 사용 기간 중에는 행사하지 못한다(토지보상법 제45조 제2항).

다. 재결로 인정된 권리의 소멸 · 정지 여부

토지수용위원회의 재결로 인정된 권리는 제1항 및 제2항에도 불구하고 소멸되거나 그 행사가 정지되지 아니한다.

7. 위험부담

가. 수용재결 후

토지수용위원회의 재결이 있은 후 수용하거나 사용할 토지나 물건이 토지소유자 또는 관계인의 고의나 과실 없이 멸실되거나 훼손된 경우 그로 인한 손실은 사업시행자가 부담한다(토지보상법 제46조).

한편, 토지보상법에 의한 수용재결의 효과로서 수용에 의한 사업시행자의 토지소유권취득은 토지소유자와 수용자와의 법률행위에 의하여 승계취득하는 것이 아니라, 법률의 규정에

94) 대법원 1992. 3. 10. 선고 91누5419 판결.

의한 원시취득이다. 따라서 수용의 개시일에 수용의 목적물에 대한 종래의 모든 권리는 소멸함과 동시에, 사업시행자는 아무런 부담이 흠이 없는 완전한 소유권이 되어, 사법상매매에 있어서와 같은 권리하자담보책임(민법 제570조~제579조)이나 물건하자담보(민법 제580조)의 문제는 발생치 않는다. 그 결과 가령 제3자가 무단으로 폐기물을 매립하여 놓은 상태의 토지를 수용한 경우, 위 폐기물은 토지의 토사와 물리적으로 분리할 수 없을 정도로 혼합되어 있어 독립된 물건이 아니며 토지수용법 제49조 제1항의 이전료를 지급하고 이전시켜야 되는 물건도 아니어서 토지소유자는 폐기물의 이전의무가 있다고 볼 수 없다.

【판시사항】

토지수용법 제63조에 의한 토지소유자의 토지 등 인도의무에 목적물에 대한 하자담보책임이 포함되는지 여부(대법원 2001. 1. 16. 선고 98다58511 판결)

【판결요지】

토지수용법에 의한 수용재결의 효과로서 수용에 의한 기업자의 토지소유권취득은 토지소유자와 수용자와의 법률행위에 의하여 승계취득하는 것이 아니라, 법률의 규정에 의하여 원시취득하는 것이므로, 토지소유자가 토지수용법 제63조의 규정에 의하여 부담하는 토지의 인도의무에는 수용목적물에 숨은 하자가 있는 경우에도 하자담보책임이 포함되지 아니하여 토지소유자는 수용시기까지 수용 대상 토지를 현존 상태 그대로 기업자에게 인도할 의무가 있을 뿐이다.

나. 수용재결 전 및 토지소유자 등의 고의 등으로 물건이 멸실한 경우 등

토지수용위원회의 재결이 있기 전에 토지나 물건이 멸실 또는 훼손되었을 때 또는 재결이 있은 후 토지소유자 등의 고의나 과실에 의해 토지나 물건이 멸실 또는 훼손되었을 때에는 보상대상에서 제외하거나 보상액을 감액하여야 한다.[95]

8. 담보물권과 보상금

담보물권의 목적물이 수용되거나 사용된 경우 그 담보물권은 그 목적물의 수용 또는 사용으로 인하여 채무자가 받을 보상금에 대하여 행사할 수 있다. 다만, 그 보상금이 채무자에게

95) 2012. 7. 27. 토지정책과-3738 질의회신 참조.

지급되기 전에 압류하여야 한다(토지보상법 제47조). 그러나 이미 제3자가 압류하여 그 보상금의 특정성이 상실되지 않고 있으면 담보권자가 스스로 이를 압류하지 않아도 된다.

9. 반환 및 원상회복의 의무

사업시행자는 토지나 물건의 사용기간이 끝났을 때나 사업의 폐지 · 변경 또는 그 밖의 사유로 사용할 필요가 없게 되었을 때에는 지체 없이 그 토지나 물건을 그 토지나 물건의 소유자 또는 그 승계인에게 반환하여야 한다. 이 경우에 사업시행자는 토지소유자가 원상회복을 청구하면 미리 그 손실을 보상한 경우를 제외하고는 그 토지를 원상으로 회복하여 반환하여야 한다(토지보상법 제48조).

제4장 재결의 불복

토지보상법에는 재결의 불복방법에 대하여 재결의 취소 또는 변경을 청구하는 항고쟁송으로 이의신청과 행정소송을 규정하고 있다.

[재결업무의 당사자]

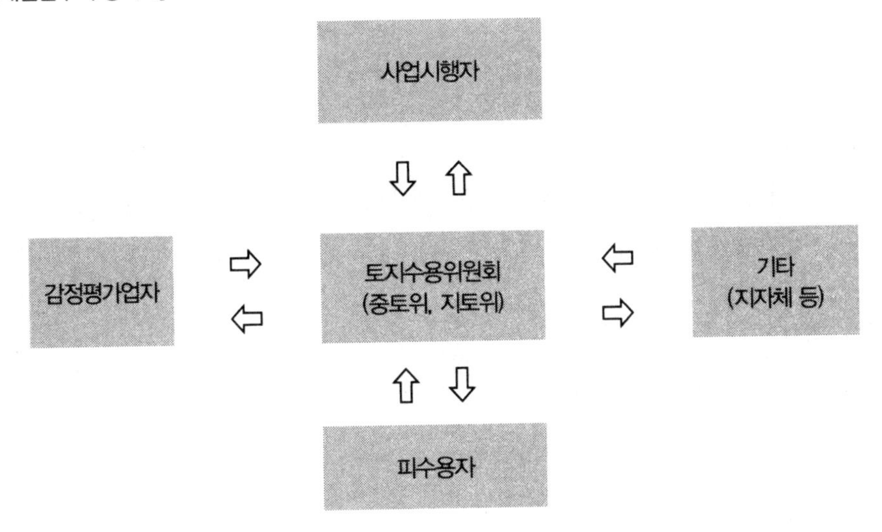

1. 이의신청

가. 이의의 신청

(1) 이의신청

(가) 이의신청의 관할

중앙토지수용위원회의 재결에 이의가 있는 자는 중앙토지수용위원회에 이의를 신청할 수 있으며(토지보상법 제83조 제1항), 또한 지방토지수용위원회의 재결에 이의가 있는 자는 해당 지방토지수용위원회를 거쳐 중앙토지수용위원회에 이의를 신청할 수 있다(같은 조 제2항). 다만, 이러한 이의신청만으로는 사업의 진행 및 토지의 수용 또는 사용을 정지시키는 효력은 없다.

(나) 이의신청권자

이의신청은 재결에 불복하는 사업시행자 또는 토지소유자 등 누구나 제기할 수 있다. 다만, 이의유보 없이 토지수용위원회에서 재결한 보상금을 지급받거나 그 공탁된 보상금을 수령한 토지소유자 등은 그 재결에 대하여 승복한 것으로 보기 때문에 불복할 수 없음에 유의하여야 한다.

(2) 이의신청기간

(가) 기간

이의의 신청은 재결서의 정본을 받은 날부터 30일 이내에 하여야 한다(토지보상법 제83조 제3항). 그러나 만일 토지수용위원회가 재결서의 정본을 송달하면서 이의신청기간을 알리지 아니하였다면 행정심판법 제27조의 규정[96]에 의거하여 재결이 있음을 알게 된 날로부터

96) 행정심판법
제27조(심판청구의 기간) ① 행정심판은 처분이 있음을 알게 된 날부터 90일 이내에 청구하여야 한다.
② 청구인이 천재지변, 전쟁, 사변(事變), 그 밖의 불가항력으로 인하여 제1항에서 정한 기간에 심판청구를 할 수 없었을 때에는 그 사유가 소멸한 날부터 14일 이내에 행정심판을 청구할 수 있다. 다만, 국외에서 행정심판을 청구하는 경우에는 그 기간을 30일로 한다.
③ 행정심판은 처분이 있었던 날부터 180일이 지나면 청구하지 못한다. 다만, 정당한 사유가 있는 경우에는 그러하지 아니하다.
④ 제1항과 제2항의 기간은 불변기간(不變期間)으로 한다.
⑤ 행정청이 심판청구 기간을 제1항에 규정된 기간보다 긴 기간으로 잘못 알린 경우 그 잘못 알린 기간에 심판청구가 있으면 그 행정심판은 제1항에 규정된 기간에 청구된 것으로 본다.
⑥ 행정청이 심판청구 기간을 알리지 아니한 경우에는 제3항에 규정된 기간에 심판청구를 할

90일 이내, 또는 재결이 있은 날로부터 180일 이내에 이의신청을 할 수 있다.

> **【판시사항】**
>
> 중앙토지수용위원회의 재결에 대하여 이의를 신청하는 경우 1월의 이의신청기간을 규정한 토지수용법 제73조 제2항의 위헌여부(헌법재판소 2002. 11. 28. 선고 2002헌바38 결정)
>
> **【결정요지】**
>
> 토지수용법 제73조 제1항이 이의신청을 필요적인 전심절차로 한 것은 신속하게 법률관계를 확정하고 통상의 소송절차보다 간편한 절차로 시간과 비용을 절약하며 토지수용에 관한 행정기관의 전문적인 지식을 활용하도록 하기 위한 것으로서 합리성을 갖춘 것이므로 평등의 원칙에 위배된다고 볼 수 없다. 한편, 같은 조 제2항이 규정하는 1월의 청구기간은 행정심판법의 그것에 비하여 상대적으로 단기이긴 하지만 그렇다고 하여 이것이 입법재량의 한계를 일탈한 것이라고 할 수 없고, 그에 의해 추구되는 신속한 권리구제 및 법원 판결의 적정성 보장이라는 공익에 비추어 평등의 원칙에 위배된다고 할 수 없다.

(나) 이의기간 도과시 처리

이의의 신청은 재결서의 정본을 받은 날부터 30일 이내에 하여야 하며, 위 기간을 도과한 이의신청은 요건미비로 각하대상이 된다.

(다) 기타 법적문제

1) 실효된 재결에 의한 이의신청

중앙 또는 지방토지수용위원회의 수용재결은 그 성질에 있어 구체적으로 일정한 법률효과의 발생을 목적으로 하는 점에서 일반의 행정처분과 전혀 다를 바가 없으므로, 이의신청의 대상이 된 중앙 또는 지방토지수용위원회의 수용재결이 실효되는 등의 사유로 인하여 이미 존재하지 아니하는 경우에는 그에 대한 이의신청은 쟁송의 이익이 없어 부적법하므로 관할 토지수용위원회에 반송하여야 한다.[97]

수 있다.

⑦ 제1항부터 제6항까지의 규정은 무효등확인심판청구와 부작위에 대한 의무이행심판청구에는 적용하지 아니한다.

97) 대법원 1997. 4. 8. 선고 96누4121 판결.

2) 공유자 중 1인의 이의신청

토지수용재결에 대한 이의신청은 공유물 보존행위에 해당된다고 볼 수 없으므로 공유자중의 1인인 원고가 자기 명의로만 한 이의신청의 효력은 당해 원고에게만 미친다.[98)]

(3) 이의신청방법

이의신청을 하려는 자는 이의신청서에 i) 당사자의 성명 또는 명칭 및 주소, ii) 신청의 요지 및 이유 등의 사항을 적고, 재결서 정본의 사본을 첨부하여 해당 토지수용위원회에 제출하여야 한다(토지보상법 시행령 제45조 제1항). 이에 따라 지방토지수용위원회가 이의신청서를 접수하였을 때에는 그 이의신청서에 i) 신청인이 재결서의 정본을 받은 날짜 등이 적힌 우편송달통지서 사본, ii) 지방토지수용위원회가 의뢰하여 행한 감정평가서 및 심의안건 사본, iii) 그 밖에 이의신청의 재결에 필요한 자료 등의 서류를 첨부하여 지체 없이 중앙토지수용위원회에 송부하여야 한다(같은 조 제2항).

■ 공익사업을 위한 토지 등의 취득 및 보상에 관한 법률 시행규칙[별지 제21호서식] 〈개정 2016. 6. 14.〉

이의신청서

(앞쪽)

접수번호		접수일
신청인	성명 또는 명칭	
	주소	
상대방	성명 또는 명칭	
	주소	

98) 대법원 1982. 7. 13. 선고 80누405, 406 판결.

이의신청 대상 토지 및 물건	
이의신청의 요지	
이의신청의 이유	
재결일	재결서 수령일

「공익사업을 위한 토지 등의 취득 및 보상에 관한 법률」 제83조 및 같은 법 시행령 제45조제1항에 따라 토지수용위원회의 재결에 대하여 위와 같이 이의를 신청합니다.

년 월 일

신청인 (서명 또는 인)

중앙토지수용위원회 위원장 귀하

첨부서류	재결서 정본의 사본 1부	수수료 없음

210mm×297mm[백상지 80g/㎡]

(뒤쪽)

처리절차

이 신청서는 아래와 같이 처리됩니다.

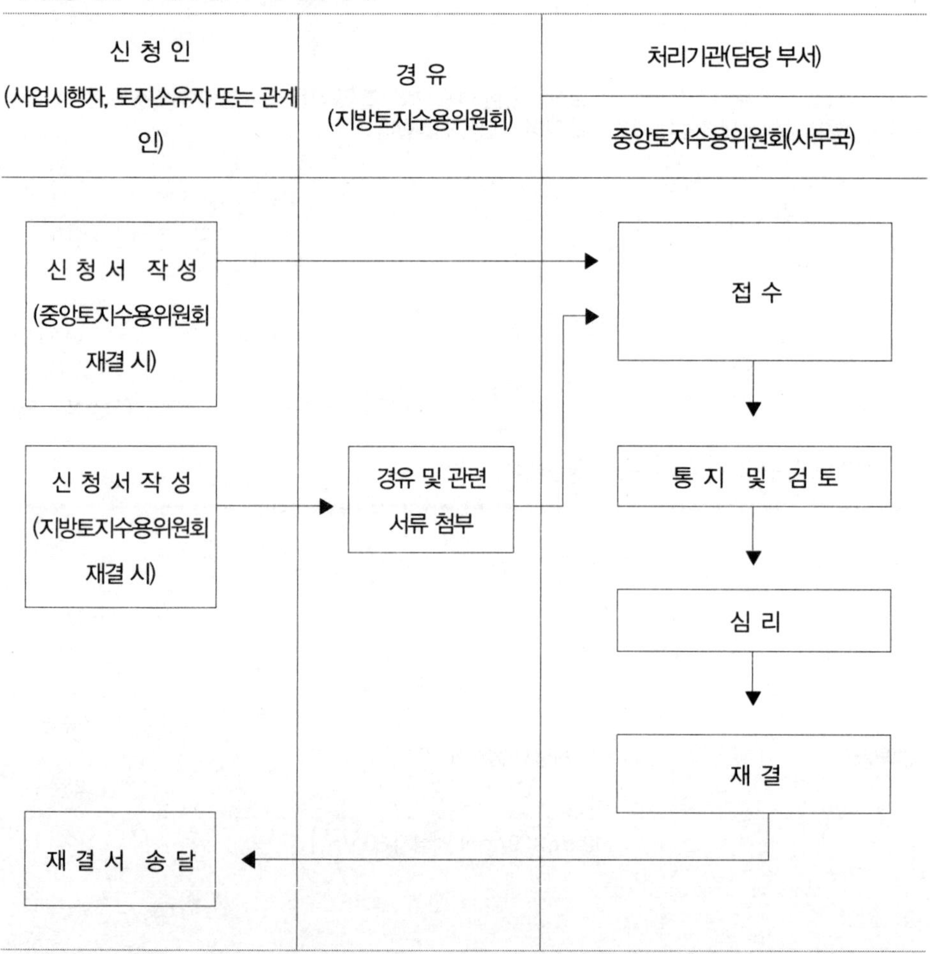

(4) 상대방에 통지

중앙토지수용위원회가 이의신청서를 접수하였을 때에는 신청인의 상대방에게 그 신청의 요지를 통지하여야 한다. 다만, 통지받을 자를 알 수 없거나 그 주소 · 거소 또는 그 밖에 통지할 장소를 알 수 없을 때에는 그러하지 아니하다(토지보상법 시행령 제45조 제3항).

나. 이의신청에 대한 재결

(1) 재결의 전부 또는 일부취소 등

중앙토지수용위원회는 이의신청을 받은 경우 재결이 위법하거나 부당하다고 인정할 때에는 그 재결의 전부 또는 일부를 취소하거나 보상액을 변경할 수 있다(토지보상법 제84조 제1항). 이의신청에 대한 재결도 불고불리의 원칙과 불이익변경금지의 원칙이 적용되기 때문에 중앙토지수용위원회에서는 보상금의 증액을 제외하고는 이의신청 외의 사항에 대해서는 재결하지 못한다. 또한 이의신청의 재결보다 불이익한 재결을 하지 못한다.

(2) 이의신청에 대한 재결서의 송달

중앙토지수용위원회는 이의신청에 대한 재결을 한 경우에는 재결서의 정본을 사업시행자 · 토지소유자 및 관계인에게 송달하여야 한다(토지보상법 시행령 제46조).

(3) 보상금의 지급 및 공탁

(가) 보상금의 지급 및 공탁

보상액의 변경 등에 따라 보상금이 늘어난 경우 사업시행자는 재결의 취소 또는 변경의 재결서 정본을 받은 날부터 30일 이내에 보상금을 받을 자에게 그 늘어난 보상금을 지급하여야 한다. 다만, 보상금을 받을 자가 그 수령을 거부하거나 보상금을 수령할 수 없을 때, 사업시행자의 과실 없이 보상금을 받을 자를 알 수 없을 때, 압류나 가압류에 의하여 보상금의 지급이 금지되었을 때에는 그 금액을 공탁할 수 있다(토지보상법 제84조 2항). 그러나 이의재결에서 증액된 보상금을 지급 또는 공탁하지 아니하였다 하더라도 그 때문에 이의재결 자체가 당연히 실효되는 것은 아니다.

【판시사항】

이의재결에서 증액된 보상금을 지급 또는 공탁하지 아니한 경우 그 이의재결의 실효 여부 (대법원 1992. 3. 10. 선고 91누8081 판결)

【판결요지】

토지수용법상의 이의재결절차는 수용재결에 대한 불복절차이면서 수용재결과는 확정의 효력 등을 달리하는 별개의 절차이므로 기업자가 이의재결에서 증액된 보상금을 일정한 기한 내에 지급 또는 공탁하지 아니하였다 하더라도 그 때문에 이의재결 자체가 당연히 실효된다고는 할 수 없다.

(나) 증액된 보상금 공탁시기

사업시행자가 재결에 불복하여 이의신청을 거쳐 행정소송을 제기하는 경우에는 원칙적으로 행정소송 제기 전에 이의재결에서 증액된 보상금을 공탁하여야 하지만, 제소 당시 그와 같은 요건을 구비하지 못하였다 하여도 사실심 변론종결 당시까지 증액된 보상금을 공탁하면 그 흠결의 하자는 치유된다.

【판시사항】

사업시행자가 재결에 불복하여 이의신청을 거쳐 행정소송을 제기하는 경우 이의재결에서 증액된 보상금을 공탁하여야 할 시기(대법원 2008. 2. 15. 선고 2006두9832 판결)

【판결요지】

공익사업을 위한 토지 등의 취득 및 보상에 관한 법률 제85조 제1항의 규정 및 관련 규정들의 내용, 사업시행자가 행정소송 제기시 증액된 보상금을 공탁하도록 한 위 제85조 제1항 단서 규정의 입법 취지, 그 규정에 의해 보호되는 보상금을 받을 자의 이익과 그로 인해 제한받게 되는 사업시행자의 재판청구권과의 균형 등을 종합적으로 고려하여 보면, 사업시행자가 재결에 불복하여 이의신청을 거쳐 행정소송을 제기하는 경우에는 원칙적으로 행정소송 제기 전에 이의재결에서 증액된 보상금을 공탁하여야 하지만, 제소 당시 그와 같은 요건을 구비하지 못하였다 하여도 사실심 변론종결 당시까지 그 요건을 갖추었다면 그 흠결의 하자는 치유되었다고 본다.

(4) 이의재결과 행정소송 금액이 다른 경우

이의재결과 행정소송을 동시에 진행한 결과 이의재결금액이 행정소송의 판결금액보다 높은 경우에는 이의재결금액을 지급하여야 한다.[99)]

라. 이의신청에 대한 재결의 효력

(1) 재결의 효력

이의신청에 대한 재결서가 송달된 날로부터 30일 이내에 소송이 제기되지 아니하거나 그 밖의 사유로 이의신청에 대한 재결이 확정된 때에는 「민사소송법」상의 확정판결이 있은 것으로 보며, 재결서 정본은 집행력 있는 판결의 정본과 동일한 효력을 가진다(토지보상법 제86조 제1항).

【판결취지】

이의재결 후 소유자 등이 사업시행자를 상대로 보상금증액소송을 제기한 경우 '그 밖의 사유로 이의신청에 대한 재결이 확정'된 것으로 보아야 함 [서울행정법원 2011. 6. 10. 선고 2010구합46333 판결(확정)]

【결정요지】

이의재결의 효력에 관하여 토지보상법은 제86조제1항에서 제85조제1항의 제척기간내에 행정소송이 제기 되지 아니하거나 그 밖의 사유로 이의신청에 대한 재결이 확정된 때에는 확정판결이 있는 것으로 보며, 재결서 정본은 집행력 있는 판결의 정본과 동일한 효력을 가진다고 규정하고 있을 뿐, 보상금 증감에 관한 소송이 제기된 경우 이의재결의 효력에 관하여 따로 규정하고 있지 않으나, 보상금 증감에 관한 소송제도의 변천과정, 기업자를 상대로 직접 보상금 증액을 구하는 소송형태가 도입되기 전후를 막론하고 구 토지수용법에 현행 토지보상법 제86조제1항과 완전히 같은 취지의 규정(제75조의2 제2항 또는 제3항)이 있었던 점, 수용재결에서 정한 보상금액이 이의재결을 거쳐 증액되었으나 토지 등 소유자가 다시 사업시행 자를 상대로 보상금증액을 구하는 행정소송을 제기한 경우 법원이 정당하다고 인정한 보상금액이 이의재 결로 증액된 보상금보다 많으면 판결에서 그 차액만을 특정하여 추가 지급하도록 명하는 것이 전국적으로 확립된 실무관행인 점 등에 비추어 보면 보상금증액소송만 제기된 경우

99) 2005. 11. 4. 토지정책팀-1061 질의회신 참조.

즉 제소기간에 수용재결·이의재결 의 취소를 구하는 소송이나 사업시행자 등의 보상금감액소송이 제기되지 아니하는 경우에는 토지보상법 제86조제1항이 정한'제85조제1항의 규정에 의한 기간이내에 소송이 제기되지 아니한'경우에 준하는 것으로 봄이 옳고, 최소한 같은 조항 소정의 '그 밖의 사유로 이의신청에 대한 재결이 확정된 때'에는 해당하는 것으로 보아야 할 것이다. 따라서 이의재결에 대하여 보상금증액소송만 제기된 경우, 이의재결은 토지보상법 제86조제1항에 의하여 확정되어 집행력있는 판결의 정본과 동일한 효력을 가진다고 할 것이므로 이의재결에서 이미 인정한 손실보상금을 다시 소로써 구하는 것은 법률상 이익이 없어 부적법하다

(2) 사업시행자 등의 재결확정증명서 발급청구

사업시행자, 토지소유자 또는 관계인은 이의신청에 대한 재결이 확정되었을 때에는 관할 토지수용위원회에 재결확정증명서의 발급을 청구할 수 있다. 이 경우 재결확정증명청구서에 이의신청에 대한 재결서의 정본을 첨부하여 중앙토지수용위원회에 제출하여야 하며, 재결확정증명서는 재결서 정본의 끝에「민사집행법」제29조 제2항에 준하여 집행문을 적고, 중앙토지수용위원회의 간사 또는 서기가 기명날인한 후 중앙토지수용위원회 위원장의 직인을 날인하여 발급하여야 한다(토지보상법 시행령 제47조). 위와 같은 절차에 따라 중앙토지수용위원회가 재결확정증명서를 발급하려는 경우에는 행정소송의 제기 여부를 관할 법원에 조회하여야 한다.

(3) 이의재결금액과 판결금액이 다른 경우

이의신청재결 금액에 대하여는 재결서 정본을 송부 받은 날부터 30일 이내에 보상금을 받을 자에게 그 증액된 보상금을 지급하도록 되어 있으므로 이의신청재결로 인하여 증액된 보상금에 대하여는 위 규정에 따라 지급하여야 한다.

■ 공익사업을 위한 토지 등의 취득 및 보상에 관한 법률 시행규칙[별지 제22호서식] 〈개정 2016. 6. 14.〉

재결확정증명청구서

접수번호	접수일	처리기간 30일

사업시행자	성명 또는 명칭
	주소
토지소유자	성명 또는 명칭
	주소
관계인	성명 또는 명칭
	주소

공익사업의 명칭
청구의 요지
청구의 이유
이의신청에 대한 재결일
이의신청에 대한 재결서 수령일

「공익사업을 위한 토지 등의 취득 및 보상에 관한 법률」 제86조제2항 및 같은 법 시행령 제47조제1항에 따라 재결확정증명서 발급을 청구합니다.

년 월 일

청구인 (서명 또는 인)

중앙토지수용위원회 위원장 귀하

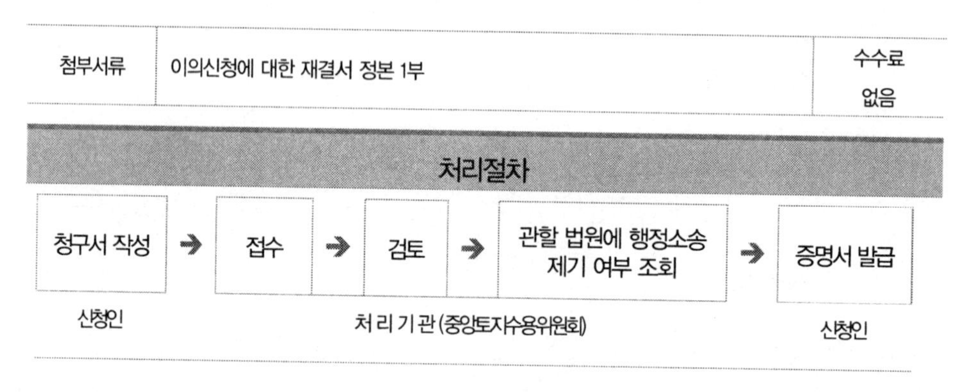

첨부서류	이의신청에 대한 재결서 정본 1부	수수료 없음

처리절차

청구서 작성	→	접수	→	검토	→	관할 법원에 행정소송 제기 여부 조회	→	증명서 발급
신청인		처리 기관(중앙토지수용위원회)						신청인

210mm×297mm[백상지 80g/㎡]

2. 행정쟁송

가. 행정소송의 제기

(1) 행정소송 전치로서 재결절차

토지소유자 등이 직접 재결신청을 할 수 있는 다음의 경우라도 반드시 재결절차를 거친 후 행정소송을 제기하여야 한다.

(가) 사업의 준비를 위한 측량 · 조사 및 장해물 제거 등으로 인한 손실보상

(나) 사업의 실효로 인한 손실보상

(다) 사업의 폐지 및 변경으로 인한 손실보상

(라) 사업인정 후 토지 및 물건조서 작성을 위한 측량 · 조사로 인한 손실보상

(마) 천재지변 시의 토지사업으로 인한 손실보상

(바) 재결의 실효로 인한 손실보상

(사) 잔여지 가치감소보상 또는 공사비보상

(아) 수용할 토지 및 잔여지 이외의 토지에 통로 · 도랑 · 당장 등의 신설 그 밖의 공사가 필요한 경우 그 공사에 소요되는 비용의 보상

(자) 공익사업시행지역 밖에 있는 토지 등이 공익사업의 시행으로 인하여 본래의 기능을 다할 수 없게 되는 경우의 손실보상

【판결요지】

토지소유자가 토지소유자가 공익사업을 위한 토지 등의 취득 및 보상에 관한 법률 제34조, 제50조 등에 규정된 재결절차를 거치지 않고 곧바로 사업시행자를 상대로 같은 법 제73조에 따른 잔여지 가격감소 등으로 인한 손실보상을 청구할 수 있는지 여부(대법원 2012. 11. 29. 선고 2011두22587 판결)

【판시사항】

토지소유자가 사업시행자로부터 공익사업법 제73조에 따른 잔여지 가격감소 등으로 인한 손실보상을 받기 위해서는 공익사업법 제34조, 제50조 등에 규정된 재결절차를 거친 다음 그 재결에 대하여 불복이 있는 때에 비로소 공익사업법 제83조 내지 제85조에 따라 권리구제를 받을 수 있을 뿐, 이러한 재결절차를 거치지 않은 채 곧바로 사업시행자를 상대로 손실보상을 청구하는 것은 허용되지 않는다고 봄이 상당하고(대법원 2008. 7. 10. 선고 2006두19495 판결 참조), 이는 수용대상토지에 대하여 재결절차를 거친 경우에도 마찬가지라 할 것이다.

(2) 제소기간

(가) 제소기간

사업시행자, 토지소유자 또는 관계인은 재결에 불복할 때에는 재결서를 받은 날부터 90일 이내에(형식적 당사자 소송 및 취소소송의 경우), 이의신청을 거쳤을 때에는 이의신청에 대한 재결서를 받은 날부터 60일 이내에 각각 행정소송을 제기할 수 있다(토지보상법 제85조 제1항).

한편, 재결에 대하여 불복절차를 취하지 아니함으로써 그 재결에 대하여 더 이상 다툴 수 없게 된 경우에는 그 재결이 당연무효이거나 취소되지 아니하는 한, 이미 보상금을 지급받은 자에 대하여 민사소송으로 그 보상금을 부당이득이라 하여 반환을 구할 수 없다.[100]

(나) 토지보상법상 제소기간이 헌법에 위배되는지 여부

공익사업의 안정적인 시행을 위해서는 수용대상토지의 수용여부 못지않게 보상금을 둘러싼

---

100) 대법원 2001. 4. 27. 선고 2000다50237 판결.

분쟁 역시 조속히 확정하여야 할 필요가 있다. 또한 토지소유자는 협의 및 수용재결 단계를 거치면서 오랜 기간 보상금 액수에 대하여 다투어 왔으므로, 수용재결의 보상금 액수에 관하여 보상금증감청구소송을 제기할 것인지 결정하는 데에 많은 시간이 필요하지 않다. 따라서 토지보상법에서 정한 60일의 제소기간은 입법재량의 한계를 벗어났다고 보기 어려우므로, 보상금증감청구소송을 제기하려는 토지소유자의 재판청구권을 침해한다고 볼 수 없다.[101]

(다) 무효등확인소송의 제소기간

토지보상법상 무효등확인소송은 토지수용위원회의 재결 또는 중앙토지수용위원회의 이의신청에 대한 재결에 중대하고 명백한 하자가 있거나 나아가 재결이 부존재함을 전제로 그 재결의 무효확인 또는 부존재확인을 구하는 소송이다. 이러한 무효등확인소송의 경우 제소기간의 제한이 없기 때문에 재결의 위법사유가 중대 · 명백한 것인 때에는 통상적인 제소기간[102]을 도과하더라도 그 소를 제기할 수 있다.

(3) 토지보상법상 소송의 대상

(가) 당사자소송의 대상

토지보상법상 당사자소송의 대상은 관할 토지수용위원회 또는 중앙토지수용위원회가 행한 재결로 형성된 법률관계인 보상금의 증감에 관한 것뿐이다.[103] 그러므로 재결의 취소 · 변경은 물론 토지수용위원회의 재결사항 중 보상금의 증감에 관한 사항 외에는 당사자소송이 될 수 없다.

(나) 취소소송의 대상

1) 취소소송의 대상

토지보상법상 취소소송은 관할 토지수용위원회의 재결 또는 중앙토지수용위원회의 이의신청에 대한 재결이 위법함을 전제로 하여 그 재결의 취소 또는 변경을 청구하는 소송이다.

---

101) 헌법재판소 2016. 7. 28. 선고 2014헌바 206 결정.

102) 관할 토지수용위원회의 재결에 대하여 그 재결서를 받은 날부터 60일 , 중앙토지수용위원회의 이의신청 재결에 대하여 그 재결서를 받은 날부터 30일.

103) 그러므로 보상금 증감에 간한 소송인 경우 토지수용위원회가 소송당사자에서 제외되었음에도 불구하고 토지수용위원회를 공동피고로 하여 소송을 제기하는 경우에는 변론시 각하주장을 하면, 피고변경 또는 토지수용위원회에 대한 소취하로 결정된다.

여기서 이의신청에 대한 재결을 다투는 경우에도 이의재결 자체의 고유한 위법사유뿐만 아니라, 이의신청의 사유로 삼지 아니한 관할 토지수용위원회의 재결의 위법도 아울러 주장할 수 있다.

> **【판시사항】**
> 토지소유자 등이 수용재결에 불복하여 이의신청을 거친 후 취소소송을 제기하는 경우 피고적격(=수용재결을 한 토지수용위원회) 및 소송대상(=수용재결)(대법원 2010. 1. 28. 선고 2008두1504 판결)
>
> **【판결요지】**
> 공익사업을 위한 토지 등의 취득 및 보상에 관한 법률 제85조 제1항 전문의 문언 내용과 같은 법 제83조, 제85조가 중앙토지수용위원회에 대한 이의신청을 임의적 절차로 규정하고 있는 점, 행정소송법 제19조 단서가 행정심판에 대한 재결은 재결 자체에 고유한 위법이 있음을 이유로 하는 경우에 한하여 취소소송의 대상으로 삼을 수 있도록 규정하고 있는 점 등을 종합하여 보면, 수용재결에 불복하여 취소소송을 제기하는 때에는 이의신청을 거친 경우에도 수용재결을 한 중앙토지수용위원회 또는 지방토지수용위원회를 피고로 하여 수용재결의 취소를 구하여야 하고, 다만 이의신청에 대한 재결 자체에 고유한 위법이 있음을 이유로 하는 경우에는 그 이의재결을 한 중앙토지수용위원회를 피고로 하여 이의재결의 취소를 구할 수 있다고 보아야 한다.

2) 사업인정의 하자를 이유로 수용재결처분의 취소를 구할 수 있는지 여부

토지보상법 제14조에 따른 사업인정은 그 후 일정한 절차를 거칠 것을 조건으로 하여 일정한 내용의 수용권을 설정해 주는 행정처분의 성격을 띠는 것으로서 그 사업인정을 받음으로써 수용할 목적물의 범위가 확정되고 수용권으로 하여금 목적물에 관한 현재 및 장래의 권리자에게 대항할 수 있는 일종의 공법상의 권리로서의 효력을 발생시킨다고 할 것이므로 위 사업인정단계에서의 하자를 다투지 아니하여 이미 쟁송기간이 도과한 수용재결단계에 있어서는 위 사업인정처분에 중대하고 명백한 하자가 있어 당연무효라고 볼만한 특단의 사정이 없다면 그 처분의 불가쟁력에 의하여 사업인정처분의 위법, 부당함을 이유로 수용재결처분의 취소를 구할 수 없다.

(4) 증액된 보상금 공탁 등

사업시행자는 행정소송을 제기하기 전에[104] 늘어난 보상금을 공탁하여야 하며, 보상금을 받을 자는 공탁된 보상금을 소송이 종결될 때까지 수령할 수 없다(토지보상법 제85조 제1항).

(5) 당사자 특정 및 입증책임 등

(가) 당사자의 특정

제기하려는 행정소송이 보상금의 증감(增減)에 관한 소송인 경우 그 소송을 제기하는 자가 토지소유자 또는 관계인일 때에는 사업시행자를, 사업시행자일 때에는 토지소유자 또는 관계인을 각각 피고로 한다(토지보상법 제85조 제2항).

(나) 입증책임

손실보상금 증액청구의 소에 있어서 그 이의재결에서 정한 손실보상금액보다 정당한 손실보상금액이 더 많다는 점에 대한 입증책임은 원고에게 있다.

【판시사항】

보상금의 증감에 관한 소송의 성질 및 증명책임의 소재(=원고)(대법원 2004. 10. 15. 선고 2003두12226 판결)

【판결요지】

구 토지수용법 제75조의2 제2항 소정의고 할 것이고, 위 보상금 증액청구소송은 재결청과 기업자를 공동피고로 하는 필수적 공동소송으로서 그 공동피고 사이에 소송의 승패를 합일적으로 확정하여야 하므로, 비록 이의재결이 토지소유자 또는 관계인의 입회 없이 작성된 조서를 기초로 하는 등의 사유가 있다고 하더라도 그 점만으로 위와 같은 입증책임의 소재를 달리 볼 것은 아니다 (대법원 1997. 11. 28. 선고 96누2255 판결 참조).

(다) 보상항목간 유용

행정소송의 대상이 된 물건 중 일부 항목에 관한 보상액이 과소하고 다른 항목의 보상액은

104) 사업시행자가 토지수용위원회의 재결에 불복하여 소송을 제기하는 경우에는 수용의 개시일까지 보상금을 공탁하여야 하고, 중앙토지수용위원회의 이의신청에 대한 재결에 불복하여 소송을 제기하는 경우에는 그 전에 이의신청에 대한 재결에서 증액된 보상금을 공탁하여야 한다.

과다한 경우, 그 항목 상호간의 유용이 허용된다.

> **【판시사항】**
> 행정소송의 대상이 된 물건 중 일부 항목에 관한 보상액이 과소하고 다른 항목의 보상액은 과다한 경우, 그 항목 상호간의 유용이 허용되는지 여부(대법원 2014. 11. 13. 선고 2014두1451 판결)
>
> **【판결요지】**
> 공익사업을 위한 토지 등의 취득 및 보상에 관한 법률 제64조의 규정에 의하면 토지의 수용으로 인한 보상은 수용의 대상이 되는 물건별로 하는 것이 아니라 피보상자의 개인별로 하는 것이므로, 피보상자는 수용대상 물건 중 일부에 대하여만 불복이 있는 경우에는 그 부분에 대하여만 불복의 사유를 주장하여 행정소송을 제기할 수 있고, 행정소송의 대상이 된 물건 중 일부 항목에 관한 보상액이 과소하고 다른 항목의 보상액은 과다한 경우에는 그 항목 상호간의 유용을 허용하여 과다 부분과 과소 부분을 합산하여 보상금의 합계액을 결정하여야 한다(대법원 1998. 1. 20. 선고 96누12597 판결 등 참조).

나. 법정이율에 따른 가산지급

사업시행자는 사업시행자가 제기한 행정소송이 각하 · 기각 또는 취하된 경우 i) 재결이 있은 후 소송을 제기하였을 때에는 재결서 정본을 받은 날, ii) 이의신청에 대한 재결이 있은 후 소송을 제기하였을 때에는 그 재결서 정본을 받은 날의 어느 하나에 해당하는 날부터 판결일 또는 취하일까지의 기간에 대하여 「소송촉진 등에 관한 특례법」 제3조에 따른 법정이율을 적용[105]하여 산정한 금액을 보상금에 가산하여 지급하여야 한다.

---

105) 소송촉진 등에 관한 특례법 3조(법정이율) ① 금전채무의 전부 또는 일부의 이행을 명하는 판결(심판을 포함한다. 이하 같다)을 선고할 경우, 금전채무 불이행으로 인한 손해배상액 산정의 기준이 되는 법정이율은 그 금전채무의 이행을 구하는 소장(訴狀) 또는 이에 준하는 서면(書面)이 채무자에게 송달된 날의 다음 날부터는 연 100분의 40 이내의 범위에서 「은행법」에 따른 은행이 적용하는 연체금리 등 경제 여건을 고려하여 대통령령으로 정하는 이율에 따른다. 다만, 「민사소송법」 제251조에 규정된 소(訴)에 해당하는 경우에는 그러하지 아니하다.
② 채무자에게 그 이행의무가 있음을 선언하는 사실심(事實審) 판결이 선고되기 전까지 채무자가 그 이행의무의 존재 여부나 범위에 관하여 항쟁(抗爭)하는 것이 타당하다고 인정되는 경우에는 그 타당한 범위에서 제1항을 적용하지 아니한다.

다. 처분효력의 부정지

이의의 신청이나 행정소송의 제기는 사업의 진행 및 토지의 수용 또는 사용을 정지시키지 아니한다(토지보상법 제88조). 그 결과 보상금 증액에 관한 행정소송이 진행되고 있는 경우라도 사업시행자는 행정대집행을 신청할 수 있다.

라. 대집행

(1) 사업시행자의 대집행신청

토지보상법 또는 토지보상법에 따른 처분으로 인한 의무를 이행하여야 할 자가 그 정하여진 기간 이내에 의무를 이행하지 아니하거나 완료하기 어려운 경우 또는 그로 하여금 그 의무를 이행하게 하는 것이 현저히 공익을 해친다고 인정되는 사유가 있는 경우에는 사업시행자는 시 · 도지사나 시장 · 군수 또는 구청장에게 행정대집행법에서 정하는 바에 따라 대집행을 신청할 수 있다. 이 경우 신청을 받은 시 · 도지사나 시장 · 군수 또는 구청장은 정당한 사유가 없으면 이에 따라야 한다(토지보상법 제88조 제1항).

(2) 국가 등의 직접 대집행

사업시행자가 국가나 지방자치단체인 경우에는 제1항에도 불구하고 「행정대집행법」에서 정하는 바에 따라 직접 대집행을 할 수 있다(토지보상법 제88조 제2항).

(3) 의무이행자 보호노력

사업시행자가 대집행을 신청하거나 국가 등이 직접 대집행을 하려는 경우에는 국가나 지방자치단체는 의무를 이행하여야 할 자를 보호하기 위하여 노력하여야 한다(토지보상법 제88조 제3항).

마. 강제징수

특별자치도지사, 시장 · 군수 또는 구청장은 의무자가 그 비용을 내지 아니할 때에는 지방세 체납처분의 예에 따라 징수할 수 있다(토지보상법 제90조).

제5장 공용사용의 특별절차

1. 천재지변 시의 토지의 사용

가. 천재지변 시의 토지의 사용

천재지변이나 그 밖의 사변(事變)으로 인하여 공공의 안전을 유지하기 위한 공익사업을 긴급히 시행할 필요가 있을 때에는 사업시행자는 대통령령으로 정하는 바에 따라 특별자치도지사, 시장 · 군수 또는 구청장의 허가를 받아 즉시 타인의 토지를 사용할 수 있다. 다만, 사업시행자가 국가일 때에는 그 사업을 시행할 관계 중앙행정기관의 장이 특별자치도지사, 시장 · 군수 또는 구청장에게, 사업시행자가 특별시 · 광역시 또는 도일 때에는 특별시장 · 광역시장 또는 도지사가 시장 · 군수 또는 구청장에게 각각 통지하고 사용할 수 있으며, 사업시행자가 특별자치도, 시 · 군 또는 구일 때에는 특별자치도지사, 시장 · 군수 또는 구청장이 허가나 통지 없이 사용할 수 있다(토지보상법 제38조 제1항)

하지만, 사업시행자가 이에 따라 토지를 사용하려는 경우에는 공익사업의 종류 및 명칭, 사용하려는 토지의 구역과 사용의 방법 및 기간을 정하여 특별자치도지사, 시장 · 군수 또는 구청장(자치구의 구청장을 말한다)의 허가를 받아야 한다(토지보상법 시행령 제18조 제1항).

나. 토지소유자 등에 통지

특별자치도지사, 시장 · 군수 또는 구청장은 허가를 하거나 통지를 받은 경우 또는 특별자치도지사, 시장 · 군수 · 구청장이 타인의 토지를 사용하려는 경우에는 대통령령으로 정하는 사항을 즉시 토지소유자 및 토지점유자에게 통지하여야 한다(토지보상법 제38조 제2항). 여기서 대통령령으로 정하는 사항이란 위 가.항에 따른 사항을 말한다.

다. 사용기간

토지의 사용기간은 6개월을 넘지 못한다.

라. 손실보상

사업시행자는 토지를 사용하는 경우 토지수용위원회의 재결이 있기 전에 토지소유자나 관계인이 청구할 때에는 사업시행자는 자기가 산정한 보상금을 토지소유자나 관계인에게 지급하여야 하며, 토지소유자나 관계인은 사업시행자가 토지수용위원회의 재결에 따른 보상금의 지급시기까지 보상금을 지급하지 아니하면 제39조에 따라 제공된 담보의 전부 또는 일부를 취득한다.

2. 시급한 토지 사용에 대한 허가

가. 시급한 토지 사용에 대한 허가

재결신청을 받은 토지수용위원회는 그 재결을 기다려서는 재해를 방지하기 곤란하거나 그 밖에 공공의 이익에 현저한 지장을 줄 우려가 있다고 인정할 때에는 사업시행자의 신청을 받아 대통령령으로 정하는 바에 따라 담보를 제공하게 한 후 즉시 해당 토지의 사용을 허가할 수 있다. 다만, 국가나 지방자치단체가 사업시행자인 경우에는 담보를 제공하지 아니할 수 있다(토지보상법 제39조 제1항).

나. 사용기간

토지의 사용기간은 6개월을 넘지 못한다.

다. 토지소유자 등에 통지

특별자치도지사, 시장 · 군수 또는 구청장은 위 가.항에 따른 허가를 하였을 때에는 즉시 토지소유자 및 토지점유자에게 통지하여야 한다.

3. 불복

토지수용위원회의 허가 및 재결은 모두 처분이므로 항고소송의 대상이 된다.

Ⅳ. 토지수용위원회

제1장 토지수용위원회

1. 개설

토지수용위원회는 사업시행자가 토지소유자 등과의 협의를 통하여 토지 등을 취득할 수 없는 경우 공익사업을 위한 목적으로 그 소유권 등의 강제적 취득을 위한 재결기관이다. 이러한 토지수용위원회는 합의에 의하여 수용에 관한 국가의사를 결정하고 이를 토지수용위원회 명의로 외부에 표시하는 직무상 독립되어 있는 행정위원회의 일종이며, 주된 기능은 집행적인 것이지만 준입법적인 기능과 준사법적인 기능도 함께 갖는다.

2. 토지수용위원회 설치

토지등의 수용과 사용에 관한 재결을 하기 위하여 국토교통부에 중앙토지수용위원회를 두고, 특별시 · 광역시 · 도 · 특별자치도에 지방토지수용위원회를 둔다(토지보상법 제49조).

3. 토지수용위원회의 재결사항

가. 재결사항

(1) 재결사항

토지수용위원회의 재결사항은 i) 수용하거나 사용할 토지의 구역 및 사용방법, ii) 손실보상, iii) 수용 또는 사용의 개시일과 기간, Ⅳ) 그 밖에 이 법 및 다른 법률에서 규정한 사항 등이다(토지보상법 제50조 제1항).

(2) 주거이전비도 재결사항인지 여부

토지보상법상에 주거이전비보상에 대하여 재결신청의 청구 이외에는 이의신청절차가 없고, 재결절차를 거치지 않고서는 당사자소송에 의해서도 청구인의 위 권리를 구제받을 수 있는 길이 없어 보이는 점 등에 비추어 보면, 이해 관계인에게 수용재결신청청구권이 있다고 봄이 맞다.[106]

---

106) 행정심판 재결 사건 04-15959 참조.

나. 재결범위

(1) 재결범위

토지수용위원회는 사업시행자, 토지소유자 또는 관계인이 신청한 범위에서 재결하여야 한다. 다만, 손실보상(법 제50조 제1항 제2호)의 경우에는 증액재결(增額裁決)을 할 수 있다(토지보상법 제50조 제2항).

(2) 공익성판단

토지보상법은 해당 사업의 공익성 판단은 사업인정기관에 일임하고, 그 이후의 구체적인 수용 · 사용의 결정주체를 토지수용위원회로 정하고 있다. 따라서 토지수용위원회는 사업인정 자체를 무의미하게 하는 재결은 할 수 없다.

【판시사항】

사업시행이 불가능하게 하는 재결의 가능성(대법원 2007. 1. 11. 선고 2004두6538 판결)

【판결요지】

구 토지수용법(2002. 2. 4. 법률 제6656호 공익사업을 위한 토지 등의 취득 및 보상에 관한 법률 부칙 제2조로 폐지)은 수용 · 사용의 일차 단계인 사업인정에 속하는 부분은 사업의 공익성 판단으로 사업인정기관에 일임하고, 그 이후의 구체적인 수용 · 사용의 결정은 토지수용위원회에 맡기고 있는바, 이와 같은 토지수용절차의 2분화 및 사업인정의 성격과 토지수용위원회의 재결사항을 열거하고 있는 같은 법 제29조 제2항의 규정 내용에 비추어 볼 때, 토지수용위원회는 행정쟁송에 의하여 사업인정이 취소되지 않는 한 그 기능상 사업인정 자체를 무의미하게 하는 즉, 사업의 시행이 불가능하게 되는 것과 같은 재결을 행할 수는 없다.

다. 수용 또는 사용 외의 재결

(1) 공익사업시행지구에 편입되는 토지 등의 수용 · 사용 외

토지수용위원회는 공익사업시행지구에 편입되는 토지 등의 수용 · 사용 외에도 아래의 사항에 관한 협의가 성립되지 아니할 경우 각각의 사항에 대한 재결을 할 수 있다.

(가) 사업준비를 위하여 타인점유 토지에 출입하여 측량 · 조사함으로써 발생하는 손실 및 측량 · 조사를 위한 장해물 제거 등을 함으로 인하여 발생하는 손실(토지보상법 제9조 및 제12조)

(나) 사업인정의 실효로 인한 손실(토지보상법 제23조)

(다) 사업이 폐지 및 변경으로 인한 손실(토지보상법 제24조)

(라) 사업인정 고시일 후 토지 및 물건조서 작성을 위하여 타인점유 토지에 출입하여 측량 · 조사함으로써 발생하는 손실

(마) 재결의 실효로 인한 손실(토지보상법 제42조)

(바) 공익사업시행지구 밖의 토지에 대한 공사비(토지보상법 제79조 제1항 및 제80조)

(사) 공익사업시행지구 밖의 토지 등이 본래의 기능을 다할 수 없게 되어 발생하는 손실(토지보상법 제79조 제2항 및 제80조)

(2) 개발부담금 등의 부과 · 징수에 대한 이의신청

개발부담금 등의 부과 · 징수에 대한 이의신청 행정심판은 중앙토지수용위원회가 심리 · 의결하여 재결하여야 한다(개발이익 환수에 관한 법률 제26조)

(3) 개발제한구역의 지정 및 관리에 관한 특별조치법상 이의신청

ⅰ) 개발제한구역의 지정에 따라 개발제한구역의 토지를 종래의 용도대로 사용할 수 없어 그 효용이 현저히 감소된 토지나 그 토지의 사용 및 수익이 사실상 불가능하게 된 토지의 소유자가 국토부장관에게 그 토지의 매수를 청구한 경우 매수 여부에 관한 결정 또는 매수가격에 이의가 있는 자, ⅱ) 개발제한구역 보전 부담금의 부과 · 징수에 대하여 이의가 있는 자는「공익사업을 위한 토지 등의 취득 및 보상에 관한 법률」에 따른 중앙토지수용위원회에 이의신청을 할 수 있으며 이에 따른 이의신청에 대하여는「행정심판법」제6조에도 불구하고 중앙토지수용위원회가 심리 · 의결하여 재결한다(개발제한구역의 지정 및 관리에 관한 특별조치법 제27조),.

라. 재결사항 통지

토지수용위원회 재결은 서면으로 한다. 재결서에는 주문 및 그 이유와 재결일을 적고, 위원장 및 회의에 참석한 위원이 기명날인한 후 그 정본을 사업시행자, 토지소유자 및 관계인에게 송달하여야 한다.

마. 토지수용위원회 재결의 적법절차원칙 위배여부

토지수용위원회로 하여금 재결에 관한 사항을 관장하도록 한 것은 법률관계를 신속하게 확정하여 시간과 비용을 절약하도록 한 것이고, 심리에 있어서 토지수용위원회가 필요하다고 인정하는 경우에만 토지소유자 등이 출석하여 의견을 진술하도록 하였다고 해도 이해관계인은 열람기간 중에 관계서류를 열람하여 재결에 있어서 의견을 제시할 수 있으며, 수용재결에 대하여 행정소송을 제기할 수 있으므로, 적법절차에 위배된다거나 재판청구권을 침해하였다고 볼 수 없다.[107]

4. 관할

가. 중앙토지수용위원회

중앙토지수용위원회는 ⅰ) 국가 또는 시 · 도가 사업시행자인 사업, ⅱ) 수용하거나 사용할 토지가 둘 이상의 시 · 도에 걸쳐 있는 사업의 재결에 관한 사항, ⅲ) 중앙토지수용위원회 및 지방토지수용위원회 재결의 이의신청에 대한 재결을 관장한다(토지보상법 제51조 제1항, 같은 법 제83조 및 제84조).

나. 지방토지수용위원회

지방토지수용위원회는 위 가.항 외의 사업의 재결에 관한 사항을 관장한다(토지보상법 제51조 제2항).

107) 헌법재판소 2007. 11. 29. 선고 2006헌바79 결정.

다. 개별 법률상 관할 규정이 없는 경우

개별 법률에서 관할 토지수용위원회를 별도로 정하고 있지 않은 경우에는 사업시행자를 기준으로 관할 토지수용위원회를 결정하여야 한다.

5. 토지수용위원회 구성 등

가. 중앙토지수용위원회

(1) 위원장 및 위원 등

(가) 구성

중앙토지수용위원회는 위원장 1명을 포함한 20명 이내의 위원으로 구성하며, 위원 중 대통령령으로 정하는 수의 위원은 상임(常任)으로 한다(토지보상법 제52조 제1항). 이때 중앙토지수용위원회의 위원장은 국토교통부장관이 되며, 위원장이 부득이한 사유로 직무를 수행할 수 없을 때에는 위원장이 지명하는 위원이 그 직무를 대행한다(같은 조 제2항).

(나) 위원장의 권한

중앙토지수용위원회의 위원장은 위원회를 대표하며, 위원회의 업무를 총괄한다(토지보상법 제52조 제3항).

(2) 상임위원의 임명

(가) 상임위원

중앙토지수용위원회의 상임위원은 ⅰ) 판사 · 검사 또는 변호사로 15년 이상 재직하였던 사람, ⅱ) 대학에서 법률학 또는 행정학을 가르치는 부교수 이상으로 5년 이상 재직하였던 사람, ⅲ) 행정기관의 3급 공무원 또는 고위공무원단에 속하는 일반직공무원으로 2년 이상 재직하였던 사람의 어느 하나에 해당하는 사람 중에서 국토교통부장관의 제청으로 대통령이 임명한다(토지보상법 제52조 제4항).

(나) 비상임위원

중앙토지수용위원회의 비상임위원은 토지 수용에 관한 학식과 경험이 풍부한 사람 중에서 국토교통부장관이 위촉한다(토지보상법 제52조 제5항).

(3) 회의

(가) 회의소집

중앙토지수용위원회의 회의는 위원장이 소집하며, 위원장 및 상임위원 1명과 위원장이 회의마다 지정하는 위원 7명으로 구성한다(토지보상법 제52조 제6항).

(나) 의결정족수

중앙토지수용위원회의 회의는 구성원 과반수의 출석과 출석위원 과반수의 찬성으로 의결한다(토지보상법 제52조 제7항).

(4) 의견제출

중앙토지수용위원회는 ⅰ) 국토교통부장관이 사업인정을 하려는 경우, ⅱ) 다른 법률에 의해 사업인정이 의제되는 지구지정 · 사업계획승인 등을 하려는 경우 해당 사업의 공익성에 대한 의견을 제출하여야 한다. 이때 의견제출은 그 요청을 받은 날부터 30일 이내에 제출하여야 하며, 같은 기간 이내에 의견을 제출하지 아니하는 경우에는 의견이 없는 것으로 본다(토지보상법 제21조 제3항).

(5) 중앙토지수용위원회의 업무

중앙토지수용위원회는 개발이익 환수에 관한 법률에 따른 개발부담등의 부과 · 징수에 대한 행정심판 업무 등을 수행한다.

나. 지방토지수용위원회

(1) 위원장 및 위원

(가) 구성

지방토지수용위원회는 위원장 1명을 포함한 20명 이내의 위원으로 구성한다. 지방토지수용위원회의 위원장은 시 · 도지사가 되며, 위원장이 부득이한 사유로 직무를 수행할 수 없을 때에는 위원장이 지명하는 위원이 그 직무를 대행한다. 이때, 지방토지수용위원회의 위원은 시 · 도지사가 소속 공무원 중에서 임명하는 사람 1명을 포함하여 토지 수용에 관한 학식과 경험이 풍부한 사람 중에서 위촉한다(토지보상법 제53조 제1, 2, 3항).

(나) 위원장의 권한

지방토지수용위원회의 회의는 위원장이 소집하며, 위원장과 위원장이 회의마다 지정하는 위원 8명으로 구성한다(토지보상법 제53조 제4항).

(다) 회의 및 의결정족수

지방토지수용위원회의 회의는 구성원 과반수의 출석과 출석위원 과반수의 찬성으로 의결한다(토지보상법 제53조 제4항).

다. 운영 및 심의방법 등

(1) 간사 및 서기

토지수용위원회에 토지수용위원회의 사무를 처리할 간사 1명 및 서기 몇 명을 둔다(토지보상법 시행령 제24조 제1항). 이에 따른 간사 및 서기는 중앙토지수용위원회의 경우에는 국토교통부 소속 공무원 중에서, 지방토지수용위원회의 경우에는 시 · 도 소속 공무원 중에서 해당 토지수용위원회의 위원장이 임명한다.

(2) 전담위원 지정

위원장은 특히 필요하다고 인정하는 심의안건에 대해서는 위원 중에서 전담위원을 지정하여 예비심사를 하게 할 수 있다(토지보상법 시행령 제24조 제3항).

(3) 토지수용위원회의 별도규정

토지보상법 시행령에서 규정한 사항 외에 토지수용위원회의 운영 · 문서처리 · 심의방법 및 기준 등에 관하여는 토지수용위원회가 따로 정할 수 있다(토지보상법 시행령 제24조 제4항).

제2장 위원의 임기 및 결격사유 등

1. 임기

토지수용위원회의 상임위원 및 위촉위원의 임기는 각각 3년으로 하며, 연임할 수 있다(토지보상법 제55조).

2. 신분보장

위촉위원은 해당 토지수용위원회의 의결로 ⅰ) 신체상 또는 정신상의 장해로 그 직무를 수행할 수 없을 때, ⅱ) 직무상의 의무를 위반하였을 때, ⅲ) 위원의 결격사유의 어느 하나에 해당하는 사유가 있다고 인정된 경우를 제외하고는 재임 중 그 의사에 반하여 해임되지 아니한다(토지보상법 제56조).

3. 위원의 결격사유

가. 결격사유

ⅰ) 피성년후견인, 피한정후견인 또는 파산선고를 받고 복권되지 아니한 사람, ⅱ) 금고 이상의 실형을 선고받고 그 집행이 끝나거나(집행이 끝난 것으로 보는 경우를 포함한다) 집행이 면제된 날부터 2년이 지나지 아니한 사람, ⅲ) 금고 이상의 형의 집행유예를 선고받고 그 유예기간 중에 있는 사람, ⅳ) 벌금형을 선고받고 2년이 지나지 아니한 사람의 어느 하나에 해당하는 사람은 토지수용위원회의 위원이 될 수 없다(토지보상법 제54조 제1항).

나. 당연퇴직

위원이 위 가.의 어느 하나에 해당하게 되면 당연히 퇴직한다(같은 조 제2항).

4. 위원의 제척 · 기피 · 회피

가. 제척

토지수용위원회의 위원으로서 ⅰ) 사업시행자, 토지소유자 또는 관계인, ⅱ) 사업시행자, 토지소유자 또는 관계인의 배우자 · 친족 또는 대리인, ⅲ) 사업시행자, 토지소유자 및 관계인이 법인인 경우에는 그 법인의 임원 또는 그 직무를 수행하는 사람의 어느 하나에 해당하는 사람은 그 토지수용위원회의 회의에 참석할 수 없다(토지보상법 제57조 제1항).

나. 기피

사업시행자, 토지소유자 및 관계인은 위원에게 공정한 심리 · 의결을 기대하기 어려운 사정이 있는 경우에는 그 사유를 적어 기피(忌避) 신청을 할 수 있다. 이 경우 토지수용위원회의 위원장은 기피 신청에 대하여 위원회의 의결을 거치지 아니하고 기피 여부를 결정한다(토지보상법 제57조 제2항).

다. 회피

위원이 위 가.항 및 나.항의 사유에 해당할 때에는 스스로 그 사건의 심리 · 의결에서 회피할 수 있다(토지보상법 제57조 제3항).

라. 관련규정 준용

사건의 심리 · 의결에 관한 사무에 관여하는 위원 아닌 직원에 대하여는 가.항, 나.항, 다.항의 규정을 준용한다(토지보상법 제57조 제4항).

마. 위원의 제척 규정을 위반한 처분의 효력

징계위원의 제척규정은 공정하고 합리적인 징계권의 행사를 보장하기 위한 것으로서 이에 위반한 징계권의 행사는 징계사유가 인정되는 여부에 관계없이 절차에 있어서의 정의에 반하는 것으로서 무효이다.

【판시사항】

위원의 제척규정을 위반한 징계권 행사의 효력(대법원 1994. 10. 7. 선고 93누20214 판결)

【판결요지】

징계위원의 제척을 규정한 지역의료보험조합운영규정 제94조는 공정하고 합리적인 징계권의 행사를 보장하기 위한 것으로서 이에 위반한 징계권의 행사는 징계사유가 인정되는 여부에 관계없이 절차에 있어서의 정의에 반하는 것으로서 무효이다.

제3장 위원의 권한 등

1. 벌칙 적용에서 공무원 의제

토지수용위원회의 위원 중 공무원이 아닌 사람은 형법이나 그 밖의 법률에 따른 벌칙을 적용할 때에는 공무원으로 본다(토지보상법 제57조의2).

2. 심리조사상의 권한

토지수용위원회의 심리는 원칙적으로 서면주의, 비공개주의, 직권주의에 의하며, 불고불리의 원칙은 심리에 적용되지 않는다.[108]

가. 심리조사상 권한

(1) 심리조사상 권한

토지수용위원회는 심리에 필요하다고 인정할 때에는 ⅰ) 사업시행자, 토지소유자, 관계인 또는 참고인에게 토지수용위원회에 출석하여 진술하게 하거나 그 의견서 또는 자료의 제출을 요구하는 것, ⅱ) 감정평가업자나 그 밖의 감정인에게 감정평가를 의뢰하거나 토지수용위원회에 출석하여 진술하게 하는 것, ⅲ) 토지수용위원회의 위원 사무기구의 직원이나 지방토지수용위원회의 업무를 담당하는 직원으로 하여금 실지조사를 하게 하는 것 등의 행위를 할 수 있다(토지보상법 제58조 제1항). 여기서 위 ⅰ) 및 ⅱ)에 따른 출석 및 자료제출 등의 요구는 같은법 시행령 제4조 제1항, 제2항에 따른 송달의 방법[109]으로 하여야 한다.

(2) 심리의 방법 - 비공개원칙, 직권주의

(가) 비공개원칙

토지수용위원회 심리는 비공개가 원칙이다. 따라서 심리에 참석하고자 하는 사업시행자 또는 토지소유자 등이 있어도 토지수용위원회에서 인정하는 경우를 제외하고는 그 심리과정

---

108) 불고불리의 원칙은 재결에 적용되는 원칙이다. 토지수용위원회의 심리는 직권으로 이루어지고, 행정심판법 제39조에서도 심리에서는 불고불리의 원칙을 적용하고 있지 않으므로 불고불리의 원칙은 토지수용위원회의 심리에 있어서는 적용되지 않는다.

109) 토지보상법 시행령 제4조(송달) ① 법 제6조에 따른 서류의 송달은 해당 서류를 송달받을 자에게 교부하거나 국토교통부령으로 정하는 방법으로 한다.
② 제1항에 따른 송달에 관하여는 「민사소송법」 제178조부터 제183조까지, 제186조, 제191조 및 제192조를 준용한다.

에 참여할 수 없다. 이는 재결의 효율성, 신속을 위한 것으로서 토지수용위원회는 재결신청서를 접수한 때에는 지체없이 이를 공고하고, 공고한 날부터 14일 이상 관계서류의 사본을 일반인이 열람할 수 있도록 하여야 하며, 열람시간 중에 토지소유자 또는 관계인은 의견을 제시할 수 있으므로 수용재결의 심리에 있어서 위와 같은 제한을 둔 것은 적법절차원칙에 위배되지 않는다.[110]

(나) 직권주의

토지수용위원회의 심리는 직권주의가 원칙이다. 따라서 변론주의와 달리 심리를 위한 증거조사 등은 사업시행자 또는 토지소유자 등에 의하지 않고 토지수용위원회가 하는 것이 원칙이다.

(3) 심리기간

토지수용위원회의 심리기간은 원칙상 14일 이다. 그런데 위 기간은 재결을 조속히 하도록 하기 위한 훈시적인 규정일 뿐이므로, 위 기간을 도과하여서 한 재결도 유효하다.

나. 토지수용위원회 위원 또는 담당직원의 실지조사 – 토지보상법 제13조 준용

토지수용위원회의 위원 사무기구의 직원이나 지방토지수용위원회의 업무를 담당하는 직원으로 하여금 실지조사를 하게 하는 경우에는 증표 등의 휴대에 관한 토지보상법 제13조[111]를 준용한다(토지보상법 제58조 제2항).

---

110) 헌법재판소 2007. 11. 29. 선고 2006헌바79 결정.

111) 토지보상법 제13조(증표 등의 휴대) ① 제9조제2항 본문에 따라 특별자치도지사, 시장 · 군수 또는 구청장의 허가를 받고 타인이 점유하는 토지에 출입하려는 사람과 제12조에 따라 장해물 제거등을 하려는 사람(특별자치도, 시 · 군 또는 구가 사업시행자인 경우는 제외한다)은 그 신분을 표시하는 증표와 특별자치도지사, 시장 · 군수 또는 구청장의 허가증을 지녀야 한다.
② 제9조제2항 단서에 따라 특별자치도지사, 시장 · 군수 또는 구청장에게 통지하고 타인이 점유하는 토지에 출입하려는 사람과 사업시행자가 특별자치도, 시 · 군 또는 구인 경우로서 제9조제3항제3호 또는 제12조제1항 단서에 따라 타인이 점유하는 토지에 출입하거나 장해물 제거등을 하려는 사람은 그 신분을 표시하는 증표를 지녀야 한다.
③ 제1항과 제2항에 따른 증표 및 허가증은 토지 또는 장해물의 소유자 및 점유자, 그 밖의 이해관계인에게 이를 보여주어야 한다.
④ 제1항과 제2항에 따른 증표 및 허가증의 서식에 관하여 필요한 사항은 국토교통부령으로 정한다.

다. 참고인 등의 여비, 수당

토지수용위원회는 참고인 또는 감정평가업자나 그 밖의 감정인에게는 사업시행자의 부담으로 일당, 여비 및 감정수수료를 지급할 수 있다(토지보상법 제58조 제3항).

라. 위원 등의 수당 및 여비

토지수용위원회는 위원에게 수당과 여비를 지급할 수 있다. 다만, 공무원인 위원이 그 직무와 직접 관련하여 출석한 경우에는 그러하지 아니하다(토지보상법 제59조).

제4장 운영세칙 등

1. 운영세칙

토지수용위원회의 운영 등에 필요한 사항은 대통령령으로 정한다(토지보상법 제60조).

2. 재결정보체계의 구축 · 운영 등

가. 재결정보체계의 구축 · 운영

국토교통부장관은 시 · 도지사와 협의하여 토지등의 수용과 사용에 관한 재결업무의 효율적인 수행과 관련 정보의 체계적인 관리를 위하여 재결정보체계를 구축 · 운영할 수 있다(토지보상법 제60조의2 제1항). 또한 국토교통부장관은 이에 따른 재결정보체계의 구축 · 운영에 관한 업무를 대통령령으로 정하는 법인, 단체 또는 기관에 위탁할 수 있다. 이 경우 위탁관리에 드는 경비의 전부 또는 일부를 지원할 수 있다(같은 조 제2항).

나. 재결정보체계 구축 · 운영 업무의 위탁

(1) 재결정보체계의 구축 · 운영에 관한 업무 위탁

국토교통부장관은 재결정보체계의 구축 · 운영에 관한 업무를 ⅰ)「한국감정원법」에 따른 한국감정원, ⅱ)「감정평가 및 감정평가사에 관한 법률」 제33조에 따른 한국감정평가사협회 등의 어느 하나에 해당하는 기관에 위탁할 수 있다(토지보상법 시행령 제24조의2 제1항).

(2) 위탁기관의 업무수행 범위

업무를 위탁받은 기관은 i) 재결정보체계의 개발 · 관리 및 보안, ii) 재결정보체계와 관련된 컴퓨터 · 통신설비 등의 설치 및 관리, iii) 재결정보체계와 관련된 정보의 수집 및 관리, iv) 재결정보체계와 관련된 통계의 생산 및 관리, v) 재결정보체계의 운영을 위한 사용자교육, vi) 그 밖에 재결정보체계의 구축 및 운영에 필요한 업무 등의 업무를 수행한다(토지보상법 시행령 제24조의2 제2항).

(3) 위탁업무 고시

국토교통부장관은 업무를 위탁하는 경우 위탁받는 기관 및 위탁업무의 내용을 고시하여야 한다(토지보상법 시행령 제24조의2 제3항).

Ⅴ. 손실보상 등

제1장 손실보상의 원칙

구분	내용
사업시행자 보상의 원칙(제61조)	공익사업에 필요한 토지등의 취득 또는 사용으로 인하여 토지소유자 또는 관계인이 입은 손실은 사업시행자가 이를 보상
사전보상의 원칙(제62조)	사업시행자는 당해 공익사업을 위한 공사에 착수하기 이전에 토지소유자 및 관계인에 대하여 보상액의 전액을 지급 다만, 시급을 요하는 토지의 사용 또는 토지소유자 및 관계인의 승낙이 있은 때에는 예외
현금보상의 원칙(제63조)	손실보상은 다른 법률에 특별한 규정이 있는 경우를 제외하고는 현금으로 지급 다만, 일정한 경우 사업시행자가 발행하는 채권이나, 해당 사업으로 조성한 토지로 보상가능
개인별 보상의 원칙(제64조)	손실보상은 토지소유자 또는 관계인에게 개인별로 행함 다만, 개인별로 보상액을 산정할 수 없는 때에는 예외
일괄보상의 원칙(제65조)	사업시행자는 동일한 사업지역 안에 보상시기를 달리하는 동일인 소유의 토지등이 수개 있는 경우 일괄하여 보상금을 지급
사업시행 이익과의 상계금지의 원칙(제66조)	사업시행자는 당해 공익사업의 시행으로 인하여 잔여지의 가격이 증가하거나 그 밖의 이익이 발생한 때에도 그 이익을 그 취득 또는 사용으로 인한 손실과 상계할 수 없음

1. 사업시행자 보상

가. 손실보상의 주체

(1) 사업시행자보상 원칙

공익사업에 필요한 토지등의 취득 또는 사용으로 인하여 토지소유자나 관계인이 입은 손실은 사업시행자가 보상하여야 한다(토지보상법 제61조).

(2) 보상업무 위탁의 경우

공익사업에 필요한 토지등의 취득으로 인한 손실보상의 업무를 사업시행자가 아닌 보상업무 전문가에게 위탁하거나 또는 이주대책에 관한 업무를 지방자치단체 등에 위탁하여 시행(토지보상법 제81조)하는 경우 누가 보상의 주체가 되는지가 문제될 수 있지만, 어떠한 경우라도 보상의 궁극적인 주체는 사업시행자라는 점에는 변함이 없다. 즉 보상의 책임은 궁극적으로 사업시행자에 있다.

나. 미지급용지의 손실보상 주체

토지보상법은 공익사업에 필요한 토지등을 협의 또는 수용에 의하여 취득하거나 사용함에 따른 손실의 보상에 관한 사항을 규정한 법률로서, 같은 법 제61조에 따르면 공익사업에 필요한 토지등의 취득 또는 사용으로 인하여 토지소유자 또는 관계인이 입은 손실은 사업시행자가 이를 보상하여야 하다고 규정하고 있다. 따라서 공익사업에 편입되는 토지 등은 위 규정에 의거 당해 공익사업시행자(새로운 시행자)자가 보상하여야 한다.

다. 적정한 수용보상액의 산정방법

토지수용 보상액을 평가함에 있어서는 관계 법령에서 들고 있는 모든 가격산정요인을 구체적 · 종합적으로 참작하여 각 그 요인들이 반영된 적정가격을 산출하여야 하고, 이 경우 감정평가서에는 모든 가격산정요인의 세세한 부분까지 일일이 설시하거나 그 요소가 평가에 미치는 영향을 수치적으로 표현하지 않았다 하여도 그 산정요인들을 특정 · 명시하여 그 요인들이 어떻게 참작되었는지 알아볼 수 있는 정도로 기술하면 된다.[112]

2. 사전보상

가. 사전보상

(1) 원칙 – 사전보상

사업시행자는 해당 공익사업을 위한 공사에 착수하기 이전에 토지소유자와 관계인에게 보상액 전액(全額)을 지급하여야 한다(토지보상법 제62조).

---

112) 대법원 1998. 5. 26. 선고 98두1505 판결.

【판시사항】

사업시행자가 보상금 지급이나 토지소유자 및 관계인의 승낙 없이 공익사업을 위한 공사에 착수하여 영농을 계속할 수 없게 한 경우, 2년분의 영농손실보상금 지급과 별도로 공사의 사전 착공으로 토지소유자나 관계인이 영농을 할 수 없게 된 때부터 수용개시일까지 입은 손해를 배상할 책임이 있는지 여부(대법원 2013. 11. 14. 선고 2011다27103 판결)

【판결요지】

구 공익사업을 위한 토지 등의 취득 및 보상에 관한 법률(2011. 8. 4. 법률 제11017호로 개정되기 전의 것, 이하 '공익사업법'이라 한다) 제40조 제1항, 제62조, 제77조 제2항, 구 공익사업을 위한 토지 등의 취득 및 보상에 관한 법률 시행규칙(2013. 4. 25. 국토교통부령 제5호로 개정되기 전의 것) 제48조 제1항, 제3항 제5호의 규정들을 종합하여 보면, 공익사업을 위한 공사는 손실보상금을 지급하거나 토지소유자 및 관계인의 승낙을 받지 않고는 미리 착공해서는 아니 되는 것으로,

이는 그 보상권리자가 수용대상에 대하여 가지는 법적 이익과 기존의 생활관계 등을 보호하고자 하는 것이고, 수용대상인 농지의 경작자 등에 대한 2년분의 영농손실보상은 그 농지의 수용으로 인하여 장래에 영농을 계속하지 못하게 되어 생기는 이익 상실 등에 대한 보상을 하기 위한 것이다. 따라서 사업시행자가 토지소유자 및 관계인에게 보상금을 지급하지 아니하고 그 승낙도 받지 아니한 채 미리 공사에 착수하여 영농을 계속할 수 없게 하였다면 이는 공익사업법상 사전보상의 원칙을 위반한 것으로서 위법하다 할 것이므로, 이 경우 사업시행자는 2년분의 영농손실보상금을 지급하는 것과 별도로, 공사의 사전 착공으로 인하여 토지소유자나 관계인이 영농을 할 수 없게 된 때부터 수용개시일까지 입은 손해에 대하여 이를 배상할 책임이 있다.

(2) 예외 – 사후보상

다만, 천재지변 시의 토지 사용과 시급한 토지 사용의 경우 또는 토지소유자 및 관계인의 승낙이 있는 경우에는 사후보상을 할 수 있다. 또한, 토지보상법 시행규칙 제63조의 공익사업시행지구 밖의 어업의 피해에 대한 보상의 경우 사업시행자는 실제 피해액을 확인할 수 있는 때에 그 피해에 대하여 보상할 수 있으므로, 이 경우는 절차상 사후보상에 해당한다(토지보상법 제63조 제1항).

나. 사전보상 없이 미리공사에 착수한 경우의 보상방법

사업시행자가 토지소유자 및 관계인에게 보상금을 지급하지 아니하고 그 승낙도 받지 아니한 채 미리 공사에 착수하였다면 이는 토지보상법 사전보상의 원칙을 위반한 것으로서 위법하다. 따라서 이러한 경우 사업시행자는 수용으로 인한 손실보상 외에 토지 등을 그 목적대로 사용하지 못함으로 인하여 발생한 손해(공사착수로 인하여 토지를 사용할 수 없게 된 때로부터 수용개시일까지의 손해)에 대하여도 이를 배상하여야 할 것이다.

【판시사항】

사업시행자가 보상금 지급이나 토지소유자 및 관계인의 승낙 없이 공익사업을 위한 공사에 착수하여 영농을 계속할 수 없게 한 경우, 2년분의 영농손실보상금 지급과 별도로 공사의 사전 착공으로 토지소유자나 관계인이 영농을 할 수 없게 된 때부터 수용개시일까지 입은 손해를 배상할 책임이 있는지 여부(대법원 2013. 11. 14. 선고 2011다27103 판결)

【판결요지】

사업시행자가 토지소유자 및 관계인에게 보상금을 지급하지 아니하고 그 승낙도 받지 아니한 채 미리 공사에 착수하여 영농을 계속할 수 없게 하였다면 이는 공익사업법상 사전보상의 원칙을 위반한 것으로서 위법하다 할 것이므로, 이 경우 사업시행자는 2년분의 영농손실보상금을 지급하는 것과 별도로, 공사의 사전 착공으로 인하여 토지소유자나 관계인이 영농을 할 수 없게 된 때부터 수용개시일까지 입은 손해에 대하여 이를 배상할 책임이 있다.

3. 현금보상 등

가. 현금보상

(1) 현금보상의 원칙

(가) 현금보상

손실보상은 다른 법률에 특별한 규정이 있는 경우를 제외하고는 현금으로 지급하여야 한다.

(나) 현금보상이 가능한 경우

1) 사업계획 변경 등

사업시행자는 해당 사업계획의 변경 등 국토교통부령으로 정하는 사유로 보상하기로 한 토지의 전부 또는 일부를 토지로 보상할 수 없는 경우에는 현금으로 보상할 수 있다. 이 경우 현금보상액에 대한 이자율은 제9항 제2호 가목에 따른 이자율로 한다(토지보상법 제63조 제5항).

2) 토지소유자의 현금보상 요청

사업시행자는 토지소유자가 i) 국세 및 지방세의 체납처분 또는 강제집행을 받는 경우, ii) 세대원 전원이 해외로 이주하거나 2년 이상 해외에 체류하려는 경우, iii) 그 밖에 제1호·제2호와 유사한 경우로서 국토교통부령으로 정하는 경우의 어느 하나에 해당하여 토지로 보상받기로 한 보상금에 대하여 현금보상을 요청한 경우에는 현금으로 보상하여야 한다. 이 경우 현금보상액에 대한 이자율은 제9항제2호가목에 따른 이자율로 한다(토지보상법 제63조 제6항).

(2) 예외

가) 조성토지 보상

다만, 토지소유자가 원하는 경우로서 사업시행자가 해당 공익사업의 합리적인 토지이용계획과 사업계획 등을 고려하여 토지로 보상이 가능한 경우에는 토지소유자가 받을 보상금 중 본문에 따른 현금 또는 제7항 및 제8항에 따른 채권으로 보상받는 금액을 제외한 부분에 대하여 다음에서 정하는 기준과 절차에 따라 그 공익사업의 시행으로 조성한 토지로 보상할 수 있다(토지보상법 제63조 제1항).

(가) 토지로 보상받을 수 있는 자: 「건축법」 제57조제1항에 따른 대지의 분할 제한 면적 이상의 토지를 사업시행자에게 양도한 자가 된다. 이 경우 대상자가 경합(競合)할 때에는 제7항 제2호에 따른 부재부동산(不在不動産) 소유자가 아닌 자로서 제7항에 따라 채권으로 보상을 받는 자에게 우선하여 토지로 보상하며, 그 밖의 우선순위 및 대상자 결정방법 등은 사업시행자가 정하여 공고한다.

(나) 보상하는 토지가격의 산정 기준금액: 다른 법률에 특별한 규정이 있는 경우를 제외하고는 일반 분양가격으로 한다.

(다) 보상기준 등의 공고: 제15조에 따라 보상계획을 공고할 때에 토지로 보상하는 기준을 포함하여 공고하거나 토지로 보상하는 기준을 따로 일간신문에 공고할 것이라는 내용을 포함하여 공고한다.

나) 토지보상 면적

토지소유자에게 토지로 보상하는 면적은 사업시행자가 그 공익사업의 토지이용계획과 사업계획 등을 고려하여 정한다. 이 경우 그 보상면적은 주택용지는 990제곱미터, 상업용지는 1천100제곱미터를 초과할 수 없다(토지보상법 제63조 제2항).

다) 토지로 보상받기로 결정된 권리의 처분제한

토지로 보상받기로 결정된 권리는 그 보상계약의 체결일부터 소유권이전등기를 마칠 때까지 전매(매매, 증여, 그 밖에 권리의 변동을 수반하는 모든 행위를 포함하되, 상속 및 「부동산투자회사법」에 따른 개발전문 부동산투자회사에 현물출자를 하는 경우는 제외한다)할 수 없으며, 이를 위반할 때에는 사업시행자는 토지로 보상하기로 한 보상금을 현금으로 보상할 수 있다. 이 경우 현금보상액에 대한 이자율은 제9항제1호가목에 따른 이자율의 2분의 1로 한다(토지보상법 제63조 제3항).

라) 현금전환보상 요청

토지소유자가 토지로 보상받기로 한 경우 그 보상계약 체결일부터 1년이 지나면 이를 현금으로 전환하여 보상하여 줄 것을 요청할 수 있다. 이 경우 현금보상액에 대한 이자율은 제9항제2호가목에 따른 이자율로 한다(토지보상법 제63조 제4항).

나. 채권보상

(1) 채권발행 및 지급

사업시행자가 국가, 지방자치단체, 그 밖에 대통령령으로 정하는 「공공기관의 운영에 관한 법률」에 따라 지정 · 고시된 공공기관 및 공공단체[113] 인 경우로서 다음의 어느 하나에 해당되

---

113) 토지보상법 시행령 제25조(채권을 발행할 수 있는 사업시행자)
법 제63조제7항 각 호 외의 부분에서 "대통령령으로 정하는 「공공기관의 운영에 관한 법률」에 따라

는 경우에는 제1항 본문에도 불구하고 해당 사업시행자가 발행하는 채권으로 지급할 수 있다(토지보상법 제63조 제7항).

(가) 토지소유자나 관계인이 원하는 경우

(나) 사업인정을 받은 사업의 경우에는 대통령령으로 정하는 부재부동산 소유자의 토지에 대한 보상금이 대통령령으로 정하는 일정 금액을 초과하는 경우로서 그 초과하는 금액에 대하여 보상하는 경우

1) 부재부동산 소유자 토지의 의미

부재부동산 소유자의 토지는 사업인정고시일 1년 전부터 ⅰ) 해당 토지의 소재지와 동일한 시(행정시를 포함한다. 이하 이 조에서 같다) · 구(자치구를 말한다. 이하 이 조에서 같다) · 읍 · 면(도농복합형태인 시의 읍 · 면을 포함한다. 이하 이 조에서 같다), ⅱ) 제1호의 지역과 연접한 시 · 구 · 읍 · 면, ⅲ) 제1호 및 제2호 외의 지역으로서 해당 토지의 경계로부터 직선거리로 30킬로미터 이내의 지역의 어느 하나의 지역에 계속하여 주민등록을 하지 아니한 사람이 소유하는 토지로 한다(토지보상법 시행령 제26조 제1항). 또한, 위의 어느 하나의 지역에 주민등록을 하였으나 해당 지역에 사실상 거주하고 있지 아니한 사람이 소유하는 토지는 위의 내용에 따른 부재부동산 소유자의 토지로 본다. 다만, ⅰ) 질병으로 인한 요양, ⅱ) 징집으로 인한 입영, ⅲ) 공무(公務), ⅳ) 취학(就學), ⅴ) 그 밖에 제1호부터 제4호까지에

지정 · 고시된 공공기관 및 공공단체"란 다음 각 호의 기관 및 단체를 말한다.
1. 「한국토지주택공사법」에 따른 한국토지주택공사
2. 「한국전력공사법」에 따른 한국전력공사
3. 「한국농어촌공사 및 농지관리기금법」에 따른 한국농어촌공사
4. 「한국수자원공사법」에 따른 한국수자원공사
5. 「한국도로공사법」에 따른 한국도로공사
6. 「한국관광공사법」에 따른 한국관광공사
7. 「공기업의 경영구조 개선 및 민영화에 관한 법률」에 따른 한국전기통신공사
8. 「한국가스공사법」에 따른 한국가스공사
9. 「한국철도시설공단법」에 따른 한국철도시설공단
10. 「인천국제공항공사법」에 따른 인천국제공항공사
11. 「한국환경공단법」에 따른 한국환경공단
12. 「지방공기업법」에 따른 지방공사
13. 「항만공사법」에 따른 항만공사
14. 「한국철도공사법」에 따른 한국철도공사
15. 「산업집적활성화 및 공장설립에 관한 법률」에 따른 한국산업단지공단

준하는 부득이한 사유의 어느 하나에 해당하는 사유로 거주하고 있지 아니한 경우에는 그러하지 아니하다(같은 조 제2항).

다만, ⅰ) 상속에 의하여 취득한 경우로서 상속받은 날부터 1년이 지나지 아니한 토지, ⅱ) 사업인정고시일 1년 전부터 계속하여 제1항 각 호의 어느 하나의 지역에 사실상 거주하고 있음을 국토교통부령으로 정하는 바에 따라 증명하는 사람이 소유하는 토지, ⅲ) 사업인정고시일 1년 전부터 계속하여 제1항 각 호의 어느 하나의 지역에서 사실상 영업하고 있음을 국토교통부령으로 정하는 바에 따라 증명하는 사람이 해당 영업을 하기 위하여 소유하는 토지에 해당하는 토지는 부재부동산 소유자의 토지로 보지 아니한다(같은 조 제3항).

2) 대통령령으로 정하는 일정금액의 의미 - 채권보상의 기준이 되는 보상금액

토지보상법 제63조제7항 제2호에서 "대통령령으로 정하는 일정 금액" 및 법 제63조 제8항 각 호 외의 부분에서 "대통령령으로 정하는 1억원 이상의 일정 금액"이란 1억원을 말하며, 사업시행자는 부재부동산 소유자가 사업시행자에게 토지를 양도함으로써 또는 토지가 수용됨으로써 발생하는 소득에 대하여 납부하여야 하는 양도소득세[114] 상당 금액을 세무사의 확인을 받아 현금으로 지급하여 줄 것을 요청할 때에는 양도소득세 상당 금액을 제1항의 금액에 더하여 현금으로 지급하여야 한다(토지보상법 시행령 제27조).

(2) 투기우려 지역의 채권지급

토지투기가 우려되는 지역으로서 대통령령으로 정하는 지역에서 ⅰ) 「택지개발촉진법」에 따른 택지개발사업, ⅱ) 「산업입지 및 개발에 관한 법률」에 따른 산업단지개발사업, ⅲ) 그 밖에 대규모 개발사업으로서 대통령령으로 정하는 사업의 어느 하나에 해당하는 공익사업을 시행하는 자 중 대통령령으로 정하는 「공공기관의 운영에 관한 법률」에 따라 지정·고시된 공공기관 및 공공단체는 부재부동산 소유자의 토지에 대한 보상금 중 1억원 이상의 일정 금액을 초과하는 부분에 대하여는 해당 사업시행자가 발행하는 채권으로 지급하여야 한다(토지보상법 제63조 제8항).

114) 양도소득세에 부가하여 납부하여야 하는 주민세와 양도소득세를 감면받는 경우 납부하여야 하는 농어촌특별세를 포함한다.

(가) 대통령령으로 정하는 지역

토지보상법 제63조 제8항 각 호 외의 부분에서 대통령령으로 정하는 지역이란 ⅰ)「국토의 계획 및 이용에 관한 법률」 제117조제1항에 따른 토지거래계약에 관한 허가구역이 속한 시(행정시를 포함한다. 이하 이 항에서 같다) · 군 또는 구(자치구인 구를 말한다. 이하 이 항에서 같다), ⅱ) 제1호의 지역과 연접한 시 · 군 또는 구의 어느 하나에 해당하는 지역을 말한다(토지보상법 시행령 제27조의2 제1항).

(나) 대통령령으로 정하는 공공기관 및 공공단체

토지보상법 제63조제8항 각 호 외의 부분에서 "대통령령으로 정하는「공공기관의 운영에 관한 법률」에 따라 지정 · 고시된 공공기관 및 공공단체"란 ⅰ)「한국토지주택공사법」에 따른 한국토지주택공사, ⅱ)「한국관광공사법」에 따른 한국관광공사, ⅲ)「산업집적활성화 및 공장설립에 관한 법률」에 따른 한국산업단지공단, ⅳ)「지방공기업법」에 따른 지방공사의 기관 및 단체를 말한다(토지보상법 시행령 제27조의2 제2항).

(다) 대통령령으로 정하는 사업

토지보상법 제63조제8항제3호에서 "대통령령으로 정하는 사업"이란 ⅰ)「물류시설의 개발 및 운영에 관한 법률」에 따른 물류단지개발사업, ⅱ)「관광진흥법」에 따른 관광단지조성사업, ⅲ)「도시개발법」에 따른 도시개발사업, ⅳ)「공공주택 특별법」에 따른 공공주택사업, ⅴ)「신행정수도 후속대책을 위한 연기 · 공주지역 행정중심복합도시 건설을 위한 특별법」에 따른 행정중심복합도시건설사업의 사업을 말한다(토지보상법 시행령 제27조의2 제3항).

(3) 채권의 상환기간 및 이자율

채권으로 지급하는 경우 채권의 상환 기한은 5년을 넘지 아니하는 범위에서 정하여야 하며, 그 이자율은 다음과 같다(토지보상법 제63조 제9항).

(가) 제7항제2호 및 제8항에 따라 부재부동산 소유자에게 채권으로 지급하는 경우

1) 상환기한이 3년 이하인 채권: 3년 만기 정기예금 이자율(채권발행일 전달의 이자율로서,

「은행법」에 따라 설립된 은행 중 전국을 영업구역으로 하는 은행이 적용하는 이자율을 평균한 이자율로 한다)

2) 상환기한이 3년 초과 5년 이하인 채권: 5년 만기 국고채 금리(채권발행일 전달의 국고채 평균 유통금리로 한다)

(나) 부재부동산 소유자가 아닌 자가 원하여 채권으로 지급하는 경우

1) 상환기한이 3년 이하인 채권: 3년 만기 국고채 금리(채권발행일 전달의 국고채 평균 유통금리로 한다)로 하되, 제1호 가목에 따른 3년 만기 정기예금 이자율이 3년 만기 국고채 금리보다 높은 경우에는 3년 만기 정기예금 이자율을 적용한다.

2) 상환기한이 3년 초과 5년 이하인 채권: 5년 만기 국고채 금리(채권발행일 전달의 국고채 평균 유통금리로 한다)

다. 대토보상

토지수용으로 인한 손실보상은 현금보상이 원칙이지만, 토지소유자가 원하는 경우로서 사업시행자가 해당 공익사업의 합리적인 토지이용계획과 사업계획 등을 고려하여 토지로 보상이 가능한 경우에는 토지소유자가 받을 보상금 중 현금 또는 채권으로 보상받는 금액을 제외한 부분에 대하여 당해 공익사업의 시행으로 조성한 토지로 보상할 수 있다.

(1) 보상면적

대토보상시 보상면적은 사업시행자가 정하되, 주택용지의 경우는 990㎡를, 상업용지의 경우에는 1,100㎡를 초과할 수 없다.

(2) 전매금지

현금 또는 채권을 대신하여 토지로 보상받은 경우 보상계약의 체결일부터 소유권이전등기를 마칠 때까지 매매, 증여, 그 밖에 권리의 변동을 수반하는 모든 행위를 할 수 없으며, 만일 이를 위반하여 전매를 할 경우 그에 대한 현금보상을 하고, 이때 이자율을 3년 만기 정기예금 이자율의 1/2로 한다.

4. 개인별 보상

가. 개인별 보상원칙

손실보상은 토지소유자나 관계인에게 개인별로 하여야 한다. 다만, 개인별로 보상액을 산정할 수 없을 때에는 그러하지 아니하다(토지보상법 제64조). 또한 보상금을 지급할 시 일부 항목에 관한 보상액이 과소하고 다른 항목의 보상액은 과다한 경우, 그 항목 상호간의 유용도 허용된다.[115]

나. 소유권외의 권리

소유권외의 권리에 대하여는 소유자로 하여금 그 권리를 말소하게 한 다음 보상금을 지급할 수 있다.

5. 일괄보상

가. 일괄보상의 원칙

(1) 동일사업지역

사업시행자는 동일한 사업지역에 보상시기를 달리하는 동일인 소유의 토지등이 여러 개 있는 경우 토지소유자나 관계인이 요구할 때에는 한꺼번에 보상금을 지급하도록 하여야 하는데(토지보상법 제65조), 이 원칙은 사업인정을 받은 동일한 공익사업시행지구 내에서 적용된다.

(2) 일괄보상의 문제되는 경우 – 동일인 소유 토지 중 일부만 실시계획인가를 받은 경우 한편, 동일인 소유 토지 전체가 도시계획시설로 결정되었으나, 일부에 대하여만 실시계획인가를 받은 경우 잔여토지에 대하여는 일괄보상을 할 수 있는지가 문제될 수 있는데, 도시계획시설사업의 경우 실시계획인가를 받아 그 보상시기를 달리하는 경우에는 일괄보상 요구가 가능할 것으로 보나, 해당 토지가 실시계획인가 고시에 포함되지 않아 보상 시기나 그 여부 등이 확정되지 않은 경우에는 일괄보상 요구가 어렵다고 봄이 상당하다.[116]

---

115) 대법원 2014. 11. 13. 선고 2014두1451 판결.
116) 2013. 7. 5. 토지정책과–1973 질의회신 참조.

나. 일괄보상의 목적

일괄보상의 원칙은 동일인 소유의 토지등이 시기적으로 분리되어 보상될 경우 그로 인하여 발생할 수 있는 대토 등 이주에 지장이 생기는 것을 방지하기 위한 목적이다.

6. 사업시행 이익과의 상계금지

가. 원칙

사업시행자는 동일한 소유자에게 속하는 일단(一團)의 토지의 일부를 취득하거나 사용하는 경우 해당 공익사업의 시행으로 인하여 잔여지(殘餘地)의 가격이 증가하거나 그 밖의 이익이 발생한 경우에도 그 이익을 그 취득 또는 사용으로 인한 손실과 상계(相計)할 수 없다(토지보상법 제66조).

【판시사항】

토지수용에 따른 잔여지의 가격하락에 대한 손실보상액을 산정함에 있어 잔여지의 기업이익(기업이익)을 그 수용손실과 상계할 수 있는지 여부(대법원 2000. 2. 25. 선고 99두6439 판결)

【판결요지】

잔여지가 토지수용의 목적사업인 도시계획사업에 의하여 설치되는 너비 10m의 도로에 접하게 되는 이익을 누리게 되었더라도 그 이익을 수용 자체의 법률효과에 의한 가격감소의 손실(이른바 수용손실)과 상계할 수는 없는 것이므로 그와 같은 이익을 참작하여 잔여지 손실보상액을 산정할 것은 아니다.

나. 예외

사업시행이익과 상계금지 원칙은 사업시행이익에 한하여 적용된다. 따라서 잔여 토지에 대하여 사업시행손실이 발생한 경우에는 이 원칙이 적용되지 않는다.

【판시사항】

잔여지가 공익사업에 따라 설치되는 도로에 접하는 되는 이익을 참작하여 잔여지 손실보상액을 산정해야 하는지(대법원 2013. 5. 23. 선고 2013두437 판결)

【판결요지】

이 사건 잔여지가 이 사건 사업에 따라 설치되는 폭 20m의 도로에 접하게 되는 이익을 누리게 되었더라도 그 이익을 수용 자체의 법률효과에 의한 가격감소의 손실(이른바 수용손실)과 상계할 수는 없는 것이므로(대법원 1998. 9. 18. 선고 97누13375 판결, 대법원 2000. 2. 25. 선고 99두6439 판결), 그와 같은 이익을 참작하여 잔여지 손실보상액을 산정할 것은 아니다.

7. 보상액의 가격시점 등

가. 가격시점

보상액의 산정은 협의에 의한 경우에는 협의 성립 당시의 가격을, 재결에 의한 경우에는 수용 또는 사용의 재결 당시의 가격을 기준으로 한다(토지보상법 제67조 제1항).

(1) 협의취득시 가격시점

보상액산정은 토지보상법 제67조의 규정에 따라 협의에 의한 경우에는 협의성립 당시의 가격을 기준으로 한다고 규정하고 있는 바, 보상액 산정시기인 가격시점은 계약체결시점인 계약체결시점과 일치되는 것이 바람직하나, 공익사업편입토지의 보상 시에는 먼저 감정평가를 한 후 보상액을 산정하게 되므로 현실적으로 보상계약이 체결될 것으로 예상되는 시점을 가격시점으로 보는 것이 타당하다. 이에 따라 협의성립 당시의 가격은 감정평가업자가 대상물건에 대한 가격조사를 완료한 일자를 가격시점으로 본다.117)

(2) 수용취득시 가격시점

토지보상 제46조 제1항, 제2항 제1호, 제3항, 공공용지의취득및손실보상에관한특례법 제4조 제2항 제1호, 제3항, 공공용지의취득및손실보상에관한특례법시행규칙 제6조 제8항, 보

117) 2011. 10. 4. 토지정책과-4699 질의회신 참조.

상평가지침(한국감정평가업협회 제정) 제7조 제1항의 규정들을 종합하여 보면, 수용대상토지를 평가함에 있어서는 수용재결에서 정한 수용시기가 아니라 수용재결일을 기준으로 한다.

【판시사항】

수용대상토지의 평가시기(=수용재결일) 및 당해 수용사업의 계획 등으로 인한 개발이익을 배제하고 평가하여야 하는지 여부(대법원 1998. 7. 10. 선고 98두6067 판결)

【판결요지】

토지수용법 제46조 제1항, 제2항 제1호, 제3항, 공공용지의취득및손실보상에관한특례법 제4조 제2항 제1호, 제3항, 공공용지의취득및손실보상에관한특례법시행규칙 제6조 제8항, 보상평가지침(한국감정평가업협회 제정) 제7조 제1항의 규정들을 종합하여 보면, 수용대상토지를 평가함에 있어서는 수용재결에서 정한 수용시기가 아니라 수용재결일을 기준으로 하고 당해 수용사업의 계획 또는 시행으로 인한 개발이익은 이를 배제하고 평가하여야 한다.

나. 개발이익 배제의 원칙

보상액을 산정할 경우에 해당 공익사업으로 인하여 토지등의 가격이 변동되었을 때에는 이를 고려하지 아니한다(토지보상법 제67조 제2항). 여기서 고려하지 아니하는 가치변동의 예로는 i) 해당 공익사업의 계획 또는 시행이 공고 또는 고시된 것에 따른 가치의 증가분, ii) 해당 공익사업의 시행에 따른 절차로서 행한 토지이용계획의 설정·변경·해제 등에 따른 가치의 증가분, iii) 그 밖에 해당 공익사업의 착수에서 준공까지 그 시행에 따른 가치의 증가분 등이다.

즉, 토지의 수용으로 인한 손실보상액을 산정함에 있어서는 당해 공공사업의 시행을 직접 목적으로 하는 계획의 승인, 고시로 인한 가격변동은 이를 고려함이 없이 수용재결 당시의 가격을 기준으로 하여 적정가격을 정하여야 할 것이다. 따라서 가령 수용재결 당시 개발제한구역내의 토지를 토지수용으로 인한 손실보상액을 정할 경우 이러한 사정만을 고려하여 공공사업으로 인하여 발생하는 개발이익을 배제한 가격으로 평가하여야 할 것이다.

【판시사항】

공시지가에 개발이익이 포함되어 있을 때 이를 배제하고 손실보상액을 산정할 수 있는 경우(대법원 1993. 7. 13. 선고 93누227 판결)

【판결요지】

수용사업 시행으로 인한 개발이익은 당해 사업 시행에 의하여 비로소 발생하는 것이어서 수용대상토지가 수용 당시 갖는 객관적 가치에 포함될 수는 없는 것이므로, 구 토지수용법(1991.12.31. 법률 제4483호로 개정되기 전의 것) 제46조 제2항에 의하여 손실보상액 산정의 기준으로 되는 표준지의 공시지가 자체에 당해 수용사업 시행으로 인한 개발이익이 포함되어 있을 경우에는 이를 배제하고 손실보상액을 평가하는 것이 정당보상의 원리에 합당하지만, 공시지가에 개발이익이 포함되어 있다 하여 이를 배제하기 위해서는 표준지의 전년도 공시지가에 대비한 공시지가변동률이 공공사업이 없는 인근지역의 지가변동률에 비교하여 다소 높다는 사유만으로는 부족하고, 그 지가변동률의 차이가 현저하여 당해 사업시행으로 인한 개발이익이 개재되어 수용대상토지의 지가가 자연적 지가상승분 이상으로 상승되었다고 인정될 수 있는 경우이어야 한다.

한편, 여기서 말하는 개발이익이라 함은 공익사업의 시행계획이 공표되면 그 대상토지의 이용가치가 장차 증가될 것으로 기대하여 그 기대치만큼 미리 토지가격이 상승하게 되는데, 이를 개발이익이라 한다.118)

(1) 개발이익을 배제한 보상이 정당보상의 원칙에 반하는지 여부

공익사업의 시행으로 지가가 상승하여 발생하는 개발이익은 피수용자인 토지소유자의 노력이나 자본에 의하여 발생하는 것이 아니어서 피수용 토지가 수용 당시 갖는 객관적 가치에 포함된다고 볼 수 없고, 따라서 그 성질상 완전보상의 범위에 포함되는 피수용자의 손실이라고 볼 수 없으므로, 위 조항이 이러한 개발이익을 배제하고 손실보상액을 산정한다 하여 헌법이 규정한 정당보상의 원칙에 어긋나는 것이라고 할 수 없다.119)

118) 헌법재판소 1990. 6. 25. 선고 89헌마107결정.
119) 헌법재판소 2010. 12. 28. 선고 2008헌바57 결정.

(2) 다른 공익사업으로 인한 가치변동분 반영여부

해당 공익사업과 관계없는 다른 사업의 시행으로 인한 개발이익은 이를 포함하여 가격으로 평가하여야 하고, 개발이익이 해당 공익사업의 사업인정고시일 후에 발생한 경우에도 마찬가지이다.

【판시사항】

공익사업을 위한 토지 등의 취득 및 보상에 관한 법률 제67조 제2항에서 정한 수용 대상 토지의 보상액을 산정함에 있어, 해당 공익사업과는 관계없는 다른 사업의 시행으로 인한 개발이익을 포함한 가격으로 평가할 것인지 여부(적극) 및 개발이익이 해당 공익사업의 사업인정고시일 후에 발생한 경우에도 마찬가지인지 여부(적극)(대법원 2014. 2. 27. 선고 2013두21182 판결)

【판결요지】

공익사업을 위한 토지 등의 취득 및 보상에 관한 법률 제67조 제2항은 '보상액을 산정할 경우에 해당 공익사업으로 인하여 토지 등의 가격이 변동되었을 때에는 이를 고려하지 아니한다'라고 규정하고 있는바, 수용 대상 토지의 보상액을 산정함에 있어 해당 공익사업의 시행을 직접 목적으로 하는 계획의 승인, 고시로 인한 가격변동은 이를 고려함이 없이 재결 당시의 가격을 기준으로 하여 적정가격을 정하여야 하나, 해당 공익사업과는 관계없는 다른 사업의 시행으로 인한 개발이익은 이를 포함한 가격으로 평가하여야 하고, 개발이익이 해당 공익사업의 사업인정고시일 후에 발생한 경우에도 마찬가지이다.

(3) 자연적인 지가변동분 반영여부

수용대상 토지 일대가 수용사업지구로 지정됨으로 인하여 그 지가가 동결된 관계로 사업지구로 지정되지 아니하였더라면 상승될 수 있는 자연적인 지가상승률만큼도 지가가 상승되지 아니하였다고 볼 수 있는 충분한 입증이 있는 경우에 한하여 참작요인이 된다.

【판시사항】

자연적인 지가변동 등의 보상액 보함여부(광주고등법원 1999. 12. 3. 선고 95구2790 판결)

【판결요지】

수용대상 토지의 가격을 평가함에 있어서 그 기준이 되는 표준지의 지가상승률이 인지 토지의 지가상승률보다 저렴하다는 이유만으로 이를 참작사유로 삼을 수는 없고, 공시지가 자체가 당해 사업으로 인하여 저렴하게 평가되었다고 인정되는 경우, 즉 수용대상 토지 일대가 수용사업지구로 지정됨으로 인하여 그 지가가 동결된 관계로 사업지구로 지정되지 아니하였더라만 상승될 수 있는 자연적인 지가상승률만큼도 지가가 상승되지 아니하였다고 볼 수 있는 충분한 입증이 있는 경우에 한하여 참작용인이 된다고 할 것이고, 이를 참작한 보정률도 인근 토지의 지가변동률과 공시지가변동률과의 차이가 아니라 그 중 개발이익을 배제한 자연적인 지가상승률만을 가려내어 반영하여야 한다.

(4) 토지분할 · 지목변경 등으로 인한 가치변경분 반영여부

토지수용의 목적사업으로 인하여 토지 소유자의 의사와 관계없이 토지가 분할됨으로써 특수한 형태로 되어 저가로 평가할 요인이 발생한 경우 분할로 인하여 발생하게 된 사정을 참작하여 수용대상 토지를 저가로 평가하여서는 아니 된다.

【판시사항】

토지수용의 목적사업으로 토지가 분할됨으로써 특수한 형태로 되어 저가로 평가할 요인이 발생한 경우, 수용대상 토지를 저가로 평가할 수 있는지 여부(소극)(대법원 1998. 5. 26. 선고 98두1505 판결)

【판결요지】

토지수용의 목적사업으로 인하여 토지 소유자의 의사와 관계없이 토지가 분할됨으로써 특수한 형태로 되어 저가로 평가할 요인이 발생한 경우 분할로 인하여 발생하게 된 사정을 참작하여 수용대상 토지를 저가로 평가하여서는 아니된다.

(5) 개발이익이 포함되는 경우

(가) 다른 사업으로 인한 개발이익

토지보상법 제67조 제2항은 '보상액을 산정할 경우에 해당 공익사업으로 인하여 토지 등의

가격이 변동되었을 때에는 이를 고려하지 아니한다'라고 규정하고 있는바, 수용 대상 토지의 보상액을 산정함에 있어 해당 공익사업의 시행을 직접 목적으로 하는 계획의 승인, 고시로 인한 가격변동은 이를 고려함이 없이 재결 당시의 가격을 기준으로 하여 적정가격을 정하여야 하나, 해당 공익사업과는 관계없는 다른 사업의 시행으로 인한 개발이익은 이를 포함한 가격으로 평가하여야 하고, 개발이익이 해당 공익사업의 사업인정고시일 후에 발생한 경우에도 마찬가지이다.[120]

(나) 도로편입예정 부분이 아닌 인근토지

수용대상토지에 대하여 당해 공공사업의 시행 이전에 이미 도로의 설치에 관한 도시계획결정이 고시되어 이용제한이 가하여진 경우의 공법상 제한은 그 목적달성을 위하여 구체적인 사업의 시행을 필요로 하는 이른바 개별적 계획제한에 해당하므로, 그 토지의 수용보상액을 산정함에 있어서는 위와 같은 공법상 제한이 당해 공공사업의 시행을 직접 목적으로 하여 가하여진 경우는 물론 위 토지가 당초의 목적사업과 다른 목적의 공공사업에 편입수용되는 경우에도 모두 그러한 제한을 받지 아니하는 상태대로 이를 평가하여야 할 것인바, 이는 어디까지나 수용대상토지의 보상액 평가시 도시계획에 의하여 이미 도로로 편입예정된 부분에 대하여 위와 같은 공법상 제한으로 인한 토지가격의 변동을 참작하지 않도록 함으로써 그 토지소유자로 하여금 정당한 보상액에 미치지 못하는 저가보상으로 인하여 부당하게 불이익을 입게 하는 것을 방지하려는 데 그 취지가 있을 뿐이고, 더 나아가 도시계획상 도로편입 부분이 아닌 그 인근토지에 대한 손실보상액을 평가함에 있어 위와 같이 공익사업인 도로의 설치를 내용으로 하는 도시계획결정이 고시된 결과 당연히 그 영향으로 토지이용의 증진 내지 개발효과에 대한 기대심리가 작용하여 사실상 토지가격 상승요인이 발생함에 따라 당해 토지소유자가 그에 상당하는 이익을 얻게 된 사정까지 고려대상에서 배제하여야 한다는 취지는 아니다.[121]

120) 대법원 2014. 2. 27. 선고 2013두21182 판결.
121) 대법원 1993. 11. 12. 선고 93누7570 판결.

8. 보상액의 산정

가. 보상액의 산정 및 감정평가업자 선정

사업시행자는 토지등에 대한 보상액을 산정하려는 경우에는 감정평가업자 3인[122)]을 선정하여 토지등의 평가를 의뢰하여야 한다(토지보상법 제68조 제1항 본문). 따라서 사업시행자는 보상계획을 공고할 때에는 시 · 도지사와 토지소유자가 감정평가업자를 추천할 수 있다는 내용을 포함하여 공고하고, 보상 대상 토지가 소재하는 시 · 도의 시 · 도지사와 토지소유자에게 이를 통지하여야 한다(토지보상법 시행령 제28조 제1항).

다만, 사업시행자가 국토교통부령으로 정하는 기준에 따라 직접 보상액을 산정할 수 있을 때에는 그러하지 아니하다(토지보상법 제68조 제1항 단서).

(1) 감정평가사 추천

사업시행자가 감정평가업자를 선정할 때 해당 토지를 관할하는 시 · 도지사와 토지소유자는 대통령령으로 정하는 바에 따라 감정평가업자를 각 1인씩 추천할 수 있다. 이 경우 사업시행자는 추천된 감정평가업자를 포함하여 선정하여야 한다(토지보상법 제68조 제2항).

(가) 시 · 도지사와 토지소유자의 추천

시 · 도지사와 토지소유자는 보상계획의 열람기간 만료일부터 30일 이내에 사업시행자에게 감정평가업자를 추천할 수 있다(토지보상법 시행령 제28조 제2항). 이에 따라 시 · 도지사가 감정평가업자를 추천하는 경우에는 ⅰ) 감정평가 수행능력, 소속 감정평가사의 수, 감정평가 실적, 징계 여부 등을 고려하여 추천대상 집단을 선정할 것, ⅱ) 추천대상 집단 중에서 추첨 등 객관적이고 투명한 절차에 따라 감정평가업자를 선정할 것, ⅲ) 제1호의 추천대상 집단 및 추천 과정을 이해당사자에게 공개할 것, ⅳ) 보상 대상 토지가 둘 이상의 시 · 도에 걸쳐 있는 경우에는 관계 시 · 도지사가 협의하여 감정평가업자를 추천할 것 등의 사항을 지켜야 한다(같은 조 제3항).

---

122) 시 · 도지사와 토지소유자가 모두 감정평가업자를 추천하지 아니하거나 시 · 도지사 또는 토지소유자 어느 한쪽이 감정평가업자를 추천하지 아니하는 경우에는 2인.

(나) 토지소유자의 감정평가사 추천 조건 등

1) 추천조건

감정평가업자를 추천하려는 토지소유자는 보상 대상 토지면적의 2분의 1 이상에 해당하는 토지소유자와 보상 대상 토지의 토지소유자 총수의 과반수의 동의를 받은 사실을 증명하는 서류를 첨부하여 사업시행자에게 감정평가업자를 추천하여야 한다. 이 경우 토지소유자는 감정평가업자 1명에 대해서만 동의할 수 있다(토지보상법 시행령 제28조 제4항).

2) 추천을 위한 자료요청

감정평가업자를 추천하려는 토지소유자는 해당 시 · 도지사와 「감정평가 및 감정평가사에 관한 법률」 제33조에 따른 한국감정평가사협회에 감정평가업자를 추천하는 데 필요한 자료를 요청할 수 있다(토지보상법 시행령 제28조 제5항).

나. 보상채권의 발행

(1) 보상채권 발행대상

국가는 「도로법」에 따른 도로공사, 「산업입지 및 개발에 관한 법률」에 따른 산업단지개발사업, 「철도의 건설 및 철도시설 유지관리에 관한 법률」에 따른 철도의 건설사업, 「항만법」에 따른 항만공사, 그 밖에 대통령령으로 정하는 공익사업을 위한 토지등의 취득 또는 사용으로 인하여 토지소유자 및 관계인이 입은 손실을 보상하기 위하여 채권으로 지급하는 경우에는 ⅰ) 일반회계, ⅱ) 교통시설특별회계의 부담으로 보상채권을 발행할 수 있다(토지보상법 제69조 제1항). 여기서 대통령령으로 정하는 공익사업이란 ⅰ) 「댐건설 및 주변지역지원 등에 관한 법률」에 따른 댐건설사업, ⅱ) 「수도법」에 따른 수도사업, ⅲ) 「인천국제공항공사법」에 따른 공항건설사업, ⅳ) 「공항시설법」에 따른 공항개발사업 등을 말한다(토지보상법 시행령 제29조).

(2) 보상채권의 발행절차 및 방법

(가) 발행절차

보상채권은 회계를 관리하는 관계 중앙행정기관의 장의 요청으로 기획재정부장관이 발행한다(토지보상법 제69조 제2항). 이때 회계를 관리하는 관계 중앙행정기관의 장은 보상채권의 발행이 필요한 경우에는 보상채권에 관한 i) 발행한도액, ii) 발행요청액, iii) 액면금액의 종류, iv) 이자율, v) 원리금 상환의 방법 및 시기, vi) 그 밖에 필요한 사항 등을 명시하여 그 발행을 기획재정부장관에게 요청하여야 하며(토지보상법 시행령 제30조), 기획재정부장관은 보상채권을 발행하려는 경우에는 회계별로 국회의 의결을 받아야 한다(토지보상법 제69조 제3항). 그 외 보상채권의 발행에 관하여 이 법에 특별한 규정이 있는 경우를 제외하고는 「국채법」에서 정하는 바에 따른다(토지보상법 제69조 제7항).

(나) 발행방법

보상채권은 토지소유자 및 관계인에게 지급함으로써 발행한다(토지보상법 제69조 제4항).

(3) 담보제공 등

보상채권은 양도하거나 담보로 제공할 수 있다(토지보상법 제69조 제5항).

(4) 보상채권의 발행방법 등

(가) 발행방법

보상채권은 무기명증권(無記名證券)으로 발행하며, 보상채권은 액면금액으로 발행하되, 최소액면금액은 10만원으로 하며, 보상금 중 10만원 미만인 끝수의 금액은 사업시행자가 보상금을 지급할 때 현금으로 지급한다. 이때 보상채권의 발행일은 보상채권지급결정통지서를 발급한 날이 속하는 달의 말일로 한다(토지보상법 시행령 제31조).

(나) 기재사항

보상채권에는 i) 명칭, ii) 번호, iii) 액면금액의 종류, iv) 이자율, v) 원리금 상환의 방법 및 시기의 사항을 적어야 한다(토지보상법 시행령 제33조).

(다) 재발행여부

보상채권은 멸실 또는 도난 등의 사유로 분실한 경우에도 재발행하지 아니한다.

(5) 보상채권의 이자율 및 상환

보상채권의 이자율은 법 제63조 제9항[123]에 따른 이자율로 하며, 보상채권의 원리금은 상환일에 일시 상환한다. 또한, 보상채권의 발행일부터 상환일 전날까지의 이자는 1년 단위의 복리로 계산하고, 보상채권지급결정통지서의 발급일부터 보상채권 발행일 전날까지의 보상채권으로 지급할 보상금에 대한 이자는 보상채권의 이자율과 같은 이자율로 산정한 금액을 사업시행자가 보상금을 지급할 때 지급한다(토지보상법 제32조).

(6) 보상채권의 취급기관 등

(가) 취급기관

보상채권의 교부 및 상환에 관한 업무는 한국은행의 주된 사무소 · 지사무소 및 대리점이 이를 취급한다(토지보상법 시행령 제34조 제1항).

(나) 사업시행자의 보상채권취득기관 지정

사업시행자는 한국은행의 주된 사무소 · 지사무소 및 대리점 중 해당 보상채권의 교부 및 상환 업무를 취급할 기관을 미리 지정하고, 보상채권취급기관에 사업시행자의 인감조서를 송부하여야 한다(토지보상법 시행령 제34조 제2항).

---

123) 토지보상법 제63조 ⑨ 제7항 및 제8항에 따라 채권으로 지급하는 경우 채권의 상환 기한은 5년을 넘지 아니하는 범위에서 정하여야 하며, 그 이자율은 다음 각 호와 같다.
  1. 제7항제2호 및 제8항에 따라 부재부동산 소유자에게 채권으로 지급하는 경우
    가. 상환기한이 3년 이하인 채권: 3년 만기 정기예금 이자율(채권발행일 전달의 이자율로서, 「은행법」에 따라 설립된 은행 중 전국을 영업구역으로 하는 은행이 적용하는 이자율을 평균한 이자율로 한다)
    나. 상환기한이 3년 초과 5년 이하인 채권: 5년 만기 국고채 금리(채권발행일 전달의 국고채 평균 유통금리로 한다)
  2. 부재부동산 소유자가 아닌 자가 원하여 채권으로 지급하는 경우
    가. 상환기한이 3년 이하인 채권: 3년 만기 국고채 금리(채권발행일 전달의 국고채 평균 유통금리로 한다)로 하되, 제1호가목에 따른 3년 만기 정기예금 이자율이 3년 만기 국고채 금리보다 높은 경우에는 3년 만기 정기예금 이자율을 적용한다.
    나. 상환기한이 3년 초과 5년 이하인 채권: 5년 만기 국고채 금리(채권발행일 전달의 국고채 평균 유통금리로 한다)

(다) 보상채권교부 방법

보상채권취급기관은 보상채권을 교부할 때에는 그 보상채권에 i) 발행일 및 상환일, ii) 교부일, iii) 보상채권취급기관의 명칭 등의 사항을 적고, 해당 업무의 책임자가 기명날인하여야 한다(토지보상법 제34조 제3항).

(라) 보상채권 교부 및 상환현황 통지

한국은행 총재는 매월 20일까지 보상채권의 교부 및 상환 현황 통지서를 기획재정부장관 및 관계 중앙행정기관의 장에게 각각 송부하여야 한다(토지보상법 제34조 제4항). 이 규정에 따른 보상채권의 교부 및 상환현황통지서는 다음 서식과 같다.

(7) 보상채권의 사무취급절차 등

사업시행자는 보상채권으로 보상하려는 경우에는 토지소유자 및 관계인에게 보상채권지급결정통지서를 발급하고, 보상채권취급기관에 이에 관한 사항을 통지하여야 하며, 보상채권지급결정통지서를 발급받은 토지소유자 및 관계인이 해당 보상채권취급결정통지서를 제출하면 보상채권을 교부하여야 한다(토지보상법 시행령 제35조).

(8) 보상채권교부대장의 비치 · 송부

보상채권취급기관은 보상채권을 교부하였을 때에는 보상채권교부대장을 2부 작성하여 1부는 비치하고, 나머지 1부는 다음 달 7일까지 사업시행자에게 송부하여야 한다(토지보상법 시행령 제36조).

■ 공익사업을 위한 토지 등의 취득 및 보상에 관한 법률 시행규칙[별지 제17호서식] 〈개정 2016. 6. 14.〉

보상채권의 교부 및 상환 현황 통지서

1. 교부 현황

(단위: 원)

<table>
<tr><th rowspan="2">해당관서</th><th rowspan="2">부담회계</th><th rowspan="2">발행회차</th><th colspan="3">지난달 말 현재 교부액</th><th colspan="3">이번달 중 교부액</th><th rowspan="2">지난 달 말 현재 미교부액 중 이번달 교부액</th><th colspan="3">이번달 말 현재 교부액</th><th rowspan="2">비고</th></tr>
<tr><th>발행액</th><th>교부액</th><th>미교부액</th><th>발행액</th><th>교부액</th><th>미교부액</th><th>발행액</th><th>교부액</th><th>미교부액</th></tr>
<tr><td></td><td></td><td></td><td></td><td></td><td></td><td></td><td></td><td></td><td></td><td></td><td></td><td></td><td></td></tr>
</table>

2. 상환 현황

(단위: 원)

<table>
<tr><th rowspan="3">해당관서</th><th rowspan="3">부담회계</th><th rowspan="3">발행회차</th><th rowspan="3">상환개시일</th><th colspan="3" rowspan="2">상환대상금액</th><th colspan="3" rowspan="2">지난달 말까지의 상환액</th><th colspan="3" rowspan="2">상환대상 잔액</th><th colspan="6">상환액</th><th colspan="3" rowspan="2">미상환액</th></tr>
<tr><th colspan="3">이번달</th><th colspan="3">지난달</th></tr>
<tr><th>계</th><th>원금</th><th>이자</th><th>계</th><th>원금</th><th>이자</th><th>계</th><th>원금</th><th>이자</th><th>계</th><th>원금</th><th>이자</th><th>계</th><th>원금</th><th>이자</th><th>계</th><th>원금</th><th>이자</th></tr>
<tr><td></td><td></td><td></td><td></td><td></td><td></td><td></td><td></td><td></td><td></td><td></td><td></td><td></td><td></td><td></td><td></td><td></td><td></td><td></td><td></td><td></td><td></td></tr>
</table>

297mm×210mm[백상지 80g/㎡]

제2장 손실보상의 종류와 기준 등

【보상의 종류 및 기준 개관】

구분	보상액 산정기준	근거법령
토지보상	평가대상 토지의 위치, 형상, 환경, 이용상황, 표준지 지가변동률 등을 고려하여 사업인정당시의 표준지 공시지가를 기준으로 비교하는 방식으로 평가 및 산정	토지보상법 제70조
건축물 등 보상	건축물 등의 구조, 이용상태, 면적, 내구연한, 유용성, 이전가능성 및 난이도 등 제요인을 고려하여 산정, 이전이 현저히 곤란하거나 이전비가 취득가격을 초과하는 경우 취득가력으로 보상	토지보상법 제75조 및 동법 시행규칙 제33조
과수 및 입목 등 보상	수령, 수종, 수량(또는 식수면적) 및 관리상태 등을 고려한 이식으로 인한 손실 보상, 다만 임야상의 소나무 잡목 등 자연수목이나, 임야상 수목으로 벌채하여 상품화 및 판매하기 어려운 경우 등은 토지 보상액에 포함하여 평가	토지보상법 시행규칙 제37조 ~ 제39조
분묘보상	분묘이전비, 석물이전비, 잡비, 이전보조비를 합한 금액으로 산정	토지보상법 시행규칙 제42조
영업손실 보상	사업인정고시일 이전부터 적법한 장소에서 허가, 등록, 신고 등을 득하고 계속해서 영업을 한 자에 대하여 휴업(통상 4개월) 또는 폐업(2년)에 따른 영업손실액과 시설이전비 등의 평가금액으로 보상. 단 무허가 건축물 등에서 임차인이 사업인정고시일 1년 이전부터 부가가치세법 제5조에 따른 사업자등록을 하고 정상적으로 행하고 있는 영업에 대하여는 1천만원 이내의 영업보상금 지금 그러나 무허가건축물 등에서 임차인이 영업하는 경우 그 임차인이 사업인정고시일등 1년 이전부터 부가가치세법 제8조에 따른 사업자등록을 하고 행하고 있는 영업에 대하여는 1천만원 이내의 영업손실보상을 지급하되 영업시설 등의 이전비용은 별도 보상	토지보상법 시행규칙 제45조 ~ 제47조, 제52조
축산보상	사업인정고시일 이전부터 적법한 장소에서 하가, 등	토지보상법 시행규칙

	록, 신고 등을 득하고 계속해서 축산행위를 한 자(단 기준마리수[124] 이하인 경우에는 시설 및 가축 이전비만 보상). 이때 보상은 영업손실보상을 준용하여 휴업손실액, 시설이전비, 가축운반비 등을 보상	제49조
농업손실보상	영농자(자경농, 실제경작자) 도별 연간 농가평균 단위 경작면적당 농산물총수입의 직접 3년간 평균의 2년분을 곱하여 산정. 단 실제소득을 입증할 경우 그 면적에 단위경작면적당 3년 간 실제소득 평균의 2년 분을 곱하여 산정	토지보상법 시행규칙 제48조
휴직보상	사업인정고시일등 당시 공익사업시행지구안의 사업장에서 3월 이상 근무상 근로자(속득세법에 의한 소득세가 원천징수된 자에 한함)가 근로자송의 이전 또는 폐지로 인하여 휴직 또는 실직을 하게 되는 경우 휴직 : 실제 휴직일 기준으로 평균 임금의 70/100에 상당하는 금액(최대 120일) 실식 : 평균임금의 120일 분 상당금액	토지보상법 시행규칙 제51조
이주정착점	이주대책 대상자 등 이주대책을 포기한 자(이주대책대상자는 분양아파트, 이주정착금 중 택 1) 이주정착금은 보상 대상 주거용 건축물 평가액의 30%에 해당하는 금액(1,200~2,400만원)	토지보상법 시행규칙 제53조
주거이전비	건물소유 및 거주자 또는 이주대책기준일 3월 이전부터 거주하는 세입자. 가계조사통계 도시근로자 가구의 가구원별 월평균 가계지출비 지급(가주가옥주 2월분, 세입자 4월분). 단 해당 건축물이 무허가건축물인 경우 거주가옥주는 보상하지 않으며, 세입자는 고시일 당시 1년 이상 거주한 자에 대하여 보상	토지보상법 시행규칙 제54조
이사비	주거용 건축물에 거주하는 자 가재도구 등 동산이전에 따른 실비를 주택연면적(점유면적) 기준으로 지급	토지보상법 시행규칙 제55조

124) 기준마리수 : 닭 200, 토끼, 오리 150, 염소 20, 소 5, 꿀벌 20군

1. 취득하는 토지의 보상

감정평가 실무기준 1.6 용도별 토지의 감정평가

1.6.1 주거용지

주거용지(주상복합용지를 포함한다)는 주거의 쾌적성 및 편의성에 중점을 두어 다음 각 호의 사항 등을 고려하여 감정평가한다.

1. 도심과의 거리 및 교통시설의 상태
2. 상가와의 거리 및 배치상태
3. 학교 · 공원 · 병원 등의 배치상태
4. 조망 · 풍치 · 경관 등 지역의 자연적 환경
5. 변전소 · 폐수처리장 등 위험 · 혐오시설 등의 유무
6. 소음 · 대기오염 등 공해발생의 상태
7. 홍수 · 사태 등 재해발생의 위험성
8. 각 획지의 면적과 배치 및 이용 등의 상태

1.6.2 상업 · 업무용지

상업 · 업무용지는 수익성 및 업무의 효율성 등에 중점을 두고 다음 각 호의 사항 등을 고려하여 감정평가한다.

1. 배후지의 상태 및 고객의 질과 양
2. 영업의 종류 및 경쟁의 상태
3. 고객의 교통수단 상태 및 통행 패턴
4. 번영의 정도 및 성쇠의 상태
5. 번화가에의 접근성

1.6.3 공업용지

공업용지는 제품생산 및 수송 · 판매에 관한 경제성에 중점을 두고 다음 각 호의

사항 등을 고려하여 감정평가한다.

1. 제품의 판매시장 및 원재료 구입시장과의 위치관계
2. 항만, 철도, 간선도로 등 수송시설의 정비상태
3. 동력자원, 용수 · 배수 등 공급처리시설의 상태
4. 노동력 확보의 용이성
5. 관련 산업과의 위치관계
6. 수질오염, 대기오염 등 공해발생의 위험성
7. 온도, 습도, 강우 등 기상의 상태

1.6.4 농경지

농경지는 농산물의 생산성에 중점을 두고 다음 각 호의 사항 등을 고려하여 감정평가한다.

1. 토질의 종류
2. 관개 · 배수의 설비상태
3. 가뭄 피해나 홍수 피해의 유무와 그 정도
4. 관리의 편리성이나 경작의 편리성
5. 마을 및 출하지에의 접근성

1.6.5 임야지

임야지는 자연환경에 중점을 두고 다음 각 호의 사항 등을 고려하여 감정평가한다.

1. 표고, 지세 등의 자연상태
2. 지층의 상태
3. 일조, 온도, 습도 등의 상태
4. 임도 등의 상태

1.7 특수토지의 감정평가

1.7.1 광천지

지하에서 온수 · 약수 · 석유류 등이 솟아 나오는 용출구와 그 유지에 사용되는 부지(운송시설 부지를 제외한다. 이하 "광천지"라 한다)는 그 광천의 종류, 광천의 질과 양, 부근의 개발상태 및 편익시설의 종류와 규모, 사회적 명성, 그 밖에 수익성 등을 고려하여 감정평가하되, 토지에 화체되지 아니한 건물, 구축물, 기계 · 기구 등의 가액은 포함하지 아니 한다.

1.7.2 골프장용지 등

① 골프장용지는 해당 골프장의 등록된 면적 전체를 일단지로 보고 감정평가하되, 토지에 화체되지 아니한 건물, 구축물, 기계 · 기구 등(골프장 안의 클럽하우스 · 창고 · 오수처리시설 등을 포함한다)의 가액은 포함하지 아니한다. 이 경우 하나의 골프장이 회원제골프장과 대중골프장으로 구분되어 있을 때에는 각각 일단지로 구분하여 감정평가한다.

② 제1항은 경마장 및 스키장시설, 그 밖에 이와 비슷한 체육시설용지나 유원지의 감정평가에 준용한다.

1.7.3 공공용지

① 도로 · 공원 · 운동장 · 체육시설 · 철도 · 하천의 부지, 그 밖의 공공용지는 용도의 제한이나 거래제한 등을 고려하여 감정평가한다.

② 공공용지가 다른 용도로 전환하는 것을 전제로 의뢰된 경우에는 전환 이후의 상황을 고려하여 감정평가한다.

1.7.4 사도

① 사도가 인근 관련 토지와 함께 의뢰된 경우에는 인근 관련 토지와 사도부분의 감정평가액 총액을 전면적에 균등 배분하여 감정평가할 수 있으며 이 경우에는 그 내용을 감정평가서에 기재하여야 한다.

② 사도만 의뢰된 경우에는 다음 각 호의 사항을 고려하여 감정평가할 수 있다.

1. 해당 토지로 인하여 효용이 증진되는 인접 토지와의 관계
2. 용도의 제한이나 거래제한 등에 따른 적절한 감가율
3. 「공익사업을 위한 토지 등의 취득 및 보상에 관한 법률 시행규칙」 제26조에 따른 도로의 감정평가방법

1.7.5 공법상 제한을 받는 토지

① 도시 · 군계획시설 저촉 등 공법상 제한을 받는 토지를 감정평가할 때(보상평가는 제외한다)에는 비슷한 공법상 제한상태의 표준지 공시지가를 기준으로 감정평가한다. 다만, 그러한 표준지가 없는 경우에는 [610-1.5.2.1]의 선정기준을 충족하는 다른 표준지 공시지가를 기준으로 한 가액에서 공법상 제한의 정도를 고려하여 감정평가할 수 있다.

② 토지의 일부가 도시 · 군계획시설 저촉 등 공법상 제한을 받아 잔여부분의 단독이용가치가 희박한 경우에는 해당 토지 전부가 그 공법상 제한을 받는 것으로 감정평가할 수 있다.

③ 둘 이상의 용도지역에 걸쳐있는 토지는 각 용도지역 부분의 위치, 형상, 이용상황, 그 밖에 다른 용도지역 부분에 미치는 영향 등을 고려하여 면적 비율에 따른 평균가액으로 감정평가한다. 다만, 용도지역을 달리하는 부분의 면적비율이 현저하게 낮아 가치형성에 미치는 영향이 미미하거나 관련 법령에 따라 주된 용도지역을 기준으로 이용할 수 있는 경우에는 주된 용도지역의 가액을 기준으로 감정평가할 수 있다.

1.7.6 일단(一團)으로 이용 중인 토지

2필지 이상의 토지가 일단으로 이용 중이고 그 이용 상황이 사회적 · 경제적 · 행정적 측면에서 합리적이고 대상토지의 가치형성 측면에서 타당하다고 인정되는 등 용도상 불가분의 관계에 있는 경우에는 일괄감정평가를 할 수 있다.

1.7.7 지상 정착물과 소유자가 다른 토지

토지 소유자와 지상의 건물 등 정착물의 소유자가 다른 토지는 그 정착물이 토지에 미치는 영향을 고려하여 감정평가한다.

1.7.8 제시 외 건물 등이 있는 토지

의뢰인이 제시하지 않은 지상 정착물(종물과 부합물을 제외한다)이 있는 토지의 경우에는 소유자의 동일성 여부에 관계없이 [610-1.7.7]을 준용하여 감정평가한다. 다만, 타인의 정착물이 있는 국 · 공유지의 처분을 위한 감정평가의 경우에는 지상 정착물이 있는 것에 따른 영향을 고려하지 않고 감정평가한다.

1.7.9 공유지분 토지

① 1필지의 토지를 2인 이상이 공동으로 소유하고 있는 토지의 지분을 감정평가할 때에는 대상토지 전체의 가액에 지분비율을 적용하여 감정평가한다. 다만, 대상지분의 위치가 확인되는 경우에는 그 위치에 따라 감정평가할 수 있다.

② 공유지분 토지의 위치는 공유지분자 전원 또는 인근 공유자 2인 이상의 위치확인 동의서를 받아 확인한다. 다만, 공유지분 토지가 건물이 있는 토지(이하 "건부지"라 한다)인 경우에는 다음 각 호의 방법에 따라 위치확인을 할 수 있으며 감정평가서에 그 내용을 기재한다.

1. 합법적인 건축허가도면이나 합법적으로 건축된 건물로 확인하는 방법
2. 상가 · 빌딩 관리사무소나 상가번영회 등에 비치된 위치도면으로 확인하는 방법

1.7.10 지상권이 설정된 토지

① 지상권이 설정된 토지는 지상권이 설정되지 않은 상태의 토지가액에서 해당 지상권에 따른 제한정도 등을 고려하여 감정평가한다.

② 저당권자가 채권확보를 위하여 설정한 지상권의 경우에는 이에 따른 제한 등을 고려하지 않고 감정평가한다.

1.7.11 규모가 과대하거나 과소한 토지

토지의 면적이 최유효이용 규모에 초과하거나 미달하는 토지는 대상물건의 면적과 비슷한 규모의 표준지 공시지가를 기준으로 감정평가한다. 다만, 그러한 표준지 공시지가가 없는 경우에는 규모가 과대하거나 과소한 것에 따른 불리한 정도를 개별요인 비교 시 고려하여 감정평가한다.

1.7.12 맹지

지적도상 공로에 접한 부분이 없는 토지(이하 "맹지"라 한다)는 민법 제219조에 따라 공로에 출입하기 위한 통로를 개설하기 위해 비용이 발생하는 경우에는 그 비용을 고려하여 감정평가한다.

1.7.13 고압선등 통과 토지(선하지)

① 송전선 또는 고압선(이하 "고압선등"이라 한다)이 통과하는 토지는 통과전압의 종별, 고압선등의 높이, 고압선등 통과부분의 면적 및 획지 안에서의 위치, 철탑 및 전선로의 이전 가능성, 지상권설정 여부 등에 따른 제한의 정도를 고려하여 감정평가할 수 있다.

② 고압선등 통과부분의 직접적인 이용저해율과 잔여부분에서의 심리적 · 환경적인 요인의 감가율을 파악할 수 있는 경우에는 이로 인한 감가율을 각각 정하고 고압선등이 통과하지 아니한 것을 상정한 토지가액에서 각각의 감가율에 의한 가치감소액을 공제하는 방식으로 감정평가한다.

1.7.14 택지 등 조성공사 중에 있는 토지

① 건물 등의 건축을 목적으로 농지전용허가나 산지전용허가를 받거나 토지의 형질변경허가를 받아 택지 등으로 조성 중에 있는 토지는 다음 각 호에 따라 감정평가한다.

1. 조성 중인 상태대로의 가격이 형성되어 있는 경우에는 그 가격을 기준으로 감정평가한다.

2. 조성 중인 상태대로의 가격이 형성되어 있지 아니한 경우에는 조성 전 토지의 소지가액, 기준시점까지 조성공사에 실제 든 비용상당액, 공사진행정도, 택지 조성에 걸리는 예상기간 등을 종합적으로 고려하여 감정평가한다.

② 「도시개발법」에서 규정하는 환지방식에 따른 사업시행지구 안에 있는 토지는 다음과 같이 감정평가한다.

1. 환지처분 이전에 환지예정지로 지정된 경우에는 환지예정지의 위치, 확정예정지번(블록 · 롯트), 면적, 형상, 도로접면상태와 그 성숙도 등을 고려하여 감정평가한다. 다만, 환지면적이 권리면적보다 큰 경우로서 청산금이 납부되지 않은 경우에는 권리면적을 기준으로 한다.
2. 환지예정지로 지정 전인 경우에는 종전 토지의 위치, 지목, 면적, 형상, 이용상황 등을 기준으로 감정평가한다.

③ 「택지개발촉진법」에 따른 택지개발사업시행지구 안에 있는 토지는 그 공법상 제한사항 등을 고려하여 다음과 같이 감정평가한다.

1. 택지개발사업실시계획의 승인고시일 이후에 택지로서의 확정예정지번이 부여된 경우에는 제2항제1호 본문을 준용하되, 해당 택지의 지정용도 등을 고려하여 감정평가한다.
2. 택지로서의 확정예정지번이 부여되기 전인 경우에는 종전 토지의 이용상황 등을 기준으로 그 공사의 시행정도 등을 고려하여 감정평가하되, 「택지개발촉진법」 제11조제1항에 따라 용도지역이 변경된 경우에는 변경된 용도지역을 기준으로 한다.

가. 보상평가

(1) 표준비공시지가기준

(가) 공시지가기준 보상

협의나 재결에 의하여 취득하는 토지에 대하여는 「부동산 가격공시에 관한 법률」에 따른 공시지가를 기준[125]으로 하여 보상하되, 그 공시기준일부터 가격시점까지의 관계 법령에 따른 그 토지의 이용계획, 해당 공익사업으로 인한 지가의 영향을 받지 아니하는 지역의 지가변동률[126], 생산자물가상승률[127]과 그 밖 에 그 토지의 위치 · 형상 · 환경 · 이용상황 등을 고려하여 평가한 적정가격[128]으로 보상하여야 한다[토지보상법 제70조 제1항 – 산식 : 보상평가액(원/㎡)=비교표준지공시지가×시점수정×지역요인비교×개별요인비교×기타요인 보정]. 이를 적용할 때 비교표준지가 소재하는 시 · 군 또는 구의 지가가 해당 공익사업으로 인하여 변동된 경우에는 해당 공익사업과 관계없는 인근 시 · 군 또는 구의 지가변동률을 적용한다. 다만, 비교표준지가 소재하는 시 · 군 또는 구의 지가변동률이 인근 시 · 군 또는 구의 지가변동률보다 작은 경우에는 그러하지 아니하다(토지보상법 시행령 제37조 제2항).

한편, 감정평가 및 감정평가사에 관한 법률 제3조 제1항은 감정평가업자가 토지를 감정평가하는 경우에는 그 토지와 이용가치가 비슷하다고 인정되는 부동산 가격공시에 관한 법률에 따른 표준지공시지가를 기준으로 하여야 한다. 다만 적정한 실거래가 있는 경우에는 이를 기준으로 할 수 있다고 규정함으로써 실거래가 기준평가에 관한 내용을 규정하고 있다. 이 때문에 실거래가로 보상평가가 가능한지의 여부에 대한 논쟁이 있는 것도 사실이지만, 토지

---

125) 기준시점은 협의에 의한 경우에는 협의성립 당시를, 재결에 의한 경우는 수용재결 당시가 된다.

126) 지가변동률이란 「국토의 계획 및 이용에 관한 법률 시행령」 제125조에 따라 국토교통부장관이 조사 · 발표하는 지가변동률로서 평가대상 토지와 가치형성요인이 같거나 비슷하여 해당 평가대상 토지와 유사한 이용가치를 지닌다고 인정되는 표준지(이하 "비교표준지"라 한다)가 소재하는 시(행정시를 포함한다. 이하 이 조에서 같다) · 군 또는 구(자치구가 아닌 구를 포함한다. 이하 이 조에서 같다)의 용도지역별 지가변동률을 말한다. 다만, 비교표준지와 같은 용도지역의 지가변동률이 조사 · 발표되지 아니한 경우에는 비교표준지와 유사한 용도지역의 지가변동률, 비교표준지와 이용상황이 같은 토지의 지가변동률 또는 해당 시 · 군 또는 구의 평균지가변동률 중 어느 하나의 지가변동률을 말한다.

127) 「한국은행법」 제86조에 따라 한국은행이 조사 · 발표하는 생산자물가지수에 따라 산정된 비율을 말한다.

128) 적정가격은 통상적인 시장에서 정상적인 거래가 이루어지는 경우 성립될 가능성이 가장 높다고 인정되는 가격으로서 해당 공익사업으로 인한 가치 변동의 배제 등 보상의 원칙과 기준이 적용된 가액을 말한다.

보상법은 여전히 협의나 재결에 의하여 토지를 취득하는 경우 제70조 제1항의 규정에 의거하여 표준지공시지가를 기준으로 평가하도록 규정하고 있으므로 실제 수용시 보상평가는 이를 기준으로 삼을 수 밖에 없다. 실제 실무도 이를 기준으로 평가하고 있다. 다만, 실거래가는 이를 평가할 때 기타요인으로 참고할 뿐이다.

【판시사항】

가. 토지수용손실보상액 산정시 참작되는 '인근 유사토지의 거래사례'의 의의

나. 동일 개발사업지구에 위치한 토지가 아니면 '가'항의 '유사토지'가 될 수 없는지 여부

다. 토지수용보상액 산정기준인 공시지가가 지가공시및토지등의평가에관한법률 제10조 제2항에 의한 개별공시지가를 의미하는지 여부(대법원 1994. 10. 14. 선고 94누2664 판결)

【판결요지】

가. 토지수용의 손실보상액 산정에 있어서 참작될 수 있는 인근 유사토지의 거래사례는 그 토지가 수용대상 토지의 인근지역에 위치하고, 용도지역 · 이용상황 · 지목 · 지적 · 형태 · 법령상의 제한 등 자연적, 사회적 조건이 동일하거나 유사하여야 할 뿐만 아니라, 거래가격 또한 당해 사업으로 인한 개발이익이 포함되지 아니한 통상의 거래관계에서 성립된 것이라야 한다.

나. 용도지역 · 지목 · 현실이용상황 등이 수용 대상 토지들과 동일하고 인근에 위치하여 자연적, 사회적 조건이 동일 내지 유사한 토지라면, 동일 개발사업지구에 위치한 토지가 아니라는 이유만으로 유사토지가 되지 못한다고 단정할 수 없다.

다. 구 토지수용법(1991.12.31. 법률 제4483호로 개정되기 전의 것) 제46조 제2항에서 말하는 공시지가란 건설부장관이 지가공시및토지등의평가에관한법률 제4조의 규정에 의하여 토지이용상황이나 주변 환경 기타 자연적, 사회적 조건이 일반적으로 유사하다고 인정되는 일단의 토지 중에서 선정한 표준지에 대하여 매년 공시기준일 현재의 적정가격을 공시한 것을 가리키는 것이고, 이와 달리 같은 법 제10조 제2항에 의하여 관계행정기관이 건설부장관으로부터제공받은 토지가격비준표를 적용하여 산정하는 이른바 개별공시지가는 토지수용보상액 산정기준이 되지 아니한다.

1) 지가변동률의 적용

법 제70조제1항에서 "대통령령으로 정하는 지가변동률"이란 「국토의 계획 및 이용에 관한

법률 시행령」 제125조에 따라 국토교통부장관이 조사 · 발표하는 지가변동률로서 평가대상 토지와 가치형성요인이 같거나 비슷하여 해당 평가대상 토지와 유사한 이용가치를 지닌다고 인정되는 표준지(이하 "비교표준지"라 한다)가 소재하는 시(행정시를 포함한다. 이하 이 조에서 같다) · 군 또는 구(자치구가 아닌 구를 포함한다. 이하 이 조에서 같다)의 용도지역별 지가변동률을 말한다. 다만, 비교표준지와 같은 용도지역의 지가변동률이 조사 · 발표되지 아니한 경우에는 비교표준지와 유사한 용도지역의 지가변동률, 비교표준지와 이용 상황이 같은 토지의 지가변동률 또는 해당 시 · 군 또는 구의 평균지가변동률 중 어느 하나의 지가변동률을 말한다(토지보상법 시행령 제37조 제1항). 이를 적용할 때 비교표준지가 소재하는 시 · 군 또는 구의 지가가 해당 공익사업으로 인하여 변동된 경우에는 해당 공익사업과 관계없는 인근 시 · 군 또는 구의 지가변동률을 적용한다. 다만, 비교표준지가 소재하는 시 · 군 또는 구의 지가변동률이 인근 시 · 군 또는 구의 지가변동률보다 작은 경우에는 그러하지 아니하다(같은 조 제2항).

| 감정평가 실무기준– 지가변동률 |

감정평가 실무기준 1.5.2.3.1 지가변동률의 적용

① 시점수정은 「부동산 거래신고 등에 관한 법률」 제19조에 따라 국토교통부장관이 월별로 조사 · 발표한 지가변동률로서 비교표준지가 있는 시 · 군 · 구의 같은 용도지역의 지가변동률을 적용한다.

② 제1항에도 불구하고 다음 각 호의 경우에는 그 기준에 따른다.

1. 비교표준지와 같은 용도지역의 지가변동률이 조사 · 발표되지 아니한 경우에는 공법상 제한이 비슷한 용도지역의 지가변동률, 이용상황별 지가변동률(지가변동률의 조사 · 평가기준일이 1998년 1월 1일 이전인 경우에는 지목별 지가변동률을 말한다. 이하 같다)이나 해당 시 · 군 · 구의 평균지가변동률을 적용할 수 있다.
2. 비교표준지가 도시지역의 개발제한구역 안에 있는 경우 또는 도시지역 안에서 용도지역이 미지정된 경우에는 녹지지역의 지가변동률을 적용한다. 다만, 녹지

지역의 지가변동률이 조사 · 발표되지 아니한 경우에는 비교표준지와 비슷한 이용상황의 지가변동률이나 해당 시 · 군 · 구의 평균지가변동률을 적용할 수 있다.

3. 표준지 공시지가의 공시기준일이 1997년 1월 1일 이전인 경우로서 비교표준지가 도시지역 밖에 있는 경우, 도시지역의 개발제한구역 안에 있는 경우나 도시지역 안의 용도지역이 미지정된 경우에는 이용상황별 지가변동률을 적용한다. 다만, 비교표준지와 같은 이용상황의 지가변동률이 조사 · 발표되지 아니한 경우에는 비교표준지와 비슷한 이용상황의 지가변동률 또는 해당 시 · 군 · 구의 평균지가변동률을 적용할 수 있다.

③ 제2항에 따라 지가변동률을 적용하는 경우에는 감정평가서에 그 내용을 기재한다.

④ 감정평가를 할 때 조사 · 발표되지 아니한 월의 지가변동률 추정은 조사 · 발표된 월별 지가변동률 중 기준시점에 가장 가까운 월의 지가변동률을 기준으로 하되, 월 단위로 구분하지 아니하고 일괄 추정방식에 따른다. 다만, 지가변동 추이로 보아 조사 · 발표된 월별 지가변동률 중 기준시점에 가장 가까운 월의 지가변동률로 추정하는 것이 적절하지 않다고 인정되는 경우에는 조사 · 발표된 최근 3개월의 지가변동률을 기준으로 추정하거나 조사 · 발표되지 아니한 월의 지가변동 추이를 분석 · 검토한 후 지가변동률을 따로 추정할 수 있다.

⑤ 지가변동률의 산정은 기준시점 직전 월까지의 지가변동률 누계에 기준시점 해당 월의 경과일수(해당 월의 첫날과 기준시점일을 포함한다. 이하 같다) 상당의 지가변동률을 곱하는 방법으로 구하되, 백분율로서 소수점 이하 셋째 자리까지 표시하고 넷째 자리 이하는 반올림한다.

⑥ 해당 월의 경과일수 상당의 지가변동률 산정은 해당 월의 지가변동률이 조사 · 발표된 경우에는 해당 월의 총일수를 기준으로 하고, 해당 월의 지가변동률이 조사 · 발표되지 아니하여 지가변동률을 추정하는 경우에는 추정의 기준이 되는 월의 총일수를 기준으로 한다.

① 지가변동률 추정

지가변동률이 조사 · 발표되지 아니한 월의 지가변동률 추정은 조사 · 발표된 월별 지가변동률 중 기준시점에 가장 가까운 월의 지가변동률을 기준으로 하되, 월 단위로 구분하지 아니하고 일괄 추정방식에 따른다. 그러나 지가변동 추이로 보아 조사 · 발표된 월별 지가변동률 중 기준시점에 가장 가까운 월의 지가변동률로 추정하는 것이 적절하지 않다고 인정되는 경우에는 조사 · 발표된 최근 3개월의 지가변동률을 기준으로 추정하거나 조사 · 발표되지 아니한 월의 지가변동 추이를 분석 · 검토한 후 지가변동률을 따로 추정할 수 있다.

토지보상평가지침

제11조【지가변동률의 적용】 ① 시점수정을 위한 지가변동률의 적용은 「국토의 계획 및 이용에 관한 법률」 제125조에 따라 국토해양부장관이 월별로 조사 · 발표한 지가변동률로서 평가대상 토지가 소재하는 시 · 군 · 구의 지가변동률로 하되, 다음 각 호에서 정하는 기준에 따른다.

1. 평가대상 토지가 「국토의 계획 및 이용에 관한 법률」 제6조에서 정한 도시지역(이하 "도시지역"이라 한다)안에 있는 경우로서 개발제한구역 또는 용도지역이 미지정된 지역이 아닌 경우에는 용도지역별 지가변동률을 적용한다. 다만, 평가대상토지와 같은 용도지역의 지가변동률이 조사 · 발표되지 아니한 경우에는 유사한 용도지역의 지가변동률, 이용상황별 지가변동률(지가변동률의 조사 · 평가기준일이 1998년 1월 1일 이전인 경우에는 지목별 지가변동률을 말한다. 이하 같다) 또는 당해 시 · 군 · 구의 평균지가변동률을 적용할 수 있다.
2. 평가대상토지가 도시지역의 개발제한구역 안에 있는 경우로서 표준지 공시지가의 공시기준일이 1997년 1월 1일 이전인 경우에는 이용상황별 지가변동률을 적용하고, 표준지 공시지가의 공시기준일이 1998년 1월 1일 이후인 경우에는 녹지지역의 지가변동률을 적용한다. 다만, 평가대상토지와 같은 이용상황의 지가변동률 또는 녹지지역의 지가변동률이 조사 · 발표되지 아니한 경우에

는 평가대상토지와 유사한 이용상황의 지가변동률 또는 당해 시 · 군 · 구의 평균지가변동률을 적용할 수 있다.

3. 평가대상토지가 도시지역 안에 있는 경우로서 용도지역이 미지정된 경우에는 제2호의 규정을 준용한다.

4. 평가대상토지가 도시지역 밖에 있는 경우로서 표준지 공시지가의 공시기준일이 1998년 1월 1일 이후인 경우에는 용도지역별 지가변동률을 적용하고, 표준지 공시지가의 공시기준일이 1997년 1월 1일 이전인 경우에는 이용상황별 지가변동률을 적용한다. 다만, 평가대상토지와 같은 용도지역 또는 이용상황의 지가변동률이 조사 · 발표되지 아니한 경우에는 유사한 용도지역 또는 이용상황의 지가변동률이나 당해 시 · 군 · 구의 평균지가변동률을 적용할 수 있다.

② 공익사업의 계획 또는 시행이 공고 또는 고시됨에 따라 평가대상토지가 소재하는 시 · 군 · 구의 지가가 변동된 경우에는 법시행령 제37조제2항에 따라 당해 공익사업과 관계없는 인근 시 · 군 · 구의 지가변동률을 적용한다.

③ 제2항에서 "평가대상토지가 소재하는 시 · 군 · 구의 지가가 변동된 경우"란 당해 공익사업이 규모가 큰 사업으로서 평가대상토지가 있는 시 · 군 · 구의 지가변동에 전반적으로 영향을 미친 것으로 인정되고, 당해 시·군·구의 용도지역별 또는 이용상황별 지가변동률이 당해 공익사업의 사업인정고시일(법 제70조제5항에 따른 경우에는 당해 공익사업의 계획 또는 시행의 공고 또는 고시일을 말한다.)이 속한 달로부터 6개월(2005년 1월 1일 이전의 지가변동률의 경우에는 2분기, 이하 이 조에서 같다.) 동안 또는 가격시점이 속한 달의 직전 월부터 소급하여 6개월 동안 5퍼센트 이상으로서 당해 시 · 군 · 구가 속한 특별시 · 광역시 · 도의 용도지역 또는 이용상황별 지가변동률과 비교하여 당해 시 · 군 · 구의 지가변동률을 기준으로 1.3배 이상 높거나 낮은 경우를 말하며, "당해 공익사업과 관계없는 인근 시 · 군 · 구의 지가변동률"이란 당해 시 · 군 · 구와 인접하고 있는 모든 시 · 군 · 구(당해 공익사업으로 인하여 지가가 변동된 시 · 군 · 구는 제외한다)의 용도지역 또는 이용상황별 평균지가변동률을 말한다.

④ 평가대상토지와 비교표준지의 용도지역 또는 이용상황이 서로 다른 경우에는 평가대상토지의 용도지역 또는 이용상황을 기준으로 지가변동률을 적용한다.

⑤ 사업규모가 큰 공익사업시행지구 등 안에 있는 토지에 관한 평가로서 평가대상 토지가 도시지역 안과 도시지역 밖에 걸쳐 있거나 여러 용도지역 또는 이용상황의 토지가 혼재되어 있어 제1항에 따른 용도지역별 또는 이용상황별 지가변동률을 적용하는 것이 평가가격의 균형유지상 적정하지 아니하다고 인정되는 경우에는 당해 시 · 군 · 구의 평균지가변동률을 적용할 수 있다.
⑥ 제1항 각 호의 단서 또는 제5항에 따라 평가대상토지와 다른 용도지역 또는 이용상황의 지가변동률이나 당해 시 · 군 · 구의 평균지가변동률을 적용하는 경우에는 평가서에 그 내용을 기재한다.

제12조【지가변동률의 추정】 ① 가격시점 당시에 조사발표되지 아니한 월의 지가변동률 추정은 조사발표된 월별 지가변동률 중 가격시점에 가장 가까운 월의 지가변동률을 기준으로 하되, 월 단위로 구분하지 아니하고 일괄추정방식에 따른다. 다만, 지가변동추이로 보아 조사발표된 월별 지가변동률 중 가격시점에 가장 가까운 월의 지가변동률로 추정하는 것이 적정하지 못하다고 인정되는 경우에는 조사발표된 최근 3개월의 지가변동률을 기준으로 추정하거나 조사발표되지 아니한 월의 지가변동추이를 분석·검토한 후 지가변동률을 따로 추정할 수 있다.
② 가격시점 당시에는 당해 월의 지가변동률이 조사 · 발표되지 아니하였으나 평가시점당시에 조사 · 발표된 경우에는 당해 월의 지가변동률을 적용한다.

제13조【지가변동률의 산정】 ① 지가변동률의 산정은 가격시점 직전 월까지의 지가변동률 누계에 당해 월의 경과일수 상당의 지가변동률을 곱하는 방법으로 구하되, 그 율은 백분율로서 소수점 이하 셋째 자리까지 표시하고 넷째 자리 이하는 반올림한다.
② 당해 월의 경과일수 상당의 지가변동률 산정은 당해 월의 총일수를 기준으로 하고, 당해 월의 지가변동률이 조사발표되지 아니하여 지가변동률을 추정할 때에는 그 추정기준이 되는 월의 총일수를 기준으로 한다.
③ 지가변동률의 산정을 위한 경과일수는 당해 월의 첫날과 가격시점일을 넣어 계산한 것으로 한다.

② 지가변동률 산정 등

㉮ 지가변동률 산정

지가변동률의 산정은 기준시점 직전 월까지의 지가변동률 누계에 기준 시점 해당 월의 경과일수(해당 월의 첫날과 기준시점일을 포함한다) 상당의 지가변동률을 곱하는 방법으로 구하되, 백분율로써 소수점 이하 셋째자리까지 표시하고 넷째 자리 이하는 반올림한다. 다만, 해당 월의 경과일수 상당의 지가변동률 산정은 해당 월의 지가변동률이 조사 · 발표된 경우에는 해당 월의 총일수를 기준으로 하고, 해당 월의 지가변동률이 조사 · 발표되지 아니하여 지가변동률을 추정하는 경우에는 추정의 기준이 되는 월의 총일수를 기준으로 한다.

㉯ 지가변동률 산정시 고려사항

지가변동률을 참작함에 있어서는 수용대상토지가 도시지역 내에 있는 경우에는 원칙적으로 용도지역별 지가변동률에 의하여 보상금을 산정하는 것이 더 타당하나, 개발제한구역으로 지정되어 있는 경우에는 일반적으로 이용상황에 따라 지가변동률이 영향을 받으므로 특별한 사정이 없는 한 이용상황별 지가변동률을 적용하는 것이 상당하고,[129] 개발제한구역의 지정 및 관리에 관한 특별조치법이 제정되어 시행되었다고 하여 달리 볼 것은 아니다.[130]

③ 시점수정

시점수정이란 거례사례자료의 거래시점과 가력시점이 시간적으로 불일치하여 가격변동이 발생한 경우 거래사례가격을 가격시점의 수준으로 정상화하는 작업을 지칭하는데, 이러한 시점수정은 부동산 거래신고 등에 관한 법률 제19조[131]에 따라 국토교통부장관이 월별로 조사 · 발표한 지가변동률로서 비교표준지가 있는 시 · 군 · 구의 같은 용도지역의 지가변동률을 적용한다.[132]

---

129) 대법원 1993. 8. 27. 선고 93누7068 판결, 대법원 1994. 12. 27. 선고 94누1807 판결 등 참조.

130) 대법원 2014. 6. 12. 선고 2013두4620 판결.

131) 부동산 거래신고 등에 관한 법률 제19조(지가 동향의 조사) 국토교통부장관이나 시 · 도지사는 토지거래허가 제도를 실시하거나 그 밖에 토지정책을 수행하기 위한 자료를 수집하기 위하여 대통령령으로 정하는 바에 따라 지가의 동향과 토지거래의 상황을 조사하여야 하며, 관계 행정기관이나 그 밖의 필요한 기관에 이에 필요한 자료를 제출하도록 요청할 수 있다. 이 경우 자료 제출을 요청받은 기관은 특별한 사유가 없으면 요청에 따라야 한다.

132) 다만, 비교표준지와 같은 용도지역의 지가변동률이 조사 · 발표되지 아니한 경우에는 공법상 제한이 비슷한 용도지역의 지가변동률, 이용상황별 지가변동률(지가변동률의 조사 · 평가기준일이 1998. 1.

| 감정평가 실무기준 – 시점수정 |

감정평가 실무기준 3.3.1.4 시점수정

① 거래사례의 거래시점과 대상물건의 기준시점이 불일치하여 가격수준의 변동이 있을 경우에는 거래사례의 가격을 기준시점의 가격수준으로 시점수정하여야 한다.
② 시점수정은 사례물건의 가격 변동률로 한다. 다만, 사례물건의 가격 변동률을 구할 수 없거나 사례물건의 가격 변동률로 시점수정하는 것이 적절하지 않은 경우에는 지가변동률 · 건축비지수 · 임대료지수 · 생산자물가지수 · 주택가격동향지수 등을 고려하여 가격 변동률을 구할 수 있다.

④ 비교표준지가 도시지역의 개발구역 안 및 도시지역 안에서 용도지역이 미지정의 경우 비교표준지가 도시지역의 개발제한구역 안에 있는 경우 및 도시지역 안에서 용도지역이 미지정된 경우에는 녹지지역의 지가변동률을 적용한다. 그러나 녹지지역의 지가변동률이 조사 · 발표도지 아니한 경우에는 비교표준지와 비슷한 이용상황의 지가변동률이나 해당 시 · 군 · 구의 평균지가변동률을 적용할 수 있다.

2) 생산자물가상승률의 적용

| 감정평가 실무기준– 생산자물가상승률의 적용 |

감정평가 실무기준1.5.2.3.2 생산자물가상승률의 적용

① 다음 각 호의 어느 하나에 해당하는 경우에는 지가변동률을 적용하는 대신 「한국은행법」 제86조에 따라 한국은행이 조사 · 발표하는 생산자물가지수에 따라 산정된 생산자물가상승률을 적용하여 시점수정할 수 있다.
1. 조성비용 등을 기준으로 감정평가하는 경우

1. 이전인 경우에는 지목별 지가변동률을 말한다)이나 해당 시 · 군 · 구의 평균지가변동률을 적용할 수 있다.

> 2. 그 밖에 특별한 이유가 있다고 인정되는 경우
> ② 제1항의 생산자물가상승률은 공시기준일과 기준시점의 각 직전 달의 생산자물가지수를 비교하여 산정한다. 다만, 기준시점이 그 달의 15일 이후이고, 감정평가시점 당시에 기준시점이 속한 달의 생산자물가지수가 조사 · 발표된 경우에는 기준시점이 속한 달의 지수로 비교한다.

① 생산자물가상승률 적용 요건

생산자물가상승률은 i) 조성비용 등을 기준으로 감정평가하는 경우, ii) 그 밖에 특별한 이유가 있다고 인정되는 경우의 어느 하나에 해당하는 경우에는 지가변동률을 적용하는 대신 「한국은행법」 제86조에 따라 한국은행이 조사 · 발표하는 생산자물가지수에 따라 산정된 생산자물가상승률을 적용하여 시점수정할 수 있다. 한편, 토지의 수용에 따른 보상액 산정에 관한 토지수용법 제46조 제2항 제1호에 의하면, 토지에 관하여는 지가공시및토지등의평가에관한법률에 의한 공시지가를 기준으로 하되, 토지의 이용계획, 지가변동률, 도매물가상승률 외에 당해 토지의 위치 · 형상 · 환경 · 이용상황 등을 참작하여 평가한 적정가격으로 보상액을 정하도록 되어 있는바, 위 규정이 지가변동률 외에 도매물가상승률을 참작하라고 하는 취지는 지가변동률이 지가추세를 적절히 반영하지 못한 특별한 사정 있는 경우 이를 통하여 보완하기 위한 것일 뿐이므로 지가변동률이 지가추세를 적절히 반영한 경우에는 이를 필요적으로 참작하여야 하는 것은 아니라고 하였다.[133]

② 생산자물가상승률 산정

생산자물가상승률은 공시기준일과 기준시점의 각 직전 달의 생산자물가지수를 비교하여 산정한다. 다만, 기준시점이 그 달의 15일 이후이고, 감정평가시점 당시에 기준시점이 속한 달의 생산자물가지수가 조사 · 발표된 경우에는 기준시점이 속한 달의 지수로 비교한다.

③ 생산자물가상승률의 적용

생산자물가상승률은 한국은행법 제86조에 따라 한국은행이 조사 · 발표하는 생간자물가지

133) 대법원 1999. 8. 24. 선고 99두4754 판결.

수에 따라 산정된 비율을 말하는데, 이러한 생산자물가상승률은 지가변동률을 적용하지 못하는 명백한 사유가 있을 경우 예외적으로 적용된다. 따라서 이러한 사유가 없음에도 이를 임의적으로 적용하거나, 지가변동률과 산술평균하여 시점수정하는 것은 허용되지 않는다.

【판시사항】

토지수용에 따른 보상액 산정시, 지가변동률이 지가추세를 적절히 반영한 경우에도 도매물가상승률을 필요적으로 참작하여야 하는지 여부(대법원 1999. 8. 24. 선고 99두4754 판결)

【판결요지】

토지의 수용에 따른 보상액 산정에 관한 토지수용법 제46조 제2항 제1호에 의하면, 토지에 관하여는 지가공시및토지등의평가에관한법률에 의한 공시지가를 기준으로 하되, 토지의 이용계획, 지가변동률, 도매물가상승률 외에 당해 토지의 위치 · 형상 · 환경 · 이용상황 등을 참작하여 평가한 적정가격으로 보상액을 정하도록 되어 있는바, 위 규정이 지가변동률 외에 도매물가상승률을 참작하라고 하는 취지는 지가변동률이 지가추세를 적절히 반영하지 못한 특별한 사정 있는 경우 이를 통하여 보완하기 위한 것일 뿐이므로 지가변동률이 지가추세를 적절히 반영한 경우에는 이를 필요적으로 참작하여야 하는 것은 아니라고 할 것이다.

3) 지역요인과 개별요인의 비교

| 감정평가 실무기준 - 지역요인과 개별요인의 비교 |

감정평가 실무기준 1.5.2.4 지역요인과 개별요인의 비교

1.5.2.4.1 지역요인의 비교

지역요인 비교는 비교표준지가 있는 지역의 표준적인 획지의 최유효이용과 대상토지가 있는 지역의 표준적인 획지의 최유효이용을 판정 · 비교하여 산정한 격차율을 적용하되, 비교표준지가 있는 지역과 대상토지가 있는 지역 모두 기준시점을 기준으로 한다.

1.5.2.4.2 개별요인의 비교

개별요인 비교는 비교표준지의 최유효이용과 대상토지의 최유효이용을 판정 · 비교하여 산정한 격차율을 적용하되, 비교표준지의 개별요인은 공시기준일을 기준으로 하고 대상토지의 개별요인은 기준시점을 기준으로 한다.

표준지공시지가 조사 평가 업무요령 : 지역요인과 개별요인의 비교

제9조(지역요인 및 개별요인의 비교) ① 수집 · 정리된 거래사례 등의 토지가 표준지의 인근지역에 있는 경우에는 개별요인만을 비교하고, 동일수급권 안의 유사지역에 있는 경우에는 지역요인 및 개별요인을 비교한다.

② 지역요인 및 개별요인의 비교는 표준지의 공법상 용도지역과 실제이용상황 등을 기준으로 그 용도적 특성에 따라 다음과 같이 용도지대를 분류하고, 가로조건 · 접근조건 · 환경조건 · 획지조건 · 행정적조건 · 기타조건 등에 관한 사항을 비교한다.

1. 상업지대 : 고밀도상업지대 · 중밀도상업지대 · 저밀도상업지대
2. 주택지대 : 고급주택지대 · 보통주택지대 · 농어촌주택지대
3. 공업지대 : 전용공업지대 · 일반공업지대
4. 농경지대 : 전작농경지대 · 답작농경지대
5. 임야지대 : 도시근교임야지대 · 농촌임야지대 · 산간임야지대
6. 후보지지대 : 택지후보지지대 · 농경지후보지지대

③ 각 용도지대별 지역요인 및 개별요인의 비교항목(조건 · 항목 · 세항목)은 별표 1부터 별표 7까지에서 정하는 내용을 참고로 하여 정한다.

④ 지역요인 및 개별요인의 비교를 위한 인근지역의 판단은 토지의 용도적 관점에 있어서의 동질성을 기준으로 하되, 일반적으로 지형 · 지물 등 다음 각 호의 사항을 확인하여 인근지역의 범위를 정한다.

1. 지반 · 지세 · 지질
2. 하천 · 수로 · 철도 · 공원 · 도로 · 광장 · 구릉 등
3. 토지의 이용상황
4. 공법상 용도지역 · 지구 · 구역 등
5. 역세권, 통학권 및 통작권역

가) 지역요인의 비교

지역요인 비교는 비교표준지가 있는 지역의 표준적인 획지의 최유효이용과 대상토지가 있는 지역의 표준적인 획지의 최유효이용을 판정 · 비교하여 산정한 격차율을 적용하되, 비교표준지가 있는 지역과 대상토지가 있는 지역 모두 기준시점을 기준으로 한다. 하지만, 수용대상토지 자체가 표준지인 토지에 관하여는 표준지와 개별성 및 지역성의 비교란 있을 수 없다.[134]

> **토지보상법 실무지침**
>
> 제15조【지역요인 및 개별요인의 비교】
>
> ④ 지역요인 및 개별요인의 비교에서 지역요인의 비교는 비교표준지가 있는 지역의 표준적인 획지의 최유효이용과 평가대상토지가 있는 지역의 표준적인 획지의 최유효이용을 판정하여 비교하고, 개별요인의 비교는 비교표준지의 최유효이용과 평가대상토지의 최유효이용을 판정하여 비교하되 비교표준지는 공시기준일을 기준으로 하고, 평가대상토지는 가격시점 당시를 기준으로 한다.

지역요인		
조 건	항 목	세항목
가로조건	가로의 폭, 구조 등의 상태	폭
		포장
		보도
		계통 및 연속성
	가구(block)의 상태	가구의 정연성
		가구시설의 상태
접근조건	교통수단 및 공공시설과의 접근성	인근교통시설의 편의성
		인근교통시설의 이용승객수
		주차시설의 정비
		교통규제의 정도(일방통행, 주정차 금지 등)

134) 대법원 1995. 5. 12. 선고 95누2678 판결.

		관공서 등 공공시설과의 접근성
환경조건	상업 및 업무시설의 배치상태	백화점·대형상가의 수와 연면적
		관람집회시설의 상태
		부적합한 시설의 상태(공장, 창고, 주택 등)
		기타 고객유인시설 등
		배후지의 인구
		배후지의 범위
		고객의 구매력 등
	경쟁의 정도 및 경영자의 능력	상가의 전문화와 집단화
		고층화 이용정도
	번화성 정도	고객의 통행량
		상가의 연립성
		영업시간의 장단
		범죄의 발생정도
	자연환경	지반, 지질 등
행정적조건	행정상의 규제정도	용도지역, 지구, 구역 등
		용적제한
		고도제한
		기타규제
기타조건	기타	장래의 동향
		기타

【판시사항】

수용대상토지의 손실보상액 산정을 위한 지역요인의 비교방법(대법원 1995. 7. 25. 선고 93누4786 판결)

【판결요지】

수용대상토지의 손실보상액 산정을 위한 과정의 하나로 표준지와 수용대상토지의 지역요인 및 개별요인을 대비하여 품등비교를 함에 있어, 개별요인의 경우 대상토지와 표준지 자체의 토지특성상의 차이를 비교하는 것과 마찬가지로 지역요인 역시 대상토지가 속한 지역과 표준지가 속한 지역의 각 지역적 특성을 비교하여야 한다.

나) 개별요인의 비교

개별요인 비교는 비교표준지의 최유효이용과 대상토지의 최유효이용을 판정 · 비교하여 산정한 격차율을 적용하되, 비교표준지의 개별요인은 공시기준일을 기준으로 하고 대상토지의 개별요인은 기준시점을 기준으로 한다.

개별요인		
조 건	항 목	세항목
가로조건	가로의 폭, 구조 등의 상태	폭
		포장
		보도
		계통 및 연속성
접근조건	상업지역중심 및 교통시설과의 편의성	상업지역중심과의 접근성
		인근교통시설의 편의성
환경조건	고객의 유동성과의 적합성	고객의 유동성과의 적합성
	인근환경	인근토지의 이용상황
		인근토지의 이용상황과의 적합성
	자연환경	지반, 지질 등
획지조건	면적, 접면너비, 깊이, 형상 등	면적
		접면너비
		깊이
		부정형지, 삼각지, 자루형획지 등
	방위, 고저 등	방위
		고저
		경사지
	접면도로 상태 등	각지
		2면 가로획지
		3면 가로획지
행정적조건	행정상의 규제정도	용도지역, 지구, 구역 등
		용적제한
		고도제한
		기타규제(입체이용제한 등)
기타조건	기타	장래의 동향
		기타

다) 가격산정요인 기술방법

토지수용 보상액을 평가함에 있어서는 관계 법령에서 들고 있는 모든 가격산정요인을 구체적 · 종합적으로 참작하여 각 그 요인들이 반영된 적정가격을 산출하여야 하고, 이 경우 감정평가서에는 모든 가격산정요인의 세세한 부분까지 일일이 설시하거나 그 요소가 평가에 미치는 영향을 수치적으로 표현하지 않았다 하여도 그 산정요인들을 특정 · 명시하여 그 요인들이 어떻게 참작되었는지 알아볼 수 있는 정도로 기술하면 된다.[135] 따라서 개별요인을 비교함에 있어서 구체적으로 어떤 요인들이 어떻게 비교하였는지에 관하여 아무런 이유 설시를 하지 아니하였다면 이는 위법하다.[136]

한편, 품등비교를 제외한 나머지 가격산정요인의 참작에 있어서는 서로 견해가 일치하나 품등비교에 관하여만 그 평가를 다소 달리한 관계로 감정 결과에 차이가 생기게 된 경우 그 중 어느 감정평가의 품등비교 내용에 오류가 있음을 입증할 자료가 없는 이상 각 감정평가 중 어느 것을 믿는가는 사실심 법원의 재량에 속한다.[137]

【판시사항】

토지수용 보상액의 평가 방법 및 감정평가서에 기재하여야 할 가격산정요인의 기술 방법(대법원 2000. 7. 28. 선고 98두6081 판결)

【판결요지】

토지수용 보상액을 평가하는 데에는 관계 법령에서 들고 있는 모든 가격산정요인들을 구체적 · 종합적으로 참작하여 그 각 요인들이 빠짐없이 반영된 적정가격을 산출하여야 하고, 이 경우 감정평가서에는 모든 가격산정요인의 세세한 부분까지 일일이 설시하거나 그 요소가 평가에 미치는 영향을 수치로 표현할 필요는 없다고 하더라도, 적어도 그 가격산정요인들을 특정 · 명시하고 그 요인들이 어떻게 참작되었는지를 알아 볼 수 있는 정도로 기술하여야 한다.

라) 토지가격비준표 적용가부

토지가격비준표는 개별공시지가의 산정을 위하여 통계적 방법에 의해 작성된 것이다. 따라서 토지수용에 따른 보상액 산정의 기준이 되는 것은 아니고, 토지가격비준표는 개별토지가

135) 대법원 1996. 5. 28. 선고 95누13173 판결.
136) 대법원 1996. 5. 28. 선고 95누13173 판결.
137) 대법원 1998. 5. 26. 선고 98두1505 판결.

격 산정시 표준지와 당해 토지의 토지특성상의 차이를 비준율로써 나타낸 것으로 지역요인에 관한 것이라기보다는 오히려 개별요인에 관한 것으로 보여지므로, 토지수용에 따른 보상액 산정에 있어 이를 참작할 수는 있을지언정 그 비준율을 지역요인의 비교수치로 그대로 적용할 수는 없다.

【판시사항】

건설부 발행의 "토지가격비준표"상의 비준율을 지역요인의 비교수치로 적용할 수 있는지 여부(대법원 1995. 7. 25. 선고 93누4786 판결)

【판결요지】

건설부 발행의 "토지가격비준표"는 개별토지가격을 산정하기 위한 자료로 제공되고 있는 것이지 토지수용에 따른 보상액 산정의 기준이 되는 것은 아니고, 특히 그 토지가격비준표는 개별토지가격 산정시 표준지와 당해 토지의 토지특성상의 차이를 비준율로써 나타낸 것으로 지역요인에 관한 것이라기보다는 오히려 개별요인에 관한 것으로 보여지므로, 토지수용에 따른 보상액 산정에 있어 이를 참작할 수는 있을지언정 그 비준율을 지역요인의 비교수치로 그대로 적용할 수는 없다.

마) 품등비교 시 공부상 지목에 따른 비교수치의 중복적용 가부

토지의 보상평가는 기준시점의 현실적 이용상황을 기준으로 한다. 따라서 수용보상액 산정을 위해 토지를 평가함에 있어 토지의 현재 상태가 개별요인의 비교시에 이미 반영된 경우, 기타요인에서 다시 반영하는 것은 이미 반영한 사유를 중복하여 반영하는 것으로서 위법하다.

【판시사항】

품등비교 시 현실적인 이용상황에 따른 비교수치 외에 공부상 지목에 따른 비교수치를 중복적용할 수 있는지 여부(대법원 2007. 7. 12. 선고 2006두11507 판결)

【판결요지】

수용보상액 산정을 위해 토지를 평가함에 있어 토지의 현재 상태가 산림으로서 사실상 개발이 어렵다는 사정이 개별요인의 비교시에 이미 반영된 경우, 입목본수도가 높아 관계 법령상 토지의 개발이 제한된다는 점을 기타요인에서 다시 반영하는 것은 이미 반영한 사유를 중복하여 반영하는 것으로서 위법하다.

바) 도로의 범위 등

① 도로의 범위

도로는 관계법령의 규정에 불구하고 사실상 이용되는 도로와 건설공사중인 도로(조사시점 현재 공사가 진행중인 구간을 말한다)만을 "도로"로 간주하고, 고속국도와 자동차전용도로 등 차량 진출입이 불가능한 도로와 이용되지 않는 폐도는 "도로"로 보지 아니한다. 다만, 개발행위허가(건축물의 건축, 공작물의 설치, 토지의 형질변경)를 받고 건축물의 부지 등으로 이용중인 표준지와 접한 고속국도와 자동차전용도로의 경우는 "도로"로 간주한다.

② 공익사업을 위한 지목변경 후(도로) 보상

토지의 일부가 공익사업에 편입되어 사업시행자가 편입부분을 분할하여 그 지목을 '도로' 등으로 변경한 후 해당 토지를 보상평가를 의뢰하는 경우 분할되기 이전의 형태 및 이용상황 등을 기준으로 보상한다.

③ 공익사업으로 용도폐지되는 도로

공익사업을 인하여 용도가 폐지되는 도로 등과 같은 공익사업용지의 경우 기준시점 당시의 현실적인 이용상황인 도로 등을 기준으로 하는 것이 아니라, 용도폐지 후의 이용상황인 인근지역의 표준적인 이용상황을 기준으로 보상한다.

사) 소규모 분할취득 토지보상

전주 · 철탑 등의 설치를 위하여 소규모로 분할하여 취득하는 토지를 보상하는 경우에는 해당 토지 전체의 개별요인을 기준으로 하지 않고, 그 편입된 부분의 개별요인을 고려하여 보상할 수 있다.

4) 그 밖의 요인 보정

| 감정평가 실무기준 - 그 밖의 요인 보정 |

감정평가 실무기준 1.5.2.5 그 밖의 요인 보정

① 시점수정, 지역요인 및 개별요인의 비교 외에 대상토지의 가치에 영향을 미치는

사항이 있는 경우에는 그 밖의 요인 보정을 할 수 있다.

② 그 밖의 요인을 보정하는 경우에는 대상토지의 인근지역 또는 동일수급권 안의 유사지역의 정상적인 거래사례나 평가사례 등을 참작할 수 있다.

③ 제2항의 거래사례 등은 다음 각 호의 요건을 갖추어야 한다.

1. 용도지역등 공법상 제한사항이 같거나 비슷할 것
2. 이용상황이 같거나 비슷할 것
3. 주변환경 등이 같거나 비슷할 것
4. 지리적으로 가능한 한 가까이 있을 것

④ 그 밖의 요인 보정을 한 경우에는 그 근거를 감정평가서(감정평가액의 산출근거 및 결정 의견)에 구체적이고 명확하게 기재하여야 한다.

토지보상평가지침

제16조(그 밖의 요인 보정) ① 토지 보상평가에 있어서 시점수정 · 지역요인 및 개별요인의 비교 외에 대상토지의 가치에 영향을 미치는 사항이 있는 경우에는 그 밖의 요인 보정을 할 수 있다.

② 그 밖의 요인 보정을 하는 경우에는 해당 공익사업의 시행에 따른 가치의 변동은 고려하지 아니한다.

③ 그 밖의 요인 보정을 하는 경우에는 대상토지의 인근지역 또는 동일수급권 안의 유사지역(이하 "인근지역등"이라 한다)의 정상적인 거래사례나 보상사례(이하 "거래사례등"이라 한다)를 참작할 수 있다.

④ 그 밖의 요인 보정은 다음 각 호의 순서에 따라 행한다.

1. 그 밖의 요인 보정의 필요성 및 근거
2. 거래사례등 기준 격차율 산정
3. 실거래가 분석 등을 통한 검증
4. 그 밖의 요인 보정치의 결정

⑤ 제4항제4호의 그 밖의 요인 보정치는 거래사례등을 기준으로 산정한 격차율과

실거래가 분석 등을 통한 검증 결과 등을 종합적으로 고려하여 적정한 수치로 결정하되, 소수점 이하 둘째 자리까지 표시함을 원칙으로 한다.
⑥ 그 밖의 요인 보정을 한 경우에는 그 산출근거를 감정평가서에 구체적이고 명확하게 기재한다.

제17조(거래사례등의 요건) ① 제16조제3항의 거래사례등(보상사례의 경우 해당 공익사업에 관한 것을 제외한다. 이하 같다)은 다음 각 호의 요건을 갖추어야 한다. 다만, 해당 공익사업의 시행에 따른 가치의 변동이 반영되어 있지 아니하다고 인정되는 사례의 경우에는 제4호는 적용하지 아니한다.
1. 용도지역등 공법상 제한이 같거나 비슷할 것
2. 현실적인 이용상황 등이 같거나 비슷할 것
3. 주위환경 등이 같거나 비슷할 것
4. 제10조제1항에 따른 적용공시지가의 선택기준에 적합할 것
5. 거래사례는「부동산 거래신고 등에 관한 법률」에 따라 신고된 것으로서 정상적인 거래로 인정되거나 사정보정이 가능한 것일 것

② 제1항의 규정에 의하여 보상사례를 참작하는 경우에는 그 감정평가기준 등의 적정성을 검토하여야 한다.

제17조의2(거래사례등 기준 격차율 산정방법) ① 그 밖의 요인의 보정치의 결정을 위한 제16조제4항제2호에 따른 거래사례등 기준 격차율 산정은 대상토지 기준 산정방식 또는 표준지 기준 산정방식 중 어느 하나로 할 수 있다.
② 제1항의 격차율 산정방식 중 대상토지 기준 산정방식은 다음과 같다.

$$\frac{\text{거래사례등 토지단가}\times\text{사정보정}\times\text{시점수정}\times\text{지역요인의 비교}\times\text{개별요인의 비교}}{\text{표준지공시지가}\times\text{시점수정}\times\text{지역요인의 비교}\times\text{개별요인의 비교}}$$

③ 제1항의 격차율 산정방식 중 표준지 기준 산정방식은 다음과 같다.

거래사례등 토지단가×사정보정×시점수정×지역요인의 비교×개별요인의 비교

표준지공시지가×시점수정

④ 제2항과 제3항에 따른 시점수정에서 거래사례등 또는 비교표준지와 대상토지의 시·군 또는 구가 다른 경우에는 거래사례등 또는 비교표준지가 소재하는 시·군 또는 구의 지가변동률을 적용하되, 지가변동률 산정의 기산일은 거래사례의 경우 계약일자로 하고 보상사례의 경우 그 보상평가의 가격시점으로 한다.

가) 그 밖의 요인 보정

시점수정, 지역요인 및 개별요인의 비교 외에 대상토지의 가치에 영향을 미치는 사항이 있는 경우에는 그 밖의 요인 보정을 할 수 있다. 이 경우에는 대상토지의 인근지역 또는 동일수급권 안의 유사지역의 정상적인 거래사례나 평가사례 등을 참작할 수 있다.

보상에서 그 밖의 요인 보정이 필요한 경우는 i) 공시지가가 공시기준일 당시의 적정가격을 반영하고 있으나 시점수정을 위한 지가변동률이 공시지가 고시일 이후의 지가변동 상황을 정확하게 반영하지 못하거나, ii) 공시지가 자체가 적정가격을 반영하지 못하는 경우, iii) 적용공시지가를 소급함으로 인한 적용공시지가의 공시기준일부터 기분시점까지 해당 공일사업 외의 공익사업으로 인한 지가변동분의 보정이 필요한 경우 등이 있다.

【판시사항】

구 토지수용법(1991.12.31. 법률 제4483호로 개정되기 전의 것) 제46조 제2항과 지가공시및토지등의평가에관한법률 제10조 제1항 제1호가 헌법 제23조 제3항에 위반되는지 여부(대법원 1993. 7. 13. 선고 93누2131 판결)

【판결요지】

헌법 제23조 제3항은 "공공필요에 의한 재산권의 수용·사용 또는 제한 및 그에 대한 보상은 법률로써 하되, 정당한 보상을 지급하여야 한다"라고 규정하고 있는 바, 이 헌법의 규정은 보상청구권의 근거에 관하여서 뿐만 아니라 보상의 기준과 방법에 관하여서도 법률의 규정에

유보하고 있는 것으로 보아야 하고, 위 구 토지수용법과 지가공시법의 규정들은 바로 헌법에서 유보하고 있는 그 법률의 규정들로 보아야 할 것이다.

그리고 "정당한 보상"이라 함은 원칙적으로 피수용재산의 객관적인 재산가치를 완전하게 보상하여야 한다는 완전보상을 뜻하는 것이라 할 것이나, 투기적인 거래에 의하여 형성되는 가격은 정상적인 객관적 재산가치로는 볼 수 없으므로 이를 배제한다고 하여 완전보상의 원칙에 어긋나는 것은 아니며, 공익사업의 시행으로 지가가 상승하여 발생하는 개발이익은 궁극적으로는 국민 모두에게 귀속되어야 할 성질의 것이므로 이는 완전보상의 범위에 포함되는 피수용토지의 객관적 가치 내지 피수용자의 손실이라고는 볼 수 없다.

공시지가는 건설부장관이 토지의 이용상황이나 주위환경 기타 자연적, 사회적 조건이 일반적으로 유사하다고 인정되는 일단의 토지 중에서 선정한 표준지에 대하여 매년 공시기준일 현재의 적정가격을 조사, 평가하고, 건설부장관 소속하의 토지평가위원회의 심의를 거쳐 공시하도록 되어 있으며(지가공시법 제4조 제1항), 이 경우 "적정가격"이라 함은 당해 토지에 대하여 자유로운 거래가 이루어지는 경우 합리적으로 성립한다고 인정되는 가격을 말하는 것으로 규정되어 있고(지가공시법 제2조 제2호), 기타 지가공시법의 토지가액평가에 관한 기준이나 절차 등은 모두 공시기준일 당시 토지가 갖는 객관적 가치를 평가함에 있어 적절한 것으로 보여지며, 나아가 공시기준일로부터 재결시까지의 관계법령에 의한 당해 토지의 이용계획 또는 당해 지역과 관계없는 인근 토지의 지가변동률, 도매물가상승률 등에 의하여 시점수정을 하여 보상액을 산정함으로써 개발이익을 배제하고 있는 것이므로 공시지가를 기준으로 보상액을 산정하도록 하고 있는 구 토지수용법 제46조 제2항의 규정이 완전보상의 원리에 위배되는 것이라고 할 수 없다.

나) 그 밖의 요인 보정을 위한 거래사례 등의 요건

그 밖의 요인 보정을 위한 거래사례 등은 ⅰ) 용도지역등 공법상 제한사항이 같거나 비슷할 것, ⅱ) 이용상황이 같거나 비슷할 것, ⅲ) 주변환경 등이 같거나 비슷할 것, ⅳ) 지리적으로 가능한 한 가까이 있을 것, ⅴ) 적용공시지가의 선택기준에 적합할 것 등의 요건을 갖추어야 한다. 다만, 위 ⅴ)는 해당 공익사업의 시행에 따른 가격의 변동이 반영되어 있지 아니하다고 인정되는 사례의 경우에는 적용하지 않는다.

【판시사항】

수용대상토지의 정당한 보상액을 산정함에 있어서 인근 유사토지의 정상거래사례나 보상선례를 참작할 수 있는지 여부(대법원 2003. 7. 25. 선고 2002두5054 판결)

【판결요지】

구 토지수용법(2002. 2. 4. 법률 제6656호 공익사업을위한토지등의취득및보상에관한 법률 부칙 제2조로 폐지) 제46조 제2항 등 토지수용보상액 산정에 관한 관계 법령의 규정을 종합하여 보면, 수용대상토지에 대한 보상액을 산정하는 경우에 인근 유사토지의 거래사례나 보상선례를 반드시 조사하여 참작하여야 하는 것은 아니며, 다만 인근 유사토지의 거래사례나 보상선례가 있고 그 가격이 정상적인 것으로서 적정한 보상액 평가에 영향을 미칠 수 있는 것임이 인정된 경우에 한하여 이를 참작할 수 있을 뿐이다.

다) 가격변동 반영여부

그 밖의 요인을 보정할 때에는 해당 공익사업의 시행에 따른 가격의 변동은 반영하여서는 아니 된다.

라) 인근지역 등의 정상적인 거래사례 등 참작

그 밖의 요인을 보정하는 경우에는 대상토지의 인근지역 등의 정상적인 거래사례 등을 참작할 수 있다. 여기서 참작할 수 있는 사례란 인근지역 등의 정상적인 거래사례나 보상사례로서 적정한 보상액에 영향을 미칠 수 있는 것이어야 한다. 그러나 이러한 경우에도 그 밖의 요인 보정에 대한 적정성을 검토하여야 한다.

【판시사항】

수용대상 토지의 보상액 산정에 있어서 인근 유사 토지의 정상 거래가격을 참작할 수 있는 경우 및 그에 대한 증명책임을 지는 자(=주장하는 자)와 '인근 유사 토지의 정상 거래가격'의 의미(대법원 2004. 8. 30. 선고 2004두5621 판결)

【판결요지】

토지수용에 있어서의 손실보상액 산정에 관한 관계 법령의 규정을 종합하여 보면, 수용 대상 토지의 정당한 보상액을 산정함에 있어서 인근 유사 토지의 정상거래 사례를 반드시 조사

> 하여 참작하여야 하는 것은 아니지만, 인근 유사 토지가 거래된 사례나 보상이 된 사례가 있고 그 가격이 정상적인 것으로서 적정한 보상액 평가에 영향을 미칠 수 있는 것임이 입증된 경우에는 이를 참작할 수 있고, 여기서 '인근 유사 토지의 정상거래가격'이라고 함은 그 토지가 수용 대상 토지의 인근 지역에 위치하고 용도지역, 지목, 등급, 지적, 형태, 이용상황, 법령상의 제한 등 자연적 · 사회적 조건이 수용 대상 토지와 동일하거나 유사한 토지에 관하여 통상의 거래에서 성립된 가격으로서, 개발이익이 포함되지 아니하고, 투기적인 거래에서 형성된 것이 아닌 가격을 말하고(대법원 2002. 4. 12. 선고 2001두9783 판결 참조), 또한 그와 같은 인근 유사 토지의 정상거래 사례에 해당한다고 볼 수 있는 거래 사례가 있고 그것을 참작함으로써 보상액 산정에 영향을 미친다고 하는 점은 이를 주장하는 자에게 입증책임이 있다(대법원 1994. 1. 25. 선고 93누11524 판결 참조).

① 인근유사토지의 정상거래사례의 의미

토지수용법 제46조 제2항 제1호, 지가공시및토지등의평가에관한법률 제9조, 제10조, 감정평가에관한규칙 제17조 제1항, 제6항 등 토지수용에 있어서의 손실보상액 산정에 관한 관계 법령의 규정을 종합하여 보면, 수용대상 토지의 정당한 보상액을 산정함에 있어서 인근 유사토지의 정상거래 사례를 반드시 조사하여 참작하여야 하는 것은 아니지만, 인근 유사토지가 거래된 사례나 보상이 된 사례가 있고 그 가격이 정상적인 것으로서 적정한 보상액 평가에 영향을 미칠 수 있는 것임이 입증된 경우에는 이를 참작할 수 있고, 여기서 '인근 유사토지의 정상거래가격'이라고 함은 그 토지가 수용대상 토지의 인근지역에 위치하고 용도지역, 지목, 등급, 지적, 형태, 이용상황, 법령상의 제한 등 자연적 · 사회적 조건이 수용대상 토지와 동일하거나 유사한 토지에 관하여 통상의 거래에서 성립된 가격으로서, 개발이익이 포함되지 아니하고, 투기적인 거래에서 형성된 것이 아닌 가격을 말한다.[138] 다만, 개발이익이 포함된 경우에도 그 개발이익을 배제하여 정상적인 가격으로 보정할 수 있다면 이를 참작할 수 있다.

138) 대법원 2002. 4. 12. 선고 2001두9783 판결.

【판시사항】

인근유사토지 보상사례의 가격이 개발이익을 포함하고 있어 정상적인 것이 아닌 경우라도 이를 수용대상토지의 보상액 산정에서 참작할 수 있는지 여부(대법원 2010. 4. 29. 선고 2009두17360 판결)

【판결요지】

수용대상토지의 보상액을 산정하면서 인근유사토지의 보상사례가 있고 그 가격이 정상적인 것으로서 적정한 보상액 평가에 영향을 미칠 수 있는 것임이 입증된 경우에는 이를 참작할 수 있고, 여기서 '정상적인 가격'이란 개발이익이 포함되지 아니하고 투기적인 거래로 형성되지 아니한 가격을 말한다. 그러나 그 보상사례의 가격이 개발이익을 포함하고 있어 정상적인 것이 아닌 경우라도 그 개발이익을 배제하여 정상적인 가격으로 보정할 수 있는 합리적인 방법이 있다면 그러한 방법에 의하여 보정한 보상사례의 가격은 수용대상토지의 보상액을 산정하면서 이를 참작할 수 있다.

【판시사항】

구 토지수용법 제46조 제2항, 지가공시및토지등의평가에관한법률 제10조 등에 의한 토지수용 보상액의 산정에 있어 인근유사토지의 정상거래가격을 참작할 수 있는 경우(대법원 1993. 6. 22. 선고 92누19521 판결)

【판결요지】

구 토지수용법 제46조 제2항(1991.12.31. 법률 제4483호로서 개정되기 전의 것)은 수용대상토지에 대한 손실보상액을 산정함에 있어 인근유사토지의 정상거래가격을 반드시 참작하도록 규정하고 있지는 아니하므로 지가공시및토지등의평가에관한법률 제10조에 따라서 수용대상토지의 손실보상액을 산정하는 경우에 인근유사토지가 거래된 일이 있는지 여부나 거래가격이 통상의 거래에서 성립된 것인지 여부를 조사하여 반드시 참작하여야 된다고 할 수 없지만, 인근유사토지가 거래된 사례나 손실보상이 된 사례가 있고 거래가격이나 보상가격이 정상적인 것으로서 정당한 손실보상액의 산정에 영향을 미칠 수 있는 것임이 증명된 경우에는 손실보상액을 산정함에 있어서 참작할 수 있다.

② 보상사례의 의미

보상사례란 해당 공익사업의 보상 이전에 다른 공익사업에 편입되어 보상금이 지급된 사례로서 인근지역 유사토지에 존재하여 대상토지의 적정한 보상액에 영향을 미칠 수 있는 사례를 의미한다. 다만, 해당 공익사업의 보상사례는 참작할 수 없다.

【판시사항】

당해 공공사업으로 인한 개발이익을 포함한 보상선례도 개발이익을 배제할 수 있다면 수용대상 토지의 손실보상액을 산정함에 있어서 보상선례로서 참작될 수 있는지(대법원 2002. 4. 12. 선고 2001두9783 판결)

【판결요지】

당해 공공사업인 우회도로 축조 및 포장공사의 도로구역에 편입되면서 이루어진 인근 토지에 대한 보상은 수용대상 토지의 손실보상액을 산정함에 있어서 보상선례로서 참작될 수 없다.

③ 단순한 호가 등의 참작여부

현행 토지수용법하에서 수용대상 토지의 정당한 보상액을 산정함에 있어서 인근 유사토지의 정상거래사례나 보상선례를 반드시 조사하여 참작하여야 하는 것은 아니고, 인근 유사토지가 거래된 사례나 보상이 된 선례가 있고 그 가격이 정상적인 것으로 적정한 보상액 평가에 영향을 미칠 수 있는 것임이 입증된 경우에는 이를 참작할 수 있는 것이나, 단순한 호가시세나 담보목적으로 평가한 가격에 불과한 것까지 참작할 것은 아니다.

【판시사항】

수용대상 토지의 정당한 보상액을 산정함에 있어서 인근 유사토지의 정상거래사례나 보상선례를 참작할 수 있는지 여부(대법원 2003. 2. 28. 선고 2001두3808 판결)

【판결요지】

현행 토지수용법하에서 수용대상 토지의 정당한 보상액을 산정함에 있어서 인근 유사토지의 정상거래사례나 보상선례를 반드시 조사하여 참작하여야 하는 것은 아니고, 인근 유사토지가 거래된 사례나 보상이 된 선례가 있고 그 가격이 정상적인 것으로 적정한 보상액 평가에 영향을 미칠 수 있는 것임이 입증된 경우에는 이를 참작할 수 있는 것이나, 단순한 호가시세나 담보목적으로 평가한 가격에 불과한 것까지 참작할 것은 아니다.

(나) 적용공시지가

부동산공시법에 따른 공시지가 표준지 중에서 대상토지의 보상평가 시에 비교기준으로 선정된 연도별 표준지공시지가를 적용공시지가라 한다. 적용공시지가는 기준시점 당시에 공시된 공시지가를 원칙으로 하므로 기준시점 이후를 공시기준일로 하는 공시지가는 적용할 수 없다.

【판시사항】

토지수용보상금 산정기준이 되는 공시지가의 공시기준일(대법원 1995. 4. 11. 선고 94누262 판결)

【판결요지】

토지수용보상금을 산정함에 있어 기준이 될 표준지의 공시지가는 수용재결일 이전을 공시기준일로 하여 공시된 것이라야 하고, 수용재결일과의 시간적 간격이 더 가깝다 하여 수용재결일 이후를 기준일로 한 공시지가를 소급적용할 수는 없다.

(2) 보상평가의 기준 – 표준지공시지가

공시지가는 부동산공시법이 정하는 절차에 따라 국토교통부장관이 조사 · 평가하여 공시한 표준지의 단위면적당 가격 즉, 표준지공시지가를 말한다.

【판시사항】

토지수용보상액은 개별공시지가를 기준으로 하여 산정하여야 하는지 여부(대법원 2002. 3. 29. 선고 2000두10106 판결)

【판결요지】

토지수용보상액은 토지수용법 제46조 제2항 등 관계 법령에서 규정한 바에 따라 산정하여야 하는 것으로서, 지가공시및토지등의평가에관한법률 제10조의2 규정에 따라 결정 · 공시된 개별공시지가를 기준으로 하여 산정하여야 하는 것은 아니며, 관계 법령에 따라 보상액을 산정한 결과 그 보상액이 당해 토지의 개별공시지가를 기준으로 하여 산정한 지가보다 저렴하게 되었다는 사정만으로 그 보상액 산정이 잘못되어 위법한 것이라고 할 수는 없다.

나. 현황평가주의

토지에 대한 보상액은 가격시점에서의 현실적인 이용상황과 일반적인 이용방법에 의한 객관적 상황을 고려하여 산정하되, 일시적인 이용상황과 토지소유자나 관계인이 갖는 주관적 가치 및 특별한 용도에 사용할 것을 전제로 한 경우 등은 고려하지 아니한다(토지보상법 제70조 제2항). 여기서 일시적인 이용상황은 비교표준지가 소재하는 시 · 군 또는 구의 지가가 해당 공익사업으로 인하여 변동된 경우에는 해당 공익사업과 관계없는 인근 시 · 군 또는 구의 지가변동률을 적용한다. 다만, 비교표준지가 소재하는 시 · 군 또는 구의 지가변동률이 인근 시 · 군 또는 구의 지가변동률보다 작은 경우에는 그러하지 아니하다(토지보상법 시행령 제38조). 또한, 일반적인 이용상황이란 대상토지가 놓여 있는 지역이라는 공간적 상황 및 기준시점이라고 하는 시간적 상황에서 대상토지를 이용하는 사람들의 평균인이 이용하는 것으로 기대되는 이용방법으로 말하며, 그 외 객관적인 상황이란 사물을 판단함에 있어 자기 자신을 기준으로 하지 않고 제3자의 입장에서 판단하는 것을 의미한다, 따라서 토지를 특수한 용도에 이용할 것을 전제로 하거나 주위환경이 특별하게 바뀔 것을 전제하는 경우 등을 객관적 상황을 기준으로 하는 것으로 볼 수 없다.

토지소유자의 토지를 매입한 사유 및 장래의 이용계획 등이 평가의 고려 대상인지 여부(대법원 2003. 7. 25. 선고 2002두5054 판결)

【판결요지】

대한민국 산하 철도건설본부가 구 국토이용관리법(2002. 2. 4. 법률 제6655호 국토의계획및이용에관한법률 부칙 제2조로 폐지) 제20조에 의하여 건설교통부장관으로부터 받은 공공시설입지승인은 그것만으로 토지소유자의 토지에 대한 이용 등을 제한하는 것은 아니어서 구 공공용지의취득및손실보상에관한특례법시행규칙(2002. 12. 31. 건설교통부령 제344호 공익사업을위한토지등의취득및보상에관한법률시행규칙 부칙 제2조로 폐지) 제6조 제4항이 정한 공법상 제한에 해당하지 아니하고, 토지소유자가 토지를 매입한 의도나 장차 그 지상에 공장을 증축할 계획 등은 토지소유자의 주관적인 사정에 불과하므로 토지의 객관적인 이용상황에 따라 그 현황을 잡종지로 평가함에는 지장이 없다.

(1) 현실적인 이용상황의 의미

현실적인 이용상황이란 지적공부상의 지목에 불구하고 기준시점에서의 실제 이용상황으로서, 주위환경이나 대상토지의 공법상 규제 정도 등으로 보아 인정 가능한 범위의 이용상황을 말한다.

【판시사항】

토지의 형질변경의 의미 및 토지의 형질변경에 형질변경허가에 관한 준공검사를 받거나 토지의 지목을 변경할 것을 필요로 하는지 여부(대법원 2012. 12. 13. 선고 2011두24033 판결)

【판결요지】

토지 소유자가 지목 및 현황이 전(전)인 토지에 관하여 국토의 계획 및 이용에 관한 법률 등 관계 법령에 의하여 건축물의 부지조성을 목적으로 한 개발행위(토지의 형질변경)허가를 받아 그 토지의 형질을 대지로 변경한 다음 토지에 건축물을 신축하는 내용의 건축허가를 받고 그 착공신고서까지 제출하였고, 형질변경허가에 관한 준공검사를 받은 다음 지목변경절차에 따라 그 토지의 지목을 대지로 변경할 여지가 있었으며, 그와 같이 형질을 변경한 이후에는 그 토지를 더 이상 전으로 사용하지 않았고, 한편 행정청도 그 토지가 장차 건축물의 부지인 대지로 사용됨을 전제로 건축허가를 하였을 뿐만 아니라[구 건축법 시행규칙(2005. 7. 18. 건설교통부령 제459호로 개정되기 전의 것) 제6조 제1항 제1호에 의하면, 건축허가를 받기 위하여 제출하는 건축허가신청서에는 '건축할 대지의 범위와 그 대지의 소유 또는 그 사용에 관한 권리를 증명하는 서류'를 첨부하도록 되어 있다], 그 현황이 대지임을 전제로 개별공시지가를 산정하고 재산세를 부과하였으며, 나아가 그와 같이 형질이 변경된 이후에 그 토지가 대지로서 매매되는 등 형질이 변경된 현황에 따라 정상적으로 거래된 사정이 있는 경우, 비록 토지 소유자가 그 토지에 건축물을 건축하는 공사를 착공하지 못하고 있던 중 토지가 택지개발사업지구에 편입되어 수용됨으로써 실제로 그 토지에 건축물이 건축되어 있지 않아 그 토지를 구 지적법(2009. 6. 9. 법률 제9774호로 폐지되기 전의 것, 이하 같다) 제5조 제1항 및 같은 법 시행령(2009. 12. 14. 대통령령 제21881호로 폐지되기 전의 것, 이하 같다) 제5조 제8호에서 정한 대지로 볼 수 없다고 하더라도, 그 토지의 수용에 따른 보상액을 산정함에 있어서는 공익사업을 위한 토지 등의 취득 및 보상에 관한 법률 제70조 제2항의 '현실적인 이용상황'을 대지로 평가함이 상당하다.

(2) 현실적인 이용상황의 판단시점

현실적인 이용상황의 판단시점은 보상의 대상이 되는 권리가 소멸할 때인 기준지점이다.

【판시사항】

법률제3782호하천법중개정법률부칙제2조의규정에의한보상청구권의소멸시효가만료된 하천구역편입토지보상에관한특별조치법 제6조 제1항에 따른 보상액 평가의 기준(대법원 2001. 9. 25. 선고 2001다30445 판결)

【판결요지】

법률제3782호하천법중개정법률부칙제2조의규정에의한보상청구권의소멸시효가만료된 하천구역편입토지보상에관한특별조치법 제6조 제1항은 "보상에 대한 평가는 평가 당시의 가격을 기준으로 하되 편입 당시의 지목 및 이용상황, 당해 토지에 대한 공법상의 제한, 현실의 이용상황 및 유사한 인근 토지의 정상가격 등을 고려하여야 한다."고 규정하고 있는바, 구 하천법(1971. 1. 19. 법률 제2292호로 전문 개정된 것)에는 그의 시행에 의하여 당연히 하천구역으로 되는 토지에 관하여 아무런 보상규정을 두지 아니하였는데 하천법중개정법률(1984. 12. 31. 법률 제3782호) 부칙 제2조 제1항에 의하여 비로소 보상규정을 두게 된 하천법의 연혁과, 보상의 대상이 되는 권리가 소멸한 때의 현황을 기준으로 보상액을 산정하는 것이 보상에 관한 일반적인 법리에 부합하는 점 등에 비추어 보면, 위 특별조치법 제6조 제1항의 "편입 당시의 지목 및 이용상황"이라 함은, 제2조 제1호의 "법률 제2292호 하천법개정법률의 시행일 전에 토지가 하천법 제2조 제1항 제2호 (가)목에 해당되어 하천구역으로 된 경우" 또는 제3호의 "법률 제2292호 하천법개정법률의 시행으로 제외지 안에 있던 토지가 국유로 된 경우"의 보상에 있어서는 당해 토지가 구 하천법의 시행으로 하천에 편입되어 국유화되는 시점으로서 구 하천법의 시행일인 1971. 7. 20.경의 지목 및 이용상황을 의미하는 것이고, 구 하천법 시행 이전에 사실상 하천부지화될 당시의 지목 및 이용상황을 의미하는 것은 아니라고 할 것이며, 위 특별조치법 제2조 제1호, 제3호의 규정을 유추적용하여 제방부지의 소유자에게 손실보상을 하여야 할 경우에도 마찬가지로 해석하여야 한다.

(3) 현실적 이용의 판단기준

(가) 원칙

수용대상 토지는 수용재결 당시의 현실 이용상황을 기준으로 평가하여야 하고, 그 현실 이용상황은 법령의 규정이나 토지소유자의 주관적 의도 등에 의하여 의제될 것이 아니라 관계

증거에 의하여 객관적으로 확정되어야 한다.

【판시사항】
수용대상 토지의 손실보상액 평가 기준(대법원 2004. 6. 11. 선고 2003두14703 판결)

【판결요지】
수용대상 토지는 수용재결 당시의 현실 이용상황을 기준으로 평가하여야 하고, 그 현실 이용상황은 법령의 규정이나 토지소유자의 주관적 의도 등에 의하여 의제될 것이 아니라 관계증거에 의하여 객관적으로 확정되어야 한다(대법원 1998. 9. 18. 선고 97누13375 판결 등 참조).

【판시사항】
토지수용재결 당시 채석지의 이용상황이 잡종지이기는 하지만 가까운 장래에 채석허가기간이 만료되어 훼손된 채석지에 대한 산림복구가 예정되어 있는 경우, 이에 대한 수용보상액은 그 공부상 지목에 따라 임야로서 평가하여야 하는지 여부(대법원 2000. 2. 8. 선고 97누15845 판결)

【판결요지】
공공용지의취득및손실보상에관한특례법시행령 제2조의10 제2항은 토지에 대한 평가는 지적공부상의 지목에 불구하고 가격시점에 있어서의 현실적인 이용상황에 따라 평가되어야 하며 일시적인 이용상황은 고려하지 아니한다고 규정하고 있으므로, 토지수용재결 당시 채석지의 이용상황이 잡종지이기도 하지만 가까운 장래에 채석기간이 만료되어 훼손된 채석지에 대한 산림복구가 법령상 예정되어 있다면 이러한 이용상황은 일시적인 것에 불과하다고 보아야 하므로 이에 대한 수용보상액은 그 공부상 지목에 따라 임야로서 평가함이 마땅하다.

또한, 토지에 대한 보상평가는 현실적인 이용상황을 기준으로 평가하여야 하지만, 단지 일시적인 사용에 불과한 일시적인 이용상황은 고려하지 아니한다. 이 경우 일시적인 이용상황이란 ⅰ) 관련법령에 의한 국가 또는 지방자치단체의 계획이나 명령 등에 의하여 대상토지를 본래의 용도로 이용하는 것이 일시적으로 금지 또는 제한되어 그 본래의 용도 외의 다른 용도로 이용하고 있거나, ⅱ) 대상토지의 주위환경의 사정으로 보아 현재의 이용방법이 임시적인 것을 말한다.

【판시사항】

개발사업착수시점의 토지가액을 공시지가에 의하여 산정할 경우 개별토지가격이 결정 공고된 토지에 대해서는 그에 의하여 산정하여야 하는지 여부 및 토지가격의 평가를 함에 있어 공부상 지목과 실제 현황이 다른 경우의 평가기준(대법원 1994. 4. 12. 선고 93누6904 판결)

【판결요지】

구 개발이익환수에관한법률(1993.6.11. 법률 제4563호로 개정되기 전의 것) 제10조 제3항, 제1항의 각 규정내용 및 개별토지가격합동조사지침(1990.4.14. 국무총리훈령 제241호 및 1991.4.2. 국무총리훈령 제248호)에 의한 개별토지가격제도의 취지에 비추어 볼 때, 행정청이 행정목적을 위하여 표준지의 공시지가를 기준으로 지가공시및토지등의평가에관한법률 제10조에 의한 비교표를 적용하여 토지가격을 산정하여야 할 경우에 개별토지가격이 결정 공고된 토지에 대해서는 그 개별토지가격결정에 잘못이 있다거나 개별토지가격결정 당시의 토지현황이 현저히 변동되었다는 등의 특별한 사정이 없는 한 원칙적으로 개별토지가격에 의하여야 할 것이고 그와 다른 토지가격은 인정되지 않는다 할 것이어서, 개발부담금산정 기초항목의 하나인 위 개발사업착수시점의 토지가액 역시 그에 의거하여 산정함이 상당하다.

또한, 토지가격의 평가를 함에 있어 공부상 지목과 실제 현황이 다른 경우에는 공부상 지목보다는 실제 현황을 기준으로 하여 평가하여야 함이 원칙이며, 평가대상 토지에 형질변경이 행하여지는 경우 형질변경행위가 완료되어 현황의 변경이 이루어졌다고 보여지는 경우에는 비록 공부상 지목변경절차를 마치기 전이라고 하더라도 변경된 실제 현황을 기준으로 평가함이 상당하다.

(나) 예외

현실적인 이용상황 기준의 예외로는 ⅰ) 일시적인 이용상황, ⅱ) 공익사업용지, ⅲ) 미지급용지, ⅳ) 무허가건축물 등의 부지, ⅴ) 불법으로 형질변경된 토지,) 건축물 등의 부지 등이 있다. 예를 들어, 무허가건축물 등의 부지 또는 불법형질변경된 토지도 원상회복을 원칙으로 하기 때문에, 현재의 이용상황은 결국 원상회복이 되기전까지 일시적인 이용에 불과한 것이다. 이렇듯 수용대상토지에 대한 표준지를 선정함에 있어서는 수용대상토지와 현실적 이용상황이 같은 표준지를 선정하여야 하되 이 경우 일시적인 이용상황은 이를 고려하여서는 아니되는 것인바, 수용대상토지는 원래 목욕탕 건물의 부지인데 기존의 목욕탕을 헐고 신축하는 과정에서 수용대상토지가 도시계획시설인 도로에 저촉되어 건물신축을 할 수 없는 관계로 부득이 인근 토지로 이전하여 신축하고 수용대상토지는 일시적으로 잡종지로 이용하였다면 수용대상토지의 현실이용상황은 대지로 봄이 상당하다.139)

【판시사항】

수용대상 토지의 현실적인 이용상황이 공공용지의취득및손실보상에관한특례법시행령 제2조의10 제2항 소정의 '일시적인 이용상황'에 불과하다고 본 사례(대법원 1999. 7. 27. 선고 99두4327 판결)

【판결요지】

수용대상 토지가 수용재결 당시 잡종지 등으로 사실상 사용되고 있으나 무단형질변경의 경위, 수회에 걸친 무단형질변경토지의 원상회복명령 및 형사고발까지 받고도 원상복구하지 아니한 점, 그 이용실태 및 이용기간 등에 비추어 위 이용상황은 공공용지의취득및손실보상에관한특례법시행령 제2조의10 제2항 소정의 '일시적인 이용상황'에 불과하다.

다. 사업인정 전 협의취득

사업인정 전 협의에 의한 취득의 경우에 공시지가는 해당 토지의 가격시점 당시 공시된 공시지가 중 가격시점과 가장 가까운 시점에 공시된 공시지가로 한다(토지보상법 제70조 제3항).

라. 사업인정 후의 취득

사업인정 후의 취득의 경우에 공시지가는 사업인정고시일 전의 시점을 공시기준일로 하는 공시지가로서, 해당 토지에 관한 협의의 성립 또는 재결 당시 공시된 공시지가 중 그 사업인정고시일과 가장 가까운 시점에 공시된 공시지가로 한다(토지보상법 제70조 제4항).

마. 사업시행 공고 등 후 가격변동

(1) 가격변동시 공시지가

(가) 가격변동시 공시지가

공익사업의 계획 또는 시행이 공고되거나 고시됨으로 인하여 취득하여야 할 토지의 가격이

139) 대법원 1994. 5. 27. 선고 93누23121 판결.

변동되었다고 인정되는 경우에는 공시지가는 해당 공고일 또는 고시일 전의 시점을 공시기준일로 하는 공시지가로서 그 토지의 가격시점 당시 공시된 공시지가 중 그 공익사업의 공고일 또는 고시일과 가장 가까운 시점에 공시된 공시지가로 한다(토지보상법 제70조 제5항). 여기서 취득하여야 할 토지의 가격이 변동되었다고 인정되는 경우란 도로, 철도 또는 하천 관련 사업을 제외한 사업으로서 ⅰ) 해당 공익사업의 면적이 20만 제곱미터 이상일 것, ⅱ) 비교표준지가 소재하는 시 · 군 또는 구의 사업인정고시일부터 가격시점까지의 지가변동률이 3퍼센트 이상일 것,[140] ⅲ) 사업인정고시일부터 가격시점까지 비교표준지가 소재하는 시 · 군 또는 구의 지가변동률이 비교표준지가 소재하는 시 · 도의 지가변동률보다 30퍼센트 이상 높거나 낮을 것 등의 요건을 모두 충족하는 경우를 말한다(토지보상법 시행령 제37조 제3항).

1) 평균변동률의 산정

평균변동률(토지보상법 시행령 제38조 제1항 제2호 및 제3호)은 해당 표준지별 변동률의 합을 표준지의 수로 나누어 산정하며, 공익사업지구가 둘 이상의 시 · 군 또는 구에 걸쳐 있는 경우 평가대상토지가 소재하는 시 · 군 또는 구 전체의 표준지공시지가 평균변동률은 시 · 군 또는 구별로 평균변동률을 산정한 후 이를 해당 시 · 군 또는 구에 속한 공익사업지구 면적 비율로 가중평균(加重平均)하여 산정한다. 이 경우 평균변동률의 산정기간은 해당 공익사업의 계획 또는 시행이 공고되거나 고시된 당시 공시된 표준지공시지가 중 그 공고일 또는 고시일에 가장 가까운 시점에 공시된 표준지공시지가의 공시기준일부터 표준지공시지가의 공시기준일까지의 기간으로 한다(토지보상법 시행령 제38조의2 제2항).

2) 토지보상법 시행령 제37조 제3항 제2호, 제3호의 지가변동률의 의미

토지보상법 시행령 제37조 제1항에서는 토지보상법 제70조 제1항에서 규정하고 있는 대통령령으로 정하는 지가변동률을 지역 및 종류 두 가지로 나누어, 지역은 '비교표준지가 소재하는 시 · 군 · 구 또는 구'로 규정하고, 종류는 용도지역별로 규정하고 있다. 그리고 제2항 및 제3항은 '비교표준지가 소재하는 시 · 군 또는 구'에 대한 예외를 규정한 조항으로서 해당

140) 다만, 해당 공익사업의 계획 또는 시행이 공고되거나 고시됨으로 인하여 비교표준지의 가격이 변동되었다고 인정되는 경우에는 그 계획 또는 시행이 공고되거나 고시된 날부터 가격시점까지의 지가변동률이 5퍼센트 이상인 경우로 한다.

공익사업으로 인한 비교표준지가 소재하는 시 · 군 또는 구의 지가의 변동 여부를 판단하기 위한 것이므로 용도지역별 지가변동률이 아니라 평균 지가변동률을 기준으로 하여야 한다.[141)]

3) 관리지역 세분화에 따른 지가변동률 적용방법

비교표준지는 용도지역이 세분화되었으나 비교표준지가 속한 시 · 군 · 구의 지가변동률은 세분화되지 않고 고시되고 있는 경우 및 비교표준지의 용도지역은 세분화되지 않았으나 비교표준지가 속한 시 · 군 · 구의 지가변동률은 세분화되어 고시되고 있는 경우 등은 비교표준지와 같은 용도지역의 지가변동률이 조사 · 발표되지 아니한 경우로 보아 비교표준지와 유사한 용도지역의 지가변동률, 비교표준지와 이용상황이 같은 토지의 지가변동률 또는 해당 시 · 군 · 구의 평균지가변동률 중 어느 하나의 지가변동률을 적용하다.

4) 개발제한구역 내 토지에 대한 가격변동률

수용대상토지가 도시지역 내에 소재하고 있는 경우에는 원칙적으로 용도지역별 지가변동률에 의하여 보상금을 산정하는 것이 더 타당하나, 개발제한구역으로 지정되어 있는 경우에는 일반적으로 이용상황에 따라 지가변동률이 영향을 받으므로 특별한 사정이 없는 한 이용상황별 지가변동률을 적용하는 것이 상당하다.

【판시사항】

수용대상토지가 개발제한구역으로 지정되어 있는 경우, 손실보상금 산정에적용될 지가변동율(대법원 1994. 12. 27. 선고 94누1807 판결)

【판결요지】

수용대상토지에 대한 손실보상액을 산정함에 있어서 적용되어야 하는 구 토지수용법(1991.12.31. 법률 제4483호로 개정되기 전의 것) 제46조 제2항에 따라 지가변동율을 참작함에 있어서, 수용대상토지가 도시계획구역 내에 있는 경우에는 원칙적으로 용도지역별 지가변동율에 의하여 보상금을 산정하는 것이 더 타당하나 개발제한구역으로 지정되어 있는 경우에는 일반적으로 지목에 따라 지가변동율이 영향을 받으므로, 특별한 사정이 없는 한, 지목별 지가변동율을 적용하는 것이 상당하다.

141) 2017. 5. 26. 감정평가기준팀-734 질의회신 참조.

(나) 공고일 또는 고시일의 의미

공익사업의 계획 또는 시행이 공고되거나 고시라 함은 관련 법령에 따른 공고 또는 고시를 하거나 국가 · 지방자치단체 또는 사업시행자 등이 해당 공익사업의 위치와 범위, 사업기간 등 구체적인 사업계획을 일반에게 발표한 것을 의미한다.

(다) 공익사업의 계획 등의 공고에 따른 가격변동 여부판단 기준

공익사업의 계획 또는 시행이 공고되거나 고시됨에 따라 취득하여야 할 토지의 가격이 변동되었는지 여부를 판단하기 위한 기준으로서 비교표준지 공시지가의 평균변동률과 대상토지가 소재하는 시 · 군 또는 구 전체의 표준지공시지가 평균변동률을 비교하기 위해서는, 해당 공익사업시행지구 안에 표준지가 없어야 하며, 해당 공익사업시행지구 안에 표준지가 있으나 공익사업시행지구 밖의 표준지를 비교표준지로 선정하는 경우에는 공익사업시행지구 안에 있는 표준지의 평균변동률로 비교하여야 한다.

(라) 수용재결일 이전에 새로운 공시지가 공시

공시지가는 공시기준일을 기준으로 하여 효력이 있다 할 것이므로 공시기준일 이후를 가격시점으로 한 평가나 보상은 공시된 공시지가를 기준으로 하여 산정하여야 하고 수용재결시에 기존의 공시지가가 공시되어 있더라도 이의재결시에 새로운 공시지가의 공시가 있었고 그 공시기준일이 수용재결일 이전으로 된 경우에는 이의재결은 새로 공시된 공시지가를 기준으로 하여 평가한 금액으로 행하는 것이 맞다.

(2) 평균변동률산정

위 (1)의 ii) 및 iii)에 따른 평균변동률은 해당 표준지별 변동률의 합을 표준지의 수로 나누어 산정하며, 공익사업지구가 둘 이상의 시 · 군 또는 구에 걸쳐 있는 경우 평가대상토지가 소재하는 시 · 군 또는 구 전체의 표준지공시지가 평균변동률은 시 · 군 또는 구별로 평균변동률을 산정한 후 이를 해당 시 · 군 또는 구에 속한 공익사업지구 면적 비율로 가중평균(加重平均)하여 산정한다. 이 경우 평균변동률의 산정기간은 해당 공익사업의 계획 또는 시행이 공고되거나 고시된 당시 공시된 표준지공시지가 중 그 공고일 또는 고시일에 가장 가까운 시점에 공시된 표준지공시지가의 공시기준일부터 표준지공시지가의 공시기준일까지의 기간으로

한다(토지보상법 시행령 제38조의2 제2항).

사. 사업인정고시 후 세목추가

사업인정의 공시가 있는 후 공익사업시행지구의 확장이나 변경 등으로 토지의 세목 등이 추가고시됨에 따라 그 추가고시된 토지를 보상평가하는 경우에는 그 토지의 세목 등이 추가고시된 날짜를 사업인정고시일로 본다. 다만, 공익사업시행지구의 확장이나 변경 등이 없이 지적 분할 등에 의해 토지의 세목 등이 변경고시된 경우에는 종전의 세목고시일을 사업인정고시일로 본다.

아. 취득하는 토지의 평가

(1) 평가방법

취득하는 토지와 이에 관한 소유권 외의 권리에 대한 구체적인 보상액 산정 및 평가방법은 투자비용, 예상수익 및 거래가격 등을 고려하여 평가대상토지와 유사한 이용가치를 지닌다고 인정되는 하나 이상의 표준지의 공시지가를 기준으로 한다(토지보상법 시행규칙 제22조 제1항).

(2) 토지에 건축물등이 있는 경우

토지에 건축물등이 있는 때에는 그 건축물등이 없는 상태를 상정하여 토지를 평가한다(토지보상법 시행규칙 제22조 제2항).

(3) 비교표준지 선정

(가) 선정기준

1) 원칙

취득하는 토지의 평가는 평가대상 토지와 유사한 이용가치를 지닌 하나 이상의 표준지를 기준으로 하기 때문에 이러한 표준지로 인근의 어떤 토지가 선정되느냐에 따라 대상토지의 가격이 달라지므로 수용보상에 있어서 표준지 선정은 매우 중요한 문제이다. 이 때문에 이를 지정하는 객관적인 기준이 필요한데, 통상 표준지는 특별한 사유가 있는 경우를 제외하고는 i) 「국토의 계획 및 이용에 관한 법률」 제36조 부터 제38조까지, 제38조의2 및 제39조부터 제42조까지에서 정한 용도지역, 용도지구, 용도구역 등 공법상 제한이 같거나 유사할 것, ii) 평가대상 토지와 실제 이용상황이 같거나 유사할 것, iii) 평가대상 토지와 주위 환경 등이 같거나 유사할 것, iv) 평가대상 토지와 지리적으로 가까울 것 등의 기준에 따른 토지로 한다(토지보상법 시행규칙 제22조 제3항).

한편, 표준지공시지가결정은 이를 기초로 한 수용재결 등과는 별개의 독립된 처분으로서 서로 독립하여 별개의 법률효과를 목적으로 하기 때문에 표준지공시지가결정이 위법한 경우에는 그 자체를 행정소송의 대상이 되는 행정처분으로 보아 그 위법 여부를 다툴 수 있음은 물론, 수용보상금의 증액을 구하는 소송에서도 선행처분으로서 그 수용대상 토지 가격 산정의 기초가 된 비교표준지공시지가결정의 위법을 독립한 사유로 주장할 수 있다.[142]

| 감정평가 실무기준 – 비교표준지의 선정 |

감정평가 실무기준 – 1.5.2.1 비교표준지의 선정

① 비교표준지는 다음 각 호의 선정기준을 충족하는 표준지 중에서 대상토지의 감정평가에 가장 적절하다고 인정되는 표준지를 선정한다. 다만, 한 필지의 토지가 둘 이상의 용도로 이용되고 있거나 적절한 감정평가액의 산정을 위하여 필요하다고 인정되는 경우에는 둘 이상의 비교표준지를 선정할 수 있다.

1. 「국토의 계획 및 이용에 관한 법률」상의 용도지역 · 지구 · 구역 등(이하 "용도지역등"이라 한다) 공법상 제한사항이 같거나 비슷할 것
2. 이용상황이 같거나 비슷할 것
3. 주변환경 등이 같거나 비슷할 것
4. 인근지역에 위치하여 지리적으로 가능한 한 가까이 있을 것

② 제1항 각 호의 선정기준을 충족하는 표준지가 없는 경우에는 인근지역과 유사한 지역적 특성을 갖는 동일수급권 안의 유사지역에 위치하고 제1항제1호부터 제3호까지를 충족하는 표준지 중 가장 적절하다고 인정되는 표준지를 비교표준지로 선정할 수 있다.

③ 도로 · 구거 등 특수용도의 토지에 관한 감정평가로서 선정기준에 적합한 표준지가 인근지역에 없는 경우에는 인근지역의 표준적인 이용상황의 표준지를 비교표준지로 선정할 수 있다.

142) 대법원 2008. 8. 21. 선고 2007두13845 판결.

【판시사항】
도시지역 내에 있는 수용대상토지와 용도지역이 같은 비교표준지가 여러 개 있는 경우 및 도시지역 외에 있는 수용대상토지와 현실적 이용상황이 같은 비교표준지가 여러 개 있는 경우, 비교표준지 선정 방법(대법원 2011. 9. 8. 선고 2009두4340 판결)

【판결요지】
비교표준지는 특별한 사정이 없는 한 도시지역 내에서는 용도지역을 우선으로 하고, 도시지역 외에서는 현실적 이용상황에 따른 실제 지목을 우선으로 하여 선정해야 한다. 또한 수용대상토지가 도시지역 내에 있는 경우 용도지역이 같은 비교표준지가 여러 개 있을 때에는 현실적 이용상황, 공부상 지목, 주위환경, 위치 등의 제반 특성을 참작하여 자연적, 사회적 조건이 수용대상 토지와 동일 또는 유사한 토지를 당해 토지에 적용할 비교표준지로 선정해야 하고, 마찬가지로 수용대상토지가 도시지역 외에 있는 경우 현실적 이용상황이 같은 비교표준지가 여러 개 있을 때에는 용도지역까지 동일한 비교표준지가 있다면 이를 당해 토지에 적용할 비교표준지로 선정해야 한다.

【판시사항】
비교표준지의 선정 방법(대법원 2001. 3. 27. 선고 99두7968 판결)

【판결요지】
비교표준지는 특별한 사정이 없는 한 도시계획구역 내에서는 용도지역을 우선으로 하고, 도시계획구역 외에서는 현실적 이용상황에 따른 실제 지목을 우선으로 하여 선정하여야 할 것이나, 이러한 토지가 없다면 지목, 용도, 주위환경, 위치 등의 제반 특성을 참작하여 그 자연적, 사회적 조건이 수용대상 토지와 동일 또는 가장 유사한 토지를 선정하여야 한다.

가) 용도지역 우선의 원칙

수용대상 토지가 도시계획구역 내에 있는 경우에는 그 용도지역이 토지의 가격형성에 미치는 영향을 고려하여 볼 때, 당해 토지와 같은 용도지역의 표준지가 있으면 다른 특별한 사정이 없는 한 용도지역이 같은 토지를 당해 토지에 적용할 표준지로 선정함이 상당하고, 가사 그 표준지와 당해 토지의 이용상황이나 주변환경 등에 다소 상이한 점이 있다 하더라도 이러한 점은 지역요인이나 개별요인의 분석 등 품등비교에서 참작하면 되고,[143] 나아가 표준지가

143) 대법원 2000. 12. 8. 선고 99두9957 판결.

개발제한구역 내에 소재한다 하여 수용보상액 산정의 기초로 삼을 수 없는 것은 아니다.[144)]

【판시사항】

수용대상토지가 도시계획구역 내에 있는 경우, 당해 토지와 같은 용도지역의 표준지가 있으면 용도지역이 같은 토지를 표준지로 선정하여야 할 것인지 여부(대법원 1992. 9. 14. 선고 91누8722 판결)

【판결요지】

수용대상토지가 도시계획구역 내에 있는 경우에는 그 용도지역이 토지의 가격형성에 미치는 영향을 고려하여 볼 때, 당해 토지와 같은 용도지역의 표준지가 있으면 다른 특별한 사정이 없는 한 용도지역이 같은 토지를 당해토지에 적용할 표준지로 선정함이 상당하고, 가사 그 표준지와 당해 토지의 이용상황이나 주변환경 등에 다소 상이한 점이 있다 하더라도 이러한 점은 지역요인이나 개별요인의 분석 등 품등비교에서 참작하면 되는 것이다.

나) 현황중시의 원칙

보상액 산정의 기준이 되는 표준지는 지목, 용도, 주위환경, 위치 등의 제반 특성을 참작하여 그 자연적, 사회적 조건이 수용대상 토지와 동일 또는 가장 유사한 토지를 선정하여야 하는 것이고, 표준지가 수용대상 토지가 분할되기 전의 토지라고 하여 반드시 다른 표준지보다 더 유사성이 있다고 할 수 없으며, 표준지가 수용대상 토지와 상당히 떨어져 있다는 것만으로는 표준지 선정이 위법하다고 할 수 없다.[145)]

【판시사항】

기준지가가 고시된 지역 안에 있는 수용대상토지의 공부상 지목이 대지이나 관계법령 등의 제한 때문에 일시적으로 이를 전으로 이용하고 있었던 경우 지목이 전인 표준지를 선정함의 적부(대법원 1990. 12. 26. 선고 90누1076판결)

【판결요지】

기준지가가 고시된 지역 안에 있는 토지를 수용하는 경우 그 지목이 전, 답, 대지, 임야 및 잡종지인 때에는 당해 표준지 선정대상지역 안에서 위 5개 지목으로 구분하여 선정된 표준지 중 수용대상토지와 지목이 같은 표준지의 기준지가를 기준으로 하여 그 손실보상액을 산정하

144) 대법원 1993. 10. 12. 선고 93누12527 판결.
145) 대법원 1996. 5. 14. 선고 95누14350 판결.

여야 하고, 수용대상토지의 공부상 지목이 대지이나 관계법령 등의 제한때문에 일시적으로 이를 전으로 이용하고 있더라도 지목이 대지인 토지를 표준지로 선정하여야 한다고 할 것인바, 공부상 지목이 대지인 이 사건 수용대상토지가 택지개발사업시행지역으로 지정됨으로써 건물신축 등 본래의 목적에 이용할 수 없는 형편에 놓이게 되어 일시 약초를 재배하였던 것에 불과할 뿐 언제라도 건축이 가능한 상태로 환원될 수 있었다면, 그 표준지로서 지목이 전인 토지를 선정한 감정평가를 보상가액산정의 기초로 삼은 이 사건 이의재결처분은 위법하다.

다) 표준지를 수용대상지역 안에서 선정한 조치의 적부

지가공시및토지등의평가에관한법률상 표준지를 반드시 수용대상지역 안에서 선정하여야 한다든가 혹은 그 밖에서 선정하여야 한다든가 하는 규제는 없으므로, 표준지는 수용대상지역 안에서 선정할 수도 있고, 혹은 그 밖에서 선정할 수도 있는 것이지만, 그에 따라 가격에 차이가 나는 경우에는 같은 법 제10조 제1항의 취지에 비추어 지역요인 및 개별요인 등 품등비교 과정이나 개발이익의 배제를 위 구 토지수용법 제46조 제2항 소정의 기타사항으로 참작하는 등의 방법에 의하여 그 차이를 없애도록 조정을 거침으로써 재산의 객관적 가치를 적정하게 평가하도록 하고 있으므로, 표준지를 수용대상지역 내에서 선정하느냐 혹은 그 밖에서 선정하느냐에 따라 원칙적으로 보상액 산정의 결과에 차이가 나는 것은 아니다. [146]

2) 예외

가) 둘 이상의 비교표준지 선정

한 필지의 토지가 둘 이상의 용도로 이용되고 있거나 적절한 보상 평가를 위하여 필요하다고 인정되는 경우 둘 이상의 비교표준지를 선정할 수 있다.

나) 충족된 표준지가 없는 경우

위 (1).항 및 가)의 선정기준을 충족하는 표준지가 없는 경우 인근지역과 유사한 지역적 특성을 갖는 동일수급권 안의 유사지역에 위치하고 있는 ⅰ)「국토의 계획 및 이용에 관한 법률」 제36조 부터 제38조까지, 제38조의2 및 제39조 부터 제42조까지에서 정한 용도지역, 용도지구, 용도구역 등 공법상 제한이 같거나 유사할 것, ⅱ) 평가대상 토지와 실제 이용상황이 같거나 유사할 것, ⅲ) 평가대상 토지와 주위 환경 등이 같거나 유사할 것, ⅳ) 평가대상

146) 대법원 1993. 9. 10. 선고 93누5307 판결.

토지와 지리적으로 가까울 것 등의 요건을 충족하는 표준지 중 가장 적절하다고 인정되는 표준지를 비교표준지로 선정할 수 있다.

다) 표준지의 토지특성이 실제와 다른 경우

표준지의 토지특성이 실제와 다른 경우로서 공시기준일 이후에 개별요인이 변경된 경우는 비교표준지를 선정할 수 있다.

【판시사항】

공시기준일 이후에 용도변경 등이 이루어진 표준지의 비교표준지 선정가능성(대법원 1993. 9. 28. 선고 93누5314 판결)

【판결요지】

당해 공익사업이 시행되는 지역 내에 있는 표준지의 용도나 형질이 그 공익사업의 시행으로 인하여 변경되었다 하더라도, 다른 자료에 의하여 공시기준일 당시의 그 표준지의 현황을 확인할 수 있다면 그 표준지의 수용재결 당시의 공시지가를 기준으로 하여 수용대상토지에 대한 손실보상액을 산정하는 것이 감정평가에 관한 규칙 제17조 제2항의 규정취지에 배치되는 것은 아니다.

그러나 공시기준일 당시 토지특성이 실제와 다르게 공시된 경우에는 비교표준지를 선정하지 않는다.

【질의사항】

토지특성에 오류가 있는 표준지의 비교표준지 선정가부(2014. 12. 3. 감정평가기준팀-4155)

【회신내용】

수용대상토지 자체가 표준지인 토지에 관하여는 표준지와의 개별성 및 지역성의 비교란 있을 수 없다고 판결(대법원 1995. 5. 12. 선고 95누2678 판결)하고 있는 바, 표준지의 공시사항인 토지특성의 오류가 있다면 당해 표준지를 배제하고 표준지 선정기준에 부합하는 다른 표준지를 선정하여야 할 것입니다.

라) 표준적인 이용상황의 비교표준지 선정

도로 · 구거 등 특수용도의 토지에 관한 보상으로서 선정기준에 적합한 표준지가 인근지역에 없는 경우에는 인근지역의 표준적인 이용상황의 표준지를 선정할 수 있다.

【판시사항】

평가대상토지로 부터 1.6km나 떨어져 있다는 사유만으로 표준지선정이 위법하게 되는지 여부(대법원 1992. 11. 13. 선고 92누1377 판결)

【판결요지】

평가대상토지 주위에 달리 적절한 표준지가 없는 이상 표준지와 평가대상토지가 상당히 떨어져 있다는 것만으로는 그 표준지선정이 위법하다고 말할 수 없다.

(4) 공익사업시행지구 안의 토지평가

(가) 원칙

택지개발사업 · 산업단지개발사업 등 공익사업시행지구 안에 있는 토지를 보상평가할 때 및 도로 등과 같은 우선적인 공익사업의 경우에도 그 공익사업시행지구 안에 있는 표준지공시지가를 선정함이 원칙이다.

(나) 예외

다만, 특별한 이유가 있는 경우에는 해당 공익사업시행지구 안에 있는 표준지공시지가의 일부를 선정대상에서 제외하거나, 도로 등과 같은 공익사업의 경우 해당 공익사업으로 인한 제한이 표준지공시지가에 반영되어 있으나 이러한 제한이 없는 상태로 보상평가하는 경우 등은 해당 공익사업시행지구 밖의 표준지를 비교표준지로 선정할 수 있다.

(5) 구분평가 등 - 개별필지 기준

(가) 개별필지 기준평가 원칙

1) 원칙

취득할 토지에 건축물 · 입목 · 공작물 그 밖에 토지에 정착한 물건이 있는 경우에는 토지와 그 건축물등을 각각 평가하여야 한다. 그러나 취득할 토지에 소유권 외의 권리가 설정되어 있는 경우에는 소유권 외의 권리마다 개별로 보상하여야 하며, 이 경우 소유권 외의 권리의 목적이 되고 있는 토지에 대하여는 해당 권리가 없는 것으로 하여 보상평가한 금액에서 소유권 외의 권리의 가액을 뺀 금액으로 평가한다.

가) 구분평가시 검토자료 및 평가방법

취득할 토지에 대한 구분평가를 시행하는 경우 사업시행자로부터 이용상황별 또는 용도지역 등 별로 구분된 면적을 제출받아야 한다. 만일 사업시행자가 이를 구분하여 제출하지 아니하는 경우에는 주된 이용상황 또는 용도지역 등을 기준으로 평가하고, 다른 이용상황 또는 용도지역 등별 단가를 감정평가서에 따로 기재한다.

나) 복합적 용도로 이용되는 토지

골프장용지(골프코스, 건부지, 주차장, 도로, 조정지, 조경지, 임야 등으로 구성)와 같이 복합적 용도로 구성되는 토지 중 일부가 공익사업에 편입되는 경우에는 대상토지와 유사한 이용가치를 가지는 비교표준지(골프장용지)를 기준으로 한다. 다만, 해당 편입부분의 위치 · 형상 · 개발정도 · 전체 토지에 대한 기여도 등을 감안하여 보상평가하여야 한다.

2) 예외

가) 일괄평가

다만, 건축물등이 토지와 함께 거래되는 사례나 관행이 있는 경우에는 그 건축물등과 토지를 일괄하여 평가하여야 하며, 이 경우 보상평가서에 그 내용을 기재하여야 한다(토지보상법 시행규칙 제20조 제1항).

나) 토지의 일부만 수용

한 필지의 일부만이 공익사업에 편입되는 경우에는 편입당시 토지전체의 상황을 기준으로 보상평가함이 원칙이지만, 편입부분과 전체 토지의 가치가 다른 경우에는 편입부분의 가치를 기준으로 부분평가할 수 있다.

(나) 두 필지 이상의 토지가 일단지를 이루는 경우

1) 원칙

두 필지 이상의 토지가 일단지를 이루고 있더라도 그 평가는 일괄하여 평가함이 원칙이다.

가) 일단지의 개념 및 판단기준

여기서 일단지란 여러 필지의 토지가 일단을 이루어 용도상 불가분의 관계에 있는 경우를 말하며, 일단지는 여러 필지의 토지를 하나의 필지로 보고 개별요인 등을 적용한다는 의미이다. 일단지로 이용되고 있는지 여부에 대한 판단은 주관적 의도가 아닌 관련 증거 등을 종합적으로 고려하여 객관적으로 판단하여야 한다.

【판시사항】

여러 필지의 토지가 일단을 이루어 용도상 불가분의 관계에 있는 경우, 개별공시지가의 산정 방식 및 '용도상 불가분의 관계에 있는 경우'의 의미(대법원 2013. 10. 11. 선고 2013두6138 판결)

【판결요지】

여러 필지의 토지가 일단을 이루어 용도상 불가분의 관계에 있는 경우에는 특별한 사정이 없는 한 그 일단의 토지 전체를 1필지로 보고 토지특성을 조사하여 그 전체에 대하여 단일한 가격으로 평가함이 상당하고, 여기에서 '용도상 불가분의 관계에 있는 경우'라 함은 일단의 토지로 이용되고 있는 상황이 사회적 · 경제적 · 행정적 측면에서 합리적이고 당해 토지의 가치형성적 측면에서도 타당하다고 인정되는 관계에 있는 경우를 말한다(대법원 2005. 5. 26. 선고 2005두1428 판결 등 참조).

나) 소유자가 다른 일단지 평가방법

① 단순 공유관계

토지의 소유자가 다수의 공유자로 구성되어 있음에도 이를 일단지라 하여 동일한 단가를 적용하여 보상한다면 지가가 상대적으로 높은 전면 건부지 소유자와 지가가 상대적으로 낮은 후면의 나지 소유자에게 동일한 보상금을 지급하여야 한다는 문제가 발생하게 된다. 그러므로 물리적으로 용도상 불가분의 관계에 있는 일단이라고 하더라도 소유자가 상이하고 가치를 달리 하는 부분이 있다면 이를 구분하여 평가하여야 할 것이다.[147)]

② 구분소유적 공유관계(상호명의신탁)

구분소유적 공유관계란 공유자간의 내부관계에서는 공유자 각자가 특정 부분을 단독소유하

147) 국토교통부 2012. 9. 4. 공공지원팀-1687 질의회신 참조.

지만, 대외적으로는 공유하는 것으로, 그 공유지분등기는 각자의 특정매수부분의 소유권에 대해서 상호명의신탁을 한 것을 말한다. 이 또한 대외적으로 수탁자의 소유에 속하는 것이므로, 각 공유지분권자의 실제 점유부분을 기준으로 평가하지 아니하고, 일반 공유토지와 마친가지로 한 필지의 토지 전체를 기준으로 보상평가한 다음 이를 공유지분 비율에 따라 안분하여 각 공유지분권자에 대한 보상액을 산정하여야 한다.

【판시사항】

구분소유적 공유관계에 있는 토지에 대한 평가와 필지별 평가원칙(대법원 1998. 7. 10. 선고 98두6067 판결)

【판결요지】

감정평가에관한규칙 제15조 등에 의하면, 수용대상토지를 평가함에 있어서는 특별한 사정이 없는 한 이를 필지별로 평가하여야 할 것이므로, 수인이 각기 한 필지의 특정부분을 매수하면서도 편의상 공유지분등기를 경료함으로써 각자의 특정부분에 관한 공유지분등기가 상호명의신탁 관계에 있는, 이른바 구분소유적 공유토지라고 할지라도 명의신탁된 부동산이 대외적으로 수탁자의 소유에 속하는 것이니 만큼, 일반 공유토지와 마찬가지로 한 필지의 토지 전체를 기준으로 평가한 다음 이를 공유지분 비율에 따라 안분하여 각 공유지분권자에 대한 보상액을 정하여야 한다.

다) 개발단계에 있는 토지의 일단지 인정시기

개발단계에 있는 토지의 일단지 여부는 개발행위허가시점, 건축허가시점 또는 착공신고완료시점 등과 같은 특정 행위시만을 기준으로 일률적으로 판단하는 것은 바람직하지 않다. 그 시기는 대상토지의 최유효이용 관점에서 법적 허용성 이외에 물리적 기능성, 경제적 타당성, 최대수익성을 함께 고려하여야 한다. 즉, 주위환경이나 토지의 상황, 거래관행 등을 종합적으로 고려할 때에 장래에 일단으로 이용되는 것이 확실시 된다면 용도상 불가분의 관계를 인정하여 일단지로 평가할 수 있을 것이다.[148]

148) 국토교통부 2014. 7. 1. 감평평가기준팀-2316 질의회신 참조.

2) 예외

다만, 일단의 토지가 이용상황 또는 용도지역 등을 달리하여 그 가치가 명확히 구분되는 경우이거나 소유자 등이 서로 달라 이를 각각의 필지별로 평가할 이유가 상당할 경우에는 구분평가할 수 있다.

(다) 한 필지의 토지가 둘 이상의 이용되는 경우 등

1) 원칙

한 필지의 토지가 둘 이상의 서로 다른 이용상황으로 이용되거나 토지 중 일부가 용도지역을 달리하는 경우에는 이용상황 또는 용도지역 별로 구분평가 하여야 한다.

가) 둘 이상의 용도지역 · 용도지구 · 용도구역에 걸치는 대지에 대한 적용 기준

하나의 대지가 둘 이상의 용도지역 · 용도지구 또는 용도구역에 걸치는 경우로서 각 용도지역 등에 걸치는 부분 중 가장 작은 부분의 규모가 330㎡(도로변에 띠 모양으로 지정된 상업지역에 걸쳐 있는 토지의 경우에는 660㎡) 이하인 경우에는 전체 대지의 건폐율 및 용적률은 각 부분이 전체 대지 면적에서 차지하는 비율을 고려하여 다음의 구분에 따라 각 용도지역등별 건폐율 및 용적률을 가중평균한 값을 적용하고, 그 밖의 건축 제한 등에 관한 사항은 그 대지 중 가장 넓은 면적이 속하는 용도지역등에 관한 규정을 적용한다(국토의 계획 및 이용에 관한 법률 제84조 제1항). 따라서 용도지역 등이 여기에 해당할 경우에는 구분평가하지 않고 이러한 구분을 고려하여 보상평가하는 것이 원칙이다.

① 가중평균한 건폐율 = (f1x1 + f2x2 + … + fnxn) / 전체 대지 면적. 이 경우 f1부터 fn까지는 각 용도지역등에 속하는 토지 부분의 면적을 말하고, x1부터 xn까지는 해당 토지 부분이 속하는 각 용도지역등의 건폐율을 말하며, n은 용도지역등에 걸치는 각 토지 부분의 총 개수를 말한다.

② 가중평균한 용적률 = (f1x1 + f2x2 + … + fnxn) / 전체 대지 면적. 이 경우 f1부터 fn까지는 각 용도지역등에 속하는 토지 부분의 면적을 말하고, x1부터 xn까지는 해당 토지 부분이 속하는 각 용도지역등의 용적률을 말하며, n은 용도지역등에 걸치는 각 토지 부분의 총 개수를 말한다.

나) 건축물이 고도지구나 미관지구에 걸치는 경우

건축물이 고도지구나 미관지구 등에 걸쳐 있는 경우에는 그 건축물 및 대지의 전부에 대하여 고도지구나 고도지구의 건축물 및 대지에 관한 규정을 적용한다(국토의 계획 및 이용에 관한 법률 제84조 제1항 단서). 또한 하나의 건축물이 방화지구와 그 밖의 용도지역 · 용도지구 또는 용도구역에 걸쳐 있는 경우에는 그 전부에 대하여 방화지구의 건축물에 관한 규정을 적용한다(국토의 계획 및 이용에 관한 법률 제84조 제2항). 따라서 이러한 경우에는 용도지구에 따라 구분평가해서는 아니된다.

2) 예외

다만, 위 각 부분이 주된 이용상황 또는 용도지역 등과 비슷한 가치를 가지거나 면적비율이 명확하게 낮아 결국 주된 이용상황 또는 용도지역 등의 가치를 기준으로 거래될 것으로 추정되는 경우에는 주된 이용상황 또는 용도지역 등의 가치를 기준으로 평가할 수 있다.

자. 취득하는 토지의 평가

> **토지보상 평가지침**
>
> **제6조【나지상정평가】** 토지에 관한 평가에서 그 토지에 건축물 · 입목 · 공작물 그 밖에 토지에 정착한 물건(이하 "건축물 등"이라 한다)이 있거나 토지에 관한 소유권 외의 권리가 설정되어 있을 경우에는 그 건축물 등이 없고 토지에 관한 소유권 외의 권리가 설정되어 있지 아니한 나지상태를 상정하여 평가한다. 다만, 다음 각 호의 어느 하나에 해당되는 경우에는 그러하지 아니하다. 〈
>
> 1. 토지와 그 지상건축물 등을 법시행규칙 제20조제1항 단서의 규정에 따라 함께 평가하는 경우
> 2. 토지에 관한 소유권 외의 권리의 목적이 되고 있는 토지를 이 지침 제47조제1항제1호에 따라 평가하는 경우
> 3. 거래사례비교법으로 평가하는 지상건축물이 있는 토지를 이 지침 제48조에 따라 평가하는 경우
> 4. 이 지침 제46조의2 제2항과 제3항에 따라 평가하는 경우

(1) 나지상정 기준

(가) 원칙

토지에 건축물등이 있는 때에는 그 건축물등이 없는 상태를 상정하여 토지를 평가한다(토지보상법 시행규칙 제22조 제2항). 이 경우 건축물 등이 토지와 동일 소유관계인지 여부는 묻지 않기 때문에 지상에 타인 소유의 건축물 등이 있는 경우에도 이로 인한 제한정도를 감안하여서는 아니되며 건축물 등이 없는 상태를 상정하여 평가하여야 한다. 위와 같은 나지상정 평가는 토지의 최유효이용이 건축물 등이 없는 상태라는 것을 전제로 하여 토지소유자에게 유리하게 보상하기 위한 것이다. 따라서 가령 개발제한구역 안의 토지의 경우와 같이 그곳에 존재하는 적법한 건축물 등이 오히려 증가용인이 되는 경우에는 건축물 등이 있는 상태를 기준으로 보상평가하여야 한다.

【판시사항】

건축물 등이 있는 토지의 보상평가 방법(대법원 2012. 3. 29. 선고 2011다104253 판결)

【판결요지】

원심판결 이유에 피고가 협의매수대금을 과소하게 책정한 것이 고의 · 과실 내지 착오평가 중 어느 것에 해당하는지에 관하여 구체적 · 직접적인 판단이 표시되어 있지는 않지만, 원심은 그 채용 증거들을 종합하여, 피고가 공익사업법에 따른 협의취득을 위한 보상액을 산정함에 있어 대외적 구속력을 갖는 공익사업법 시행규칙 제22조에 따라 토지에 건축물 등이 있는 때에는 건축물 등이 없는 상태를 상정하여 토지를 평가하였어야 함에도, 대외적 구속력이 없는 구 토지보상평가지침에 따라 이 사건 토지들을 건축물 등에 해당하는 철탑 및 고압송전선의 제한을 받는 상태로 평가한 것은 정당한 토지의 평가라고 할 수 없는 점, 2009. 10. 28. 개정된 한국감정평가업협회의 토지보상평가지침 제46조의2 제1항에 의하면, '토지의 지상 공간에 고압선이 통과하고 있는 토지(선하지)에 대한 평가는 그 제한을 받지 아니한 상태를 기준으로 한다'고 평가기준이 변경된 점 등의 사정에 비추어 볼 때, 이 사건의 경우 피고가 고의 · 과실 내지 착오평가 등으로 협의매수대금을 과소하게 책정하여 지급한 경우에 해당한다고 봄이 상당하다고 판단하였는바, 이러한 판결 이유의 전반적인 취지는 공익사업법상의 보상액 산정기준에 적합하지 아니한 감정평가기준이 적용됨으로써 감정평가금액이 잘못 산정되어 이를 기준으로 협의매수금액이 산정된 경우는 이 사건 약정에서 정한 착오평가에 해당한다고 판단한 것임을 알 수 있으므로, 원심판결에 판단누락이나 이유불비 등의 잘못이 없다.

(나) 예외

다만, 건축물 등이 토지와 함께 거래되는 사례나 관행이 있어 그 건축 등과 토지를 일괄하여 보상평가하는 경우에는 건축물 등이 있는 상태를 기준으로 평가한다. 또한, 타인 소유 건축물 등이 별도의 권리에 근거하여 소재하고 있는 경우에는 이 소유권외의 권리는 별도로 평가하고, 토지의 보상액은 소유권 외의 권리가 설정되지 않는 것을 상정한 평가금액에서 그 권리에 대한 평가금액을 공제하여 산정한다.

(2) 소유권외의 권리의 목적이 되고 있는 토지의 평가

취득하는 토지에 설정된 소유권외의 권리의 목적이 되고 있는 토지에 대하여는 당해 권리가 없는 것으로 하여 평가한 금액에서 소유권외의 권리의 가액을 뺀 금액으로 평가한다(토지보상법 시행규칙 제29조).

2. 공법상 제한을 받는 토지

토지보상실무지침

제23조【공법상 제한의 구분】 ① "공법상 제한을 받는 토지"라 함은 관계법령의 규정에 따라 토지의 이용규제나 제한을 받는 토지를 말하며, 그 제한은 일반적인 계획제한과 개별적인 계획제한으로 구분한다.

② 다음 각호의 어느 하나에 해당하는 공법상 제한은 제한 그 자체로 목적이 완성되고 구체적인 사업의 시행이 필요하지 아니한 일반적인 계획제한으로서 그 제한을 받는 상태를 기준으로 평가한다.

1. 「국토의 계획 및 이용에 관한 법률」의 규정에 따른 용도지역 · 지구 · 구역의 지정 및 변경
2. 「군사기지 및 군사시설보호법」의 규정에 따른 군사시설보호구역의 지정 및 변경
3. 「수도법」의 규정에 따른 상수원보호구역의 지정 및 변경
4. 「자연공원법」의 규정에 따른 자연공원 및 공원보호구역의 지정 및 변경
5. 그 밖에 관계법령의 규정에 따른 위 각호와 유사한 토지이용계획의 제한

③ 다음 각 호의 어느 하나에 해당하는 공법상 제한은 그 제한이 구체적인 사업의

시행이 필요한 개별적인 계획제한으로서 그 공법상 제한이 당해 공익사업의 시행을 직접목적으로 하여 가하여진 경우에는 그 제한을 받지 아니한 상태를 기준으로 평가한다.

1. 「국토의 계획 및 이용에 관한 법률」 제2조제7호에서 정한 도시계획시설 및 제2조제11호에서 정한 도시계획사업에 관한 같은법 제30조제6항에 따른 도시관리계획의 결정고시
2. 법 제4조에서 규정한 공익사업을 위한 사업인정의 고시
3. 그 밖에 관계법령의 규정에 따른 공익사업의 계획 또는 시행의 공고 또는 고시 및 공익사업의 시행을 목적으로 한 사업구역 · 지구 · 단지 등의 지정고시

④ 제3항에서 "당해 공익사업의 시행을 직접목적으로 하여 가하여진 경우"에는 당초의 목적사업과 다른 목적의 공익사업에 취득 · 수용 또는 사용되는 경우를 포함한다.

가. 공법상 제한을 받는 토지의 평가

(1) 원칙

공법상 제한을 받는 토지라 함은 관계법령에 의하여 토지의 이용규제나 제한을 받는 토지를 말하는데, 이에 대하여는 제한받는 상태대로 평가한다. 여기서 공법상 제한은 일반적 계획제한과 개별적 계획제한으로 구분되는데, 일반적 계획제한은 당해 공익사업의 시행이전에 이미 도시계획법에 의한 고시 등으로 이용제한이 가하여진 상태인 경우에는 그 제한이 도시계획법 제2조 제2항의 규정에 의한 지역, 지구, 구역 등의 지정 또는 변경으로 인한 제한의 경우 제한 그 자체로 목적이 완성되고 구체적인 사업의 시행이 필요하지 아니하는 계획을 의미하고, 개별적 계획제한은 도시계획법 제2조 제1항 제1호 나목에 의한 시설의 설치, 정비, 개량에 관한 계획결정으로서 도로, 광장, 공원, 녹지 등으로 고시되거나, 같은 호 다목 소정의 각종 사업에 관한 계획결정이 고시됨으로 인한 제한의 경우는 구체적안 사업의 시행이 필요한 제한을 의미한다.

【판시사항】

구 국토이용관리법상의 공공시설입지승인만으로 토지소유자의 토지에 대한 이용 등이 제한되는 것은 아니므로 이를 구 공공용지의취득및손실보상에관한특례법시행규칙상의 공법상 제한에 해당한다고 볼 수는 없다(대법원 2003. 7. 25. 선고 2002두5054 판결)

【판결요지】

대한민국 산하 철도건설본부가 구 국토이용관리법(2002. 2. 4. 법률 제6655호 국토의계획및이용에관한법률 부칙 제2조로 폐지) 제20조에 의하여 건설교통부장관으로부터 받은 공공시설입지승인은 그것만으로 토지소유자의 토지에 대한 이용 등을 제한하는 것은 아니어서 구 공공용지의취득및손실보상에관한특례법시행규칙(2002. 12. 31. 건설교통부령 제344호 공익사업을위한토지등의취득및보상에관한법률시행규칙 부칙 제2조로 폐지) 제6조 제4항이 정한 공법상 제한에 해당하지 아니하고, 토지소유자가 토지를 매입한 의도나 장차 그 지상에 공장을 증축할 계획 등은 토지소유자의 주관적인 사정에 불과하므로 토지의 객관적인 이용상황에 따라 그 현황을 잡종지로 평가함에는 지장이 없다.

(가) 일반적 계획제한의 예시 및 평가

1) 일반적 계획제한의 예시

일반적 계획제한의 구체적인 예로는 i) 국토의 계획 및 이용에 관한 법률의 규정에 따른 용도지역의 지정 및 변경, ii) 군사기지 및 군사시설보호법의 규정에 따른 군사시설보호구역의 지정 및 변경, iii) 수도법의 규정에 따른 상수원보호구역의 지정 및 변경, vi) 자연공원법의 규정에 따른 자연공원 및 공원보호구역의 지정 및 변경, v) 그 밖에 관련 법령의 규정에 따른 위 각 사항과 유사한 토지이용계획의 제한 등이 있다.

2) 평가

이에 대한 보상평가는 위와 같은 제한을 받는 상태 그대로 재결 당시의 토지의 형태 및 이용상황 등에 따라 평가한 가격을 기준으로 적정한 보상가액을 정하여야 한다. 이에 따라 가령 당해 공공사업 시행 이전에 이미 개발제한구역으로 지정된 경우 개발제한구역으로 보아 평가하여야 한다.

【판시사항】

당해 공공사업의 시행 이전에 개발제한구역으로 지정된 토지에 대한 수용보상액 평가방법(대법원 1993. 10. 12. 선고 93누12527 판결)

【판결요지】

공법상 제한을 받는 토지의 수용보상액을 산정함에 있어서는 공법상 제한이 당해 공공사업의 시행을 직접 목적으로 하여 가하여진 경우 제한을 받지 아니하는 상태대로 평가하여야 하고, 반면 당해 공공사업의 시행 이전에 이미 당해 공공사업과 관계없이 도시계획법에 의한 고시 등으로 일반적 계획제한이 가하여진 상태인 경우 그러한 제한을 받는 상태 그대로 평가하여야 하며, 도시계획법에 의한 개발제한구역의 지정은 위와 같은 일반적 계획제한에 해당하므로 당해 공공사업의 시행 이전에 개발제한구역 지정이 있었을 경우 그러한 제한이 있는 상태 그대로 평가함이 상당하다.

(나) 개별적 계획제한의 예시 및 평가

1) 개별적 계획제한의 예시

개별적 계획제한의 구체적인 예로는 ⅰ) 국토의 계획 및 이용에 관한 법률에 따른 도시·군계획시설 및 도시·군계획사업에 따른 도시·군관리계획의 결정고시, ⅱ) 토지보상법에 따른 사업인정의 고시, ⅲ) 그 밖에 관련 법령의 규정에 따른 공익사업의 계획 또는 시행의 공고 또는 고시 및 공익사업의 시행을 목적으로 한 가업구역·지구·단지 등의 지정고시 등으로 인한 제한이 있다.

2) 평가

개별적 계획제한을 받는 토지는 제한이 없는 사태를 상정하여 보상평가하여야 한다. 이는 보상액 평가시 도시계획에 의하여 이미 도로로 편입예정된 부분에 대하여 위와 같은 공법상 제한으로 인한 토지가격의 변동을 참작하지 않도록 함으로써 그 토지소유자로 하여금 정당한 보상액에 미치지 못하는 저가보상으로 인한 불이익을 입지 않도록 하는데 그 취지가 있다.

【판시사항】

공법상 제한을 받는 수용대상토지의 보상액 평가시 고려대상에서 배제하여야 할 공법상 제한의 범위(대법원 1992. 3. 13. 선고 91누4324 판결)

【판결요지】

공법상 제한을 받는 수용대상토지의 보상액을 산정함에 있어서는 그 공법상의 제한이 당해 공공사업의 시행을 직접목적으로 하여 가하여진 경우는 물론 당초의 목적사업과 다른 목적의 공공사업에 편입수용되는 경우에도 그 제한을 받지 아니하는 상태대로 평가하여야 할 것인바, 이와 같이 공공용지의취득및손실보상에관한특례법시행규칙 제6조 제4항 소정의 "당해 사업을 직접목적으로 공법상 제한이 가해진 경우"를 확장해석하는 이유가 사업변경 내지 고의적인 사전제한 등으로 인한 토지소유자의 불이익을 방지하기 위한 것이라는 점에 비추어 볼 때 수용대상토지의 보상액 평가시 고려대상에서 배제하여야 할 당해 공공사업과 다른 목적의 공공사업으로 인한 공법상 제한의 범위는 그 제한이 구체적인 사업의 시행을 필요로 하는 것에 한정된다고 할 것이다.

(2) 예외

다만, 그 공법상 제한이 당해 공익사업의 시행을 직접 목적으로 하여 가하여진 경우에는 제한이 없는 상태를 상정하여 평가한다(토지보상법 시행규칙 제23조 제1항).

(가) 국토의 계획 및 이용에 관한 법률에 따른 규정

1) 공유수면매립지

공유수면(바다만 해당한다)의 매립 목적이 그 매립구역과 이웃하고 있는 용도지역의 내용과 같으면 도시 · 군관리계획의 입안 및 결정 절차 없이 그 매립준공구역은 그 매립의 준공인가일부터 이와 이웃하고 있는 용도지역으로 지정된 것으로 본다(국토의 계획 및 이용에 관한 법률 제41조 제1항).

2) 용도지역 미지정 또는 미세분 지역

도시지역, 관리지역, 농림지역 또는 자연환경보전지역으로 용도가 지정되지 아니한 지역에 대하여는 자연환경보전지역에 관한 규정을 적용하며, 도시지역 또는 관리지역이 세부 용도지역으로 지정되지 아니한 경우에는 해당 용도지역이 도시지역인 경우에는 녹지지역 중 보전녹지지역에 관한 규정을 적용하고, 관리지역인 경우에는 보전관리지역에 관한 규정을 적용한다(국토의 이용 및 관리에 관한 법률 제79조). 또한, 양측 용도지역 사이에 있는 토지가 용도지역이 지정되지 아니한 경우 그 위치 · 면적 · 이용상태 등을 고려하여 양측 용도지역의 평균적인 제한 상태를 기준으로 하는데, 양측 용도지역의 경계에 있는 도로에(계획도로 포함) 대한 용도지역지정 여부의 확인이 사실상 곤란한 경우에는 i) 주거 · 사업 · 공업지역 중 2개 지역을 경계하고 있는 도로는 도로의 중심선을 용도지역의 경계로 보고, ii) 주거 · 사업 · 공업지역과 녹지지역의 경계에 있는 도로가 지역간 통과도로인 경우에는 중심선을 용도지역 경계로 보며, 일반도로인 경우에는 녹지지역이 아닌 지역으로 본다(도시 · 군관리계획 수립지침 3-1-1-9).

(나) 자연공원법

1) 원칙

자연공원법에 의해 지정된 국립공원, 도립공원, 군립공원, 지질공원 등 자연공원 안의 토지는 제한받은 상태대로 보상평가함이 원칙이다. 이는 국립공원의 지정으로 인한 개발가능성의 소멸과 그에 따른 지가의 하락이나 지가상승률의 상대적 감소는 토지소유자가 감수하여야 하는 사회적 제약의 범주에 속하기 때문이고, 나아가 자신의 토지를 장래에 건축이나 개발목적으로 사용할 수 있으리라는 기대가능성이나 신뢰 및 이에 따른 지가상승의 기회는 원칙적으로 재산권의 보호범위에 속하지 아니하고, 토지소유자가 국립공원구역 지정 당시의 상태대로 토지를 사용 · 수익 · 처분할 수 있는 이상 구역지정에 따른 토지이용의 제한은 원칙적으로 재산권에 내재하는 사회적 제약의 범주에 있다고 보아야 하기 때문이다.[149)]

2) 예외

다만, 자연공원법 제2조 제10호에 따른 공원시설의 설치를 위한 공원사업시행계획의 결정고시 등에 따른 제한은 그 공법상 제한을 받지 아니한 상태를 기준으로 평가한다.

(다) 공원녹지법

공원녹지법에 따른 도시공원 중 도시 · 군관리계획으로 결정된 도시공원 안의 토지는 그 공법상 제한을 받지 아니한 상태를 기준으로 보상평가하고, 도시자연공원구역 안의 토지는 제한받는 상태대로 평가한다.

---

149) 서울서부지방법원 2007. 7. 13. 선고 2007가합1401 판결.

【판시사항】

수용대상 토지에 관하여 특정 시점에서 용도지역 등의 지정 또는 변경을 하지 않은 것이 특정 공익사업의 시행을 위한 것인 경우, 공익사업의 시행을 직접 목적으로 하는 제한으로 보아 용도지역 등의 지정 또는 변경이 이루어진 상태를 상정하여 토지가격을 평가해야 하는지 여부(적극) 및 특정 공익사업의 시행을 위하여 용도지역 등의 지정 또는 변경을 하지 않았다고 보기 위한 요건(대법원 2015. 8. 27. 선고 2012두7950 판결)

【판결요지】

구 공익사업을 위한 토지 등의 취득 및 보상에 관한 법률 시행규칙(2012. 1. 2. 국토해양부령 제427호로 개정되기 전의 것) 제23조 제1항, 제2항의 규정 내용, 상호 관계와 입법 취지, 용도지역 · 지구 · 구역(이하 '용도지역 등'이라 한다)의 지정 또는 변경행위의 법적 성질과 사법심사의 범위, 용도지역 등이 토지의 가격형성에 미치는 영향의 중대성 및 공익사업을 위하여 취득하는 토지에 대한 보상액 산정을 위하여 토지가격을 평가할 때 일반적 계획제한에 해당하는 용도지역 등의 지정 또는 변경이라도 특정 공익사업의 시행을 위한 것이라면 당해 공익사업의 시행을 직접 목적으로 하는 제한이라고 보아야 하는 점 등을 종합적으로 고려하면, 어느 수용대상 토지에 관하여 특정 시점에서 용도지역 등의 지정 또는 변경을 하지 않은 것이 특정 공익사업의 시행을 위한 것일 경우 이는 당해 공익사업의 시행을 직접 목적으로 하는 제한이라고 보아 용도지역 등의 지정 또는 변경이 이루어진 상태를 상정하여 토지가격을 평가하여야 한다. 여기에서 특정 공익사업의 시행을 위하여 용도지역 등의 지정 또는 변경을 하지 않았다고 볼 수 있으려면, 토지가 특정 공익사업에 제공된다는 사정을 배제할 경우 용도지역 등의 지정 또는 변경을 하지 않은 행위가 계획재량권의 일탈 · 남용에 해당함이 객관적으로 명백하여야만 한다.

나. 용도지역 등이 변경된 토지

감정평가 실무기준 6.1.2 용도지역등이 변경된 토지

용도지역등이 변경된 토지는 기준시점에서의 용도지역등을 기준으로 감정평가한다. 다만, 다음 각 호의 어느 하나에 해당하는 경우에는 변경 전 용도지역등을 기준으로 감정평가한다.

1. 용도지역등의 변경이 해당 공익사업의 시행을 직접 목적으로 하는 경우
2. 용도지역등의 변경이 해당 공익사업의 시행에 따른 절차로서 이루어진 경우

(1) 보상평가 기준시점

(가) 원칙

당해 공익사업의 시행을 직접 목적으로 용도지역 등이 변경된 토지는 기준시점에서의 용도지역 등을 기준으로 평가하여야 한다. 여기서 기준시점이란 대상물건의 감정평가액을 결정하는 기준이 되는 날짜를 의미한다. 이에도 불구하고 기준시점을 미리 정하였을 때에는 그 날짜에 가격조사가 가능한 경우에만 그 날짜를 기준시점으로 할 수 있다.

【판시사항】

공법상 제한을 받는 토지의 보상평가 방법(대법원 2012. 5. 24. 선고 2012두1020 판결)

【판결요지】

공익사업을 위한 토지 등의 취득 및 보상에 관한 법률 시행규칙 제23조 제1항은 "공법상 제한을 받는 토지에 대하여는 제한받는 상태대로 평가한다. 다만 그 공법상 제한이 당해 공익사업의 시행을 직접 목적으로 하여 가하여진 경우에는 제한이 없는 상태를 상정하여 평가한다."고 규정하고 있다. 따라서 공법상 제한을 받는 토지에 대한 보상액을 산정할 때에 해당 공법상 제한이 구 도시계획법에 따른 용도지역 · 지구 · 구역의 지정 또는 변경과 같이 그 자체로 제한목적이 달성되는 일반적 계획제한으로서 구체적 도시계획사업과 직접 관련되지 아니한 경우에는 그러한 제한을 받는 상태 그대로 평가하여야 하지만, 도로 · 공원 등 특정 도시계획시설의 설치를 위한 계획결정과 같이 구체적 사업이 따르는 개별적 계획제한이거나 일반적 계획제한에 해당하는 용도지역 · 지구 · 구역의 지정 또는 변경에 따른 제한이더라도 그 용도지역 · 지구 · 구역의 지정 또는 변경이 특정 공익사업의 시행을 위한 것일 때에는 당해 공익사업의 시행을 직접 목적으로 하는 제한으로 보아 위 제한을 받지 아니하는 상태를 상정하여 평가하여야 한다(대법원 1992. 3. 13. 선고 91누4324 판결, 대법원 2007. 7. 12. 선고 2006두11507 판결 등 참조).

(나) 예외

다만, 용도지역 등의 변경이 해당 공익사업의 시행을 직접 목적으로 하는 경우 및 용도지역 등의 변경이 해당 공익사업의 시행에 따른 절차로서 이루어진 경우 등의 경우에는 변경 전 용도지역 등을 기준으로 평가한다.

(2) 해당 공익사업 시행을 직접 목적으로 하는 변경의 예 및 판단기준

(가) 개발제한구역의 지정 및 관리에 관한 특별조치법 제12조 규정[150)]

---

150) 개발제한구역의 지정 및 관리에 관한 특별조치법 제12조(개발제한구역에서의 행위제한)

① 개발제한구역에서는 건축물의 건축 및 용도변경, 공작물의 설치, 토지의 형질변경, 죽목(竹木)의 벌채, 토지의 분할, 물건을 쌓아놓는 행위 또는 「국토의 계획 및 이용에 관한 법률」 제2조제11호에 따른 도시·군계획사업(이하 "도시·군계획사업"이라 한다)의 시행을 할 수 없다. 다만, 다음 각 호의 어느 하나에 해당하는 행위를 하려는 자는 특별자치시장·특별자치도지사·시장·군수 또는 구청장(이하 "시장·군수·구청장"이라 한다)의 허가를 받아 그 행위를 할 수 있다.

1. 다음 각 목의 어느 하나에 해당하는 건축물이나 공작물로서 대통령령으로 정하는 건축물의 건축 또는 공작물의 설치와 이에 따르는 토지의 형질변경
   가. 공원, 녹지, 실외체육시설, 시장·군수·구청장이 설치하는 노인의 여가활용을 위한 소규모 실내 생활체육시설 등 개발제한구역의 존치 및 보전관리에 도움이 될 수 있는 시설
   나. 도로, 철도 등 개발제한구역을 통과하는 선형(線形)시설과 이에 필수적으로 수반되는 시설
   다. 개발제한구역이 아닌 지역에 입지가 곤란하여 개발제한구역 내에 입지하여야만 그 기능과 목적이 달성되는 시설
   라. 국방·군사에 관한 시설 및 교정시설
   마. 개발제한구역 주민의 주거·생활편익·생업을 위한 시설

1의2. 도시공원, 물류창고 등 정비사업을 위하여 필요한 시설로서 대통령령으로 정하는 시설을 정비사업 구역에 설치하는 행위와 이에 따르는 토지의 형질변경

2. 개발제한구역의 건축물로서 제15조에 따라 지정된 취락지구로의 이축(移築)

3. 「공익사업을 위한 토지 등의 취득 및 보상에 관한 법률」 제4조에 따른 공익사업(개발제한구역에서 시행하는 공익사업만 해당한다. 이하 이 항에서 같다)의 시행에 따라 철거된 건축물을 이축하기 위한 이주단지의 조성

3의2. 「공익사업을 위한 토지 등의 취득 및 보상에 관한 법률」 제4조에 따른 공익사업의 시행에 따라 철거되는 건축물 중 취락지구로 이축이 곤란한 건축물로서 개발제한구역 지정 당시부터 있던 주택, 공장 또는 종교시설을 취락지구가 아닌 지역으로 이축하는 행위

4. 건축물의 건축을 수반하지 아니하는 토지의 형질변경으로서 영농을 위한 경우 등 대통령령으로 정하는 토지의 형질변경

5. 벌채 면적 및 수량(樹量), 그 밖에 대통령령으로 정하는 규모 이상의 죽목(竹木) 벌채

6. 대통령령으로 정하는 범위의 토지 분할

7. 모래·자갈·토석 등 대통령령으로 정하는 물건을 대통령령으로 정하는 기간까지 쌓아 놓는 행위

8. 제1호 또는 제13조에 따른 건축물 중 대통령령으로 정하는 건축물을 근린생활시설 등 대통령령으로 정하는 용도로 용도변경하는 행위

9. 개발제한구역 지정 당시 지목(地目)이 대(垈)인 토지가 개발제한구역 지정 이후 지목이 변경된 경우로서 제1호마목의 시설 중 대통령령으로 정하는 건축물의 건축과 이에 따르는 토지의 형질변경

② 시장·군수·구청장은 제1항 단서에 따라 허가를 하는 경우 허가 대상 행위가 제11조에 따라 관리계획을 수립하여야만 할 수 있는 행위인 경우에는 미리 관리계획이 수립되어 있는 경우에만 그 행위를 허가할 수 있다.

③ 제1항 단서에도 불구하고 주택 및 근린생활시설의 대수선 등 대통령령으로 정하는 행위는

개발제한구역에서는 ⅰ) 도로, 철도 등 개발제한구역을 통과하는 선형시설 등을 제외한 도시 · 군계획시설사업, ⅱ) 도시개발법에 따른 도시개발사업, ⅲ) 도시 및 주거환경정비법에 따른 정비사업 등의 공익사업의 시행을 할 수 없도록 규정하고 있으므로 개발제한구역에서 허용되지 않는 공익사업을 시행하기 위해서 개발제한구역을 해제하는 경우는 해당 공익사업의 시행을 목적으로 하는 변경에 해당된다(개발제한구역의 지정 및 관리에 관한 특별조치법 제12조).

(나) 도시 · 군계획시설의 결정 · 구조 및 설치기준에 관한 규칙 등

도시 · 군계획시설의 결정 · 구조 및 설치기준에 관한 규칙 등 관련 법령에 의거하여 일정한 용도지역에서 하여야 하는 공익사업에 해당되지 않음에도 사실상 해당 공익사업의 시행을 위하여 용도지역을 변경한 경우에도 공익사업의 시행을 직접 목적으로 하는 변경으로 본다.

(다) 택지개발촉진법[151]

시장 · 군수 · 구청장에게 신고하고 할 수 있다.
④ 시장 · 군수 · 구청장은 제3항에 따른 신고를 받은 경우 그 내용을 검토하여 이 법에 적합하면 신고를 수리하여야 한다.
⑤ 제1항 단서와 제3항에도 불구하고 국토교통부령으로 정하는 경미한 행위는 허가를 받지 아니하거나 신고를 하지 아니하고 할 수 있다.
⑥ 시장 · 군수 · 구청장이 제1항 각 호의 행위 중 대통령령으로 정하는 규모 이상으로 건축물을 건축하거나 토지의 형질을 변경하는 행위 등을 허가하려면 대통령령으로 정하는 바에 따라 주민의 의견을 듣고 관계 행정기관의 장과 협의한 후 특별자치시 · 특별자치도 · 시 · 군 · 구 도시계획위원회의 심의를 거쳐야 한다. 다만, 도시 · 군계획시설 또는 제1항제1호라목의 시설 중 국방 · 군사에 관한 시설의 설치와 그 시설의 설치를 위하여 토지의 형질을 변경하는 경우에는 그러하지 아니하다.
⑦ 제1항 단서에 따라 허가를 하는 경우에는 「국토의 계획 및 이용에 관한 법률」 제60조, 제64조제3항 및 제4항의 이행보증금 · 원상회복에 관한 규정과 같은 법 제62조의 준공검사에 관한 규정을 준용한다.
⑧ 제1항 각 호와 제3항에 따른 행위에 대하여 개발제한구역 지정 당시 이미 관계 법령에 따라 허가 등(관계 법령에 따라 허가 등을 받을 필요가 없는 경우를 포함한다)을 받아 공사나 사업에 착수한 자는 대통령령으로 정하는 바에 따라 이를 계속 시행할 수 있다.
⑨ 제1항 단서에 따른 허가 또는 신고의 대상이 되는 건축물이나 공작물의 규모 · 높이 · 입지기준, 대지 안의 조경, 건폐율, 용적률, 토지의 분할, 토지의 형질변경의 범위 등 허가나 신고의 세부 기준은 대통령령으로 정한다.
⑩ 국토교통부장관이나 시 · 도지사가 제1항제1호 각 목의 시설 중 「국토의 계획 및 이용에 관한 법률」 제2조제13호에 따른 공공시설을 설치하기 위하여 같은 법 제91조에 따라 실시계획을 고시하면 그 도시 · 군계획시설사업은 제1항 단서에 따른 허가를 받은 것으로 본다.
⑪ 제10항에 따라 허가를 의제받으려는 자는 실시계획 인가를 신청하는 때에 허가에 필요한 관련 서류를 함께 제출하여야 하며, 국토교통부장관이나 시 · 도지사가 실시계획을 작성하거나 인가할 때에는 미리 관할 시장 · 군수 · 구청장과 협의하여야 한다

관련법령에서 사업시행자가 실시계획 등을 작성하여 승인을 받았을 때에 국토의 계획 및 이용에 관한 법률 제30조에 따른 도시 · 군관리계획의 결정이 있는 것으로 보도록 규정하고 있는 경우로서 이에 따라 변경된 용도지역 등은 해당 공익사업의 시행에 따른 절차로서 변경된 경우에 해당된다(택지개발촉진법 제11조 제1항)

---

151) 택지개발촉진법 제11조(다른 법률과의 관계) ① 시행자가 실시계획을 작성하거나 승인을 받았을 때에는 다음 각 호의 결정 · 인가 · 허가 · 협의 · 동의 · 면허 · 승인 · 처분 · 해제 · 명령 또는 지정(이하 "인 · 허가등"이라 한다)을 받은 것으로 보며, 지정권자가 실시계획을 작성하거나 승인한 것을 고시하였을 때에는 관계 법률에 따른 인 · 허가등의 고시 또는 공고가 있은 것으로 본다.

1. 「국토의 계획 및 이용에 관한 법률」 제30조에 따른 도시 · 군관리계획의 결정, 같은 법 제56조에 따른 개발행위의 허가, 같은 법 제86조에 따른 도시 · 군계획시설사업 시행자의 지정, 같은 법 제88조에 따른 실시계획의 인가
2. 「도시개발법」 제17조에 따른 실시계획의 인가
3. 「주택법」 제15조에 따른 사업계획의 승인
4. 「수도법」 제17조 및 제49조에 따른 일반수도사업과 공업용수도사업의 인가, 같은 법 제52조 및 제54조에 따른 전용수도설치의 인가
5. 「하수도법」 제16조에 따른 공공하수도공사 시행의 허가
6. 「공유수면 관리 및 매립에 관한 법률」 제8조에 따른 공유수면의 점용 · 사용허가, 같은 법 제28조에 따른 공유수면의 매립면허, 같은 법 제35조에 따른 국가 등이 시행하는 매립의 협의 또는 승인 및 같은 법 제38조에 따른 공유수면매립실시계획의 승인
7. 「하천법」 제30조에 따른 하천공사 시행의 허가 및 하천공사실시계획의 인가, 같은 법 제33조에 따른 하천의 점용허가 및 같은 법 제50조에 따른 하천수의 사용허가
8. 「도로법」 제36조에 따른 도로공사 시행의 허가, 같은 법 제61조에 따른 도로점용의 허가
9. 「농지법」 제34조에 따른 농지전용(農地轉用)의 허가 · 협의, 같은 법 제35조에 따른 농지의 전용신고, 같은 법 제36조에 따른 농지의 타용도 일시 사용 허가 · 협의, 같은 법 제40조에 따른 용도변경의 승인
10. 「산지관리법」 제14조 · 제15조에 따른 산지전용허가 및 산지전용신고, 같은 법 제15조의2에 따른 산지일시사용허가 · 신고, 「산림자원의 조성 및 관리에 관한 법률」 제36조제1항 · 제4항에 따른 입목벌채등의 허가 · 신고 및 「산림보호법」 제9조제1항 및 제2항제1호 · 제2호에 따른 산림보호구역(산림유전자원보호구역은 제외한다)에서의 행위의 허가 · 신고
11. 「초지법」 제23조에 따른 초지전용의 허가
12. 「사방사업법」 제14조에 따른 벌채 등의 허가, 같은 법 제20조에 따른 사방지(砂防地) 지정의 해제
13. 「산업입지 및 개발에 관한 법률」 제16조에 따른 산업단지개발사업 시행자의 지정, 같은 법 제17조 및 제18조에 따른 산업단지개발실시계획의 승인
14. 「광업법」 제24조에 따른 불허가처분, 같은 법 제34조에 따른 광구감소처분 또는 광업권 취소처분
15. 「건축법」 제20조에 따른 가설건축물의 허가 · 신고
16. 「국유재산법」 제30조에 따른 행정재산의 사용허가
17. 「공유재산 및 물품 관리법」 제20조제1항에 따른 행정재산의 사용 · 수익허가
18. 「장사 등에 관한 법률」 제27조에 따른 무연분묘의 개장허가
19. 「소하천정비법」 제10조에 따른 비관리청의 공사 시행허가, 같은 법 제14조에 따른 소하천의 점용허가

(라) 판단기준

공익사업을 위한 토지 등의 취득 및 보상에 관한 법률 시행규칙 제23조(공법상 제한을 받는 토지의 평가) 제1항 단서에 따른 "공법상 제한이 당해 공익사업의 시행을 직접 목적으로 하여 가하여진 경우" 또는 제2항에 따른 "당해 공익사업의 시행을 직접 목적으로 하여 용도지역 또는 용도지구 등의 변경된 토지"에 해당되기 위해서는 도시관리계획 변경고시문에 해당 공익사업을 위해 용도지역을 변경한다는 사유가 명문으로 기재되든지, 아니면 해당 공익사업이 "도시계획시설의 결정 · 구조 및 설치기준에 관한 규칙"에서 특정한 용도지역에서만 시행할 수 있도록 규정하고 있고 그 용도지역으로 변경된 경우에 한한다고 보아야 한다.

3. 무허가건축물 등의 부지

토지보상 실무지침

제33조【무허가건축물 등 부지의 평가】 ① 평가의뢰자가 공익사업을 목적으로 취득 수용 또는 사용되는 토지 위에 있는 건축물이 건축법 등 관계법령의 규정에 따라 허가를 받거나 신고를 하고 건축을 하여야 하는 건축물을 허가를 받지 아니하거나 신고를 하지 아니하고 건축한 건축물(이하 "무허가건축물 등"이라 한다)인 것을 명시하여 평가의뢰한 경우에 그 무허가건축물 등의 부지에 대한 평가는 법시행규칙 제24조의 규정에 따르되, 당해 토지에 무허가건축물 등이 건축될 당시의 이용상황을 상정하여 평가한다. 다만, 1989년 1월 24일 개정 종전의 공특법시행규칙(건설부령 제444호) 시행 당시의 무허가건축물 등의 부지에 대한 평가는 가격시점 당시의 현실적인 이용상황을 기준으로 한다.

② 제1항 단서의 규정은 「건축법」 제20조제2항의 가설건축물 그 밖에 이와 유사한 건축물이 있는 토지의 경우에는 적용하지 아니하며, 무허가건축물 등의 건축시점이 분명하지 아니한 경우에는 평가의뢰자가 제시한 기준에 따른다.

③ 제1항 단서의 규정에 따라 무허가건축물등의 부지를 가격시점 당시의 현실적인 이용상황을 기준으로 평가하는 경우에 있어서 그 토지가 「농지법」 제38조에 따른 농지보전부담금이나 산지관리법 제19조에 따른 대체산림자원조성비의 부과대상이 되는 경우에는 이를 개별요인의 비교시에 고려하여 평가한다.

가. 평가기준

(1) 원칙

(가) 평가기준

무허가건축물 등의 부지에 대한 감정평가는 해당 토지에 무허가건축물 등이 건축될 당시의 이용상황을 기준하여 감정평가한다. 여기서 무허가건축물 등이란 건축법 등관련 법령에 의하여 허가를 받거나 신고를 하고 건축 또는 용도변경을 하여야 하는 건축물을 허가를 받지 아니하거나 신고를 하지 아니하고 건축 또는 용도변경한 건축물을 말한다.

(나) 이용상황 확정

무허가건축물 등이 건축될 될 당시의 이용상황은 토지보상법에서 정하는 절차에 따라 사업시행자가 확정하여야 한다.

(다) 무허가 건축물의 건축시기 확인방법

무허가 건축물의 경우 건축시기 확인은 무허가건축물대장이나 항공사진 등으로 확인할 수 있다. 다만, 무허가건축물관리대장은 관할관청이 개발제한구역 안의 무허가건축물에 대한 관리차원에서 작성하는 것이므로, 위 대장의 작성목적, 작성형식, 관리상태 등에 비추어 거기에 건축물로 등재되어 있다고 하여 그 건축물이 적법한 절차를 밟아서 건축된 것이라거나 그 건축물의 부지가 적법하게 형질변경된 것으로 추정된다고 할 수 없다.152)

(라) 농지보전부담금 및 대체산림자원조성비 고려여부

토지보상법 시행규칙 부칙 제5조(무허가건축물등에 관한 경과조치)에서는 "1989년 1월 24일 당시의 무허가건축물등에 대하여는(제24조 · 제54조제1항 단서 · 제54조제2항 단서 · 제58조제1항 단서 및 제58조제2항 단서의 규정에 불구하고) 이 규칙에서 정한 보상을 함에 있어 이를 적법한 건축물로 본다."고 규정하고 있고, 토지보상법 제70조 제2항에는 토지의 보상액은 기준시점에서의 현실적 이용상황을 기준으로 보상평가하도록 규정하고 있으며, 개별요인을 비교함에 있어서는 현실적인 이용상황의 비교 외에 공부상 지목에 따른 비교를 중복적으로 적용하는 것은 허용되지 않는다.

따라서 무허가건축물 등의 부지를 기준시점 당시의 현실적인 이용상황을 기준으로 보상평가

152) 대법원 2002. 9. 6. 선고 2001두11236 판결.

하는 경우, 해당 토지의 지목이 전 · 답 등인 경우 농지법 제38조의 규정에 따른 농지보전부담금, 지목이 임야인 경우 산지관리법 제19조의 규정에 따른 대체산림자원조성비 등은 별도로 고려하지 않는다.

【판시사항】

비교표준지와 수용대상토지의 지역요인 및 개별요인 등 품등비교를 함에 있어서 현실적인 이용상황에 따른 비교수치 외에 다시 공부상의 지목에 따른 비교수치를 중복적용할 수 있는지 여부(대법원 2001. 3. 27. 선고 99두7968 판결)

【판결요지】

토지의 수용 · 사용에 따른 보상액을 평가함에 있어서는 관계 법령에서 들고 있는 모든 산정요인을 구체적 · 종합적으로 참작하여 그 각 요인들을 모두 반영하되 지적공부상의 지목에 불구하고 가격시점에 있어서의 현실적인 이용상황에 따라 평가되어야 하므로 비교표준지와 수용대상토지의 지역요인 및 개별요인 등 품등비교를 함에 있어서도 현실적인 이용상황에 따른 비교수치 외에 다시 공부상의 지목에 따른 비교수치를 중복적용하는 것은 허용되지 아니한다고 할 것이고, 한편 지적법시행령 제6조 제8호는 영구적 건축물 중 그 호에서 열거하는 건축물과 그 부속시설물의 부지 및 정원과 관계 법령에 의한 택지조성사업을 목적으로 하는 공사가 준공된 토지만을 '대'로 규정하고 있을 뿐이므로 건축법상 소정의 건축허가를 받아 건축한 영구건축물의 부지라 하더라도 위 호에 규정되지 아니한 건축물의 부지는 그 지목이 공장용지(동시행령 제6조 제9호), 학교용지(동조 제10호) 또는 잡종지(동조 제24호 소정 영구건축물의 부지 등)로 될 수밖에 없는 것이지만, 지적법상 대(대)가 아닌 잡종지인 경우에도 지적법상 대인 토지와 현실적 이용상황이 비슷하거나 동일한 경우에는 이를 달리 평가할 것은 아니다.

(2) 예외

다만, 1989년 1월 24일 당시의 무허가건축물 등의 부지에 대한 감정평가는 기준시점에서의 현실적인 이용상황을 기준으로 한다. 따라서 1989년 1월 24일 당시의 무허가건축물 등의 부지면적은 해당 건축물 등의 적정한 사용에 제공되는 면적을 기준으로 하며, 해당 건축물 등의 적정한 사용에 제공되는 면적은 무허가건축물 등의 용도 · 규모 등 제반 여건과 현실적인 이용상황을 감안하여 무허가건축물 등의 사용 · 수익에 필요한 범위 내의 토지와 무허가건축물 등의 용도에 따라 불가분적으로 사용되는 범위의 토지로 하되, 국토의 계획 및 이용에 관한 법률 제77조[153]에 따른 건폐율을 적용하여 산정한 면적을 초과할 수 없다.

【판시사항】

'무허가건물 등의 부지'의 의미 및 불법형질변경 토지에 대한 평가 방법(대법원 2002. 9.

---

153) 국토의 계획 및 이용에 관한 법률 제77조(용도지역의 건폐율) ① 제36조에 따라 지정된 용도지역에서 건폐율의 최대한도는 관할 구역의 면적과 인구 규모, 용도지역의 특성 등을 고려하여 다음 각 호의 범위에서 대통령령으로 정하는 기준에 따라 특별시·광역시·특별자치시·특별자치도·시 또는 군의 조례로 정한다.

1. 도시지역
   가. 주거지역: 70퍼센트 이하
   나. 상업지역: 90퍼센트 이하
   다. 공업지역: 70퍼센트 이하
   라. 녹지지역: 20퍼센트 이하
2. 관리지역
   가. 보전관리지역: 20퍼센트 이하
   나. 생산관리지역: 20퍼센트 이하
   다. 계획관리지역: 40퍼센트 이하
3. 농림지역: 20퍼센트 이하
4. 자연환경보전지역: 20퍼센트 이하

② 제36조제2항에 따라 세분된 용도지역에서의 건폐율에 관한 기준은 제1항 각 호의 범위에서 대통령령으로 따로 정한다.

③ 다음 각 호의 어느 하나에 해당하는 지역에서의 건폐율에 관한 기준은 제1항과 제2항에도 불구하고 80퍼센트 이하의 범위에서 대통령령으로 정하는 기준에 따라 특별시·광역시·특별자치시·특별자치도·시 또는 군의 조례로 따로 정한다.

1. 제37조제1항제6호에 따른 취락지구
2. 제37조제1항제7호에 따른 개발진흥지구(도시지역 외의 지역 또는 대통령령으로 정하는 용도지역만 해당한다)
3. 제40조에 따른 수산자원보호구역
4. 「자연공원법」에 따른 자연공원
5. 「산업입지 및 개발에 관한 법률」 제2조제8호라목에 따른 농공단지
6. 공업지역에 있는 「산업입지 및 개발에 관한 법률」 제2조제8호가목부터 다목까지의 규정에 따른 국가산업단지, 일반산업단지 및 도시첨단산업단지와 같은 조 제12호에 따른 준산업단지

④ 다음 각 호의 어느 하나에 해당하는 경우로서 대통령령으로 정하는 경우에는 제1항에도 불구하고 대통령령으로 정하는 기준에 따라 특별시·광역시·특별자치시·특별자치도·시 또는 군의 조례로 건폐율을 따로 정할 수 있다.

1. 토지이용의 과밀화를 방지하기 위하여 건폐율을 강화할 필요가 있는 경우
2. 주변 여건을 고려하여 토지의 이용도를 높이기 위하여 건폐율을 완화할 필요가 있는 경우
3. 녹지지역, 보전관리지역, 생산관리지역, 농림지역 또는 자연환경보전지역에서 농업용·임업용·어업용 건축물을 건축하려는 경우
4. 보전관리지역, 생산관리지역, 농림지역 또는 자연환경보전지역에서 주민생활의 편익을 증진시키기 위한 건축물을 건축하려는 경우

⑤ 계획관리지역·생산관리지역 및 대통령령으로 정하는 녹지지역에서 성장관리방안을 수립한 경우에는 제1항에도 불구하고 50퍼센트 이하의 범위에서 대통령령으로 정하는 기준에 따라 특별시·광역시·특별자치시·특별자치도·시 또는 군의 조례로 건폐율을 따로 정할 수 있다.

4. 선고 2000두8325 판결)

【판결요지】

구 공공용지의취득및손실보상에관한특례법시행규칙(1995. 1. 7. 건설교통부령 제3호로 개정되기 전의 것) 제6조 제6항 소정의 '무허가건물 등의 부지'라 함은 당해 무허가건물 등의 용도 · 규모 등 제반 여건과 현실적인 이용상황을 감안하여 무허가건물 등의 사용 · 수익에 필요한 범위 내의 토지와 무허가건물 등의 용도에 따라 불가분적으로 사용되는 범위의 토지를 의미하는 것이라고 해석되고, 한편, 불법형질변경된 토지를 평가함에 있어서는, 1995. 1. 7. 건설교통부령 제3호로 개정된 같은법시행규칙 제6조 제6항의 시행 이후에는 가격시점에 있어서의 현실적인 이용상황에 따른 평가원칙에 대한 예외로서, 그 형질변경시기가 위 같은법 시행규칙 제6조 제6항의 시행 전후를 불문하고 당해 토지가 형질변경이 될 당시의 이용상황을 상정하여 평가하여야 하며, 다만, 개정된같은법시행규칙 부칙 제4항에 의하여 그 시행 당시 이미 공공사업시행지구에 편입된 불법형질변경토지 등에 한하여 같은법시행령 제2조의10 제2항에 따라 가격시점에서의 현실적인 이용상황(즉, 형질변경 이후의 이용상황)에 따라 평가하여야 하는 것으로 해석된다.

따라서 무허가건물에 이르는 통로, 야적장, 마당, 비닐하우스 · 천막 부지, 컨테이너 · 자재적치장소, 주차장 등은 무허가건물의 부지가 아니라 불법으로 형질변경된 토지이고, 위 토지가 택지개발사업시행지구에 편입된 때로 보는 택지개발계획의 승인 · 고시가 1995. 1. 7. 개정된 공공용지의취득및손실보상에관한특례법시행규칙 제6조 제6항의 시행 이후에 있은 경우, 그 형질변경 당시의 이용상황인 전 또는 임야로 상정하여 평가하여야 한다.

나. 허가 또는 신고에 건축물의 사용승인 포함여부

건축법 제22조에서는 사용승인 후가 아니면 건축물을 사용하거나 사용하게 할 수 없도록 규정하고 있다. 그러나 허가 또는 신고와 사용승인은 그 법적성질이 다르다. 그러므로 그 건축물이 건축허가와 전혀 다르게 건축되어 실질적으로 건축허가를 받은 것으로 볼 수 없는 경우가 아니라면 허가 또는 신고에는 사용승인이 포함되지 않는다.

【판시사항】

허가 또는 신고에 건축물의 사용승인 포함여부(대법원 2013. 8. 23. 선고 2012두24900 판결)

【판결요지】

관할 행정청으로부터 건축허가를 받아 택지개발사업구역 안에 있는 토지 위에 주택을 신축하였으나 사용승인을 받지 않은 주택의 소유자 갑이 사업 시행자인 한국토지주택공사에 이주자택지 공급대상자 선정신청을 하였는데 위 주택이 사용승인을 받지 않았다는 이유로 한국토지주택공사가 이주자택지 공급대상자 제외 통보를 한 사안에서, 공공사업의 시행에 따라 생활의 근거를 상실하게 되는 이주자들에 대하여는 가급적 이주대책의 혜택을 받을 수 있도록 하는 것이 공익사업을 위한 토지 등의 취득 및 보상에 관한 법률이 규정하고 있는 이주대책 제도의 취지에 부합하는 점, 구 공익사업을 위한 토지 등의 취득 및 보상에 관한 법률 시행령(2011. 12. 28. 대통령령 제23425호로 개정되기 전의 것, 이하 '구 공익사업법 시행령'이라 한다) 제40조 제3항 제1호는 무허가건축물 또는 무신고건축물의 경우를 이주대책대상에서 제외하고 있을 뿐 사용승인을 받지 않은 건축물에 대하여는 아무런 규정을 두고 있지 않은 점, 건축법은 무허가건축물 또는 무신고건축물과 사용승인을 받지 않은 건축물을 요건과 효과 등에서 구별하고 있고, 허가와 사용승인은 법적 성질이 다른 점 등의 사정을 고려하여 볼 때, 건축허가를 받아 건축되었으나 사용승인을 받지 못한 건축물의 소유자는 그 건축물이 건축허가와 전혀 다르게 건축되어 실질적으로는 건축허가를 받은 것으로 볼 수 없는 경우가 아니라면 구 공익사업법 시행령 제40조 제3항 제1호에서 정한 무허가건축물의 소유자에 해당하지 않는다는 이유로 갑을 이주대책대상자에서 제외한 위 처분이 위법하다고 본 원심판단을 정당하다.

다. 불법용도변경 건축물의 무허가건축물 포함여부

(1) 용도변경 당시 이용상황 기준평가

토지보상법 시행규칙 제24조에 따르면 건축법 등 관계법령에 의하여 허가를 받거나 신고를 하고 건축 또는 용도변경을 하여야 하는 건축물을 허가를 받지 아니하거나 신고를 하지 아니하고 건축 또는 용도변경한 건축물의 부지 또는 국토의 계획 및 이용에 관한 법률 등 관계법령에 의하여 허가를 받거나 신고를 하고 형질변경을 하여야 하는 토지를 허가를 받지 아니하거나 신고를 하지 아니하고 형질변경한 토지에 대하여는 무허가건축물등이 건축 또는 용도변경될 당시 또는 토지가 형질변경될 당시의 이용상황을 상정하여 평가한다.

(2) 불법용도변경 건축물의 무허가건축물 포함여부

토지보상법 시행규칙의 개정(2012. 1. 2.)으로 불법용도변경 건축물은 무허가건축물 등에 포함되게 되었고, 같은 법 시행규칙 부칙 제2조에서 이 개정규정은 이 규칙 시행 후 최초로 보상계획을 공고하거나 토지소유자 및 관계인에게 보상계획을 통지하는 공익사업부터 적용하도록 규정하고 있으므로, 위 법 개정 전에 보상계획을 공고하거나 토지소유자 및 관계인에게 보상계획을 통지한 공익사업에서는 불법용도변경 건축물은 무허가건축물 등에 포함되지 않는다.

라. 불법형질변경 사실에 대한 증명책임

불법형질변경토지라는 이유로 본래의 이용상황 또는 형질변경 당시의 이용상황에 의하여 보상액을 산정하기 위해서는 그와 같은 예외적인 보상액 산정방법의 적용을 주장하는 쪽에서 입증책임을 진다. 따라서 불법형질변경토지라는 사실에 관한 증명책임은 사업시행자에게 있다.

마. 무허가 건축물 등 부지인정 범위

'무허가건물 등의 부지'라 함은 당해 무허가건물 등의 용도 · 규모 등 제반 여건과 현실적인 이용상황을 감안하여 무허가건물 등의 사용 · 수익에 필요한 범위 내의 토지와 무허가건물 등의 용도에 따라 불가분적으로 사용되는 범위의 토지를 의미하는 것이라고 해석된다. 따라서 무허가건물에 이르는 통로, 야적장, 마당, 비닐하우스 · 천막 부지, 컨테이너 · 자재적치 장소, 주차장 등은 무허가건물의 부지가 아니라 불법으로 형질변경된 토지에 불과하여 이는 보상대상에서 제외된다.[154)]

【판시사항】

공익사업을 위한 토지 등의 취득 및 보상에 관한 법률 시행규칙 제24조가 정한 '불법형질변경토지'라는 이유로 형질변경 당시의 이용상황에 의하여 보상액을 산정하는 경우, 수용대상 토지가 불법형질변경토지라는 사실에 관한 증명책임의 소재 및 증명의 정도(대법원 2012. 4. 26. 선고 2011두2521 판결)

【판결요지】

공익사업을 위한 토지 등의 취득 및 보상에 관한 법률 제70조 제2항, 제6항, 공익사업을 위한 토지 등의 취득 및 보상에 관한 법률 시행규칙 제24조에 의하면 토지에 대한 보상액은 현실적인 이용상황에 따라 산정하는 것이 원칙이므로, 수용대상 토지의 이용상황이 일시적이라거

154) 대법원 2002. 9. 4. 선고 2000두8325 판결.

나 불법형질변경토지라는 이유로 본래의 이용상황 또는 형질변경 당시의 이용상황에 의하여 보상액을 산정하기 위해서는 그와 같은 예외적인 보상액 산정방법의 적용을 주장하는 쪽에서 수용대상 토지가 불법형질변경토지임을 증명해야 한다. 그리고 수용대상 토지가 불법형질변경토지에 해당한다고 인정하기 위해서는 단순히 수용대상 토지의 형질이 공부상 지목과 다르다는 점만으로는 부족하고, 수용대상 토지의 형질변경 당시 관계 법령에 의한 허가 또는 신고의무가 존재하였고 그럼에도 허가를 받거나 신고를 하지 않은 채 형질변경이 이루어졌다는 점이 증명되어야 한다.

4. 불법형질변경 토지

감정평가 실무기준 6.2.2 불법형질변경 토지

① 불법형질변경 토지는 그 토지의 형질변경이 될 당시의 이용상황을 기준으로 감정평가한다. 다만, 1995년 1월 7일 당시 공익사업시행지구에 편입된 토지는 기준시점에서의 현실적인 이용상황을 기준으로 감정평가한다.
② 제1항에도 불구하고 형질변경이 된 시점이 분명하지 아니하거나 불법형질변경 여부 등의 판단이 사실상 곤란한 경우에는 사업시행자가 제시한 기준에 따른다.

토지보상평가지침 제34조 불법형질변경토지의 평가

①「국토의 계획 및 이용에 관한 법률」등 관계법령에 의하여 허가를 받거나 신고를 하고 형질변경을 하여야 하는 토지를 허가를 받지 아니하거나 신고를 하지 아니하고 형질변경한 토지(이하 "불법형질변경토지"라 한다)에 대한 평가는 법시행규칙 제24조의 규정에 의하되, 그 토지의 형질변경이 될 당시의 이용상황을 상정하여 평가한다. 다만, 1995. 1. 7 개정 종전의 공특법시행규칙(건설교통부령 제3호) 시행 당시에 공익사업시행지구(공익사업의 계획 또는 시행이 공고 또는 고시된 지역을 말한다. 이하 같다)안에 있는 토지에 대한 평가는 불법형질변경 여부에 불구하고 가격시점 당시의 현실적인 이용상황을 기준으로 한다.

② 제1항 단서의 규정은 다음 각 호의 1에 해당되는 경우에는 적용하지 아니하며, 형질변경이 된 시점이 분명하지 아니하거나 불법형질변경 여부 등의 판단이 사실상 곤란한 경우에는 평가의뢰자가 제시한 기준에 따른다.

1. 당해 토지의 형질변경이 된 상태가 일시적인 이용상황으로 인정되는 경우
2. 당해 공익사업의 계획 또는 시행이 공고 또는 고시되거나 공익사업의 시행을 목적으로 한 사업구역 · 지구 · 단지 등이 관계법령의 규정에 의하여 지정 · 고시된 이후에 당해 법령에서 금지된 형질변경을 하거나 허가를 받아야 할 것을 허가 없이 형질변경한 경우

③ 제1항 단서의 규정에 의하여 불법형질변경토지를 현실적인 이용상황을 기준으로 평가하는 경우에 있어서 그 현실적인 이용상황이 건축물이 없는 나지상태의 토지(농경지로 된 토지를 제외한다)인 경우에는 공부상 지목을 기준으로 하되, 토지의 형질변경으로 성토 등이 된 상황을 고려하여 평가한다.

④ 공부상 지목이 임야인 토지를 사업시행자가 관계도서 및 실지조사에 의한 지형 · 지세 · 이용상황 등을 조사 · 확인한 후 「농지법」 제2조 및 같은법 시행령 제2조의 규정에 의한 농지로 판단하여 평가의뢰하는 경우에는 제1항 내지 제3항의 규정에 불구하고 이를 농지로 보고 평가할 수 있다. 다만, 개발제한구역안의 임야로서 영농을 위한 토지의 형질변경 등이 허가없이 이루어진 경우에는 그러하지 아니하다.

⑤ 불법형질변경토지가 쓰레기 · 연소재 · 오니 · 폐유 · 폐산 · 폐알칼리 등 폐기물(이하 "쓰레기등"이라 한다)로 매립이 되어 「폐기물관리법」 제45조 및 「토양환경보전법」 제15조의 규정에 의한 필요한 조치명령 등이 있거나 예상되는 경우로서 사업시행자로부터 그 쓰레기등이 당해 토지의 이용을 저해하는 정도를 고려하는 조건으로 평가의뢰된 경우에는 다음 각 호의 기준에 따른다. 이 경우에는 평가서에 그 내용을 기재한다.

1. 쓰레기등의 매립으로 인한 토지이용의 저해정도가 경미한 것으로 사업시행자가 인정하는 경우에는 가격시점 당시 인근지역에 있는 표준지 공시지가를 기준으로 평가하되, 그 저해정도를 개별요인 비교시에 고려한 가격으로 평가한다.

2. 쓰레기등의 매립으로 인한 토지이용의 저해정도가 심한 것으로 사업시행자가 인정하는 경우에는 사업시행자의 승인을 얻은 후 전문기관의 자문 또는 용역을 거쳐 평가하되, 쓰레기등이 매립될 당시의 이용상황을 상정하여 평가한 금액을 평가서의 평가금액란에 기재하고, 필요한 조치등에 소요되는 비용 상당액은 따로 비고란에 기재한다.

가. 평가기준

(1) 원칙

(가) 평가기준

불법형질변경 토지는 그 토지의 형질변경이 될 당시의 이용상황을 기준으로 감정평가한다. 여기서 토지의 형질변경이란 '절토, 성토, 정지, 포장 등의 방법으로 토지의 형상을 변경하는 행위와 공유수면의 매립(단, 경작을 위한 토지의 형질변경을 제외한다)을 말하며, 이에는 지표만이 아니라 지중의 형상을 사실상 변경하는 것도 포함되며(국토의 계획 및 이용에 관한 법률 시행령 제51조 제1항 제3호), 그 변경된 상태가 일시적인 것이 아니라 일정한 정도 고정되어 원상회복이 어려운 상태에 해당되어야 한다. 이에 관한 판례 중 단지 토지에 모래를 쌓아놓는 행위도 형질변경으로 보는 것이 있기 때문에 상당한 주의를 요하는 부분이다.[155]

【판시사항】

토지의 형질변경의 의미(대법원 2007. 2. 23. 선고 2006두4875 판결)

【판결요지】

토지의 형질변경이라 함은 절토, 성토, 정지 또는 포장 등으로 토지의 형상을 변경하는 행위와 공유수면의 매립을 뜻하는 것으로서(국토의 계획 및 이용에 관한 법률 시행령 제51조 제1항 제3호), 토지의 형질을 외형상으로 사실상 변경시킬 것과 그 변경으로 말미암아 원상회복이 어려운 상태에 있을 것을 요한다 (대법원 1993. 8. 27. 선고 93도403 판결, 2005. 11. 25. 선고 2004도8436 판결 등 참조). 그리고 토지의 형질을 외형상으로 사실상 변경시키는 것에는 지표뿐 아니라 지중의 형상을 사실상 변경시키는 것도 포함한다.

---

155) 대법원 1991. 11. 26. 선고 91도 2234 판결.

또한, 여기서 불법이란 국토의 계획 및 이용에 관한 법률 등 관련 법령에 의하여 허가를 받거나 신고를 하고 형질변경하여야 할 토지에 대하여 그 허가를 받지 아니하거나 신고를 하지 아니하고 형질변경을 하는 경우를 말한다. 따라서 허가나 신고를 하지 않고 할 수 있는 경작을 위한 형질변경[156] 및 경미한 형질변경 등은 불법형질변경[157]에 해당되지 않는다.

【판시사항】

택지개발사업을 위한 토지의 수용에 따른 보상금액의 산정이 문제 된 사안에서, 농지가 이미 공장용지로 형질변경이 완료되었고 공장용지의 요건을 충족한 이상 비록 공부상 지목 변경절차를 마치지 않았다고 하더라도 그 수용에 따른 보상액을 산정할 때에는 공익사업을 위한 토지 등의 취득 및 보상에 관한 법률 제70조 제2항의 '현실적인 이용상황'을 공장용지로 평가해야 한다고 한 사례(대법원 2013. 6. 13. 선고 2012두300판결)

【판결요지】

택지개발사업을 위한 토지의 수용에 따른 보상금액의 산정이 문제 된 사안에서, 농지를 공장부지로 조성하기 위하여 농지전용허가를 받아 농지조성비 등을 납부한 후 공장설립 및 변경신고를 하고, 실제로 일부 공장건물을 증축하기까지 하여 토지의 형질이 원상회복이 어려울 정도로 사실상 변경됨으로써 이미 공장용지로 형질변경이 완료되었으며, 당시 농지법령에 농지전용허가와 관련하여 형질변경 완료 시 준공검사를 받도록 하는 규정을 두고 있지 않아 별도로 준공검사를 받지 않았다고 하더라도 구 지적법 시행령(2002. 1. 26. 대통령령 제17497호로 개정되기 전의 것)에서 정한 '공장부지 조성을 목적으로 하는 공사가 준공된 토지'의 요건을 모두 충족하였다고 보아야 하고, 수용대상 토지가 이미 공장용지의 요건을 충족한 이상 비록 공부상 지목변경절차를 마치지 않았다고 하더라도 그 토지의 수용에 따른 보상액을 산정할 때에는 공익사업을 위한 토지 등의 취득 및 보상에 관한 법률 제70조 제2항의 '현실적인 이용상황'을 공장용지로 평가해야 한다.

한편, 임야의 형질변경 허가는 구 임산물단속에 관한 법률[158] 제2조에 의하여 최초로 규정되었다. 그러므로 공부상 지목이 임야이나 농지로 이용 중인 토지로서 1961. 6. 27. 이전에 형질변경한 경우는 농지로 보상평가함이 원칙이다. 또한 공부상 지목이 임야이나 농지로

156) 국토의 계획 및 이용에 관한 법률 제56조 제1항 제2호, 같은 시행령 제51조 제2항.
157) 국토의 계획 및 이용에 관한 법률 시행령 제53조 제3호.
158) 1961. 6. 27. 법률 제635호 제정, 1980. 1. 4. 법률 제3232호로 전부 개정된 산림법 부칙 제2조에 의하여 폐기되지 전의 것.

이용 중인 토지는 2010. 12. 1. 시행 산지관리법 부칙 제2조 및 2017. 6. 3. 시행 산지관리법 부칙 제3조 불법전용산지에 관한 임시특례 규정에서 정한 절차에 따라 불법전용산지 신고 및 심사를 거쳐 지목이 농지로 변경된 경우[159]에 한하여 농지로 보상평가한다.

【질의내용】

지목이 임야이지만 농지로 이용중인 토지에 대한 보상기준(국토교통부 2011. 8. 19. 토지정책과-4050)

【회신내용】

1. 토지정책과 - 6105(2010. 12. 29)호와 관련입니다.

2. 지목이 임야이지만 농지로 이용중인 토지에 대한 보상과 관련하여, 위 호로 산지관리법의 임시특례규정의 절차에 따라 농지로 지목변경된 토지에 한하여, 농지로 평가하고 영농손실보상을 실시할 수 있도록 한바 있습니다.

3. 하지만 최근에 법제처에서, 공익사업시행을 위하여 관계법령에 따라 이미 산지전용허가 의제협의를 한 경우에는 산지관리법 임시특례규정을 적용하여 산지전용허가를 할 수 없다고 법령해석을 하였습니다.

4. 이에 따라 보상의 형평성 확보를 위하여, 공익사업을 위한 산지전용허가 의제협의가 없었다면 산지관리법 임시특례규정에 따라 양성화가 가능한 임야의 경우에는 이를 농지로 평가한다는 내용으로, 지목이 임야이나 농지로 이용중인 토지에 보상기준(2010. 12. 29)을 붙임과 같이 변경하여 알려드리니, 업무추진에 착오 없으시기 바랍니다.

(나) 불법여부의 판단기준

1) 판단기준

보상액은 보상의 대상이 되는 권리가 소멸한 때의 현실적인 이용상황을 기준으로 산정하는 것이 원칙이다. 그러므로 불법인지 여부의 판단은 기준시점을 기준으로 한다. 따라서 형질변경 당시에는 허가나 신고 등을 하지 않았으나, 기준시점 이전에 허가나 신고를 한 경우에는 불법형질변경으로 보지 않는다.

159) 당해 공익사업을 위한 산지전용허가 의제협의를 사유로 임시특례규정 적용대상 토지임을 확인하는 경우를 포함한다.

2) 불법형질변경의 유형

가) 사업인정 고시일 또는 특정 행위제한일 이후 허가 · 신고 없이한 형질변경

사업인정 고시일 또는 사업인정 의제고시일 및 개별 법률에서 규정한 특정 행위제한일 이후에 해당법령에 의한 허가를 받거나 신고를 하지 않고 형질변경한 경우에는 불법형절변경이 되며, 나아가 행위제한일 이전에 건축허가 등을 받고 행위제한일 이전에 착공한 경우에 한하여 행위제한일 이후에 계속 공사를 할 수 있도록 규정하고 있는 경우로서 행위제한일 이전에 건축허가를 득하였지만 행위제한일 이후에 착공한 경우에도 불법형질변경이 된다.

【판시사항】

예정지구의 지정 · 고시로 인하여 건축허가가 효력을 상실한 후에 공사에 착수하여 공사가 진척된 토지에 대한 보상액을 산정함에 있어서 그 이용현황의 평가 방법(대법원 2007. 4. 12. 선고 2006두18492 판결)

【판결요지】

구 택지개발촉진법(2002. 2. 4. 법률 제6655호로 개정되기 전의 것) 제6조 제1항 단서에서 규정하는 '예정지구의 지정 · 고시 당시에 공사 또는 사업에 착수한 자'라 함은 예정지구의 지정 · 고시 당시 구 택지개발촉진법 시행령(2006. 6. 7. 대통령령 제19503호로 개정되기 전의 것) 제6조 제1항에 열거되어 있는 행위에 착수한 자를 의미하는 것이고 그러한 행위를 하기 위한 준비행위를 한 자까지 포함하는 것은 아니라고 할 것이며, 같은 법 제6조 제1항 본문에 의하면, 건축법 등에 따른 건축허가를 받은 자가 택지개발 예정지구의 지정 · 고시일까지 건축행위에 착수하지 아니하였으면 종전의 건축허가는 예정지구의 지정 · 고시에 의하여 그 효력을 상실하였다고 보아야 할 것이어서, 이후 건축행위에 착수하여 행하여진 공사 부분은 택지개발촉진법 제6조 제2항의 원상회복의 대상이 되는 것이므로, 예정지구의 지정 · 고시 이후 공사에 착수하여 공사가 진척되었다고 하더라도 당해 토지에 대한 보상액을 산정함에 있어서 그 이용현황을 수용재결일 당시의 현황대로 평가할 수는 없고, 구 공익사업을 위한 토지 등의 취득 및 보상에 관한 법률 시행규칙(2005. 2. 5. 건설교통부령 제424호로 개정되기 전의 것) 제24조에 따라 공사에 착수하기 전의 이용상황을 상정하여 평가하여야 한다.

나) 개발제한구역 등에서의 형질변경

개발제한구역의 지정 및 관리에 관한 특별조치법에 따른 개발제한구역(제11조, 제12조), 제주특별자치도 설치 및 국제자유도시 조성을 위한 특별법에 따른 절대보전지역, 상대보전

지역, 관리보전지역 등에서는 토지의 형질변경이 원칙적으로 금지된다. 따라서 이러한 지역에서의 형질변경은 불법형질변경이 된다.

(2) 예외

다만, 1995년 1월 7일 당시 공익사업시행지구에 편입된 토지는 기준시점에서의 현실적인 이용상황을 기준으로 감정평가한다. 여기서 1995년 1월 7일 당시 공익사업시행지구에 편입된 토지에서 공익사업시행지구에 편입된 때란 공익사업시행계획공고 · 고시일로 본다.

【판시사항】

도시계획시설의 도시계획결정고시 및 지적고시도면의 승인고시로써 도시계획시설이 설치될 토지가 구 공공용지의취득및손실보상에관한특례법시행규칙 부칙 제4항 소정의 '공공사업시행지구'에 편입되는지 여부(대법원 2000. 12. 8. 선고 99두9957 판결)

【판결요지】

도로 등 도시계획시설의 도시계획결정고시 및 지적고시도면의 승인고시는 도시계획시설이 설치될 토지의 위치, 면적과 그 행사가 제한되는 권리내용 등을 구체적, 개별적으로 확정하는 처분이고 이 경우 그 도시계획에 포함된 토지의 소유자들은 당시의 관련 법령이 정한 보상기준에 대하여 보호할 가치가 있는 신뢰를 지니게 된다 할 것이므로, 그 고시로써 당해 토지가 구 공공용지의취득및손실보상에관한특례법시행규칙(1995. 1. 7. 건설교통부령 제3호로 개정되어 1997. 10. 15. 건설교통부령 제121호로 개정되기 전의 것) 부칙(1995. 1. 7.) 제4항이 정한 '공공사업시행지구'에 편입된다고 보아야 할 것이고, 따라서 위 부칙 제4항에 의하여 위 시행규칙 시행일인 1995. 1. 7. 이전에 도시계획시설(도로)의 부지로 결정 · 고시된 불법형질변경 토지에 대하여는 형질변경이 될 당시의 토지이용상황을 상정하여 평가하도록 규정한 위 시행규칙 제6조 제6항을 적용할 수 없다.

또한 국가 또는 지방공공단체가 적법한 절차를 거치지 아니하고 사인의 토지를 형질변경한 경우에는 취득당시의 현질적인 이용상황을 기준으로 평가하여야 한다. 다만, 미지급용지의 경우는 형질변경 자체는 적법한 것이므로 여기에 해당하지 아니한다.

【판시사항】

현황평가원칙의 예외사유인 구 공공용지의취득및손실보상에관한특례법시행규칙 제6조

제6항(현, 토지보상법 시행규칙 제24조)의 적용 기준(서울고등법원 2002. 3. 22. 선고 2001누9150 판결 : 상고)

【판결요지】

구 공공용지의취득및손실보상에관한특례법시행규칙(2002. 12. 31. 건설교통부령 제344호로 폐지) 제6조 제6항은 현황평가원칙의 예외로서 "무허가건물 등의 부지나 불법으로 형질변경된 토지는 무허가건물 등이 건축될 당시 또는 토지의 형질변경이 이루어질 당시의 이용상황을 상정하여 평가한다."라고 규정하고 있는바(다만, 위 시행규칙 부칙 제4항에 의하면, 위 규칙 시행 당시 공공사업시행지구에 편입된 불법형질변경 토지 또는 무허가개간 토지 등의 보상 등에 대하여는 위 개정규정에 불구하고 종전의 규정에 의하도록 하고 있다), 위 규정의 취지는 토지의 소유자 또는 제3자가 불법 형질변경 등을 통하여 현실적인 이용현황을 왜곡시켜 부당하게 손실보상금의 평가가 이루어지게 함으로 인하여 토지 소유자가 부당한 이익을 얻게 되는 것을 방지함으로써 구 공공용지의취득및손실보상에관한특례법(2002. 2. 4. 법률 제6656호 공익사업을위한토지등의취득및보상에관한법률 부칙 제2조로 폐지) 제4조 제2항이 규정하고 있는 '적정가격보상의 원칙'을 관철시키기 위한 것이라 할 것이므로, 국가 또는 지방공공단체가 적법한 절차를 거치지 아니하고 개인의 토지를 형질변경하여 그 토지를 장기간 공익에 제공함으로써 그 토지의 가격이 상승된 이후에 스스로 공익사업의 시행자로서 그 토지를 취득하는 경우와 같이 위 규정을 적용한다면 오히려 '적정가격보상의 원칙'에 어긋나는 평가가 이루어질 수 있는 특별한 사정이 있는 때에는 위 규정이 적용되지 아니하고, 수용에 의하여 취득할 토지에 대한 평가의 일반원칙에 의하여 수용재결 당시의 현실적인 이용상황에 따라 평가하는 것이 합당하다.

나. 형질변경시 준공검사나 지목변경 필요성

형질변경 허가를 받거나 신고를 하고 실질적인 형질변경을 완료하였으나 준공검사를 득하지 않았거나 지목을 변경하지 않을 경우에는 불법형질변경 토지가 아니다. 즉, 토지의 형질변경이란 절토, 성토, 정지 또는 포장 등으로 토지의 형상을 변경하는 행위와 공유수면의 매립을 뜻하는 것으로서, 토지의 형질을 외형상으로 사실상 변경시킬 것과 그 변경으로 인하여 원상회복이 어려운 상태에 있을 것을 요하지만, 형질변경허가에 관한 준공검사를 받거나 토지의 지목까지 변경시킬 필요는 없다.

【판시사항】

'토지의 형질변경'에 형질변경허가에 관한 준공검사나 토지의 지목변경을 요하는지 여부(소극)(대법원 2013. 6. 13. 선고 2012두300 판결)

【판결요지】

토지의 형질변경이란 절토, 성토, 정지 또는 포장 등으로 토지의 형상을 변경하는 행위와 공유수면의 매립을 뜻하는 것으로서, 토지의 형질을 외형상으로 사실상 변경시킬 것과 그 변경으로 인하여 원상회복이 어려운 상태에 있을 것을 요하지만, 형질변경허가에 관한 준공검사를 받거나 토지의 지목까지 변경시킬 필요는 없다.

【판시사항】

택지개발사업을 위한 토지의 수용에 따른 보상금액의 산정이 문제 된 사안에서, 농지가 이미 공장용지로 형질변경이 완료되었고 공장용지의 요건을 충족한 이상 비록 공부상 지목변경 절차를 마치지 않았다고 하더라도 그 수용에 따른 보상액을 산정할 때에는 공익사업을 위한 토지 등의 취득 및 보상에 관한 법률 제70조 제2항의 '현실적인 이용상황'을 공장용지로 평가해야 하는지 여부(대법원 2013. 6. 13. 선고 2012두300 판결)

【판결요지】

택지개발사업을 위한 토지의 수용에 따른 보상금액의 산정이 문제 된 사안에서, 농지를 공장부지로 조성하기 위하여 농지전용허가를 받아 농지조성비 등을 납부한 후 공장설립 및 변경신고를 하고, 실제로 일부 공장건물을 증축하기까지 하여 토지의 형질이 원상회복이 어려울 정도로 사실상 변경됨으로써 이미 공장용지로 형질변경이 완료되었으며, 당시 농지법령에 농지전용허가와 관련하여 형질변경 완료 시 준공검사를 받도록 하는 규정을 두고 있지 않아 별도로 준공검사를 받지 않았다고 하더라도 구 지적법 시행령(2002. 1. 26. 대통령령 제17497호로 개정되기 전의 것)에서 정한 '공장부지 조성을 목적으로 하는 공사가 준공된 토지'의 요건을 모두 충족하였다고 보아야 하고, 수용대상 토지가 이미 공장용지의 요건을 충족한 이상 비록 공부상 지목변경절차를 마치지 않았다고 하더라도 그 토지의 수용에 따른 보상액을 산정할 때에는 공익사업을 위한 토지 등의 취득 및 보상에 관한 법률 제70조 제2항의 '현실적인 이용상황'을 공장용지로 평가해야 한다.

다. 불법형질변경 등에 대한 입증책임

형질변경이 관련 법률에 따른 허가 또는 신고를 받지 아니하여 불법이라는 사실 및 1995년 1월 7일 이후에 공익사업시행지구에 편입되었다는 등의 사실은 사업시행자가 이를 입증하여야 한다. 또한, 불법형질변경 될 당시의 이용상황 및 1995년 1월 7일 당시 공익사업시행지구에 편입된 불법형질변경 토지에 해당되어 현실적인 이용상황을 기준으로 보상평가하는 경우의 면적사정도 사업시행자가 확정한다.

라. 불법형질변경 후 현실적인 이용상황이 악화된 경우 평가방법

불법형질변경 토지의 보상평가기준은 불법행위를 통하여 그 가치가 증가된 토지에 대하여 그 증가된 금액은 보상평가시 이를 반영하지 아니한다는 취지이다. 따라서 불법형질변경으로 인하여 그 가치가 증가되지 아니하고 오히려 현실적인 이용상황이 더 나빠진 경우에는 기준시점에서의 현질적인 이용상황을 기준으로 평가하여야 한다.

【판시사항】

공익사업을 위한 토지 등의 취득 및 보상에 관한 법률 시행규칙 제24조가 정한 '불법형질변경토지'라는 이유로 형질변경 당시의 이용상황에 의하여 보상액을 산정하는 경우, 수용대상토지가 불법형질변경토지라는 사실에 관한 증명책임의 소재 및 증명의 정도(대법원 2012. 4. 26. 선고 2011두2521 판결)

【판결요지】

공익사업을 위한 토지 등의 취득 및 보상에 관한 법률 제70조 제2항, 제6항, 공익사업을 위한 토지 등의 취득 및 보상에 관한 법률 시행규칙 제24조에 의하면 토지에 대한 보상액은 현실적인 이용상황에 따라 산정하는 것이 원칙이므로, 수용대상 토지의 이용상황이 일시적이라거나 불법형질변경토지라는 이유로 본래의 이용상황 또는 형질변경 당시의 이용상황에 의하여 보상액을 산정하기 위해서는 그와 같은 예외적인 보상액 산정방법의 적용을 주장하는 쪽에서 수용대상 토지가 불법형질변경토지임을 증명해야 한다. 그리고 수용대상 토지가 불법형질변경토지에 해당한다고 인정하기 위해서는 단순히 수용대상 토지의 형질이 공부상 지목과 다르다는 점만으로는 부족하고, 수용대상 토지의 형질변경 당시 관계 법령에 의한 허가 또는 신고의무가 존재하였고 그럼에도 허가를 받거나 신고를 하지 않은 채 형질변경이 이루어졌다는 점이 증명되어야 한다.

마. 복구예정토지의 평가방법

불법형질변경 되었으나 복구가 예정되어 있거나 또는 법령상 가까운 장래에 허가 등의 기간이 만료되어 복구가 예정되어 있는 경우의 현재의 이용상황은 보상평가시 일시적 이용상황으로 보아 고려하지 아니한다.

【판시사항】

수용대상 토지의 현실적인 이용상황이 공공용지의취득및손실보상에관한특례법시행령 제2조의10 제2항 소정의 '일시적인 이용상황'에 불과한지 여부(대법원 1999. 7. 27. 선고 99두4327 판결)

【판결요지】

수용대상 토지가 수용재결 당시 잡종지 등으로 사실상 사용되고 있으나 무단형질변경의 경위, 수회에 걸친 무단형질변경토지의 원상회복명령 및 형사고발까지 받고도 원상복구하지 아니한 점, 그 이용실태 및 이용기간 등에 비추어 위 이용상황은 공공용지의취득및손실보상에관한특례법시행령 제2조의10 제2항 소정의 '일시적인 이용상황'에 불과하다.

【판시사항】

토지수용재결 당시 채석지의 이용상황이 잡종지이기는 하지만 가까운 장래에 채석허가기간이 만료되어 훼손된 채석지에 대한 산림복구가 예정되어 있는 경우, 이에 대한 수용보상액은 그 공부상 지목에 따라 임야로서 평가하여야 하는지 여부(대법원 2000. 2. 8. 선고 97누15845 판결)

【판결요지】

공공용지의취득및손실보상에관한특례법시행령 제2조의10 제2항은 토지에 대한 평가는 지적공부상의 지목에 불구하고 가격시점에 있어서의 현실적인 이용상황에 따라 평가되어야 하며 일시적인 이용상황은 고려하지 아니한다고 규정하고 있으므로, 토지수용재결 당시 채석지의 이용상황이 잡종지이기도 하지만 가까운 장래에 채석기간이 만료되어 훼손된 채석지에 대한 산림복구가 법령상 예정되어 있다면 이러한 이용상황은 일시적인 것에 불과하다고 보아야 하므로 이에 대한 수용보상액은 그 공부상 지목에 따라 임야로서 평가함이 마땅하다.

5. 미지급(구 미불용지)용지

토지보상평가지침

제32조【미불용지의 평가】 ① 종전에 시행된 공익사업의 부지로서 보상금이 지급되지 아니한 토지(이하 "미불용지"라 한다)에 대한 평가는 법시행규칙 제25조에 따르되, 종전의 공익사업에 편입될 당시의 이용상황을 상정하여 평가한다. 다만, 종전의 공익사업에 편입될 당시의 이용상황을 알 수 없는 경우에는 편입될 당시의 공부상 지목과 유사한 인근토지의 이용상황 등을 참작하여 평가한다.

② 제1항에서 "종전의 공공사업에 편입될 당시의 이용상황"을 상정하는 때에는 편입당시의 지목 · 실제용도 · 지형 · 지세 · 면적 등의 개별요인을 고려하여야 하며, 가격시점은 계약체결당시를 기준으로 하고 공법상 제한이나 주위환경 그 밖에 공공시설 등과의 접근성 등은 종전의 공익사업 (그 미불용지가 새로운 공익사업에 편입되는 경우에는 그 사업을 포함한다) 의 시행을 직접 목적으로 하거나 당해 공익사업의 시행에 따른 절차 등으로 변경 또는 변동이 된 경우 외에는 가격시점 당시를 기준으로 한다.

③ 미불용지의 평가에서 비교표준지로 선정된 표준지의 공시지가에 당해 공익사업의 시행에 따른 개발이익이 포함되어 있는 경우에는 그 개발이익을 배제한 가격으로 평가한다.

④ 주위환경변동이나 형질변경 등으로 평가대상토지의 종전의 공익사업에 편입될 당시의 이용상황과 유사한 이용상황의 공시지가 표준지가 인근지역에 없어서 제9조 제5항에 따라 인근지역의 표준적인 이용상황의 공시지가 표준지를 비교표준지로 선정한 경우에는 그 형질변경 등에 소요되는 비용(환지방식에 따른 사업시행지구 안에 있는 경우에는 환지비율) 등을 고려하여야 한다.

⑤ 제36조제1항에서 규정한 공도 안에 있는 사유토지가 미불용지로 평가 의뢰된 경우에는 평가의뢰자에게 그 토지가 도로로 편입당시 이전부터 법 시행규칙 제26조제2항에서 규정한 '사실상의 사도' 등으로 이용되었는지 여부 등을 조회한 후 그 제시 의견에 따라 평가한다. 이 경우 의견제시가 없는 때에는 객관적인 판단기준에 따라 평가하고 평가서에 그 내용을 기재한다.

감정평가 실무기준 6.2.3 미지급용지

① 미지급용지는 종전의 공익사업에 편입될 당시의 이용상황을 기준으로 감정평가한다.
② 미지급용지의 비교표준지는 종전 및 해당 공익사업의 시행에 따른 가격의 변동이 포함되지 않은 표준지를 선정한다.
③ 주위환경변동이나 형질변경 등으로 종전의 공익사업에 편입될 당시의 이용상황과 비슷한 이용상황의 표준지 공시지가가 인근지역등에 없어서 인근지역의 표준적인 이용상황의 표준지 공시지가를 비교표준지로 선정한 경우에는 그 형질변경 등에 드는 비용 등을 고려하여야 한다.

가. 평가기준

(1) 원칙

종전에 시행된 공익사업의 부지로서 보상금이 지급되지 아니한 토지에 대하여는 종전의 공익사업에 편입될 당시의 이용상황을 상정하여 평가한다. 사업시행자는 미지급용지의 평가를 의뢰하는 때에는 보상평가의뢰서에 미지급용지임을 표시하여야 한다(토지보상법 시행규칙 25조). 여기서 미지급용지란 종전에 시행된 공익사업의 부지로서 보상금이 지급되지 아니한 토지를 말한다. 즉, 미지급용지는 같은 토지에 대하여 둘 이상의 공익사업이 시행되고, 새로운 공익사업이 시행되기까지 종전에 시행된 공익사업에 의한 보상금이 지급되지 아니한 토지를 의미하는 것이다.

【판시사항】
공익사업을 위한 토지 등의 취득 및 보상에 관한 법률 시행규칙 제25조 제1항의 미불용지로 인정되기 위한 요건(대법원 2009. 3. 26. 선고 2008두22129 판결)

【판결요지】
공익사업을 위한 토지 등의 취득 및 보상에 관한 법률 시행규칙 제25조 제1항의 미불용지는 '종전에 시행된 공익사업의 부지로서 보상금이 지급되지 아니한 토지'이므로, 미불용지로 인정되려면 종전에 공익사업이 시행된 부지여야 하고, 종전의 공익사업은 적어도 당해 부지에 대하여 보상금이 지급될 필요가 있는 것이어야 한다.

한편, 미보상용지에 대하여 보상액 평가기준을 마련한 취지는 종전에 공공사업의 시행으로 인하여 정당한 보상금이 지급되지 아니한 채 공공사업의 부지로 편입되어 버린 이른바 미보상용지는 용도가 공공사업의 부지로 제한됨으로 인하여 거래가격이 아예 형성되지 못하거나 상당히 감가되는 것이 보통이어서, 사업시행자가 이와 같은 미보상용지를 뒤늦게 취득하면서 공공용지의취득및손실보상에관한특례법 제4조 제1항 소정의 가격시점에 있어서의 이용상황인 공공사업의 부지로만 평가하여 손실보상액을 산정한다면, 구 공공용지의취득및손실보상에관한특례법(1991.12.31. 법률 제4484호로 개정되기 전의 것) 제4조 제3항이 규정하고 있는 "적정가격"으로 보상액을 정한 것이라고는 볼 수 없게 되므로, 이와 같은 부당한 결과를 구제하기 위하여 종전에 시행된 공공사업의 부지로 편입됨으로써 거래가격을 평가하기 어렵게 된 미보상용지에 대하여는 특별히 종전의 공공사업에 편입될 당시의 이용상황을 상정하여 평가함으로써 그 "적정가격"으로 손실보상을 하여 주려는 것이 공공용지의취득및손실보상에관한특례법시행규칙 제6조 제7항의 규정취지라고 이해된다.[160)]

(2) 예외

(가) 인근토지 이용상황 등 참작

다만, 종전의 공익사업에 편입될 당시의 이용상황을 알 수 없는 경우에는 편입될 당시의 지목과 인근토지의 이용상황 등을 참작하여 평가한다.

(나) 형질변경 등에 소요되는 비용 참작

주위환경변동이나 형질변경 등으로 종전의 공익사업에 편입될 당시의 이용상황과 비슷한 이용사황의 표준지 공시지가 인근지역 등에 없어서 인근지역의 표준적인 이용상황의 표준지 공시지가를 비교표준지로 선정한 경우에는 그 형질변경 등에 드는 비용 등을 고려하여야 한다.

(다) 현실적 이용상황 기준

토지보상법 시행규칙 제25조의 미지급용지에 대한 보상규정은 토지소유자를 보호하기 위한 것이다. 그러므로 미지급용라고 하더라도 종전의 공익사업에 편입될 당시의 이용상황을 상정하여 평가하는 것보다 현실적인 이용상황을 기준으로 보상평가하는 것이 토지소유자에게 유리한 경우에는 현실적인 이용상황을 기준으로 평가한다.

160) 대법원 1992. 11. 10. 선고 92누4833 판결.

【판시사항】

미보상용지에 대하여 보상액 평가기준을 마련한 공공용지의취득및손실상에관한특례법 시행규칙 제6조 제7항의 규정취지 및 사업시행자가 적법한 절차를 취하지 아니하여 공공사업의 부지로 취득하지도 못한 단계에서 공공사업을 시행하여 이용상황을 변경시킴으로써 거래가격이 상승된 토지의 경우에도 위 "가"항의 법조항 소정의 "미보상용지"에 포함되는지 여부(대법원 1992. 11. 10. 선고 92누4833 판결)

【판결요지】

종전에 공공사업의 시행으로 인하여 정당한 보상금이 지급되지 아니한 채 공공사업의 부지로 편입되어 버린 이른바 미보상용지는 용도가 공공사업의 부지로 제한됨으로 인하여 거래가격이 아예 형성되지 못하거나 상당히 감가되는 것이 보통이어서, 사업시행자가 이와 같은 미보상용지를 뒤늦게 취득하면서 공공용지의취득및손실보상에관한특례법 제4조 제1항 소정의 가격시점에 있어서의 이용상황인 공공사업의 부지로만 평가하여 손실보상액을 산정한다면, 구 공공용지의취득및손실보상에관한특례법(1991.12.31. 법률 제4484호로 개정되기 전의 것) 제4조 제3항이 규정하고 있는 "적정가격"으로 보상액을 정한 것이라고는 볼 수 없게 되므로, 이와 같은 부당한 결과를 구제하기 위하여 종전에 시행된 공공사업의 부지로 편입됨으로써 거래가격을 평가하기 어렵게 된 미보상용지에 대하여는 특별히 종전의 공공사업에 편입될 당시의 이용상황을 상정하여 평가함으로써 그 "적정가격"으로 손실보상을 하여 주려는 것이 공공용지의취득및손실보상에관한특례법시행규칙 제6조 제7항의 규정취지라고 이해된다.

따라서 공공사업의 시행자가 적법한 절차를 취하지 아니하여 아직 공공사업의 부지로 취득하지도 못한 단계에서 공공사업을 시행하여 토지의 현실적인 이용상황을 변경시킴으로써, 오히려 토지의 거래가격이 상승된 경우까지 위 "가"항의 시행규칙 제6조 제7항에 규정된 미보상용지의 개념에 포함되는 것이라고 볼 수 없다.

나. 미지급용지의 판단

(1) 판단절차

미지급용지의 편입당시 현실적인 이용상황에 대한 판단은 사업시행자가 토지보상법상 일정한 절차를 거쳐 확정한다. 따라서 사업시행자는 미지급용지의 보상평가를 의뢰하는 때에는 감정평가의뢰서에 미지급용지임을 표시하여야 한다.

(2) 미지급용지의 용도지역 판단

미지급용지의 용도지역 등도 원칙적으로 기준시점의 용도지역 등을 기준으로 판단한다.

다만, 종전의 공익사업 또는 새로운 공익사업의 시행을 직접 목적으로 하거나 그 시행의 절차에 의해 기준시점에서의 용도지역 등이 변경된 경우에는 종전 용도지역 등을 기준으로 한다.

(3) 가치변동 배제

미지급용지는 종전 및 해당 공익사업으로 인한 가치변동 모두를 배제하고 배상하여야 한다. 따라서 미지급용지의 비교표준지는 종전 및 해당 공익사업의 시행에 따른 가치의 변동이 포함되지 않는 표준지를 선정한다.

(4) 미지급용지 판단시 유의사항

국가 또는 지방자치단체가 종전 공익사업을 진행하면서 토지소유자에게 보상을 하거나 기부채납을 받고도 소유권 이전등기를 하지 않아 여전히 개인 소유로 등기되어 있기는 하지만 미지급용지가 아닐 개연성 큰 토지가 있을 수 있으므로 아래 유형의 경우에는 미지급용지의 판단에 유의하여야 한다.

(가) 취득시가 비슷한 토지 중 일부 필지만 개인소유로 남아 있는 경우

(나) 종전 공익사업시행 당시 소유자의 거소가 분명했던 경우

(다) 등기명의인이 사망하여 상속인이 소유권 변동에 대해 잘 모르는 경우(조상 땅 찾기 운동 등으로 우연히 발견한 재산 등)

(라) 종전 공익사업을 위해 지적 분할을 한 경우

(마) 기타 보상금을 지급하였을 개연성이 많은 경우

다. 이용상황 등의 변경시 미지급용지의 이용상황 판단

종전 공익사업의 편입시점과 새로운 공익사업의 기준시점 사이에 인근지역의 표준적인 이용상황이 변경되었고, 예를 들어, 국가 또는 지방자치단체가 도로로 점유 · 사용하고 있는 토지에 있어 도로에 편입된 이후 도로가 개설되지 아니하였더라도 당해 토지의 현실적 이용상황이 주위 토지와 같이 변경되었을 것임이 객관적으로 명백하게 된 경우 미지급용지의 이용상황은 기준시점에서의 인근토지의 표준적인 이용상황을 기준으로 판단한다.

【판시사항】

국가 또는 지방자치단체가 도로로 점유 · 사용하고 있는 토지에 있어 도로에 편입된 이후 도로가 개설되지 아니하였더라도 당해 토지의 현실적 이용상황이 주위 토지와 같이 변경되었을 것임이 객관적으로 명백하게 된 경우, 그 토지에 대한 임료 상당의 부당이득액 산정을 위한 토지의 기초가격의 평가방법(대법원 2002. 10. 25. 선고 2002다31483 판결)

【판결요지】

국가 또는 지방자치단체가 도로로 점유 · 사용하고 있는 토지에 대한 임료 상당의 부당이득액을 산정하기 위한 토지의 기초가격은, 국가 또는 지방자치단체가 종전부터 일반 공중의 교통에 사실상 공용되던 토지에 대하여 도로법 등에 의한 도로 설정을 하여 도로관리청으로서 점유하거나 또는 사실상 필요한 공사를 하여 도로로서의 형태를 갖춘 다음 사실상 지배주체로서 도로를 점유하게 된 경우에는 도로로 제한된 상태 즉, 도로인 현황대로 감정평가하여야 하고, 국가 또는 지방자치단체가 종전에는 일반 공중의 교통에 사실상 공용되지 않던 토지를 비로소 도로로 점유하게 된 경우에는 토지가 도로로 편입된 사정은 고려하지 않고 그 편입될 당시의 현실적 이용상황에 따라 감정평가하되 다만, 도로에 편입된 이후 당해 토지의 위치나 주위 토지의 개발 및 이용상황 등에 비추어 도로가 개설되지 아니하였더라도 당해 토지의 현실적 이용상황이 주위 토지와 같이 변경되었을 것임이 객관적으로 명백하게 된 때에는, 그 이후부터는 그 변경된 이용상황을 상정하여 토지의 가격을 평가한 다음 이를 기초로 임료 상당의 부당이득액을 산정하여야 한다.

라. 미지급용지의 시효취득 여부

점유자가 점유 개시 당시에 소유권 취득의 원인이 될 수 있는 법률행위 기타 법률요건이 없이 그와 같은 법률요건이 없다는 사실을 잘 알면서 타인 소유의 부동산을 무단점유한 것임이 입증된 경우에도 특별한 사정이 없는 한 점유자는 타인의 소유권을 배척하고 점유할 의사를 갖고 있지 않다고 보아야 할 것이므로 이로써 소유의 의사가 있는 점유라는 추정은 깨어졌다고 할 것이다. 따라서 미지급용지에 대하여 국가나 지방자치단체가 20년 이상 공익사업부지로서 점유를 하고 있다고 하여도 이는 점유를 개시할 당시부터 그 토지가 타인의 소유라는 사실을 잘 알고 있었다고 보아야 할 것이므로, 이에 대한 시효취득은 인정되지 않는다.

【판시사항】

취득시효에 있어서 '소유의 의사'의 입증책임 및 점유자의 '소유의 의사'의 추정이 깨어지는 경우(대법원 1997. 8. 21. 선고 95다28625 전원합의체 판결)

【판결요지】

민법 제197조 제1항에 의하면 물건의 점유자는 소유의 의사로 점유한 것으로 추정되므로 점유자가 취득시효를 주장하는 경우에 있어서 스스로 소유의 의사를 입증할 책임은 없고, 오히려 그 점유자의 점유가 소유의 의사가 없는 점유임을 주장하여 점유자의 취득시효의 성립을 부정하는 자에게 그 입증책임이 있다.

따라서 점유자의 점유가 소유의 의사 있는 자주점유인지 아니면 소유의 의사 없는 타주점유인지의 여부는 점유자의 내심의 의사에 의하여 결정되는 것이 아니라 점유 취득의 원인이 된 권원의 성질이나 점유와 관계가 있는 모든 사정에 의하여 외형적 · 객관적으로 결정되어야 하는 것이기 때문에 점유자가 성질상 소유의 의사가 없는 것으로 보이는 권원에 바탕을 두고 점유를 취득한 사실이 증명되었거나, 점유자가 타인의 소유권을 배제하여 자기의 소유물처럼 배타적 지배를 행사하는 의사를 가지고 점유하는 것으로 볼 수 없는 객관적 사정, 즉 점유자가 진정한 소유자라면 통상 취하지 아니할 태도를 나타내거나 소유자라면 당연히 취했을 것으로 보이는 행동을 취하지 아니한 경우 등 외형적 · 객관적으로 보아 점유자가 타인의 소유권을 배척하고 점유할 의사를 갖고 있지 아니하였던 것이라고 볼 만한 사정이 증명된 경우에도 그 추정은 깨어진다.

마. 미지급용지의 보상의무자

미지급용지의 보상의무자는 새로운 사업시행자이다. 보상대상자에는 종전의 공익사업에 편입된 후에 소유권을 취득한 자도 포함된다.

【질의요지】

편입 토지는 임의경매로 인한 낙찰에 의하여 매입한 토지로서 공익사업에 편입될 당시의 소유자와 현재 소유자가 달라도 미불용지로 평가할 수 있는지 여부(국토교통부 2005. 10. 5. 토지정책팀-555)

【회신내용】

미불용지는 종전에 시행된 공익사업시행지구에 편입되었으나 보상이 이루어지지 아니한 토지를 의미하므로 토지소유권 변동이 미불용지여부를 판단하는 기분은 아니라고 보며, 그 밖에 개별적인 사례에 대하여는 사업시행자가 사실관계를 조사하여 판단 · 결정할 사항이라고 봅니다.

6. 도로부지

감정평가 실무지침 6.2.4 사도법에 따른 사도부지

① 「사도법」에 따른 사도의 부지(이하 "사도부지"라 한다)에 대한 감정평가는 인근토지에 대한 감정평가액의 5분의 1 이내로 한다.

② 제1항에서 "인근토지"란 그 사도부지가 도로로 이용되지 아니하였을 경우에 예상되는 인근지역에 있는 표준적인 이용상황의 토지로서 지리적으로 가까운 것을 말한다.

가. 사도법에 따른 사도부지

(1) 평가기준

(가) 원칙

도로부지 중「사도법」에 의한 사도의 부지는 인근토지에 대한 평가액의 5분의 1 이내로 한다(토지보상법 시행규칙 제26조 제1항 제1호). 여기서 "인근토지"라 함은 당해 도로부지 또는 구거부지가 도로 또는 구거로 이용되지 아니하였을 경우에 예상되는 표준적인 이용상황과 유사한 토지로서 당해 토지와 위치상 가까운 토지를 말한다.

【판시사항】

'인접한 토지'의 의미(대법원 2010. 2. 11. 선고 2009두12730 판결)

【판결요지】

도로점용료의 산정기준 등 점용료의 징수에 관하여 필요한 사항을 정한 서울특별시 도로점용허가 및 점용료 등 징수조례(2008. 3. 12. 조례 제4610호로 개정되기 전의 것) 제3조 [별표]에서 인접한 토지의 개별공시지가를 도로점용료 산정의 기준으로 삼도록 한 취지는, 도로 자체의 가격 산정이 용이하지 아니하여 인근에 있는 성격이 유사한 다른 토지의 가격을 기준으로 함으로써 합리적인 점용료를 산출하고자 하는 데 있으므로, 여기서 '인접한 토지'라 함은 점용도로의 인근에 있는 토지로서 도로점용의 주된 사용목적과 동일 또는 유사한 용도로 사용되는 토지를 말한다(대법원 2002. 11. 8. 선고 2002두5344 판결 등 참조).

(나) 인근토지

인근토지에 대한 평가액은 해당 사도가 개설된 상태에서의 평가액을 의미한다.

(2) 사도법에 따른 사도의 개념

"사도"란 i)「도로법」 제2조제1호에 따른 도로, ii)「도로법」의 준용을 받는 도로, iii)「농어촌도로 정비법」 제2조제1항에 따른 농어촌도로, iv)「농어촌정비법」에 따라 설치된 도로가 아닌 것으로서 그 도로에 연결되는 길을 말한다(사도법 제2조).

한편, 사도를 개설 · 개축(改築) · 증축(增築) 또는 변경하려는 자는 특별자치시장, 특별자치도지사 또는 시장 · 군수 · 구청의 허가를 받아야 하며, 또한 시장 · 군수 · 구청장은 이에 따른 허가를 하였을 때에는 지체 없이 그 내용을 공보에 고시하고, 국토교통부령으로 정하는 바에 따라 사도 관리대장에 그 내용을 기록하고 보관하여야 한다(사도법 제4조 1항, 제4항).

【판시사항】

도로법 제5조 소정의 도로의 의미(대법원 1999. 12. 28. 선고 99다39227, 39234 판결)

【판결요지】

도로법 제5조의 적용을 받는 도로는 적어도 도로법에 의한 노선인정과 도로구역결정 또는 이에 준하는 도시계획법 소정 절차를 거친 도로를 말하므로, 이러한 절차를 거친 바 없는 도로에 대하여는 도로법 제5조를 적용할 여지가 없다.

나. 사실상의 사도부지

토지보상평가지침 제35조의2 사실상의 사도부지의 평가

① 제35조의 규정에 의한 사도 외의 도로로서 사도와 유사한 용도적 기능을 갖는 다음 각 호의 1에 해당되는 도로(「국토의 계획 및 이용에 관한 법률」의 규정에 의한 도시관리계획에 의하여 도로로 결정된 이후부터 도로로 사용되고 있는 것을 제외한다. 이하 "사실상의 사도"라 한다)의 부지에 대한 평가는 법시행규칙 제26조 제1항 제2호의 규정에 의하되, 인근토지에 대한 평가가격의 3분의 1 이내로 한다. 〈개정 2007.2.14〉

1. 도로개설 당시의 토지소유자가 자기토지의 편익을 위하여 스스로 설치한 도로
2. 토지소유자가 그 의사에 의하여 타인의 통행을 제한할 수 없는 도로
3. 「건축법」 제35조의 규정에 의하여 건축허가권자가 그 위치를 지정 · 공고한 도로 〈개정 2007.2.14〉
4. 도로개설당시의 토지소유자가 대지 또는 공장용지 등을 조성하기 위하여 설치한 도로

② 다음 각 호의 1에 해당되는 것은 이 조에서 규정한 사실상의 사도로 보지 아니한다. 다만, 「국토의 계획 및 이용에 관한 법률」 제56조제1항 등 관계법령의 규정에 의한 토지의 개발행위허가 등을 받지 아니하고 지적공부상으로만 택지부분과 도로부분(지목이 변경되지 아니한 경우를 포함한다. 이하 이 조에서 같다) 으로 구분된 경우에 있어서 그 택지부분을 일반거래관행에 따라 대지예정지로 보고 개별필지별로 평가하는 때에는 그 도로부분에 대한 평가는 제1항의 규정을 준용한다. 〈개정 2007.2.14〉

1. 지적공부상으로 도로로 구분되어 있으나 가격시점 현재 도로로 이용되고 있지 아니하거나 사실상 용도폐지된 상태에 있는 것
2. 지적공부상으로 도로로 구분되어 있지 아니한 상태에서 가격시점 현재 사실상 통행에 이용되고 있으나 소유자의 의사에 의하여 법률적 · 사실적으로 통행을 제한 할 수 있는 것

③ 제1항에서 "인근토지"라 함은 그 사실상의 사도부지가 도로로 이용되지 아니하였을 경우에 예상되는 인근지역에 있는 표준적인 이용상황의 토지로서 지리적으로 가까운 것을 말한다.

(1) 평가기준

(가) 원칙

도로부지 중 사실상의 사도의 부지는 인근토지에 대한 평가액의 3분의 1 이내로 한다(토지보상법 시행규칙 제26조 제1항 제1호).

> **【판시사항】**
>
> '사실상의 사도'의 부지로 보고 인근토지 평가액의 3분의 1 이내로 보상액을 평가하기 위한 요건(대법원 2013. 6. 13. 선고 2011두7007 판결)
>
> **【판결요지】**
>
> 공익사업을 위한 토지 등의 취득 및 보상에 관한 법률 시행규칙 제26조 제1항 제2호에 의하여 '사실상의 사도'의 부지로 보고 인근토지 평가액의 3분의 1 이내로 보상액을 평가하려면, 도로법에 의한 일반 도로 등에 연결되어 일반의 통행에 제공되는 등으로 사도법에 의한 사도에 준하는 실질을 갖추고 있어야 하고, 나아가 위 규칙 제26조 제2항 제1호 내지 제4호 중 어느 하나에 해당하여야 할 것이다.

(나) 인근토지

인근토지는 사도법에 따른 사도의 부지를 준용한다.

(2) 사실상 사도의 개념

(가) 사실상 사도

"사실상의 사도"라 함은 「사도법」에 의한 사도외의 도로(「국토의 계획 및 이용에 관한 법률」에 의한 도시 · 군관리계획에 의하여 도로로 결정된 후부터 도로로 사용되고 있는 것을 제외한다)로서 i) 도로개설당시의 토지소유자가 자기 토지의 편익을 위하여 스스로 설치한 도로, ii) 토지소유자가 그 의사에 의하여 타인의 통행을 제한할 수 없는 도로, iii) 「건축법」 제45조에 따라 건축허가권자가 그 위치를 지정 · 공고한 도로, iv) 도로개설당시의 토지소유자가 대지 또는 공장용지 등을 조성하기 위하여 설치한 도로 등에 해당하는 도로를 말한다(토지보상법 시행규칙 제26조 제2항).

예를 들어, 토지소유자가 대지 또는 공장용지 등을 조성하기 위하여 설치한 도로는 토지소유자가 넓은 토지를 개발하면서 자기 토지의 다른 부분의 효용증진을 위하여 개설하는 단지분할

형 도로로서, 토지소유자가 자기 토지의 편익을 위하여 스스로 개설한 전형적인 사도에 해당한다. 그러나 일단의 대규모 공장용지 또는 학교용지 내의 도로 등은 사실상의 사도로 보지 않고 주지목추종의 원칙에 따라 공장용지 또는 학교용지로 본다.

(나) 자기토지 편익을 위해 설치한 도로

'도로개설 당시의 토지소유자가 자기 토지의 편익을 위하여 스스로 설치한 도로'에 해당한다고 하려면, 토지 소유자가 자기 소유 토지 중 일부에 도로를 설치한 결과 도로 부지로 제공된 부분으로 인하여 나머지 부분 토지의 편익이 증진되는 등으로 그 부분의 가치가 상승됨으로써 도로부지로 제공된 부분의 가치를 낮게 평가하여 보상하더라도 전체적으로 정당보상의 원칙에 어긋나지 않는다고 볼 만한 객관적인 사유가 있다고 인정되어야 하고, 이는 도로개설 경위와 목적, 주위환경, 인접토지의 획지 면적, 소유관계 및 이용상태 등 제반 사정을 종합적으로 고려하여 판단할 것이다.

【판시사항】

'도로개설 당시의 토지소유자가 자기 토지의 편익을 위하여 스스로 설치한 도로'에 해당하는지 판단하는 기준(대법원 2013. 6. 13. 선고 2011두7007 판결)

【판결요지】

공익사업을 위한 토지 등의 취득 및 보상에 관한 법률 시행규칙 제26조 제2항 제1호에서 규정한 '도로개설 당시의 토지소유자가 자기 토지의 편익을 위하여 스스로 설치한 도로'에 해당한다고 하려면, 토지 소유자가 자기 소유 토지 중 일부에 도로를 설치한 결과 도로 부지로 제공된 부분으로 인하여 나머지 부분 토지의 편익이 증진되는 등으로 그 부분의 가치가 상승됨으로써 도로부지로 제공된 부분의 가치를 낮게 평가하여 보상하더라도 전체적으로 정당보상의 원칙에 어긋나지 않는다고 볼 만한 객관적인 사유가 있다고 인정되어야 하고, 이는 도로개설 경위와 목적, 주위환경, 인접토지의 획지 면적, 소유관계 및 이용상태 등 제반 사정을 종합적으로 고려하여 판단할 것이다.

(다) 토지소유자가 타인의 통행을 제한할 수 없는 도로

1) 판단기준

가) 타인의 통행을 제한할 수 없는 도로로 보기위한 요건

'토지소유자가 그 의사에 의하여 타인의 통행을 제한할 수 없는 도로'는 사유지가 종전부터

자연발생적으로 또는 도로예정지로 편입되어 있는 등으로 일반 공중의 교통에 공용되고 있고 그 이용상황이 고착되어 있어, 도로부지로 이용되지 아니하였을 경우에 예상되는 표준적인 이용상태로 원상회복하는 것이 법률상 허용되지 아니하거나 사실상 현저히 곤란한 정도에 이른 경우를 의미한다고 할 것이다. 이때 어느 토지가 불특정 다수인의 통행에 장기간 제공되어 왔고 이를 소유자가 용인하여 왔다는 사정이 있다는 것만으로 언제나 도로로서의 이용상황이 고착되었다고 볼 것은 아니고, 이는 당해 토지가 도로로 이용되게 된 경위, 일반의 통행에 제공된 기간, 도로로 이용되고 있는 토지의 면적 등과 더불어 그 도로가 주위토지로 통하는 유일한 통로인지 여부 등 주변 상황과 당해 토지의 도로로서의 역할과 기능 등을 종합하여 원래의 지목 등에 따른 표준적인 이용상태로 회복하는 것이 용이한지 여부 등을 가려서 판단해야 할 것이다.[161]

【판시사항】

토지소유자가 그 의사에 의하여 타인의 통행을 제한할 수 없는 도로로 보기위한 요건(대법원 2011. 8. 25. 선고 2011두7014 판결)

【판결요지】

'공익사업을 위한 토지 등의 취득 및 보상에 관한 법률'('법') 시행규칙 제26조 제1항 제2호, 제2항 제1호, 제2호는 사도법에 의한 사도 외의 도로('국토의 계획 및 이용에 관한 법률'에 의한 도시관리계획에 의하여 도로로 결정된 후부터 도로로 사용되고 있는 것을 제외한다)로서 '도로개설 당시의 토지소유자가 자기 토지의 편익을 위하여 스스로 설치한 도로'와 '토지소유자가 그 의사에 의하여 타인의 통행을 제한할 수 없는 도로'는 '사실상의 사도'로서 인근토지에 대한 평가액의 1/3 이내로 평가하도록 규정하고 있다. 여기서 '토지소유자가 그 의사에 의하여 타인의 통행을 제한할 수 없는 도로'에는 법률상 소유권을 행사하여 통행을 제한할 수 없는 경우뿐만 아니라 사실상 통행을 제한하는 것이 곤란하다고 보이는 경우도 해당한다(대법원 2007. 4. 12. 선고 2006두18492 판결 등 참조). 따라서 단순히 당해 토지가 불특정 다수인의 통행에 장기간 제공되어 왔고 이를 소유자가 용인하여 왔다는 사정만으로는 사실상의 도로에 해당한다고 할 수 없으나, 도로로의 이용상황이 고착화되어 당해 토지의 표준적 이용상황으로 원상회복하는 것이 용이하지 아니한 상태에 이르는 등 인근의 토지에 비하여 낮은 가격으로 평가하여도 될 만한 객관적인 사정이 인정되는 경우에는 사실상의 사도에 포함된다고 볼 것이다.

161) 대법원 2013. 6. 13. 선고 2011두7007 판결.

2) 사용수익권 포기 여부의 판단기준

어느 사유지가 종전부터 자연발생적으로, 또는 도로예정지로 편입되어 사실상 일반 공중의 교통에 공용되는 도로로 사용되고 있는 경우, 그 토지의 소유자가 스스로 그 토지를 도로로 제공하여 인근 주민이나 일반 공중에게 무상으로 통행할 수 있는 권리를 부여하였거나 그 토지에 대한 독점적이고 배타적인 사용수익권을 포기한 것으로 의사해석을 함에 있어서는 그가 당해 토지를 소유하게 된 경위나 보유 기간, 나머지 토지들을 분할하여 매도한 경위와 그 규모, 도로로 사용되는 당해 토지의 위치나 성상, 인근의 다른 토지들과의 관계, 주위 환경 등 여러 가지 사정과 아울러 분할 · 매도된 나머지 토지들의 효과적인 사용 · 수익을 위하여 당해 토지가 기여하고 있는 정도 등을 종합적으로 고찰하여 판단하여야 한다.

【판시사항】

사유지가 사실상 도로로 사용되고 있는 경우, 토지 소유자의 도로사용 승낙 또는 사용수익권 포기 여부에 관한 판단 기준(대법원 1999. 4. 27. 선고 98다56232 판결)

【판결요지】

어느 사유지가 종전부터 자연발생적으로, 또는 도로예정지로 편입되어 사실상 일반 공중의 교통에 공용되는 도로로 사용되고 있는 경우, 그 토지의 소유자가 스스로 그 토지를 도로로 제공하여 인근 주민이나 일반 공중에게 무상으로 통행할 수 있는 권리를 부여하였거나 그 토지에 대한 독점적이고 배타적인 사용수익권을 포기한 것으로 의사해석을 함에 있어서는 그가 당해 토지를 소유하게 된 경위나 보유 기간, 나머지 토지들을 분할하여 매도한 경위와 그 규모, 도로로 사용되는 당해 토지의 위치나 성상, 인근의 다른 토지들과의 관계, 주위 환경 등 여러 가지 사정과 아울러 분할 · 매도된 나머지 토지들의 효과적인 사용 · 수익을 위하여 당해 토지가 기여하고 있는 정도 등을 종합적으로 고찰하여 판단하여야 한다.

3) 문제되는 경우

토지소유자가 그 의사에 의하여 타인의 통행을 제한할 수 없는 도로에는 다양한 유형이 존재하나 주로 문제되는 경우로는, 자연발생적으로 형성된 도로와 새마을도로가 있는데, 새마을도로는 배타적 사용 · 수익권을 포기한 것으로 본다. 다시 말해 새마을 도로[162]는 일반 사도

162) 마을 간 또는 공도 등과의 접속을 위하여 새마을사업에 의하여 설치되거나, 불특정 다수의 통행에 이용되고 있었던 관습상의 도로 등이 새마을사업에 의하여 확장 또는 노선변경이 된 도로로 새마을도로라 한다.

에 비해 공공적 측면이 강하고, 도로개설의 자의성 자체는 인정되나 동일 소유자 간의 가치이전이라는 요건을 충족한다고 보기 어렵기 때문에, 이는 토지소유자가 그 의사에 의하여 타인의 통행을 제한할 수 없는 도로에 해당하는 사실상의 사도로 본다.

(라) 사실상 사도의 판단

사실상 사도인지 여부는 토지보상법에서 정한 절차에 따라 사업시행자가 결정한다.

【판시사항】

사유지가 사실상 도로로 사용되고 있는 경우, 토지 소유자의 무상통행권의 부여 또는 사용수익권의 포기 여부에 관한 판단 기준 및 새마을 농로 확장공사로 인하여 자신의 소유 토지 중 도로에 편입되는 부분을 도로로 점유함을 허용함에 있어 손실보상금이 지급되지 않았으나 이의를 제기하지 않았고 도로에 편입된 부분을 제외한 나머지 토지만을 처분한 점 등의 제반 사정에 비추어 보면, 토지소유자가 토지 중 도로로 제공한 부분에 대한 독점적이고 배타적인 사용수익권을 포기한 것으로 봄이 상당하다고 한 사례(대법원 2006. 5. 12. 선고 2005다31736 판결)

【판결요지】

어느 사유지가 종전부터 자연발생적으로 또는 도로예정지로 편입되어 사실상 일반 공중의 교통에 공용되는 도로로 사용되고 있는 경우, 그 토지의 소유자가 스스로 그 토지를 도로로 제공하여 인근 주민이나 일반 공중에게 무상으로 통행할 수 있는 권리를 부여하였거나 그 토지에 대한 독점적이고 배타적인 사용수익권을 포기한 것으로 의사해석을 함에 있어서는, 그가 당해 토지를 소유하게 된 경위나 보유기간, 나머지 토지들을 분할하여 매도한 경위와 그 규모, 도로로 사용되는 당해 토지의 위치나 성상, 인근의 다른 토지들과의 관계, 주위 환경 등 여러 가지 사정과 아울러 분할·매도된 나머지 토지들의 효과적인 사용·수익을 위하여 당해 토지가 기여하고 있는 정도 등을 종합적으로 고찰하여 판단하여야 한다.

따라서 새마을 농로 확장공사로 인하여 자신의 소유 토지 중 도로에 편입되는 부분을 도로로 점유함을 허용함에 있어 손실보상금이 지급되지 않았으나 이의를 제기하지 않았고 도로에 편입된 부분을 제외한 나머지 토지만을 처분한 점 등의 제반 사정에 비추어 보면, 토지소유자가 토지 중 도로로 제공한 부분에 대한 독점적이고 배타적인 사용수익권을 포기한 것으로 봄이 상당하다.

다. 공도부지

토지보상평가지침 제36조 공도 등 부지의 평가

① 「도로법」 제2조의 규정에 의한 도로, 「도로법 시행령」 제10조의 규정에 의한 준용도로, 도시계획사업에 의하여 설치된 도로 기타 「농어촌도로정비법」 제2조의 규정에 의한 농어촌도로(이하 "공도"라 한다)의 부지에 대한 평가는 법시행규칙 제26조제1항제3호의 규정에 의하되, 그 공도의 부지가 도로로 이용되지 아니하였을 경우에 예상되는 인근지역에 있는 표준적인 이용상황의 표준지 공시지가를 기준으로 평가한다. 이 경우에 인근지역에 있는 표준적인 이용상황의 표준지 공시지가에 당해 도로의 개설로 인한 개발이익이 포함되어 있는 경우에는 이를 배제한 가격으로 평가한다. 다만, 그 공도의 부지가 미불용지인 경우에는 제32조의 규정에 의한다.
② 제2항의 규정에 의하여 공도의 부지를 인근지역에 있는 표준적인 이용상황의 표준지 공시지가를 기준으로 평가하는 경우에는 당해 도로의 위치·면적·형상·지세, 도로의 폭·구조·기능·계통 및 연속성, 편입당시의 지목 및 이용상황, 용도지역·지구·구역 등 공법상 제한, 인근토지의 이용상황, 기타 가격형성에 영향을 미치는 제요인을 고려하여 평가하되, 다음 각 호와 같이 평가가격을 결정할 수 있다. 이 경우 공작물 등 도로시설물의 가격은 그 공도부지의 평가가격에 포함하지 아니하며, 당해 토지가 도로부지인 것에 따른 용도적 제한은 고려하지 아니한다.

1. 인근지역의 표준적인 이용상황이 전, 답 등 농경지 또는 임야지인 경우에는 그 표준적인 이용상황의 토지와 유사한 이용상황의 표준지 공시지가를 기준으로 한 적정가격에 도로의 지반조성 등에 통상 소요되는 비용상당액과 위치조건 등을 고려한 가격수준으로 결정한다. 다만, 인근지역의 표준적인 이용상황의 토지가 경지정리사업지구안에 있는 전·답 등 농경지인 경우에는 도로의 지반조성 등에 통상 소요되는 비용상당액은 고려하지 아니한다.
2. 인근지역의 표준적인 이용상황이 "대" 및 이와 유사한 용도의 것인 경우에는 그 표준적인 이용상황의 토지와 유사한 이용상황의 표준지 공시지가를 기준으로 한 적정가격에 도로율(환지비율)과 위치조건을 고려한 가격수준으로 결정한다. 이 경우 도로의 지반조성 등에 통상 소요되는 비용상당액은 고려하지 아니한다. 〈개정 2007.2.14〉

③ 도시계획시설도로로 결정된 이후에 당해 도시계획시설사업이 시행되지 아니한 상태에서 사실상 불특정 다수인의 통행에 이용되고 있는 토지(이를 "예정공도"라

한다)에 대한 평가는 제32조의 규정을 준용한다.
④ 토지소유자가 자기토지의 편익을 위하여 스스로 설치한 이후에 도시관리계획에 의한 도로로 결정되어 기반시설(도시계획시설)인 도로(이하 "도시계획시설도로"라 한다)로 변경된 경우 그 도로부지에 대한 평가는 제1항의 규정에 불구하고 제35조의2의 규정을 준용한다.
⑤ 토지소유자가 토지의 형질변경 허가 등을 받아 대지 또는 공장용지 등을 조성시에 도시계획시설도로에 맞추어 도로를 개설한 경우에 있어서 그 도시계획시설도로의 폭 · 기능 · 연속성 기타 당해 토지 및 주위토지의 상황 등에 비추어 그 도시계획시설도로의 결정이 없었을 경우에도 토지소유자가 자기토지의 편익을 위하여는 유사한 규모 · 기능 등의 도로를 개설할 것으로 일반적으로 예상되고 그 도로부분의 가치가 조성된 대지 또는 공장용지 등에 상당부분 화체된 것으로 인정되는 경우에는 제1항의 규정에 불구하고 그 도시계획시설도로를 사실상의 사도로 보고 제35조의2의 규정을 준용할 수 있다. 이 때에는 평가서에 그 내용을 기재한다.
⑥ 제2항에서 "인근토지"라 함은 그 공도부지가 도로로 이용되지 아니하였을 경우에 예상되는 인근지역에 있는 표준적인 이용상황의 토지로서 지리적으로 가까운 것을 말한다.

(1) 평가기준

(가) 원칙

공도는 국가 또는 지방자치단체가 일종의 행정권의 작용으로서 토지를 일반 공중의 통행에 제공한 도로로서, 구 도로를 둘러싼 법률관계가 도로법, 국토의 계획 및 이용에 관한 법률 기타 공법에 의하여 규율되는 도로를 지칭한다. 이러한 공도부지의 평가는 도로로 이용되지 아니하였을 경우 예상되는 인근지역의 표준적인 이용상황을 기준으로 한다.

(나) 농도

농어촌도로 정비법에 따른 농도는 공로이다. 이렇듯 농도는 사도가 아닌 공로이기 때문에 그 평가시에도 공도부지의 보상평가방법을 준용한다.

(2) 공도의 성격

공도는 일반 공중의 공동사용을 위하여 제공된 전형적인 공물이다(공공용물). 도로는 행정주체에 의하여 인위적으로 가공된 인공공물에 해당되며, 행정재산중 공공용재산에 해당되기 때문에 그 성격상 거래가 제한된다. 따라서 공도는 공용폐지가 되지 아니하는 한 도로인 상태에서는 거래의 대상이 될 수 없다.

(3) 공익사업으로 인한 가치변동(토지분할 ▶ 지목을 도로로 변경)

사업시행자가 도시 · 군 계획시설도에 따라 선에 맞추어 토지를 분할하는 과정에서 그 토지의 지목을 도로로 변경한 경우에도 현실적인 이용상황에 따라 보상평가하여야 한다. 이때 지목이 도로라는 점 및 분할 후의 형태 등은 해당 공익사업으로 인한 가치의 변동에 해당하므로 이를 고려하지는 아니한다.

라. 예정 공도부지

(1) 평가기준

예정공도는 국토의 계획 및 이용에 관한 법률에 따른 도시 · 군관리계획에 의하여 도로로 결정된 후부터 도로로 사용되고 있는 도로를 지칭한다. 이러한 예정 공도부지의 평가는 공도부지의 보상평가방법을 준용한다.

(2) 사실상 사도와의 차이

예정공도는 사실상 사도와 유사하다. 즉, 국토의 계획 및 이용에 관한 법률에 따른 도시 · 군관리계획에 의하여 도로로 결정된 후 인접 토지에서 건축 등을 함에 따라 자연히 개설된 도로인 예정도는 그 성격상 자기 토지의 편익을 위하여 스스로 설치한 도로인 사실상의 사도와 유사하다. 그러나 예정공도는 그 설치과정에서 자기 토지의 편익을 위하여 스스로 설치한 사실상의 사도와 달리 도시 · 군관리계획에 의하여 도로로 결정됨으로 인하여 도로개설이 강제된 것이기 때문에 그 성질상 사실상의 사도는 아니다. 따라서 토지소유자가 도시계획시설도로로 결정된 후부터 도로로 사용한 토지는 예정공도이므로 정상평가한다. 다만, 자기 토지의 편익을 위하여 설치한 도로라고 하더라도 예정공도에 해당되면 사실상의 사도로 볼 수 있다.[163]

---

163) 2013. 5. 23.자 질의 및 회신 참조.

【판시사항】

'사실상의 사도'의 판단 기준(대법원 1997. 8. 29. 선고 96누2569 판결)

【판결요지】

구 공공용지취득및손실보상에관한특례법시행규칙(1995. 1. 7. 건설교통부령 제3호로 개정되기 전의 것) 제6조의2 제1항 소정의 '사실상의 사도'라 함은 토지소유자가 자기 토지의 이익증진을 위하여 스스로 개설한 도로로서 도시계획으로 결정된 도로가 아닌 것을 말하되, 이때 자기 토지의 편익을 위하여 토지 소유자가 스스로 설치하였는지 여부는 인접토지의 획지면적, 소유관계, 이용상태 등이나 개설경위, 목적, 주위환경 등에 의하여 객관적으로 판단하여야 하므로, 도시계획(도로)의 결정이 없는 상태에서 불특정 다수인의 통행에 장기간 제공되어 자연발생적으로 사실상 도로화된 경우에도 '사실상의 사도'에 해당하고, 도시계획으로 결정된 도로라 하더라도 그 이전에 사실상의 사도가 설치된 후에 도시계획결정이 이루어진 경우 등에도 거기에 해당하며, 다만 토지의 일부가 일정기간 불특정 다수인의 통행에 공여되거나 사실상의 도로로 사용되고 있으나 토지소유자가 소유권을 행사하여 그 통행 또는 사용을 금지시킬 수 있는 상태에 있는 토지는 사실상의 사도에 해당되지 아니한다.

(3) 도시계획도 입안내용에 따라 스스로 도로로 제공한 토지의 성격

가령 도시 · 관리계획에 의하여 도로로 결정되기 이전에 토지소유자가 그 입안내용에 따라 스스로 도로를 제공한 토지는 도시 · 군관리계획에 의하여 도로로 결정됨으로 인하여 도로개설이 강제된 것이 아니기 때문에 예정공도가 아니라 사실상의 사도에 해당된다.

【판시사항】

수용대상 토지의 손실보상액 평가 기준 및 토지소유자가 도시계획(도로)입안의 내용에 따라 스스로 토지를 도로로 제공하였고 도시계획(도로) 결정고시는 그 후에 있는 경우, 도시계획입안의 내용은 그 토지 지가 하락의 원인과 관계가 없어서 토지에 대한 손실보상금산정에 참작할 사유가 아니라고 한 사례(대법원 1997. 8. 29. 선고 96누2569 판결)

【판결요지】

수용대상 토지에 대한 손실보상액을 평가함에 있어서는 수용재결 당시의 이용상황, 주위환경 등을 기준으로 하여야 하는 것이고, 여기서의 수용대상 토지의 현실이용상황은 법령의 규정이나 토지소유자의 주관적 의도 등에 의하여 의제될 것이 아니라 오로지 관계 증거에 의하여 확정되어야 한다.

따라서 토지수용으로 인한 손실보상액을 산정함에 있어서는 당해 공공사업의 시행을 직접 목적으로 하는 계획의 승인 · 고시로 인한 가격변동은 이를 고려함이 없이 수용재결 당시의 가격을 기준으로 하여 적정가격을 산정하여야 하며, 도시계획결정은 도시계획고시일에 그 효력을 발생하는 것이므로, 당해 토지소유자가 도시계획(도로)입안의 내용에 따라 스스로 토지를 도로로 제공하였고 도시계획(도로) 결정고시는 그 후에 있는 경우, 도시계획입안의 내용은 그 토지 지가 하락의 원인과 관계가 없어서 토지에 대한 손실보상금산정에 참작할 사유가 아니다.

7. 구거 및 도수로부지

감정평가 실무기준 6.2.6 구거부지

① 구거부지(도수로부지는 제외한다. 이하 같다)에 대한 감정평가는 인근토지에 대한 감정평가액의 3분의 1 이내로 한다.

② 제1항에서 “인근토지”란 [810-6.2.4-②]을 준용한다.

(1) 평가기준

(가) 원칙

1) 평가방법

가) 감액평가

구거부지에 대하여는 인근토지에 대한 평가액의 3분의 1 이내로 평가한다(토지보상법 시행규칙 제26조). 여기서 구거라 함은 용수 또는 배수를 위하여 일정한 형태를 갖춘 인공적인 수로 · 둑 및 그 부속시설물의 부지와 자연의 유수가 있거나 있을 것으로 예상되는 소규모 수로부지를 말한다.

나) 감액평가 사유

구거부지가 인근 토지평가액의 3분의 1 이내로 감액하여 보상평가를 받는 이유는 구거와 관련된 토지의 합리적인 이용을 위한 상린관계가 성립하기 때문에 구거부지의 소유자가 소유권을 행사하여 언제든지 이를 다른 용도로 전환하거나 폐쇄하거나 변경시키는 것이 금지 또는 제한되기 때문이다. 따라서 토지소유권자가 그 소유권을 행사하여 그 통행 또는 사용을 금지시킬 수 있거나 다른 용도로 전환이 가능한 상태에 있는 토지는 구거에 해당되지 않는다.

【판시사항】

공공용지의 취득 및 손실보상에 관한 특례법시행규칙 제6조의2 제2항 제1호 소정의 사실상의 사도 또는 구거의 의미(대법원 1983. 12. 13. 선고 83다카1747 판결)

【판결요지】

공공용지의 취득 및 손실보상에 관한 특례법시행규칙 제6조의2 제2항 제1호 소정의 사실상의 사도 또는 구거라 함은 토지소유자가 자기토지의 이익증진을 위하여 스스로 개설한 도로 또는 구거를 의미하고 소유 토지의 일부가 일정기간 불특정다수인의 통행에 공여되거나 사실상 구거등으로 사용되고 있으나 토지소유권자가 소유권을 행사하여 그 통행 또는 사용을 금지시킬 수 있는 상태에 있는 토지는 사실상의 사도 또는 구거에 해당되지 않는다.

2) 인근토지

수용보상 평가시 인근토지는 사도법에 따른 사도의 부지를 준용하여 평가한다.

3) 도수로부지

토지보상평가지침 제37조의2 도수로 부지의 평가

① 관행용수권과 관련하여 용수 · 배수를 목적으로 설치된 것으로서 일정한 형태를 갖춘 인공적인 수로 · 둑 및 그 부속시설물(개설 당시의 토지소유자가 자기토지의 편익을 위하여 스스로 설치한 것을 제외한다. 이하 이 조에서 "도수로"라 한다)의 부지에 대한 평가는 법시행규칙 제26조제3항 단서의 규정에 의하되, 그 도수로의 부지가 도수로로 이용되지 아니하였을 경우에 예상되는 인근지역에 있는 표준적인 이용상황의 표준지 공시지가를 기준으로 평가한다. 다만, 그 도수로의 부지가 미불용지인 경우에는 제 32조의 규정에 의한다.

② 제1항의 규정에 의하여 도수로의 부지를 인근지역에 있는 표준적인 이용상황의 표준지 공시지가를 기준으로 평가하는 경우에는 당해 도수로의 위치 · 면적 · 형상 · 지세, 도수로의 폭 · 구조 · 기능 · 계통 및 연속성, 편입당시의 지목 및 이용상황, 용도지역 · 지구 · 구역 등 공법상 제한, 인근토지의 이용상황, 기타 가격형성에 영향을 미치는 제요인 을 고려하여 평가하되, 다음 각 호와 같이 평가가격을 결정할 수 있다. 다만, 공작물 등 도수로 시설물의 가격은 도수로부지의 평가가격에 포함하지 아니하며, 당해 토지가 도수로부지인 것에 따른 용도적 제한은 고려하지 아니한다.

1. 인근지역의 표준적인 이용상황이 전, 답 등 농경지 경우에는 그 표준적인 이용상황의 토지와 유사한 이용상황의 표준지 공시지가를 기준으로 한 적정가격에 도수로의 지반조성 등에 통상 소요되는 비용상당액과 위치조건을 고려한 가격수준으로 결정한다. 다만, 인근지역의 표준적인 이용상황의 토지가 경지정리사업지구안에 있는 전 · 답 등 농경지인 경우에는 도수로의 지반조성 등에 통상 소요되는 비용상당액은 고려하지 아니한다.
2. 인근지역의 표준적인 이용상황이 "대" 및 이와 유사한 용도의 것인 경우에는 그 표준적인 이용상황의 토지와 유사한 표준지 공시지가를 기준으로 한 적정가격에 도로율(환지비율)과 위치조건을 고려한 가격수준으로 결정한다. 이 경우 도수로의 지반조성 등에 통상 소요되는 비용상당액은 고려하지 아니한다.

③ 도수로로서의 기능이 사실상 상실되었거나 용도폐지된 도수로부지의 경우에는 그 도수로부지의 다른 용도로의 전환가능성, 전환후의 용도, 용도전환에 통상 소요되는 비용 등을 고려한 가격수준으로 결정할 수 있다. 이 경우에는 인근지역에 있는 것으로서 일반적으로 전환 가능한 용도와 유사한 이용상황의 표준지 공시지가를 기준으로 평가한다.

④ 종전의 「농촌근대화촉진법」의 규정에 의한 농지개량사업, 「농어촌정비법」의 규정에 의한 농어촌정비사업 등 관계법령의 규정에 의한 공익사업의 시행으로 설치된 도수로의 부지에 대한 평가는 제1항 및 제2항의 규정에 의한다. 다만, 그 도수로가 환지방식 등에 의하여 설치된 것으로서 그 도수로의 폭 · 기능 · 규모 · 연속성 기타 인근토지의 상황 등에 비추어 농경지 등 조성시에는 유사한 기능 · 규모 등의 도수로를 개설할 것으로 일반적으로 예상되고 그 도수로부지의 가치가 조성된 농경지 등에 상당부분 화체된 것으로 인정되는 경우에는 제38조의 규정을 준용할 수 있다. 이 때에는 평가서에 그 내용을 기재한다.

⑤ 수도용지의 평가시에는 제1항 내지 제3항의 규정을 준용할 수 있다.

⑥ 제2항에서 "인근토지"라 함은 그 도수로부지가 도수로로 이용되지 아니하였을 경우에 예상되는 인근지역에 있는 표준적인 이용상황의 토지로서 지리적으로 가까운 것을 말한다.

가) 평가방법

도수로라 함은 관행용수권과 관련하여 용수 · 배수를 목적으로 일정한 형태를 갖춘 인공적인 수로 · 둑 및 그 부속시설물의 부지를 말하며, 이러한 도수로부지는 도수로로 이용되지 아니하였을 경우에 예상되는 인근지역의 표준적인 이용상황을 기준으로 평가하여야 한다. 여기서 관행용수권이라 함은 하천으로부터 농업용수나 생활용수를 취수 또는 인수하는 관행상의 권리를 말하며, 인공적인 수로로 함은 자연발생적이 아닌 인위적 방법에 따르기만 하면 되고 어떠한 시설물을 설치하는 것을 전제로 하는 것은 아니다.

【판시사항】

도수로에서 인공적인 수로의 의미(서울고등법원 2014. 9. 19. 선고 2013누30843 판결)

【판결요지】

공익사업법 시행규칙 제26조 제3항 및 측량 · 수로조사 및 지적에 관한 법률 시행령 제58조 제18호 등 관련 법규의 문언과 입법취지를 종합하면, 도수로는 "용수(또는 배수)를 위하여 일정한 형태를 갖춘 인공적인 수로 · 둑 및 그 부속시설을, 도수로부지는 "용수를 취수시설로부터 끌어오기 위해 설치하는 일정한 형태를 갖춘 인공적인 수로의 부지"를 각 의미하는데, 여기서 인공적인 수로란 협의의 구거 즉 자연의 유수가 있거나 있을 것으로 예상되는 소규모 수로와 대비되는 개념으로서 인공적으로 설치된 수로를 뜻하고, 이러한 인공적 수로는 자연발생적이 아닌 인위적 바업에 따르기만 하면 단순히 흙쌓기와 땅파기공사 등을 통하여도 설치될 있으며, 땅을 판 후 반드시 그 위에 어떠한 시설물을 설치하여야만 인공적 수로가 되는 것은 아니다.

나) 구거와의 차이

구거는 물이 자연적으로 흐르든, 사람이 일정한 방향으로 흐르도록 이끌든 그것은 가리지 않고 물이 흐르고 있는 토지를 의미하지만, 도수로는 "용수(또는 배수)를 위하여 일정한 형태를 갖춘 인공적인 수로 · 둑 및 그 부속시설의 부지로서 일정한 방향으로 물이 흐르도록 인공적으로 조성하여 물이 흐르고 있는 토지라는 점에서 양자의 차이가 있다.

다) 도수로부지를 구거부지로 평가하기 위한 사유

일반토지의 평가방법에 의한 가격으로 평가하도록 되어 있는 도수로부지를 그보다 낮은 가격으로 평가하는 구거부지로 보기 위하여는 그 도수로의 개설경위, 목적, 주위환경, 소유관계, 이용상태 등의 제반 사정에 비추어 구거부지로 평가하여도 될만한 객관적인 사유가 있어야 한다.

【판시사항】

도수로부지를 그보다 낮은 가격으로 평가하는 구거부지로 보기 위한 객관적 사유(대법원 2001. 4. 24. 선고 99두5085 판결)

【판결요지】

공공용지의취득및손실보상에관한특례법시행규칙 제6조의2 제2항, 제12조 제2항, 제6조 제1항, 제2항은 구거부지에 대하여는 인근토지에 대한 평가금액의 1/3 이내로 평가하도록 하면서 관행용수를 위한 도수로부지에 대하여는 일반토지의 평가방법에 의하여 평가하도록 규정하고 있는바, 이와 같이 구거부지와 도수로부지의 평가방법을 달리하는 이유는 그 가치에 차이가 있다고 보기 때문이므로, 일반토지의 평가방법에 의한 가격으로 평가하도록 되어 있는 도수로부지를 그보다 낮은 가격으로 평가하는 구거부지로 보기 위하여는 그 도수로의 개설경위, 목적, 주위환경, 소유관계, 이용상태 등의 제반 사정에 비추어 구거부지로 평가하여도 될만한 객관적인 사유가 있어야 한다.

(나) 예외

다만, 용수를 위한 도수로부지(개설당시의 토지소유자가 자기 토지의 편익을 위하여 스스로 설치한 도수로부지를 제외한다)에 대하여는 제22조의 규정[164]에 의하여 평가한다.

---

164)토지보상법 시행규칙 제22조(취득하는 토지의 평가)

① 취득하는 토지를 평가함에 있어서는 평가대상토지와 유사한 이용가치를 지닌다고 인정되는 하나 이상의 표준지의 공시지가를 기준으로 한다.

② 토지에 건축물등이 있는 때에는 그 건축물등이 없는 상태를 상정하여 토지를 평가한다.

③ 제1항에 따른 표준지는 특별한 사유가 있는 경우를 제외하고는 다음 각 호의 기준에 따른 토지로 한다.

1. 「국토의 계획 및 이용에 관한 법률」 제36조부터 제38조까지, 제38조의2 및 제39조부터 제42조까지에서 정한 용도지역, 용도지구, 용도구역 등 공법상 제한이 같거나 유사할 것

(2) 기타 도수로부지 평가시 유의사항

(가) 소유자가 스스로 설치한 도수로부지

도수로부지 개설당시 토지소유자가 자기 토지의 편익을 위하여 이를 스스로 설치한 경우에는 동일한 소유자가 간의 가치화체가 인정되므로 구거의 보상평가법을 준용한다.

(나) 기준시점 이전 도수로의 기능상실 및 용도폐지

도수로서의 기능이 기준시점 이전에 사실상 상실되거나 용도폐지된 도수로부지는 다른 용도로의 전환가능성 및 전환 후의 용도, 용도전환에 통상 필요한 비용 상당액 등을 종합적으로 고려하여 보상평가한다.

8. 하천부지

토지보상평가지침

제39조 【국유로 된 하천구역안 토지의 평가〈개정 2008.2.12〉】 ①「하천구역편입토지 보상에 관한 특별조치법」(법률 제06772호, 2002.12.11 이하 이 조에서 "특별조치법"이라 한다) 제2조 각 호에 해당되는 토지에 대한 평가는 평가당시의 가격을 기준으로 하되 편입당시의 지목 및 이용상황, 당해 토지에 대한 공법상 제한, 현실의 이용상황 및 유사한 인근토지에 대한 적정가격 등을 고려하여 평가하며, 다음 각 호에서 정하는 기준에 따른다.

1. 편입당시의 지목 및 이용상황의 판단은 하천관리청이 제시한 내용에 따르되, 하천구역(법률 제8338호「하천법」으로 전부 개정되기 전「하천법」제2조에서 정의하고 있는 하천구역을 말한다. 이하 본조에서는 같다)으로 된 시점 당시를 기준으로 하며, 하천구역으로 된 시점 당시의 당해 토지에 대한 공부상 지목과 실제이용상황이 다른 경우에는 실제이용상황을 기준으로 한다. 다만, 하천관

2. 평가대상 토지와 실제 이용상황이 같거나 유사할 것
3. 평가대상 토지와 주위 환경 등이 같거나 유사할 것
4. 평가대상 토지와 지리적으로 가까울 것

리청의 하천공사로 인하여 하천구역으로 된 경우에는 그 하천공

2. 하천구역으로 된 시점 당시의 이용상황의 판단을 위한 편입시점의 확인은 하천관리청이 제시한 기준에 따르되, 법률 제2292호 「하천법」시행일(1971.7.19)전에는 당시의 「하천법」 제2조제1항제2호가목 및 다목에 해당되는 시점이 아니고 당시의 「하천법」의 규정에 의하여 하천구역으로 공고된 시점을 편입시점으로 보며, 하천구역으로 공고 되지 아니하였거나 공고시점이 불분명한 경우에는 법률 제2292호 「하천법」시행일 (1971.7.19)을 편입시점으로 본다.
3. 당해 토지에 대한 공법상 제한의 확인은 가격시점 당시를 기준으로 한다. 다만, 하천관리청의 하천공사에 의하여 하천구역으로 된 경우로서 그 하천공사의 시행을 직접목적으로 하거나 하천공사의 시행에 따른 절차로서 용도지역이 변경된 경우에는 그 변경전 용도지역을 기준으로 하되, 당해 토지가 하천구역으로 된 것에 따른 「하천법」의 규정에 의한 공법상 제한은 하천의 정비 · 보전 등을 직접 목적으로 한 것으로 볼 수 있을 것이므로 이를 고려하지 아니한다.
4. 현실의 이용상황은 가격시점 당시의 실제 이용상황을 말하는 것으로서 원칙적으로 고려하지 아니하나, 편입당시의 이용상황을 알 수 없거나 하천관리청으로부터 편입당시의 이용상황의 제시가 없는 경우에 편입당시의 이용상황을 확인하는데 있어서 기초자료로 활용한다.
5. 유사한 인근토지에 대한 적정가격은 하천구역으로 된 당시의 이용상황 (하천관리청의 하천공사로 인하여 하천구역으로 된 토지의 경우에는 공사시행 직전의 이용상황을 말한다) 과 유사한 것으로서 보상대상토지의 인근지역에 있는 토지에 대한 표준지 공시지가를 기준으로 한 평가가격을 말하며, 인근지역 또는 동일수급권안의 유사지역에 유사한 이용상황의 표준지 공시지가가 없을 경우에는 인근지역 또는 동일수급권안의 유사지역에 있는 표준적인 이용상황의 표준지 공시지가를 기준으로 하여 구한다.② 특별조치법 제2조의 규정에 의한 보상대상토지에 대한 편입당시의 지목 및 이용상황(하천관리청의 하천공사로 인하여 하천구역으로 된 경우에는 하천공사 직전의 이용상황) 또는 유사한 인근토지의 적정가격을 알 수 없거나, 인근지역 또는 동일수급권 안의 유사지역에 있는 표준적인 이용상황의 표준지 공시지가를 기준으로 평가하는 경우에 있어서

그 용도가 다른 것에 따른 개별요인의 비교 등이 사실상 곤란한 경우 등에는 가격시점 당시의 현실적인 이용상황을 기준으로 다음에서 정하는 기준에 따라 평가할 수 있다. 다만, 하천구역으로 된 이후에 하천관리청의 하천공사나 하천점용허가로 인하여 현상변경이 이루어져 가격시점 당시의 현실적인 이용상황이 하천구역으로 된 당시보다 현저히 좋아졌거나 나빠진 것으로 인정되는 경우에는 이용상황의 판단이나 일정비율을 적용함에 있어서 이를 고려할 수 있으며, 보상대상토지가 도시지역안에 있는 경우로서 인근토지가 순수농경지로 인정되는 경우에는 도시지역밖의 일정비율을 적용할 수 있다.

이용상황별 \ 구분		일정비율	
		도시지역안	도시지역밖
농경지 (전, 답 등)		인근토지에 대한 적정가격의 2분의 1이내	인근토지에 대한 적정가격의 10분의 7이내
제방	제외지측과 접한부분이 농경지인 경우	인근토지에 대한 적정가격의 2분의 1이내	인근토지에 대한 적정가격의 10분의 7이내
	제외지측과 접한부분이 농경지가 아닌 경우	인근토지에 대한 적정가격의 4분의 1이내	인근토지에 대한 적정가격의 3분의 1이내
고수부지		인근토지에 대한 적정가격의 4분의 1이내	인근토지에 대한 적정가격의 3분의 1이내
모래밭 · 개펄		인근토지에 대한 적정가격의 7분의 1이내	인근토지에 대한 적정가격의 5분의 1이내
물이 계속 흐르는 토지		인근토지에 대한 적정가격의 10분의 1이내	인근토지에 대한 적정가격의 7분의 1이내

③ 제1항 및 제2항에서 "인근토지"라 함은 당해 토지가 하천구역으로 되지 아니하였을 경우에 예상되는 하천구역 밖 주변지역에 있는 표준적인 이용상황의 토지로서 용도지역이 같은 토지를 말한다. 다만, 보상대상토지가 도시지역안에 있는 경우로서 하천구역 밖 주변지역에 있는 표준적인 이용상황의 토지가 용도지역을 달리하거나 용도지역이 같은 경우에도 주위환경 사정 등에 비추어 인근지역으로 볼 수 없는 경우에는 동일수계권역 등 동일수급권안의 유사지역에 있는 표준적인 이용상황의

토지를 인근토지로 본다. 이 때에는 인근토지의 적정가격 결정시에 지역요인의 비교를 통하여 지역격차를 고려하여야 한다. 〈개정 95.6.26, 98.5.7, 2003.2.14〉

④ 삭제 〈2008.2.12〉

⑤ 삭제 〈2008.2.12〉

⑥ 삭제 〈2008.2.12〉

⑦ 삭제 〈2008.2.12〉

⑧ 삭제 〈2008.2.12〉

제39조의2 【새로이 하천구역에 편입되는 토지의 평가】 하천의 신설, 그 밖의 하천공사로 새로이 하천구역(지방하천의 하천구역을 포함한다)에 편입되는 토지에 대한 평가는 법시행규칙 제22조의 규정에 의하되, 가격시점 당시의 현실적인 이용상황을 기준으로 하며, 하천구역으로 된 것에 따른「하천법」의 규정에 의한 공법상 제한은 이를 고려하지 아니한다. 다만, 하천관리청의 하천공사로 인하여 현상변경이 이루어진 경우에는 그 하천공사 시행 직전의 이용상황을 기준으로 평가하되 이 경우에는 제32조의 규정을 준용하며, 평가대상 토지의 인근지역 또는 동일수급권안의 유사지역에 있는 표준적인 이용상황의 표준지 공시지가를 기준으로 평가하는 경우에 있어서 그 용도가 다른 것에 따른 개별요인의 비교 등이 사실상 곤란한 경우 등에는 제39조제2항 및 제3항의 규정을 준용할 수 있다.

제39조의3 【하천구역내 매수청구 대상 토지의 평가】 하천법 제10조의 규정에 의하여 새로이 하천구역(지방하천의 하천구역을 제외한다)으로 결정 또는 변경된 토지중 하천법 제79조에 의한 매수청구 대상 토지의 평가는 제39조의 규정을 준용하여 평가한다.

제39조의4 【소하천구역등안 토지의 평가】 ①「소하천정비법」에 의한 소하천구역안에 있는 토지에 대한 평가는 제39조의2의 규정을 준용한다.

②「하천법」의 규정에 의한 하천이나「소하천정비법」의 규정에 의한 소하천 외의 것으로서 자연의 유수 등이 있는 기타 소규모하천(이하 이 조에서 "기타하천"이라 한다)의 부지에 대한 평가는 제39조의2의 규정을 준용한다. 다만, 하천으로서의 기능이 사실상 상실되거나 용도폐지된 기타하천의 부지에 대한 평가의 경우에는 그 하천부지의 다른 용도로의 전환가능성, 전환후의

> 용도, 용도전환에 통상 소요되는 비용 등을 고려한 가격으로 평가할 수 있다. 이 경우에는 인근 지역에 있는 것으로서 일반적으로 전환가능한 용도와 유사한 이용상황의 표준지 공시지가를 기준으로 평가할 수 있다.
> ③ 지적공부상 지목이 하천으로 되어있으나 그 규모 · 기능 등이 구거와 사실상 유사한 것은 제38조의 규정을 준용할 수 있다.
> ④ 제39조제2항 및 제3항의 규정은 이 조의 규정에 의한 소하천구역안에 있는 토지 및 기타 소규모 하천의 부지에 대한 평가시에 이를 준용할 수 있다.

가. 평가기준

(1) 원칙

(가) 하천구역 및 소하천구역의 평가

하천법에 의한 하천구역 및 소하천정비법에 의한 소하천구역안의 토지는 하천 또는 소하천으로 이용되지 아니하였을 경우에 예상되는 인근지역의 표준적인 이용상황을 기준으로 보상평가한다.

여기서 "하천"이라 함은 지표면에 내린 빗물 등이 모여 흐르는 물길로서 공공의 이해에 밀접한 관계가 있어 국가하천 또는 지방하천으로 지정된 것을 말하며, 하천구역과 하천시설을 포함하며, "하천구역"이라 함은 하천법 제10조제1항에 따라 결정된 토지의 구역을 말한다. 또한 "소하천"이란「하천법」의 적용 또는 준용을 받지 아니하는 하천으로서 제3조에 따라 그 명칭과 구간이 지정 · 고시된 하천을 말하며, "소하천구역"이란 소하천정비법 제3조의 3에 따라 결정 · 고시된 구역을 말한다.

[하천의 분류]

분류	지정기준	관리자
국가하천	■ 유역면적 200㎢ 이상 하천 ■ 다목적댐 하류 및 댐 저수지 배수영향구간 하천 ■ 유역면적 50~200㎢ 이내 하천 중 -인구 20만명 이상, 범람지역 인구 1만 이상 -500만㎥ 이상의 저류지 및 하구둑 등이 있는 하천	국토교통부 장관
지방하천	■ 지방의 공공 이해와 밀접한 하천	시, 도시사

소하천	■ 일시적이 아닌 유수가 있거나 있을 것이 예상되는 구역으로, 평균하폭 2m이상, 하천연장 500m 이상	시장, 군수, 구청장

(나) 보상구분

하천법에 따른 보상에는 하천공사(하천공사라 함은 하천의 기능을 높이기 위하여 하천의 신설 · 증설 · 개량 및 보수 등을 하는 공사를 말한다)에 따른 보상[165] 및 국유화된 하천에 대한 보상[166]으로 구분되며, 국유화된 하천에 따른 보상은 토지수용재결위원회의 재결대상이 아니며, 이에 대한 보상은 하천편입토지 보상 등에 관한 특별조치법[167]에 따른다. 이때 보상청구권의 소멸시효는 2013년 12월 31일자로 만료하는데, 만일 이에 따른 소멸시효의 만료로 보상청구권이 소멸되어 보상을 받지 못한 때에는 특별시장 · 광역시장 또는 도지사가 그 손실을 보상하여야 한다(하천편입토지 보상 등에 관한 특별조치법 제2조, 제3조).

165) 하천법 제78조(토지 등의 수용 · 사용) ① 다음 각 호의 어느 하나에 해당하는 자는 하천공사에 필요한 때에는 「공익사업을 위한 토지 등의 취득 및 보상에 관한 법률」 제3조에 따른 토지 · 물건 또는 권리를 수용 또는 사용할 수 있다.
  1. 제27조에 따라 하천공사를 하는 하천관리청
  2. 제28조에 따라 하천공사를 대행하는 자
  3. 제30조에 따라 하천공사허가를 받은 하천관리청이 아닌 자(행정기관 · 정부투자기관 또는 지방공기업에 한한다)
  4. 삭제 〈2017. 1. 17.〉
② 제1항에 따라 토지 · 물건 또는 권리를 수용 또는 사용하는 경우에는 이 법에 특별한 규정이 있는 경우를 제외하고는 「공익사업을 위한 토지 등의 취득 및 보상에 관한 법률」을 준용한다.
③ 제2항에 따라 「공익사업을 위한 토지 등의 취득 및 보상에 관한 법률」을 준용함에 있어서 다음 각 호의 어느 하나에 해당하는 경우에는 「공익사업을 위한 토지 등의 취득 및 보상에 관한 법률」 제20조제1항 및 제22조에 따른 사업인정과 사업인정의 고시가 있는 것으로 보며, 재결신청은 같은 법 제23조제1항 및 제28조제1항에도 불구하고 해당 하천공사의 사업기간 내에 하여야 한다.
  1. 제27조에 따라 하천공사시행계획을 수립 · 고시한 경우
  2. 제30조에 따라 하천공사실시계획을 수립 · 고시한 경우

166) 1971년 1월 19일 개정 하천법(법률 제2292호)부터 2007. 4. 6. 개정 하천법(법률 제8338호) 이전의 구 하천법 제3조.

167) 하천편입토지 보상 등에 관한 특별조치법 제1조(목적) 이 법은 보상청구권의 소멸시효 만료로 인하여 보상을 받지 못한 하천편입토지 소유자에 대한 보상과 공익사업을 시행하는 경우의 보상 특례 등에 필요한 사항을 규정함을 목적으로 한다.

(다) 하천예정지 평가

하천법상의 하천예정지[168]는 하천예정지에서의 행위제한이 없는 상태를 기준으로 평가한다.

(라) 자연의 유수가 있는 소규모하천부지 등

소하천 이외 자연의 유수 등이 있는 소규모하천부지 및 지적공부상 지목이 하천으로 되어 있지만 그 규모, 기능 등이 구거와 사실상 비슷한 것은 구거부지의 보상평가방법을 준용한다.

(마) 소하천 외의 기능상실 · 용도폐지된 소규모하천

소하천 외의 소규모하전 등으로서 기능이 사실상 상실되거나 용도폐지된 경우에는 다른 용도로의 전환가능성, 전환후의 용도, 용도전환에 통상 필요한 비용 상당액 등을 종합적으로 고려하여 보상평가할 수 있다.

(바) 홍수관리구역 안의 토지

하천법상 홍수관리구역 안의 토지는 홍수관리구역의 행위제한을 받는 상태를 기준으로 보상평가한다.

(2) 예외

다만, 이 경우 인근지역의 표준적인 이용상황으로 전용하는데 소요되는 비용상당액은 고려할 수 있다.

나. 하천편입토지 보상 등에 관한 특별조치법상 보상기준

(1) 공익사업 구간에 위치한 토지 등에 대한 보상의 특례)

ⅰ) 국가 및 지방자치단체, ⅱ)「공공기관의 운영에 관한 법률」에 따른 공공기관, ⅲ)「지방공기업법」에 따른 지방공기업에 해당하는 사업시행자는 자기의 부담으로 대상토지를 보상하고 「공익사업을 위한 토지 등의 취득 및 보상에 관한 법률」 제4조에 따른 하천공사 등 공익사업을 시행할 수 있다(하천편입토지 보상 등에 관한 특별조치법 제7조 제1항).

---

168) 소하천정비법 제4조(소하천 예정지의 고시) ① 관리청은 제6조부터 제8조까지의 규정에 따른 소하천등 정비에 관한 계획이나 다른 법률에 따른 각종 공사계획 등으로 인하여 새로 소하천구역으로 편입될 토지가 있을 때에는 그 토지를 소하천 예정지로 지정할 수 있다.

(2) 보상액평가의 기준 등

보상에 대한 평가는 보상청구절차를 통지 또는 공고한 날의 가격을 기준으로 하되, 편입당시의 지목 및 토지이용상황, 해당 토지에 대한 공법상의 제한, 현재의 토지이용상황 및 유사한 인근 토지의 정상가격 등을 고려하여야 한다(하천편입토지 보상 등에 관한 특별조치법 제6조).

9. 소유권 외의 권리의 목적이 되고 있는 토지

감정평가 실무기준 6.2.7 소유권 외의 권리의 목적이 되고 있는 토지

① 소유권 외의 권리의 목적이 되고 있는 토지는 다음과 같이 감정평가하되, 그 내용을 감정평가서에 기재한다.

감정평가액 = 해당 토지의 감정평가액 – 해당 토지에 관한 소유권 외의 권리에 대한 감정평가액

② 지하 또는 지상공간에 송유관 또는 송전선로 등이 시설되어 있으나 보상이 이루어지지 않은 토지는 이에 구애됨이 없이 감정평가한다.

가. 평가기준

취득하는 토지에 설정된 소유권외의 권리의 목적이 되고 있는 토지에 대하여는 당해 권리가 없는 것으로 하여 평가한 금액에서 소유권외의 권리의 가액을 뺀 금액으로 평가한다(토지보상법 시행규칙 제29조). 그러나 지하 또는 지상공간에 송유관 또는 송전선로 등이 시설되어 있으나 보상이 이루어지지 않는 토지는 이에 구애됨이 없이 보상평가한다.

나. 보상방법

소유권 외의 권리의 목적이 되고 있는 토지를 토지소유자로부터 이러한 권리를 소멸시키도록 한 후 보상하기 위하여 사업시행자가 이러한 권리의 설정이 없는 상태로 보상평가하도록 조건을 제시하는 경우에는 이러한 권리가 없는 토지가액으로 보상평가할 수 있다.

10. 그 밖의 토지에 대한 평가

가. 공동소유 토지

하나의 물건을 2인 이상이 소유하는 것을 공동소유라 한다. 민법은 그 유형으로 공유, 합유, 총유의 셋을 규정하고 있는데, 물건이 지분에 의하여 수인의 소유로 된 때에는 공유라 하고(민법 제262조), 법률의 규정 또는 계약에 의하여 수인이 조합체로서 물건을 소유하는 때에는 합유라 하며(민법 제271조), 법인이 아닌 사단의 사원이 집합체로서 물건을 소유하고 있는 때에는 총유라 한다(민법 제275조).

(1) 공동소유 형태

(가) 공유

1) 성격

각 공유자가 목적물에 대하여 가지는 소유의 비율이 지분인데, 이것은 보통의 소유권과 같다. 따라서 각 공유자는 다른 공유자의 동의 등을 받을 필요 없이 그 지분을 자유롭게 처분할 수 있다. 그러나 공유물은 공유자 전원의 소유에 속하는 것이므로, 공유자가 1인이 공유물 전부를 처분하거나 변경하는 행위는 무효이다

2) 보상방법

따라서 공유물의 전부를 취득하거나 사용하기 위해서는 공유자 전원과 협의하여야 하고, 공유관계인 토지 등의 일부만을 취득하는 경우에도 그 공유자 전원과 협의를 하여야 한다.

【판시사항】

구분소유적 공유관계에 있는 토지에 대한 평가와 필지별 평가원칙(대법원 1998. 7. 10. 선고 98두6067 판결)

【판결요지】

감정평가에관한규칙 제15조 등에 의하면, 수용대상토지를 평가함에 있어서는 특별한 사정이 없는 한 이를 필지별로 평가하여야 할 것이므로, 수인이 각기 한 필지의 특정부분을 매수하면서도 편의상 공유지분등기를 경료함으로써 각자의 특정부분에 관한 공유지분등기가 상호 명의신탁 관계에 있는, 이른바 구분소유적 공유토지라고 할지라도 명의신탁된 부동산이 대외적으로 수탁자의 소유에 속하는 것이니 만큼, 일반 공유토지와 마찬가지로 한 필지의 토지 전체를 기준으로 평가한 다음 이를 공유지분 비율에 따라 안분하여 각 공유지분권자에 대한 보상액을 정하여야 한다.

(나) 합유

1) 성격

합유에 있어서도 합유자는 지분을 가지기는 하지만 공동의 목적하에 결합되어 있는 때문에, 공유와 달리 조합원 이외의 제3자가 들어올 결과를 초래하는 지분의 처분 등은 매우 제한된다. 따라서 합유물의 처분 및 변경은 물론 합유지분의 처분도 합유자 전원의 동의가 필요하다.

2) 보상방법

그 결과 합유인 토지 등을 사업시행자가 취득하기 위해서는 합유자 전원의 동의를 받아야 함은 물론이다. 특히, 합유는 등기부상 합유라는 표시를 하게 되어 있기 때문에 다수인의 소유자가 등기부에 등재되어 있다고 하여 무조건 공유로 보고 지분별로 보상계약을 체결하는 사례가 발생하지 않도록 주의하여야 한다.169)

(다) 총유

1) 성격

총유의 주체는 성 또는 본을 같이 하는 혈연관계인 종중, 어촌계, 교회, 주민공동체 등 법인이 아닌 사단 등 법인격 없는 인적 결합체이며, 이러한 사단은 자신의 목적에 대한 처분권한을 가지는 점에서, 각 공동소유자(사원)는 공유에서와 같은 지분을 가지지 못한다.

2) 보상방법

따라서 총유물에 관한 사원의 권리(사용수익권)는 이를 양도하거나 상속의 목적으로 하지 못한다. 결국 사업시행자로서 종중재산을 취득하기 위해서는 종중으로 하여금 그 처분 및 관리에 관한 사항은 사원총회의 결의가 기재된 종중정관 및 종중의사록, 처분결의서를 공증받아 제출케 하고, 계약도 그 대표자와 체결하며, 보상금도 대표자에게 지급하는 것이 안전하다.

(2) 구분소유적 공유

(가) 성격

우리나라 부동산거래에서는 1필의 토지 중 위치와 평수를 특정하여 매수하고도 분필절차의 어려움과 번거로움 때문에 분할등기를 하지 않고 1필지 전체 평수에 대한 매수 부분의 면적에

169) 김은유 외, 앞의 책 152면.

상응하는 공유지분등기를 하는 경우가 많은데 이를 구분소유적 공유라 한다. 이러한 경우 공유자간의 내부관계에서는 공유자 각자가 특정부분을 단독소유하는 것으로, 그리고 대외적으로는 공유하는 것으로 본다. 따라서 그 공유지분등기는 각자의 특정매수 부분의 소유권에 관하여 상호명의신탁을 한 것으로 구성한다.

(3) 보상방법

이러한 토지 등을 사업시행자가 취득하거나 사용하기 위한 협의는 구분소유하고 있는 위치에 불구하고 한 동 또는 한 필지의 전체를 기준으로 보상평가하여 이를 그 지분비율에 따라 안분하여 보상하여야 한다.

나. 대지권의 목적인 토지

(1) 대지권의 개념

전유부분이 속하는 1동의 건물이 소재하는 토지(법정대지)와 규약으로서 건물의 대지(규약상 대지)로 된 토지를 건물의 대지라고 하고, 구분소유자가 전유부분을 소유하기 위하여 건물의 대지에 대하여 가지는 권리를 대지사용권이라 하는데, 대지사용권으로서 특히 등기가 되어 있는 것을 대지권이라 한다. 대지권이 소유권인 때에는, 1동의 건물의 표제부에 대지권의 목적인 토지의 표시를 하고, 전유부분의 표제부에 그 전유부분에 속하는 대지권의 표시를 한다. 한편 토지소유권이 대지권으로 등기된 경우에는 토지등기용지에 소유권이전등기를 하지 못하며, 대지권을 기재한 건물등기용지에는 그 건물만에 대한 소유권이전등기를 하지 못한다. 대지권을 등기한 후에는 건물소유권에 대한 등기는 대지에 대하여도 동일한 등기로서의 효력을 발생한다.

(2) 대지사용권의 처분

가) 처분제한

대지사용권은 구분소유자가 전유부분을 소유하기 위하여 건물의 대지에 대하여 가지는 권리인데, 이는 전유부분의 처분에 따르고, 구분소유자는 그가 가지는 전유부분과 분리하여 대지사용권만을 처분할 수 없다.

이는 집합건물이 전유부분과 대지사용권이 분리되는 것을 최대한 억제하여 대지사용권이 없는 구분소유권의 발생을 방지함으로써 집합건물에 관한 법률관계의 안정과 합리적 규율을 도모하려는 데 있으므로, 전유부분과 대지사용권의 일체성에 반하는 대지의 처분행위는 그 효력이 없다.

> **【판시사항】**
> 전유부분과 대지권의 일체성에 반하는 대지 처분행위의 효력(대법원 2013. 7. 23. 선고 2012다18038 판결)
>
> **【판결요지】**
> 집합건물법은 제20조에서 구분소유자의 대지사용권은 그가 가지는 전유부분의 처분에 따르고, 구분소유자는 규약으로써 달리 정하지 않는 한 그가 가지는 전유부분과 분리하여 대지사용권을 처분할 수 없으며, 그 분리처분금지는 그 취지를 등기하지 아니하면 선의로 물권을 취득한 제3자에게 대항하지 못한다고 규정하고 있는데, 위 규정의 취지는 집합건물이 전유부분과 대지사용권이 분리되는 것을 최대한 억제하여 대지사용권이 없는 구분소유권의 발생을 방지함으로써 집합건물에 관한 법률관계의 안정과 합리적 규율을 도모하려는 데 있으므로(대법원 2006. 3. 10. 선고 2004다742 판결), 전유부분과 대지사용권의 일체성에 반하는 대지의 처분행위는 그 효력이 없다.

나) 예외 - 대지권의 목적인 토지의 취득방법 등

1) 취득방법

다만, 규약으로써 구분소유자가 가지는 전유부분과 분리하여 대지사용권을 처분할 수 있도록 정한 때 또는 건물의 대지가 아닌 토지로 분리한 후에는 이를 전유부분과 분리하여 처분할 수 있다. 가령, 1동의 건물이 소재하는 토지(법정대지)를 수필지로 분할여 그 중 1동의 건물이 소재하는 토지가 아닌 것으로 분할된 토지(간추규약대지)를 사업시행자가 공익사업을 위한 토지 등의 취득 및 보상에 관한 법률에 의하여 협의취득한 경우에는, 먼저 위 간주규약대지에 관하여 간주규약이 폐지되거나 분리처분가능 규약이 제정되고 그에 따른 건물 표시변경(대지권말소)등기가 경료되어 위 간주규약대지에 대한 대지권등기가 말소된 연후에 사업시행자 명의로의 소유권이전등기를 할 수 있으며, 위 법률에 의한 사업시행자가 관공서인 경우에는 구분소유자를 대위하여 건물표시변경(대지권말소) 등기를 촉탁할 수 있다.[170]

170) 법원행정처, 2014. 11. 29. 부동3402-606 질의회신 참조.

2) 보상방법 등

사업시행자가 대지권의 목적인 토지를 전유부분과 분리하여 처분할 수 있다는 규약이 있는 토지나 건물의 대지가 아닌 토지를 분리한 후 그 토지를 취득 또는 사용하고자 하는 경우에는 단순 공유의 토지를 취득 또는 사용하는 방법과 같다.

(3) 수용보상 협의시 유의사항

공익사업의 목적상 구분소유의 대상 중 대지권의 목적인 토지만 필요한 경우가 대부분이다. 이러한 경우 규약 또는 공정증서에서 전유부분과 분리하여 처분할 수 있도록 정하고 있거나 또는 건물이 대지가 아닌 토지로 분리하여 등기하지 아니하는 한 협의대상이 될 수 없다. 따라서 대지권의 목적인 토지만을 수용하기 위해서는 그 토지를 전유부분과 분리하여 처분할 수 있다는 규약이 있는 경우이거나 또는 공정증서가 있거나, 건물의 대지가 아닌 토지로 분리하는 등기를 선행 한 후 그 소유자(공유자)와 협의하여 하며 이를 위반한 처분행위는 무효이다.

(4) 공간정보의 구축 및 관리 등에 관한 법률에 의한 취득

가) 대위에 의한 분할 후 취득

만일, 소유자들이 대지권의 목적인 토지만에 대하여 그 토지를 전유부분과 분리하여 처분할 수 있다는 규약 또는 공정증서로써 처분을 규정하지 않는 경우가 문제될 수 있는데, 이러한 경우 공간정보의 구축 및 관리 등에 관한 법률은 사업시행자의 대위에 의해 편입부분을 분할하고 수용에 의하여 소유권을 취득할 수 있도록 규정하고 있다(공간정보의 구축 및 관리 등에 관한 법률 제87조).

나) 취득절차

이처럼 사업시행자가 대위에 의한 분할 후 수용에 의하여 소유권을 취득하는 경우 사업시행자는 소유권의 등기명의인을 대위하여 대지권은 대지권이 아닌 권리가 됨으로 인한 건물의 표시변경등기 즉 대지권말소등기를 신청하여 대지권등기를 말소한 후, 편입 토지를 토지등기부상의 토지로 전환하여 이를 사업시행자의 명의로 취득할 수 있다.

(5) 대지권의 목적인 토지 일부수용

토지의 소유권이 대지권의 목적이 된 경우에 대지권인 취지의 등기를 한 때에는 그 토지의

등기용지에는 소유권이전 등기를 할 수 없다.

그런데 대지에 관하여 수용이 이루어진 경우에는 실체법상 대지만에 관하여 소유권이전등기 없이도 소유권이 변동되고 대지권은 대지권이 아니 것으로 본다. 따라서 대지권의 목적이 된 토지의 일부를 분할하여 1동의 건물이 소재하는 토지가 아닌 그 분할된 부분을 수용하고 수용으로 인한 소유권이전등기를 신청하기 위하여는, 우선 대지권은 대지권이 아닌 권리가 됨으로 인한 건물의 표시변경등기(대지권말소)를 신청하여야 하며, 수용에 의하여 소유권을 취득한 자는 소유권의 등기명의인을 대위하여 이러한 표시변경등기를 신청할 수 있다, 이 경우 그 분할된 토지에 관하여 간주규약을 폐기하거나 분리처분기능규약을 작성할 필요는 없다.[171]

다. 지적불부합 토지

(1) 사업시행자의 토지분할 신청 대위가부

지적공부(토지대장, 임야대장, 공유지연명부, 대지권등록부, 지적도, 임야도, 경계점좌표등록부 등)에 등록된 그 토지의 면적 · 경계 · 좌표 등이 실제와 일치하지 아니하는 토지를 지적불부합 토지라 한다. 이러한 지적불부합 토지에 대하여 공간정보의 구축 및 관리 등에 관한 법률 제87조 제1항은 사업시행자는 지적부분할 등 토지소유자가 하여야 하는 신청을 대신할 수 있다. 그러나 등록사항 정정 대상토지는 제외한다고 규정하고 있다. 따라서 지적불부합 토지는 사업시행자가 토지분할 신청을 대위할 수 없다.

(2) 보상액 산정방법

지적불부합 토지는 지적공부에 등록된 그 토지의 면적 · 경계 · 좌표 등이 실제와 일치하지 아니하기 때문에 그에 대한 보상액 산정의 기준이 문제될 수 있다. 통상, 보상액 산정의 기준이 되는 면적은 실제 취득면적으로 기준으로 하기 때문에 지적불부합 토지의 경우에도 실제면적을 기준으로 산정한다.

(3) 재결신청 방법

(가) 원칙

지적불부합 토지는 재결신청 전에 사업시행자가 지적불부합 상태를 정리하여야 한다. 그런

171) 법원행정처 1999. 3. 5. 등기선례 제6-254호 질의회신 참조.

후 사업시행자가 재결신청을 할 수 있으며, 만일 그러한 상태가 정리되지 않는 상태에서 수용재결은 위법하기 때문에 이러한 상태에서 재결신청이 된 경우에는 불부합상태를 정리한 후 처리한다.

(나) 예외

다만, 수용 또는 사용되는 토지의 위치와 경계 등이 특정된 면적정정대상 토지에 대하여는 공신력 있는 자의 측량을 통하여 재결신청이 가능하다.

(4) 지적불부합 토지의 일부를 임의로 지분을 정하여 수용한 경우

위치와 경계를 전혀 확인할 수 없는 토지들의 경우, 수용되는 토지부분이 물리적으로 특정이 가능하다고 하더라도, 과연 어느 토지가 얼마만큼 수용의 목적물이 되는지를 알길이 없으므로, 먼저 적법한 절차를 거쳐서 위치와 경계가 확정되지 아니하는 이상 이를 수용할 수 없다. 따라서 위치와 경계가 특정되지 아니한 토지의 일부분을 임의로 지분을 정하여 수용한 재결은 위법하다.

【판시사항】

지적불부합으로 인하여 위치와 경계가 특정되지 아니한 토지의 일부분을 임의로 지분을 정하여 수용한 재결의 위법성(서울고법 2007. 12. 27. 선고 2007누12769 판결)

【판결요지】

임야도상 위 분할 전의 토지만 표시되어 있을 뿐 거기로부터 분할된 이 사건 토지가 표시되어 있지 아니하고, 또한 위 분할 전의 토지가 같은 동 429-1, 430-1, 430-2 및 430-3 등 토지와 사이에 지적불부합 관계에 있다면, 위 토지들의 위치와 상호간의 경계를 전혀 확인할 수 없이, 수용되는 토지 부분이 물리적으로 특정이 가능하다고 하더라도, 과연 어느 토지가 얼마만큼 수용의 목적물이 되는지를 알길이 없으므로, 먼저 적법한 절차를 거쳐서 위치와 경계가 확정되지 아니하는 이상 이를 수용할 수 없다할 것이다(사업시행자가 여러 정황을 토대로 하여 이 사건 토지의 위치와 경계를 상세도면 및 용지도에 특정하여 이를 근거로 수용대상 토지와 그 지분을 산정한 것으로 보이나, 그 신빙성을 확인할 방법이 없을 뿐만 아니라 그 절차에 지적정정에 갈음하는 효력을 부인할 수는 없다고 할 것이므로 위와 같은 도면을 근거로 하여 수용의 목적물을 특정할 수 없다).

따라서 위치와 경계가 특정되지 아니한 토지의 일부분을 임의로 지분을 정하여 수용한 재결은 위법하다.

(5) 지적불부합 토지의 지적공부 정리절차

지적불부합 토지의 경우 사업시행자가 지적공부를 정리하기 위해서는 토지소유자와의 협의 ▶ 토지수용위원회의 재결 ▶ 소유권 지분취득 ▶ 공유지분에 따른 분할 및 지적공부정정신청승낙 소송 ▶ 판결을 통한 지적정리 등의 절차를 거쳐 최종 정리한다.

라. 대지면적이 기재되지 아니한 적법한 건축물의 부지

(1) 제한면적

적법한 건축물의 부지가 분필되지 않는 경우 해당 건축물의 부지 면적의 산정이 문제될 수 있는데, 이러한 경우 그 면적은 국토의 계획 및 이용에 관한 법률 제77조에 따른 건폐율[172]을

---

172) 국토의 계획 및 이용에 관한 법률 제77조(용도지역의 건폐율) ① 제36조에 따라 지정된 용도지역에서 건폐율의 최대한도는 관할 구역의 면적과 인구 규모, 용도지역의 특성 등을 고려하여 다음 각 호의 범위에서 대통령령으로 정하는 기준에 따라 특별시 · 광역시 · 특별자치시 · 특별자치도 · 시 또는 군의 조례로 정한다.
  1. 도시지역
    가. 주거지역: 70퍼센트 이하
    나. 상업지역: 90퍼센트 이하
    다. 공업지역: 70퍼센트 이하
    라. 녹지지역: 20퍼센트 이하
  2. 관리지역
    가. 보전관리지역: 20퍼센트 이하
    나. 생산관리지역: 20퍼센트 이하
    다. 계획관리지역: 40퍼센트 이하
  3. 농림지역: 20퍼센트 이하
  4. 자연환경보전지역: 20퍼센트 이하
② 제36조제2항에 따라 세분된 용도지역에서의 건폐율에 관한 기준은 제1항 각 호의 범위에서 대통령령으로 따로 정한다.
③ 다음 각 호의 어느 하나에 해당하는 지역에서의 건폐율에 관한 기준은 제1항과 제2항에도 불구하고 80퍼센트 이하의 범위에서 대통령령으로 정하는 기준에 따라 특별시 · 광역시 · 특별자치시 · 특별자치도 · 시 또는 군의 조례로 따로 정한다.
  1. 제37조제1항제6호에 따른 취락지구
  2. 제37조제1항제7호에 따른 개발진흥지구(도시지역 외의 지역 또는 대통령령으로 정하는 용도지역만 해당한다)
  3. 제40조에 따른 수산자원보호구역
  4. 「자연공원법」에 따른 자연공원
  5. 「산업입지 및 개발에 관한 법률」 제2조제8호라목에 따른 농공단지
  6. 공업지역에 있는 「산업입지 및 개발에 관한 법률」 제2조제8호가목부터 다목까지의 규정에 따른 국가산업단지, 일반산업단지 및 도시첨단산업단지와 같은 조 제12호에 따른 준산업단지
④ 다음 각 호의 어느 하나에 해당하는 경우로서 대통령령으로 정하는 경우에는 제1항에도 불구하고 대통령령으로 정하는 기준에 따라 특별시 · 광역시 · 특별자치시 · 특별자치도 · 시 또는 군의 조례로 건폐율을 따로 정할 수 있다.
  1. 토지이용의 과밀화를 방지하기 위하여 건폐율을 강화할 필요가 있는 경우
  2. 주변 여건을 고려하여 토지의 이용도를 높이기 위하여 건폐율을 완화할 필요가 있는 경우

적용하여 산정한 면적을 초과할 수 없다.

(2) 대지면적 산정

(가) 원칙

건축허가 또는 신고를 득한 후 그에 따른 건축을 하고 사용승인까지 받았지만 대지 부분을 분필하여 지목을 변경하지 아니한 경우 등과 같이 적법한 건축물의 부지이지만 그 대지면적이 기재되지 않은 경우의 대지면적의 산정이 문제될 수 있다. 이러한 경우에는 해당 건축물의 사용 · 수익에 필요한 범위 및 해당 건축물의 용도에 따라 불가분적으로 사용되는 범위 등의 면적으로 객관적으로 인정되는 면적으로 한다.

(나) 예외

다만, 위 (가)항의 방법으로 산정한 면적이 국토의 계획 및 이용에 관한 법률 제77조의 규정에 따른 건폐율을 적용하여 산정한 면적을 초과하는 경우도 있는데, 이러한 경우 그 면적은 위 위 규정을 적용하여 산정한 면적으로 한다.

마. 개간비

> **감정평가 실무기준 6.3.1 개간비 등**
>
> ① 개간비는 기준시점을 기준으로 개간에 통상 필요한 비용 상당액을 기준으로 감정평가한다. 이 경우 개간비는 개간후의 토지가액에서 개간전의 토지가액을 뺀 금액을 초과하지 못한다.
>
> ② 제1항에 따른 개간비를 감정평가할 때에는 개간전과 개간후의 토지의 지세 · 지질 · 비옥도·이용상황 및 개간의 난이도 등을 종합적으로 고려하여야 한다.
>
> ③ 제1항에 따라 개간비를 보상하는 경우 취득하는 토지의 감정평가액은 개간후의 토지가액에서 개간비를 뺀 금액으로 한다.

---

3. 녹지지역, 보전관리지역, 생산관리지역, 농림지역 또는 자연환경보전지역에서 농업용 · 임업용 · 어업용 건축물을 건축하려는 경우
4. 보전관리지역, 생산관리지역, 농림지역 또는 자연환경보전지역에서 주민생활의 편익을 증진시키기 위한 건축물을 건축하려는 경우

⑤ 계획관리지역 · 생산관리지역 및 대통령령으로 정하는 녹지지역에서 성장관리방안을 수립한 경우에는 제1항에도 불구하고 50퍼센트 이하의 범위에서 대통령령으로 정하는 기준에 따라 특별시 · 광역시 · 특별자치시 · 특별자치도 · 시 또는 군의 조례로 건폐율을 따로 정할 수 있다.

(1) 평가기준

(가) 평가방법

국유지 또는 공유지를 관계법령에 의하여 적법하게 개간[173](매립 및 간척을 포함한다)한 자가 개간당시부터 보상당시까지 계속하여 적법하게 당해 토지를 점유하고 있는 경우[174] 개간에 소요된 비용 즉 개간비는 이를 평가하여 보상하여야 한다. 이 경우 보상액은 개간후의 토지가격에서 개간전의 토지가액을 뺀 금액을 초과하지 못한다(토지보상법 시행규칙 제27조 제1항). 이에 의하여 개간비를 보상하는 경우 취득하는 토지의 보상액은 개간후의 토지가격에서 개간비를 뺀 금액으로 한다(같은 조 제3항). 따라서 실제로 개간비용이 지출되었다고 하여도 개간으로 인하여 토지가치가 상승하지 않았다면 보상대상이 아니다.

(나) 평가시 고려사항

개간비를 평가함에 있어서는 개간전과 개간후의 토지의 지세 · 지질 · 비옥도 · 이용상황 및 개간의 난이도 등을 종합적으로 고려하여야 한다.

(2) 대상토지 등

(가) 대상토지

개간보상비의 대상토지는 국유지 또는 공유지에 한한다. 따라서 국유지 등이 아닌 일반사유지를 소유자가 아닌 자가 적법하게 개간한 경우에도 개간비의 보상대상이 아니다. 또한 개간을 위하여 관련 법령에 따라 인허가 등을 받아야 하는 경우에는 관련 인허가 등을 받고 개간한 토지이어야 한다. 이러한 인허가 등에는 국토의 계획 및 이용에 관한 법률에 따른 형질변경허가 등뿐만 아니라 국유재산법 및 공유재산법에 따른 사용허가 또는 대부계약 등도 포함된다.

(나) 무허가 개간토지

관련 법령에 따른 인허가 등을 받지 않고 개간한 무허가 개간토지의 경우에는 1995년 1월 7일 기준으로 당시에 공익사업시행지구에 편입된 경우에는 개간비를 보상한다.

---

173) 개간이라 함은 쓸모없는 땅을 전 · 답으로 만드는 것 외에도, 물이 고인 땅을 물높이 위까지 메워서 이용하기 좋은 땅으로 만드는 매립과 호수 · 하천 · 바닷가에 둑을 쌓아 물이 들어오지 못하도록 하여 주위의 물높이보다 낮은 부분을 이용할 수 있게 만드는 간축 및 이에 준하는 행위까지를 포함하는 것으로, 종전 토지의 이용가치를 높이는 토지의형질변경 행위까지 포함하는 넓은 개념이다.

174) 개간한 자가 사망한 경우에는 그 상속인이 개간한 자가 사망한 때부터 계속하여 적법하게 당해 토지를 점유하고 있는 경우를 포함한다.

(3) 개간지 보상의 요건 등

(가) 보상요건

개간지 보상의 요건에 관하여 토지보상법 시행규칙 제27조는 개간한 자가 개간당시부터 보상당시까지 적법하게 당해 토지를 점유하고 있는 경우 및 개간한 자가 사망한 경우에는 그 상속인이 개간한 자가 사망한 때로부터 계속하여 적법하게 당해 토지를 점유할 것을 그 요건으로 규정하고 있다.

(나) 점용기간 만료 후 점유

국유지 등을 적법하게 점용하며 그 기간 내에 적법하게 개간한 자가 해당 토지에 대한 점용허가 기간이 경과한 후에도 허가 없이 계속 점유하고 있던 중 해당 토지가 공익사업에 편입되는 경우에 개간비 보상이 가능한지가 문제될 수 있다.

이러한 경우 토지보상법 시행규칙 제27조 규정에 따르면 국유지 또는 공유지를 관계법령에 의하여 적법하게 개간(매립 및 간척을 포함한다)한 자가 개간당시부터 보상당시까지 계속하여 적법하게 당해 토지를 점유하고 있는 경우 개간에 소요된 비용 즉 개간비는 이를 평가하여 보상하도록 규정하고 있다. 따라서 위 규정에 따라 국유지를 적법하게 개간한 경우에도 이후 보상당시까지 계속하여 적법하게 당해 토지를 점유하고 있지 않는 경우에는 개간비 보상대상에 해당하지 않는다고 보아야 한다.

(4) 토지소유자에 대한 보상방법

국공유지 등의 답이나 전 등을 개간하여 그에 따른 개간비를 보상한 후 실제 토지소유자(국가 또는 지방자치단체)에게 토지에 대한 보상을 하는 경우, 그 보상액은 개간 후의 토지가액에서 개간비를 뺀 금액으로 한다.

Ⅵ. 사용하는 토지의 보상 등

토지보상평가지침

제49조【토지사용료의 평가】 ① 공익사업의 시행에 따라 토지를 사용하는 경우에 그 사용료의 평가는 임대사례비교법에 따른다. 다만, 적정한 임대사례가 없거나 대상토지의 특성으로 보아 임대사례비교법으로 평가하는 것이 적정하지 아니한 경우에는 적산법으로 평가할 수 있다.

② 임대사례비교법에 따라 사용료를 평가하는 경우에 임대보증금 등 일시금에 대한 운용이율은 가격시점 당시의 당해 지역의 적정이자율로 한다. 다만, 적정이자율의 조사가 곤란한 경우에는 연 10퍼센트 이내로 한다.

③ 미불용지에 대한 사용료의 평가는 적산법에 따른다. 이 경우에 기초가격은 제32조를 준용하여 구한다.

④ 적산법에 따른 적산임료를 구하는 경우에 적용할 기대이율은 당해 지역 및 대상토지의 특성을 반영하는 이율로 정하되 이의 산정이 사실상 곤란한 경우에는 별표7의2에서 정하는 율 등을 참고로 하여 실현가능한 율로 정한다.

⑤ 토지의 지하부분 또는 지상공간을 한시적으로 사용하는 경우에 그 사용료의 평가는 제1항부터 제4항까지의 규정에 따른 사용료의 평가가격에 토지의 이용이 저해되는 정도에 따른 적정한 비율(이하 "입체이용저해율"이라 한다)을 곱하여 구한 금액으로 하되, 그 율은 특별한 경우 외에는 50퍼센트 이내로 한다.

⑥ 토지의 지하부분 또는 지상공간을 「민법」 제289조의2에 따른 구분지상권을 설정하여 사실상 영구적으로 사용하는 경우에 사용료의 평가는 표준지 공시지가를 기준으로 한 당해 토지의 적정가격에 입체이용저해율을 곱한 금액으로 한다. 다만, 「전기사업법」 제89조에 따라 전기사업자가 토지의 지상공간을 사실상 영구적으로 사용하는 경우에서 같은 법 제90조에 따른 손실보상을 위한 사용료의 평가는 따로 정하는 기준에 따르고, 「도시철도법」 제4조의6에 따른 토지의 지하부분 보상을 위한 지하사용료의 평가는 제50조와 제51조에 따르며, 그 밖에 다른 법령 등의 규정에 따라 토지의 지하부분 또는 지상공간의 사용료를 평가하는 경우에서도 제50조와 제51조의 관련 규정을 준용할 수 있다.

1. 사용하는 토지에 대한 보상

가. 보상방법

협의 또는 재결에 의하여 사용하는 토지에 대하여는 그 토지와 인근 유사토지의 지료, 임대료, 사용방법, 사용기간 및 그 토지의 가격 등을 고려하여 평가한 적정가격으로 보상하여야 한다(토지보상법 제71조 제1항).

나. 평가방법

(1) 원칙 - 임대사례비교법

토지의 사용료는 임대사례비교법으로 평가한다(토지보상법 시행규칙 제30조 본문). 여기서 임대사례비교법이란 대상물건과 동일성 또는 유사성이 있는 다른 물건의 임대사례와 비교하여 대상물건의 사용료를 구하는 방법을 말한다.

(2) 예외 - 적산법

다만, 적정한 임대사례가 없거나 대상토지의 특성으로 보아 임대사례비교법으로 평가하는 것이 적정하지 아니한 경우에는 적산법으로 평가할 수 있다. 여기서 적산법이란 기준시점에서 대상물건의 가액에 개대이율을 곱한 금액에 대상물건을 계속 사용하는데 필요한 제경비를 더하여 대상물건의 사용료를 구하는 방법을 말한다.

다. 공용사용

(1) 공용사용의 개념

공용사용이란 공익사업(토지보상법 제2조 제2호, 제4호)을 위하여 공적 시설의 관리 · 경영을 보호 · 육성하기 위하여 토지소유권을 포함하여 사인의 재산권을 강제적으로 사용하는 것을 말한다. 공용사용은 공적 목적을 위하여 공법에 의거하여 인정되는 공법상의 사용이며, 공용사용은 공적 목적을 위하여 공법에 의거하여 인정되는 공법상의 권리이다. 따라서 공적 목적을 위한 것이라 하더라도 사법상에 의한 경우는 공용사용에 해당하지 않는다.

(2) 공용사용의 종류

공용사용은 일반적 사용과 예외적 사용으로 나뉘며, 일반적 사용에는 일시적 사용과 계속적

사용으로 구분되고, 예외적 사용에는 천재지변시 사용과 긴급사용으로 구분된다. 여기서 일시적 사용의 예로는 토지보상법 제9조에 따른 공익사업의 준비를 위한 측량 · 조사 · 장해물 제거 등을 위하여 타인의 토지에 출입하여 사용하는 경우 등이다.

(3) 공용사용 관련 규정

토지보상법 외에 국토의 계획 및 이용에 관한 법률, 도시철도법, 철도건설법, 도로법, 전원개발촉진법, 전기사업법 등 개별 법령에서도 공용사용에 관한 내용을 규정하고 있다.
다만, 전기사업법은 협의에 의한 사용만 규정하고 있다. 전기사업자는 다른 자의 토지의 지상 또는 지하 공간에 송전설로를 설치함으로 인하여 손실이 발생한 때에는 손실을 입은 자에게 정당한 보상을 하여야 한다. 이에 따른 보상금의 산정기준이 되는 면적은 i) 지상 공간의 사용 : 송전선로의 양측 가장 바깥선으로부터 수평으로 3미터를 더한 범위에서 수직으로 대응하는 토지의 면적(이 경우 건축물 등의 보호가 필요한 경우에는 기술기준에 따른 전선과 건축물 간의 전압별 이격거리까지 확장할 수 있다), ii) 지하 공간의 사용 : 송전선로 시설물의 설치 또는 보호를 위하여 사용되는 토지의 지하 부분에서 수직으로 대응하는 토지의 면적의 구분에 따른다(전기사업법 제90조의2). 그에 따른 손실보상에 관한 구체적인 산정기준은 아래 별표 5와 같다(전기사업법 시행령 제50조).

[별표 5] 〈신설 2011.9.30〉

손실보상의 산정기준(제50조 관련)

구분	사용기간	보상금액 산정기준
지상 공간의 사용	송전선로가 존속하는 기간까지 사용	보상금액= 토지의 단위면적당 적정가격 × 지상 공간의 사용면적 × (입체이용저해율 + 추가보정률)
	한시적 사용	보상금액= 토지의 단위면적당 사용료 평가가액 × 지상 공간의 사용면적 × (입체이용저해율 + 추가보정률)
지하 공간의 사용	송전선로가 존속하는 기간까지 사용	보상금액= 토지의 단위면적당 적정가격 × 지하 공간의 사용면적 × 입체이용저해율

비고

1. "입체이용저해율"이란 송전선로를 설치함으로써 토지의 이용이 저해되는 정도에 따른 적정한 비율을 말한다.
2. "추가보정률"이란 송전선로를 설치함으로써 해당 토지의 경제적 가치가 감소되는 정도를 나타내는 비율을 말한다.
3. "지상 공간의 사용면적"이란 법 제90조의2제2항제1호에 따른 면적을 말하며, "지하 공간의 사용면적"이란 법 제90조의2제2항제2호에 따른 면적을 말한다.
4. "한시적 사용"이란 법 제90조의2제1항에 따라 전기사업자가 설치하는 송전선로에 대하여 「전원개발촉진법」 제5조에 따른 전원개발사업 실시계획 승인의 고시일부터 3년 이내에 철거가 계획된 경우를 말한다(법 제89조의2에 따른 구분지상권의 설정 또는 이전의 경우에 대해서는 적용하지 아니한다).
5. 토지의 가격(단위면적당 적정가격 및 단위면적당 사용료 평가가액을 말한다), 입체이용저해율 및 추가보정률 등 손실보상의 산정 방법에 관하여는 「공익사업을 위한 토지 등의 취득 및 보상에 관한 법률」 제67조 및 제68조에 따라 평가한다.

한편, 송전선로를 설치하기 위한 보상에는 입체이용저해율 외에 추가보정률이 적용되는데, 추가보정률은 송전선로를 설치함으로서 해당 토지의 경제적 가치가 감소되는 정도를 나타내는 비율을 말하며, 이는 송전선로 요인, 개별요인, 기타요인 등을 참작하여 산정한다.

2. 지하 · 지상공간의 일부사용(선하지 등의 평가)

토지보상실무지침 제46조의2 선하지 등의 평가

① 토지의 지상공간에 고압선이 통과하고 있는 토지(이하 “선하지”라 한다)에 대한 평가는 그 제한을 받지 아니한 상태로 평가한다.

② 제1항의 규정에도 불구하고 선하지에 구분지상권이 설정되어 있거나, 임대차계약 등을 체결한 경우로서 그 임대차기간이 도과하지 않은 경우에는 제47조를 준용한다.

③ 제1항 및 제2항의 규정은 토지의 지하공간에 「도시철도법」 제3조제1호에서 규정한 도시철도 등이 통과하고 있는 토지에 대한 평가의 경우에 이를 준용한다.

가. 평가방법

(1) 영구사용

토지의 지하 또는 지상공간을 사실상 영구적으로 사용하는 경우 당해 공간에 대한 사용료는 해당 토지의 가액에 해당 공간을 사용함으로 인하여 토지의 이용이 저해되는 정도에 따른 적정한 비율 즉 입체이용저해율[175]을 곱한 금액으로 보상평가한다.

(2) 일정기간 사용

토지의 지하 또는 지상공간을 일정한 기간동안 사용하는 경우 당해 공간에 대한 사용료는 당해 토지의 사용료에 입체이용저해율을 곱하여 산정한 금액으로 평가한다(토지보상법 시행규칙 제31조 제2항).

나. 보상범위

지하공간의 사용에 따른 보상의 범위는 지하시설물의 점유면적 및 유지관리 등과 관련된 최소범위로 한다. 한편, 타인의 토지에 송전탑과 송전선을 설치 · 소유함으로써 토지주에게 발생한 토지가치의 하락을 정당하게 배상하기 위해서는 기본적인 입체이용저해율 외에 추가보정율을 적용하여 차임을 산출하는 방법으로 채택하는 것이 타당하다. 여기서 추가보정률이란 기본율 외에 송전선로가 건설되는 것에 따른 당해 토지의 경제적 가치가 감소되는 정도를 나타내는 비율로서 쾌적성 저해 정도, 시장성 저해정도, 기타 저해정도 등이 고려된다.[176]

【별표 5】〈신설 2011.9.30〉

손실보상의 산정기준(전기사업법 시행령 제50조 관련)

구분	사용기간	보상금액 산정기준
지상 공간의 사용	송전선로가 존속하는 기간까지 사용	보상금액= 토지의 단위면적당 적정가격 × 지상 공간의 사용면적 × (입체이용저해율 + 추가보정률)

175) 입체이용저해율은 건축물 등 이용저해율, 지하부분 이용저해율, 기타 이용저해율을 더하여 산정하는데, 건축물 등 이용저해율은 건축물 등 이용률에 최유효건축물의 층별효용비율 합계 대비 저해층의 층별효율비율 합계의 비율을 곱하여 산정하고, 지하부분 이용저해율은 지하이용률에 심도별지하이용효율을 곱하여 산정하며, 기타 이용저해율은 입체이용률배분표에 의한다.

176) 대법원 2013. 1. 24. 선고 2012다86536 판결.

	한시적 사용	보상금액= 토지의 단위면적당 사용료 평가가액 × 지상 공간의 사용면적 × (입체이용저해율 + 추가보정률)
지하 공간의 사용	송전선로가 존속하는 기간까지 사용	보상금액= 토지의 단위면적당 적정가격 × 지하 공간의 사용면적 × 입체이용저해율

비고
1. "입체이용저해율"이란 송전선로를 설치함으로써 토지의 이용이 저해되는 정도에 따른 적정한 비율을 말한다.
2. "추가보정률"이란 송전선로를 설치함으로써 해당 토지의 경제적 가치가 감소되는 정도를 나타내는 비율을 말한다.
3. "지상 공간의 사용면적"이란 법 제90조의2제2항제1호에 따른 면적을 말하며, "지하 공간의 사용면적"이란 법 제90조의2제2항제2호에 따른 면적을 말한다.
4. "한시적 사용"이란 법 제90조의2제1항에 따라 전기사업자가 설치하는 송전선로에 대하여 「전원개발촉진법」 제5조에 따른 전원개발사업 실시계획 승인의 고시일부터 3년 이내에 철거가 계획된 경우를 말한다(법 제89조의2에 따른 구분지상권의 설정 또는 이전의 경우에 대해서는 적용하지 아니한다).
5. 토지의 가격(단위면적당 적정가격 및 단위면적당 사용료 평가가액을 말한다), 입체이용저해율 및 추가보정률 등 손실보상의 산정 방법에 관하여는 「공익사업을 위한 토지 등의 취득 및 보상에 관한 법률」 제67조 및 제68조에 따라 평가한다.

(1) 평면적 범위

평면적 범위 위는 지하시설물 폭에 최소여유폭(양측 0.5m)을 합한 폭과 시설물 연장에 수직으로 대응하는 면적으로 한다.

(2) 입체적 범위

입체적 범위는 평면적 범위로부터 지하시설물 상하단 높이에 보호층을 포함한 범위까지로 정하되 보호증은 터널구조물인 경우 각 6m, 개착구조물인 경우 각 0.5m를 원칙으로 한다.

(3) 선하지 면적

지상공간의 사용에 따른 선하지 면적은 송전선로의 양측 최외선으로부터 수평으로 3m를 더한 범위안의 직하 토지의 면적으로 함이 원칙이다.

다. 선하지 보상

(1) 개념

선하지란 전선 아래에 있을 토지로서 그 위에 특고압(7,000V 초과)가공전선이 가설되어 있는 땅을 말한다. 이러한 선하지에 대하여 과거 관행처럼 한국전력공사가 아무런 보상도 없이 철탑 및 송선전을 설치하는 일이 빈번하게 발생하였다. 그 때문에 토지소유자와의 사이에서 철탑 및 송전선 철거 및 법률상 원인 없이 사용하고 있던 토지에 대한 인도, 부당이득반환소송이 빈번하였다. 과거 법원은 토지소유자 송전탑 철거소송에 대하여 이를 소유자의 소유권행사시 권리남용으로 판단하여 한전의 손을 들어주는 듯 하였지만, 1990년대 들어 한전의 권리남용 주장을 기각하고 철거를 주장하는 토지소유자의 손을 들어 주는 쪽의 견해가 바뀌었고, 그 기조는 현재까지 이어지는 있는 상황이다.

(2) 선하지와 관련된 분쟁의 유형

철탑 및 송전선 무단설치와 관련하여 발생할 수 있는 분쟁은 다음과 같다.

가) 보상 없이 이미 송전시설이 설치된 경우에는 철거 및 토지인도, 부당이득금 반환청구소송

나) 이미 송전선이 설치되어 있으나, 그 토지가 다른 공익사업에 편입된 경우 토지평가방법에 관한 분쟁,

다) 새로이 송전시설을 설치하고자 하는 경우 보상평가방법에 관한 분쟁과 수용 재결 또는 사용재결이 가능한지 등에 관한 분재

(3) 무단사용 중인 선하지에 대한 구제방법

가) 권리남용 문제

권리남용 금지의 원칙(Grundsatz des Verbots des Rechtsmissbrauchs)은 법학 전반의 주요한 원칙 중의 하나이며, 민법상의 원칙으로서는 권리행사의 목적이 오직 상대방에게 고통을 주고 손해를 입히려는 데 있을 뿐 행사하는 사람에게 아무런 이익이 없는 경우를 금하는 것을 말한다. 권리행사가 권리남용에 해당한다고 할 수 있으려면 주관적으로 그 권리행사의 목적이 오직 상대방에게 고통을 주고 손해를 입히려는 데 있을 뿐 행사하는 사람에게 아무런 이익이 없을 경우여야 하고, 객관적으로는 그 권리행사가 사회질서에 위반된다고

볼 수 있어야 하는 것이며 이와 같은 경우에 해당하지 않는 한 비록 그 권리행사에 의하여 권리행사자가 얻는 이익보다 상대방이 잃을 손해가 현저히 크다 하여도 그러한 사정만으로는 권리남용이라 할 수 없다.

【판시사항】

소유권의 행사가 권리남용이 되기 위한 요건(대법원 1988. 12. 27. 선고 87다카2911 판결)

【판결요지】

토지소유자가 그 토지의 소유권을 행사하는 것이 권리남용이 되기 위하여는 그 권리행사가 사회질서에 위반된다고 볼 수 있는 객관적 요건 이외에 주관적으로 그 권리행사의 목적이 오로지 현재 토지를 이용하고 있는 자에게 고통이나 손해를 주는데 그칠뿐 소유자에게는 아무런 이익이 없는 경우라야 한다.

한편, 선지지 관련 사건의 경우 대부분 이를 사용하는 한전의 토지소유자에 대한 보상이 없이 임의대로 송전시설을 설치하고, 피해자인 토지소유자는 그러한 한전을 상대로 철거 및 토지인도, 부당이득금 반환청구소송을 제기하는 경우가 많은데, 이러한 경우 한전은 문제된 토지의 계속사용에 대한 주장을 하면서 토지소유자의 청구는 그것이 소유권에 기한 것이라 하더라도 이는 권리남용으로써 원고의 청구는 기각되어야 한다는 주장을 한다. 따라서 선하지 사건의 경우 토지소유자의 무단점유사용자인 한전에 대한 철거 등의 청구가 과연 권리남용에 해당하지가 문제될 수 있다.

이에 대해, 대법원은 한전이 1976년경 송전선을 설치하였고, 그 이후 원고들이 소유권을 취득하였고, 선하지 토지가 매우 적은 면적이고, 월 임료가 780원 내지 41,000원 정도인 사안에서, 2심판결은 권리남용을 이유로 원고패소 판결을 하였으나, 대법원은 원고가 송전선 설치 이후에 소유권을 취득하였거나 송전선에 대해 아무런 이의를 제기하지 않은 사실만으로 한전의 토지사용을 용인하였다고 볼 수 없고,[177] 한전은 30년 동안 적법한 사용권을 취득하려고 노력한 사실이 없고, 이 사건 토지는 개발가능성이 있으므로, 비록 송전선이 공익적 기능을 가진 국가 기간시설이고 송전선 변경에 돈이 많이 든다는 이유만으로 권리남용에 해당하지 않는다고 판시한바 있다.[178] 그 결과 현재는 기존에 보상 없이 설치된 송전선

177) 대법원 1995. 8. 25. 선고 94다27069 판결, 대법원 1995. 11. 7. 선고 94다31914 판결 등 참고.
178) 대법원 2014. 11. 13. 선고 2012다108108 판결.

에 대해서 토지소유자들의 철거 및 토지인도청구는 승소하는 경향이다.

【판시사항】

가. 건축 허용 높이가 고압송전선 아래쪽에 법정 이격거리를 둔 높이에 미치지 아니하는 경우, 송전선 설치 · 통과로 인한 해당 토지 소유자의 손해 유무

나. 토지 소유자가 10여 년간 송전선 설치에 관하여 이의를 제기하지 않았다거나 철탑 부지에 대한 사용 승낙이 있었다는 사정만으로는, 그 권리가 실효되었다거나 부당이득 반환청구가 신의칙에 위배된다고 할 수 없다고 한 사례(대법원 1995. 11. 7. 선고 94다31914 판결)

【판결요지】

가. 관계 법령상 토지 위에 건물의 건축이 허용되는 높이가 고압송전선 아래쪽에 소정의 이격거리를 둔 높이에 미치지 아니한다 하더라도, 그러한 사유만으로 한국전력공사가 그 토지 상공에 송전선을 설치, 통과시켜도 그로 인하여 토지 소유자에게 토지 이용 제한에 따른 손해가 생길 수 없다고 말할 수는 없다.

나. 토지 소유자가 10여 년간 송전선 설치에 관하여 이의를 제기하지 않았다거나 철탑 부지에 대한 사용 승낙이 있었다는 사정만으로는, 그 권리가 실효되었다거나 부당이득 반환청구가 신의칙에 위배된다고 할 수 없다.

(4) 부당이득금 문제

(가) 부당이득청구권의 발생여부

물건의 소유자가 물건에 관한 어떠한 이익을 상대방이 권원 없이 취득하고 있다고 주장하여 그 이익을 부당이득으로 반환청구하는 경우 상대방은 그러한 이익을 보유할 권원이 있음을 주장 · 증명하지 않는 한 소유자에게 이를 부당이득으로 반환할 의무가 있다.

한편 선하지 관련 사건의 경우 한전이 타인소유 토지 상공에 그 사용 등에 대한 정당한 권한을 득하지 아니한 상태에서 고압전선이 통과하게 함으로써 토지소유자가 그 토지 상공의 이용을 제한받게 되는 경우가 많다. 이러한 경우 특별한 사정이 없는 한 그 토지소유자는 위 전선을 소유하는 자에게 이용이 제한되는 상공 부분에 대한 임료 상당액의 부당이득금의 반환을 구할 수 있다. 이 때 고압전선이 통과하고 있는 상공 부분과 관계 법령에서 고압전선과 건조물 사이에 일정한 거리를 유지하도록 규정하고 있는 경우 그 거리 내의 상공 부분은 토지소유자의 이용이 제한되고 있다고 볼 수 있다.[179]

【판시사항】

[1] 토지소유자가 송전선이 통과함을 알면서 그 토지를 취득한 후 그 철거를 청구한 사안에서, 제반 사정에 비추어 권리남용에 해당되지 않는다고 한 사례

[2] 토지소유자가 송전선이 설치된 토지를 농지로만 이용해 왔음에도, 그 토지 상공에 대한 구분지상권에 상응하는 임료 상당액의 손해 발생을 인정한 원심판결을 수긍한 사례(대법원 1996. 5. 14. 선고 94다54283 판결)

【판결요지】

[1] 토지소유자가 토지 상공에 송전선이 설치되어 있는 사정을 알면서 그 토지를 취득한 후 13년이 경과하여 그 송전선의 철거를 구한 사안에서, 한국전력공사가 그 토지 상공에 당초에 그 송전선을 설치함에 있어서 적법하게 그 상공의 공간 사용권을 취득하거나 그에 따른 손실을 보상하지 아니하여 그 송전선의 설치는 설치 당시부터 불법 점유라고 볼 수 있으며, 그 설치 후에도 적법한 사용권을 취득하려고 노력하였다거나 그 사용에 대한 손실을 보상한 사실이 전혀 없고, 그 토지가 현재의 지목은 전이나 도시계획상 일반주거지역에 속하고 주변 토지들의 토지이용 상황이 아파트나 빌라 등이 들어 서 있는 사실에 비추어 그 토지도 아파트, 빌라 등의 공동주택의 부지로 이용될 가능성이 농후한 점 및 한국전력공사로서는 지금이라도 전기사업법 등의 규정에 따른 적법한 수용이나 사용 절차에 의하여 그 토지 상공의 사용권을 취득할 수 있는 점 등에 비추어, 토지소유자의 송전선 철거청구가 권리남용에 해당하지 않는다고 한 사례.

[2] 토지소유자가 송전선이 설치된 토지를 농지로만 이용하여 왔다고 하더라도, 그 소유권을 행사함에 있어 아무런 장애를 받지 않았다고 할 수 없고 그 송전선의 가설로 인하여 그 토지 상공에 대한 구분지상권에 상응하는 임료 상당의 손해를 입었다고 한 원심판결을 수긍한 사례.

(나) 부당이득의 산정방법

위 가)항의 대법원 판결에 따라 토지소유자가 한전을 상대로 한 부당이득금 반환 청구를 하는 것에는 법적으로 아무런 문제가 없다. 다만, 부당이득이청구권을 인정한다고 하더라도 양자 사이에 관련 된 임대차 등의 계약이 존재하지 아니하기 때문에 그 산정을 어떻게 하여야 하는지에 대한 문제는 남는다.

---

179) 대법원 2006. 4. 13. 선고 2005다14083 판결.

선하지의 경우 토지의 이용가능성은 송전선 존재 자체로 제한되는 것이고, 지상에 건조물이 설치될 가능성이 전혀 없다는 사정이 없는 한 한전이 점유하는 부분은 그 토지의 잠재적 이용가능성이 침해되는 공간으로써 법정이격거리내의 토지 상공이라고 보아야 한다. 따라서 송전선이 통과하는 선하지와「전기설비기술기준에 관한 규칙」의 법정이격거리(확대되는 추세이다) 내에 있는 이격지가 제한을 받는 부분이다.[180]

【판시사항】

토지 상공에 고압전선이 통과하여 그 이용에 제한을 받는 경우, 토지소유자가 전선소유자로부터 부당이득반환을 받을 수 있는 범위 및 토지소유자가 고압전선의 소유자에게 최대횡진거리 내의 상공 부분에 대한 부당이득반환을 구할 수 있는지 여부(대법원 2009. 1. 15. 선고 2007다58544 판결)

【판결요지】

토지의 상공에 고압전선이 통과함으로써 토지소유자가 그 토지 상공의 이용을 제한받는 경우, 그 토지소유자는 위 전선을 소유하는 자에게 이용이 제한되는 상공 부분에 대한 임료 상당액의 부당이득금 반환을 구할 수 있고, 이 때 고압전선이 통과하고 있는 상공 부분과 관계 법령에서 고압전선과 건조물 사이에 일정한 거리를 유지하도록 규정하고 있는 경우 그 거리 내의 상공 부분은 토지소유자의 이용이 제한되고 있다고 볼 수 있다. 따라서 고압전선의 경우 양쪽의 철탑으로부터 아래로 늘어져 있어 강풍 등이 부는 경우에 양쪽으로 움직이는 횡진현상이 발생할 수 있는데, 그 최대횡진거리 내의 상공 부분은 횡진현상이 발생할 가능성이 있는 것에 불과하므로 일반적으로는 토지소유자가 그 이용에 제한을 받고 있다고 볼 수 없으나, 최대횡진거리 내의 상공 부분이라도 토지소유자의 이용이 제한되고 있다고 볼 특별한 사정이 있는 경우에는 그 토지소유자는 고압전선의 소유자에게 그 부분에 대한 임료 상당액의 부당이득금 반환을 구할 수 있다.

대법원은 부당이득금 산정과 관련하여 "추가보정률이란 기본율 외에 송전선로가 건설되는 것에 따른 당해 토지의 경제적 가치가 감소되는 정도를 나타내는 비율로서 쾌적성 저해 정도, 시장성 저해정도, 기타 저해정도 등이 고려되는데, 타인의 토지 위에 아무런 권원 없이 시설물을 설치 · 소유한 경우에 토지소유자에게 발생한 토지 가치의 하락이라는 손해 및 그 배상에 관한 합리적인 지표라고 할 것이므로, 피고가 원고들의 토지 위에 아무런 권원 없이 이

180) 대법원 2014. 11. 13. 선고 2012다108108 판결.

사건 송전탑과 송전선을 설치 · 소유함으로써 원고들에게 발생한 토지 가치의 하락이라는 손해까지 정당하게 배상하기 위해서는 기본율 이외에 추가보정률을 적용하여 차임을 산출하는 방법을 채택하는 것이 타당하다고 판단하였다.[181)]

(5) 선하지 토지 평가방법

(가) 평가방법

토지의 지상공간에 고압선이 통과하고 있는 토지(이하 "선하지"라 한다)에 대한 평가는 그 제한을 받지 아니한 상태를 기준으로 한다. 이는 선하지 등을 일반평가와 달리 선하지 손실보상이 이루어지지 않은 토지에 대하여는 미불용지로 보아 제한을 받지 아니한 상태로 평가하도록 한 것이다. 다만, 토지의 지하공간에 「도시철도법」 제3조제1호에서 규정한 도시철도와 「송유관안전관리법」제2조제1호에서 규정한 송유관 등 공익시설의 설치를 목적으로「민법」제289조의2에 따른 구분지상권이 설정되어 있는 토지에 대한 평가의 경우에 준용한다. 그러나 실무적으로 송전선이 설치된 토지를 다른 토지에 비해 감액 평가하는 사례가 많다. 따라서 소유자나 사업시행자 모두 감액 평가되지 않도록 주의하여야 하고, 소유자는 감액 평가가 되었다면 이의신청이나 행정소송을 제기하여야 다투어야 한다. 만일 불복절차를 진행하지 못하였다면 나중에라도 착오 평가를 이유로 부당이득금 반환청구라도 하여야 한다.

> **【판시사항】**
>
> 한국토지주택공사가 갑 등에게서 토지를 협의취득하면서 '매매대금이 고의 · 과실 내지 착오평가 등으로 과다 또는 과소하게 책정되어 지급되었을 때에는 과부족금액을 상대방에게 청구할 수 있다'고 약정하였는데, 공사가 협의취득을 위한 보상액을 산정하면서 한국감정평가업협회의 구 토지보상평가지침에 따라 토지를 지상에 설치된 철탑 및 고압송전선의 제한을 받는 상태로 평가한 사안에서, 위 약정은 감정평가기준을 잘못 적용하여 협의매수금액을 산정한 경우에도 적용되고, 위 협의매수금액 산정은 위 약정에서 정한 고의 · 과실 내지 착오평가 등으로 과소하게 책정하여 지급한 경우에 해당한다고 본 원심판결에 이유불비 등의 잘못이 없다고 한 사례(대법원 2012. 3. 29. 선고 2011다104253 판결)
>
> **【판결요지】**

181) 대법원 2013. 1. 24. 선고 2012다86536 판결.

한국토지주택공사가 국민임대주택단지를 조성하기 위하여 갑 등에게서 토지를 협의취득하면서 '매매대금이 고의 · 과실 내지 착오평가 등으로 과다 또는 과소하게 책정되어 지급되었을 때에는 과부족금액을 상대방에게 청구할 수 있다'고 약정하였는데, 공사가 협의취득을 위한 보상액을 산정하면서 한국감정평가업협회의 구 토지보상평가지침(2003. 2. 14.자로 개정된 것, 이하 '구 토지보상평가지침'이라 한다)에 따라 토지를 지상에 설치된 철탑 및 고압송전선의 제한을 받는 상태로 평가한 사안에서, 위 약정은 단순히 협의취득 대상토지 현황이나 면적을 잘못 평가하거나 계산상 오류 등으로 감정평가금액을 잘못 산정한 경우뿐만 아니라 공익사업을 위한 토지 등의 취득 및 보상에 관한 법률(이하 '공익사업법'이라 한다)상 보상액 산정기준에 적합하지 아니한 감정평가기준을 적용함으로써 감정평가금액을 잘못 산정하여 이를 기준으로 협의매수금액을 산정한 경우에도 적용되고, 한편 공사가 협의취득을 위한 보상액을 산정하면서 대외적 구속력을 갖는 공익사업을 위한 토지 등의 취득 및 보상에 관한 법률 시행규칙 제22조에 따라 토지에 건축물 등이 있는 때에는 건축물 등이 없는 상태를 상정하여 토지를 평가하여야 함에도, 대외적 구속력이 없는 구 토지보상평가지침에 따라 토지를 건축물 등에 해당하는 철탑 및 고압송전선의 제한을 받는 상태로 평가한 것은 정당한 토지 평가라고 할 수 없는 점 등에 비추어 위 협의매수금액 산정은 공사가 고의 · 과실 내지 착오평가 등으로 과소하게 책정하여 지급한 경우에 해당한다고 본 원심판결에 판단누락이나 이유불비 등의 잘못이 없다고 한 사례.

(6) 구분지상권 평가방법

(가) 구분지상권의 평가

선하지에 관한된 구분지상권의 평가는 지하 또는 지상공간을 사실상 영구적으로 사용함으로 인하여 토지의 이용이 저해되는 정도에 따른 적정한 비율("입체이용저해율"이라 한다)을 곱하여 산정한 금액으로 평가한다(법 시행규칙 제31조 제1항).

구분지상권 평가액=해동 토지의 단위면적당 평가액×입체이용저해율×해당토지의 구분지상권 설정면적

(나) 입체이용저해율

입체이용저해율이란 구분지상권 등의 설정에 의해 획지의 입체이용가치 부분에 저해를 주는 경우에 그 저해에 따라 대상획지의 이용이 제한되는 정도에 상응하는 비용을 말한다. 이러한 입체이용저해율은 다음과 같이 산정한다(토지보상 실무지침 제51조).

입체이용저해율 = 건물 등 이용저해율 + 지하부분이용저해율 + 기타이용저해율

위에서 규정한 건물 등 이용저해율은 다음 각 호에서 정하는 기준에 따라 산정한다.

1. 건물 등 이용저해율 ≒ 건물 등 이용률(α) ×

$$\frac{\text{저해층수의 층별효용비율}(B)\text{합계}}{\text{최유효건물층수의 층별효용비율}(A)\text{합계}}$$

2. 건물 등 이용률(α)은 별표8의 "입체이용률배분표"에서 정하는 기준에 의한다.
3. 저해층의 층별효용비율(B) 및 최유효건물층의 층별효용비율(A) 합계의 산정은 별표9의 "층별효용비율표"에 의한다.
4. 저해층수는 최유효건물층수에서 건축가능한 층수를 뺀 것으로 한다.
5. 최유효건물층수는 당해토지에 건물을 건축하여 가장 효율적으로 이용할 경우의 층수로서 다음 각 호의 사항을 고려하여 결정한다. 〈개정 2003.2.14, 2007.2.14〉
   가. 인근토지의 이용상황 · 지가수준 · 성숙도 · 잠재력 등을 고려한 경제적인 층수
   나. 토지의 입지조건 · 형태 · 지질 등을 고려한 건축가능한 층수
   다. 「건축법」 또는 「국토의 계획 및 이용에 관한 법률」 등 관계법령에서 규제하고 있는 범위내의 층수 〈개정 2003.2.14,
6. 건축가능층수는 토지의 지하부분 사용시에 당해 토지의 지반상태 · 건축시설물의 구조 · 형식 기타 공법상으로 건축이 가능한 층수를 말하며, 이의 판정은 별표10의 "건축가능층수기준표"에 의한다.
7. 지질 및 토피는 평가의뢰자가 제시한 기준에 따르되, 지질은 토사 또는 암석으로 분류되며, 토피는 지하시설물의 최상단에서 지표까지의 수직거리로 한다.

(7) 구분지상권이 설정되어 있는 선하지 평가

구분지상권이 설정되어 있는 선하지에 대한 평가는 토지에 관한 소유권 외의 구분지상권을 따라 평가할 것을 요청할 수 있고 이 경우 다음과 같은 방식으로 평가하되 평가서에 그 내용을 기재한다(토지보상실무지침 제47조 제1항 제1호).

> 평가가격 = 당해토지의 나지상태의 평가가격 – 당해토지에 관한 소유권 외의 권리에 대한 평가가격

(8) 구분지상권등기가 설정되지 아니한 선하지 평가

토지소유자와의 사이에 구분지상권을 설정치 아니하고 사용하고 있는 선하지의 경우, 지하철, 송유관 설치 등과 같은 공익사업에 해당하는 경우 이를 미지급용지에 해당하는 것으로 간주하여, 신설 선하지에 대하여 보상평가는 방식과 같은 방식으로 평가하여야 한다. 그러므로 토지의 지상공간을 통과하고 있는 고압선의 제한을 받지 아니한 상태를 기준으로 평가해야 한다.

(9) LH 토지주택공사 보상기준

한국토지주택공사의 선하지 보상은, 선하지가 구분지상권 설정이나 임대차계약, 그 밖에 소송 등에 의하여 보상금을 지급받은 토지에 대해서는 토지사용에 대한 제한을 받는 상태로 평가 · 보상을 하고, 보상금이 지급되지 않은 토지는 제한받지 않는 상태로 평가보상한다.

선하지의공중부분사용에따른손실보상평가지침

제정 2003. 2. 14
개정 2003. 7. 2

제1조【목적】 이 지침은 전기사업법 제89조의 규정에 의하여 전기사업자가 송전선로의 건설을 위하여 토지의 공중부분을 사용하는 경우에 있어서 같은법 제90조의 규정에 의한 손실보상을 위한 평가에 관하여 세부적인 기준과 절차 등을 정함으로

써 평가의 적정성과 공정성을 확보함을 목적으로 한다.

제2조【적용】 전기사업자가 35,000V를 넘는 송전선로의 건설을 위하여 토지의 공중부분을 사용하는 경우에 있어서 손실보상을 위한 평가는 관계법령에서 따로 정하고 있는 것을 제외하고는 이 지침이 정하는 바에 따른다. 〈개정 2003.7.2〉

제3조【용어】 이 지침에서 사용하는 용어의 정의는 다음과 같다.

1. "송전선로"라 함은 전기사업자가 건설하는 발전소·변전소·개폐소 및 이와 유사한 장소와 상호간의 전선 및 이를 지지하거나 보장하는 시설물을 말한다. 〈개정 2003.7.2〉
2. "선하지"라 함은 송전선로의 양측 최외선으로부터 수평으로 3m(택지 및 택지예정지로서 전기설비기준 제140조에서 정하는 전압별 측방이격거리를 한도로 3m를 초과하는 부분이 건축물 등의 보호 등에 있어서 필요하다고 인정되는 경우에는 그 초과부분을 포함한 거리)를 수평으로 더한 범위 안에서 정한 직하의 토지 중 지지물의 용지를 제외한 토지를 말한다.
3. "보정률"이라 함은 선하지의 공중부분 사용에 따른 손실보상을 위한 사용료의 평가시에 적용되는 율을 말한다.
4. "택지"라 함은 주거·상업·공업용지 등으로 이용되고 있거나 이용을 목적으로 조성된 토지를 말한다.
5. "농지"라 함은 경작 또는 다년성식물의 재배지로 이용되고 있거나 이용되는 것이 합리적인 것으로 판단되는 토지를 말한다.
6. "임지"라 함은 입목죽의 생산에 제공되고 있거나 제공되는 것이 합리적인 이용으로 판단되는 토지를 말한다.

제4조【손실보상평가의 기준】 ① 송전선로의 건설을 위하여 토지의 공중부분을 사용하는 경우에 있어서 그 손실보상을 위한 평가는 선하지에 대한 공중부분의 사용료를 평가하는 것으로 한다.

② 제1항의 규정에 의한 사용료의 평가는 선하지의 공중부분을 일정한 기간동안 한

시적으로 사용하는 것에 따른 평가와 구분지상권(등기된 임차권을 포함한다. 이하 같다)을 설정하여 사실상 영구적으로 사용하는 것에 따른 평가로 구분한다.

제5조【한시적 사용에 따른 사용료 평가】 ① 송전선로의 건설을 위하여 선하지의 공중부분을 일정한 기간 동안 한시적으로 사용하는 경우에 있어서 사용료의 평가가액은 다음과 같이 결정한다.

○ 사용료의 평가가액≒ [당해 토지의 단위면적당 사용료 평가가액 × 보정률 × 선하지 면적(사용면적)]

② 제1항에서 당해 토지의 단위면적당 사용료 평가가액은 당해 토지를 전체적으로 사용하는 것을 전제로 한 것으로서 토지보상평가지침 제49조제1항 내지 제4항의 규정을 준용하여 구한다.

제6조【사실상 영구적 사용에 따른 평가】 ① 송전선로의 건설을 위하여 선하지의 공중부분을 구분지상권을 설정하여 사실상 영구적으로 사용하는 경우에 있어서 사용료의 평가가액은 다음과 같이 결정한다.

○ 사용료 평가가액 ≒ [당해토지의 단위면적당 적정가격 × 보정률 × 선하지면적(구분지상권 설정면적)]

② 제1항에서 당해 토지의 단위면적당 적정가격은 당해 송전선로의 건설로 인한 지가의 영향을 받지 아니하는 토지로서 인근지역에 있는 유사한 이용상황의 표준지 공시지가를 기준으로 한 당해 토지의 단위면적당 평가가격으로 한다.

제7조【보정률의 산정】 ① 선하지의 공중부분 사용에 따른 사용료의 평가시에 적용되는 보정률은 송전선로의 건설로 인한 토지이용상의 제한 등이 당해 토지의 전체면적에 미치는 영향정도 등을 고려하여 정한 율로서 기본율과 추가보정률로 구분되며, 다음과 같이 당해 토지의 사용료 평가시에 적용할 보정률을 구한다.

○ 보정률 ≒ 기본율 + 추가보정률

② 제1항에서 기본율은 선하지의 공중부분 사용에 따른 토지의 이용이 입체적으로 저해되는 정도에 따른 적정한 비율로서, 토지보상평가지침 제51조의 규정에 의한 입체이용저해율의 산정방법을 준용한다.

③ 추가보정률은 기본율 외에 송전선로가 건설되는 것에 따른 당해 토지의 경제적 가치가 감소되는 정도를 나타내는 율로서 쾌적성 저해정도, 시장성 저해정도 기타 제한정도 등이 고려된 율이며, 별표에서 정하는 기준에 따라 산정한다.

④ 별표에서 정하는 기준에 의하여 추가보정률을 산정하는 경우에는 다음 각호의 저해요인을 고려한 적정한 율로 하되, 각 저해요인별로 그 저해정도 등에 따라 상·중하 등으로 구분하여 산정한다.

1. 쾌적성 저해요인 : 통과전압의 종별 및 송전선의 높이, 송전선로가 심리적·신체적으로 미치는 영향정도 기타 조망·경관의 저해 등
2. 시장성 저해요인 : 장래기대이익의 상실정도, 송전선로의 이전가능성 및 그 난이도 등
3. 기타 저해요인 : 선하지 면적의 당해 토지 전체면적에 대한 비율, 송전선로의 통과위치, 기타 이용상의 제한정도 등

⑤ 제3항 및 제4항의규정에 의한 추가보정률의 산정에 있어서 선하지의 공중부분을 구분지상권 설정하여 사실상 영구적으로 사용하는 경우에는 별표에서 정하는 추가보정률 외에 5% 범위 내외에서 정하는 율을 추가보정률에 더할 수 있다.

⑥ 송전선로를 새로이 설치하기 위하여 유효이용면적 또는 그 이하의 소규모필지의 택지 또는 택지예정지의 공중부분을 구분지상권을 설정하여 사실상 영구적으로 사용하는 경우 등에 있어서 송전선로의 설치에 따른 쾌적성저해, 시장성저해 등으로 인한 당해 토지의 경제적가치 감소요인(추가보정율의 산정과 관계된 저해요인을 말한다)이 당해 토지의 전체면적에 사실상 미치고 있어 별표에서 정하는 기준에 의하여 산정된 추가보정률을 적용하여 사용료를 평가하는 경우에 그 사용료 평가가액이 그 선하지의 공중부분 사용에 따른 당해 토지의 현실적인 경제적 가치 감소상당액 수준에 현저히 못미친다고 인정되는 경우에는 따로 추가보정률의 산정기준 등을 정하여 평가할 수 있다. 이 경우에는 선하지 면적의 당해 토지 전체면적에 대한 비율, 송전선로 전압의 종별, 송전선로의 높이, 송전선로의 통과위치, 송전선로의 이전가

능성 및 그 난이도 등과 주위토지 상황 등을 종합적으로 고려하여 추가보정률 등을 정하여야 한다.

제8조【선하지 면적】 송전선로의 건설을 위한 토지의 공중부분 사용에 따른 사용료의 평가시에 적용할 선하지 면적은 전기사업자가 다음에서 정하는 기준에 따라 산정하여 제시한 면적으로 한다.

1. 송전선로의 양측 최외선으로부터 수평으로 3m를 더한 범위안의 직하 토지의 면적으로 함을 원칙으로 한다.
2. 택지 및 택지예정지로서 당해 토지의 최유효이용을 상정한 건축물의 최고높이가 전기설비기준 제140조제1항에서 정한 전압별 측방이격거리(3m에 35,000V를 넘는 10,000V 또는 그 단수마다 15cm를 더한 값의 거리를 말한다)의 전선 최하높이 보다 높은 경우에는 송전선로의 양측 최외선으로부터 그 이격거리를 수평으로 더한 범위 안에서 정한 직하 토지의 면적으로 한다. 〈개정 2003.7.2〉

제9조【준용】 이 지침의 규정은 전원개발에관한특례법, 국토의계획및이용에관한법률 및 공익사업을위한토지등의취득및보상에관한법률의 규정에 의하여 공익사업으로 35,000V를 넘는 송전선로 등의 건설을 하는 경우에 있어서 토지의 공중부분 사용에 따른 사용료의 평가시에 준용할 수 있다. 〈개정 2003.7.2〉

부 칙 〈2003.2.14〉

이 지침은 2003년 3월 1일부터 시행한다.

부 칙 〈2003.7.2〉

이 지침은 2003년 7월 3일부터 시행한다.

〈별표〉

추가보정률 산정기준표

구분 / 보정요인	추가보정률의 적용범위			상중하 등 구분기준
	택자 택지 예정지	농지	임지	
쾌적성 저해요인 (a)	5~10% 내외	3~5% 내외	3~5% 내외	송전선로의 높이를 기준으로 다음과 같이 구분한다. • 10m이하 : 전압에 관계없이 "상"으로 구분한다. • 10m초과 20m이하 : 154kv이하는 "중", 154kv 초과는 "상"으로 구분한다. • 20m초과 : 765kv이상은 "상", 345kv이상은 "중", 154kv이하는 "하"로 구분한다.
시장성 저해요인 (b)	3~10% 내외	5~10% 내외	5~7% 내외	송전선로 경과지의 위치를 기준으로 다음과 같이 구분한다. • 평지에 가까울수록 높은 율로 구분한다. • 임야지대의 정상에 가까울수록 낮은 율로 구분한다. • 송전선로의 이전계획이 있거나 한시적인 사용의 경우에는 그 이전 예정시기 등을 고려하되, 낮은 율로 구분한다.
기타 저해요인 (c)	3~5% 내외	3~5% 내외	3~5% 내외	선하지의 면적비율 또는 송전선로의 통과위치 등을 기준으로 다음과 같이 구분한다. • 선하지의 면적비율이 20%를 초과하거나 송전선로 가 필지의 중앙을 통과하는 경우에는 "상"으로 구 분한다. • 선하지의 면적비율이 10%를 초과하거나 송전선로 가 필지의 측면을 통과하는 경우에는 "중"으로 구 분한다. • 선하지의 면적비율이 10% 이하 이거나 송전선로가 필지의 모서리를 통과하는 경우에는 "하"로 구분한 다.
추가보정률 산정기준 (a+b+c)	10~25% 내외	10~20% 내외	10~15% 내외	

주) 1. 이 표는 추가보정률의 일반적인 적용범위 및 구분기준 등을 정한 것이므로 대상물건의 상황이나 지역여건 등에 따라 이를 증감 조정할 수 있다.
2. 이 표에서 정한 상중하 구분기준 외에 다른 기준에 따라 구분할 수 있다.
3. 이 표에서 정하지 아니한 용도 토지의 경우에는 이 표에서 정한 유사한 용도 토지의 율을 적용할 수 있다.

Ⅶ. 잔여지의 가치하락 등의 따른 보상

1. 잔여지 보상

감정평가 실무기준 6.3.3 잔여지의 가치하락 등에 따른 손실

① 잔여지의 가치하락에 따른 손실액은 공익사업시행지구에 편입되기 전의 잔여지 가액(해당 토지가 공익사업시행지구에 편입됨으로 인하여 잔여지의 가치가 변동된 경우에는 변동되기 전의 가액을 말한다)에서 공익사업시행지구에 편입된 후의 잔여지의 가액을 뺀 금액으로 감정평가한다.

② 제1항에서의 공익사업시행지구에 편입되기 전의 잔여지 가액은 일단의 토지의 전체가액에서 공익사업시행지구에 편입되는 토지(이하 '편입토지'라 한다)의 가액을 뺀 금액으로 산정한다.

③ 공익사업시행지구에 편입되기 전의 잔여지의 가액 및 공익사업시행지구에 편입된 후의 잔여지의 가액의 감정평가를 위한 적용공시지가는 [810-5.6.3]을 준용한다.

④ 잔여지의 공법상의 제한사항 및 이용상황 등은 편입토지의 보상 당시를 기준으로 한다.

⑤ 잔여지의 가치하락에 따른 손실액은 해당 공익사업의 시행으로 인하여 잔여지의 가격이 증가하거나 그 밖의 이익이 발생한 경우에도 이를 고려하지 않고 감정평가한다.

⑥ 잔여지에 대한 시설의 설치 또는 공사로 인한 손실액은 그 시설의 설치나 공사에 통상 필요한 비용 상당액을 기준으로 산정한다.

가. 잔여지의 손실과 공사비 보상

(1) 원칙

(가) 편입토지 보상당시 기준

잔여지 보상은 정당보상의 원칙상 반드시 필요한 것인데, 사업시행자는 동일한 소유자에게

속하는 일단의 토지의 일부가 취득되거나 사용됨으로 인하여 잔여지의 가격이 감소하거나 그 밖의 손실이 있을 때 또는 잔여지에 통로 · 도랑 · 담장 등의 신설이나 그 밖의 공사가 필요할 때에는 그 손실이나 공사의 비용을 보상하여야 한다(토지보상법 제73조 제1항 본문). 이때 잔여지의 공법상 제한사항이나 이용상황 등은 편입토지의 보상 당시를 기준으로 으로 한다.

(나) 가격시점

잔여지 손실 등에 대한 보상은 협의에 의한 경우에는 협의 성립 당시의 가격을 기준으로 보상하고, 재결에 의한 경우에는 재결 당시의 가격을 지준으로 보상하여야 한다.[182]

(2) 예외

다만, 잔여지의 가격 감소분과 잔여지에 대한 공사의 비용을 합한 금액이 잔여지의 가격보다 큰 경우에는 사업시행자는 그 잔여지를 매수할 수 있으며(토지보상법 제73조 제1항 단서) 사업인정고시일 이후에 매수하는 잔여지에 대하여는 사업인정 및 사업인정고시가 된 것으로 본다.

나. 잔여지의 개념 및 요건

(1) 잔여지의 요건

가치하락 등에 따른 보상대상인 잔여지는 수용당시 동일한 토지소유자에 속하여야 하며, 일단의 토지 중 일부만이 공익사업에 편입되고 남은 토지이여야 하고, 또 잔여지만으로는 종래의 목적에 사용하는 것이 현저히 곤란한 경우일 것 등을 요한다.[183] 따라서 단순히 가치하락 등에 따른 보상대상이 되는 잔여지는 그 요건이 성취되지 아니한다. 여기서 동일한 토지소유자란 일단의 토지의 등기명의가 반드시 동일하여야 하는 것은 아니며, 동일한 소유관계일 경우도 인정된다. 다만, 동일한 소유자에 속하여야 하므로 일부 토지의 권원이 소유권이 아닌 지상권 또는 임차권 등인 경우는 동일한 소유자로 보지 않는다. 또한 일단의 토지란

182) 2015. 8. 31. 토지정책과-6306 질의회신 참조.

183) 여기서 '종래의 목적'이라 함은 수용재결 당시에 당해 잔여지가 현실적으로 사용되고 있는 구체적인 용도를 의미하고, '사용하는 것이 현저히 곤란한 때'라고 함은 물리적으로 사용하는 것이 곤란하게 된 경우는 물론 사회적, 경제적으로 사용하는 것이 곤란하게 된 경우, 즉 절대적으로 이용 불가능한 경우만이 아니라 이용은 가능하나 많은 비용이 소요되는 경우를 포함한다(대법원 2005. 1. 28. 선고 2002두4679 판결).

반드시 1필의 토지만을 가리키는 것은 아니고, 해당 공익사업에 편입되는 토지만을 기준으로 판단하는 것이 아니라 현실적인 이용상황을 기준으로 판단하여야 하므로 공익사업에 편입되지 않는 토지도 일단의 토지에 포함될 수 있다.

【판시사항】

토지수용법 제47조에 의한 잔여지 손실보상의 요건(대법원 1999. 5. 14. 선고 97누4623 판결)

【판결요지】

토지수용법 제47조는 잔여지 보상에 관하여 규정하면서 동일한 소유자에 속한 일단의 토지의 일부 수용이라는 요건 외에 잔여지 가격의 감소만을 들고 있으므로, 일단의 토지를 일부 수용함으로써 잔여지의 가격이 감소되었다고 인정되는 한, 같은 법 제48조가 정하고 있는 잔여지 수용청구에서와는 달리 잔여지를 종래의 목적에 사용하는 것이 현저히 곤란한 사정이 인정되지 않는 경우에도 그에 대한 손실보상을 부정할 근거가 없다. 한편, 토지수용법 제47조 소정의 잔여지 보상은 동일한 소유자에 속한 일단의 토지 중 일부가 수용됨으로써 잔여지에 발생한 가격감소로 인한 손실을 보상대상으로 하고 있고, 이 때 일단의 토지라 함은 반드시 1필지의 토지만을 가리키는 것이 아니라 일반적인 이용 방법에 의한 객관적인 상황이 동일한 한 수필지의 토지까지 포함하는 것이라고 할 것이므로, 일단의 토지가 수필지인 경우에도 달리 특별한 사정이 없는 한 그 가격감소는 일단의 토지 전체를 기준으로 산정하여야 할 것이다.

(2) 선하지의 잔여지 가치하락 보상 인정여부

(가) 가치하락 보상 인정여부

전원개발에 관한 특례법상의 전원개발사업자가 타인 소유의 토지 일부를 전선로지지 철탑의 부지로 수용함과 아울러 그 잔여지의 지상(또는 지하) 공간에 전선을 가설함으로써 그 잔여지의 가격이 감소하는 데 따른 손실도 잔여지 보상의 대상에 포함된다. 따라서 그에 관하여는 토지보상법상의 수용 또는 사용재결과 이의재결 등의 절차가 적용된다.

【판시사항】

선하지에 대하여도 잔여지 가치하락 보상이 인정되는지 여부(대법원 2000. 12. 22. 선고 99두10315 판결)

【판결요지】

토지수용법 제47조에서 동일한 토지소유자에 속하는 일단의 토지의 일부를 수용 또는 사용함으로 인하여 잔여지의 가격이 감소된 때에 그 손실을 보상하도록 규정하고 있는 것은 그 잔여지의 가격 감소가 토지 일부의 수용 또는 사용으로 인하여 그 획지조건이나 접근조건 등의 가격형성요인이 변동됨에 따라 발생하는 경우뿐만 아니라 그 수용 또는 사용 목적 사업의 시행으로 설치되는 시설의 형태 · 구조 · 사용 등에 기인하여 발생하는 경우도 포함하므로, 전원개발에관한특례법상의 전원개발사업자가 위 특례법 제6조의2의 규정에 따라 타인 소유의 토지 일부를 전선로 지지(지지) 철탑의 부지로 수용함과 아울러 전기사업법 제57조 제1항의 규정에 기하여 그 잔여지의 지상 공간에 전선을 가설(가설)함으로써 그 잔여지의 가격이 감소하는 데 따른 손실도 위와 같은 토지수용법 제47조 소정의 잔여지 보상의 대상에 해당하므로, 그에 관하여는 토지수용법상의 수용 또는 사용재결과 이의재결 등의 절차가 적용되나, 다만 전기사업법 제58조 제2항이 위와 같은 전선로의 지상 공간 설치로 인한 손실보상에 관하여 시 · 도지사에게 재정을 신청할 수 있는 것으로 규정하고 있으나, 이는 우선 그 문언상 그 재정 절차가 필요적 · 전속적인 것으로 규정하고 있지 아니할 뿐만 아니라 그 재정의 주체가 토지수용위원회와 같이 원래 손실보상에 관한 심판을 전담하는 기관이 아닌 일반 지방자치단체장으로 되어 있는 점과 그 재정이 있는 경우에는 구 전기사업법(1999. 2. 8. 법률 제5830호로 개정되기 전의 것) 제58조 제3항 및 제25조 제2항의 규정에 의하여 당사자 사이에 합의가 이루어진 것으로 간주하게 되어 있을 뿐인 점 등에 비추어 보면, 그 재정 절차는 적어도 앞서 본 잔여지에 관한 한 위와 같은 토지수용법상의 손실보상절차와는 별개의 필요적 절차라거나 혹은 토지수용법상의 손실보상절차를 배제하는 전속적 절차라고 할 수가 없다.

(나) 손실보상금의 산정 방법

토지수용법 제45조 내지 제47조와 제57조의2, 공공용지의취득및손실보상에관한특례법 제4조와 위 특례법시행규칙 제8조 제2항 및 제26조 제2항 등의 관련 규정에 의하면, 전선로의 설치를 위한 타인 토지의 일부 수용과 그 잔여지 상의 전선가설을 위한 공간 사용에 있어 수용 대상 토지의 가격 및 잔여지 지상 공간의 사용료와 함께 손실보상의 대상이 되는 잔여지의 가격 감소에 따른 손실보상금은 위 특례법시행규칙 제26조 제2항의 규정에 따라 수용목적 사업의 용지로 편입되는 토지의 가격으로 환산한 잔여지의 가격에서 가격이 하락된 잔여지의 평가액을 차감하여 산정하여야 하고, 이 때 가격이 하락된 잔여지의 평가액을 산정함에 있어서는 당해 수용 또는 사용과 그 목적 사업으로 인한 가격 하락만을 반영하여야 한다.

다. 잔여지 가치하락에 따른 손실액 평가방법

(1) 원칙

(가) 평가방법

동일한 토지소유자에 속하는 일단의 토지의 일부가 취득됨으로 인하여 잔여지의 가치하락에 따른 손실액은 공익사업시행지구에 편입되기 전의 잔여지 가액[184]에서 공익사업시행지구에 편입된 후의 잔여지의 가액을 뺀 금액으로 평가하며(토지보상법 시행규칙 제32조 제1항), 동일한 토지소유자에 속하는 일단의 토지의 일부가 취득 또는 사용됨으로 인하여 잔여지에 통로 · 구거 · 담장 등의 신설 그 밖의 공사가 필요하게 된 경우의 손실은 그 시설의 설치나 공사에 필요한 비용으로 감정평가 한다(같은 조 제2항).

여기서 공익사업시행지구에 편입되기 전의 잔여지의 가액 및 공익사업시행지구에 편입된 후의 잔여지의 가액의 평가를 위한 적용공시지가는 편입 토지의 적용공시지가 선택기준을 준용한다. 한편, 잔여지의 평가시 잔여지의 가치하락에 따른 손실액은 해당 공익사업의 시행으로 인하여 잔여지의 가치가 증가하거나 그 밖의 이익이 발생한 경우에도 이를 고려하지 아니하며, 잔여지에 대한 시설 또는 공사로 인한 손실액은 그 시설의 설치나 공사에 통상 필요한 비용 상당액을 기준으로 산정한다.

(나) 잔여지 평가시 고려사항

1) 개별요인

공익사업시행지구에 편입된 후의 잔여지 가액은 아래의 개별요인을 기준으로 평가한다.

---

184) 당해 토지가 공익사업시행지구에 편입됨으로 인하여 잔여지의 가격이 변동된 경우에는 변동되기 전의 가격을 말한다.

ㄱ) 잔여지의 면적 · 형상 및 지세

ㄴ) 잔여지와 인접한 본인 소유토지의 유 · 무 및 일단의 토지로 사용의 가능성

ㄷ) 잔여지의 용도변경 등이 필요한 경우에는 주위토지의 상황

ㄹ) 잔여지에 도로 · 구거 · 담장 · 울 등 시설의 설치 또는 성토 · 절토 등 공사의 필요성 유 · 무 및 공사가 필요한 경우에 그 공사방법

2) 수용손실, 사업손실, 사용가치 및 교환가치의 하락

동일한 소유자에 속하는 일단의 토지의 일부가 취득 또는 사용됨으로 인하여 잔여지의 가격이 감소하거나 그 밖의 손실이 있는 때 등에는 토지소유자는 그로 인한 잔여지 손실보상청구를 할 수 있는데, 이 경우 보상을 청구할 수 있는 손실에는 토지 일부의 취득 또는 사용으로 인하여 그 획지조건이나 접근조건 등의 가격형성요인이 변동됨에 따라 발생하는 수용손실 그리고 해당 공익사업이 소음 · 진동 · 악취 등을 발생시키는 혐오시설인 경우 이로 인한 가치 하락인 사업손실과 수용재결 당시의 현실적 이용상황의 변경 외 장래의 이용가능성이나 거래의 용이성 등에 의한 사용가치 및 교환가치의 하락 모도 포함된다.

【판시사항】

토지 일부의 취득 또는 사용으로 잔여지 손실에 대하여 보상하는 경우, 보상하여야 하는 손실의 범위(대법원 2011. 2. 24. 선고 2010두23149 판결)

【판결요지】

구 공익사업을 위한 토지 등의 취득 및 보상에 관한 법률(2007. 10. 17. 법률 제8665호로 개정되기 전의 것, 이하 '공익사업법'이라 한다) 제73조에 의하면, 동일한 토지소유자에 속하는 일단의 토지의 일부가 취득 또는 사용됨으로 인하여 잔여지의 가격이 감소하거나 그 밖의 손실이 있는 때 등에는 토지소유자는 그로 인한 잔여지 손실보상청구를 할 수 있고, 이 경우 보상하여야 할 손실에는 토지 일부의 취득 또는 사용으로 인하여 그 획지조건이나 접근조건 등의 가격형성요인이 변동됨에 따라 발생하는 손실뿐만 아니라 그 취득 또는 사용 목적 사업의 시행으로 설치되는 시설의 형태 · 구조 · 사용 등에 기인하여 발생하는 손실과 수용재결 당시의 현실적 이용상황의 변경 외 장래의 이용가능성이나 거래의 용이성 등에 의한 사용가치 및 교환가치상의 하락 모두가 포함된다 (대법원 1998. 9. 8. 선고 97누10680 판결, 대법원 2000. 12. 22. 선고 99두10315 판결 참조).

3) 접도구역의 지정

토지의 일부가 접도구역으로 지정 · 고시됨으로써 일정한 형질변경이나 건축행위가 금지되어 장래의 이용가능성이나 거래의 용이성 등에 비추어 사용가치 및 교환가치가 하락하는 손실은, 도로사업을 위해 토지소유자의 일단의 토지 중 일부가 취득되거나 사용됨으로 인하여 발생한 손실로 볼 수 없으므로, 접도구역의 지정으로 인한 가치의 하락은 잔여지 손실보상의 대상에 해당하지 않는다.

【판시사항】

접도구역의 지정으로 이한 가치의 하락이 잔여지 손실보상의 대상인지 여부(대법원 2017. 7. 11. 선고 2017두40860 판결)

【판결요지】

공익사업을 위한 토지 등의 취득 및 보상에 관한 법률(이하 '토지보상법'이라고 한다) 제73조 제1항 본문은 "사업시행자는 동일한 소유자에게 속하는 일단의 토지의 일부가 취득되거나 사용됨으로 인하여 잔여지의 가격이 감소하거나 그 밖의 손실이 있을 때 또는 잔여지에 통로 · 도랑 · 담장 등의 신설이나 그 밖의 공사가 필요할 때에는 국토교통부령으로 정하는 바에 따라 그 손실이나 공사의 비용을 보상하여야 한다."라고 규정하고 있다. 여기서 특정한 공익사업의 사업시행자가 보상하여야 하는 손실은, 동일한 소유자에게 속하는 일단의 토지 중 일부를 사업시행자가 그 공익사업을 위하여 취득하거나 사용함으로 인하여 잔여지에 발생하는 것임을 전제로 한다. 따라서 이러한 잔여지에 대하여 현실적 이용상황 변경 또는 사용가치 및 교환가치의 하락 등이 발생하였더라도, 그 손실이 토지의 일부가 공익사업에 취득되거나 사용됨으로 인하여 발생하는 것이 아니라면 특별한 사정이 없는 한 토지보상법 제73조 제1항 본문에 따른 잔여지 손실보상 대상에 해당한다고 볼 수 없다.

(2) 예외

다만, 공익사업시행지구에 편입됨으로 인하여 편입되기 전의 잔여지 가액이 변동된 경우에는 변동되기 전의 가액을 기준으로 한다.

라. 잔여지의 손실과 공사비 보상 청구기간

일단의 토지의 일부가 취득되거나 사용됨으로 인하여 잔여지의 가격이 감소하거나, 잔여지에 통로 · 도랑 · 담장 등의 신설이나 그 밖의 공사가 필요할 때에는 그 손실이나 공사의 비용을 보상하여야 하는데, 이에 따른 손실 또는 보상은 해당 사업의 공사완료일부터 1년이 지난 후에는 청구할 수 없다. 여기서 공사완료일은 사업인정고시에서 정한 사업의 완료일(사업시행기간의 만료일)을 의미한다. 다만, 사업인정고시에서 정한 사업 기감만료일 이전에 실제 공사가 완료된 경우 [185]그 준공일을 사업만료일로 볼 수 있다.

마. 가치하락에 대한 입증방법 및 보상절차

(1) 가치하락에 대한 입증책임

잔여지의 가치가 감소하였다는 점은 토지소유자가 증명하여야 한다. 즉, 가치하락 등에 따른 보상은 토지소유자의 청구를 전제로 하므로 잔여지 가치하락을 주장하는 토지소유자가 잔여지의 가치가 하락하였다는 것을 입증하여야 한다.

【판시사항】

잔여지 가치하락 등에 대한 입증책임(서울고등법원 2016. 12. 26. 선고 2015누72452 판결)

【판결요지】

공익사업의 시행에 따라 잔여지에 생기는 손실은 토지의 수용 그 자체에 의하여 지적 발생하는 수용손실과 토지의 수용 그 자체는 아니지만 수용된 토지에 그 목적인 공익사업이 이루어짐으로써 비로소 생기는 사업손실로 구분할 수 있고, 양자는 상호 밀접한 불가분의 관계에 있다. ... 해당 공익사업의 시행으로 설치되는 시설이 잔여지에 대한 장래의 이용가능성이나 거래의 용이성에 영향을 미쳐 사용가치 및 교환가치가 하락하는 손실을 입게 되었는지 여부는 일단의 토지의 지목이나 현실적인 이용상황, 행정적 규제 및 개발 가능성, 일탄의 토지에서 당해 시설이 차지하는 면적비율 및 당해 시설의 위, 당해 시설의 형태, 구조, 기능 등이 인근 토지에 미치는 영향, 그에 따른 가치하락을 확인할 수 있는 객관적이고 합리적인 자료에 기초하여 판단하여야 하고, 일정한 시설이 설치되는 경우에는 그 일대 토지의 사용가치 및 교환가치의 하락이 발생할 수도 있다는 주관적인 사정만으로 이를 인정할 수 없다. 그리고 일정한 시설의 설치로 잔여지의 가격이 감소하였다는 점에 대한 증명책임은 잔여지 손실보상을 청구하는 원고 측이 부담한다.

185) 국토교통부 2010. 5. 3. 토지정책과-2406 질의회신 참조.

(2) 보상절차

잔여지의 가치하락 등에 따른 손실 또는 비용의 보상인 토지의 취득에 대해서는 사업시행자와 손실을 입은 자가 협의하여 결정하되, 협의가 성립되지 아니하면 사업시행자나 손실을 입은 자는 관할 토지수용위원회에 재결을 신청할 수 있다.

2. 잔여지 매수

> **감정평가 실무기준 6.3.4 잔여지의 매수**
>
> ① 매수하는 잔여지는 일단의 토지의 전체가액에서 편입되는 토지의 가액을 뺀 금액으로 감정평가한다.
>
> ② 일단의 토지 전체가액 및 편입토지의 가액의 감정평가를 위한 적용공시지가는 [810-5.6.3]을 준용한다.
>
> ③ 일단의 토지 및 편입토지의 공법상의 제한사항 및 이용상황 등은 편입토지의 보상 당시를 기준으로 한다.
>
> ④ 기준시점 당시의 일단의 토지의 전체가액 및 편입토지의 가액을 감정평가할 때 해당 공익사업의 시행으로 인한 가치의 변동은 고려하지 아니한다.

가. 평기기준

(1) 원칙

매수하는 잔여지는 일단의 토지의 전체가액에서 편입되는 토지의 가액을 뺀 금으로 감정평가한다. 이때 편입토지의 가액은 일단의 토지 전체가액을 기준으로 하여 산정하는 것이 원칙이므로, 일단의 토지 전체가액의 적용단가와 편입토지의 적용단가는 같은 것이 원칙이다. 다만, 편입토지와 잔여지의 용도지역 · 이용상황 등이 달라 구분감정평가한 경우에는 각각 다른 적용단가를 적용하여 일단의 토지 전체가액을 평가한다.

또한, 매수대상 잔여지의 손실은 공익사업시행지구에 편입되는 시점에서 발생한다고 보아야 하므로, 일단의 토지 및 편입토지의 공법상의 제한사항 및 이용상황 등은 편입토지의 보상 당시를 기준으로 하며, 일단의 토지 전체가액 및 편입토지의 가액의 보상평가를 위한 적용공시지가는 편입 토지의 적용공시가 선택기준을 준용한다.

(2) 가치변동 제외

잔여지 매수보상은 잔여지를 포함한 일단의 토지 전체가 공익사업에 편입되는 것으로 보는 것이므로 기준시점 당시의 일단의 토지의 전체가액 및 편입토지의 가액을 감정평가할 때 해당 공익사업의 시행으로 인한 가치의 변동(공익사업의 시행으로 편입토지 또는 잔여지의 용도지역 등이 변경되었으나 형질이 변경된 경우)은 고려하지 아니한다.

나. 잔여지 매수청구

(1) 매수청구대상

(가) 매수청구 대상

잔여지가 종래의 목적에 사용하는 것이 현저히 곤란하게 된 아래의 사유로 매수청구가 가능하다. 여기서 종래의 목적이라 함은 취득 당시에 해당 잔여지가 현실적으로 사용되고 있는 구체적인 목적을 의미하고 장래 이용할 것으로 예정된 목적은 이에 포함되지 않는다. 또는 사용하는 것이 현저히 곤란한 때라 함은 물리적으로 사용이 곤란하게 된 경우는 물론 사회적 · 경제적으로 사용하는 것이 곤란하게 된 경우 즉, 절대적으로 이용 불가능한 경우만이 아니라 이용은 가능하지만 많은 비용이 소요되는 경우도 포함된다.

1) 대지로서 면적의 과소 또는 부정형 등의 사유로 인하여 건축물을 건축할 수 없거나 건축물의 건축이 현저히 곤란한 경우
2) 농지로서 농기계의 진입과 회전이 곤란할 정도로 폭이 좁고 길게 남거나 부정형 등의 사유로 인하여 교통이 두절되어 사용 또는 경작이 불가능하게 된 경우
3) 공익사업의 시행으로 인하여 교통이 두절되어 사용 또는 경작이 불가능하게 된 경우
4) 그 외 이와 유사한 정도로 잔여지를 종래의 목적대로 사용하는 것이 현저히 곤란하다고 인정되는 경우

【판시사항】

구 토지수용법 제48조 제1항에서 정한 '종래의 목적'과 '사용하는 것이 현저히 곤란한 때'의 의미(대법원 2005. 1. 28. 선고 2002두4679 판결)

【판결요지】

구 토지수용법(1999. 2. 8. 법률 제5909호로 개정되기 전의 것) 제48조 제1항에서 규정한 '종래의 목적'이라 함은 수용재결 당시에 당해 잔여지가 현실적으로 사용되고 있는 구체적인 용도를 의미하고, '사용하는 것이 현저히 곤란한 때'라고 함은 물리적으로 사용하는 것이 곤란하게 된 경우는 물론 사회적, 경제적으로 사용하는 것이 곤란하게 된 경우, 즉 절대적으로 이용 불가능한 경우만이 아니라 이용은 가능하나 많은 비용이 소요되는 경우를 포함한다.

한편, 공유토지가 종래의 목적에 사용하는 것이 현저히 곤란하게 되었는지 여부는 공유 지분면적이 아니라 전체 면적을 기준으로 판단하지만, 매수청구는 각 공유지분자 별로 할 수 있다.

【판시사항】

토지수용법상 잔여지가 공유인 경우, 각 공유자가 그 소유지분에 대하여 각별로 잔여지수용청구를 할 수 있는지 여부(적극) 및 잔여지수용청구권의 행사방법(=행정소송)(대법원 2001. 6. 1. 선고 2001다16333 판결)

【판결요지】

토지수용법상 잔여지가 공유인 경우에도 각 공유자는 그 소유지분에 대하여 각별로 잔여지수용청구를 할 수 있으나, 잔여지에 대한 수용청구를 하려면 우선 기업자에게 잔여지매수에 관한 협의를 요청하여 협의가 성립되지 아니한 경우에 구 토지수용법(1999. 2. 8. 법률 제5909호로 개정되기 전의 것) 제36조의 규정에 의한 열람기간 내에 관할 토지수용위원회에 잔여지를 포함한 일단의 토지 전부의 수용을 청구할 수 있고, 그 수용재결 및 이의재결에 불복이 있으면 재결청과 기업자를 공동피고로 하여 그 이의재결의 취소 및 보상금의 증액을 구하는 행정소송을 제기하여야 하며 곧바로 기업자를 상대로 하여 민사소송으로 잔여지에 대한 보상금의 지급을 구할 수는 없다.

(나) 잔여지 판단시 고려대상

토지보상법 제74조 제1항의 규정에 따라 종래의 목적에 사용하는 것이 현저히 곤란한 토지의 판단(잔여지의 판단)을 할 때에는 i) 잔여지의 위치 · 형상 · 이용상황 및 용도지역, ii) 공익사업 편입토지의 면적 및 잔여지의 면적, iii) 잔여지와 인접한 본인 소유토지의 유 · 무 및 일단의 토지로 사용의 가능성 등을 고려하여 판단하되, 다음 각항의 토지는 잔여지로 본다. 다만, 특수한 사정이 있는 경우에는 사안별로 토지수용위원회에서 심의 · 결정할 수 있다.

1) 대지

다음 각항을 종합적으로 참작하여 잔여지 확대수용을 결정한다.

① 건축법시행령 제80조에서 정하는 대지의 분할제한 면적 이하의 토지

㉠ 주거지역 : 60㎡

㉡ 상업지역 : 150㎡

㉢ 공업지역 : 150㎡

㉣ 녹지지역 : 200㎡

㉤ 위 각 지역에 해당하지 아니한 지역 : 60㎡

② 대지의 분할제한 면적 이상인 토지라도 토지형상의 부정형 등의 사유로 건축물을 건축할 수 없거나 건축물의 건축이 현저히 곤란한 경우 : 잔여지의 형상이 사각형은 폭 5m 이하인 경우, 삼각형은 한 변의 폭이 11m 이하인 경우 등을 부정형으로 보되, 그 이외의 형상은 잔여지에 내접하는 사각형 또는 삼각형을 도출하여 판단한다.

③ 해당 공익사업의 시행으로 인하여 진 · 출입이 차단되어 대지로서 기능이 상실된 것으로 인정되는 토지

④ 잔여지의 면적 비중이 공익사업 편입 전 전체토지의 면적 대비 25% 이하인 경우

2) 잡종지

다음 각항을 종합적으로 참작하여 잔여지 확대수용을 결정한다.

① 잔여면적, 위치, 형태, 용도지역, 이용상황 등을 고려하여 종래의 용도대로 이용함이 사실상 어렵다고 인정되는 토지로 하되, 대지기준을 준용 또는 참작한다.

② 잔여지의 면적 비중이 공익사업 편입 전 전체토지의 면적 대비 25% 이하인 경우

3) 전 · 답 · 과수원

다음 각항을 종합적으로 참작하여 잔여지 확대수용을 결정한다.

① 잔여면적이 330㎡ 이하인 토지

② 농지로서 농기계의 진입과 회전이 곤란할 정도로 폭이 좁고 길게 남거나 부정형 등의 사유로 인하여 영농이 현저히 곤란한 경우 : 잔여지의 형상이 사각형은 폭 5m 이하인 경우, 삼각형은 한 변의 폭이 11m 이하인 경우 등을 부정형으로 보되, 그 이외의 형상은 잔여지에 내접하는 사각형 또는 삼각형을 도출하여 판단한다.

③ 해당 공익사업 시행으로 인하여 진 · 출입 또는 용 · 배수가 차단되어 영농이 현저히 곤란하다고 인정되는 토지

④ 잔여지의 면적 비중이 공익사업 편입전 전체토지의 면적 대비 25% 이하인 경우

4) 임야

다음 각항을 종합적으로 참작하여 잔여지 확대수용을 결정한다.

① 잔여면적이 330㎡ 이하인 토지

② 잔여 토지가 급경사 또는 하천으로 둘러쌓여 고립되는 등 토지로의 진 · 출입이 불가능하여 토지로서의 이용가치가 상실되었다고 인정되는 토지

③ 잔여지의 면적 비중이 공익사업 편입전 전체토지의 면적 대비 25% 이하인 경우

5) 기타의 토지

다음 각항을 종합적으로 참작하여 잔여지 확대수용을 결정한다.

① 잔여면적이 330㎡ 이하인 토지

② 기타 용도의 잔여지인 경우 잔여지의 면적, 위치, 용도지역 등 제반사항을 종합적으로 고려하여 종래 목적대로 사용함이 현저히 곤란하다고 인정되는 토지

③ 잔여지의 면적 비중이 공익사업 편입전 전체토지의 면적 대비 25% 이하인 경우

(2) 매수청구 및 시기

(가) 매수청구

동일한 소유자에게 속하는 일단의 토지의 일부가 협의에 의하여 매수되거나 수용됨으로 인하여 잔여지를 종래의 목적에 사용하는 것이 현저히 곤란할 때에는 해당 토지소유자는 사업시행자에게 매수청구할 수 있다. 다만, 사용인정 후에는 사업시행자가 아닌 관할 토지수용위원회에 매수청구를 하여야 한다(토지보상법 제74조 제1항).

(나) 매수청구 시기

매수청구는 매수에 관한 협의가 성립되지 아니한 경우에만 할 수 있으며, 그 사업의 공사완료일까지 하여야 한다. 다만(토지보상법 제74조 후단), 사업인정고시일 이후에 매수하는 잔여지에 대하여는 사업인정 및 사업인정고시가 된 것으로 본다.

(다) 청구의 상대방 - 사업시행자 또는 토지수용위원회

매수 또는 수용의 청구가 있는 잔여지 및 잔여지에 있는 물건에 관하여 권리를 가진 자는 사업시행자가나 관할 토지수용위원회에 그 권리의 존속을 청구할 수 있다(토지보상법 제74조 제2항).

3. 공사비 보상

가. 보상방법

(1) 원칙

사업시행자는 공익사업의 시행으로 인하여 취득하거나 사용하는 토지(잔여지를 포함한다) 외의 토지에 통로 · 도랑 · 담장 등의 신설이나 그 밖의 공사가 필요할 때에는 그 비용의 전부 또는 일부를 보상하여야 한다(토지보상법 제79조 제1항).

(2) 예외

다만, 그 토지에 대한 공사의 비용이 그 토지의 가격보다 큰 경우에는 사업시행자는 그 토지를 매수할 수 있다(토지보상법 제79조 제1항 단서). 또한, 사업인정고시가 된 후에 매수하는 경우 그 토지에 대하여는 사업인정 및 사업인정고시가 된 것으로 본다.

나. 공사비 청구기간

공사비용의 보상은 해당 사업의 공사완료일부터 1년 이내에 청구하여야 하며, 1년이 지난 후에는 청구할 수 없다.

다. 토지소유자 등의 보상청구

공사비보상은 반드시 토지소유자 등의 보상청구를 요건으로 하지 않는다. 따라서 사업시행자가 공사 등이 필요하다고 판단할 경우 공사비를 보상할 수 있다. 또한 보상의 성격상 반드시 현금으로 공사비를 보상하여야 하는 것도 아니며 사업시행자가 직접 공사를 하는 것도 허용된다.

라. 손실보상의 협의 · 재결

공사비보상 또는 토지의 취득에 따른 매수보상은 사업시행자와 손실을 입은 자가 협의하여 결정하며, 이에 따른 협의가 성립되지 아니하였을 때에는 사업시행자나 손실을 입은 자는 관할 토지수용위원회에 재결을 신청할 수 있다(토지보상법 시행규칙 제80조).

Ⅷ. 건축물 등 물건에 대한 보상

감정평가 실무기준 2 건물의 감정평가

2.1 정의

건물이란 토지에 정착하는 공작물 중 지붕과 기둥 또는 벽이 있는 것과 이에 부수되는 시설물, 지하 또는 고가(高架)의 공작물에 설치하는 사무소, 공연장, 점포, 차고, 창고, 그 밖에 「건축법」 시행령으로 정하는 것을 말한다.

2.2 자료의 수집 및 정리

건물의 가격자료에는 원가자료, 거래사례, 임대사례, 수익자료, 시장자료 등이 있으며, 대상 건물의 특성에 맞는 적절한 자료를 수집하고 정리한다.

2.3 면적사정

① 건물의 면적사정은 건축물대장상의 면적을 기준으로 하되, 다음 각 호의 경우에는 실제면적을 기준으로 할 수 있다.

1. 현장조사 결과 실제면적과 건축물대장상 면적이 현저하게 차이가 나는 경우
2. 의뢰인이 실제면적을 제시하여 그 면적을 기준으로 감정평가할 것을 요청한 경우

② 제1항제1호의 경우에는 의뢰인에게 그 사실을 알려야 하며, 의뢰인이 요청한 면적을 기준으로 감정평가할 수 있다.

③ 제1항의 실제면적은 바닥면적으로 하되 「건축법」 시행령 제119조제1항제3호에 따라 건축물의 각 층 또는 그 일부로서 벽, 기둥, 그 밖에 이와 비슷한 구획의 중심선으로 둘러싸인 부분의 수평투영면적을 실측에 의하여 산정한다.

2.4 건물의 감정평가방법

① 건물을 감정평가할 때에는 원가법을 적용하여야 한다. 이 경우 [400-4]를 따른다.

② 원가법으로 감정평가할 때 건물의 재조달원가는 직접법이나 간접법으로 산정하되, 직접법으로 구하는 경우에는 대상건물의 건축비를 기준으로 하고, 간접법으로

구하는 경우에는 건물신축단가표와 비교하거나 비슷한 건물의 신축원가 사례를 조사한 후 사정보정 및 시점수정 등을 하여 대상 건물의 재조달원가를 산정할 수 있다.
③ 거래사례비교법으로 감정평가할 때에는 적절한 건물의 거래사례를 선정하여 사정보정, 시점수정, 개별요인비교를 하여 비준가액을 산정한다. 다만, 적절한 건물만의 거래사례가 없는 경우에는 토지와 건물을 일체로 한 거래사례를 선정하여 토지가액을 빼는 공제방식이나 토지와 건물의 가액구성비율을 적용하는 비율방식 등을 적용하여 건물가액을 배분할 수 있다.
④ 수익환원법으로 감정평가할 때에는 전체 순수익 중에서 공제방식이나 비율방식 등으로 건물귀속순수익을 산정한 후 이를 건물의 환원율로 환원하여 건물의 수익가액을 산정한다.
⑤ 건물의 일반적인 효용을 위한 전기설비, 냉 · 난방설비, 승강기설비, 소화전설비 등 부대설비는 건물에 포함하여 감정평가한다. 다만, 특수한 목적의 경우에는 구분하여 감정평가할 수 있다.

2.5 특수한 경우의 건물

2.5.1 공법상 제한받는 건물

① 공법상 제한을 받는 건물이 제한을 받는 상태대로의 가격이 형성되어 있을 경우에는 그 가격을 기초로 하여 감정평가하여야 한다. 다만, 제한을 받는 상태대로의 가격이 형성되어 있지 아니한 경우에는 제한을 받지 않는 상태를 기준으로 하되 그 제한의 정도를 고려하여 감정평가한다.
② 건물의 일부가 도시 · 군계획시설에 저촉되어 저촉되지 않은 잔여부분이 건물로서 효용가치가 없는 경우에는 건물 전체가 저촉되는 것으로 감정평가하고, 잔여부분만으로도 독립건물로서의 가치가 있다고 인정되는 경우에는 그 잔여부분의 벽체나 기둥 등의 보수에 드는 비용 등을 고려하여 감정평가한다.
③ 공법상 제한을 받는 건물로서 현재의 용도로 계속 사용할 수 있는 경우에는 이에 따른 제한 등을 고려하지 않고 감정평가한다.

2.5.2 기존 건물 상층부 등에 증축한 건물

증축부분의 경과연수는 기존 건물의 경과연수에 관계없이 증축부분의 실제경과연수를 기준하며 장래보존연수는 기존 건물의 장래보존연수 범위에서 적용하여 감가수정한다.

2.5.3 토지와 그 지상 건물의 소유자가 다른 건물

건물의 소유자와 그 건물이 소재하는 토지의 소유자가 다른 건물은 정상적인 사용 · 수익이 곤란할 경우에는 그 정도를 고려하여 감정평가한다. 다만, 다음 각 호의 경우에는 이에 따른 제한 등을 고려하지 않고 감정평가할 수 있다.

1. 건물의 사용 · 수익에 지장이 없다고 인정되는 경우
2. 사용 · 수익의 제한이 없는 상태로 감정평가할 것을 요청한 경우

2.5.4 공부상 미등재 건물

실지조사 시 의뢰되지 않은 공부상 미등재 건물이 있는 경우에는 의뢰인에게 감정평가 포함 여부를 확인하여 실측면적을 기준으로 감정평가할 수 있다.

2.5.5 건물 일부가 인접 토지상에 있는 건물

건물의 일부가 인접 토지상에 있는 건물은 그 건물의 사용 · 수익의 제한을 고려하여 감정평가한다. 다만, 그 건물의 사용 · 수익에 지장이 없다고 인정되는 경우에는 이에 따른 제한 등을 고려하지 않고 감정평가할 수 있다.

2.5.6 공부상 지번과 실제 지번이 다른 건물

건물의 실제 지번이 건축물대장상이나 제시목록상의 지번과 다를 때에는 감정평가하지 않는 것을 원칙으로 한다. 다만, 다음 각 호의 경우로서 해당 건물의 구조 · 용도 · 면적 등을 확인하여 건축물대장과의 동일성이 인정되면 감정평가할 수 있다.

1. 분할 · 합병 등으로 인하여 건물이 있는 토지의 지번이 변경되었으나 건축물대장상 지번이 변경되지 아니한 경우
2. 건물이 있는 토지가 같은 소유자에 속하는 여러 필지로 구성된 일단지로 이용되고 있는 경우
3. 건축물대장상의 지번을 실제 지번으로 수정이 가능한 경우

2.5.7 녹색건축물

「녹색건축물 조성 지원법」 제2조제1호에 따른 녹색건축물은 온실가스 배출량 감축설비, 신·재생에너지 활용설비 등 친환경 설비 및 에너지효율화 설비에 따른 가치증가분을 포함하여 감정평가한다.

1. 건축물 등 보상 일반

가. 보상대상

(1) 보상대상

(가) 사업인정 고시일 이전에 건축된 건축물

토지보상법에서는 보상대상 건축물의 요건으로 적법한 건축허가를 받은 건축물일 것을 요건으로 한다는 규정은 없다. 따라 건축물 등은 그 건물이 적법한 건축허가를 받아 건축된 것인지 여부에 관계없이 토지보상법상의 사업인정의 고시 이전에 건축된 건물이기만 하면 손실보상의 대상이 된다. 따라서 공익사업인정·고시 이전에 하천점용허가 없이 지장물을 설치하고, 그 후 사업인정 고시 전에 하천관리청으로부터 설치된 지장물의 이전 및 원상회복 명령을 하였으나 철거되지 않고 있다가 이후 해당 지장물이 공익사업의 이행으로 철거되는 경우에도 원칙적으로 보상의 대상이 된다.

【판시사항】

지장물인 건물이 토지수용법상 손실보상의 대상이 되기 위해서는 적법한 건축허가를 받아 건축된 것이어야 하는지 여부(대법원 2000. 3. 10. 선고 99두10896 판결)

【판결요지】

도시계획법에 의한 토지 및 지장물의 수용에 관하여 준용되는 토지수용법 제49조 제1항, 제57조의2, 공공용지의 취득 및 손실보상에 관한 특례법 제4조 제2항 제3호, 같은법 시행령 제2조의10 제4항, 제5항, 제8항, 같은법 시행규칙 제10조 제1항, 제2항, 제4항에 의하면, 지장물인 건물의 경우 그 이전비를 보상함이 원칙이나, 이전으로 인하여 종래의 목적대로 이용 또는 사용할 수 없거나 이전이 현저히 곤란한 경우 또는 이전비용이 취득가격을 초과할 때에는 이를 취득가격으로 평가하여야 하는데, 그와 같은 건물의 평가는 그 구조, 이용상태, 면적, 내구연한, 유용성, 이전가능성 및 그 난이도 기타 가격형성상의 제 요인을 종합적으로 고려하여 특별히 거래사례비교법으로 평가하도록 규정한 경우를 제외하고는 원칙적으로 원가법으로 평가하여야 한다고만 규정함으로써 지장물인 건물을 보상대상으로 함에 있어 건축허가의 유무에 따른 구분을 두고 있지 않을 뿐만 아니라, 오히려 같은법 시행규칙 제5조의9는 주거용 건물에 관한 보상특례를 규정하면서 그 단서에 주거용인 무허가건물은 그 규정의 특례를 적용하지 아니한 채 같은법 시행규칙 제10조에 따른 평가액을 보상액으로 한다고 규정하고, 같은법 시행규칙 제10조 제5항은 지장물인 건물이 주거용인 경우에 가족수에 따른 주거비를 추가로 지급하되 무허가건물의 경우에는 그러하지 아니하다고 규정함으로써 무허가건물도 보상의 대상에 포함됨을 전제로 하고 있는바, 이와 같은 관계 법령을 종합하여 보면, 지장물인 건물은 그 건물이 적법한 건축허가를 받아 건축된 것인지 여부에 관계없이 토지수용법상의 사업인정의 고시 이전에 건축된 건물이기만 하면 손실보상의 대상이 됨이 명백하다.

(나) 사업인정고시일 이후에 설치된 지장물

사업인정고시일 이후에 설치된 지장물이라도 아래의 경우에는 보상의 대상이 된다.

1) 통상적인 이용방법에 의한 공작물, 따라서 소유농지에 사업인정고시일 이후라도 통상적인 방법에 따라 영농을 하기 위하여 비닐하우스를 설치한 경우 토지보상법 제75조 제1항에 규정에 의거하여 보상대상이 된다.[186)]

2) 해당 사업인정이 실효된 경우, 즉 사업인정이 실효되었다면 사업인정은 그때부터 장래를 향하여 효력이 소멸하게 되므로 사업인정이 실효된 때부터 토지보상법 제25조에 따른 토지등의 보전의무를 부담하지 않게 되고, 허가를 받지 않고 설치된 지장물의 손실보상 여부 등은 새로운 사업인정이 있게 되면 새로운 사업인정고시일을 기준을 판단하여야 한다. 이에 따라 실효된 종전 사업인정고시 이후 허가를 받지 않고 설치된 지장물도 보상대상이 된다.[187)]

(다) 토지사용권이 없는 경우

건축물 등은 토지사용권의 유무에 따라 보상대상 여부가 결정되는 것은 아니다. 따라서 토지사용권이 없는 경우에도 보상대상이 됨에 유의하여야 한다. 따라서 가령 다목적 댐 건설사업에 관한 실시계획의 승인 및 고시가 있기 전에 토지를 임차하여 수목을 식재하였다가 그

186) 국토교통부 2010. 3. 4. 토지정책과-1258 질의회신 참조.
187) 국토교통부 2014. 4. 16. 토지정책과-2544 질의회신 참조.

후 토지의 임대차계약이 해지되어 토지 소유자에게 토지를 인도할 의무를 부담하게 되어 그 토지의 임차권 즉 토지사용권을 상실하였다고 하더라도, 그러한 사정만으로 위 수목이 지장물보상의 대상에서 제외된다고 볼 수는 없다.

【판시사항】

다목적 댐건설사업에 관한 실시계획의 승인 및 고시가 있기 전에 토지를 임차하여 수목을 식재한 자가 임대차계약의 해지로 그 토지의 임차권을 상실하게 된 경우, 위 수목이 구 공공용지의취득및손실보상에관한특례법시행규칙상의 지장물보상의 대상에서 제외되는지 여부(대법원 2004. 10. 15. 선고 2003다14355 판결)

【판결요지】

구 공공용지의취득및손실보상에관한특례법시행규칙(2002. 12. 31. 건설교통부령 제344호로 폐지) 제13조 및 제14조는 수익수 또는 관상수는 수종 · 수령 · 수량이나 식수된 면적, 그 관리상태, 수익성 또는 이식가능성 및 이식가능성이 있는 경우 그 이식의 난이도 기타 가격형성에 관련되는 제요인을 종합적으로 고려하여 평가하고, 묘목은 상품화 가능 여부, 묘종 이식에 따른 고손율, 성장 정도, 관리 상태 등을 종합적으로 고려하여 평가한다고만 규정함으로써 지장물인 수익수 또는 관상수나 묘목 등을 보상대상으로 함에 있어 토지사용권의 유무에 따른 구분을 두고 있지 아니하므로, 다목적 댐 건설사업에 관한 실시계획의 승인 및 고시가 있기 전에 토지를 임차하여 수목을 식재하였다가 그 후 토지의 임대차계약이 해지되어 토지 소유자에게 토지를 인도할 의무를 부담하게 되었다고 하더라도, 그러한 사정만으로 위 수목이 지장물보상의 대상에서 제외된다고 볼 수는 없다.

(2) 보상제외 건축물

(가) 유형

사업인정 고시일 이전에 건축되거나 설치된 건축물 등에 해당되는 경우라도 아래의 경우에는 보상대상에서 제외된다. 이와 같은 경우에는 해당 공익사업의 시행으로 인한 손실이 발생한다고 볼 수 없기 때문이다.[188]

1) 손실보상만을 목적으로 설치된 건축물

2) 관계법령에서 보상에 관하여 제한을 둔 경우

---

188) 국토교통부 2015. 7. 27. 토지정책과-5451 질의회신 참조.

3) 공익사업과 관련 없이 이전 · 철거 등의 조치가 진행되고 있는 경우

【판시사항】

사업시행자의 보상계획공고 등으로 공익사업의 시행과 보상 대상 토지의 범위 등이 객관적으로 확정된 후 해당 토지에 지장물을 설치하는 경우, 손실보상의 대상에 해당하는지 여부(대법원 2013. 2. 15. 선고 2012두22096 판결)

【판결요지】

구 공익사업을 위한 토지 등의 취득 및 보상에 관한 법률(2011. 8. 4. 법률 제11017호로 개정되기 전의 것, 이하 '구 공익사업법'이라 한다) 제61조는 "공익사업에 필요한 토지 등의 취득 또는 사용으로 인하여 토지소유자 또는 관계인이 입은 손실은 사업시행자가 이를 보상하여야 한다."고 규정하고 있고, 제25조 제2항은 "사업인정고시가 있은 후에는 고시된 토지에 건축물의 건축 · 대수선, 공작물의 설치 또는 물건의 부가 · 증치를 하고자 하는 자는 특별자치도지사, 시장 · 군수 또는 구청장의 허가를 받아야 한다. 이 경우 특별자치도지사, 시장 · 군수 또는 구청장은 미리 사업시행자의 의견을 들어야 한다.", 같은 조 제3항은 "제2항의 규정에 위반하여 건축물의 건축 · 대수선, 공작물의 설치 또는 물건의 부가 · 증치를 한 토지소유자 또는 관계인은 당해 건축물 · 공작물 또는 물건을 원상으로 회복하여야 하며 이에 관한 손실의 보상을 청구할 수 없다."고 규정하고 있으며, 제2조 제5호는 "관계인이라 함은 사업시행자가 취득 또는 사용할 토지에 관하여 지상권 · 지역권 · 전세권 · 저당권 · 사용대차 또는 임대차에 의한 권리 기타 토지에 관한 소유권 외의 권리를 가진 자 또는 그 토지에 있는 물건에 관하여 소유권 그 밖의 권리를 가진 자를 말한다. 다만, 제22조의 규정에 의한 사업인정의 고시가 있은 후에 권리를 취득한 자는 기존의 권리를 승계한 자를 제외하고는 관계인에 포함되지 아니한다."고 규정하고 있다.

구 공익사업법상 손실보상 및 사업인정고시 후 토지 등의 보전에 관한 위 각 규정의 내용에 비추어 보면, 사업인정고시 전에 공익사업시행지구 내 토지에 설치한 공작물 등 지장물은 원칙적으로 손실보상의 대상이 된다고 보아야 한다. 그러나 손실보상은 공공필요에 의한 행정작용에 의하여 사인에게 발생한 특별한 희생에 대한 전보라는 점을 고려할 때, 구 공익사업법 제15조 제1항에 따른 사업시행자의 보상계획공고 등으로 공익사업의 시행과 보상 대상 토지의 범위 등이 객관적으로 확정된 후 해당 토지에 지장물을 설치하는 경우에 그 공익사업의 내용, 해당 토지의 성질, 규모 및 보상계획공고 등 이전의 이용실태, 설치되는 지장물의 종류, 용도, 규모 및 그 설치시기 등에 비추어 그 지장물이 해당 토지의 통상의 이용과 관계없거나 이용 범위를 벗어나는 것으로 손실보상만을 목적으로 설치되었음이 명백하다면, 그 지장물은 예외적으로 손실보상의 대상에 해당하지 아니한다고 보아야 한다.

(나) 국토의 계획 및 이용에 관한 법률에 따른 가설건축물 등

도시 · 군계획시설의 부지에는 시장 · 군수 등의 허가를 받아 가설건축물이나 공작물의 설치를 할 수 있다. 다만 시장 · 군수는 가설건축물의 건축이나 공작물의 설치를 허가한 토지에서 도시 · 군계획시설사업이 시행되는 경우에는 그 시행예정일 3개월 전까지 가설건축물이나 공작물 소유자의 부담으로 그 가설건축물이나 공작물의 철거 등 원상회복에 필요한 조치를 명하여야 한다(국토의 계획 및 이용에 관한 법률 제64조 제2, 3항). 따라서 이러한 가설건축물이나 공작물은 사업인정고시일 이전에 건축되거나 설치되었다고 하여도 보상대상이 아니다. 이에 따라 가설건축물이라도 보상 없이 원상회복시키는 것은 재산권의 과도한 침해로서 위헌이 아닌지 여부에 관한 문제가 있을 수 있는데, 이에 대하여 우리 헌법재판소는 "도시계획시설 또는 시설예정지에 한시적으로 허가나 신고로 가설건축물 등을 건축하게 하여 당해 토지를 이용할 수 있도록 한 것은, 도시계획사업의 실현을 보장하기 위한 합리적이고 효과적인 적합한 방법이다. 다만 도시계획법 제14조의2 제4항이 '보상 없이' 원상회복을 명할 수 있도록 한 것은, 도시계획의 집행계획이 공고된 토지에 대하여 건축물을 건축하고자 하는 자는 장차 도시계획사업이 시행될 때에는 건축한 건축물을 철거하는 등 원상회복의무가 있다는 점을 알고 있으므로 건축물의 한시적 이용 및 원상회복에 따른 경제성 기타 이해득실을 형량하여 건축여부를 결정할 수 있으며, 이러한 사실을 알면서도 도시계획시설 또는 시설예정지로 결정된 토지에 허가를 받아 건축물을 건축하였다면, 스스로 원상회복의무의 부담을 감수한 것이므로, 도시계획사업을 시행함에 있어 무상으로 당해 건축물의 원상회복을 명하는 것이 과도한 침해라거나 특별한 희생이라고 볼 수 없어 과잉입법금지의 원칙의 위반 또는 재산권 침해의 위법이 있다고 할 수 없다."고 결정하였다.[189]

(다) 건축법의 규정에 따른 건축물

1) 가설건축물

재해복구, 흥행, 전람회, 공사용 가설건축물 등 대통령령으로 정하는 용도의 가설건축물을 축조하려는 자는 대통령령으로 정하는 존치 기간, 설치 기준 및 절차에 따라 특별자치시장 · 특별자치도지사 또는 시장 · 군수 · 구청장에게 신고한 후 착공하여야 하며, 원칙적으로 이러한 건축물의 존치기간은 3년 이내로 규정하고 있다.[190] 따라서 이러한 가설건축물의 경우

189) 헌법재판소 1999. 9. 16. 선고 98헌바82 결정.

그 존치기간이 경과로 그 용도가 폐지되었거나 기능이 상실되어 경제적 가치가 없는 경우에는 보상의 대상에서 제외된다.

2) 위법건축물

토지수용법상의 사업인정 고시 이전에 건축되고 공공사업용지 내의 토지에 정착한 지장물인 건물은 통상 적법한 건축허가를 받았는지 여부에 관계없이 손실보상의 대상이 되나, 주거용 건물이 아닌 위법 건축물의 경우에는 관계 법령의 입법 취지와 그 법령에 위반된 행위에 대한 비난가능성과 위법성의 정도, 합법화될 가능성, 사회통념상 거래 객체가 되는지 여부 등을 종합하여 구체적 · 개별적으로 판단한 결과 그 위법의 정도가 관계 법령의 규정이나 사회통념상 용인할 수 없을 정도로 크고 객관적으로도 합법화될 가능성이 거의 없어 거래의 객체도 되지 아니하는 경우에는 사업인정고시일 이전에 건축된 경우에도 보상대상이 되지 않는다.

【판시사항】

보상대상 제외 위법건축물의 요건(대법원 2001. 4. 13. 선고 2000두6411 판결)

【판결요지】

토지수용법상의 사업인정 고시 이전에 건축되고 공공사업용지 내의 토지에 정착한 지장물인 건물은 통상 적법한 건축허가를 받았는지 여부에 관계없이 손실보상의 대상이 되나, 주거용 건물이 아닌 위법 건축물의 경우에는 관계 법령의 입법 취지와 그 법령에 위반된 행위에 대한 비난가능성과 위법성의 정도, 합법화될 가능성, 사회통념상 거래 객체가 되는지 여부 등을 종합하여 구체적 · 개별적으로 판단한 결과 그 위법의 정도가 관계 법령의 규정이나 사회통념상 용인할 수 없을 정도로 크고 객관적으로도 합법화될 가능성이 거의 없어 거래의 객체도 되지 아니하는 경우에는 예외적으로 수용보상 대상이 되지 아니한다.

(라) 보상제한의 부관이 붙은 경우

가령 국가하천구역내 국유지에 하천점용허가를 받을 때 "점용허가 취소 등의 경우 원상복구 의무 및 장래 시행될 수 있는 불특정 공익사업을 전제로 보상을 일반적으로 제한 하는 부관이 붙었고, 이후 하천점용허가가 취소되었음에도 불구하고 계속하여 이미 설치된 지장물(건축

190) 공사용 가설건축물 및 공작물의 경우에는 해당 공사의 완료일까지의 기간.

물을 제외함)을 이용하여 영농활동을 하였으며, 이후 해당 지장물이 토지보상법 제22조에 따른 공익사업으로 인하여 철거되는 경우, 원칙적으로 토지보상법에 따른 손실보상의 대상이 되지 아니한다. 다만 예외적으로 위법의 정도 등을 고려할 때 손실보상을 하는 것이 사회적으로 용인될 수 없다고 인정되는 경우에는 손실보상의 대상이 되지 아니한다.[191]

나. 보상평가방법

대상물건의 평가는 토지보상법 시행규칙에서 정하는 방법에 의하되, 그 방법으로 구한 가격 또는 사용료를 다른 방법으로 구한 가격등과 비교하여 그 합리성을 검토하여야 한다. 그러나 이 규칙에서 정하는 방법으로 평가하는 경우 평가가 크게 부적정하게 될 요인이 있는 경우에는 적정하다고 판단되는 다른 방법으로 평가할 수 있다(토지보상법 시행규칙 제18조).

【판시사항】

건축물 등의 보상평가방법(대법원 1991. 10. 22. 선고 90누6323 판결)

【판결요지】

공공용지의취득및손실보상에관한특례법시행규칙 제3조 제1항의 규정내용에 의하면 원칙적으로 위 규정에 따라 주된 방식으로 평가한 가격을 부수된 방식으로 평가한 가격과 비교하여 보상가액평가의 합리성을 기하도록 하라는 취지이므로 대상물건의 성격이나 조건에 따라서 위와 같은 두 가지 방식에 의한 비교가 부적당한 경우에는 어느 하나의 방식만에 의하여 보상가액을 평가할 수밖에 없다.

(1) 원칙 - 이전비 보상

건축물 · 입목 · 공작물과 그 밖에 토지에 정착한 물건에 대하여는 이전에 필요한 비용 즉, 이전비로 보상하여야 한다(토지보상법 제75조 제1항). 여기서 건축물이란 토지에 정착하는 공작물 중 지붕과 기둥 또는 벽이 있는 것과 이에 딸린 시설물, 지하나 고가(高架)의 공작물에 설치하는 사무소 · 공연장 · 점포 · 차고, 그 밖에 대통령령으로 정하는 것을 말하며, 공작물이란 지상이나 지하에 축조되는 인공 구조물로서 대지를 조성하기 위한 옹벽 · 굴뚝 · 광고탑 · 고가수조 · 지하대피호 그 밖에 이와 유사한 것을 말하고, 입목이란 토지에 자라고 있는

191) 2010. 10. 15. 법제처 11-0597 질의회신 참조.

수목의 집단으로서 입목에 관한 법률에 따라 소유권보존의 등기를 받은 것 또는 이에 준하는 것을 말한다. 그 외 분묘란 시신이나 유골을 매장하는 시설을 말하며, 지장물이란 공익사업시행지구 내에 소재하는 건축물 등 중에서 해당 공익사업의 수행을 위하여 직접 필요하지 아니한 건축물을 말하고, 이전비란 대상물건의 유용성을 동일하게 유지하면서 이를 당해 공익사업시행지구 밖의 지역으로 이전 · 이설 또는 이식하는데 소용되는 비용을 말한다.

【판시사항】

수용대상 토지와 그 지상건물에 대한 감정평가가 평가액을 산정한 구체적인 근거를 명시하지 아니하여 적법하게 된 것이라고 할 수 없으므로 그 감정평가에 기초하여 보상액을 결정한 이의재결도 위법하다고 한 사례(대법원 1992. 2. 14. 선고 91누2724 판결)

【판결요지】

중앙토지수용위원회가 이의재결시 보상액 산정의 기초로 삼은 감정평가는 토지의 보상가액을 평가함에 있어 품등비교 및 기타 사항의 가격산정요인을 구체적으로 특정하여 명시하지 아니한 위법이 있고, 그 지상건물 등의 보상가액을 평가함에 있어서도 그 이전가능 여부, 이전비용이 취득가격을 초과하는지의 여부 및 취득가격과 그 평가액의 구체적인 산출내역 등에 관하여는 밝히지 아니한 채 곧바로 단가와 평가액만을 산정 하고 있어 평가액 산정의 구체적인 근거를 알아볼 수 없으므로 적법하게 된 것이라고 할 수 없어, 결국 위 감정평가에 기초하여 보상액을 결정한 위 토지 및 건물 등에 관한 이의재결은 위법하다.

(2) 예외

(가) 가격 보상

다만, i) 건축물 등을 이전하기 어렵거나 그 이전으로 인하여 건축물 등을 종래의 목적대로 사용할 수 없게 된 경우, ii) 건축물 등의 이전비가 그 물건의 가격을 넘는 경우, iii) 사업시행자가 공익사업에 직접 사용할 목적으로 취득하는 경우 등의 어느 하나에 해당하는 경우에는 이전비를 별도로 검토함이 없이 해당 물건의 가격으로 보상하여야 한다(토지보상법 제75조 제1항 단서).

따라서 영업시설의 이전비가 물건의 가액을 넘는 경우에도 물건의 가액으로 보상하여야 하고 토지보상법 시행규칙 제46조의 규정을 준용하여 매각 손실액으로 평가할 수는 없으며, 그 외 건축물 등의 이전비는 유용성과 동일성을 유지하면서 이전하는 비용이기 때문에 '이전에 따른 가손상당액'을 추가로 적용할 수 없다.

(나) 사업자 직접사용
건축물 등을 사업자가 직접 공익사업에 사용할 목적으로 취득하는 경우는 해당 물건의 가액으로 보상한다.

다. 평가방법

건축물 등은 토지와 별도로 구분하여 평가함이 원칙이다. 다만, 건축물 등이 토지와 함께 거래되는 사례나 관행이 있는 경우에는 건축물 등과 그 토지를 일괄하여 평가할 수 있다.

라. 건축물 등 이전

건축물 등을 이전할 경우 이전거리는 30㎞ 이내로 한다. 다만, 지역적 여건 및 해당 공익사업의 특성 등을 고려할 때 30㎞ 이상이 불가피한 경우에는 이를 초과할 수 있다.

마. 건축물 등의 면적산정 등

건축물 등의 면적 또는 규모의 산정은 건축법 등 관계법령이 정하는 바에 따른다.

바. 이전비

(1) 이전비의 종류

이전비는 전설한 바와 같이 대상물건의 유용성을 동일하게 유지하면서 이를 사업지구 밖으로 이전 등을 하는데 소요되는 비용을 말하는데, 이에는 물건의 해체비, 건축허가에 일반적으로 소외되는 경비를 포함한 건축비와 적정거리까지의 운반비를 포함한다. 하지만 건축법 등 관계법령에 의하여 요구되는 시설의 개선에 필요한 비용은 제외한다. 그러나 시설개선비가 아닌 관계법령이 변경되어 현행 허가기준에 맞춘 추가적인 시설 설치비는 포함된다.[192]

(2) 이전가능성 판단

대상물건의 동일성을 유지하면서 이를 당해 공익사업시행지구 밖의 지역으로 이전성 여부에 대한 판단은, 경제적 관점에서 판단하여야 하며, 주관적 의사가 아닌 객관적 타당성을 기준으로 판단하여야 한다. 따라서 단지 사인 간의 계약서상 내용(로열티 등의 문제로 이전 · 매매 ·

---

192) 국토교통부 2010. 10. 1. 토지정책과-4751 질의회신 참조.

증식을 일체 금하도록 하는 조항)은 이전가능 여부를 판단할 때 고려의 대상이 아니다.[193] 또한 건축물 등이 이전 후 종래의 목적대로 사용할 수 있는지 여부는 건축물 등의 효용성을 동일하게 유지하면서 사용하는 것이 가능한지 여부를 기준으로 판단한다.

【판시사항】

이전가능성의 판단기준(대법원 1991. 1. 29. 선고 90누3775 판결)

【판결요지】

감정평가기관이 평가기준을 이식비로 밝히고 있더라도 이식이 가능한 경우에 한하여 이식비를 그 보상액으로 결정하여야 하는 것이고, 과수목이 이전 가능한 것인지의 여부는 기술적인 문제가 아니라 경제적으로 판단하여야 할 문제인 것이므로 원심에서는 이 사건 포도나무가 위와 같은 기준에 비추어 이식이 가능한 것인지 여부가 먼저 심리 조사되어야 한다.

사. 건축물 등의 소유권취득

(1) 건축물

사업시행자가 공익사업에 직접 사용할 목적으로 취득하는 경우 또는 토지보상법 제75조 제5항의 규정에 따라 건축물 등을 이전하기 어렵거나 그 이전으로 인하여 건축물 등을 종래의 목적대로 사용할 수 없게 된 경우 및 건축물 등의 이전비가 그 물건의 가액을 넘는 등에 해당되어 관할 토지수용위원회에 그 물건의 수용 재결을 신청하고 토지수용위원회가 수용재결을 한 경우 사업시행자는 건축물 등의 소유권을 취득한다. 이러한 경우에는 사업시행자가 임의로 건축물 등을 철거하거나 사용할 수 있다.

다만, 토지수용위원회에서 이전재결을 한 경우에는 사업시행자가 건축물 등의 소유권까지 취득한다고 볼 수 없다. 따라서 이러한 경우에는 사업시행자가 건축물 등을 임의로 철거하거나 사용할 수 없다.

【질의요지】

지장물(사과나무)의 보상액을 이전비가 아닌 취득비로 평가하여 수용재결 신청하였으나, 지방토지수용위원회로부터 '토지는 수용하고 지장물은 이전케 하며 금액은 000원으로 한다'

193) 국토교통부 2012. 5. 18. 공공지원팀-1007 질의회신 참조.

고 주문하여 재결한 경우, 사업시행자가 지장물을 임의처분 가능한지 또는 별도 수용재결을 받아야 하는지 여부(2011. 1. 5. 토지정책과-49)

【회신내용】

공익사업을 위한 토지 등의 취득 및 보상에 관한 법률 제75조 제5항에 의하면, 사업시행자는 사업예정지안에 있는 건축물 등의 이전이 어렵거나 그 이전으로 인하여 건축물 등을 종래의 목적대로 사용할 수 없게 된 경우, 건축물 등의 이전비가 그 물건의 가격을 넘는 경우에는 관한 토지수용위원회에 그 물건의 수용의 재결을 신청할 수 있도록 규정하고 있으며, 동법 제45조 제1항에 의하면, 사업시행자는 수용의 개시일에 토지나 물건의 소유권을 취득하며, 그 토지나 물건에 관한 다른 권리는 이와 동시에 소멸한다고 규정하고 있습니다.

그러나 '지장물을 이전케 한다'는 재결을 받은 경우에는 이전을 촉구할 수 있지만, 이를 이행하지 아니한 경우 대집행 대상으로 임의처분은 곤란하다고 보며, 임의처분을 위해서는 동법 제75조 제5항에 따른 수용재결이 있어야 할 것으로 봅니다.

(2) 지장물인 건축물

사업시행자가 사업시행에 방해가 되는 지장물에 관하여 이전에 소요되는 실제 비용에 못 미치는 물건의 가격으로 보상한 경우, 사업시행자는 수용 절차를 거치지 아니한 이상 사업시행자가 보상만으로 물건의 소유권까지 취득한다고 보기는 어렵다. 이러한 경우 지장물의 소유자로서도 사업시행에 방해가 되지 않는 상당한 기한 내에 스스로 지장물 또는 그 구성부분을 이전해 가지 않은 이상 사업시행자의 지장물 제거와 그 과정에서 발생하는 물건의 가치 상실을 수인하여야 할 지위에 있다고 보아야 한다.

【판시사항】

사업시행자가 사업시행에 방해되는 지장물에 관하여 구 공익사업을 위한 토지 등의 취득 및 보상에 관한 법률 제75조 제1항 단서 제2호에 따라 이전 비용에 못 미치는 물건 가격으로 보상한 경우 지장물 소유권을 취득하는지 여부(소극) 및 이 경우 지장물 소유자는 사업시행자의 지장물 제거와 그 과정에서 발생하는 물건의 가치 상실을 수인하여야 할 지위에 있는지 여부(원칙적 적극)(대법원 2012. 4. 13. 선고 2010다94960 판결)

【판결요지】

구 공익사업을 위한 토지 등의 취득 및 보상에 관한 법률(2007. 10. 17. 법률 제8665호로 개정되기 전의 것, 이하 '법'이라 한다) 제75조 제1항 제1호, 제2호, 제3호, 제5항, 공익사업을 위한 토지 등의 취득 및 보상에 관한 시행규칙(이하 '시행규칙'이라 한다) 제33조 제4항, 제36조 제1항 등 관계 법령의 내용을 법에 따른 지장물에 대한 수용보상의 취지와 정당한 보상 또는 적정가격 보상의 원칙에 비추어 보면, 사업시행자가 사업시행에 방해가 되는 지장물에 관하여 법 제75조 제1항 단서 제2호에 따라 이전에 소요되는 실제 비용에 못 미치는 물건의 가격으로 보상한 경우, 사업시행자가 물건을 취득하는 제3호와 달리 수용 절차를 거치지 아니한 이상 사업시행자가 보상만으로 물건의 소유권까지 취득한다고 보기는 어렵겠으나, 다른 한편으로 사업시행자는 지장물의 소유자가 시행규칙 제33조 제4항 단서에 따라 스스로의 비용으로 철거하겠다고 하는 등 특별한 사정이 없는 한 지장물의 소유자에 대하여 철거 및 토지의 인도를 요구할 수 없고 자신의 비용으로 직접 이를 제거할 수 있을 뿐이며, 이러한 경우 지장물의 소유자로서도 사업시행에 방해가 되지 않는 상당한 기한 내에 시행규칙 제33조 제4항 단서에 따라 스스로 지장물 또는 그 구성부분을 이전해 가지 않은 이상 사업시행자의 지장물 제거와 그 과정에서 발생하는 물건의 가치 상실을 수인(수인)하여야 할 지위에 있다고 보아야 한다.

2. 건축물

가. 건축물의 개념

'건축물'이란 토지에 정착(定着)하는 공작물 중 지붕과 기둥 또는 벽이 있는 것과 이에 딸린 시설물, 지하나 고가(高架)의 공작물에 설치하는 사무소 · 공연장 · 점포 · 차고 · 창고, 그 밖에 건축법 시행령으로 정하는 것을 말한다(건축법 제2조 제1항 제2호). 이러한 건축물의 평가시에는 그 구조 · 이용상태 · 면적 · 내구연한 · 유용성 및 이전가능성, 그 밖에 가치형성에 관련되는 제요인을 종합적으로 고려한다(토지보상법 시행규칙 제33조 제1항).

또한, 건축물에 대한 평가시 건축면적은 건축물의 외벽의 중심선으로 둘러싸인 부분의 수평투영면적으로 하고, 바닥면적은 건축물의 각층 또는 그 일부로서 벽 · 기둥 · 그 밖에 이와 비슷한 구획의 중심선으로 둘러싸인 부분의 수평투영면적으로 하도록 하며, 연면적은 하나의 건축물 각 층의 바닥면적의 합계로 한다(건축법 시행령 제119조).

나. 평가방법

(1) 건축물의 가액

(가) 평가원칙 - 원가법

건물을 감정평가할 때에는 건축물의 이용상태, 면적, 내구연한, 마감자재, 관리상태, 장래 이용가능성 등 가치형성상의 제 용인을 종합적으로 고려하여 원가법을 적용하여야 한다(토지보상법 시행규칙 제33조 제2항). 원가법으로 감정평가할 때 건물의 재조달원가는 직접법이나 간접법으로 산정하되, 직접법으로 구하는 경우에는 대상건물의 건축비를 기준으로 하고, 간접법으로 구하는 경우에는 건물신축단가표와 비교하거나 비슷한 건물의 신축원가 사례를 조사한 후 사정보정 및 시점수정 등을 하여 대상 건물의 재조달원가를 산정할 수 있다.

(나) 건축물의 부대설비 구분평가 여부

건축물의 가액을 원가법으로 보상평가하는 경우 건축물의 일반적인 효용을 위한 전기설비, 냉·난방설비, 승강기설비, 소화전설비 등 부대설비는 건물에 포함하여 감정평가한다. 다만, 특수한 목적의 경우 및 건축물의 소유자와 부대설비의 소유자가 다른 경우 등 구분평가할 필요가 있는 경우 이를 구분하여 감정평가할 수 있다.

(2) 주거용 건축물

(가) 평가원칙 – 거래사례비교법

건축물의 경우 원칙적으로 원가법에 의하지만 예외적으로 주거용 건축물의 경우에는 아래의 경우에 거래사례비교법[194]으로 평가한다(토지보상법 시행규칙 제33조 제2항).

1) 거래사례비교법에 의하여 평가한 금액이 만일 원가법에 의하여 평가한 금액보다 큰 경우
2) 집합건물의 소유 및 관리에 관한 법률에 의한 구분소유권의 대상이 되는 건물의 가액

이 경우 주거용 건축물의 소유자가 토지의 소유권 또는 건축물의 소유권을 가지고 있는지 여부와 무관하다. 그러므로 국·공유지 상의 주거용 건축물 또는 타인 토지상의 주거용 건축

194) 거래사례비교법으로 감정평가할 때에는 적절한 건물의 거래사례를 선정하여 사정보정, 시점수정, 개별요인비교를 하여 비준가액을 산정한다. 다만, 적절한 건물만의 거래사례가 없는 경우에는 토지와 건물을 일체로 한 거래사례를 선정하여 토지가액을 빼는 공제방식이나 토지와 건물의 가액구성비율을 적용하는 비율방식 등을 적용하여 건물가액을 배분할 수 있다.

물도 거래사례비교법으로 평가할 수 있다. 따라서 가령 시유지내 소재하는 주거용 건축물에 대하여 대부계약을 체결하고 대부료를 지급해 왔으나, 그 후 시유지의 소유권자가 변경된 후 대부계약체결 없이 무상으로 당해 부지를 점유 · 사용해 오고 있는 경우라도 시유지상에 소재한 주거용 건축물을 거래사례비교법으로 보상평가할 수 있다.[195] 또한, 토지보상법 제75조(건축물등 물건에 대한 보상) 및 같은 법 시행규칙 제33조(건축물의 평가), 제36조(공작물 등의 평가)에서는 건축물이나 공작물 자체에 대한 보상시에는 해당 건축물의 적법 여부를 보상요건으로 하고 있지 아니한 바, 공익사업의 사업인정 고시 이전에 건축되고 공공사업용지의 토지에 정착한 지장물인 건물은 통상 적법한 건축허가를 받았는지 여부에 관계없이 손실보상이 되며, 이 경우 주거용 무허가 건축물도 거래사례비교법으로 보상평가할 수 있다.

【판시사항】

지장물인 건물이 토지수용법상 손실보상의 대상이 되기 위해서는 적법한 건축허가를 받아 건축된 것이어야 하는지 여부(대법원 2000. 3. 10. 선고 99두10896 판결)

【판결요지】

도시계획법에 의한 토지 및 지장물의 수용에 관하여 준용되는 토지수용법 제49조 제1항, 제57조의2, 공공용지의취득및손실보상에관한특례법 제4조 제2항 제3호, 같은법시행령 제2조의10 제4항, 제5항, 제8항, 같은법시행규칙 제10조 제1항, 제2항, 제4항에 의하면, 지장물인 건물의 경우 그 이전비를 보상함이 원칙이나, 이전으로 인하여 종래의 목적대로 이용 또는 사용할 수 없거나 이전이 현저히 곤란한 경우 또는 이전비용이 취득가격을 초과할 때에는 이를 취득가격으로 평가하여야 하는데, 그와 같은 건물의 평가는 그 구조, 이용상태, 면적, 내구연한, 유용성, 이전가능성 및 그 난이도 기타 가격형성상의 제 요인을 종합적으로 고려하여 특별히 거래사례비교법으로 평가하도록 규정한 경우를 제외하고는 원칙적으로 원가법으로 평가하여야 한다고만 규정함으로써 지장물인 건물을 보상대상으로 함에 있어 건축허가의 유무에 따른 구분을 두고 있지 않을 뿐만 아니라, 오히려 같은법시행규칙 제5조의9는 주거용 건물에 관한 보상특례를 규정하면서 그 단서에 주거용인 무허가건물은 그 규정의 특례를 적용하지 아니한 채 같은법시행규칙 제10조에 따른 평가액을 보상액으로 한다고 규정하고, 같은법시행규칙 제10조 제5항은 지장물인 건물이 주거용인 경우에 가족수에 따른 주거비를 추가로 지급하되 무허가건물의 경우에는 그러하지 아니하다고 규정함으로써 무허가건물도 보상의 대상에 포함됨을 전제로 하고 있는바, 이와 같은 관계 법령을 종합하여 보면, 지장물인 건물

---

195) 국토교통부 2010. 12. 21. 기획팀-3065 질의회신 참조.

> 은 그 건물이 적법한 건축허가를 받아 건축된 것인지 여부에 관계없이 토지수용법상의 사업인정의 고시 이전에 건축된 건물이기만 하면 손실보상의 대상이 됨이 명백하다.

(나) 가격상승분 제외

거래사례비교법으로 주거용 건축물을 평가할 경우 아래의 가격상승분은 제외하고 평가하여야 한다.

1) 이주대책을 수립 또는 실시하거나 주택입주권 등을 해당 건축물의 소유자에게 줌으로서 인하여 발생하는 가격상승분
2) 개발제한구역 안에서 이전이 허용됨으로 인한 가격상승분

다. 철거비용 부담

(1) 원칙

건축물이 수용시 이를 가액으로 보상한 경우 그 철거비용은 누가 부담하지가 문제될 수 있는데, 원칙적으로 그 철거비용은 수용보상으로 인하여 소유자가 된 사업시행자가 부담한다. 다만, 이전비보다 적은 가액으로 보상한 경우에는 사업시행자가 건축물 등의 소유권을 취득하는 것은 아니므로 소유자가 철거비를 부담하게 된다. 다만, 이러한 경우에도 만일 이전비보다 적은 가액으로 보상을 하면서 소유자에게 철거비용까지 부담케하는 것은 가혹하고 형평에 맞지 아니하다는 이유로 사업시행자가 부담하는 것이므로, 이를 근거로 건축물 등의 소유자가 가액에 더하여 철거비용의 지급을 추가적으로 요구할 수 있는 것은 아니다.

(2) 예외

다만, 건축물의 소유자가 당해 건축물의 구성부분을 사용 처분할 목적으로 철거하는 경우에는 예외적으로 건축물의 소유자가 부담한다.

3. 잔여 건축물의 손실에 대한 보상 등

가. 잔여건축물의 요건

매수보상 대상이 되는 잔여건축물은 종래의 목적에 사용하는 것이 현저히 곤란하여야 하나, 잔여건축물의 가치하락 또는 보수비 등에 따른 손실보상에서는 이러한 요건에 구애되지 않는다.

따라서 매수보상 시 일부만 취득하고 남는 건축물은 모두 잔여건축물이 된다.

나. 잔여 건축물의 손실에 대한 보상

(1) 원칙 – 손실보상

사업시행자는 동일한 소유자에게 속하는 일단의 건축물의 일부가 취득되거나 사용됨으로 인하여 잔여 건축물의 가격이 감소하거나 그 밖의 손실이 있을 때에는 그 손실을 보상하여야 한다(토지보상법 제75조의2 제1항 본문). 여기서 동일한 소유자는 일단의 건축물의 등기명의가 반드시 동일하여야 하는 것은 아니고 사실상 동일 소유관계여부와 무방하다. 또한 일단의 건축물이란 반드시 1동의 건축물만을 의미하는 것은 아니며 일반적인 이용 방법에 의한 객관적인 상황이 동일한 여러 동의 건축물도 포함한다.[196)]

(2) 예외 – 매수청구

(가) 매수청구

다만, 잔여 건축물의 가격 감소분과 보수비[197)]를 합한 금액이 잔여 건축물의 가격보다 큰 경우에는 사업시행자는 그 잔여 건축물을 매수할 수 있다(토지보상법 제75조의2 제1항 단서). 이 경우 잔여건축물의 가액은 일단의 건축물 전체가액에서 편입부분의 가액을 뺀 금액으로 보상·평가한다.

(나) 매수결정

잔여건축물의 가격 감소분과 보수비를 합한 금액이 잔여건축물의 가격보다 큰 경우의 취득여부는 사업시행자의 결정에 따른다. 따라서 위와 같은 매수결정 시 소유자의 청구는 무관하다.

---

196) 이 경우 일단의 건축물로 판단하기 위해서는 일단으로 이용되고 있는 상황이 사회적·경제적·행정적 측면에서 합리적이고 해당 건축물의 가치형성 측면에서도 타당하여 상호 불가분성이 인정되는 관계에 해당되어야 하며, 또는 부동산시장의 거래 관행에서도 그 전체가 일단으로 거래될 가능성이 높은 경우라야 한다.

197) 건축물의 나머지 부분을 종래의 목적대로 사용할 수 있도록 그 유용성을 동일하게 유지하는 데에 일반적으로 필요하다고 볼 수 있는 공사에 사용되는 비용을 말한다. 다만, 「건축법」 등 관계 법령에 따라 요구되는 시설 개선에 필요한 비용은 포함하지 아니한다.

다. 잔여건축물에 대한 평가

(1) 평가방법

(가) 일부 취득 등으로 인한 가격감소

동일한 건축물소유자에 속하는 일단의 건축물의 일부가 취득 또는 사용됨으로 인하여 잔여 건축물의 가격이 감소된 경우의 잔여 건축물의 손실은 공익사업시행지구에 편입되기 전의 잔여 건축물의 가격[198]에서 공익사업시행지구에 편입된 후의 잔여 건축물의 가격을 뺀 금액으로 평가한다(토지보상법 시행규칙 제35조 제1항). 이 경우 공익사업시행지구에 편입되기 전의 잔여건축물의 가액은 해당 건축물이 공익사업시행지구에 편입됨으로 인한 가치의 변동은 고려하지 않고 평가한다.

여기서 공익사업시행지구에 편입되기 전의 잔여건축물의 가액은 일단의 건축물 전체가액에서 공익사업시행지구에 편입되는 건축물의 가액을 뺀 금액으로 평가하고, 공익사업시행지구에 편입된 후의 잔여건축물의 가액은 잔여건축물로 남게 되는 상태에서 잔여건축물의 가액으로 평가하되 보수가 완료된 상태를 전제로 한다.

(나) 일부 취득 등으로 보수필요

1) 보수비 보상

동일한 건축물소유자에 속하는 일단의 건축물의 일부가 취득 또는 사용됨으로 인하여 잔여 건축물에 보수가 필요한 경우의 보수비는 건축물의 잔여부분을 종래의 목적대로 사용할 수 있도록 그 유용성을 동일하게 유지하는데 통상 필요하다고 볼 수 있는 공사에 사용되는 비용[199]으로 평가한다(토지보상법 시행규칙 제35조 제2항). 이 경우 보수비에는 건축법 등 관계법령에 의하여 요구되는 시설의 개선에 필요한 비용은 포함하지 않는다.

한편, 보수비로 평가하기 위해서는 잔여건축물 부분을 보수하여 종래의 목적대로 사용할 수 있고 사용이 현저히 곤란하지 아니한 경우라야 한다. 따라서 만일 보수 후 종래의 목적대로 사용할 수 없거나 그 사용이 현저히 곤란한 경우에는 매수청구의 대상이 되지 않는다.

---

198) 해당 건축물이 공익사업시행지구에 편입됨으로 인하여 잔여 건축물의 가격이 변동된 경우에는 변동되기 전의 가격을 말한다.

199) 건축법 등 관계법령에 의하여 요구되는 시설의 개선에 필요한 비용은 포함하지 아니한다.

【판시사항】

공공용지의취득및손실보상에관한특례법시행규칙 제23조의7 단서에서 규정한 '그 건물의 잔여 부분을 보수하여 사용할 수 있는 경우'의 의미 및 위 규정에 의하여 보상의 대상이 되는 보수비의 범위(대법원 2000. 10. 27. 선고 2000두5104 판결)

【판결요지】

공공용지의취득및손실보상에관한특례법시행규칙 제23조의7의 규정은 "건물의 일부가 공공사업지구에 편입되어 그 건물의 잔여 부분을 종래의 목적대로 사용할 수 없거나 사용이 현저히 곤란한 경우에는 그 잔여 부분에 대하여는 제10조 제1항의 규정에 의하여 평가하여 보상한다. 다만, 그 건물의 잔여 부분을 보수하여 사용할 수 있는 경우에는 보수비로 평가하여 보상한다."고 규정하고 있고, 같은 시행규칙 제10조 제1항은 "건물은 그 구조 · 이용상태 · 면적 · 내구연한 · 유용성 · 이전가능성 및 난이도 기타 가격형성상의 제요인을 종합적으로 고려하여 평가한다."고 규정하고 있는바, 위 제23조의7 단서에서 규정한 '그 건물의 잔여 부분을 보수하여 사용할 수 있는 경우'라 함은 그 본문 규정과 관련하여 볼 때 그 건물의 잔여 부분을 보수하여 종래의 목적대로 사용할 수 있고 사용이 현저히 곤란하지 아니한 경우라고 할 것이고, 위 규정에 의한 보상의 대상이 되는 보수비는, 공공용지의취득및손실보상에관한특례법시행령 제2조의10 제4항에서 건물 등의 보상에 있어 원칙적인 평가기준으로 정하고 있는 이전료는 대상물건의 유용성의 동일성을 유지하며 당해 공공사업용지 이외의 지역으로 이전하는데 소요되는 비용이라는 점(같은법시행규칙 제2조 제3호), 건물의 일부가 공공사업지구에 편입되어 그 건물의 잔여 부분을 종래의 목적대로 이용 또는 사용할 수 없거나, 이전이 현저히 곤란할 경우에는 그 잔여 부분에 대하여 앞서 본 같은법시행규칙 제10조 제1항에 의한 보상을 하도록 규정하고 있는 점, 한편 같은법시행규칙 제26조 제3항에 동일한 토지소유자의 소유에 속하는 일단의 토지의 일부가 공공사업용지에 편입됨으로 인하여 잔여지에 도로, 구거, 담장, 울 등 시설이나 공사가 필요하게 된 경우의 손실액의 평가는 그 시설이나 공사에 필요한 시설비나 공사비로 한다고 규정하고 있고, 토지수용법 제47조가 동일한 토지소유자에 속하는 일단의 토지의 일부를 수용 또는 사용함으로 인하여 잔여지에 통로, 구거, 장책 등의 신설 기타의 공사가 필요한 때에는 그 손실이나 공사의 비용을 보상하여야 한다고 규정하고 있는 점에 비추어 보면, 그 건물의 잔여 부분을 종래의 목적대로 사용 기능을 유지함으로써 그 유용성의 동일성을 유지하는데 통상 필요하다고 볼 수 있는 공사를 하는데 소요되는 비용을 말한다고 할 것이다.

2) 보수비 보상의 성격

건물의 일부가 공공사업지구에 편입된 경우의 그 건물 잔여 부분에 대한 보수비의 보상은 성질상 그 건물 잔여 부분에 대한 보상이 아니라 건물의 일부분이 공공사업지구에 편입된 데에 따른 보상에 지나지 아니하는 것이다.

【판시사항】

건물의 일부가 공공사업지구에 편입된 경우의 그 건물의 잔여 부분에 대한 보수비보상의 의미(대법원 2002. 7. 9. 선고 2001두10684 판결)

【판결요지】

공공용지의취득및손실보상에관한특례법시행규칙 제23조의7 단서의 규정에 의하여 인정되는, 건물의 일부가 공공사업지구에 편입된 경우의 그 건물 잔여 부분에 대한 보수비의 보상은 성질상 그 건물 잔여 부분에 대한 보상이 아니라 건물의 일부분이 공공사업지구에 편입된 데에 따른 보상에 지나지 아니하는 것이다.

라. 잔여건축물의 매수청구

(1) 매수청구의 요건

동일한 소유자에게 속하는 일단의 건축물의 일부가 협의에 의하여 매수되거나 수용됨으로 인하여 잔여 건축물을 종래의 목적에 사용하는 것이 현저히 곤란할 때에는 그 건축물소유자는 사업시행자에게 잔여 건축물을 매수하여 줄 것을 청구할 수 있으며, 사업인정 이후에는 관할 토지수용위원회에 수용을 청구할 수 있다. 이 경우 수용 청구는 매수에 관한 협의가 성립되지 아니한 경우에만 하되, 그 사업의 공사완료일까지 하여야 한다(토지보상법 제75조의2 제2항).

한편, 매수청구 요건으로서의 '종래의 목적'이란 취득 당시에 해당 잔여건축물이 현실적으로 사용되고 있는 구체적인 목적을 의미한다. 또는 사용하는 것이 현저히 곤란하게 된 경우는 사회적 · 경제적인 사용곤란 다시 말해, 이를 절대적으로 이용하는 것이 불가능한 경우만이 아니라 이용은 가능하지만 그에 많은 비용이 소요되는 경우를 포함한다.

(2) 소유자의 청구

공용수용은 공익사업을 위하여 타인의 특정한 재산권을 법률의 힘에 의하여 강제적으로 취득하는 것이므로 수용할 목적물의 범위는 원칙적으로 사업을 위하여 필요한 최소한도에 그쳐야하므로 그 한도를 넘는 부분은 수용대상이 아니다. 따라서 공익사업에 편입되지 않는 잔여토지에 정착한 잔여건축물은 건축물 소유자의 청구에 의한 경우 매수청구가 가능할 것으로 보고, 매수에 관하여 협의가 성립되지 아니한 경우 토지수용위원회에서 청구가 가능하다.[200] 그러므로 잔여건축물의 취득보상은 소유자의 청구 없이는 이를 매수하거나 수용할 수 없다.

> **【판시사항】**
> 초과수용의 효과(대법원 1994. 1. 11. 선고 93누8108 판결)
>
> **【판결요지】**
> 공용수용은 공익사업을 위하여 타인의 특정한 재산권을 법률의 힘에 의하여 강제적으로 취득하는 것이므로 수용할 목적물의 범위는 원칙적으로 사업을 위하여 필요한 최소한도에 그쳐야 하므로 그 한도를 넘는 부분은 수용대상이 아니므로 그 부분에 대한 수용은 위법하고, 초과수용된 부분이 적법한 수용대상과 불가분적 관계에 있는 경우에는 그에 대한 이의재결 전부를 취소할 수밖에 없다.

(3) 보상액 산정 및 평가방법

잔여건축물의 취득시 보상액의 산정 및 평가방법 등은 편입 건축물의 보상평가방법을 준용하는데(토지보상법 제75조의2 제5항), 이때 취득보상은 일단의 건축물 전체의 가액으로 평가함이 원칙이다.

(4) 매수청구 기한

잔여건축물의 가치감소 등에 대한 보상은 해당 사업의 공사완료일부터 1년이 지난 후에는 청구할 수 없다. 다만, 잔여건축물의 매수청구는 해당 사업의 공사완료일까지 하여야 한다.

200) 국토교통부 2012. 1. 16. 토지정책과-246 질의회신 참조.

마. 보상절차(협의 및 재결) 등

잔여건축물의 취득 및 잔여건축물의 가치감소 등에 따른 보상은 손실을 입은 건축물소유자와 사업시행자가 협의하여 결정함이 원칙이다. 그러나 만일 협의가 성립되지 아니할 경우에는 사업시행자나 손실을 입은 자가 관할 토지수용위원회에 재결을 신청할 수 있다.

바. 사업인정 · 고시 의제

사업인정고시 후 사업시행자가 잔여건축물을 취득하는 경우 그 잔여건축물에 대하여는 사업인정 및 사업인정고시가 된 것으로 본다.

4. 주거용 건축물의 보상에 대한 특례

가. 보상방법

(1) 최저보상액

주거용 건축물로서 평가한 금액이 6백만원 미만인 경우 그 보상액은 6백만원으로 한다(토지보상법 시행규칙 제58조 제1항 본문). 이처럼 최저보상액을 규정한 취지는 철거대상자의 생계대책 및 공익사업의 원활한 수행을 위한 사회정책적인 차원에서 인정되는 것이다.

(2) 예외

다만, 관계 법령을 위반한 무허가건축물 등의 경우에는 위 (1)의 특례가 인정되지 아니하므로 통상의 평가금액 그대로 보상하여야 한다(토지보상법 시행규칙 제58조 제1항 단서).

나. 재편입 주거용 건축물의 가산보상

(1) 요건 및 가산비율

(가) 가산보상

공익사업의 시행으로 인하여 주거용 건축물에 대한 보상을 받은 자가 그 후 당해 공익사업시행지구밖의 지역에서 매입하거나 건축하여 소유하고 있는 주거용 건축물이 그 보상일부터 20년 이내에 다른 공익사업시행지구에 편입되는 경우 그 주거용 건축물 및 그 대지[201]에

201) 보상을 받기 이전부터 소유하고 있던 대지 또는 다른 사람 소유의 대지위에 건축한 경우에는 주거용 건축물에 한한다.

대하여는 당해 평가액의 30퍼센트를 가산하여 보상한다(토지보상법 시행규칙 제58조 제2항 본문).

(나) 실거주 필요성

재편입 주거용 건축물의 가산보상은 실거주하던 주택이 편입되어 보상받은 후 다른 지역에 주택을 구입하거나 신축하고 이주하여 거주하던 중 또 다시 그 주택이 공익사업에 편입됨에 따른 추가보상의 성격을 갖는다. 이렇듯 주거용 건물에 한하여 가산금을 둔 것은 당해 건물에서 거주하고 있는 소유자에 대한 특례로 볼 수 있으므로 당해 건물에 거주하지 아니하는 자는 대상이 되지 아니하며,[202] 또한 당초 보상받은 자가 사망하였다면 주거용 건축물의 가산보상의 대상이 되지 아니한다(당초 보상받은 명의자와 다시 보상받는 명의자가 달라진 경우).[203]

(2) 예외

다만, 무허가건축물 등을 매입 또는 건축한 경우와 다른 공익사업의 사업인정고시일등 또는 다른 공익사업을 위한 관계법령에 의한 고시 등이 있은 날 이후에 매입 또는 건축한 경우에는 그러하지 아니하다(토지보상법 시행규칙 제58조 제2항 단서).

다. 가산금의 상한

가산금이 1천만원을 초과하는 경우에는 1천만원으로 한다(토지보상법 시행규칙 제58조 제3항).

5. 공작물 등의 평가

가. 평가방법

공작물 그 밖의 시설은 건축물의 보상평가는 건축물의 보상평가규정인 토지보상법 시행규칙 제33조(건축물의 평가), 제34조(건축물에 관한 소유권외의 권리 등의 평가), 제35조(잔여건축물에 대한 평가)조의 규정을 이를 준용한다(토지보상법 시행규칙 제36조 제1항).

---

202) 국토교통부 2001. 9. 6. 토관 58342-1391 질의회신 참조.
203) 국토교통부 2005. 12. 15. 토지정책팀-1631 질의회신 참조.

나. 차별평가 금지

다음에 해당하는 공작물등은 이를 별도의 가치가 있는 것으로 평가하여서는 아니된다(토지보상법 시행규칙 제36조 제2항).

(1) 공작물등의 용도가 폐지되었거나 기능이 상실되어 경제적 가치가 없는 경우

(2) 공작물등의 가치가 보상이 되는 다른 토지등의 가치에 충분히 반영되어 토지등의 가격이 증가한 경우

(3) 사업시행자가 공익사업에 편입되는 공작물등에 대한 대체시설을 하는 경우

다. 보상제한 규정 유추적용

토지보상법상 손실보상은 공익사업시행 등 적법한 공권력의 행사에 의한 재산상의 특별한 희생에 대하여 사유재산권의 보장과 전체적인 공평부담의 견지에서 행하여지는 조절적인 재산권 보장이라 할 수 있다.[204] 따라서 임야 비탈에 관리되지 않는 뽕나무나 자작나무 등과 같이 경제적 가치가 없는 것이라면 보상대상으로 보기는 어렵다.[205] 이렇듯 보상은 경제적 가치를 전제로 하므로 보상이 제한되는 공작물 등의 규정은 다른 물건의 보상대상 여부를 판단하는데 유추적용 할 수 있다.

6. 수목

가. 평가일반

(1) 수목의 수량 산정방법

(가) 원칙 - 그루별 평가보상

토지보상법 시행규칙 제37조(과수 등의 평가), 제38조(묘목의 평가), 제39조(입목 등의 평가)의 규정에 의한 수목의 수량은 평가의 대상이 되는 수목을 그루별로 조사하여 산정한다(토지보상법 시행규칙 제40조 제1항 본문). 이때 수목은 수종, 수량, 식수면적, 관리상태, 기타 가치형성상의 제요인을 종합적으로 참작하여 수목의 가액을 산정한다.

---

204) 대법원 2004. 4. 27. 선고 2002두8909 판결.
205) 2015. 4. 27. 토지정책과-2968 질의회신 참조.

(나) 예외 – 표본추출방식

다만, 그루별로 조사할 수 없는 특별한 사유가 있는 경우 예를 들어, 식재된 상태가 헤아릴 수 없을 정도로 불규칙한 경우 또는 그 규모가 광대하여 불가피한 경우라면 단위면적을 기준으로 하는 표본추출방식에 의한다(토지보상법 시행규칙 제40조 제1항 단서).

(2) 수목의 가액 산정기준

수목의 손실에 대한 보상액은 정상식(경제적으로 식재목적에 부합되고 정상적인 생육이 가능한 수목의 식재상태를 말한다)을 기준으로 한 평가액을 초과하지 못한다(토지보상법 시행규칙 제40조 제2항).[206] 그러나 정상식을 기준으로 한다고 하여 실무적으로 수목을 전수조사하지도 않고 면적으로 이식비를 평가하는 경우가 있는데, 이는 위법이다. 또한, 여기서 정상식으로 한 금액을 초과하지 못한다라는 의미는 수목의 수량을 정상식에 의한 주수로 사정한다는 의미가 아니라, 평가액이 정상식을 기준으로 한 금액을 초과하지 못한다는 의미이다. 그러므로 수목의 수량은 실제주수로 하되 평가액은 정상식에 의한 주수를 기준으로 한다는 의미이다.

| 수목 정상식 판정 세부기준 |

제1조(목적) 이 기준은 「공익사업을 위한 토지 등의 취득 및 보상에 관한 법률 시행규칙」(이 하 "법시행규칙"이라 한다)제40조제2항에 따라 수목의 손실보상을 위한 평가를 함에 있어 정상식 판정에 필요한 세부적인 기준을 정함으로써 평가의 적정성과 공정성 확보를 목적 으로 한다.

제2조(적용원칙) ① 수목의 손실보상 평가를 위한 정상식은 관계법령에서 따로 정하는 경우 를 제외하고는 이 기준에서 정하는 바에 따른다. ② 이 기준에서 정하는 정상식은 수익수 및 입목(용재목을 포함한다. 이하같다)을 물 건의 가격으로 평가할 때 적용한다.

제3조(용어의 정의) 이 기준에서 사용하는 용어의 정의는 다음과 같다. 1. '정상식

206) 수목가액은 수목의 주수가 정상식에 의한 주수에 미달하는 경우에는 식재주수를 기준으로 평가하며, 정상식에 의한 주수를 초과하는 경우에는 정상식을 기준으로 한 금액을 초과하지 못한다.

(正常植)'이라 함은 경제적으로 식재목적에 부합되고 정상적인 생육이 가능한 수목의 식재상태에 도달한 것으로서, 적정한 수익을 실현하고 있는 상태를 말한다. 2. '정상식의 상한선(上限線)'이라 함은 수목의 식물학적 특성과 과수재배농가 및 임업농가 의 경제성 확보 등을 고려하여, 밀식이 허용될 수 있는 식재거리와 식재주수에 있어서의 상한선을 의미한다. 3. '식재거리'라 함은 열(列)간 거리와 주(株)간 거리로서 형성되는 식재공간을 말한다. 식재거리를 기준으로 하여〔별표 1〕,〔별표 2〕및〔별표 3〕의 정상식으로서의 식재주수 가 도출되는 것으로 한다.

제4조(과수의 정상식) ① 과수의 정상식은〔별표 1〕및〔별표 2〕를 기준으로 하여 판정한다. ② 과수의 정상식의 상한선은〔별표 1〕에서 정한 수종별 적정 식재주수에서 150퍼센트를 추가로 가산(加算)하는 범위 이내로 한다. 다만, 와이(Y)형 밀식재배 배, 웨이크만식재배 포도, 감귤 및 왜성사과의 경우에는〔별표 1〕및〔별표 2〕에서 정한 수종별 적정 식재주수 에서 25퍼센트를 추가로 가산하는 범위 이내로서 상한선을 정한다. ③ 평가대상 과수의 수종, 규격, 수령, 재배방식 및 실제수익 등을 종합적으로 고려하여, 수량만을 기준으로 한 정상식 판정이 불합리할 경우에는 별도의 기준을 정하여 평가 할 수 있다. 이때에는 그 기준을 감정평가서에 기재하여야 한다.

제5조(입목의 정상식) ① 장기용재림의 간벌 이전의 정상식은〔별표 3〕에 기재된 1,000주 내외로 하고, 간벌 이후에는 300주 내외로 하되, 수종과 수령을 고려한다. ② 단기 용재림의 경우에는 간벌하지 아니하는 경우가 대부분임을 고려하여 그 정상식을〔별표 3〕에 기재된 1,000 ~ 2,000주 내외로 하되, 수종과 수령을 고려한다.
③ 용재목의 장기 또는 단기의 구분은 사업시행자가 제시한 기준에 따른다. 다만, 사업시행 자가 물건목록 등에서 별도로 구분하지 아니한 경우에는 사업시행자에게 그 내용을 조회 한 후 평가하되 구분제시가 없는 때에는 감정평가사의 판단에 따른다. ④ 입목을 평가할 경우에는 산림청에서 발행하는 '재적 · 중량표 및 임분수확표'를 활용하 여 별도로 수익 등을 기준으로 하여 평가 대상 수목들의 정상식 여부를 판정할 수 있다. 이러한 경우에는 감정평가서에 그 판정이유와 산출근거 등을 각각 기재한다.

(3) 이전비 등

(가) 평가기준

1) 원칙

수목의 이식비용을 산정할 때에, 그 산정기준이 수목 1주당 가액을 기준으로 한 것이라면 가령 소량의 수목을 이전할 때에는 비용이 증가하고[207] 대량의 수목이 이식되는 경우에는 특별한 사정이 없는 한 규모의 경제 원리가 작용하여 그 이식비용이 감액될 가능성이 있다고 봄이 경험칙에 부합한다. 그러므로 수목의 이전비(또는 이식비)는 표준품셈에 의하여 그루별로 보상평가하되 그 수량이나 식재상황 및 식재장소 등에 따라 적정하게 감가 · 조정할 수 있다.

【판시사항】

수목을 대량으로 이식하는 경우, 규모의 경제 원리에 따라 고손액을 감액하여야 하는지 여부(원칙적 소극)(대법원 2015. 10. 29. 선고 2015두2444 판결)

【판결요지】

수목의 이식비용을 산정할 때에, 그 산정기준이 수목 1주당 가액을 기준으로 한 것이라면 대량의 수목이 이식되는 경우에는 특별한 사정이 없는 한 규모의 경제 원리가 작용하여 그 이식비용이 감액될 가능성이 있다고 봄이 경험칙에 부합한다(대법원 2003. 11. 27. 선고 2003두3888 판결 참조).

또한, 수목의 이전비는 수목이 자연상태로 식재되어 있는지 또는 농장에 식재되어 있는지 등과 같은 식재상황이나 차량의 진출입 가능성 여부, 경사도 등의 식재장소에 따라 차이가 발생할 수 있다. 따라서 이전비는 위와 같은 상황 등을 고려하여 적정하게 가감하거나 조정하여야 한다.

2) 예외

다만, 수종 및 식재상황 등을 고려할 때 수종 · 수령 · 규격 등 별로 평가하는 것이 합리적일 경우에는 수종 · 수령 · 규격 등 별로 일괄하여 보상평가 할 수 있다. 이 경우 이전비 또는 이식비

207) 표준품셈에서는 차량 1대에 5주를 옮기는 것을 기준으로 작성되어 있으나 실제 보상대상 수량은 5주 미만인 경우 등.

와 수목가액과의 비교는 일괄하여 평가한 수목 전체를 기준으로 할 수 있다.

(나) 이전에 따른 손실

수목의 이전 후에 양육환경의 변경으로 으로 인하여 고손(枯損) 또는 감수 등의 손실이 발생할 수 있다. 이러한 경우 그 손실액을 이전비에 더하여 보상평가할 수 있으며, 이 경우의 평가액을 이전비라 한다. 대법원은 과수목이 이전 가능한 것인지의 여부는 기술적이 아니라 경제적으로 판단하여야 하고,[208] 따라서 과수목이 기술적으로는 이식이 가능하다 하더라도 경제적으로 이식가능수령을 초과하여 이식이 불가능하다면 이전료를 보상하고 이전케 할 것이 아니라 동종물건의 인근에 있어서의 거래가액 등을 고려한 적정가격을 보상하고 수용하여야 한다고 판시한바 있다.[209]

1) 고손액 산정(=수목가액×고손율)

고사로 인한 손해인 고손액은 수목가액에 고손율을 곱하여 산정한다. 이 경우 수목가액은 기준시점 당시의 가액으로 한다.

2) 감수액 산정(=예상수익×감수율)

감수는 수익수가 이식으로 인하여 결실 등이 감소되는 것을 말하는데, 이에 따른 감수액은 예상수익에 감수율을 곱하여 산정한다.

208) 대법원 1991. 1. 29. 선고 90누3775 판결.
209) 대법원 1984. 5. 29. 선고 83누635 판결.

[별표 2]

수종별 이식가능수령 · 이식적기 · 고손율 및 감수율기준(토지보상법 제37조 제2항 관련)

구분수종	이식가능수령	이식적기	고손율	감수율	비고
일반사과	5년 이하	2월 하순 ~ 3월 하순	15 퍼센트 이하	이식 1차년 : 100퍼센트 이식 2차년 : 80퍼센트 이식 3차년 : 40퍼센트	그 밖의 수종은 유사수종에 준하여 적용한다.
왜성사과	3년 이하	2월 하순 ~ 3월 하순, 11월	20 퍼센트 이하		
배	7년 이하	2월 하순 ~ 3월 하순, 11월	10 퍼센트 이하		
복숭아	5년 이하	2월 하순 ~ 3월 하순, 11월	15 퍼센트 이하		
포도	4년 이하	2월 하순 ~ 3월 하순, 11월	10 퍼센트 이하		
감귤	8년 이하	6월 장마기, 11월, 12월~ 3월 하순	10 퍼센트 이하		
감	6년 이하	2월 하순 ~ 3월 하순, 11월	20 퍼센트 이하		
밤	6년 이하	11월 상순 ~ 12월 상순	20 퍼센트 이하		
자두	5년 이하	2월 하순 ~ 3월 하순, 11월	10 퍼센트 이하		
호두	8년 이하	2월 하순 ~ 3월 하순, 11월	10 퍼센트 이하		
살구	5년 이하	2월 하순 ~ 3월 하순, 11월	10 퍼센트 이하		

(4) 수목의 이전비 · 이식비와 수목가액의 비교

(가) 원칙 – 그루별

수목의 이전비 또는 이식비와 수목가액과의 비교는 원칙적으로 그루별로 하여야 한다.

(나) 예외 – 수목전체 기준

다만, 다음의 경우에는 일괄평가하여 평가한 수목 전체를 기준으로 하는 것이 합리적이다. 그러므로 이러한 경우에 한하여 수목 전체를 기준으로 이전비 또는 이식비와 수목의 가액을 비교할 수 있다.

1) 수목이 다수이고 수종 · 수량 · 규격 등의 식재상황이 동질적이어서 이전비 또는 이식비를 가감하거나 조정한 경우

2) 식재상황 또는 이전장소 등에 따라 이전비 또는 이식비를 가감 · 조정한 경우

【판시사항】

토지수용으로 인한 보상액 산정을 위해 지장물인 과수를 평가함에 있어 과수의 이식비가 취득비를 초과하는지 여부의 판단 기준(대법원 2002. 6. 14. 선고 2000두3450 판결)

【판결요지】

토지수용으로 인한 보상액에 관하여 지장물인 과수는 이식이 가능한 경우 원칙적으로 이식에 필요한 비용과 이식함으로써 예상되는 고손율 및 감수율을 감안하여 정한 고손액 및 감수액(결실하지 아니하는 미성목의 경우를 제외한다.)의 합계액으로, 이식이 가능하더라도 이식비가 취득비를 초과하는 경우 및 이식이 불가능한 과수로서 거래사례가 있는 때에는 비준가격과 벌채비용의 합계액에서 수거된 용재목대 또는 연료목대를 뺀 금액으로 하도록 규정하는 바, 여기에서 이식비가 취득비를 초과하는지의 여부는 각 과수별로 이식비와 취득비를 상호 비교하여 결정하여야 하는 것이지, 수용대상이 된 당해 토지 전체의 과수에 대한 총 이식비와 총 취득비를 상호비교하여 결정할 것이 아니다.

나. 과수 등의 평가

(1) 평가방법

(가) 과수 및 수익수

과수 그 밖에 수익이 나는 나무(이하 이 조에서 "수익수"라 한다) 또는 관상수(묘목을 제외한다.)에 대하여는 수종 · 규격 · 수령 · 수량 · 식수면적 · 관리상태 · 수익성 · 이식가능성 및 이식의 난이도 그 밖에 가격형성에 관련되는 제요인을 종합적으로 고려하여 평가한다(토지보상법 시행규칙 제37조 제1항).

(나) 지장물인 과수

지장물인 과수에 대하여는 다음 각호의 구분에 따라 평가한다.

1) 이식이 가능한 과수

가) 결실기에 있는 과수

① 계절적으로 이식적기인 경우 : 이전비와 이식함으로써 예상되는 고손율 · 감수율을 감안하여 정한 고손액 및 감수액의 합계액

② 계절적으로 이식적기가 아닌 경우 : 이전비와 ①의 고손액의 2배 이내의 금액 및 감수액의 합계액

나) 결실기에 이르지 아니한 과수

① 계절적으로 이식적기인 경우 : 이전비와 가목(1)의 고손액의 합계액

② 계절적으로 이식적기가 아닌 경우 : 이전비와 가목(1)의 고손액의 2배 이내의 금액의 합계액

2) 이식이 불가능한 과수

가) 거래사례가 있는 경우 : 거래사례비교법에 의하여 평가한 금액

나) 거래사례가 없는 경우

① 결실기에 있는 과수 : 식재상황 · 수세 · 잔존수확가능연수 및 수익성 등을 감안하여 평가한 금액

② 결실기에 이르지 아니한 과수 : 가격시점까지 소요된 비용을 현재의 가격으로 평가한 금액(이하 "현가액"이라 한다)

3) 이식가능성 등 판단

이식가능성 · 이식적기 · 고손율(枯損率) 및 감수율(減收率)에 관하여는 별표 2의 기준(토지보상법 제37조 제2항 관련)을 참작하여야 한다.

가) 이식가능성 판단기준

별표 2에서 과수의 이식가능 여부는 수령을 기준으로 판단하도록 규정하고 있고, 과수의 수확량 및 수익성은 결실기 이후 일정한 기간은 증가하나 최대 수확기를 도과하면 수확량 및 수익성이 하락하므로 과수의 경우 물건조서에는 반드시 수령이 기재되어야 한다.

나) 고손율 판단

과수의 고손율은 이식적기 여부에 따라 달라지고 이식기시는 해당 공익사업의 시행 경과 등에 따라 달라질 수 있다. 그러므로 기준시점 당시에 이전하는 것으로 일률적으로 판단하여

서는 아니 된다. 다시 말해, 기준시점 당시는 이식부적기라고 하더라도 그 후 공익사업의 진행정도에 따라 사업시행자가 이식적기에 이식하도록 허용할 수도 있기 때문에 이식시기는 사업시행자가 결정하여야 한다.

(다) 물건의 가격으로 보상하는 과수

물건의 가격으로 보상하는 과수(토지보상법 제75조제1항 단서)에 대하여는 위의 이식이 불가능한 과수의 예에 따라 평가한다(토지보상법 시행규칙 제37조제3항). 여기에서 이식비가 취득비를 초과하는지의 여부는 각 과수별로 이식비와 취득비를 상호비교하여 결정하여야 하는 것이지, 수용대상이 된 당해 토지 전체의 과수에 대한 총 이식비와 총 취득비를 상호비교하여 결정할 것이 아니다.[210)]

【판시사항】

토지수용으로 인한 보상액 산정을 위해 지장물인 과수를 평가함에 있어 과수의 이식비가 취득비를 초과하는지 여부의 판단 기준(대법원 2002. 6. 14. 선고 2000두3450 판결)

【판결요지】

구 공공용지의취득및손실보상에관한특례법시행규칙(1997. 10. 15. 건설교통부령 제121호로 개정되기 전의 것) 제13조 제2항에 의하면, 토지수용으로 인한 보상액에 관하여 지장물인 과수는 이식이 가능한 경우 원칙적으로 이식에 필요한 비용과 이식함으로써 예상되는 고손율 및 감수율을 감안하여 정한 고손액 및 감수액(결실하지 아니하는 미성목의 경우를 제외한다.)의 합계액으로, 이식이 가능하더라도 이식비가 취득비를 초과하는 경우 및 이식이 불가능한 과수로서 거래사례가 있는 때에는 비준가격과 벌채비용의 합계액에서 수거된 용재목대 또는 연료목대를 뺀 금액으로 하도록 규정하는바, 여기에서 이식비가 취득비를 초과하는지의 여부는 각 과수별로 이식비와 취득비를 상호비교하여 결정하여야 하는 것이지, 수용대상이 된 당해 토지 전체의 과수에 대한 총 이식비와 총 취득비를 상호비교하여 결정할 것이 아니다.

(라) 수익수 및 관상수

과수외의 수익수 및 관상수에 대한 평가에 관하여 이를 준용하되, 관상수의 경우에는 감수액을 고려하지 아니한다. 이 경우 고손율은 당해 수익수 및 관상수 총수의 10퍼센트 이하의

---

210) 대법원 2002. 6. 14. 선고 2000두3450 판결.

범위안에서 정하되, 이식적기가 아닌 경우에는 20퍼센트까지로 할 수 있다(토지보상법 시행규칙 제37조 제4항).

(마) 이식의 불가능한 수익수 · 관상수

이식이 불가능한 수익수 또는 관상수의 벌채비용은 사업시행자가 부담한다. 다만, 수목의 소유자가 당해 수목을 처분할 목적으로 벌채하는 경우에는 수목의 소유자가 부담한다(토지보상법 시행규칙 제37조 제5항).

(2) 판매목적 관상수 평가

판매를 목적으로 가식상태에 있는 관상수를 이식비로 보상평가 할 수 있는데, 이러한 경우에는 관상수의 식재상태 등으로 고려하여 굴취비 등의 일부 비용을 제외하거나 감액할 수 있다.

(3) 판매를 목적으로 하지 않는 관상수

정원 등에 식재되어 판매를 목적으로 하지 않는 관상수의 경우 그 가액은 식재비 등을 고려하여 평가할 수 있다.

다. 묘목의 평가

(1) 평가방법

묘목에 대하여는 상품화 가능여부, 이식에 따른 고손율, 성장정도 및 관리상태 등을 종합적으로 고려하여 평가한다(토지보상법 시행규칙 제38조 제1항).

(가) 상품화할 수 있는 묘목

상품화할 수 있는 묘목은 손실이 없는 것으로 본다. 다만 매각손실액(일시에 매각함으로 인하여 가격이 하락함에 따른 손실을 말한다. 이하 같다)이 있는 경우에는 그 손실을 평가하여 보상하여야 하며, 이 경우 보상액은 제3항의 규정에 따라 평가한 금액을 초과하지 못한다(토지보상법 시행규칙 제38조 제2항).

(나) 상품화가 곤란한 묘목

시기적으로 상품화가 곤란하거나 상품화를 할 수 있는 시기에 이르지 아니한 묘목에 대하여는 이전비와 고손율을 감안한 고손액의 합계액으로 평가한다. 이 경우 이전비는 임시로 옮겨

심는데 필요한 비용으로 평가하며, 고손율은 1퍼센트 이하의 범위안에서 정하되 주위의 환경 또는 계절적 사정 등 특별한 사유가 있는 경우에는 2퍼센트까지로 할 수 있다(토지보상법 시행규칙 제38조 제3항).

(다) 파종 또는 발아중인 묘목

파종 또는 발아중에 있는 묘목에 대하여는 가격시점까지 소요된 비용의 현가액으로 평가한다(토지보상법 시행규칙 제38조 제4항).

1) 상품화 할 수 없는 묘목 - 현가액

묘목이 파종 또는 발아 중에 있거나, 상품화할 수 있는 정도까지 생육하지 않아 아직은 상품화 할 수 없는 묘목의 경우 사실상 이식이 불가능하고 그에 대한 거래사례도 없는 경우에 한하여 현가액으로 평가한다.

2) 상품화 할 수 있는 묘목 - 거래사례비교법

묘목이 상품화할 수 있는 정도까지 생육하였으나 해당 묘목에 대한 시장수요가 없는 경우이거나, 생육상태가 불량하여 거래사례가 없는 묘목은 현가액으로 평가할 수 없고, 정상적인 묘목의 거래가격을 기준으로 적정하게 감가하여 거래사례비교법으로 평가하여야 한다.

(라) 물건의 가액으로 보상하는 묘목

물건의 가격으로 보상하는 묘목에 대하여는 거래사례가 있는 경우에는 거래사례비교법에 의하여 평가하고, 거래사례가 없는 경우에는 가격시점까지 소요된 비용의 현가액으로 평가한다(토지보상법 시행규칙 제38조 제5항).

(2) 가식비의 의미

수목의 이전비는 이식비와 수목의 이식에 따른 고사로 인해 발생하는 손실액인 고손액의 합계액으로 구성되고, 이식이란 수목을 인위적인 방법으로 굴취 · 운반 · 상하차 · 식재하는 것으로서 전 과정에 걸쳐 활착 및 생육에 필요한 조치를 취하는 행위를 말하고, 식재란 어떤 장소에 반입 · 운반된 수목을 기준에 맞추어 심는 행위를 말하며, 그 과정에서 필요한 식재구덩이 파기, 나무 앉히기, 되메우기, 지주대 설치, 비료주기, 물주기, 가지다듬기, 약제살포, 기타 활착 및 생육에 필요한 손실, 뒷정리 등 모든 조치를 포함한다.

그 외 가식(임시식재)이란 식재하기 전에 일정기간 동안 지정된 장소에 임시로 식재하는 행위로서 수종, 규격 등에 따라 차이가 있을 수 있으나 식재의 여러 조치 중 일부가 제외된다. 따라서 수목이전비 산정방식과 가식비 산정방식의 차이점은 가식비는 정상적인 식재과정의 여러 조치 중 일부가 제외되는 경우라고 볼 수 있다.[211)]

라. 입목 등의 평가

입목이란 토지에 부착된 수목의 집단으로서 그 소유자가 입목에 관한 법률에 따라 소유권보존등기를 받은 것을 의미한다(입목에 관한 법률 제2조 제1호). 그러나 대법원은 입목에 관한 법률에 의한 등기를 하지 않은 입목도 명인방법에 의해서도 토지와 별도로 소유권을 인정하고 있다. 따라서 입목에 관한 법률에 따라 소유권보존의 등기를 받거나 명인방법에 의해 공시되고 있지 않아도 토지와 별도의 경제적 가치를 지니는 수목 또는 수목의 집단도 입목에 포함된다.

【판시사항】

집달관의 공시문을 붙인 팻말의 설치가 확인판결의 집행행위로서는 적법시될 수 없으나 입목에 대한 명인방법으로서 유효하다고 본 사례(대법원 1989. 10. 13. 선고 89다카9064 판결)

【판결요지】

명인방법의 실시는 법률행위가 아니며 목적물인 입목이 특정인의 소유라는 사실을 공시하는 팻말의 설치로 다른 사람이 그것을 식별할 수 있으면 명인방법으로서는 충분한 것이니, 갑이 제3자를 상대로 입목소유권확인판결을 받아 확정된 후 법원으로부터 집행문을 부여받아 집달관에게 의뢰하여 그 집행으로 집달관이 임야의 입구부근에 그 지상입목들이 갑의 소유에 속한다는 공시문을 붙인 팻말을 세웠다면, 비록 확인판결이 강제집행의 대상이 될 수 없어서 위 확인판결에 대한 집행문의 부여나 집달관의 집행행위가 적법시될 수 없더라도 집달관의 위 조치만으로써 명인방법이 실시되었다고 할 것이니 그 이후 임야의 소유권을 취득한 자는 갑의 입목소유권을 다툴 수 없다.

---

211) 국토교통부 2012. 10. 9. 공공지원팀-1903 질의회신 참조.

(1) 평가방법

입목(죽목을 포함한다)에 대하여는 벌기령(「산림자원의 조성 및 관리에 관한 법률 시행규칙」 별표 3에 따른 기준벌기령을 말한다.) · 수종 · 주수 · 면적 및 수익성 그 밖에 가격형성에 관련되는 제요인을 종합적으로 고려하여 평가한다(토지보상법 시행규칙 제39조 제1항).

[별표 3] 〈개정 2017. 12. 11.〉

기준벌기령, 벌채 · 굴취기준 및 임도 등의 시설기준

(제7조제2항 및 제48조의5 관련)

1. 기준벌기령

구분	국유림	공 · 사유림 (기업경영림)
가. 일반기준벌기령		
소나무 (춘양목보호림단지)	60년 (100년)	40년(30년) (100년)
잣나무	60년	50년(40년)
리기다소나무	30년	25년(20년)
낙엽송	50년	30년(20년)
삼나무	50년	30년(30년)
편백	60년	40년(30년)
기타 침엽수	60년	40년(30년)
참나무류	60년	25년(20년)
포플러류	3년	3년
기타 활엽수	60년	40년(20년)
나. 특수용도기준벌기령 펄프, 갱목, 표고 · 영지 · 천마 재배, 목공예, 목탄, 목초액, 섬유판, 산림바이오매스에너지의 용도로 사용하고자 할 경우에는 일반기준벌기령중 기업경영림의 기준벌기령을 적용한다. 다만, 소나무의 경우에는 특수용도기준벌기령을 적용하지 않는다.		

비고
1. 불량림의 수종갱신을 위한 벌채, 피해목 · 옻나무 · 약용류(「임업 및 산촌진흥촉진에 관한 법률 시행규칙」 별표 1에서 정한 약용류 중 약용을 목적으로 식재한 수목으로 한정한다) 또는 지장목의 벌채와 임지생산능력급수 Ⅰ급지부터 Ⅲ급지까지의 지역에서 리기다소나무를 벌채하는 경우에는 기준벌기령을 적용하지 않는다.
2. 특수용도기준벌기령을 적용받으려는 자는 입목벌채허가 신청 시 별지 제53호서식의 목재사용계획서에 목재를 펄프, 갱목, 표고 · 영지 · 천마 재배, 목공예, 목탄, 목초액, 섬유판, 산림바이오매스에너지의 용도로 직접 사용하려 한다는 사실을 증명하는 서류를 첨부하여 관할 특별자치시장 · 특별자치도지사 · 시장 · 군수 · 구청장 또는 지방산림청국유림관리소장에게 제출하여야 한다. 이 경우 특별자치시장 · 특별자치도지사 · 시장 · 군수 · 구청장 또는 지방산림청국유림관리소장은 「전자정부법」 제36조제1항에 따른 행정정보의 공동이용을 통하여 신청인의 사업자등록증명을 확인하여야 하고, 신청인이 확인에 동의하지 아니하는 경우에는 이를 첨부하도록 하여야 한다.

(가) 지장물인 조림된 용재림

'조림된 용재림'이라 함은「산림자원의 조성 및 관리에 관한 법률」제13조에 따른 산림경영계획인가를 받아 사업하였거나 산림의 생산요소를 기업적으로 경영 · 관리하는 산림으로서「입목에 관한 법률」제8조[212]에 따라 등록된 입목의 집단 또는 이에 준하는 산림을 말한다(토지보상법 시행규칙 제39조 제4항).

1) 벌기령에 달한 용재림

지장물인 조림된 용재림중 벌기령에 달한 용재림은 손실이 없는 것으로 본다. 다만, 용재림을 일시에 벌채하게 되어 벌채 및 반출에 통상 소요되는 비용이 증가하거나 목재의 가격이 하락하는 경우에는 그 손실을 평가하여 보상하여야 한다(토지보상법 시행규칙 제39조 제2항).

2) 벌기령에 달하지 아니한 용재림

지장물인 조림된 용재림중 벌기령에 달하지 아니한 용재림에 대하여는 다음의 구분에 따라 평가한다(토지보상법 시행규칙 제39조 제3항).

가) 당해 용재림의 목재가 인근시장에서 거래되는 경우 : 거래가격에서 벌채비용과 운반비를 뺀 금액. 이 경우 벌기령에 달하지 아니한 상태에서의 매각에 따른 손실액이 있는 경우에는 이를 포함한다.

나) 당해 용재림의 목재가 인근시장에서 거래되지 않는 경우 : 가격시점까지 소요된 비용의 현가액. 이 경우 보상액은 당해 용재림의 예상총수입의 현가액에서 장래 투하비용의 현가액을 뺀 금액을 초과하지 못한다.

3) 기준벌기령 의제

지장물인 용재림을 보상평가함에 있어 벌기령의 10분의 9 이상을 경과하였거나 그 입목의 성장 및 관리상태가 양호하여 벌기령에 달한 입목과 유사한 입목의 경우에는 벌기령에 달한

---

212) 입목에 관한 법률 제8조(입목의 등록) ① 소유권보존의 등기를 받을 수 있는 수목의 집단은 이 법에 따른 입목등록원부에 등록된 것으로 한정한다.
② 제1항의 등록을 받으려는 자는 그 소재지를 관할하는 특별자치도지사, 시장, 군수 또는 구청장(자치구의 구청장을 말한다. 이하 같다)에게 신청하여야 한다. 등록된 사항의 변경등록을 받으려 할 때에도 또한 같다.

것으로 본다(토지보상법 시행규칙 제39조 제5항).

4) 벌채비용 부담자

지장물인 조림된 용재림 중 벌기령에 달하지 아니한 용재림을 보상한 경우 해당 입목의 벌채비용은 사업시행자가 부담한다(토지보상법 시행규칙 제39조 제6항).

(나) 자연림

1) 조림된 용재림과 유사한 자연림

자연림으로서 수종 · 수령 · 면적 · 주수 · 입목도 · 관리상태 · 성장정도 및 수익성 등이 조림된 용재림과 유사한 자연림의 평가에 관하여 이를 준용한다(토지보상법 시행규칙 제39조 제7항).

2) 조림된 용재림과 유사하지 않은 자연림

조림된 용재림과 유사하지 않은 자연림은 원칙적으로 입목의 보상평가 방법을 적용할 수 없다. 다만, 이러한 자연림이 별도의 보상대상으로 제시된 경우 지정물인 조림된 용재림 중 벌기령에 달하지 아니한 용재림의 보상평가방법을 준용할 수 있다.

그러나 벌채비용과 운반비의 합계액이 목재의 거래가격을 초과하는 경우에는 별도의 경제적 가치가 없어 손실이 있다고 볼 수 없으므로 평가하지 아니한다.

(2) 사업시행자가 취득하는 입목

사업시행자가 취득하는 입목은 지장물인 조림된 용재림 중 벌기령에 달하지 아니한 용재림의 보상평가방법을 준용한다(토지보상법 시행규칙 제39조 제8항). 이 경우 벌채비용은 사업시행자가 부담한다.

(3) 이동이 금지되는 수목

법령에 따라 굴취후 이동행위가 금지되는 수목(가령 소나무재선충병 방제특별법 제9조에 의한 반출금지역 안에서의 소나무 반출)의 경우, 토지보상법 제75조 제1항에 따른 이전하기 어려운 경우에 해당하는 것이라고 봄이 타당하다. 따라서 이러한 경우에는 이전에 필요한 비용 즉 이전비(이식비)로 보상하여야 한다. 즉, 반출이 금지되는 구역 안의 수목을 이식비로 보상하는 경우는 반출 가능성여부를 조사하여야 한다.

7. 농작물의 평가

가. 평가방법

농작물을 수확하기 전에 토지를 사용하는 경우의 농작물의 손실은 농작물의 종류 및 성숙도 등을 종합적으로 고려하여 다음의 구분에 따라 평가한다(토지보상법 시행규칙 제41조 제1항).

(1) 파종중 또는 발아기에 있거나 묘포에 있는 농작물 : 가격시점까지 소요된 비용의 현가액

(2) 위 (1)의 농작물외의 농작물 : 예상총수입의 현가액에서 장래 투하비용의 현가액을 뺀 금액. 이 경우 보상당시에 상품화가 가능한 풋고추 · 들깻잎 또는 호박 등의 농작물이 있는 경우에는 그 금액을 뺀다. 여기서 '예상총수입'이라 함은 당해 농작물의 최근 3년간(풍흉작이 현저한 연도를 제외한다)의 평균총수입을 기준으로 산정하며, 장래 투하비용은 직접생산비 · 간접생간비 및 기타의 경비 등으로 산정한다.

나. 농작물 평가시 고려사항

농작물은 원칙적으로 이전이 불가능하다. 따라서 농작물 평가시에는 이러한 특성을 감안하여 농작물이 지장물인 경우에도 이전가능성 및 이전비 가액을 초과하는지 여부 등에 대해서는 별도의 검토가 필요없다.

【질의요지】

판매용으로 재배중인 농작물(잔듸)에 대하여 영농손실보상과 별도로 지장물 이전보상을 하여야 하는지

【질의회신】

토지보상법 제75조 제2항의 규정에 의하면 농작물에 대한 손실을 그 종류와 성장정도 등을 종합적으로 참작하여 보상하여야 한다고 규정하고 있고, 같은 법 시행규칙 제41조 제1항의 규정에 의하면 농작물을 수확하기 전에 토지를 사용하는 경우의 농작물의 손실은 농작물의 종류 및 성숙도 등을 종합적으로 고려하여 평가하도록 되어 있으므로 귀 질의상 농작물(잔듸)을 수확하기 전에 토지를 사용하는 경우에는 위 규정에 따라 그 손실을 보상하여야 한다고 본다(2008. 7. 4. 토지정책과-1827).

다. 영농손실보상과 지장물 이전보상의 병행

토지보상법 제75조 제2항의 규정에 의하면 농작물에 대한 손실은 그 종류와 성장정도 등을 종합적으로 참작하여야 한다고 규정하고 있고, 같은 법 시행규칙 제41조 제1항의 규정에 의하면 농작물을 수확하기 전에 토지를 사용하는 경우의 농작물의 손실은 농작물의 종류 및 성숙도 등을 종합적으로 고려하여 평가하도록 되어 있으므로 만일 농작물의 수확전 토지를 사용하는 경우에는 농작물보상과 농업손실보상은 별도의 보상이므로 농업손실보상과는 별도로 농작물보상을 하여야 한다.

라. 농업용 자산에 대한 평가

당해 지역에서 경작하고 있는 농지의 3분의 2 이상에 해당하는 면적이 공익사업시행지구에 편입됨으로 인하여 농기구를 이용하여 해당 지역에서 영농을 계속할 수 없게 된 경우(과수 등 특정한 작목의 영농에만 사용되는 특정한 농기구의 경우에는 공익사업시행지구에 편입되는 면적에 관계없이 해당 지역에서 해당 영농을 계속할 수 없게 된 경우를 말한다) 해당 농기구에 대해서는 매각손실액을 평가하여 보상하여야 한다. 다만, 매각손실액의 평가가 현실적으로 곤란한 경우에는 원가법에 의하여 산정한 가격의 60퍼센트 이내에서 매각손실액을 정할 수 있다(토지보상법 시행규칙 제48조 제6항).

한편, 사업구역에 편입된 이후 사업구역내 토지를 대상으로 새로이 영농행위에 착수한 자의 농기구 등 농업용 자산은 보상대상 물건으로 취급하지 아니하며, 경작지가 사업구역에 편입되기 전부터 당해 경작지에서 계속 영농행위를 해왔더라도 당해 공공사업을 위한 관계법령에 의한 고시 등이 있는 후에 구입한 농기구는 조사대상에서 제외된다.[213]

8. 토지에 속한 흙 · 돌 · 모래 또는 자갈 등

가. 평가방법

(1) 별도 취득대상이 되는 경우

토지에 속한 흙 · 돌 · 모래 또는 자갈 등이 해당 토지와 별도로 취득 또는 사용의 대상이 되는 경우에는 거래가격 등을 고려하여 평가한 적정가격으로 보상하여야 한다(토지보상법

213) 1993. 11. 26. 토정 58307-2104.

제75조 제1항). 여기서 '흙 · 돌 · 모래 또는 자갈이 당해 토지와 별도로 취득 또는 사용의 대상이 되는 경우'란 흙 · 돌 · 모래 또는 자갈이 속한 수용대상 토지에 관하여 토지의 형질변경 또는 채석 · 채취를 적법하게 할 수 있는 행정적 조치가 있거나 그것이 가능하고 구체적으로 토지의 가격에 영향을 미치고 있음이 객관적으로 인정되어 토지와는 별도의 경제적 가치가 있다고 평가되는 경우 등을 의미한다.

【판시사항】

'흙 · 돌 · 모래 또는 자갈이 당해 토지와 별도로 취득 또는 사용의 대상이 되는 경우'의 의미 (대법원 2014. 4. 24. 선고 2012두16534 판결)

【판결요지】

구 공익사업을 위한 토지 등의 취득 및 보상에 관한 법률(2011. 8. 4. 법률 제11017호로 개정되기 전의 것) 제75조 제3항은 "토지에 속한 흙 · 돌 · 모래 또는 자갈(흙 · 돌 · 모래 또는 자갈이 당해 토지와 별도로 취득 또는 사용의 대상이 되는 경우에 한한다)에 대하여는 거래가격 등을 참작하여 평가한 적정가격으로 보상하여야 한다."라고 규정하고 있다. 위 규정에서 '흙 · 돌 · 모래 또는 자갈이 당해 토지와 별도로 취득 또는 사용의 대상이 되는 경우'란 흙 · 돌 · 모래 또는 자갈이 속한 수용대상 토지에 관하여 토지의 형질변경 또는 채석 · 채취를 적법하게 할 수 있는 행정적 조치가 있거나 그것이 가능하고 구체적으로 토지의 가격에 영향을 미치고 있음이 객관적으로 인정되어 토지와는 별도의 경제적 가치가 있다고 평가되는 경우 등을 의미한다.

(2) 별도 취득대상이 되지 않는 경우

흙 · 돌 · 모래 또는 자갈이 당해 토지와 별도로 취득 또는 사용의 대상이 되는 경우에 해당하지 않는 경우 이는 별도의 보상대상으로 되지 않는다. 따라서 그에 대한 평가는 토지의 구성부분으로서 토지의 가치형성에 영향을 미치는 개별요인 중의 하나로 참작할 수 있을 뿐이다.

【판시사항】

토지수용에 대한 이의재결을 함에 있어 양질의 점토가 함유된 토지라는 사정을 외면한 채 단순히 지목이 같은 인근토지의 가격만을 기준으로 한 손실보상액 산정의 적부(대법원 1985. 8. 20. 선고 83누581 판결)

【판결요지】

> 양질의 점토가 다량함유되어 있는 토지를 매수하여 적벽돌 공장을 신축하고자 하는 자로부터 동 토지를 수용한 경우, 위 토지에 함유된 점토가 토지와 독립하여 별개의 보상원인이 되는 것은 아니라 하더라도 위와 같은 점토의 존재와 토지소유자들의 이용계획등에 비추어 수용재결당시 위 토지의 가격이 인근 일반토지의 가격에 비하여 상승되어 있었을 것이라는 점을 추측하기 어렵지 아니하므로 위 수용에 대한 이의재결을 함에 있어 이러한 사정들을 참작한 토지의 수용재결당시의 시가를 평가함이 없이 단순히 지목이 같은 인근의 일반토지가격을 비교한 유추가격을 토대로 손실보상액을 결정하였음은 위법하다.

나. 토지에서 분리된 흙 등 – 이전보상

통상 보상의 대상은 공익사업을 위한 필요성뿐만 아니라, 대상의 비대체성 즉, 다른 수단으로는 그 공익사업의 수행을 할 수 없는 비대체성이 인정되어야 한다. 그런데 토지에서 분리된 흙 등은 그것이 비대체성이 있다고 보기 어렵다. 따라서 그와 같은 경우에는 원칙적으로 취득 또는 사용의 보상대상이 아니며, 지장물로서 이전보상의 대상이 될 뿐이다.

9. 분묘에 대한 보상액의 산정

가. 보상액 산정방법

「장사 등에 관한 법률[214)]」 제2조 제16호에 따른 연고자가 있는 분묘에 대한 보상액은 다음 각 호의 합계액으로 산정한다. 다만, 사업시행자가 직접 산정하기 어려운 경우에는 감정평가업자에게 평가를 의뢰할 수 있다(토지보상법 시행규칙 제42조 제1항). 여기서 분묘란 시신등을 매장하는 시설을 말하는데, '매장'이란 시신(임신 4개월 이후에 죽은 태아를 포함한다. 이하 같다)이나 유골을 땅에 묻어 장사(葬事)하는 것을 말하며, '연고자'란 사망한 자와 사망한 자의 배우자, 자녀, 부모, 자녀 외의 직계비속, 부모 외의 직계비속, 형제 · 자매, 사망하기 전에 치료 · 보호 또는 관리하고 있었던 행정기관 또는 치료 · 보호기관의 장으로서 대통령령으로 정하는 사람, 가목부터 사목까지에 해당하지 아니하는 자로서 시신이나 유골을 사실상 관리하는 자를 말한다.

---

214) 장사 등에 관한 법률에는 분묘 외에도 봉안시설 · 자연장지 등이 다양한 장사의 유형을 규정하고 있다. 토지보상법 시행규칙 제42조는 위 유형중 분묘의 보상평가에 한하여 적용한다.

(1) 분묘이전비 : 4분판 1매 · 마포 24미터 및 전지 5권의 가격, 제례비, 노임 5인분(합장인 경우에는 사체 1구당 각각의 비용의 50퍼센트를 가산한다) 및 운구차량비

(2) 석물이전비 : 상석 및 비석 등의 이전실비(좌향이 표시되어 있거나 그 밖의 사유로 이전사용이 불가능한 경우에는 제작 · 운반비를 말한다)

(3) 잡비 : (1) 및 (2)에 의하여 산정한 금액의 30퍼센트에 해당하는 금액

(4) 이전보조비 : 100만원

위 각 이전보조비는 화장을 하는 경우에도 동일하게 지급하여야 한다.[215)]

분묘이장비(단위 : 원) 2021. 7. 1 기준 - LH 분기별 법정보상비 산정액)

단장 이장비	합장 이장비
3,532,890	4,526,430

* 분묘주변의 석물, 수목 등의 이전비는 별도 감정평가한 금액으로 합산하여 보상한다.

* 합장부터는 사체 1구당 4분판, 마표, 전지, 재례비, 노임 합계액의 50%를 가산하여 보상한다.

나. 운구차량비

운구차량비는「여객자동차 운수사업법 시행령」제3조제2호 나목의 특수여객자동차운송사업에 적용되는 운임 · 요금중 당해 지역에 적용되는 운임 · 요금을 기준으로 산정한다(토지보상법 시행규칙 제42조 제2항).

다. 무연고 분묘

연고자가 없는 분묘에 대한 보상액은 분묘이전비, 석물이전비, 잡비 등의 합계금액의 50퍼센트 이하의 범위 안에서 산정한다(토지보상법 시행규칙 제42조 제3항).

라. 분묘기지권

타인의 토지에 합법적으로 분묘를 설치한 자는 관습상 그 토지 위에 지상권에 유사한 일종의 물권인 분묘기지권을 취득하나, 이는 지상권으로 점유권과 유사한 성격을 가지므로 양도가

215) 1994. 5. 6. 토정 8307-679.

불가할 뿐만 아니라 그 효력이 미치는 범위 안에서 새로운 분묘를 설치하거나 원래의 분묘를 다른 곳으로 이장할 권능은 포함되지 않는다. 따라서 이를 이전할 경우 그 권리가 소멸되기 때문에 별도의 보상대상이 되는 소유권 외의 권리에 해당되지 않는다. 따라서 분묘의 보상평가시에는 타인의 토지상에 분묘가 있고 기준시점 당시에 분묘기지권이 있다고 하여도 이는 고려 대상이 되지 않는다.

【판시사항】

분묘기지권에 그 효력이 미치는 범위 안에서 새로운 분묘를 설치하거나 원래의 분묘를 다른 곳으로 이장할 권능이 포함되는지 여부(대법원 2007. 6. 28. 선고 2007다16885 판결)

【판결요지】

타인의 토지에 합법적으로 분묘를 설치한 자는 관습상 그 토지 위에 지상권에 유사한 일종의 물권인 분묘기지권을 취득하나(대법원 1962. 4. 26. 선고 4294민상1451 판결, 2000. 9. 26. 선고 99다14006 판결 등 참조), 분묘기지권에는 그 효력이 미치는 범위 안에서 새로운 분묘를 설치하거나 원래의 분묘를 다른 곳으로 이장할 권능은 포함되지 않는다(대법원 1958. 6. 12. 선고 4290민상771 판결, 2001. 8. 21. 선고 2001다28367 판결 등 참조).

마. 분묘이전비 청구권자 및 분묘이전의무자

제사주재자는 우선적으로 망인의 공동상속인들 사이의 협의에 의해 정하되, 협의가 이루어지지 않는 경우에는 제사주재자의 지위를 유지할 수 없는 특별한 사정이 있지 않은 한 망인의 장남(장남이 이미 사망한 경우에는 장남의 아들, 즉 장손자)이 제사주재자가 되고, 공동상속인들 중 아들이 없는 경우에는 망인의 장녀가 제사주재자가 되며,[216] 그 주재자가 분묘이전비 청구권 및 분묘 이전의무를 갖는다.

216) 대법원 2008. 11. 20. 선고 2007다27670 전원합의체 판결.

Ⅸ. 권리의 보상액 산정방법

감정평가 실무기준 830 권리의 보상평가

1 목적

이 절은 토지보상법 등 법령에 따라 공익사업의 시행으로 제한 · 정지 또는 취소되는 광업권 · 어업권 등 권리에 대한 손실보상을 위한 감정평가를 수행할 때 준수하여야 할 구체적 기준을 정함으로써 권리 보상평가의 공정성과 신뢰성을 제고하는 것을 목적으로 한다.

2 적용

① 광업권의 보상평가는 토지보상법 시행규칙 제43조 및 「광업법 시행규칙」 제19조 등 감정평가관계법규에서 따로 정한 것을 제외하고는 이 절에서 정하는 바에 따르고, 이 절에서 정하지 않은 사항은 [100 총칙]부터 [600 물건별 감정평가]까지의 규정을 준용한다.

② 어업권 보상평가는 토지보상법 시행규칙 제44조, 제63조 및 「수산업법」 시행령 〈별표4〉 등 감정평가관계법규에서 따로 정한 것을 제외하고는 이 절이 정하는 바에 따른다.

③ 제2항의 어업권 보상평가에 관한 기준은 허가어업 및 신고어업(「내수면어업법」 제11조제2항에 따른 신고어업을 제외한다)의 손실보상을 위한 감정평가에 이를 준용한다.

3 정의

이 절에서 사용하는 용어의 뜻은 다음 각 호와 같다.

1. "광업"이란 광물의 탐사 및 채굴과 이에 따르는 선광 · 제련이나 그 밖의 사업을 말한다.
2. "광업권"이란 탐사권과 채굴권을 말한다.

3. “탐사권”이란 등록을 한 일정한 토지의 구역(이하 “광구”라 한다)에서 등록을 한 광물과 이와 같은 광상에 묻혀 있는 다른 광물을 탐사하는 권리를 말한다.
4. “채굴권”이란 광구에서 등록을 한 광물과 이와 같은 광상에 묻혀 있는 다른 광물을 채굴하고 취득하는 권리를 말한다.
5. “광업손실”이란 공공사업의 시행으로 인하여 광업권의 취소 및 광구의 감소처분 또는 광산의 휴업으로 인한 손실과 기계장치 · 구축물(갱도포함) · 건축물 등(이하 “시설물”이라 한다)에 관한 손실을 말한다.
6. “탐사”란 광산 · 탄전 등의 개발을 위하여 광상을 발견하고 그 성질 · 상태 및 규모 등을 알아내는 작업으로서 물리탐사 · 지화학탐사 · 시추탐사 및 굴진탐사를 말한다.
7. “채광”이란 목적광물의 채굴 · 선광 · 제련과 이를 위한 시설을 하는 것을 말한다.
8. “어업”이란 수산동식물을 포획 · 채취하거나 양식하는 사업을 말한다.
9. “어업권”이란 「수산업법」 제8조 및 「내수면어업법」 제6조에 따른 면허를 받아 어업을 경영할 수 있는 권리를 말한다.
10. “허가어업”이란 「수산업법」 제41조 및 「내수면어업법」 제9조에 따른 허가를 얻은 어업을 말한다.
11. “신고어업”이란 「수산업법」 제47조 및 「내수면어업법」 제11조에 따른 신고를 한 어업을 말한다.
12. “어업손실”이란 공익사업의 시행 등으로 인하여 어업권 · 허가어업 · 신고어업(이하 “어업권등”이라 한다)이 제한 · 정지 또는 취소되거나 「수산업법」 제14조 또는 「내수면어업법」 제13조에 따른 어업면허의 유효기간의 연장이 허가되지 아니하는 경우 해당 어업권등 및 어선 · 어구 또는 시설물(이하 “시설물등”이라 한다)에 대한 손실을 말한다.
13. “어업취소손실”이란 공익사업의 시행 등으로 인하여 어업권등의 효력이 상실되거나 「수산업법」 제14조 또는 「내수면어업법」 제13조에 따른 어업면허의 유효기간의 연장이 허가되지 아니하여 발생한 손실을 말한다.
14. “어업정지손실”이란 공익사업의 시행 등으로 인하여 어업권등이 정지되어 발생한 손실을 말한다.

15. “어업제한손실”이란 공익사업의 시행 등으로 인하여 어업권등이 제한되어 발생한 손실을 말한다.
16. “전문용역기관”이란 「수산업법」 시행령 제69조 관련 〈별표4〉의 해양수산부장관이 지정하는 수산에 관한 전문 조사 · 연구기관 또는 교육기관을 말한다.

4 광업권 보상평가

4.1 광업권 보상평가의 대상

광업권 보상평가의 대상은 사업시행자가 보상평가를 목적으로 제시한 것으로 한다.

4.2 광업권의 소멸에 대한 감정평가

4.2.1 유형별 감정평가방법

① 광업권자가 조업 중이거나 정상적으로 생산 중에 휴업한 광산으로서 광물의 생산실적이 있는 경우에는 장래 수익성을 고려한 광산의 감정평가액을 기준으로 이전이나 전용이 가능한 시설물의 잔존가치를 뺀 금액에서 그 이전비를 더하여 감정평가한다.
② 다음 각 호의 어느 하나에 해당하는 경우에는 해당 광산개발에 투자된 비용과 현재시설의 감정평가액에서 이전이나 전용이 가능한 시설의 잔존가치를 뺀 금액에 이전비를 더하여 감정평가한다.
 1. 탐사권자가 탐사를 시작한 경우
 2. 탐사권자가 탐사실적을 인정받은 경우
 3. 채굴권자가 채굴계획의 인가를 받은 후 광물생산실적이 없는 경우
③ 탐사권자가 등록을 한 후 탐사를 시작하지 아니하거나 채굴권자가 채굴계획인가를 받지 아니한 경우에는 등록에 든 비용으로 산정한다.
④ 다음 각 호의 어느 하나에 해당하는 경우에는 광업손실이 없는 것으로 본다.
 1. 휴업중인 광산으로서 광물의 매장량이 없는 경우
 2. 채광으로 채산이 맞지 아니하는 정도로 매장량이 소량인 경우
 3. 제1호 또는 제2호에 준하는 상태인 경우

4.2.2 광산의 감정평가방법

광산의 감정평가는 [620-2.3]을 준용한다.

4.2.3 시설물의 감정평가방법

이전 또는 전용이 가능한 시설물의 잔존가치 및 이전비는 시설물의 종류에 따라 토지보상법 등 감정평가관계법규에서 정하는 바에 따라 감정평가한다.

4.3 광산의 휴업에 대한 감정평가

조업 중인 광산이 토지등의 사용으로 휴업을 한 경우에는 휴업기간에 해당하는 영업이익을 기준으로 감정평가한다. 이 경우 영업이익은 최근 3년간의 연평균 영업이익을 기준으로 한다.

5 어업권 보상평가

5.1 어업권 보상평가의 대상

① 어업권 보상평가의 대상은 사업시행자가 보상평가를 목적으로 제시한 것으로 한다.

② 어업권 보상평가를 할 때에는 피해범위, 어업피해손실의 구분, 피해정도 등은 전문용역기관의 조사결과를 참고할 수 있으며, 다만 조사결과가 불분명하거나 판단하기 어려운 경우에는 사업시행자와 협의 등을 거쳐 판단할 수 있다.

5.2 어업권 감정평가방법

어업권의 보상평가는 「수산업법」 시행령 별표 4에 따른다.

제1장 광업권의 보상

1. 광업법에서 정하는 용어의 정의

이 법에서 사용하는 용어의 뜻은 다음과 같다(광업법 제3조).

가. 광업

'광업'이란 광물의 탐사(探査) 및 채굴과 이에 따르는 선광(選鑛) · 제련 또는 그 밖의 사업을 말한다.

나. 광업권

'광업권'이란 탐사권과 채굴권을 말한다. 광업권은 물권으로 하고, 광업법에서 따로 정한 경우 외에는 부동산에 관하여「민법」과 그 밖의 법령에서 정하는 사항을 준용하며, 광업권은 광업의 합리적 개발이나 다른 공익과의 조절을 위하여 이 법이 규정하는 바에 따라 제한할 수 있다(광업법 제10조).

다. 탐사권

'탐사권'이란 등록을 한 일정한 토지의 구역(이하 '광구'라 한다)에서 등록을 한 광물과 이와 같은 광상(鑛床)에 묻혀 있는 다른 광물을 탐사하는 권리를 말한다.

(1) 상속 · 양도 등 금지

탐사권은 상속, 양도, 체납처분 또는 강제집행의 경우 외에는 권리의 목적으로 하거나 타인이 행사하게 할 수 없다.

(2) 탐사권의 존속기간

탐사권의 존속기간은 7년을 넘을 수 없으며, 그 연장은 허용되지 않는다(광업법 제12조 제1항).

(3) 탐사계획 신고

탐사권자는 굴진탐사(광체의 분포 · 품위 등을 파악하기 위하여 갱도를 만들어 수행하는 탐사방법을 말한다)를 하여서는 아니 된다. 다만, 불가피한 사유로 산업통상자원부장관의 허가를 받은 경우에는 그러하지 아니하다(광업법 제40조).

(4) 탐사실적 제출

탐사권자는 탐사계획을 신고한 날부터 3년 이내에 산업통상자원부장관에게 탐사실적을 제출하여야 한다. 이 경우 탐사실적의 제출은 채굴권설정의 출원으로 본다(광업법 제41조 제1항).

라. 채권권

'채굴권'이란 광구에서 등록을 한 광물과 이와 같은 광상에 묻혀 있는 다른 광물을 채굴하고 취득하는 권리를 말한다. 채굴되지 아니한 광물은 채굴권의 설정 없이는 채굴을 할 수 없으며, 산업통산부장관은 제출받은 탐사실적이 기준에 적합하여 탐사실적을 인정할 때는 채굴권설정의 허가를 하여야 한다(광업법 제41조 제3항).

(1) 채굴계획인가

채굴권자는 채굴을 시작하기 전에 산업통산부장관의 채굴계획 인가를 받아야 하며, 이를 받지 아니하면 광물을 채굴하거나 취득할 수 없다.

(2) 상속 · 양도 등 제한

채굴권은 상속, 양도, 조광권 · 저당권의 설정, 체납처분 또는 강제집행의 경우 외에는 권리의 목적으로 하거나 타인이 행사하게 할 수 없다(광업법 제11조 제2항).

(3) 채굴권의 존속기간

채굴권자는 채굴권의 존속기간이 끝나기 전에 대통령령으로 정하는 바에 따라 산업통상자원부장관의 허가를 받아 채굴권의 존속기간을 연장할 수 있다. 이 경우 연장할 때마다 그 연장기간은 20년을 넘을 수 없다(광업법 제12조 제3항).

마. 조망권

'조광권(租鑛權)'이란 설정행위에 의하여 타인의 광구에서 채굴권의 목적이 되어 있는 광물을 채굴하고 취득하는 권리를 말한다.

2. 광업권의 보상

가. 보상방법 - 적정가격 보상

광업권 · 어업권 및 물(용수시설을 포함한다) 등의 사용에 관한 권리에 대하여는 투자비용, 예상 수익 및 거래가격 등을 고려하여 평가한 적정가격으로 보상하여야 한다(토지보상법 제76조).

나. 광업권의 평가

(1) 광업권 손실평가 방법 등

(가) 손실평가 방법

광업권에 대한 손실의 평가는 「광업법 시행규칙」 제19조에 따른다(토지보상법 시행규칙 제43조 제1항).

1) 조업 중인 광산이 토지등의 사용으로 인하여 휴업하는 경우

토지 등의 사용으로 인하여 조업 중인 광산이 휴업하는 경우의 손실은 휴업기간에 해당하는 영업이익을 기준으로 평가한다(같은 조 제2항). 이 경우 영업이익은 최근 3년간의 연평균 영업이익을 기준으로 한다.

2) 일부 필지에만 채광계획인가나 생산실적이 있는 경우

광업권에 의하여 광업권이 설정되어 있는 광구라 하더라도 채광에 따른 경제성이 없어 일부만 채광하고 있는 경우라면 전체광구가 채광계획인가 및 생산실적이 있는 것으로 보고 그 전체에 대한 보상은 어렵다. 따라 이러한 경우에는 광구전체를 보상하지 아니하고 현재 채광계획인가 및 생산실적이 있는 면적만을 기준으로 이를 보상하여야 한다.[217]

3) 광구의 입체적 특정부분 제한

토지 등의 사용으로 인하여 조업 중인 광산이 광구의 입체적 특정부분에 한하여 채굴이 불가능하게 된 경우에는 광업권의 평가액에서 제한내용 등을 고려한 적정한 비율을 곱하여 보상평가한다.

217) 토관 5842-965, 1998. 6. 19. 질의회신 참조.

(나) 손실이 없는 것으로 보는 경우

휴업중인 광산으로 광물의 매장량이 없는 경우 및 채광으로 채산이 맞지 아니하는 정도로 매장량이 소량인 경우 그리고 이에 준하는 상태인 경우에는 손실이 없는 것으로 본다(같은 조 제3항).

(2) 손실의 산정기준 등

(가) 광업권자나 조광권자가 조업 중이거나 정상적으로 생산 중에 휴업한 광산으로서 광물의 생산실적이 있는 경우

광업법 제34조제4항 제1호에 따라 산업통상자원부령으로 정하는 자가 광산의 장래 수익성을 고려하여 산정한 광산평가액에서 이전(移轉)이나 전용(轉用)이 가능한 시설의 잔존가치(殘存價値)를 뺀 금액에 이전비를 합산한 금액으로 한다. 이 경우 평가된 지역 외의 지역에 해당 광산개발을 목적으로 취득한 토지 · 건물 등 부동산이 있는 경우에는 그 부동산에 대하여 「공익사업을 위한 토지 등의 취득 및 보상에 관한 법률」에서 정하는 보상기준을 준용하여 산정한 금액을 더한 금액으로 보상평가한다.

(나) 탐사권자가 탐사를 시작하였거나 탐사실적을 인정받은 경우와 채굴권자가 채굴계획 인가를 받은 후 광물의 생산실적이 없는 광산인 경우 해당 광산개발에 투자된 비용과 현재시설의 평가액에서 이전이나 전용이 가능한 시설의 잔존가치를 뺀 금액에 이전비를 합산한 금액으로 보상평가한다.

(다) 탐사권자가 등록을 한 후 탐사를 시작하지 아니하였거나 채굴권자가 채굴계획 인가를 받지 아니한 경우 이러한 경우에는 등록에 든 비용으로 한다.

3. 보상대상 및 보상절차

가. 보상대상

(1) 보상대상

광업법은 광산을 보상대상을 보고 이에 대한 보상을 규정하고 있다. 그에 반해 토지보상법은 광산을 구성하는 시설물들은 지장물로서 별도의 보상대상으로 본다. 따라서 토지보상법상

의 보상대상은 광업권만이다.

(2) 보상제외 대상 - 채굴의 제한

광업권자는 철도 · 궤도(軌道) · 도로 · 수도 · 운하 · 항만 · 하천 · 호(湖) · 소지(沼地) · 관개(灌漑)시설 · 배수시설 · 묘우(廟宇) · 교회 · 사찰의 경내지(境內地) · 고적지(古蹟地) · 건축물, 그 밖의 영조물의 지표 지하 50미터 이내의 장소 및 묘지의 지표 지하 30미터 이내의 장소의 어느 하나의 장소에서는 관할 관청의 허가나 소유자 또는 이해관계인의 승낙이 없으면 광물을 채굴할 수 없다(광업법 제44조 제1항). 이러한 채굴제한은 광업권이 설정된 후 설치한 시설물에도 적용된다.

【판시사항】

채굴제한이 특별한 재산상의 희생을 강요하는 것이지 여부(대법원 2014. 12. 11. 선고 2012다70760 판결)

【판결요지】

구 광업법(2007. 4. 11. 법률 제8355호로 전부 개정되기 전의 것, 이하 같다) 제48조 제1항은 '광업권자가 철도 · 궤도 · 도로 · 수도 · 운하 · 항만 · 하천 · 호 · 소지 · 관개 · 배수 · 시설 · 묘우 · 교회 · 사찰의 경내지 · 고적지 기타 영조물의 지표지하 50m 이내의 장소나 묘지 · 건축물의 지표지하 30m 이내의 장소에서는 각각 관할관청의 허가나 소유자 또는 이해관계인의 승낙 없이 광물을 채굴할 수 없다.'고 규정하고 있다. 위 규정은 광업의 수행과정에서 공공시설이나 종교시설 그 밖의 건축물이나 묘지 등의 관리운영에 지장을 초래하는 사태의 발생을 미연에 방지하기 위하여, 그 부근에서 광물을 채굴하는 경우에는 관할 관청의 허가나 소유자 또는 이해관계인의 승낙을 얻는 것이 필요함을 정한 것에 지나지 않고, 이러한 제한은 공공복리를 위하여 광업권에 당연히 따르는 최소한도의 제한이고 부득이한 것으로서 당연히 수인하여야 하는 것이지 특별한 재산상의 희생을 강요하는 것이라고는 할 수 없으므로, 광업권자가 위와 같은 채굴제한으로 인하여 손실을 입었다고 하여 이를 이유로 보상을 구할 수 없다(대법원 2005. 6. 10. 선고 2005다10876 판결 참조). 그리고 이러한 법리는 채굴제한을 받는 광업권의 경제적 가치 유무나 규모 또는 공익사업에 의한 시설이나 건축물 등의 설치 시기와 관계없이 구 광업법 제48조 제1항에 의한 채굴제한을 받는 광업권 일반에 모두 적용되고, 광업권의 설정 또는 채굴의 개시 이후에 시설이나 건축물 등이 설치된 경우에도 마찬가지라고 할 것이다(대법원 2014. 3. 27. 선고 2010다108197 판결 참조).

나. 보상절차

(1) 보상권자

산업통상자원부장관은 국가중요건설사업지 또는 그 인접 지역의 광업권이나 광물의 채굴이 국가중요건설사업에 지장을 준다고 인정할 때에는 광업권의 취소 또는 그 지역에 있는 광구의 감소처분을 할 수 있으며, 이에 따른 광업권의 취소처분 또는 광구의 감소처분으로 발생한 손실을 해당 광업권자[218]에게 보상하여야 한다. 또한, 산업통상자원부장관은 광업권의 취소처분 또는 광구의 감소처분에 따라 이익을 받은 자가 있을 경우에는 그 자에게 그 이익을 받은 한도에서 보상 금액의 전부나 일부를 부담시키는 것이 원칙이다. 그러나 현실적으로 산업통상자원부장관이 광구 감소처분 등을 하지 않는 경우는 사업시행자가 직접 보상하게 할 수 있다(광업법 제33조 제2항, 제5항).

(2) 광업권에 대한 손실에 입증책임

공익사업시행지구에 광업권이 편입되었다고 하여도 산업통산자원부장관의 광업권 취소나 광구감소처분이 없을 경우 광업권 자체가 당연히 소멸하는 것은 아니다. 그러므로 광업권에 대한 손실의 발생을 추정할 수는 없다. 따라서 광업권에 대한 보상을 위해서는 손실을 주장하는 자가 아래의 사실 등을 객관적이고 신빙할 수 있는 자료에 의하여 입증하여 한다.

(가) 해당지역 광물 매장사실

(나) 공익사업으로 인하여 채굴이 불가능하다는 사실

(다) 채굴이 불가능함으로 인한 손실의 범위

(라) 광업법 제44조 제1항(채굴실적의 인정 및 채굴권설정의 출원 등)에 따른 채굴제한지역이 아니라는 사실

---

218) (취소처분에 따른 광업권의 광구 부분 또는 감소처분에 따른 광구 부분에 조광권이 설정되어 있는 경우에는 그 조광권자를 포함한다.

4. 어업권

가. 수산업법에 따른 용어의 정의

이 법에서 사용하는 용어의 뜻은 다음과 같다(수산업법 제2조).

(1) 어업권

'어업권'[219]이란 수산업법 제8조에 따라 면허를 받아 어업을 경영할 수 있는 권리 및 내수면 어업법 제6조에 따라 면허를 받아 어업을 경영할 수 있는 권리를 말한다. 이러한 어업권은 어업면허를 받거나 어업권의 이전 또는 분할받은 자가 어업권원부에 등록함으로써 취득한다.

(2) 허가어업

허가어업이란 수산업법 제41조 및 내수면 어업법 제9조에 따른 허가를 얻은 어업을 말한다.

(3) 신고어업

수산업법 제47조 및 내수면 어업법 제11조에 따라 신고를 한 어업을 말한다.

나. 어업권의 평가

(1) 평가기준

공익사업의 시행으로 인하여 어업권이 제한 · 정지 또는 취소되거나 「수산업법」 제14조 또는 「내수면어업법」 제13조에 따른 어업면허의 유효기간의 연장이 허가되지 아니하는 경우 해당 어업권 및 어선 · 어구 또는 시설물에 대한 손실의 평가는 「수산업법 시행령」 별표 4에 따른다(토지보상법 시행규칙 제44조 제1항).

---

219) 수산업법 제16조(어업권의 취득과 성질) ① 제8조에 따라 어업면허를 받은 자와 제19조에 따라 어업권을 이전받거나 분할받은 자는 제17조의 어업권원부에 등록을 함으로써 어업권을 취득한다.
② 어업권은 물권(物權)으로 하며, 이 법에서 정한 것 외에는 「민법」중 토지에 관한 규정을 준용한다.
③ 어업권과 이를 목적으로 하는 권리에 관하여는 「민법」중 질권(質權)에 관한 규정을 적용하지 아니한다.
④ 법인이 아닌 어촌계가 취득한 어업권은 그 어촌계의 총유(總有)로 한다.

[별표 4] 어업보상에 대한 손실액의 산출방법 · 산출기준 및 손실액산출기관 등(제69조 관련)

1. 어업별 손실액 산출방법

가. 법 제8조에 따른 면허어업의 경우로서 법 제34조제1항제1호부터 제6호까지 및 제35조제6호(법 제34조제1항제1호부터 제6호까지의 규정에 해당하는 경우로 한정한다)에 해당하는 사유로 어업권이 제한 · 정지 또는 취소되었거나 그 사유로 법 제14조에 따른 어업면허 유효기간의 연장이 허가되지 않은 경우

1) 어업권이 취소되었거나 어업권 유효기간의 연장이 허가되지 않은 경우: 평년수익액 ÷ 연리(12퍼센트) + 어선 · 어구 또는 시설물의 잔존가액

2) 어업권이 정지된 경우: 평년수익액 × 어업의 정지기간 + 시설물 등 또는 양식물의 이전 · 수거 등에 드는 손실액 + 어업의 정지기간 중에 발생하는 통상의 고정적 경비. 다만, 1)에 따른 보상액을 초과할 수 없다.

3) 어업권이 제한된 경우: 평년수익액과 제한기간이나 제한 정도 등을 고려하여 산출한 손실액. 다만, 1)에 따른 보상액을 초과할 수 없다.

나. 법 제41조에 따른 허가어업 및 법 제47조에 따른 신고어업의 경우로서 법 제34조제1항제1호부터 제6호까지의 규정과 법 제35조제6호(법 제34조제1항제1호부터 제6호까지의 규정에 해당하는 경우로 한정한다)에 해당하는 사유로 허가어업 또는 신고어업이 제한 · 정지 또는 취소된 경우. 다만, 법 제49조제1항 및 제3항에 따라 준용되는 법 제34조제1항제1호부터 제3호까지의 규정에 해당하는 사유로 허가어업 또는 신고어업이 제한된 경우는 제외한다.

1) 허가어업 또는 신고어업이 취소된 경우: 3년분 평년수익액 + 어선 · 어구 또는 시설물의 잔존가액

2) 허가어업 및 신고어업이 정지된 경우(어선의 계류를 포함한다): 평년수익액 ×어업의 정지기간 또는 어선의 계류기간+어업의 정지기간 또는 어선의 계류기간 중에 발생하는 통상의 고정적 경비. 다만, 1)에 따른 보상액을 초과할 수 없다.

3) 허가어업 또는 신고어업이 제한되는 경우: 어업의 제한기간 또는 제한 정도

등을 고려하여 산출한 손실액. 다만, 1)에 따른 보상액을 초과할 수 없다.

다. 법 제72조제2항 및 「수산자원관리법」 제43조제2항에 따른 이전 또는 제거 명령에 따른 경우로서 측량 · 검사에 장애가 되는 물건에 대한 이전 또는 제거 명령을 받고 이전 또는 제거를 한 경우와 소하성어류의 통로에 방해가 되는 물건에 대한 제거명령을 받고 제거 공사를 한 경우: 물건의 이전 또는 제거 공사에 드는 비용과 이전 또는 제거로 인하여 통상적으로 발생하는 손실

2. 어업별 손실액 산출방법에 관련된 용어의 정의 및 산출기준

가. 면허어업, 허가어업 및 신고어업의 손실액 산출방법에서 "평년수익액"이란 평균 연간어획량을 평균 연간판매단가로 환산한 금액에서 평년어업경비를 뺀 금액을 말한다. 이 경우 평균 연간어획량, 평균 연간판매단가 및 평년어업경비의 산출기준은 다음과 같다.

1) 평균 연간어획량의 산출기준

가) 3년 이상의 어획실적(양식어업의 경우 생산실적을 말한다. 이하 같다)이 있는 경우: 법 제96조제2항 및 「수산자원관리법」 제12조제4항에 따라 보고된 어획실적, 양륙량(揚陸量) 또는 판매실적(보상의 원인이 되는 처분을 받은 자가 보고된 실적 이상의 어획실적 등이 있었음을 증거서류로 증명한 경우에는 그 증명된 실적을 말한다)을 기준으로 산출한 최근 3년 동안의 평균어획량(양식어업의 경우 생산량을 말한다. 이하 같다)으로 하되, 최근 3년 동안의 어획량은 보상의 원인이 되는 처분일이 속하는 연도의 전년도를 기준연도로 하여 소급 기산(起算)한 3년 동안(소급 기산한 3년의 기간 동안 일시적인 해양환경의 변화로 연평균어획실적의 변동폭이 전년도에 비하여 1.5배 이상이 되거나 휴업 · 어장정비 등으로 어획실적이 없어 해당 연도를 포함하여 3년 동안의 평균어획량을 산정하는 것이 불합리한 경우에는 해당 연도만큼 소급 기산한 3년 동안을 말

한다)의 어획량을 연평균한 어획량으로 한다.

나) 어획실적이 3년 미만인 경우: 다음의 계산식에 따라 계산한 추정 평균 어획량

(1) 면허어업: 해당 어장의 실적기간 중의 어획량 × 인근 같은 종류의 어업의 어장(통상 2개소)의 3년 평균어획량 ÷ 인근 같은 종류의 어업의 어장의 해당 실적기간 중의 어획량

(2) 허가어업 또는 신고어업: 해당 어업의 실적기간 중의 어획량 × 같은 규모의 같은 종류의 어업(통상 2건)의 3년 평균어획량 ÷ 같은 규모의 같은 종류의 어업의 해당 실적기간 중의 어획량. 다만, 같은 규모의 같은 종류의 어업의 어획량이 없으면 비슷한 규모의 같은 종류의 어업의 어획량을 기준으로 3년 평균어획량을 계산한다.

※ (1) 및 (2)의 계산식에서 실적기간은 실제 어획실적이 있는 기간으로 하되, 같은 규모 또는 비슷한 규모의 같은 종류의 어업의 경우에는 손실을 입은 자의 실제 어획실적이 있는 기간과 같은 기간의 실제 어획실적을 말한다.

※ 어획량의 기본단위는 킬로그램을 원칙으로 하고, 어획물의 특성에 따라 생물(生物) 중량 또는 건중량(乾重量)을 기준으로 한다. 다만, 김은 마른 김 1속을 기준으로 하고, 어획물을 내용물 중량으로 환산할 필요가 있으면 해양수산부장관이 고시하는 수산물가공업에 관한 생산고 조사요령의 수산물 중량환산 및 수율표를 기준으로 한다.

2) 평균 연간판매단가의 산출기준

가) 평균 연간판매단가는 보상액의 산정을 위한 평가시점 현재를 기준으로 하여 소급 기산한 1년 동안의 수산물별 평균 판매단가[해당 수산물이 계통출하(系統出荷)된 주된 위판장의 수산물별 · 품질등급별 판매량을 수산물별로 가중평균하여 산출한 평균 판매단가를 말한다]로 한다.

나) 계통출하된 판매실적이 없는 경우 등의 평균 연간판매단가는 가)의 평균 연간판매단가에도 불구하고 다음과 같이 계산한다.

(1) 계통출하된 판매실적이 없는 경우: 다음의 우선순위에 따른 가격을 기준으로 평균 연간판매단가를 계산해 낸다.

(가) 해당 지역 인근의 수산업협동조합의 위판가격

(나) 해당 지역 인근의 수산물도매시장의 경락가격

(2) 소급 기산한 1년의 기간 동안 어획물의 일시적인 흉작 · 풍작 등으로 어가(魚價)의 연평균 변동폭이 전년도에 비하여 1.5배 이상이 되어 가)의 평균 연간판매단가를 적용하는 것이 불합리한 경우: 소급 기산한 최초의 1년이 되는 날부터 다시 소급하여 기산한 1년 동안의 평균 판매단가에 소급하여 기산한 최초의 1년 동안의 수산물 계통출하 판매가격의 전국 평균 변동률을 곱한 금액으로 한다.

3) 평년어업경비의 산출기준

평년어업경비는 보상액 산정을 위한 평가시점 현재를 기준으로 1년 동안 소급하여 기산한 해당 어업의 연간 어업경영에 필요한 경비로 하되, 경비항목 및 산출방법은 다음과 같다.

가) 경비항목

구분	경비항목
1. 생산관리비	① 어미고기 및 수산종자 구입비 ② 미끼구입비 ③ 사료비 ④ 유지보수비 ⑤ 연료 및 유류비 ⑥ 전기료 ⑦ 약품비 ⑧ 소모품비 ⑨ 어장관리비[어장 청소, 해적생물(害敵生物) 구제(驅除) 및 표지시설 설치 등] ⑩ 자원조성비 ⑪ 용선료(傭船料)
2. 인건비	① 어업자 본인의 인건비 ② 본인 외의 사람에 대한 인건비
3. 감가상각비	① 시설물 ② 어선 또는 관리선[선체, 기관 및 의장품(艤裝品) 등 포함] ③ 어구 ④ 그 밖의 장비 및 도구
4. 판매관리비	① 가공비 ② 보관비 ③ 용기대 ④ 판매수수료 ⑤ 판매잡비(운반 · 포장 등)
5. 그 밖의 잡비	① 각종 세금과 공과금 ② 어장행사료 ③ 주식 · 부식비 ④ 복리후생비 ⑤ 보험료 및 공제료 ⑥ 그 밖의 경비

나) 산출방법

(1) 평년어업경비는 가)에서 규정하고 있는 경비항목별로 계산하되, 규정된 경비항목 외의 경비가 있으면 그 밖의 경비항목에 포함시켜 전체 평년어업경비가 산출되도록 해야 한다.

(2) 경비항목별 경비 산출은 어선의 입항 및 출항에 관한 신고사항, 포획 · 채취물의 판매실적, 유류 사용량, 임금정산서, 보험료 및 공제료, 세금납부실적, 국토교통부의 건설공사표준품셈 등 수집 가능한 자료를 확보 · 분석하고 현지 실제조사를 통하여 객관적이고 공정하게 해야 한다. 다만, 인건비, 감가상각비 및 판매관리비 중 판매수수료의 산출은 다음과 같이 한다.

(가) 인건비 중 어업자 본인의 인건비는 본인 외의 사람의 인건비의 평균단가를 적용하고, 본인 외의 사람의 인건비는 현실단가를 적용하되, 어업자가 직접 경영하여 본인 외의 자의 인건비가 없으면 「통계법」 제18조에 따른 승인을 받아 작성 · 공포한 제조부문 보통인부의 노임단가를 적용한다. 이 경우 제29조제1항에 따른 신고어업에 대한 인건비는 투입된 노동시간을 고려하여 계산해야 한다.

(나) 감가상각비는 신규 취득가격을 기준으로 하여 해당 자산의 내용연수(耐用年數)에 따른 상각률을 적용하여 계산한 상각액이 매년 균등하게 되도록 계산해야 한다. 이 경우 어선의 내용연수 및 잔존가치율은 다음과 같이 하되, 어선의 유지 · 관리 상태를 고려하여 이를 단축 · 축소할 수 있다.

선질별	내용연수(년)	잔존가치율(%)
강선	25	20
F.R.P.선	20	10
목선	15	10

(다) 판매관리비 중 판매수수료는 해당 어선의 주된 양륙지 또는 어업장이 속한 지역에 있는 수산업협동조합의 위판수수료율을 적용한다.

(3) 생산관리비 중 소모품비와 감가상각비의 적용대상 구분은 내용연수

를 기준으로 하여 내용연수가 1년 이상인 것은 감가상각비로, 1년 미만인 것은 소모품비로 한다.

(4) 수산 관련 법령에서 규정하고 있는 수산종자 살포, 시설물의 철거 등 어업자의 의무사항은 어장면적 및 경영규모 등을 고려하여 적정하게 계산해야 한다.

(5) 산출된 경비가 일시적인 요인으로 통상적인 경우보다 변동폭이 1.5배 이상이 되어 이를 적용하는 것이 불합리하다고 판단되면 인근 비슷한 규모의 같은 종류의 어업(같은 종류의 어업이 없는 경우에는 비슷한 어업) 2개 이상을 조사하여 평균치를 적용할 수 있다.

(6) 어업생산주기가 1년 이상 걸리는 경우 수산종자 구입비, 사료비, 어장관리비 및 판매관리비 등 생산주기와 연계되는 경비항목에 대해서는 생산주기로 나누어 연간 평균 어업경비를 계산해야 한다. 이 경우 생산주기는 국립수산과학원의 관할 연구소와 협의하여 정한다.

나. 면허어업, 허가어업 및 신고어업의 손실액 산출방법에서 "어선 · 어구 또는 시설물의 잔존가액"이란 보상액의 산정을 위한 평가시점 현재를 기준으로 하여 「감정평가 및 감정평가사에 관한 법률」에 따른 평가방법 및 기준에 따라 평가한 어선 · 어구 또는 시설물의 잔존가액을 말한다. 다만, 해당 잔존가액은 보상을 받으려는 자가 어선 · 어구 또는 시설물을 재사용하는 등의 사유로 보상을 신청하지 않으면 손실액 산출에서 제외한다.

다. 면허어업, 허가어업 및 신고어업의 손실액산출방법에서 "통상의 고정적 경비"란 어업의 정지기간 중 또는 어선의 계류기간 중에 해당 시설물 또는 어선 · 어구를 유지 · 관리하기 위하여 통상적으로 발생하는 경비를 말한다.

3. 어업별 손실액의 산출방법 및 산출기준 등에 따른 어업별 손실액의 산출에 대한 예외로서 다음 각 목의 어느 하나에 해당하는 정당한 사유가 없음에도 불구하고 어업실적이 없어 제1호 및 제2호의 어업별 손실액의 산출방법 및 산출기준 등에 따라 어업별 손실액을 산출할 수 없는 경우의 어업별 손실액은 어업의 면허 · 허가 또는 신고에 든 인지세 · 등록세 등 모든 경비와 해당 어업의 어선 · 어구 또는 시설물의

매각이나 이전에 따른 손실액으로 한다.

가. 법 제34조제1항제1호부터 제6호까지 및 제35조제6호(법 제34조제1항제1호부터 제6호까지의 규정에 해당하는 경우로 한정한다)에 해당하는 사유로 면허 · 허가를 받거나 신고한 어업을 처분하여 어업실적이 없는 경우. 다만, 법 제81조제1항제1호 단서에 따라 보상대상에서 제외되는 법 제34조제1항제1호부터 제3호까지의 규정(법 제49조제1항 및 제3항에 따라 준용되는 경우를 포함한다)에 해당하는 사유로 허가를 받거나 신고한 어업이 제한되는 경우는 제외한다.

나. 그 밖에 법 제30조에 따른 휴업, 태풍 피해 복구 등 정당한 사유가 있는 경우

4. 어업별 손실액의 산출기관 등

가. 어업별 손실액의 산출기관

1) 보상의 원인이 되는 처분을 한 행정기관: 제66조제1항에 따라 보상을 받으려는 자가 제출한 서류로 어업별 손실액을 계산할 수 있는 경우

2) 전문기관: 제66조제1항에 따라 보상을 받으려는 자가 제출한 서류로 어업별 손실액을 계산할 수 없는 경우

나. 전문기관에 의한 손실액의 산출 등

1) 행정관청은 제66조제1항에 따른 서류로 손실액을 계산할 수 없으면 피해의 범위와 정도에 대하여 해양수산부장관이 지정하는 수산에 관한 전문조사 · 연구기관 또는 교육기관으로 하여금 손실액 산출을 위한 용역조사를 하게 한 후 그 조사결과를 토대로 「감정평가 및 감정평가사에 관한 법률」에 따른 2명 이상의 감정평가사에게 손실액의 평가를 의뢰하되, 법 제81조제2항에 따라 보상액을 부담할 수익자가 있으면 수익자에게 용역조사 및 손실액 평가를 의뢰하게 할 수 있다. 다만, 지정된 손실액조사기관으로부터 조사 신청이 없는 경우 등 용역조사를 할 수 없는 부득이한 경우에는 감정평가사에게 용역조사 및 손실액 평가를 함께 의뢰할 수 있다.

2) 1)에 따라 용역조사나 손실액 평가를 의뢰받은 자(이하 "조사평가자"라 한다)는 신뢰성 있는 어업경영에 관한 증거자료나 인근 같은 종류의 어업의 생산실적 등을 조사하거나 평가하여 손실액을 계산해야 한다.

3) 조사 · 평가를 의뢰한 행정관청 또는 수익자는 손실액 산정의 적정성을 확인하기 위하여 필요하면 조사평가자에게 조사 또는 평가에 관련된 증거자료 및 보완자료의 제출을 요구할 수 있다. 이 경우 조사평가자는 요구한 자료를 지체 없이 제출해야 한다.

4) 조사 · 평가를 의뢰한 행정관청 또는 수익자는 조사평가자의 조사 또는 평가 결과가 관계 법령을 위반하여 조사 또는 평가되었거나 부당하게 조사 또는 평가되었다고 인정하면 해당 조사평가자에게 그 사유를 밝혀 다시 조사 또는 평가를 의뢰할 수 있으며, 조사평가자의 조사 또는 평가 결과가 적정한 것으로 인정할 수 없는 특별한 사유가 있으면 다른 조사평가자에게 손실액의 조사 또는 평가를 다시 의뢰할 수 있다. 이 경우 보상액의 산정은 다시 평가한 손실액의 산술평균치를 기준으로 한다.

5) 1) 및 4)에 따른 용역조사 및 평가에 드는 경비는 법 제81조에 따라 보상의 책임이 있는 자가 부담해야 한다.

6) 해양수산부장관은 1)에 따라 지정한 수산에 관한 전문조사연구기관 또는 교육기관이 다음의 어느 하나에 해당하면 그 지정을 취소할 수 있다. 이 경우 지정이 취소된 기관은 그 취소가 있는 날부터 3년 이내에는 다시 손실액 산출을 위한 용역기관으로 지정받을 수 없다.

가) 거짓이나 그 밖의 부정한 방법으로 지정을 받았거나 조사를 한 경우

나) 조사자료를 제출하지 않았거나 그 내용이 부실한 경우

7) 해양수산부장관은 1) 또는 6)에 따라 용역조사기관을 지정하거나 그 지정을 취소한 경우에는 그 사실을 관보에 고시해야 한다.

8) 1) 및 4)에 따라 손실액 산출에 관한 조사 또는 평가를 의뢰받은 조사평가자나 조사평가를 의뢰한 수익자는 조사 및 평가에 필요한 범위에서 행정관청, 어선의 입항 · 출항 신고기관, 수산업협동조합 등에 관련 서류의 열람 · 발급을 요청할 수 있으며, 요청을 받은 행정관청 등은 특별한 사유가 없으면 그 요청에 따라야 한다.

9) 8)에 따라 조사평가자 또는 수익자가 행정관청에 서류의 열람 · 발급을 의뢰할 때에는 다음 각 호의 사항을 적은 의뢰서를 제출해야 한다.

가) 의뢰자의 주소 · 성명 또는 명칭

나) 열람하거나 발급받으려는 목적

다) 열람하거나 발급받으려는 내용

라) 열람 · 발급이 필요한 서류 또는 공문서의 종류 및 수량

10) 1)부터 7)까지에서 규정한 사항 외에 용역조사 및 손실액 평가의 의뢰절차 등에 관하여 필요한 사항은 해양수산부장관이 정하여 고시한다.

【판시사항】

공유수면에 대한 공공사업 시행으로 인한 손실보상 또는 손해배상을 청구할 수 있는 공유수면 어업자의 범위 및 공공사업에 의한 제한이 있는 상태에서 어업에 관한 허가 또는 신고가 이루어진 것인지를 판단하는 기준(대법원 2011. 7. 28. 선고 2011두5728 판결)

【판결요지】

공유수면의 어업자에게 공공사업의 시행으로 인한 손실보상 또는 손해배상을 청구할 수 있는 피해가 발생하였다고 볼 수 있으려면 그 사업시행에 관한 면허 등의 고시일은 물론이고 사업시행 당시에도 적법한 면허어업자 · 허가어업자 또는 신고어업자로서 어업에 종사하고 있어야 한다. 위 사업시행의 면허 등 고시 이후에 비로소 이루어진 어업허가나 어업신고는 그 공유수면에 대한 공공사업의 시행과 이로 인한 허가 또는 신고어업의 제한이 이미 객관적으로 확정되어 있는 상태에서 그 제한을 전제로 한 것으로서, 그 이전에 어업허가 또는 신고를 마친 어업자와는 달리 위 공공사업이 시행됨으로써 그렇지 아니할 경우에 비하여 그 어업자가 얻을 수 있는 이익이 감소된다고 하더라도 손실보상의 대상이 되는 특별한 손실을 입게 되었다고 할 수 없으므로 이에 대하여는 손실보상 또는 손해배상을 청구할 수 없다. 그리고 어업에 관한 허가 또는 신고의 경우 그러한 공공사업에 의한 제한이 있는 상태에서 이루어진 것인지 여부는 당해 허가 또는 신고를 기준으로 하여야 하며, 그 이전에 받았으나 이미 유효기간이 만료한 어업허가 또는 신고를 기준으로 할 수는 없다.

(2) 다른 어장에 시설을 이전하여 어업이 가능한 경우

공익사업의 시행으로 인하여 어업권이 취소되거나 「수산업법」 제14조 또는 「내수면어업법」 제13조에 따른 어업면허의 유효기간의 연장이 허가되지 아니하는 경우로서 다른 어장에

시설을 이전하여 어업이 가능한 경우 해당 어업권에 대한 손실의 평가는「수산업법 시행령」 별표 4 중 어업권이 정지된 경우의 손실액 산출방법 및 기준에 의한다(토지보상법 시행규칙 제44조 제2항).

(3) 보상대상 제외

(가) 보상계획 공고 등 후 어업면허 취득

보상계획의 공고(동항 단서의 규정에 의하는 경우에는 토지소유자 및 관계인에 대한 보상계획의 통지를 말한다) 또는 사업인정의 고시가 있은 날 이후에 어업권의 면허를 받은 자는 보상대상에서 제외된다(토지보상법 시행규칙 제44조 제3항.

(나) 국방이나 수산자원 증식 등을 위한 필요한 경우

시장 등이 수산장원의 증식 · 보호를 위하여 필요한 경우, 군사훈련 또는 주요 군사기지의 보위를 위하여 필요한 경우, 국방을 위하여 필요하다고 인정되어 국방부장관이 요청한 경우 등에 해당되어 허가어업 또는 신고어업을 제외한 경우에는 보상대상에서 제외된다.

(다) 면허 등을 받지 아니하고 한 어업

수산업법 제66조는 "누구든지 이 법 또는「수산자원관리법」에 따른 어업 외의 어업의 방법으로 수산동식물을 포획 · 채취하거나 양식하여서는 아니 된다."고 규정있다. 따라서 어업과 관련된 면허 · 허가 등을 받지 아니한 어업은 보상에서 제외된다.

(라) 어업권원부에 등록되지 아니한 관행어업

1991. 1. 2. 수산업법 개정당시 입어[220] 및 입어자[221]를 신설하고, 이 법 시행당시 공동어업의 어장 안에서 입어관행이 있는 자로서 종전의 규정에 의하여 어업권원부에 입어자로 등록하지 아니한 자는 이 법 시행일부터 2년 이내인 1993. 2. 1.까지 어업권원부에 등록을 한 경우에 한하여 입어자로 보도록 되어 있다(부칙 제11조 제2항). 따라서 현재는 어업권원에 등록되지 아니한 관행어업은 보상대상이 아니다.

---

220) 입어란 입어자가 공동어업(1995. 12. 30. 마을어업으로 개정)의 어장에서 수산동식물을 포획 · 채취하는 것을 말한다.

221) 입어자란 어업의 신고를 한자로서 공동어업권(1995. 12. 30)자로 마을어업권으로 개정)이 설정되기 전부터 해당 수면에서 계속적으로 수산동식물을 포획 · 채취하여 온 사실이 대다수 사람들에게 인정되는 자 중 어업권원부에 등록된 자를 말한다.

(마) 공익사업을 위하여 필요한 경우

어업권자 면허 등을 받을 때 공익사업의 시행 등으로 필요한 경우 어업권 면허 등은 취소된다. 그리고 공익사업의 시행으로 인한 보상청구를 포기한다는 부관이 어업권등록원부에 기재된 경우에는 보상대상에서 제외되며, 그러한 부관[222]의 효력은 그 후의 양수인에게도 미친다.

【판시사항】

어업권자가 면허를 받을 때 및 기간연장허가를 받을 때 개발사업의 시행으로 인한 일체의 보상청구를 포기하겠다고 하여 그러한 취지의 부관이 어업권등록원부에 기재된 경우 부관의 효력(출처 : 대법원 1993. 6. 22. 선고 93다17010 판결)

【판결요지】

어업권자가 면허를 받을 때 및 기간연장허가를 받을 때 개발사업의 시행으로 인한 일체의 보상청구를 포기하겠다고 하여 그러한 취지의 부관이 어업권등록원부에 기재된 경우 부관의 효력은 그 후의 양수인에게도 미친다.

(바) 한정어업면허

어업이 제한된 구역이나 어업면허가 취소된 수면에서 어업을 하려는 자에게는 관계 행정기관의 장과 협의하거나 승인을 받아 따로 면허기간 등을 정하여 '한정어업면허'를 할 수 있는데(수산업법 제15조), 이러한 한정어업면허는 보상대상이 아니다.

(4) 관련 규정준용

위의 규정은 허가어업 및 신고어업(「내수면어업법」 제11조제2항의 규정에 의한 신고어업을 제외한다)에 대한 손실의 평가에 관하여 이를 준용한다(토지보상법 시행규칙 제44조 제4항). 다만, 내수면 어업법 제11조 제2항에 따른 사유수면에서의 신고어업은 어업권보상에서 제외하고 영업보상으로 처리한다.

222) 법률행위가 성립하면 보통 바로 효력이 생기지만 법률행위의 당사자가 법률행위 효력의 발생이나 소멸에 조건을 붙여 제한하기도 하는데, 이처럼 법률행위 효력의 발생이나 소멸을 제한하려고 법률행위에 부가한 약관을 법률행위의 부관이라 한다.

【판시사항】

양식어업이나 정치어업에 관하여 관행어업권이 성립될 수 있는지 여부(소극)(대법원 2001. 12. 11. 선고 99다56697 판결.

【판결요지】

구 수산업법(1990. 8. 1. 법률 제4252호로 개정되기 전의 것)상의 관행어업권은 면허에 의하여 인정되는 어업권과 같이 일정한 공유수면을 전용(전용)하면서 그 수면에서 배타적으로 수산동식물을 채포할 수 있는 독점적인 권리라기보다는 단지 타인의 방해를 받지 않고 일정한 공유수면에 출입하면서 수산동식물을 채포할 수 있는 권리에 지나지 않는 것으로, 일정한 수면을 구획하여 그 수면의 바닥을 이용 또는 기타 시설을 하여 패류·해조류 등 수산동식물을 인위적으로 증식하는 양식어업이나 일정한 수면을 구획하는 어구를 정치하여 수산동물을 채포하는 정치어업에 관하여는 성립될 여지가 없다.

따라서 일정한 시설의 고정설치에 의한 굴 채묘어업은 그 어업형태로 보아 일정 수면을 구획하여 배타적으로 지배하며 어업시설을 장기간 정치하는 점에서 양식어업이나 정치어업과 다르지 아니하므로 관행어업권의 대상으로 될 수 없다.

다. 공익사업시행지구밖의 어업의 피해에 대한 보상

(1) 보상방법

공익사업의 시행으로 인하여 해당 공익사업시행지구 인근에 있는 어업에 피해가 발생한 경우 사업시행자는 실제 피해액을 확인할 수 있는 때에 그 피해에 대하여 보상하여야 한다. 이 경우 실제 피해액은 감소된 어획량 및 「수산업법 시행령」 별표 4의 평년수익액 등을 참작하여 평가한다(토지보상법 시행규칙 제63조 제1항).

어업권등보상평가지침

제 3 장 어업피해손실평가

제15조【어업피해손실】 ① 토지보상법 제4조에 규정된 공익사업 등의 사업시행으로 인한 어업피해에 대한 손실로서 피해의 크기에 따라 소멸(폐지)손실과 부분손실로 각각 구분한다. 다만, 어업피해조사 결과와 관계없이 사업시행자가 어업처분을 결정하여 평가의뢰한 경우에는 각각의 어업처분손실평가 규정을 준용한다.
② 어업손실보상에서 피해범위, 어업피해손실의 구분, 피해정도(연간피해율, 피해기간)등은 전문용역기관의 조사결과에 의하고 조사결과가 불분명하거나 판단하기 어려운 경우 사업시행자에게 그 결정을 요청한다.

제16조【어업권소멸손실평가】어업권(면허어업)소멸손실평가는 다음의 산식에 의한다.

평가액 = 평년수익액 ÷ 12퍼센트 + 어선·어구 또는 시설물의 잔존가액

제17조【어업폐지손실평가】허가·신고어업 폐지손실평가는 다음의 산식에 의한다.

평가액 = 평년수익액 × 3년 + 어선·어구 또는 시설물의 잔존가액

제18조【부분손실평가】 ① 면허·허가·신고어업의 부분손실평가는 평년수익액에 피해정도(피해율과 피해기간을 참작하여 산출)를 감안하여 산정한다.
② 장래 피해기간동안의 피해보상액은 연12%로 환원하여 산정한다.
③ 면허·허가·신고어업의 부분손실보상액은 각각 제16조 및 제17조에 규정된 손실보상액을 초과할 수 없다.

(2) 보상액

보상액은「수산업법 시행령」별표 4에 따른 어업권 · 허가어업 또는 신고어업이 취소되거나 어업면허의 유효기간이 연장되지 아니하는 경우의 보상액을 초과하지 못한다(토지보상법 시행규칙 제63조 제2항).

(3) 보상 제외

사업인정고시일등 이후에 어업권의 면허를 받은 자 또는 어업의 허가를 받거나 신고를 한 자에 대하여는 위의 규정을 적용하지 아니한다(토지보상법 시행규칙 제63조 제3항).

라. 무허가 어업행위가 공익사업 시행으로 더 이상 계속할 수 없게 된 경우

허가 등을 받고 할 수 있는 어업행위를 사업인정고시일 등 전부터 관련 허가를 득하지 않는 채 계속 행하여 온 자가 공익사업의 시행으로 인하여 적법한 장소에서 어업을 계속해서 어업을 할 수 없게 된 경우 그 보상방법이 문제될 수 있다.

이러한 경우엔 통계법 제3조 제3항에 의거 통계작성기관이 조사 · 발표하는 가계조사통계의 도시근로자가구 월평균가계지출비를 기준으로 산정한 3인 가구 3개월분 가계지출비에 해당하는 금액을 어업손실에 대한 보상금으로 지급하되, 어업시설 · 원재료 · 제품 및 상품의 이전에 소요되는 비용 및 그 이전에 따른 감손상당액(영업시설등의 이전비용)은 별도로 보상한다. 다만, 본인 또는 생계를 같이 하는 동일 세대안의 직계존속 · 비속 및 배우자가 해당 공익사업으로 다른 영업에 대한 보상을 받은 경우에는 영업시설 등의 이전비용만 보상한다.

마. 어업허가 등의 소멸

어업에 관한 허가 또는 신고의 경우에는 어업면허와 달리 유효기간연장제도가 마련되어 있지 아니하므로 그 유효기간이 경과하면 그 허가나 신고의 효력이 당연히 소멸하며, 재차 허가를 받거나 신고를 하더라도 허가나 신고의 기간만 갱신되어 종전의 어업허가나 신고의 효력 또는 성질이 계속된다고 볼 수 없고 새로운 허가 내지 신고로서의 효력이 발생한다고 할 것이다.[223]

223) 대법원 2011. 7. 28. 선고 2011두5728 판결.

제2장 토지에 관한 소유권 외의 권리

1. 소유권 외의 권리의 개념

소유권 외의 권리란 토지의 소유권에 설정되어 있는 제한물권 또는 채권을 말한다. 그 외 지상권, 지역권, 전세권과 같은 용익물권과 유치권, 질권, 저당권과 같은 담보물권 그리고 채권인 사용대차 또는 임대차에 관한 권리 등이 포함된다.

2. 감정평가 방법

가. 감정평가시 고려사항

취득하는 토지에 설정된 소유권 외의 권리는 해당 권리의 종류, 존속기간 및 기대이익 등을 종합적으로 고려하여 감정평가한다. 이 경우 점유는 권리로 보지 아니한다(감정평가 실무지침 6.3.2).

나. 감정평가 방법

(1) 감정평가 산식

소유권 외의 권리의 목적이 되고 있는 토지는 다음과 같이 감정평가하되, 그 내용을 감정평가서에 기재하며, 지하 또는 지상공간에 송유관 또는 송전선로 등이 시설되어 있으나 보상이 이루어지지 않은 토지는 이에 구애됨이 없이 감정평가한다.

감정평가액 = 해당 토지의 감정평가액 – 해당 토지에 관한 소유권 외의 권리에 대한 감정평가액

다. 감정평가의 방식 – 거래사례비교법

토지에 관한 소유권 외의 권리는 거래사례비교법에 따라 감정평가하는 것을 원칙으로 하되, 일반적으로 양도성이 없는 경우에는 다음의 방법에 따를 수 있다(토지보상법 시행규칙 제28조 제2항 및 감정평가 실무지침 6.3.2.).

(1) 해당 권리의 유무에 따른 토지가액의 차이로 감정평가하는 방법

(2) 권리설정계약을 기준으로 감정평가하는 방법

(3) 해당 권리를 통하여 획득할 수 있는 장래기대이익의 현재가치로 감정평가하는 방법

3. 소유권 외의 권리

가. 지상권

(1) 지상권의 평가방법

지상권이란 타인의 토지에 건물이나 공작물이나 수목을 소유하기 위하여 그 토지를 사용하고자 하는 권리를 말하는데, 이러한 지상권은 원칙적으로 지상권을 통하여 획득할 수 있는 장래기대이익의 현재가치로 평가한다. 이 때 장래기대이익은 인근지역의 정상지료에서 실제지료를 차감한 액으로 하며, 확인기간은 지상권의 장래 존속기간으로 한다.

(2) 보상평가 제외

(가) 지료의 등기가 있는 경우

지상권 설정시 지료의 등기가 있는 경우 그와 관련된 지료증감청구권이 인정된다. 그러므로 정상지료와 실제지료는 동일하다고 보아야 하고 따라서 이러한 지상권은 별도의 경제적 가치가 없는 것으로 보아 보상평가하지 않는다. 다만, 지상권은 지료의 지급이 그의 요소가 아니기 때문에 무상의 지상권도 성립할 수 있고 이 경우 지료증감청구권도 발생할 여지가 없으므로 이때의 장래기대이익은 인근의 정상지료가 되고, 이를 지상권의 장래존속기간 동안 합한 것을 지상권의 가치로 본다.

【판시사항】

지상권 설정시 지료에 관한 약정이 없는 경우, 지료의 지급을 청구할 수 있는지 여부(대법원 1999. 9. 3. 선고 99다24874 판결)

【판결요지】

지상권에 있어서 지료의 지급은 그의 요소가 아니어서 지료에 관한 유상 약정이 없는 이상 지료의 지급을 구할 수 없는 것이며(대법원 1995. 2. 28. 선고 94다37912 판결, 1994. 12. 2. 선고 93다52297 판결 등 참조), 유상인 지료에 관하여 지료액 또는 그 지급시기 등의 약정은 이를 등기하여야만 그 뒤에 토지소유권 또는 지상권을 양수한 사람 등 제3자에게 대항할 수 있는 것이다(대법원 1996. 4. 26. 선고 95다52864 판결 참조).

그리고, 지료에 관하여 등기되지 않은 경우에는 무상의 지상권으로서 지료증액청구권도 발생할 수 없다 할 것이다.

(나) 저당권에 부대된 지상권

토지에 관하여 저당권과 함께 지상권을 취득한 경우 그 지상권은 저당권이 채무소멸 등으로 소멸되면 부종성의 원칙에 따라 그 존속기간이 남아있다고 하더라도 소멸한다. 따라서 저당권에 부대된 지상권은 별도의 가치가 없는 것으로 보아 보상대상에서 제외한다.

【판시사항】

토지에 관하여 저당권과 함께 지상권을 취득하는 경우, 당해 지상권의 효용(대법원 2004. 3. 29. 자 2003마1753 결정)

【결정요지】

토지에 관하여 저당권을 취득함과 아울러 그 저당권의 담보가치를 확보하기 위하여 지상권을 취득하는 경우, 특별한 사정이 없는 한 당해 지상권은 저당권이 실행될 때까지 제3자가 용익권을 취득하거나 목적 토지의 담보가치를 하락시키는 침해행위를 하는 것을 배제함으로써 저당 부동산의 담보가치를 확보하는 데에 그 목적이 있다고 할 것이므로, 그와 같은 경우 제3자가 비록 토지소유자로부터 신축중인 지상 건물에 관한 건축주 명의를 변경받았다 하더라도, 그 지상권자에게 대항할 수 있는 권원이 없는 한 지상권자로서는 제3자에 대하여 목적 토지 위에 건물을 축조하는 것을 중지하도록 요구할 수 있다.

(다) 분묘기지권

분묘기지권은 분묘를 수호하고 봉제사하는 목적을 달성하는 데 필요한 범위 내에서 타인의 토지를 사용할 수 있는 권리를 의미하는 것으로서, 이 분묘기지권에는 그 효력이 미치는 지역의 범위 내라고 할지라도 기존의 분묘 외에 새로운 분묘를 신설할 권능은 포함되지 않는다. 그러한 이유로 분묘기지권 자제로 별도의 경제적 가치를 가지는 것으로 볼 수 없기 때문에 이를 보상평가하지 않는다.

【판시사항】

분묘기지권의 효력이 미치는 지역적 범위(대법원 2001. 8. 21. 선고 2001다28367 판결)

【판결요지】

분묘기지권은 분묘를 수호하고 봉제사하는 목적을 달성하는 데 필요한 범위 내에서 타인의 토지를 사용할 수 있는 권리를 의미하는 것으로서, 이 분묘기지권에는 그 효력이 미치는 지역의 범위 내라고 할지라도 기존의 분묘 외에 새로운 분묘를 신설할 권능은 포함되지 아니하는 것이므로, 부부 중 일방이 먼저 사망하여 이미 그 분묘가 설치되고 그 분묘기지권이 미치는 범위 내에서 그 후에 사망한 다른 일방을 단분(단분)형태로 합장하여 분묘를 설치하는 것도 허용되지 않는다.

(라) 법정지상권 및 관습법상 법정지상권의 지료

토지와 건물이 동일인에 속하는 상태에서 건물에만 제한물권이 설정되었다가 나중에 토지와 건물의 소유자가 달라진 경우에 건물소유자를 보호하기 위하여 법률로 인정하는 지상권을 말한다. 법률상 당연히 성립하는 지상권(관습법상 지상권을 포함)이므로 등기 없이 성립하는 물권이다(민법 제187조). 법정지상권은 민법상 전세권에 의한 경매실행의 경우(민법 제305조)와 저당권의 실행(민법 제366조)에 의한 경우가 있다. 반면 판례가 인정하는 '관습법상의 법정지상권'은 토지와 건물이 동일소유자에게 속하였다가 토지이용권에 관한 합의 없이 매매 등으로 토지와 건물소유자가 달라진 경우에 지상권의 성립을 인정하는 것이다.

이러한 법정지상권 및 관습법상 법정지상권의 성격상 그 지료는 당사자의 청구에 의하여 법원이 결정하도록 규정하고 있는데, 이 경우 지료는 정상지료를 기준으로 하므로 법정지상권 등도 경제적 가치가 없는 것을 보아 보상평가하지 않는다.

나. 지역권

설정행위에서 정한 일정한 목적을 위하여 타인의 토지(승역지)를 자기의 토지(요역지)의 편익에 이용하는 용익물권(민법 제291조)을 말한다.

(1) 요역지 편입

지역권의 설정행위 후 요역지가 공익사업에 편입된 경우 승역지에 지역권을 설정하고 편익을 얻고 있는 상태대로 보상평가한다. 이 경우 지역권에 대하여는 별도로 평가하지 않는다.

(2) 승역지 편입

지역권은 요역지 토지의 권리이지 요역지 소유자의 권리는 아니다. 따라서 승역지가 공익사업에 편입된 경우 지역권은 별도로 보상평가하지 않는다. 다만, 요역지의 토지소유자는 이러한 경우 토지보상법 제79조 제1항의 규정에 의거하여 요역지에 투여한 시설비 또는 공사비(통로, 도랑, 담장 등의 시설 기타의 공사비) 등의 전부 또는 일부의 보상을 청구할 수는 있다.

다. 전세권

전세권자가 전세금을 지급하고 타인의 부동산을 점유하여 그 부동산의 용도에 좇아 사용 · 수익하는 용익물권이다(민법 제303조 이하). 이러한 전세권은 전세금의 증액청구를 인정하고 있고, 증액 비율의 상한을 규정하고 있으나, 그 비율이 적정하여 전세권에 기하여 장래기대이익이 발생한다고 볼 수는 없다. 그러므로 전세권은 별도의 보상평가하지 않는다.

라. 임차권

임대차계약(賃貸借契約)에 의하여 목적물을 사용 · 수익하는 임차인의 권리를 말한다. 이러한 임차권은 차임의 증감을 청구할 수 있고, 또 존속기간이 약정된 경우라도 법적으로 임대차에 기하여 장래기대이익이 발생한다고 볼 수는 없다. 따라서 임차권은 별도로 보상평가하지 않는다.

마. 담보물권

담보물권 채권담보를 위해 물건이 가지는 교환가치의 지배를 목적으로 하는 제한물권을 말하는데 민법상 유치권 · 질권 · 저당권 등의 3가지가 있다. 이러한 담보물권의 목적물이 수용되거나 사용된 경우 그 담보물권은 물권의 추급효로 인해 그 목적물의 수용 또는 사용으로 인하여 채무자가 받을 보상금에 대하여도 그 효력이 미친다. 따라서 담보물권은 별도로 보상평가하지 않는다.

제3장 건축물에 관한 소유권 외의 권리

1. 평가방법

물건의 가격으로 보상하여야 하는 건축물에 관한 소유권외의 권리의 평가 및 소유권외의 권리의 목적이 되고 있는 건축물의 평가에 관하여 각각 이를 준용한다(토지보상법 시행규칙 제34조)

2. 이전비로 보상하는 소유권 외의 권리

이전비로 보상하는 건축물에 관한 소유권 외의 권리는 말소되지 않는다. 따라서 별도의 보상 대상은 아니다.

Ⅹ. 영업의 손실 등에 대한 보상

토지보상법 840 영업손실의 보상평가

1 목적

이 절은 토지보상법 등 법령에 따라 공익사업의 시행으로 영업을 폐지 또는 휴업하는 경우에 손실보상을 위한 감정평가를 수행할 때 준수하여야 할 구체적 기준을 정함으로써 영업손실 보상평가의 공정성과 신뢰성을 제고하는 것을 목적으로 한다.

2 적용

토지보상법 등 법령에 따라 공익사업의 시행으로 영업을 폐지 또는 휴업하는 경우에 손실보상을 위한 감정평가(이하 "영업손실의 보상평가"라 한다)를 수행할 때에는 토지보상법 시행규칙 제45조부터 제47조까지 등 감정평가관계법규에서 따로 정한 것을 제외하고는 이 절에서 정하는 바에 따르고, 이 절에서 정하지 않은 사항은 [100 총칙]부터 [600 물건별 감정평가]까지의 규정을 준용한다.

3 정의

이 절에서 사용하는 용어의 뜻은 다음 각 호와 같다.

1. "영업이익"이란 기업의 영업활동에 따라 발생된 이익으로서 매출총액에서 매출원가와 판매비 및 일반관리비를 뺀 것을 말한다.
2. "소득"이란 개인의 주된 영업활동에 따라 발생된 이익으로서 자가노력비상당액(생계를 함께 하는 같은 세대안의 직계존속·비속 및 배우자의 것을 포함한다. 이하 같다)이 포함된 것을 말한다.
3. "영업의 폐지"란 공익사업시행지구에 편입된 영업이 다음 각 호의 어느 하나에 해당되어 영업을 폐지하는 것을 말한다.

가. 영업장소 또는 배후지(해당 영업의 고객이 소재하는 지역을 말한다. 이하 같다)의 특수성으로 인하여 해당 영업소가 소재하고 있는 시·군·구(자치

구를 말한다. 이하 같다) 또는 인접하고 있는 시 · 군 · 구 지역안의 다른 장소에 이전하여서는 해당 영업을 할 수 없는 경우

나. 해당 영업소가 소재하고 있는 시 · 군 · 구 또는 인접하고 있는 시 · 군 · 구 지역안의 다른 장소에서는 해당 영업의 허가등을 받을 수 없는 경우

다. 도축장 등 악취 등이 심하여 인근주민에게 혐오감을 주는 영업시설로서 해당 영업소가 소재하고 있는 시 · 군 · 구 또는 인접하고 있는 시 · 군 · 구 지역안의 다른 장소로 이전하는 것이 현저히 곤란하다고 특별자치도지사 · 시장 · 군수 또는 구청장(자치구의 구청장을 말한다)이 객관적인 사실에 근거하여 인정하는 경우

4. "영업의 휴업등"이란 공익사업시행지구에 편입된 영업이 다음 각 호의 어느 하나에 해당되는 경우를 말한다.

가. 공익사업의 시행으로 영업장소를 이전하여야 하는 경우

나. 공익사업에 영업시설의 일부가 편입됨에 따라 잔여시설에 그 시설을 새로 설치하거나 잔여시설을 보수하지 아니하고는 해당 영업을 계속할 수 없는 경우

다. 그 밖에 영업을 휴업하지 아니하고 임시영업소를 설치하여 영업을 계속하는 경우

4 영업손실 보상평가의 대상

① 영업손실 보상평가의 대상은 사업시행자가 보상평가를 목적으로 제시한 것으로 한다.
② 영업의 폐지 또는 영업의 휴업등에 대한 구분은 사업시행자의 의뢰내용에 의하되, 의뢰내용이 불분명하거나 그 구분에 이의가 있는 경우에는 사업시행자의 확인을 받아 처리한다.

5 영업의 폐지에 대한 손실의 감정평가

5.1 영업의 폐지에 대한 손실 감정평가방법

① 영업의 폐지에 대한 손실은 2년간의 영업이익(개인영업인 경우에는 소득을 말한다. 이하 같다)에 영업용 고정자산·원재료·제품 및 상품 등(이하 "영업용 고정자산

등"이라 한다)의 매각손실액을 더한 금액으로 감정평가한다.

② 임차인이 무허가건축물 등에서 사업인정고시일 등 1년 전부터 「부가가치세법」 제8조에 따른 사업자등록을 하고 영업하고 있는 경우에는 영업용 고정자산 등의 매각손실액을 제외한 감정평가액은 1천만원을 초과하지 못한다.

5.2 영업이익의 산정

① 영업이익은 해당 영업의 기준시점 이전 최근 3년간(특별한 사정에 의하여 정상적인 영업이 이루어지지 아니한 연도를 제외한다. 이하 같다)의 평균 영업이익을 기준으로 산정한다. 다만, 공익사업의 계획 또는 시행이 공고 또는 고시됨에 따라 영업이익이 감소된 경우에는 해당 공고 또는 고시일 전 3년간의 평균 영업이익을 기준으로 산정한다.

② 해당 영업의 실제 영업기간이 3년 미만이거나 영업시설의 확장 또는 축소, 그 밖에 영업환경의 변동 등으로 최근 3년간의 영업실적을 기준으로 영업이익을 산정하는 것이 곤란하거나 현저히 부적정한 경우에는 해당 영업의 실제 영업기간의 영업실적이나 그 영업시설규모 또는 영업환경 변동 이후의 영업실적을 기준으로 산정할 수 있다.

③ 개인영업으로서 제1항과 제2항에 따라 산정된 영업이익이 다음 산식으로 산정된 금액에 미달되는 경우에는 다음 산식으로 산정된 금액을 해당 영업의 영업이익으로 본다.

연간 영업이익 = 통계법 제3조제3호에 따른 통계작성기관이 같은 법 제18조에 따라 승인을 얻어 작성 · 공표한 제조부문 보통인부의 노임단가 × 25(일) × 12(월)

6 영업의 휴업 등에 대한 손실의 감정평가

6.1 영업의 휴업 등에 대한 손실의 감정평가방법

① 영업의 휴업에 대한 손실은 휴업기간에 해당하는 영업이익과 영업장소 이전 후 발생하는 영업이익감소액에 다음 각 호의 비용을 합한 금액으로 감정평가한다.

1. 휴업기간중의 영업용 자산에 대한 감가상각비 · 유지관리비와 휴업기간중에도 정상적으로 근무하여야 하는 최소인원에 대한 인건비 등 고정적 비용
2. 영업시설 · 원재료 · 제품 및 상품(이하 "영업시설 등"이라 한다)의 이전에 소요되는 비용 및 이전에 따른 감손상당액
3. 이전광고비 및 개업비 등 영업장소를 이전함으로 인하여 소요되는 부대비용

② 공익사업에 영업시설의 일부가 편입됨으로 인하여 잔여시설에 그 시설을 새로 설치하거나 잔여시설을 보수하지 아니하고는 그 영업을 계속할 수 없는 경우의 영업손실 및 영업규모의 축소에 따른 영업손실은 다음 각 호에 해당하는 금액을 더한 금액으로 감정평가한다. 이 경우 감정평가액은 제1항에 따른 감정평가액을 초과하지 못한다.

1. 해당 시설의 설치 등에 소요되는 기간의 영업이익
2. 해당 시설의 설치 등에 통상 소요되는 비용
3. 영업규모의 축소에 따른 영업용 고정자산 · 원재료 · 제품 및 상품 등의 매각손실액

③ 건축물의 일부가 공익사업에 편입되는 경우로서 그 건축물의 잔여부분에서 해당 영업을 계속할 수 없는 경우에는 제1항에 따라 감정평가할 수 있다.

④ 임차인이 무허가건축물 등에서 사업인정고시일 등 1년 전부터 「부가가치세법」 제8조에 따른 사업자등록을 하고 영업하고 있는 경우에는 영업시설 등의 이전에 드는 비용 및 이전에 따른 감손상당액을 제외한 감정평가액은 1천만원을 초과하지 못한다.

⑤ 제1항 각 호 외의 부분에서 영업장소 이전 후 발생하는 영업이익감소액은 제1항 각 호 외의 부분의 휴업기간에 해당하는 영업이익의 20/100으로 하되, 그 금액은 1천만원을 초과하지 못한다.

6.2 영업이익의 산정

① 영업의 휴업등에 대한 손실 감정평가를 위한 영업이익의 산정은[840-5.2]를 준용한다.

② 제1항에 따른 영업이익을 산정하는 경우 개인영업으로서 휴업기간에 해당하는 영업이익이 「통계법」 제3조제3호에 따른 통계작성기관이 조사 · 발표하는 가계조사

통계의 도시근로자가구 월평균 가계지출비를 기준으로 산정한 3인 가구의 휴업기간의 가계지출비(휴업기간이 4개월을 초과하는 경우에는 4개월분의 가계지출비를 기준으로 한다)에 미달하는 경우에는 그 가계지출비를 휴업기간에 해당하는 영업이익으로 본다.

6.3 휴업기간 및 보수기간 등

① 영업장소를 이전하는 경우의 휴업기간은 사업시행자로부터 제시가 있을 때에는 이를 기준으로 하고, 제시가 없을 때에는 4개월 이내로 한다. 다만 다음 각 호의 어느 하나에 해당하는 경우에는 실제 휴업기간으로 하되 2년을 초과할 수 없다.

1. 해당 공익사업을 위한 영업의 금지 또는 제한으로 인하여 4개월 이상의 기간 동안 영업을 할 수 없는 경우
2. 영업시설의 규모가 크거나 이전에 고도의 정밀성을 요구하는 등 당해 영업의 고유한 특수성으로 인하여 4개월 이내에 다른 장소로 이전하는 것이 어렵다고 객관적으로 인정되는 경우

② 제1항 단서에 따른 휴업기간은 사업시행자의 제시에 의하며, 감정평가서에 그 내용을 기재한다.

③ 영업시설을 잔여시설에 새로 설치하거나 보수하는 경우에 사업시행자로부터 설치 또는 보수기간(이하 이 조에서 "보수기간 등"이라 한다)의 제시가 있을 때에는 이를 기준으로 하고, 보수기간 등의 제시가 없을 때에는 설치 또는 보수에 소요되는 기간으로 하되, 그 내용을 감정평가서에 기재한다.

6.4 인건비 등 고정적 비용의 산정

인건비 등 고정적 비용은 영업장소의 이전 등으로 휴업기간 중에도 해당 영업활동을 계속하기 위하여 지출이 예상되는 다음 각 호의 비용을 더한 금액으로 산정한다.

1. 인건비 : 휴업 · 보수기간 중에도 휴직하지 아니하고 정상적으로 근무하여야 할 최소인원(일반관리직 근로자 및 영업시설 등의 이전 · 설치 계획 등을 위하여 정상적인 근무가 필요한 근로자 등으로서 보상계획의 공고가 있은 날 현재 3개월 이상 근무한 자로 한정한다)에 대한 실제지출이 예상되는 인건비 상당액

2. 제세공과금 : 해당 영업과 직접 관련된 제세 및 공과금
3. 임차료 : 임대차계약에 따라 휴업 중에도 계속 지출되는 임차료
4. 감가상각비 등 : 고정자산의 감가상각비상당액. 다만, 이전이 사실상 곤란하거나 이전비가 취득비를 초과하여 취득하는 경우에는 제외한다.
5. 보험료 : 계약에 따라 휴업 중에도 계속 지출되는 화재보험료 등
6. 광고선전비 : 계약 등에 따라 휴업 중에도 계속 지출되는 광고비 등
7. 그 밖의 비용 : 비용항목 중 휴업기간 중에도 계속 지출하게 되는 위 각 호와 비슷한 성질의 것

6.5 영업시설 등의 이전에 드는 비용의 산정

① 영업시설등의 이전에 드는 비용(이하 "이전비"라 한다)은 해체 · 운반 · 재설치 및 시험가동 등에 드는 일체의 비용으로 하되, 개량 또는 개선비용은 포함하지 아니한다. 이 경우 이전비가 그 물건의 취득가액을 초과하는 경우에는 그 취득가액을 이전비로 본다.

② 이전 전에 가격에 영향을 받지 아니하고 현 영업장소에서 매각할 수 있는 것에 대한 이전비는 제외한다.

6.6 영업시설등의 이전에 따른 감손상당액의 산정

① 영업시설 등의 이전에 따른 감손상당액은 현재가액에서 이전 후의 가액을 뺀 금액으로 한다.

② 이전으로 인하여 본래의 용도로 사용할 수 없거나 현저히 곤란한 영업시설 등에 대해서는 제1항에 불구하고 [840-5]를 준용한다.

6.7 그 밖의 부대비용

영업장소의 이전에 따른 그 밖의 부대비용은 이전광고비 및 개업비 등 지출상당액으로 한다.

6.8 영업규모의 축소에 따른 매각손실액의 산정

영업규모의 축소에 따른 영업용 고정자산등의 매각손실액의 산정은 [840-5]를 준용한다.

6.9 임시영업소 설치비용의 산정

① 임시영업소를 임차하는 경우의 설치비용은 다음 각 호의 비용을 더한 금액으로 산정한다.

1. 임시영업기간 중의 임차료 상당액과 설정비용 등 임차에 필요하다고 인정되는 그 밖의 부대비용을 더한 금액
2. 영업시설 등의 이전에 드는 비용 및 영업시설 등의 이전에 따른 감손상당액
3. 그 밖의 부대비용

② 임시영업소를 가설하는 경우의 설치비용은 다음 각 호의 비용을 더한 금액으로 산정한다.

1. 임시영업소의 지료 상당액과 설정비용 등 임차에 필요하다고 인정되는 그 밖의 부대비용을 더한 금액
2. 임시영업소 신축비용 및 해체 · 철거비를 더한 금액. 다만, 해체철거 시에 발생자재가 있을 때에는 그 가액을 뺀 금액
3. 영업시설 등의 이전에 드는 비용 및 영업시설 등의 이전에 따른 감손상당액
4. 그 밖의 부대비용

③ 제1항과 제2항에서 영업시설 등의 이전에 드는 비용 및 영업시설 등의 이전에 따른 감손상당액 및 그 밖의 부대비용은 [840-6.6]부터 [840-6.8]까지의 규정을 준용한다.

④ 제1항 및 제2항에 의한 보상액은 [840-6.1-①]에 따른 평가액을 초과하지 못한다.

제1장 영업의 손실 등에 대한 보상

1. 평가시 고려사항

가. 평가시 고려사항

영업을 폐지하거나 휴업함에 따른 영업손실에 대하여는 영업이익과 시설의 이전비용 등을 고려하여 보상하여야 한다(토지보상법 제77조 제1항). 여기서 영업이란 생업으로서 직업적인 면에 중점을 둔 것으로서, 그 영업장소가 공익사업시행지구에 편입됨으로 인하여 일정한 요건 하에서 손실이 발생하는 영업을 말하는 것이기 때문에 영리를 목적을 하지 아니하는 영업도 포함된다. 다만 이러한 경우에는 영업이익은 없는 것으로 계산한다. 또한 여기서 영업이익이란 기업의 영업활동에 따라 발생된 이익으로서 매출총액에서 매출원가와 판매비 및 일반관리비를 뺀 것을 말한다.

나. 영업의 폐지와 휴업의 구분

(1) 구분권자 – 사업시행자

영업의 폐지와 휴업의 구분은 토지보상법에서 정하는 일정한 절차에 따라 사업시행자가 정한다.

(2) 구분기준

영업의 폐지로 볼 것인지 아니면 영업의 휴업으로 볼 것인지를 구별하는 기준은 당해 영업을 그 영업소 소재지나 인접 시 · 군 또는 구 지역 안의 다른 장소로 이전하는 것이 가능한지 여부에 달려 있고, 이러한 이전 가능성 여부는 법령상의 이전 장애사유 유무와 당해 영업의 종류와 특성, 영업시설의 규모, 인접지역의 현황과 특성, 그 이전을 위하여 당사자가 들인 노력 등과 인근 주민들의 이전 반대 등과 같은 사실상의 이전 장애사유 유무 등을 종합하여 판단하여야 한다. 위와 같은 요건을 종합적으로 판단하여 그것이 영업폐지의 요건에 해당하면 영업폐지로 보고, 그 외의 영업은 휴업으로 본다.

【판시사항】

영업손실에 관한 보상에 있어서 영업의 폐지 또는 영업의 휴업인지 여부의 구별 기준(=영업의 이전 가능성) 및 그 판단 방법(대법원 2000. 11. 10. 선고 99두3645 판결)

【판결요지】

토지수용법 제57조의2에 의하여 준용되는 공공용지의취득및손실보상에관한특례법 제4조 제4항, 같은법시행령 제2조의10 제7항, 같은법시행규칙 제24조 제1항, 제2항 제3호, 제25조 제1항, 제2항, 제5항의 각 규정을 종합하여 보면, 영업손실에 관한 보상의 경우 같은법시행규칙 제24조 제2항 제3호에 의한 영업의 폐지로 볼 것인지 아니면 영업의 휴업으로 볼 것인지를 구별하는 기준은 당해 영업을 그 영업소 소재지나 인접 시 · 군 또는 구 지역 안의 다른 장소로 이전하는 것이 가능한지 여부에 달려 있고, 이러한 이전 가능성 여부는 법령상의 이전 장애사유 유무와 당해 영업의 종류와 특성, 영업시설의 규모, 인접지역의 현황과 특성, 그 이전을 위하여 당사자가 들인 노력 등과 인근 주민들의 이전 반대 등과 같은 사실상의 이전 장애사유 유무 등을 종합하여 판단하여야 한다.

2. 보상대상인 영업

가. 영업손실의 보상대상인 영업

영업손실을 보상하여야 하는 영업은 다음 2가지 요건 모두에 해당하는 영업으로 한다(토지보상법 시행규칙 제45조).

(1) 사업인정고시일등 전부터 적법한 장소(무허가건축물 등, 불법형질변경토지, 그 밖에 다른 법령에서 물건을 쌓아놓는 행위가 금지되는 장소가 아닌 곳을 말한다)에서 인적 · 물적시설을 갖추고 계속적으로 행하고 있는 영업. 다만, 무허가건축물 등에서 임차인이 영업하는 경우에는 그 임차인이 사업인정고시일등 1년 이전부터 「부가가치세법」 제8조에 따른 사업자등록을 하고 행하고 있는 영업을 말한다. 이에 따른 임차인의 영업에 대한 보상액 중 영업용 고정자산 · 원재료 · 제품 및 상품 등의 매각손실액을 제외한 금액은 제1항에 불구하고 1천만원을 초과하지 못한다(토지보상법 시행규칙 제47조 제5항).

(2) 영업을 행함에 있어서 관계법령에 의한 허가 등을 필요로 하는 경우에는 사업인정고시일 등 전에 허가 등을 받아 그 내용대로 행하고 있는 영업

【판시사항】
영업권의 의미(대법원 1986. 2. 11. 선고 85누592 판결)

【판결요지】
영업권이라 함은 어떤 기업이 특수한 기술과 사회적 신용 및 거래관계등 영업상의 기능 내지 특성으로 인하여 동종의 사업을 경영하는 다른 기업의 통상수익보다 높은 초과수익을 올릴 수 있는 무형의 재산적 가치를 의미하는 것이다.

나. 보상대상인 영업의 요건

(1) 시간적 요건

(가) 영업보상 대상 판단시점

영업이 보상대상이 되기 위해서는 사업인정고시일 등전부터 그 영업이 행해져야 한다. 이를 기초로 공익사업 시행에 필요한 토지 등을 협의매수하기 위한 보상계획 공고가 있으나 협의가 성립되지 않았고 그 후에 토지 등을 수용하기 위한 사업인정 고시가 있었다면, 토지보상법 시행규칙 제45조에 따라 영업손실 보상의 기준이 되는 날은 보상계획 공고일과 사업인정고시 중 앞선 날을 기준으로 한다.[224)]

【판시사항】
영업보상 대상의 기준시점(대법원 2012. 12. 27. 선고 2011두27827 판결)

【판결요지】
공익사업을 위한 토지 등의 취득 및 보상에 관한 법률 제75조 제1항, 제77조 제1항과 그 시행규칙 제45조 제1호 등 관련 규정과 기록에 비추어 살펴보면, 원심이 그 판시와 같은 이유를 들어 이 사건 영업손실 및 지장물 보상의 대상 여부는 사업인정고시일을 기준으로 판단해야 하고, 그 사업인정고시일 당시 보상대상에 해당한다면 그 이후 사업지구 내 다른 토지로 영업장소가 이전되었다고 하더라도 그 이전된 사유나 이전된 장소에서 별도의 허가 등을 받았는지

224) 2014. 10. 29. 법제처 14-0574 질의회신 참조.

여부를 따지지 아니하고 여전히 손실보상의 대상이 된다고 판단한 것은 정당하고, 거기에 상고이유의 주장과 같이 위 법 및 시행규칙 소정의 영업손실 및 지장물 보상에 관한 법리를 오해하는 등의 위법이 없다.

한편 사업인정고시일 이후 영업장소 등이 이전되어 수용재결 당시에는 해당 토지 위에 영업시설 등이 존재하지 아니하게 된 경우 사업인정고시일 이전부터 그 토지 상에서 영업을 해왔고 그 당시 영업을 위한 시설이나 지장물이 존재하고 있었다는 점은 이를 주장하는 자가 증명하여야 한다.

(나) 개별법상 행위제한일이 사업인정고시일 이전인 경우

개별법상 행위제한일이 사업인정고시일 등 이전인 경우에는 그 날을 기준으로 영업보상대상 여부를 결정한다. 그러나 만일 개별법에서 별도의 행위제한을 규정하면서도 그에 따라 규제되는 행위에 영업을 규정하고 있지 않는 경우가 문제될 수 있는데, 이러한 경우에도 공익사업의 시행으로 이미 이전이 예정되어 있다는 것을 알고 영업을 한 경우에 해당되기 때문에 영업보상 대상에서 제외된다.

(2) 장소적 요건

(가) 적법한 장소에서의 영업

1) 영업손실보상 대상인 적법한 장소영업

토지보상법 시행규칙 제45조에 따른 영업손실을 보상하여야 하는 영업은 사업인정고시일등 전부터 적법한 장소[225](무허가건축물등, 불법형질변경토지, 그 밖에 다른 법령에서 물건을 쌓아놓는 행위가 금지되는 장소가 아닌 곳을 말한다)에서 인적 · 물적시설을 갖추고 계속적으로 행하고 있는 영업[226] 및 영업을 행함에 있어서 관계법령에 의한 허가등을 필요로 하는 경우에는 사업인정고시일등 전에 허가등을 받아 그 내용대로 행하고 있는 영업으로 정하고 있다. 따라서 무허가건축물 등이나 불법형질변경 토지(가령, 지목이 염전인 토지를 관할관

225) 가령, 개발제한구역 내 비닐하우스에서 소유자가 사업자등록을 하고 생화, 분화 소매업을 영위한 경우 이 건 비닐하우스는 농업용이 아닌 판매전용 시설을 갖추고 있는 점, 비닐하우스는 벽체가 존재하고 33㎡를 초과하여 허가 또는 신고없이 할 수 있는 경미한 행위가 아닌 점, 비닐하우스의 소유자인 점 등을 볼 때 이 건 영업은 적법한 장소에서의 영업으로 볼 수 없어 영업보상의 대상이 아니다(중앙토지수용위원회 2017. 1. 19.).

226) 다만, 무허가건축물등에서 임차인이 영업하는 경우에는 그 임차인이 사업인정고시일등 1년 이전부터 「부가가치세법」 제8조에 따른 사업자등록을 하고 행하고 있는 영업을 말한다.

청의 허가없이 형질변경하여 야구연습장으로 사용) 그 밖에 다른 법령에서 물건을 쌓아놓는 행위가 금지되는 장소에서 하는 영업은 위 관련 규정에 따라 영업보상대상에서 제외된다.

2) 물건적치 장소

다른 법령에서 물건을 쌓아놓는 행위와 관련된 장소는 아래와 같다.

가) 절대적으로 금지되는 장소

개발제한구역에서는 개발제한구역의 지정 및 관리에 관한 특별조치법 제12조 제1항의 규정에 따라 물건을 쌓아놓는 행위를 할 수 없으며, 또한 도시자연공원구역에서도 도시공원 및 녹지 등에 관한 법률 제27조 제1항의 규정에 따라 물건의 적치를 할 수 없다.

나) 허가를 요하는 장소

녹지지역 · 관리지역 또는 자연환경보전지역안에서 건축물의 울타리안(적법한 절차에 의하여 조성된 대지에 한한다)에 위치하지 아니한 토지에 물건을 1월 이상 쌓아놓는 행위 및 녹지지역 또는 지구단위계획구역에서 물건을 쌓아놓는 면적이 25제곱미터 이하인 토지에 전체무게 50톤 이하, 전체부피 50세제곱미터 이하로 물건을 쌓아놓는 행위 그리고 관리지역(지구단위계획구역으로 지정된 지역을 제외한다)에서 물건을 쌓아놓는 면적이 250제곱미터 이하인 토지에 전체무게 500톤 이하, 전체부피 500세제곱미터 이하로 물건을 쌓아놓는 행위는 그와 관련한 허가를 요하는 행위이다(국토의 계획 및 이용에 관한 법률 제51조 제1항 제6호, 제53조 제6호). 따라서 위 각 행위와 관련하여 허가를 득하지 않고 물건을 적치한 경우에는 영업보상의 대상이 되지 않는다.

(나) 가설건축물에서의 영업

가설건축물이란 철근 · 철근 콘크리트구조가 아닌 3층 이하의 건물 또는 전기 · 수도 · 가스 공급이 필요치 않고 존치기간 3년의 분양목적물이 아닌 설치물을 말한다. 특별시장 · 광역시장 · 특별자치시장 · 특별자치도지사 · 시장 또는 군수는 가설건축물의 건축이나 공작물의 설치를 허가한 토지에서 도시 · 군계획시설사업이 시행되는 경우에는 그 시행예정일 3개월 전까지 가설건축물이나 공작물 소유자의 부담으로 그 가설건축물이나 공작물의 철거 등 원상회복에 필요한 조치를 명하여야 한다. 따라서 가설건축물에서의 영업은 별도의 보상대상이 되지는 않는다.

(다) 무허가건축물에서의 영업

2007. 4. 12. 개정 토지보상법 시행규칙 부칙 제3조는 무허가건축물 등에 관한 경과조치로서 1989년 1월 24일 당시의 무허가건축물 등에 대하여는 토지보상법 시행규칙 제45조 제1호(영업손실의 보상대상인 영업), 같은 규칙 제46조 제5항(영업폐지에 따른 손실보상 평가), 같은 규칙 제47조 제6항(영업휴업 등에 대한 손실의 평가[227]), 같은 규칙 제52조(허가등을 받지 아니한 영업의 손실보상에 관한 특례), 같은 규칙 제54조 제2항(무허가건축물 세입자에 대한 주거이전비 보상) 단서의 개정에도 불구하고 이 규칙에서 정한 보상을 함에 있어 이를 적법한 건축물로 보도록 규정하고 있다. 위 규정에 의거하여 1989. 1. 24. 당시 무허가건축물 등에서의 영업은 세입자가 하는 영업은 물론 소유자가 하는 영업도 보상대상이며, 세입자의 영업보상의 경우에도 보상의 요건으로, 사업인정고시일 등 1년 이전부터 행해온 영업, 부가가치세법 제8조에 따른 사업자등록을 하고 행하고 있는 영업, 보상금의 상한 등의 내용은 적용되지 않는다.

다만, 존치기간이 만료되었지만 존치기간이 연장되지 않은 건물에서 영업을 할 경우 이 경우 존치기간이 연장되지 않는 건물은 무허가 건물에 해당하지 않으므로 영업보상대상이다.[228]

【판시사항】

무허가영업의 판단기준(서울행정법원 2005. 4. 22. 선고 2004구합3809 판결)

【판결요지】

영업손실보상에서 제외되는 영업을 행함에 있어서 관계법령에 의한 허가 · 면허 · 신고 등을 받지 아니하고 행하는 영업이라 함은 영업에 관한 허가 등을 받지 아니하는 경우를 말하는 것이고, 영업장소인 건축물에 관한 허가 등의 엽무와는 직접적인 관련이 없으므로, 원고

227) 휴업기간에 해당하는 영업이익, 휴업기간중의 인건비 등 고정적 비용, 영업시설, 원재료, 재품, 상품 등의 이전에 소요되는 통상비용 및 기타상품의 이전에 따른 감손상당액에 개업비 등 영업장소를 이전함으로 인하여 소용되는 부대비용을 합한 금액으로 평가하되, 개인 영업으로서 휴업기간에 해당하는 영이익이 도시근로자가구 월평균 가계지출비를 기준으로 산정한 3인 가구의 휴업기간 동안의 가계지출비에 미달하는 경우에는 그 계계지출비를 휴업기간에 해당하는 영업이익으로 보았으며, 휴업은 4개월로 평가한다.

228) 대법원 2012. 12. 27. 선고 2011두27827 판결.

가 무허가 건물인 이 사건 건물을 사업장으로 사용하여 영업을 하였다고 하더라도 이러한 사유만으로 영업권보상대상에서 제외된다고 볼 수 없다.

(라) 무허가건축물 등의 임차인의 영업

무허가건축물 등의 임차인이 사업인정고시일 등 1년 이전부터 부가가치세법 제8조에 따른 사업자등록을 하고 행하고 있는 영업은 영세서민을 보호하는 취지에서 보상의 대상으로 본다. 그렇더라도 불법형질변경토지, 그 밖에 다른 법령에서 물건을 쌓아놓는 행위가 금지되는 장소에서 임차인이 사업인정고시일 등 1년 이전부터 사업자등록을 하고 영업을 하고 있는 경우에는 영업보상의 대상이 아니다(토지보상법 시행규칙 제45조).

(3) 시설적 요건

(가) 인적 · 물적 시설이 판단기준

국민임대주택단지조성사업 예정지구로 지정된 장터에서 토지를 임차하여 앵글과 천막구조의 가설물을 설치하고 영업신고 없이 5일장이 서는 날에 정기적으로 국수와 순대국 등을 판매하는 음식업을 영위한 갑 등이 구 공익사업을 위한 토지 등의 취득 및 보상에 관한 법률 시행규칙 제52조 제1항에 따른 영업손실보상의 대상이 되는지 문제된 사안에서, 대법원은 영업의 계속성과 영업시설의 고정성을 인정할 수 있다는 이유로, 갑 등이 위 규정에서 정한 허가 등을 받지 아니한 영업손실보상대상자에 해당한다고 판단한 사례가 있듯이 여업보상의 대상이 되기 위한 시설적 요건으로서 인적 · 물적시설을 갖추었는지의 여부는 해당 영업의 성격 등을 종합적으로 고려하여 객관적으로 결정하여야 한다.

【판시사항】

영업보상 대상이 되기 위한 인적 · 물적시설의 판단기준(대법원 2012. 3. 15. 선고 2010두26513 판결)

【판결요지】

원고들이 1990년경부터 이 사건 장터에서 토지를 임차하여 앵글과 천막 구조의 가설물을 축조하고 매달 4일, 9일, 14일, 19일, 24일, 29일에 정기적으로 각 해당 점포를 운영하여 왔고, 영업종료 후 가설물과 냉장고 등 주방용품을 철거하거나 이동하지 아니한 채 그곳에 계속

고정하여 사용 · 관리하여 왔던 점, 원고들은 장날의 전날에는 음식을 준비하고 장날 당일에는 종일 장사를 하며 그 다음날에는 뒷정리를 하는 등 5일 중 3일 정도는 이 사건 영업에 전력을 다하였다고 보이는 점 등에 비추어 볼 때, 비록 원고들이 영업을 5일에 한 번씩 하였고 그 장소도 철거가 용이한 가설물이었다고 하더라도 원고들의 상행위의 지속성, 시설물 등의 고정성을 충분히 인정할 수 있으므로, 원고들은 이 사건 장소에서 인적 · 물적 시설을 갖추고 계속적으로 영리를 목적으로 영업을 하였다고 봄이 상당하다고 판단하였다.

(4) 계속성의 요건

토지보상법 시행규칙 제45조 제1호는 '사업인정고시일 등 전부터 일정한 장소에서 인적 · 물적시설을 갖추고 계속적으로 영리를 목적으로 행하고 있는 영업'을 영업손실보상의 대상으로 규정하고 있는데, 여기에는 매년 일정한 계절이나 일정한 기간 동안에만 인적 · 물적시설을 갖추어 영리를 목적으로 영업을 하는 경우도 포함된다고 보는 것이 타당하므로, 어느 정도까지 영업을 계속 행하여야 하는지에 대해서는 해당 영업의 성격 등을 종합적으로 고려하여 객관적으로 결정하여야 한다.

【판시사항】

구 공익사업을 위한 토지 등의 취득 및 보상에 관한 법률 시행규칙 제45조 제1호에서 영업손실보상의 대상으로 정한 영업에 '매년 일정한 계절이나 일정한 기간 동안에만 인적 · 물적시설을 갖추어 영리를 목적으로 영업을 하는 경우'가 포함되는지 여부(대법원 2012. 12. 13. 선고 2010두12842 판결)

【판결요지】

구 공익사업을 위한 토지 등의 취득 및 보상에 관한 법률 시행규칙(2007. 4. 12. 건설교통부령 제556호로 개정되기 전의 것) 제45조 제1호는 '사업인정고시일 등 전부터 일정한 장소에서 인적 · 물적시설을 갖추고 계속적으로 영리를 목적으로 행하고 있는 영업'을 영업손실보상의 대상으로 규정하고 있는데, 여기에는 매년 일정한 계절이나 일정한 기간 동안에만 인적 · 물적시설을 갖추어 영리를 목적으로 영업을 하는 경우도 포함된다고 보는 것이 타당하다.

(5) 허가 등의 요건

(가) 허가 및 허가내용대로의 영업

토지보상법 시행규칙 제45조 제2호는 영업을 행함에 있어서 관계법령에 의한 허가등을 필요로 하는 경우에는 사업인정고시일등 전에 허가등을 받아 그 내용대로 행하고 있는 영업을 영업손실보상의 대상으로 규정하고 있다. 따라서 허가 등을 받지 않고 행한 경우는 물론 허가 등을 받은 경우에도 그 내용을 벗어나거나 다른 사람이 행하는 영업 또는 다른 장소에서 행하는 영업은 보상대상에서 제외된다.

(나) 사업인정고시일 등 이전 허가

허가 등은 사업인정고시일 전에 받아야 한다(토지보상법 시행규칙 제45조 제2호). 따라서 사업인정고시일 등 이후에 허가 등을 받고 영업을 개시한 경우 및 사업인정고시일 등 이전에 허가 등을 받지 않고 영업을 하다가 사업인정고시일 등 이후에 허가 등을 받은 경우도 영업보상의 대상이 되지 않는다.

(다) 사업자등록여부가 영업손실보상의 요건인지 여부

공익사업에 따른 영업손실보상과 사업자등록증과의 관계에 있어서 영업손실보상 대상에 해당하는 영업은 위 법 시행규칙 제45조에서 정하고 있는 적법한 장소에서 인적 · 물적시설을 갖추고 계속적으로 행하는 영업으로서 영업을 행함에 있어서 관계법령에 의한 허가 · 신고 등을 필요로 하는 경우에는 사업인정고시일등 전에 허가등을 받아 그 내용대로 행하고 있는 영업에 해당하면 되므로 납세업무를 목적으로 하고 있는 사업자등록여부가 영업손실보상대상의 요건이 되는 것은 아니다.[229] 따라서 사업자등록을 하지 않았다고 하여 영업보상의 대상에서 제외되는 것은 아니다.

다만, 무허가건축물 등에서 보상계획의 공고 · 통지 또는 사업인정의 고시가 있기 1년 이전부터 임차인이 영업하는 경우로서 그 임차인에게 영업보상을 하는 경우에는 그 임차인이 사업자등록을 하여야 영업보상대상이 된다.

229) 2013. 5. 질의회신 참조.

3. 영업의 폐지에 대한 손실의 평가 등

영업손실보상평가지침

제 2 장 영업폐지에 대한 손실의 평가

제8조【영업의 폐지 평가대상】 ① 영업의 폐지에 대한 손실의 평가는 다음 각 호의 1에 해당되는 것으로서 평가의뢰자가 법시행규칙 제16조의 규정에 의하여 평가의뢰한 경우에 행한다.

1. 영업장소 또는 배후지(당해 영업의 고객이 소재하는 지역을 말한다 이하 같다)의 특수성으로 인하여 당해 영업소가 소재하고 있는 시 · 군 · 구(자치구를 말한다 이하 이 조에서 같다) 또는 인접하여 있는 시 · 군 · 구의 지역안의 다른장소에 이전하여서는 당해영업을 할 수 없는 경우
2. 당해 영업소가 소재하고 있는 시 · 군 · 구 또는 인접하고 있는 시 · 군 · 구의 지역안의 다른 장소에서는 당해 영업의 허가 등을 받을 수 없는 경우
3. 도축장 등 악취 등이 심하여 인근 주민에게 혐오감을 주는 영업시설로서 당해 영업소가 소재하고 있는 시 · 군 · 구 또는 인접하고 있는 시 · 군 · 구의 지역안의 다른 장소로 이전하는 것이 현저히 곤란하다고 시장 · 군수 또는 구청장(자치구의 구청장을 말한다)이 객관적인 사실에 근거하여 인정하는 경우

② 제1항제1호에서 "배후지의 특수성"이라 함은 도정공장 등의 경우와 같이 제품원료 및 취급품목의 지역적 특수성으로 인하여 배후지가 상실될 때에는 당해 영업을 계속할 수 없는 경우 등으로서 배후지가 당해영업에 갖는 특수한 성격을 말한다.

제9조【영업손실의 평가】 영업폐지에 대한 손실의 평가는 다음 산식에 의한다.

평가가액 = 영업이익(개인영업인 경우 소득을 말한다. 이하 같다)×보상연한
+영업용 고정자산의 매각손실액+재고자산의 매각손실액

제10조【영업이익의 산정】 ① 영업의 폐지에 대한 손실의 평가시에 영업이익의

산정은 당해 영업의 최근 3년간 (특별한 사정에 의하여 정상적인 영업이 이루어지지 아니한 연도를 제외한다 이하 같다)의 평균 영업이익을 기준으로 한다. 다만, 공익사업의 계획 또는 시행이 공고 또는 고시됨으로 인하여 영업이익이 감소된 경우에는 당해 공고 또는 고시일 전 3년간의 평균 영업이익을 기준으로 한다.

② 당해영업의 실제 영업기간이 3년 미만이거나 영업시설의 확장 또는 축소 기타 영업환경의 변동 등으로 인하여 최근 3년간의 영업실적을 기준으로 영업이익을 산정하는 것이 곤란하거나 현저히 부적정한 경우에는 당해영업의 실제 영업기간 동안의 영업실적이나 그 영업시설규모 또는 영업환경의 변동이후의 영업실적을 기준으로 영업이익을 산정할 수 있다.

③ 제1항 및 제2항의 규정에 의한 영업이익의 산정은 평가의뢰자 또는 영업행위자가 제시한 자료 등에 의한다. 다만, 다음 각 호의 1에 해당되는 경우에는 당해영업의 최근 3년간의 평균(추정) 매출액 등에 인근지역 또는 동일수급권안의 유사지역에 있는 동종 유사규모 영업의 일반적인 영업이익률을 적용하거나 국세청장이 고시한 표준소득률 등을 적용하여 당해 영업의 영업이익을 산정할 수 있다. 이 경우에 추정매출액 등은 당해영업의 종류 · 성격 · 영업규모 · 영업상태 · 영업연수 · 배후지상태 기타 인근지역 또는 동일수급권안의 유사지역에 있는 동종유사규모영업의 최근 3년간의 평균매출액 등을 고려하여 결정한다.

1. 영업이익 등 관련자료의 제시가 없는 경우
2. 제시된 영업이익 등 관련자료가 불충분하거나 신빙성이 부족하여 영업이익의 산정이 사실상 곤란한 경우
3. 기타 제시된 영업이익 등 관련 자료에 의하여 산정된 영업이익이 같은 공익사업 시행지구 등 당해 영업의 인근지역 또는 동일수급권안의 유사지역에 있는 동종 유사규모 영업의 영업이익과 비교하여 현저히 균형을 이루지 못한다고 인정되는 경우

④ 제1항 내지 제3항의 규정에 의한 영업이익의 산정시에 당해영업의 영업활동과 직접 관계없이 발생되는 영업외손익 또는 특별손익은 고려하지 아니하며, 개인영업의 경우에는 자가노력비상당액을 비용으로 계상하지 아니한다.

⑤ 개인영업으로서 제1항 내지 제3항의 규정에 의하여 산정된 영업이익이 법시

행규칙 제46조제3항 후단의 규정에 따라 다음 산식에 의하여 산정된 금액에 미달되는 경우에는 다음 산식에 의하여 산정된 금액을 당해 영업의 영업이익으로 본다. 이 경우에 둘 이상 업종의 영업이 동일사업장에서 공동계산으로 행하여진 경우에는 이를 하나의 영업으로 본다.

영업이익 =「통계법」 제3조제4호에서 규정한 통계작성기관이 동법 제8조의 규정에 의한 승인을 얻어 작성 · 공표한 제조부문 보통인부의 노임단가×25(일)×12(월)

가. 영업의 폐지

(1) 손실보상 평가방법

공익사업의 시행으로 인하여 영업을 폐지하는 경우의 영업손실은 2년간의 영업이익(개인영업인 경우에는 소득[230]을 말한다.)에 영업용 고정자산 · 원재료 · 제품 및 상품 등의 매각손실액을 더한 금액으로 평가한다(토지보상법 시행규칙 제46조 제1항). 이에 따른 영업이익은 해당 영업의 최근 3년간(특별한 사정으로 인하여 정상적인 영업이 이루어지지 아니한 연도를 제외한다)의 평균 영업이익을 기준으로 하여 이를 평가하되, 공익사업의 계획 또는 시행이 공고 또는 고시됨으로 인하여 영업이익이 감소된 경우에는 해당 공고 또는 고시일전 3년간의 평균 영업이익을 기준으로 평가한다. 이 경우 개인영업으로서 최근 3년간의 평균 영업이익이 다음 산식에 의하여 산정한 연간 영업이익에 미달하는 경우에는 그 연간 영업이익을 최근 3년간의 평균 영업이익으로 본다(같은 조 제3항).

연간 영업이익=「통계법」 제3조제3호에 따른 통계작성기관이 같은 법 제18조에 따른 승인을 받아 작성 · 공표한 제조부문 보통인부의 노임단가×25(일)× 12(월)

230) 소극이란 개인의 주된 영업활동에 따라 발생된 이익으로서 자가노력비상당액이 포함된 것을 말한다. 자가노력비상당액에는 생계를 함께 하는 같은 세대안의 직계존속 · 직계비속 및 배우자의 것을 포함한다. 소극은 총수입금액에서 필요제경비를 공제하여 산정하는데, 자가노력비상당액에는 생계를 함께 하는 같은 세대안의 직계존속 · 비속 및 배우자의 것이 포함되므로 필요제경비에는 이들에 대한 자가노력비가 포함되지 않는다. 또한 총수입금액에서 필요제경비를 공제한 금액에는 자가노력비가 이미 포함되어 있으므로, 보상액 산정 시 이를 다시 추가하여서는 안 된다.

【판시사항】

개인영업폐지에 대한 손실액 평가기준인 " 소득"에 자가노력비가 가산되는지 여부(대법원 1993. 3. 23. 선고 92누7412 판결)

【판결요지】

토지수용으로 인한 손실보상에 준용되는 구 공공용지의취득및손실보상에관한특례법시행규칙 (1991.10.28. 건설부령 제493호로 개정되기 전의 것) 제24조 제1항은 폐지하는 영업의 손실액은 법인의 경우에는 순이익을 기준으로 하고 개인의 경우에는 소득을 기준으로 하여 평가한다고 규정하고 있는바, 소득이란 총수입금액에서 필요제경비를 공제한 금액을 가리키는 것이고 이 금액에다가 자가노력비를 가산한 액수를 가리키는 것은 아니다.

(가) 2년간 영업이익 산정방법

영업을 폐지하는 경우의 영업손실 보상에서 2년간 영업이익은, 영업을 할 수 있는 권리 또는 동종기업이 올리는 평균수익율보다 더 많은 초과수익을 낼 경우 그 초과수익이 장래에도 계속된다는 가망성을 자본화한 영업권을 보상한다는 것을 의미하는 것이 아니라 전업에 소요되는 기간 동안 수용의 대상이 된 토지 · 건물 등을 이용하여 영업을 하다가 그 토지 · 건물 등이 수용됨으로 인하여 영업을 할 수 없거나 제한을 받게 됨으로 인하여 생기는 직접적인 손실을 영업손실로 보고 이를 보상한다는 의미이다.

따라서 영업이익을 산정하면서 기준시점 이후의 장래 발생할 이익을 추정하거나 영업을 위한 투자비용을 기준으로 영업이익을 산정하여서는 안 되며, 만일 기준시점 이전에 영업이익이 발생하지 않았다면 영업이익의 상실이라는 손실이 발생하지 않으므로 영업이익에 대한 보상액은 없는 것으로 보아야 한다.

폐업보상 = 2년간 영업이익 + 영업용 고정자산•원재료•제품 및 상품 등의 매각손실액

【판시사항】

영업을 하기 위하여 투자한 비용이나 그 영업을 통하여 얻을 것으로 기대되는 이익이 손실보상의 대상이 되는지 여부(대법원 2006. 1. 27. 선고 2003두13106 판결)

【판결요지】

구 토지수용법(2002. 2. 4. 법률 제6656호 공익사업을 위한 토지 등의 취득 및 보상에 관한 법률 부칙 제2조로 폐지) 제51조가 규정하고 있는 '영업상의 손실'이란 수용의 대상이 된 토지 · 건물 등을 이용하여 영업을 하다가 그 토지 · 건물 등이 수용됨으로 인하여 영업을 할 수 없거나 제한을 받게 됨으로 인하여 생기는 직접적인 손실을 말하는 것이므로 위 규정은 영업을 하기 위하여 투자한 비용이나 그 영업을 통하여 얻을 것으로 기대되는 이익에 대한 손실보상의 근거규정이 될 수 없고, 그 외 구 토지수용법이나 구 '공공용지의 취득 및 손실보상에 관한 특례법'(2002. 2. 4. 법률 제6656호공익사업을 위한 토지 등의 취득 및 보상에 관한 법률 부칙 제2조로 폐지), 그 시행령 및 시행규칙 등 관계 법령에도 영업을 하기 위하여 투자한 비용이나 그 영업을 통하여 얻을 것으로 기대되는 이익에 대한 손실보상의 근거규정이나 그 보상의 기준과 방법 등에 관한 규정이 없으므로, 이러한 손실은 그 보상의 대상이 된다고 할 수 없다.

(나) 영업이익 산정시 제외사항

영업이익을 산정함에 있어 다음의 사항은 고려하지 아니하거나 제외한다.

1) 해당 영업의 영업활동과 직접 관계없이 발생하는 영업 외 손실

2) 특별이익

3) 해당 영업장소에서 발생하지 아니한 이익

(다) 영업이익 산정기준

폐지하는 영업의 손실액 산정의 기초가 되는 영업이익은 당해 영업의 최근 3년간의 영업이익의 산술평균치를 기준으로 하여 이를 산정하도록 하고 있는바, 여기에서의 영업이익의 산정은 실제의 영업이익을 반영할 수 있는 합리적인 방법에 의하면 된다. 따라서 만일 그 3년의 기간 중 영업실적이 없거나 실적이 현저하게 감소된 시기가 있다고 하여 그 기간을 제외한 나머지 기간의 영업실적만을 기초로 하거나, 최근 3년 이전 기간의 영업실적을 기초로 하여 연평균 영업이익을 산정할 수는 없다.

【판시사항】

'영업이익'의 산정 방법(대법원 2004. 10. 28. 선고 2002다3662, 3679 판결)

【판결요지】

구 공공용지의취득및손실보상에관한특례법시행규칙(2002. 12. 31. 건설교통부령 제344호로 폐지) 제24조 제1항 및 제3항의 각 규정에 의하면, 폐지하는 영업의 손실액 산정의 기초가 되는 영업이익은 당해 영업의 최근 3년간의 영업이익의 산술평균치를 기준으로 하여 이를 산정하도록 하고 있는바, 여기에서의 영업이익의 산정은 실제의 영업이익을 반영할 수 있는 합리적인 방법에 의하면 된다.

【판시사항】

영업폐지에 대한 손실의 평가에 있어 최근 3년의 영업기간 중 영업실적이 없거나 현저히 감소한 기간을 제외할 수 있는지 여부(대법원 2002. 3. 12. 선고 2000다73612 판결)

【판결요지】

구 공공용지의취득및손실보상에관한특례법시행규칙(1997. 10. 15. 건설교통부령 제1121호로 개정되기 전의 것) 제24조 제1항과 제3항에 따르면, 폐지하는 영업의 영업이익은 당해 영업의 최근 3년간의 영업이익의 산술평균치를 기준으로 하여 산정하여야 하고, 그 3년의 기간 중 영업실적이 없거나 실적이 현저하게 감소된 시기가 있다고 하여 그 기간을 제외한 나머지 기간의 영업실적만을 기초로 하거나, 최근 3년 이전 기간의 영업실적을 기초로 하여 연평균 영업이익을 산정할 수는 없다.

(라) 영업용 고장자산의 매각손실액의 의미 및 산정방법

영업용 고정자산의 매각손실액이라 함은 영업의 폐지로 인하여 필요 없게 된 영업용 고정자산을 매각함으로써 발생하는 손실을 말하는 것으로서, 토지에서 분리하여 매각하는 것이 가능한 경우에는 영업용 고정자산의 재조달가격에서 감가상각 상당액을 공제한 현재 시장에서의 가격에서 현실적으로 매각할 수 있는 가격을 뺀 나머지 금액이 되지만, 토지에서 분리하여 매각하는 것이 불가능하거나 현저히 곤란한 경우에는 재조달가격에서 감가상각 상당액을 공제한 현재 시장에서의 가격이 보상의 대상이 되는 매각손실액이 된다.

【판시사항】

'영업용 고정자산의 매각손실액'의 의미 및 산정 방법(대법원 2004. 10. 28. 선고 2002다3662, 3679 판결)

【판결요지】

구 공공용지의취득및손실보상에관한특례법시행규칙(2002. 12. 31. 건설교통부령 제344호로 폐지) 제24조 제1항에 의하면, 공공사업의 시행으로 인한 영업폐지에 대한 영업의 손실액은 영업이익에 영업용 고정자산 등의 매각손실액을 더한 금액으로 보상하도록 되어 있는바, 여기에서 영업용 고정자산의 매각손실액이라 함은 영업의 폐지로 인하여 필요 없게 된 영업용 고정자산을 매각함으로써 발생하는 손실을 말하는 것으로서, 토지에서 분리하여 매각하는 것이 가능한 경우에는 영업용 고정자산의 재조달가격에서 감가상각 상당액을 공제한 현재 시장에서의 가격에서 현실적으로 매각할 수 있는 가격을 뺀 나머지 금액이 되지만, 토지에서 분리하여 매각하는 것이 불가능하거나 현저히 곤란한 경우에는 재조달가격에서 감가상각 상당액을 공제한 현재 시장에서의 가격이 보상의 대상이 되는 매각손실액이 된다.

(2) 영업폐지의 요건

영업의 폐지는 다음 각 호의 어느 하나에 해당하는 경우로 한다(토지보상법 시행규칙 제46조 제2항).

(가) 배후지 상실(제1호)

영업장소 또는 배후지(당해 영업의 고객이 소재하는 지역을 말한다.)의 특수성으로 인하여 당해 영업소가 소재하고 있는 시 · 군 · 구(자치구를 말한다.) 또는 인접하고 있는 시 · 군 · 구의 지역안의 다른 장소에 이전하여서는 당해 영업을 할 수 없는 경우를 말한다.

1) 구체적인 사례

대규모 공익사업 예를 들어 댐공사 등과 같은 대규모 공익사업으로 인하여 배후지 자체가 상실되었고, 이 때문에 해당 영업을 인근지역으로 이전한다고 하여도 종전과 같은 영업을 할 수 없는 경우가 이에 해당한다.

2) 영업보상에서 인접하고 있는 시 · 군 또는 구의 의미

영업의 폐지로 보기 위하여는 당해 영업소가 소재하고 있거나 인접하고 있는 시 · 군 또는

구 지역 안의 다른 장소에의 이전가능성 여부를 따져 보아야 하고, 여기서 그 인접하고 있는 시 · 군 또는 구라 함은 다른 특별한 사정이 없는 이상 당해 영업소가 소재하고 있는 시 · 군 또는 구와 행정구역상으로 인접한 모든 시 · 군 또는 구를 말한다.

【판시사항】

영업보상에 있어 '인접하고 있는 시 · 군 또는 구'의 범위(대법원 1999. 10. 26. 선고 97누3972 판결)

【판결요지】

공공용지의취득및손실보상에관한특례법시행규칙 제24조 제2항 제1호, 제3호 소정의 영업의 폐지로 보기 위하여는 당해 영업소가 소재하고 있거나 인접하고 있는 시 · 군 또는 구 지역 안의 다른 장소에의 이전가능성 여부를 따져 보아야 하고, 여기서 그 인접하고 있는 시 · 군 또는 구라 함은 다른 특별한 사정이 없는 이상 당해 영업소가 소재하고 있는 시 · 군 또는 구와 행정구역상으로 인접한 모든 시 · 군 또는 구를 말한다.

(나) 법적으로 이전이 불가능

당해 영업소가 소재하고 있는 시 · 군 · 구 또는 인접하고 있는 시 · 군 · 구의 지역안의 다른 장소에서는 당해 영업의 허가 등을 받을 수 없는 경우를 말한다.

구체적으로 살펴보면, 예를 들어, 해당 영업소가 소재하고 있는 시 등 또는 인접하고 있는 시 등의 지역에서 관련 법령의 제한으로 해당 영업의 허가 또는 면허를 받을 수 없거나 신고가 수리되지 않는 경우 또는 국토의 계획 및 이용에 관한 법률 등 관련 법령에 따른 용도지역 등의 제한으로 해당 영업의 허가 · 신고 자체가 불가능한 경우가 이에 해당한다.

(다) 사실상 이전이 불가능

도축장 등 악취 등이 심하여 인근주민에게 혐오감을 주는 영업시설로서 해당 영업소가 소재하고 있는 시 · 군 · 구 또는 인접하고 있는 시 · 군 · 구의 지역안의 다른 장소로 이전하는 것이 현저히 곤란하다고 특별자치도지사 · 시장 · 군수 또는 구청장(자치구의 구청장을 말한다)이 객관적인 사실에 근거하여 인정하는 경우를 말한다.

1) 다른 장소로의 이전이 현저히 곤란

다른 장소로 이전하는 것이 현저히 곤란하다는 것은 이전하여 영업을 계속하는 것이 사실상 불가능한 정도에 이르러야 한다는 것을 의미한다.

2) 객관적 사실에 근거하여 인정하는 경우

객관적인 사실에 근거하여 인정하는 경우란 단순히 이전이 불가능하다는 공문만으로는 부족하고, 실제로 해당 시 등에서 동종 영업의 허가 등이 이루어지지 않고 있는 등의 사실의 적시가 필요하다는 의미이다.

【판시사항】

영업장소를 이전하는 것이 현저히 곤란하고 시장 등이 객관적인 사실에 근거하여 인정하는 기준(대법원 2002. 10. 8. 선고 2002두5498 판결)

【판결요지】

양돈장의 규모, 양돈장이 위치한 지역 및 인접지역의 토지이용실태 및 특성, 양돈장의 이전 · 신축에 특별한 법령상의 장애사유가 없는 점 등에 비추어 볼 때, 비록 양돈장이 이전 · 신축될 경우 악취, 해충발생, 농경지 오염 등 환경공해를 우려한 주민들의 반대가 있을 가능성이 있다고 하더라도 그러한 가정적인 사정만으로 양돈장을 인접지역으로 이전하는 것이 현저히 곤란하다고 단정하기는 어렵다.

(라) 영업폐지의 요건에 해당하지 않는 경우

아래의 사유 등은 영업폐지의 요건에 해당하지 않는다.

1) 인근지역에 이전장소가 없는 경우
2) 이전 소요비용이 기존 토지나 시설 등에 대한 보상액의 합계액을 초과함으로써 다른 장소로 이전하여서는 사실상 해당 영업을 계속하기 곤란한 경우
3) 부대시설의 편입

토지보상법 시행규칙 제47조에 따른 공익사업의 시행으로 인하여 영업장소를 이전하여야 하는 경우의 영업손실은 휴업기간에 해당하는 영업이익과 영업장소 이전 후 발생하는 영업이익감소액 등으로 평가한다고 되어 있다. 따라서 예를 들어, 이전하는 시설의 부대시설인 사무실, 화실, 샤워실, 식당 등이 편입됨으로 인하여 공장의 정상적인 운영이 어렵기 때문에

폐업보상을 요구하는 경우, 공장의 주된 건축물은 전체가 사업지구 밖에 소재하고 부대시설의 편입만으로는 휴업이나 폐업 등이 발생하지 아니하기 때문에, 폐업보상은 인정될 수 없다.[231)]

4) 영업시설의 일부편입

영업시설의 일부가 편입되는 경우는 폐업보상의 대상이 아니라 휴업보상의 대상이 될 수 있다. 토지보상법 시행규칙 제47조 제3항은 공익사업에 영업시설의 일부가 편입됨으로 인하여 잔여시설에 그 시설을 새로이 설치하거나 잔여시설을 보수하지 아니하고는 그 영업을 계속할 수 없는 경우의 영업손실 및 영업규모의 축소에 따른 영업손실은 해당시설의 설치 등에 소요되는 기간의 영업이익, 해당시설의 설치 등에 통상 소요되는 비용, 영업규모의 축소에 따른 영업용 고장자산 · 원재료 · 제품 및 상품 등의 매각손실액을 더한 금액으로 평가하도록 정하고 있다.

(3) 폐업보상금 환수 및 휴업보상금 지급

사업시행자는 영업자가 영업의 폐지 후 2년 이내에 해당 영업소가 소재하고 있는 시 · 군 · 구 또는 인접하고 있는 시 · 군 · 구의 지역 안에서 동일한 영업을 하는 경우에는 영업의 폐지에 대한 보상금을 환수하고 영업의 휴업 등에 대한 손실을 보상하여야 한다(토지보상법 시행규칙 제46조 제4항).

(4) 영업용 고정자산에 대한 보상상한

보상대상인 무허가건축물 등에서의 임차인 영업에 대한 보상액 중 영업용 고정자산 · 원재료 · 제품 및 상품 등의 매각손실액을 제외한 금액은 1천만원을 초과하지 못한다.

나. 영업의 휴업 등에 대한 손실의 평가

(1) 휴업보상 평가방법

(가) 휴업보상 산정

공익사업의 시행으로 인하여 영업장소를 이전하여야 하는 경우의 영업손실은 휴업기간에 해당하는 영업이익과 영업장소 이전 후 발생하는 영업이익감소액에 다음의 비용을 합한

231) 2017. 1. 5. 질의회신 참조.

금액으로 평가한다(토지보상법 시행규칙 제47조 제1항).

1) 휴업기간중의 영업용 자산에 대한 감가상각비 · 유지관리비와 휴업기간중에도 정상적으로 근무하여야 하는 최소인원에 대한 인건비 등 고정적 비용, 여기서 인건비 등 고정적 비용은 영업장소의 이전 등으로 휴업기간 중에도 해당 영업활동을 계속하기 위하여 지출이 예상되는 인건비, 제세공과금, 임차료, 감가상각비, 보험료, 광고선전비, 그 밖의 비용 등의 비용을 더한 금액으로 산정한다.

2) 영업시설 · 원재료 · 제품 및 상품의 이전에 소요되는 비용 및 그 이전에 따른 감손상당액, 여기서 영업시설 등의 이전비는 해체 · 운반 · 재설치 및 시험가동 등에 드는 일체의 비용으로 하되, 개량 또는 개선비용은 포함하지 않으며, 이전비가 그 물건의 취득가액을 초과하는 경우에는 그 취득가액으로 산정한다. 이 경우 이전 전에 가격에 영향을 받지 아니하고 현 영업장소에서 매각할 수 있는 것에 대한 이전비는 제외한다.

영업시설 등의 이전에 따른 감손상당액 = 현재가액 - 이전 후의 가액

3) 이전광고비 및 개업비 등 영업장소를 이전함으로 인하여 소요되는 부대비용

(나) 외주영업 제외

영업이익의 산정에서 외주영업 등 휴업기간 중에도 일부 영업이 가능한 경우에는 이로 이한 영업이익을 공제한다.

(다) 인건비 등 고정적 비용 산정방법

인건비 등 고정적 비용은 아래와 같은 기준으로 산정한다.

1) 인건비

인건비는 휴업 · 보수기간 중에도 휴직하지 아니하고 정상적으로 근무하여야 할 최소인원(일반관리직 근로자 및 영업시설 등의 이전 · 설치 계획 등을 위하여 정상적인 근무가 필요한 근로자 등으로서 보상계획의 공고가 있은 날 현재 3개월 이상 근무한 자로 한정함)에 대한 실제지출이 예상되는 인건비 상당액으로 한다.

2) 제세공과금

제세공과금은 해당 영업과 직접 관련된 제세 및 공과금으로 한다.

3) 임차료

임차료는 임대차계약에 따라 휴업 중에도 계속 지출되는 임차료로 한다.

4) 감가상각비

감가상각비 등은 고정자산(이전이 사실상 곤란하거나 이전비가 취득비를 초과하여 취득하는 자산은 제외함)의 감가상각비상당액으로 한다.

5) 보험료

보험료는 계약에 따라 휴업 중에도 계속 지출되는 화재보험료 등으로 한다.

6) 광고선전비

광고선전비는 계약에 따라 휴업 중에도 계속 지출되는 광고비 등으로 한다.

7) 그 밖의 비용

그 밖의 비용은 비용항목 중 휴업기간 중에도 계속 지출하게 되는 위 각 사유와 비슷한 성질의 것으로 한다.

(라) 영업시설 등의 이전거리

1) 이전장소 등이 정해져 있는 경우

영업시설 등의 이전거리는 동일 또는 인근 시 등에 이전장소가 정해져 있거나 해당 영업의 성격이나 특수성 기타 행정적 규제 등으로 인하여 이전가능한 지역이 한정되어 있는 경우에는 그 거리를 기준으로 한다.

2) 이전장소 등이 정해져 있지 않은 경우

이전장소가 정해져 있지 아니한 경우 영업시설 등의 이전거리는 30㎞ 이내로 한다.

(2) 휴업기간 및 휴업기간 상한

(가) 휴업기간을 4월 이내로 한다는 취지

토지보상법 시행규칙 제47조 제2항은 영업장소의 이전으로 인한 휴업기간은 특별한 경우를 제외하고는 4월 이내로 한다고 규정하고 있는바, 이는 피수용자 개개인의 구구한 현실적인 이전계획에 맞추어 휴업기간을 평가하는 경우, 그 자의에 좌우되기 쉬워 평가의 공정성을 유지하기가 어려운 점에 비추어 통상 필요한 이전기간으로 누구든지 수긍할 수 있는 것으로 보이는 3월의 기준을 정하여 통상의 경우에는 이 기준에서 정한 4월의 기간 내에서 휴업기간을 정하도록 하되, 4월 이상이 소요될 것으로 누구든지 수긍할 수 있는 특별한 경우임이 입증된 경우에는 그 입증된 기간을 휴업기간으로 정할 수 있도록 하는 취지라 할 것이다.[232)]

(나) 휴업기간 상한

휴업기간은 4개월 이내로 한다. 다만, 다음 각 호의 어느 하나에 해당하는 경우에는 실제 휴업기간으로 하되, 그 휴업기간은 2년을 초과할 수 없다(토지보상법 시행규칙 제47조 제2항).

1) 당해 공익사업을 위한 영업의 금지 또는 제한으로 인하여 4개월 이상의 기간 동안 영업을 할 수 없는 경우
2) 영업시설의 규모가 크거나 이전에 고도의 정밀성을 요구하는 등 당해 영업의 고유한 특수성으로 인하여 4개월 이내에 다른 장소로 이전하는 것이 어렵다고 객관적으로 인정되는 경우

【질의요지】

양어장에 대한 휴업기간을 2년으로 할 수 있는지(중앙토지수용위원회 2017. 8. 24. 재결)

【재결사항】

000가 양어장에 대한 휴업기간을 2년으로 영업보상을 하여 달라는 주장에 대하여, 토지보상법 시행규칙 제47조에 따르면 영업장소를 이전하여야 하는 경우의 영업손실은 휴업기간에 해당하는 영업이익에 휴업기간중의 인건비 등 고정적 비용과 영업시설 · 원재료 · 제품의 이전에 소용되는 비용 및 영업장소를 이전함으로 인하여 소요되는 부대비용 등을 합한 금액으로 평가하도록 되어 있으며 휴업기간은 4개월 이내로 한다.

다만, 당해 공익사업을 위한 영업의 금지 또는 제한으로 인하여 4개월 이상의 기간동안 영업을 할 수 없는 경우 및 영업시설의 규모가 크거나 이전에 고도의 정밀성을 요구하는 등 당해

232) 대법원 1994. 11. 8. 선고 93누7235 판결, 2004. 1. 29. 선고 2003두11520 판결.

영업의 고유한 특수성으로 인하여 4개월 이내에 다른 장소로 이전하는 것이 어렵다고 객관적으로 인정되는 경우에는 실제 휴업기간으로 하되, 그 휴업기간은 2년을 초과할 수 없다고 되어 있다.

또는 대법원 판례는, 영업장소의 이전으로 인한 휴업기간은 피수용자 개개인의 구구한 현실적인 이전계획에 맞추어 이를 평가하는 경우 그 자의에 좌우되기 쉬워 평가의 공정성을 유지하기가 어려운 점에 비추어 보면, 통상 필요한 이전기간으로 누구든지 수긍할 수 있는 것으로 보여지는 4개월의 기준을 정하여 통상의 경우에는 이 기준에서 정한 3개월의 기간 내에서 휴업기간을 정하도록 하되, 4월 이상이 소요될 것으로 누구든지 수긍할 수 있는 특별한 경우임이 입증된 경우에는 그 입증된 기간을 휴업기간으로 정할 수 있도록 한 것은 그 합리성이 인정되므로 상위 법령의 근거 없이 국민의 재산권을 부당하게 제한하는 무효의 규정이라 할 수 없다(대법원 1994. 11. 8. 선고 93누7235 판결)라고 판시하고 있다.

관련자료(대법원 판례, 감정평가서, 사업시행자 의견, 소유자의 양어장 이전공사비 산출서 등)를 검토한 결과, 이 건 양어장의 특성상 다른 장소로 이전하여 영업을 행하는 것이 현저히 곤란하다고 보기 어렵고, 영업시설의 규모가 크거나 이전에 고도의 정밀성이 요구하는 등 4개월 이내에 다른 장소로 이전하는 것이 어렵다고 객관적으로 인정되는 경우에 해당되지 않는 것으로 판단되므로 휴업기간을 2년으로 영업보상을 하여 달라는 소유자의 주장은 받아들일 수 없다.

(3) 영업시설의 설치 및 보수에 따른 보상 등

(가) 영업시설의 설치 및 보수에 따른 보상

공익사업에 영업시설의 일부가 편입됨으로 인하여 잔여시설에 그 시설을 새로이 설치하거나 잔여시설을 보수하지 아니하고는 그 영업을 계속할 수 없는 경우의 영업손실 및 영업규모의 축소에 따른 영업손실은 다음에 해당하는 금액을 더한 금액으로 평가한다. 이 경우 보상액은 위 (1)에 따른 평가액(휴업보상)을 초과하지 못한다(토지보상법 시행규칙 제47조 제3항). 그러나 건축물의 일부가 공익사업에 편입되는 경우로서 그 건축물의 간여부분에서 해당 영업을 계속할 수 없는 경우에는 휴업보상으로 평가할 수 있다.

1) 해당 시설의 설치 등에 소요되는 기간의 영업이익, 여기서 해당 시설의 설치 등에 소요되는 기간인 보수기간 등에 대해서는 별도의 기간을 규정하고 있지 않으므로 보수기간 등은 실제 소요되는 기간으로 한다.

2) 해당 시설의 설치 등에 통상 소요되는 비용
3) 영업규모의 축소에 따른 영업용 고정자산 · 원재료 · 제품 및 상품 등의 매각손실액

(나) 영업용 고정자산 등의 매각손실액의 산정방법
수용에 따른 영업규모의 축소에 따라 영업용 고정자산 등의 매각손실액의 산정방법은 영업폐지 보상에서의 영업용 고정자산 등의 매각손실액의 산정방법에 따른다.

(4) 임시영업소 설치에 따른 보상

(가) 보상방법
영업을 휴업하지 아니하고 임시영업소를 설치하여 영업을 계속하는 경우의 영업손실은 임시영업소의 설치비용으로 평가한다. 이 경우 보상액은 위 (1)의 규정에 의한 평가액을 초과하지 못한다.

(나) 임시영업소 설치비용
임시영업소 설치비용은 아래의 비용을 더한 금액으로 한다.

1) 임시영업기간 중의 임차료 상당액과 설정비용 등 임차에 필요하다고 인정되는 기타 부대비용을 더한 금액
2) 영업시설 등의 이전에 드는 비용 및 영업시설 등의 이전에 따른 감손상당액
3) 그 밖의 부대비용

(다) 임시영업소 가설시 설치비용
임시영업소를 가설하는 경우의 설치비용은 아래의 비용을 더한 금액으로 한다.

1) 임시영업소의 지료 상당액과 설정비용 등 임차에 필요하다고 인정되는 기타 부대비용을 더한 금액
2) 임시영업소 신축비용 및 해제 · 철거비를 더한 금액(해제 · 철거 시에 발생자재가 있을 때에는 그 가액을 뺀 금액)
3) 영업시설 등의 이전에 드는 비용 및 영업시설 등의 이전에 따른 감손상당액
4) 그 밖의 부대비용

(5) 영업이익 산정방법

영업이익은 해당 영업의 최근 3년간(특별한 사정으로 인하여 정상적인 영업이 이루어지지 아니한 연도를 제외한다)의 평균 영업이익을 기준으로 하여 이를 평가하되, 공익사업의 계획 또는 시행이 공고 또는 고시됨으로 인하여 영업이익이 감소된 경우에는 해당 공고 또는 고시 일전 3년간의 평균 영업이익을 기준으로 평가한다. 이 경우 개인영업으로서 휴업기간에 해당하는 영업이익이 「통계법」 제3조제3호에 따른 통계작성기관이 조사 · 발표하는 가계조사통계의 도시근로자가구 월평균 가계지출비를 기준으로 산정한 3인 가구의 휴업기간 동안의 가계지출비(휴업기간이 4개월을 초과하는 경우에는 4개월분의 가계지출비를 기준으로 한다)에 미달하는 경우에는 그 가계지출비를 휴업기간에 해당하는 영업이익으로 본다(토지보상법 시행규칙 제47조 제5항).

(6) 영업장소 이전 후 발생하는 영업이익 감소액 산정

영업장소 이전 후 발생하는 영업이익 감소액은 제1항 각 호 외의 부분의 휴업기간에 해당하는 영업이익(제5항 후단에 따른 개인영업의 경우에는 가계지출비를 말한다)의 100분의 20으로 하되, 그 금액은 1천만원을 초과하지 못한다(토지보상법 시행규칙 제47조 제7항).

(7) 무허가건축 등의 임차인 휴업보상

보상대상인 무허가건축물 등에서의 임차인 영업에 대한 보상액 중 영업시설 · 원재료 · 제품 및 상품의 이전에 소요되는 비용 및 그 이전에 따른 감손상당액을 제외한 금액은 1천만을 초과하지 못한다(토지보상법 시행규칙 제47조 제6항).

다. 허가등을 받지 아니한 영업의 손실보상에 관한 특례

(1) 무허가영업 등의 보상

(가) 보상요건

무허가영업 등의 보상 특례는 해당 영업이 사업인정고시일 등 전부터 적법한 장소에서 인적 · 물적시설을 갖추고 계속적으로 행하고 있는 영업에 해당되어야 한다.

(나) 보상방법

사업인정고시일등 전부터 허가등을 받아야 행할 수 있는 영업을 허가등이 없이 행하여 온

자가 공익사업의 시행으로 인하여 적법한 장소에서 영업을 계속할 수 없게 된 경우에는「통계법」제3조 제3호에 따른 통계작성기관이 조사 · 발표하는 가계조사통계의 도시근로자가구 월평균 가계지출비를 기준으로 산정한 3인 가구 3개월분 가계지출비에 해당하는 금액을 영업손실에 대한 보상금으로 지급한다(토지보상법 시행규칙 제52조).

[가구원수별 가구당 월평균 가계지수(도시, 1인 이상), 통계청 2016년]

가구원수	가계지출비	소유자(2월분)	세입자(4월분)
1인	1,827,783	3,655,560	7,311,130
2인	2,638,275	5,276,550	10,553,100
3인	3,643,428	7,286,850	14,573,710
4인	4,393,154	8,786,300	17,572,610
5인	4,560,858	9,121,710	18,243,430

(2) 이전에 따른 감손상당액 별도 보상

영업시설 · 원재료 · 제품 및 상품의 이전에 소요되는 비용 및 그 이전에 따른 감손상당액은 별도로 보상한다. 다만, 본인 또는 생계를 같이 하는 동일 세대안의 직계존속 · 비속 및 배우자가 해당 공익사업으로 다른 영업에 대한 보상을 받은 경우에는 영업시설등의 이전비용만을 보상하여야 한다(토지보상법 시행규칙 제52조).

(3) 어업권에 준용

무허가영업 등의 보상 특례는 어업권에 대해서도 적용한다.

[서식] 손실보상(영업)

소 장

원 고　　○ ○ ○(주민등록번호)
　　　　○○시 ○○구 ○○길 ○○ (우편번호 ○○○ － ○○○)

피 고　　△ △ △
　　　　○○시 ○○구 ○○길 ○○ (우편번호 ○○○ － ○○○)

손실보상금 청구의 소

청 구 취 지

1. 피고는 원고에게 금 38,666,666원 및 이에 대한 20○○. ○. ○.부터 이 사건 소장부본 송달일까지는 연 5%의, 그 다음날부터 다 갚는 날까지는 연 15%의 각 비율에 의한 금원을 지급하라.
2. 소송비용은 피고가 부담한다.
3. 제1항은 가집행 할 수 있다.

라는 판결을 구합니다.

청 구 원 인

1. 당사자관계

원고는 주소지에서 ☆☆재첩국이라는 상호로 일반음식점을 경영하여 오고 있는 자이고, 피고는 공공사업인 ○○-◎◎간의 국도 ○○호선 ○차선 확장공사 시행자로서 20○○. ○.경부터 그 사업실시계획에 따라 공사를 착공하여 현재 시행 중에 있습니다.

2. 손실보상 책임의 발생

가. 원고는 20○○. ○. ○. 국도○○호선과 인접한 원고의 주소지에서 ☆☆재첩국이라는 상호로 일반음식점을 개업하여 영업을 하여 오던 중 20○○. ○.경부터 국도 ○○호선의 ○차선 확장공사가 시행되면서 원고가 운영하는 위 음식점의 부지 일부가 국도 ○○호선 확장공사 일부 토지로 편입되었으며, 20○○. ○.경부터 위 음식점 도로가 4,5미터 높이로 복토공사가 시작되면서 위 국도에서 직접 차량을 이용하는 손님들이 위 음식점에 출입하는 통로가 폐쇄되고, 복토공사가 대부분 완료된 이후에는 도로 밑으로 차량 1대가 겨우 출입할 정도로 굴다리를 만들었고 그것도 위 음식점을 직접 통행할 수 있는 굴다리가 아니고 위 음식점과 수백미터 떨어져 마을 진입도로와 같이 사용하도록 되어 있으며 그리고 확장된 도로에서 위 음식점으로 진입하는 도로는 없으며 수 킬로미터 떨어진 곳에서 우회하여 들어갈 수밖에 없는 것입니다.

나. 위와 같은 경위로 위 음식점을 찾는 손님이 뚝 끊겨 현재에는 아예 손님들이 전혀 없는 상태입니다.

다. 공익사업을 위한 토지 등의 취득 및 보상에 관한 법률 시행규칙 제64조는 "공익사업 시행지구 밖에서 제45조에 따른 영업손실의 보상대상이 되는 영업을 하고 있는 자가 공익사업의 시행으로 인하여 그 배후지의 3분의 2 이상이 상실되어 그 장소에서 영업을 계속할 수 없는 경우에는 그 영업자의 청구에 의하여 당해 영업을 공익사업시행지구에 편입되는 것으로 보아 보상하여야 한다."라고 규정하는 한편 위 법률 시행규칙 제46조는 폐지하는 영업의 종류에 따라 그 손실을 평가하는 기준을 규정하고 있어 이 사건 원고와 같이 간접적인 영업손실을 입은 자에 대한 직접적인 보상규정은 없다고 할 수 있습니다.

라. 그러나, 헌법 제23조 제3항이 "공공 필요에 의한 재산권의 수용, 사용 또는 제한 및 그에 대한 보상은 법률로써 하되 정당한 보상을 지급하여야 한다"고 규정하고 있는 점, 공익사업을 위한 토지 등의 취득 및 보상에 관한 법률 제61조가 "공익사업에 필요한 토지 등의 취득 또는 사용으로 인하여 토지소유자나 관계인이 입은 손실은 사업시행자가 보상하여야 한다."고 규정하고 있는 점 등을 종합한다면, 원고의 음식점 수입 상실에 따른 간접적인 영업손실에 관하여 그 밖의 법령에 직접적인 보상규정이 없더라도 위 법 시행규칙 제64조의 규정을 유추적용하여 원고에 대하여 음식점 수입상실에 따른 간접적인 영업손실에 관하여 위 법 시행규칙 제46조에 의하여 평가한 손실보상금을 지급할 의무가 있다 할 것입니다.

3. 손실보상의 범위

위 법 시행규칙 제46조 제1항의 규정에 의하여 영업손실에 따른 평가액은 2년간의 영업 이익에 영업용 고정자산, 원재료, 제품 및 상품 등의 매각손실액을 더한 금액으로 평가하여야 하고 영업이익은 해당 영업의 최근 3년간의 평균 영업이익을 기준으로 하여 이를 평가할 것이나 원고에게는 3년간의 영업이익의 산출근거가 되는 자료가 없으므로 20○○. ○. ○.부터 20○○. ○. ○.까지의 1년 6개월 간의 부가세 신고 과세표준액이 원고의 순 영업이익금(사실 원고의 순영업이익금은 이보다 더 많으나 우리나라의 전반적 통상 그 영업자들이 그 영업이익금을 숨기고 있는 실정임)으로 산정하면 원고가 위 기간 과세표준 금원 29,000,000원으로 년 평균 영업이익금은 금 19,333,333원(29,000,000 × 12/18)이 되므로 피고가 보상하여야 할 원고의 손실금액은 금 38,666,666원이 됩니다.

4. 결론

그렇다면 피고는 원고에게 손실보상금 38,666,666원 및 이에 대한 20○○. ○. ○.부터 이 사건 소장부본 송달일까지는 민법 소정의 연 5%의, 그 다음날부터 다 갚는 날까지는 소송촉진등에관한특례법 소정의 연 15%의 각 비율에 의한 지연손해금을 지급할 의무가 있다 할 것이므로 그 이행을 구하기 위하여 이 건 청구에 이른 것입니다.

입증방법

1. 갑 제1호증	영업허가증
1. 갑 제2호증	사업자등록증
1. 갑 제3호증	지적도등본
1. 갑 제4호증의 1,2	각 사진

첨부서류

1. 위 입증방법	각 1통
1. 소장부본	1통
1. 납 부 서 1통	

20○○. ○. ○.

원고 ○ ○ ○ (인)

○ ○ 행정법원귀중

영업손실보상평가지침

제정 1993. 2. 16
개정 1995. 6. 26
1998. 2. 17
2000. 4. 18
2002. 2. 1
2003. 2. 14
2007. 2. 14
2007. 5. 29

제1장 총 칙

제1조【목 적】 이 지침은 「공익사업을 위한 토지 등의 취득 및 보상에 관한 법률」(이하 "법"이라 한다) 및 같은법 시행규칙(이하 "법시행규칙"이라 한다)의 규정에 의한 영업폐지 및 영업의 휴업 등에 대한 손실(이하 "영업손실"이라 한다)의 평가에 관한 세부적인 기준과 절차 등을 정함으로써 평가의 적정성과 공정성을 확보함을 목적으로 한다. 〈개정 2003.2.14, 2007.2.14〉

제2조【적용원칙】 영업손실의 평가는 관계법령에서 따로 정하는 경우를 제외하고는 이 지침에서 정하는 바에 의한다.

제3조【용어의 정의】 이 지침에서 사용하는 용어의 정의는 다음과 같다. 〈개정 95.6.26, 98.2.17〉

1. "영업"이라 함은 일정한 장소에서 인적 · 물적 시설을 갖추고 계속적으로 영리적인 행위를 하는 것을 말한다.
2. "영업이익"이라 함은 기업의 주된 영업활동에 의하여 발생된 이익으로서 매출총액

에서 매출원가와 판매비 및 일반관리비를 뺀 것을 말한다.

3. "소득"이라 함은 개인의 주된 영업활동에 의하여 발생된 이익으로서 자가노력비상당액(생계를 같이하는 동일 세대안의 직계존속 · 비속 및 배우자의 것을 포함한다. 이하 같다)이 포함된 것을 말한다.

4. "재고자산"이라 함은 「소득세법 시행령」 제91조제3항에서 규정한 자산으로서 제품 · 상품, 반제품 · 재공품, 원재료, 저장품 등을 말한다. 〈개정 2007.2.14〉

제4조 【영업의 분류】 이 지침에서 영업의 분류는 다음과 같이 한다. 〈개정 98.2.17〉

1. 영업의 종별에 따른 분류는 「소득세법 시행령」 제29조의 규정에 따른다. 〈개정 2007.2.14〉
2. 관계법령에 의한 허가 · 면허 또는 신고 유무에 따라 허가업 · 면허업 · 신고업 · 기타영업으로 분류한다. 〈개정 2003.2.14〉

제4조의2 【영업손실의 평가대상】 ① 영업손실에 대한 평가는 평가의뢰자가 법시행규칙 제45조에서 정한 다음 각 호 모두에 해당되는 영업을 법시행규칙 제16조의 규정에 의하여 평가의뢰한 경우에 행한다. 〈개정 2007.5.29〉

1. 법 제15조제1항 본문의 규정에 의한 보상계획의 공고 또는 법 제22조의 규정에 의한 사업인정의 고시가 있는날(이하 이 조에서 "사업인정고시일등" 이라 한다) 전부터 적법한 장소(무허가건축물등, 불법형질변경토지, 그 밖에 다른 법령에서 물건을 쌓아놓는 행위가 금지되는 장소가 아닌 곳을 말한다)에서 인적·물적시설을 갖추고 계속적으로 행하고 있는 영업(사업인정고시일등 이후에 제3자가 사업인정고시일등 전부터 계속적으로 행한 영업을 적법하게 승계한 경우를 포함한다) 다만, 무허가건축물등에서 임차인이 영업하는 경우에는 그 임차인이 사업인정고시일등 1년 이전부터 「부가가치세법」 제5조에 따른 사업자등록을 하고 행하고 있는 영업을 말한다. 〈개정 2007.5.29〉
2. 영업을 행함에 있어서 관계법령에 의한 허가 · 면허 · 신고 등(이하 "허가 등"이라 한다)을 필요로 하는 경우에는 사업인정고시일등 전에 허가 등을 받아 그 내용대로 행하고 있는 영업. 이 경우에 「소득세법」 또는 「부가가치세법」의 규정에 의한 사업

자등록은 이 조에서 규정한 허가 등으로 보지 아니한다. 〈개정 2007.2.14, 2007.5.29〉

② 사업인정고시일등 전부터 허가 등을 받아야 행할 수 있는 영업을 허가 등이 없이 행해 온 자에 대하여 법시행규칙 제52조의 규정에 의하여 법시행규칙 제47조제1항제2호에 따른 영업시설·원재료·제품 및 상품의 이전에 소요되는 비용 및 그 이전에 따른 감손상당액을 보상하기 위한 평가의뢰가 있는 경우에는 제1항제2호의 규정에 불구하고 이를 평가대상으로 할 수 있다. 〈신설 2003.2.14, 개정 207.5.29〉

제5조 【영업손실의 구분】 ① 영업손실은 영업폐지와 영업의 휴업 등에 대한 손실로 구분하되, 법시행규칙 제16조제1항제6호의 규정에 따라 평가의뢰자가 공익사업의 종류 · 사업기간 · 사업규모 · 영업의 종류 · 배후지의 상실정도 기타 관계법령에 의한 영업의 규제상태 등을 고려하여 결정한 내용에 따른다. 〈개정 2003.2.14〉

② 평가의뢰자가 영업손실의 보상과 관련하여 영업폐지 또는 영업의 휴업 등을 구분하지 아니하고 평가의뢰한 경우에는 이를 구분요청하여 그 내용에 따라 평가한다. 다만, 영업폐지 또는 영업의 휴업 등의 구분이 명확한 경우에는 그러하지 아니하다.

제6조 【조사사항】 ① 영업손실의 평가시에 조사할 사항은 다음 각 호와 같다.

1. 영업장소의 소재지 · 업종 · 규모 〈개정 2003.2.14〉
2. 수입 및 지출 등에 관한 사항
3. 과세표준액 및 납세실적
4. 영업용 고정자산 및 재고자산의 내용
5. 종업원 현황 및 인건비 등 지출내용
6. 기타 필요한 사항

② 영업손실의 평가시에는 별지 제1호서식 또는 제2호서식에 의하여 제1항 각 호의 사항 중 필요한 사항을 조사한다.

제7조 【자료의 수집】 영업손실의 평가시에는 다음 각 호의 자료 중 대상물건의 평가에 필요한 자료를 수집한다. 〈개정 98.2.17〉

1. 법인 등기부등본 및 정관
2. 최근 3년간의 재무제표 (대차대조표 · 손익계산서 · 잉여금처분계산서 또는 결손금처리계산서 · 현금흐름표 등) 및 부속명세서 (제조원가명세서 · 잉여금명세서 등) 〈개정 2002.2.1, 2003.2.14〉
3. 회계감사보고서
4. 법인세과세표준 및 세액신고서(조정계산서) 또는 종합소득과세표준확정신고서
5. 고정자산대장 및 재고자산대장
6. 취업규칙 · 급여대장 · 근로소득세원천징수영수증 등 〈개정 2003.2.14〉
7. 부가가치세과세표준증명원
8. 기타 필요한 자료

제 2 장 영업폐지에 대한 손실의 평가

제8조【영업의 폐지 평가대상】 ① 영업의 폐지에 대한 손실의 평가는 다음 각 호의 1에 해당되는 것으로서 평가의뢰자가 법시행규칙 제16조의 규정에 의하여 평가의뢰한 경우에 행한다. 〈개정 2003.2.14〉

1. 영업장소 또는 배후지(당해 영업의 고객이 소재하는 지역을 말한다 이하 같다)의 특수성으로 인하여 당해 영업소가 소재하고 있는 시 · 군 · 구(자치구를 말한다 이하 이 조에서 같다) 또는 인접하여 있는 시 · 군 · 구의 지역안의 다른장소에 이전하여서는 당해영업을 할 수 없는 경우 〈신설 2003.2.14〉
2. 당해 영업소가 소재하고 있는 시 · 군 · 구 또는 인접하고 있는 시 · 군 · 구의 지역안의 다른 장소에서는 당해 영업의 허가 등을 받을 수 없는 경우
3. 도축장 등 악취 등이 심하여 인근 주민에게 혐오감을 주는 영업시설로서 당해 영업소가 소재하고 있는 시 · 군 · 구 또는 인접하고 있는 시 · 군 · 구의 지역안의 다른 장소로 이전하는 것이 현저히 곤란하다고 시장 · 군수 또는 구청장(자치구의 구청장을 말한다)이 객관적인 사실에 근거하여 인정하는 경우 〈신설 2003.2.14, 개정 2007.5.29〉

② 제1항제1호에서 "배후지의 특수성"이라 함은 도정공장 등의 경우와 같이 제품원료

및 취급품목의 지역적 특수성으로 인하여 배후지가 상실될 때에는 당해영업을 계속할 수 없는 경우 등으로서 배후지가 당해영업에 갖는 특수한 성격을 말한다. 〈개정 2003. 2.14.〉

제9조 【영업손실의 평가】 영업폐지에 대한 손실의 평가는 다음 산식에 의한다.

> 평가가액 = 영업이익(개인영업인 경우 소득을 말한다. 이하 같다)×보상연한+영업용 고정자산의 매각손실액+재고자산의 매각손실액

제10조 【영업이익의 산정】 ① 영업의 폐지에 대한 손실의 평가시에 영업이익의 산정은 당해 영업의 최근 3년간 (특별한 사정에 의하여 정상적인 영업이 이루어지지 아니한 연도를 제외한다 이하 같다)의 평균 영업이익을 기준으로 한다. 다만, 공익사업의 계획 또는 시행이 공고 또는 고시됨으로 인하여 영업이익이 감소된 경우에는 당해 공고 또는 고시일 전 3년간의 평균 영업이익을 기준으로 한다. 〈개정 95.6.26, 98.2.17, 2000.4. 18, 2002.2.1, 2003.2.14〉

② 당해영업의 실제 영업기간이 3년 미만이거나 영업시설의 확장 또는 축소 기타 영업환경의 변동 등으로 인하여 최근 3년간의 영업실적을 기준으로 영업이익을 산정하는 것이 곤란하거나 현저히 부적정한 경우에는 당해영업의 실제 영업기간 동안의 영업실적이나 그 영업시설규모 또는 영업환경의 변동이후의 영업실적을 기준으로 영업이익을 산정할 수 있다. 〈개정 2000.4.18, 2002.2.1〉

③ 제1항 및 제2항의 규정에 의한 영업이익의 산정은 평가의뢰자 또는 영업행위자가 제시한 자료 등에 의한다. 다만, 다음 각 호의 1에 해당되는 경우에는 당해 영업의 최근 3년간의 평균(추정) 매출액 등에 인근지역 또는 동일수급권안의 유사지역에 있는 동종유사규모 영업의 일반적인 영업이익률을 적용하거나 국세청장이 고시한 표준소득률 등을 적용하여 당해 영업의 영업이익을 산정할 수 있다. 이 경우에 추정매출액 등은 당해 영업의 종류 · 성격 · 영업규모 · 영업상태 · 영업연수 · 배후지상태 기타 인근지역 또는 동일수급권안의 유사지역에 있는 동종유사규모영업의 최근 3년간의 평균매출액 등을 고려하여 결정한다. 〈개정 2007.2.14〉

1. 영업이익 등 관련자료의 제시가 없는 경우 〈개정 2007.2.14〉
2. 제시된 영업이익 등 관련자료가 불충분하거나 신빙성이 부족하여 영업이익의 산정이 사실상 곤란한 경우 〈개정 2007.2.14〉
3. 기타 제시된 영업이익 등 관련 자료에 의하여 산정된 영업이익이 같은 공익사업 시행지구 등 당해 영업의 인근지역 또는 동일수급권안의 유사지역에 있는 동종 유사규모 영업의 영업이익과 비교하여 현저히 균형을 이루지 못한다고 인정되는 경우 〈개정 2007.2.14〉

④ 제1항 내지 제3항의 규정에 의한 영업이익의 산정시에 당해영업의 영업활동과 직접 관계없이 발생되는 영업외손익 또는 특별손익은 고려하지 아니하며, 개인영업의 경우에는 자가노력비상당액을 비용으로 계상하지 아니한다. 〈신설 2003.2.14〉

⑤ 개인영업으로서 제1항 내지 제3항의 규정에 의하여 산정된 영업이익이 법시행규칙 제46조제3항 후단의 규정에 따라 다음 산식에 의하여 산정된 금액에 미달되는 경우에는 다음 산식에 의하여 산정된 금액을 당해 영업의 영업이익으로 본다. 이 경우에 둘 이상 업종의 영업이 동일사업장에서 공동계산으로 행하여진 경우에는 이를 하나의 영업으로 본다. 〈신설 2003.2.14〉

영업이익 = 「통계법」 제3조제4호에서 규정한 통계작성기관이 동법 제8조의 규정에 의한 승인을 얻어 작성 · 공표한 제조부문 보통인부의 노임단가 × 25(일) × 12(월)

제11조 【보상연한】 영업폐지에 대한 손실의 평가시에 적용할 보상연한은 법시행규칙 제46조제1항의 규정에 따라 2년으로 한다. 〈개정 98.2.17, 2003.2.14〉
1. 삭제 〈2003.2.14〉
2. 삭제 〈2003.2.14.〉

제12조 【매각손실액의 산정】 영업폐지에 대한 손실의 평가를 위한 매각손실액의 산정은 영업용 고정자산과 재고자산으로 구분하여 다음과 같이 한다. 〈개정 95.6.26, 98.2.17〉
1. 영업용 고정자산 중에서 기계 · 기구, 집기 · 비품 등과 같이 영업시설에서 분리하여 매각이 가능한 자산은 평가가액 또는 장부가액(이하 "현재가액"이라 한다)에서

매각가액을 뺀 금액으로 한다. 다만, 매각가액의 산정이 사실상 곤란한 경우에는 현재가액의 60퍼센트 상당액 이내로 매각손실액을 결정할 수 있다.

2. 영업용 고정자산 중에서 건축물 · 공작물 등의 경우와 같이 영업시설에서 분리하여 매각하는 것이 불가능하거나 현저히 곤란한 자산은 건축물 등의 평가방식에 의하되, 따로 평가가 이루어진 경우에는 매각손실액의 산정에서 제외한다. 〈개정 2003.2.14〉

3. 재고자산은 현재가액에서 처분가액을 뺀 금액으로 한다. 다만, 이의 산정이 사실상 곤란한 경우에는 현재가액을 기준으로 다음과 같이 결정할 수 있다.

가. 제품 · 상품으로서 일반적인 수요성이 있는 것 : 20 퍼센트 이내

나. 제품 · 상품으로서 일반적인 수요성이 없는 것 : 50 퍼센트 이내

다. 반제품 · 재공품, 저장품 : 60퍼센트 이내

라. 원재료로서 신품인 것 : 20퍼센트 이내

마. 원재료로서 사용중인 것 : 50퍼센트 이내

제13조 【고정자산 및 재고자산의 내용확인】 ① 제12조의 규정에 의한 매각손실액의 산정기준이 되는 영업용고정자산과 재고자산의 종류 · 규격 · 수량 · 장부가액 등의 내용 확인은 평가의뢰자가 제시한 목록을 기준으로 함을 원칙으로 한다. 다만, 평가의뢰자가 제시한 목록의 내용이 가격시점 당시의 실제내용과 현저한 차이가 있다고 인정되거나 목록의 제시가 없는 때에는 실지조사한 내용을 기준으로 한다. 〈개정 2003.2.14〉

② 제1항 단서에 해당되는 경우로서 가격시점 당시의 실제내용의 확인이 사실상 곤란한 경우에는 단위수량당 매각손실액의 단가를 표시할 수 있다. 이 때에는 평가서에 그 내용을 기재한다. 〈신설 95.6.26〉

제 3 장 영업의 휴업 등에 대한 손실의 평가

제14조 【영업의 휴업 등 평가대상】 영업의 휴업 등에 대한 손실의 평가는 다음 각 호의 1에 해당되는 것으로서 평가의뢰자가 법시행규칙 제16조의 규정에 의하여 평가의뢰한 경우에 행한다. 〈개정 95.6.26, 2003.2.14〉

1. 공익사업의 시행으로 인하여 영업장소를 이전하여야 하는 경우 〈신설 2003.2.14〉
2. 공익사업에 영업시설의 일부가 편입됨으로 인하여 잔여시설에 그 시설을 새로이 설치하거나 잔여시설을 보수하지 아니하고는 당해 영업을 계속할 수 없는 경우 〈신설 2003.2.14〉
3. 기타 영업을 휴업하지 아니하고 임시영업소를 설치하여 영업을 계속하는 경우

제15조【영업손실의 평가】 ① 공익사업의 시행으로 인하여 영업장소를 이전하여야 하는 경우에 영업 손실의 평가는 다음 산식에 의한다. 〈개정 2003.2.14, 2007.5.29〉

> 평가가액=(영업이익×휴업기간)+인건비 등 고정적비용+영업시설·원재료·제품 및 상품(이하 "영업시설등"이라 한다)의 이전에 소요되는 비용+영업시설등의 이전에 따른 감손상당액+이전광고비 및 개업비 등 기타 부대비용

② 공익사업에 영업시설의 일부가 편입됨으로 인하여 잔여시설에 그 시설을 새로이 설치하거나 보수하지 아니하고는 그 영업을 계속할 수 없는 경우의 영업손실 및 영업규모의 축소에 따른 영업손실의 평가는 다음 산식에 의한다. 다만, 제1항의 규정에 의한 평가가액을 초과하는 경우에는 제1항의 규정에 의한 평가가액으로 한다. 〈개정 2003.2.14, 2007.5.29〉

> 평가가액 = (영업이익 × 설치 또는 보수기간) + 인건비 등 고정적비용 + 설치 또는 보수 등에 소요되는 통상비용+ 영업규모의 축소에 따른 영업용 고정자산·원재료·제품 및 상품 등의 매각손실액

③ 영업을 휴업하지 아니하고 임시영업소를 설치하여 영업을 계속하는 경우에 영업손실의 평가는 임시영업소의 설치비용으로 한다. 다만, 그 설치비용이 제1항의 규정에 의한 영업손실 평가가액을 초과하는 경우에는 제1항의 규정에 의한 평가가액을 한도로 한다. 〈신설 2003.2.14, 개정 2007.2.14〉

④ 건축물의 일부가 공익사업에 편입되는 경우로서 그 건축물의 잔여부분을 보수하여 사용할 수 있는 관계로 그 건축물의 잔여부분을 법시행규칙 제35조제2항의 규정에 의하여 보수비로 평가하는 경우에 있어서 그 건축물의 잔여부분이 관계법령의 규정에 의한 당해 영업의 영업시설기준 등에 미달이 되어 그 건축물 내에서 당해 영업을 계속할 수 없는

경우에는 제1항의 규정에 의하여 영업손실액을 평가할 수 있다. 〈신설 2003.2.14〉

제16조 【영업이익의 산정】 ① 영업의 휴업등에 대한 영업손실의 평가시에 영업이익의 산정은 제10조의 규정을 준용한다. 다만, 계절영업으로서 최근 3년간의 평균영업이익을 기준으로 산정하는 것이 현저히 부적정한 경우에는 실제 이전하게 되는 기간에 해당되는 월의 최근 3년간의 평균영업이익을 기준으로 산정할 수 있다. 〈개정 98.2.17, 2000.4.18, 2002.2.1, 2003.2.14, 2007.5.29〉

②제1항의 규정에 의한 영업이익을 산정하는 경우 개인영업으로서 휴업기간에 해당하는 영업이익이 「통계법」 제3조제4호에 따른 통계작성기관이 조사발표하는 가계조사통계의 도시근로자가구 월평균 가계지출비를 기준으로 산정한 3인 가구의 휴업기간 동안의 가계지출비(휴업기간이 3개월을 초과하는 경우에는 3개월분의 가계지출비를 기준으로 한다)에 미달하는 경우에는 그 가계지출비를 휴업기간에 해당하는 영업이익으로 본다. 〈신설 2007.5.29〉

제17조 【휴업 · 보수기간】 ① 영업장소를 이전하는 경우에 평가의뢰자로부터 당해영업에 대한 휴업기간의 제시가 있는 때에는 이를 기준으로 하고, 휴업기간의 제시가 없는 때에는 특별한 경우를 제외하고는 3월로 하되 평가서에 그 내용을 기재한다. 〈개정 98.2.17〉

② 영업시설을 잔여시설에 새로이 설치하거나 보수하는 경우에 평가의뢰자로부터 그 설치 또는 보수기간(이하 이 조에서 "보수기간 등"이라 한다)의 제시가 있는 때에는 이를 기준으로 하고, 보수기간등의 제시가 없는 때에는 3월로 하되, 평가서에 그 내용을 기재한다. 다만, 영업시설의 특성이나 보수 등의 규모 등에 비추어 당해영업의 보수기간 등이 3월을 초과한다고 특별히 인정되는 경우에는 평가의뢰자로부터 당해영업의 보수기간 등을 제시받아 정한다. 〈개정 95.6.26, 98.2.17, 2003.2.14〉

③ 제1항에서 "특별한 경우"라 함은 법시행규칙 제47조제2항에서 규정한 것으로서 다음 각 호의 1에 해당되는 경우를 말하며, 당해영업이 다음 각 호의 1에 해당되는 때에는 평가의뢰자로부터 휴업기간을 제시받아 당해영업의 휴업기간을 정하되, 2년을 초과하지 못한다. 〈개정 2003.2.14〉

1. 당해 공익사업을 위한 영업의 금지 또는 제한으로 인하여 3월 이상의 기간동안 영업을 할 수 없는 경우 〈개정 2003.2.14〉
2. 영업시설의 규모가 크거나 이전에 고도의 정밀성을 요구하는 등 당해 영업의 고유한 특수성으로 인하여 3월 이내에 다른 장소로 이전하는 것이 어렵다고 객관적으로 인정되는 경우 〈개정 2003.2.14〉

第18條【인건비 등 고정적비용】 인건비 등 고정적비용은 영업장소의 이전 등으로 인한 휴업·보수기간 중에도 영업활동을 계속하기 위하여 지출이 예상되는 다음 각 호의 비용 중에서 당해영업에 해당되는 것을 더한 금액으로 한다. 〈개정 95.6.26, 98.2.17, 2003.2.14〉

1. 인건비 : 휴업·보수기간 중에도 휴직하지 아니하고 정상적으로 근무하여야 할 최소인원(일반관리직 근로자 및 영업시설 등의 이전·설치 계획 등을 위하여 정상적인 근무가 필요한 근로자 등으로서 보상계획의 공고가 있는 날 현재 3월이상 근무한 자에 한한다)에 대한 실제지출이 예상되는 인건비 상당액. 이 경우에 법시행규칙 제51조제1호의 규정에 의한 휴직보상을 하는 자에 대한 인건비 상당액은 제외한다. 〈개정 2003.2.14, 2007.2.14〉
2. 제세공과금 : 당해영업과 직접 관련된 제세 및 공과금 〈개정 2002.2.1〉
3. 임차료 : 임대차계약에 의하여 휴업 등과 관계없이 계속 지출되는 비용
4. 감가상각비 : 무형고정자산의 감가상각비상당액 및 유형고정자산의 진부화에 따른 감가상각비상당액. 다만, 유형고정자산으로서 이전이 사실상 곤란하여 취득하는 경우에는 제외한다.
5. 보험료 : 화재보험료 등
6. 광고선전비 : 계약 등에 의하여 휴업 중에도 계속 지출되는 광고비 등
7. 기타비용 : 비용항목 중 휴업기간 중에도 계속 지출하게 되는 위 각 호와 유사한 성질의 것

第19條【영업시설등의 이전에 소요되는 비용】 영업시설등의 이전에 소요되는 비용은 영업시설 및 재고자산의 이전비용을 더한 금액으로 하되 다음과 같이 산정한다. 〈개정

95.6.26, 98.2.17, 2003.2.14, 2007.5.29〉

1. 영업시설은 건축물 · 공작물 등 지장물로서 평가한 것을 제외한 동력시설, 기계 · 기구, 집기 · 비품 기타 진열시설 등으로서 그 시설의 해체 · 운반 · 재설치 및 시험가동 등에 소요되는 일체의 비용(점포영업 등의 경우에는 영업행위자가 영업시설 이전시에 통상적으로 부담하게 되는 실내장식 등에 소요되는 비용을 포함한다)으로 하되 개량 또는 개선비용을 포함하지 아니한 것으로 한다. 다만, 이전에 소요되는 비용이 그 물건의 취득가액을 초과하는 경우에는 그 취득가액을 시설이전비로 보며, 영업시설의 재설치 등으로 인하여 가치가 증가되거나 내용연수가 연장된 경우에는 그 가치 증가액 상당액 등을 뺀 것으로 한다. 〈개정 2003.2.14〉
2. 재고자산은 해체 · 이전 · 재적치 등에 소요되는 일체의 비용으로 하되, 재고자산 중 영업활동에 의하여 이전 전에 감소가 예상되거나 가격에 영향을 받지 아니하고 현 영업장소에서 이전 전에 매각할 수 있는 것에 대한 이전비용은 제외한다. 〈개정 2003.2.14〉

제20조 【이전거리의 산정】 영업시설 등의 이전에 따른 이전거리의 산정은 동일 또는 인근 시 · 군 · 구에 이전장소가 정하여져 있거나 당해 영업의 성격이나 특수성 기타 행정적 규제 등으로 인하여 이전가능한 지역이 한정되어 있는 경우에는 그 거리를 기준으로 하고, 이전장소가 정하여져 있지 아니한 경우에는 이전거리를 30킬로미터 이내로 한다.

제21조 【감손상당액의 산정】 ① 영업시설등의 이전에 따른 감손상당액의 산정은 현재가액에서 이전후의 가액을 뺀 금액으로 하되 특수한 물건의 경우에는 전문가의 의견이나 운송전문업체의 견적 등을 참고한다. 다만, 이의 산정이 사실상 곤란한 경우에는 상품 등의 종류 · 성질 · 파손가능성 유무 · 계절성 등을 고려하여 현재가액의 10퍼센트 상당액 이내에서 결정할 수 있다. 〈개정 2003.2.14, 2007.5.29〉
② 영업장소의 이전으로 인하여 본래의 용도로 사용할 수 없거나 현저히 곤란한 영업시설 등에 대하여는 제1항의 규정에 불구하고 제12조의 규정을 준용한다. 〈개정 2007.5.29〉

제22조 【기타부대비용】 영업장소의 이전에 따른 기타 부대비용은 이전광고비 및 개업

비 등 지출상당액으로 한다. 〈신설 2003.2.14〉

제22조의2【매각손실액의 산정】 영업규모의 축소에 따른 영업용 고정자산·원재료·제품 및 상품 등의 매각손실액의 산정은 제12조의 규정을 준용한다.
[본조신설 2007.5.29]

제23조 【임시영업소 설치비용】 영업을 휴업하지 아니하고 임시영업소를 설치하여 영업을 계속하는 경우에 임시영업소설치비용의 평가는 다음과 같이 한다. 〈개정 2003.2.14, 2007.2.14〉

1. 임시영업소를 임차하여 설치하는 경우에는 임시영업기간 중의 임차료 상당액과 설정비용 등 임차에 필요하다고 인정되는 기타 부대비용을 더한 금액으로 한다.
2. 임시영업소를 가설하는 경우에는 지대상당액과 임시영업소 신축비용 및 해체 · 철거비를 더한 금액으로 하되 해체철거시에 발생자재가 있을 때에는 그 가액을 뺀 금액으로 한다.

제24조 【무허가 등 영업에 대한 평가 특례】 사업시행자로부터 무허가 등 영업의 휴업 등에 대하여 법시행규칙 제47조제1항제2호에 따른 영업시설등의 이전에 소요되는 비용 및 그 이전에 따른 감손상당액의 평가의뢰가 있는 경우에는 제4조의2제2항의 규정에 의하여 이를 평가대상으로 하되, 제19조 내지 제22조2의 규정을 준용하여 평가한다. 이 때에는 평가서에 그 내용을 기재한다. 다만, 이 경우에 있어서 건축물 및 공작물 등 지장물로서 따로 평가의뢰된 경우에는 무허가 등 영업에 대한 영업시설등의 이전비용 상당액에 포함하지 아니한다.

〈별지 1호 서식〉
영업상황조사표

〈별지 2호 서식〉
영업상황조사표

1. 기본적 사항

상 호 :	개 업 일 자 :	소 재 지 :
대표자명 :	사업자등록번호 :	전화번호 :

2. 영업종류 및 상황

<table>
<tr><td colspan="4">업 종 :</td><td colspan="3">면 적 :</td><td colspan="4">종업원수 :</td></tr>
<tr><td colspan="4">보 증 금 :</td><td colspan="3">월 세 :</td><td colspan="4">기타사항 :</td></tr>
<tr><td rowspan="7">영업현황</td><td>구 분</td><td>년</td><td>년</td><td>년</td><td>평균</td><td rowspan="7">고정자산 및 재고사산</td><td>종류</td><td>규격</td><td>수량</td><td>현재가액</td></tr>
<tr><td>매 출 액</td><td></td><td></td><td></td><td></td><td></td><td></td><td></td><td></td></tr>
<tr><td>매출원가</td><td></td><td></td><td></td><td></td><td></td><td></td><td></td><td></td></tr>
<tr><td>매출이익</td><td></td><td></td><td></td><td></td><td></td><td></td><td></td><td></td></tr>
<tr><td>판매비 및
일반관리비</td><td></td><td></td><td></td><td></td><td></td><td></td><td></td><td></td></tr>
<tr><td>영업이익</td><td></td><td></td><td></td><td></td><td></td><td></td><td></td><td></td></tr>
<tr><td colspan="5">영업이익률 :</td><td></td><td></td><td></td><td></td></tr>
</table>

3. 영업비용 및 생활상태

<table>
<tr><td rowspan="9">영업비용명세</td><td>항 목</td><td>금 액</td><td rowspan="9">생활상태</td><td rowspan="3">수입</td><td>영업수입 :</td><td colspan="2">과세표준액</td></tr>
<tr><td rowspan="7">인 건 비
수도광열비
광고선전비
복리후생비
제세공과금
감가상각비
기 타 비 용</td><td rowspan="7"></td><td>기타수입 :</td><td>연도</td><td>금액</td></tr>
<tr><td>계 :</td><td></td><td></td></tr>
<tr><td rowspan="6">지출</td><td>생 활 비 :</td><td></td><td></td></tr>
<tr><td>학 비 :</td><td></td><td></td></tr>
<tr><td>이 자 :</td><td></td><td></td></tr>
<tr><td>저 축 :</td><td></td><td></td></tr>
<tr><td>기 타 :</td><td></td><td></td></tr>
<tr><td>계</td><td></td><td>계 :</td><td>평균</td><td></td></tr>
</table>

회사명(상호명) : 작성일자 :

대표자명 :	사업자등록번호 :	전화번호 :
업 종 :	자 본 금 :	개업일자 :
면 적 :	종 업 원 수 :	소 재 지 :

부가가치세	연 도	년	년	년	평 균
	과세 표 준 액				
영업현황	구분	년	년	년	평 균
	매 출 액 기초재고액 당기매입액 기말재고액 매 출 이 익 판 매 비 및 일반관리비 영 업 이 익				

영 업 용 고 정 자 산			재 고 자 산		
항 목	현재가액	매각가액	항 목	현재가액	처분가액
구 축 물 차량운반구 기 계 장 치 공구, 기구 비 품			제품 · 상품 반 제 품 재 공 품 원 재 료 저 장 품		
합 계			합 계		

제2장 농업손실 보상

1. 일반적 기준

가. 농업손실보상의 성격

농업손실 보상은 공익사업시행지구에 편입되는 농지에 대한 상실된 기대이익 또는 손실에 대한 보전 즉, 공익사업시행지구 안에서 농경지를 이용하여 경작을 하는 자가 그 농경지의 수용으로 인하여 일정기간 영농을 계속하지 못하게 되어 발생한 손해에 대한 일실손실보상의 성격과 생활보상의 성격을 갖고 있는 보상으로서, 공익사업시행지구에 편입되지 않는 농지는 토지보상법 제77조 제2항 및 토지보상법 시행규칙 제48조에 의한 농업손실 보상대상으로 보기 어렵다.[233]

[농업손실보상금 지급절차]

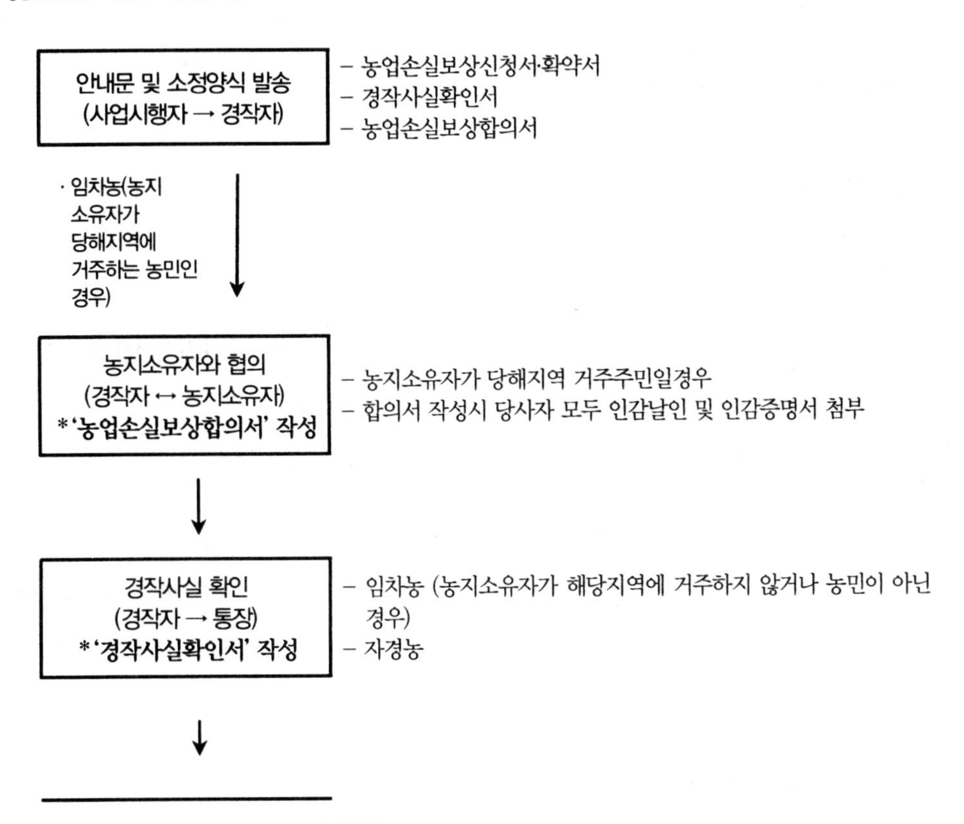

233) 2009. 9. 11. 토지정책과-4230 질의회신 참조.

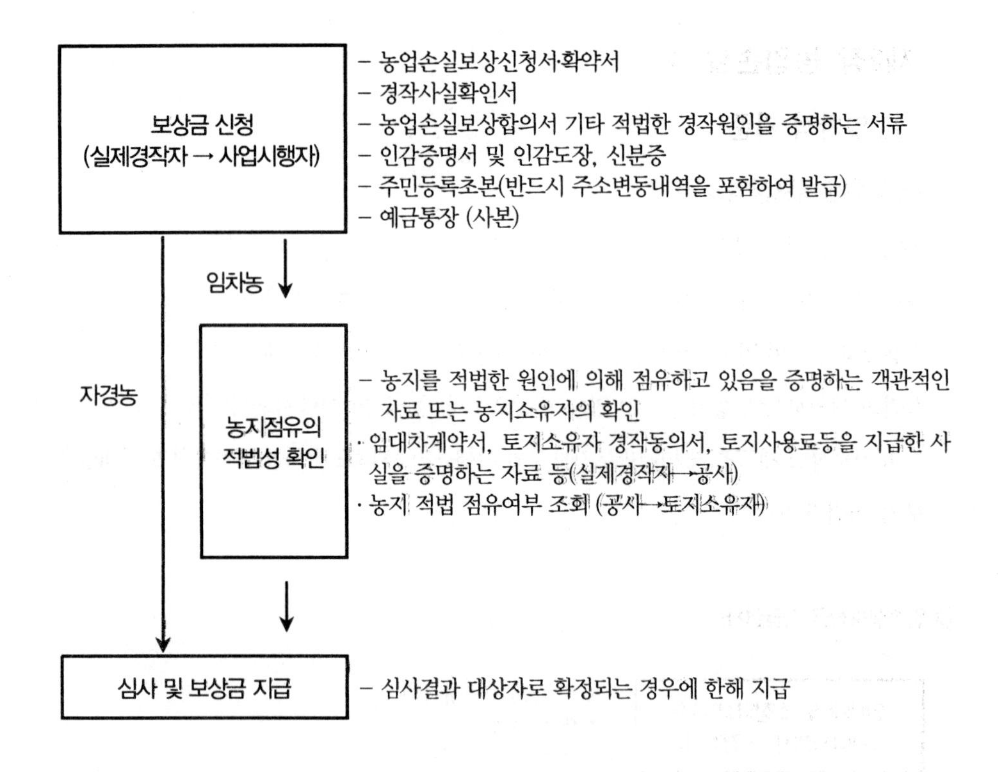

나. 보상원칙

(1) 보상구분

영농손실보상은 아래와 같이 구분된다.

(가) 공익사업의 시행으로 인하여 영농을 할 수 없게 된 농지에 대하여 단위면적당 소득 등을 고려하여 보상하는 영농손실보상

(나) 영농에 사용되었으나 더 이상 필요 없게 된 농기구에 대한 보상

(2) 보상원칙

농업의 손실에 대하여는 농지의 단위면적당 소득 등을 고려하여 실제 경작자에게 보상하여야 한다. 다만, 농지소유자가 해당 지역에 거주하는 농민인 경우에는 농지소유자와 실제 경작자가 협의하는 바에 따라 보상할 수 있다(토지보상법 제77조).

다. 영농보상의 수령권자

실제의 경작자라도 당연히 영농보상의 수령권자가 되는 것이 아니라, 먼저 소유자와 경작자

가 협의하는 바에 따라야 하고, 그 협의가 이루어지지 아니하는 경우에는 그 경작자가 당해 공공사업이 시행되지 아니하였더라면 장래에 당해 농지를 계속하여 경작할 것으로 인정되는 경우에 한하여 공공사업의 시행으로 인하여 특별한 희생이 생긴 것으로 보아 영농보상의 수령권자가 된다.

[영농손실 대상자]

구분		보상대상자	비고
자경농지		농지소유자	
자경농지가 아닌 경우	농지소유자가 당해지역에 거주하는 농민	• 농지소유자와 실제 경작자간의 협의 내용에 따라 보상 • 실제 경작자가 자의에 의한 이농, 해당 농지의 소유권 • 이전에 따른 임대차계약의 해지 등의 사유로 인하여 보상협의일 또는 수용재결일 당시에 경작을 하고 있지 아니하는 경우 농지의 소유자	협의 불성립시 각각 50%씩 보상
	농지소유자가 농민이 아니거나 당해지역 외에 거주	실제 경작자	

【판시사항】

공공용지의취득및손실보상에관한특례법시행규칙 제29조 제5항에 기한 영농보상의 수령권자(대법원 2000. 2. 25. 선고 99다57812 판결)

【판결요지】

공공용지의취득및손실보상에관한특례법시행규칙 제29조 제5항 소정의 영농보상은 공공사업 시행지역 안에서 수용의 대상인 농지를 이용하여 경작을 하는 자가 그 농지의 수용으로 인하여 장래에 영농을 계속하지 못하게 되어 특별한 희생이 생기는 경우 이를 보상하는 것이고, 이와 같은 취지에서 같은 항 단서가 비자경농지의 소유자가 당해 지역에 거주하는 농민인 경우에는 소유자와 실제의 경작자가 협의하는 바에 따라 그 소유자 또는 경작자에게 보상하도록 규정하고 있는 것이므로, 위 규정에 해당하는 경우에는 실제의 경작자라도 당연히 영농보상의 수령권자가 되는 것이 아니라, 먼저 소유자와 경작자가 협의하는 바에 따라야 하고, 그 협의가 이루어지지 아니하는 경우에는 그 경작자가 당해 공공사업이 시행되지 아니하였더라면 장래에 당해 농지를 계속하여 경작할 것으로 인정되는 경우에 한하여 공공사업의 시행으로 인하여 특별한 희생이 생긴 것으로 보아 영농보상의 수령권자가 된다.

2. 농업의 손실에 대한 보상

가. 농업의 손실액 산정 방법

(1) 통계에 의한 영농손실액 산정

(가) 통계에 의한 영농손실액 산정방법

공익사업시행지구에 편입되는 농지[234]에 대하여는 그 면적에 「통계법」 제3조제3호에 따른 통계작성기관이 매년 조사 · 발표하는 농가경제조사통계의 도별 농업총수입 중 농작물수입을 도별 표본농가현황 중 경지면적으로 나누어 산정한 도별 연간 농가평균 단위경작면적당 농작물총수입[235]의 직전 3년간 평균의 2년분을 곱하여 산정한 금액을 영농손실액으로 보상한다(토지보상법 시행규칙 제48조 제1항). 여기서 직전이란 보상평가의 기준시점의 직전을 의미한다. 따라서 협의의 경우는 협의성립일, 재결의 경우는 재결 당시의 직전 3년간이 된다. 또한 통계법 제3조 제3호에 따른 통계작성기관이란 농업진흥청을 말하며, 통계자료는 통계청 국가통계포털(http;//www.kosis.kr)에서 검색할 수 있다.

경작면적 × 도별 농가평균 단위면적당 수입 직전 3년 평균 × 2년분
(2018년 + 2019년 + 2020년) ÷ 3 × 2

234) 「농지법」 제2조제1호가목 및 같은 법 시행령 제2조제3항제2호가목에 해당하는 토지를 말한다.
235) 서울특별시 · 인천광역시는 경기도, 대전광역시는 충청남도, 광주광역시는 전라남도, 대구광역시는 경상북도, 부산광역시 · 울산광역시는 경상남도의 통계를 각각 적용한다.

[LH 분기별 법정보상비 산정금액(2021년 4/4분기)

(단위:원)

이주 가구원 수	이농비 · 이어 비		이주 가구원 수	이농비 · 이어 비		이주 가구원 수	이농비 · 이어비	
1	15,537 ,830		4	62,151, 350		7	108,764 ,860	
2	31,075 ,670		5	77,689 ,180		8	124,302 ,700	
3	46,613 ,510		6	93,227 ,020		9	139,840 ,540	

(나) 통계에 의한 영농손실액 산정요건

영농손실액을 통계자료에 의하는 경우는 아래와 같다.

1) 영농손실 보상대상자가 실제소득을 입증하지 않는 경우

2) 실제소득을 입증하였으나 실제소득에 의한 영농손실액이 통계자료에 의한 영농손실액보다 적은 경우

(2) 실제소득에 의한 영농손실액 산정

(가) 원칙

국토교통부장관이 농림축산식품부장관과의 협의를 거쳐 관보에 고시하는 농작물실제소득인정기준에서 정하는 바에 따라 실제소득을 입증하는 자가 경작하는 편입농지에 대하여는 그 면적에 단위경작면적당 실제소득의 2년분을 곱하여 산정한 금액을 영농손실액으로 보상한다. 여기서 실제소득의 입증은 반드시 대상농지 전체에 대한 실제소득을 입증해야 하는 것은 아니다. 이는 실제소득을 입증할 수 있는 일부 면적에 한하여 입증할 수도 있다. 또한 농작물 총수입의 입증자료는 농작물실제소득인정기준 제4조에 규정한 9가지 서류 외에도 객관성과 합리성이 있는 서류에 의해서도 실제소득의 입증이 가능하다.

[실제소득 산정방법 - 농작물실제소득인정금액 제3조]

연간 단위경작면적당 실제소득은 다음의 산식에 의하여 산정한다.
※ 연간 단위경작면적당 실제소득=농작물 총수입÷경작농지 전체면적×소득률

* 농작물 총수입은 전체 편입농지 중 영농손실의 보상대상자가 실제소득을 입증하고자 하는 편입농지에서 실제로 재배한 농작물과 같은 종류의 농작물을 재배한 경작농지의 총수입으로서, 사업인정고시일 등 이전 2년간의 연간평균총수입으로 산정한다. 다만, 해당 농작물의 경작자가 경작을 한 기간이 2년 미만인 경우에는 그 경작기간에 한하여 실제소득을 기준으로 산정한다(농작물실제소득인정기준 제2조 제1호).
* 농작물 총수입의 입증자료 상의 거래실적에 위탁수수료 등 판매경비가 포함된 경우에는 이를 제외한 실제수입액을 기준으로 한다(농작물실제소득기준 제4조).
* 경작농지 전체면적은 농작물 총수입의 산정대상이 되는 경작농지의 면적을 말한다. 따라서 농작물 총수입에 공익사업시행지구 밖의 농지가 포함된 경에는 해당 면적으로 포함한 전제면적이 된다(농작물실제소득인정기준 제2조 제2호).
* 소득률은 ⅰ) 농촌진흥청장이 매년 조사 · 발표하는 농축산물소득자료집의 도별 작물별 소득률, ⅱ) 도별 작물별 소득률에 포함되어 있지 아니한 농작물에 대하여는 유사작목군의 평균소득의 순서로 적용한다. 여기서 농수산물자물자료집은 사업인정고시일 등이 속한 연도에 발간된 소득자료집을 적용하되(농작물실제소득인정기준 제5조), 사업인정고시일 등이 속한 연도에 소득자료집이 발간되지 않는 경우에는 사업인정고시일 등의 전년도에 발간된 소득자료집을 적용한다.
* 농축산물소득자료집은 사업인정고시일 등이 속한 연도에 발간된 소득자료집을 적용하되, 사업인정고시일 등이 속한 연도에 소득자료집이 발간되지 않는 경우에는 사업인정고시일 등의 전년도에 발간된 소득자료집을 적용한다.

【판시사항】

농업손실에 대한 보상과 관련하여 농작물실제소득인정기준에서 규정한 서류 이외의 증명방법으로 농작물 총수입을 인정할 수 있는지 여부(대법원 2012. 6. 14. 선고 2011두26794 판결)

【판결요지】

관련 법령의 내용, 형식 및 취지 등과 헌법 제23조 제3항에 규정된 정당한 보상의 원칙에 비추어 보면, 공공필요에 의한 수용 등으로 인한 손실의 보상은 정당한 보상이어야 하고, 농업손실에 대한 정당한 보상은 수용되는 농지의 특성과 영농상황 등 고유의 사정이 반영된 실제소득을 기준으로 하는 것이 원칙이다. 따라서 이 사건 고시에서 농작물 총수입의 입증자료로 거래실적을 증명하는 서류 등을 규정한 것은 객관성과 합리성이 있는 증명방법을 예시한데 지나지 아니하고, 거기에 열거된 서류 이외의 증명방법이라도 객관성과 합리성이 있다면 그에 의하여 농작물 총수입을 인정할 수 있다고 봄이 타당하다.

(나) 예외

다만, 다음의 어느 하나에 해당하는 경우에는 다음의 구분에 따라 산정한 금액을 영농손실액으로 보상한다(토지보상법 시행규칙 제48조 제2항).

1) 단위경작면적당 실제소득이 「통계법」 제3조 제3호에 따른 통계작성기관이 매년 조사 · 발표하는 농축산물소득자료집의 작목별 평균소득의 2배를 초과하는 경우는 해당 작목별 단위경작면적당 평균생산량의 2배[236]를 판매한 금액을 단위경작면적당 실제소득으로 보아 이에 2년분을 곱하여 산정한 금액으로 한다. 다만, 생산량을 확인할 수 없는 경우에는 평균소득의 2배로 하고, 농작물실제소득인정기준 별지 1에서 규정하는 단위면적당 평균생산량의 2배를 초과하는 작물과 재배방식에 해당하는 경우에는 위 내용에도 불구하고 최대생산량 및 평균생산량을 적용하여 산정한다.

236) 단위경작면적당 실제소득이 현저히 높다고 농작물실제소득인정기준에서 따로 배수를 정하고 있는 경우에는 그에 따른다.

〔별지 1〕단위면적당 평균 생산량의 2배를 초과하는 작물과 재배방식

가. 공통사항 : 시설채소 등의 다(多)기작 재배의 경우에는 1기작 평년생산량에 재배 횟수를 곱한 생산량을 평균생산량으로 본다.

나. 화훼류

구 분	평균생산량(A) (본/10a)	최대생산량(B) (본/10a)	(B/A)	재배방식			
장미	112,413	300,000	2.7	양액재배1)	보광재배2)	근권 냉난방3)	
국화	61,812	171,314	2.8	양액재배	보광재배	근권 냉난방	
접목선인장	77,395	283,020	3.7	양액재배	근권냉난방		
거베라	72,703	393,000	5.4	양액재배	지중난방4)		
알스토메리아	48,978	120,667	2.5	근권난방			
금어초	74,286	320,830	4.3	고랭지재배 5)	多적심재배6)		
리아트리스	6,586	26,380	4.0	준고랭지5)	조기육묘(1월)7)		
분화류 (단위:분)	–	–	–	화분입식수(數) 및 재배회수(期作)에 따라 생산량 차이 발생8)			

1) 양액재배 : 토양을 사용하지 않고 영양액(액체비료)만으로 재배

2) 보광재배 : 자연광이 부족시 인공광원(백열등, 메탈핼라이드 등)으로 광량을 보충하는 재배

3) 근권냉난방 : 뿌리부분을 집중적으로 냉, 난방(물)으로 관리

4) 지중난방 : 주로 토양재배시 일정깊이의 땅에 파이프관 등으로 뜨거운 물을 보내 관리

5) 고랭지·준고랭지 재배 : 여름철 고온을 피해 강원도 등 해발 600m 이상에서 작물을 재배하는 것을 고랭지 재배(400~500m 준고랭지)

6) 적심재배 : 생육 중인 줄기나 가지들의 끝을 따버림으로써 곁가지를 발생시켜 수량을 증대시키는 재배법

7) 조기육묘 : 기존 육묘시기보다 앞당겨서 육묘하여 생산량을 증대시키는 방법
8) 분화류 생산량 단위는 화분수(數)이므로 화분의 크기에 따라 면적당 생산량의 차이가 큼 〈※화분크기에 따른 면적당 최대 생산가능 화분수 별도 표기(별첨1)〉

※ 생산량 자료출처(기준생산량) :
① 장미, 국화 : 2011 농축산물 소득자료집(농촌진흥청, 매년조사) / 접목선인장 : 2011 지역별 농산물 소득자료집(농촌진흥청, 매년조사)
② 거베라, 알스토메리아, 금어초, 리아트리스 : 2011 화훼재배현황(농림수산식품부, 매년조사)
(최대생산량) :
① 장미, 국화 : 2011 농축산물 소득자료집 세부조사자료(농촌진흥청, 매년조사) / 접목선인장 : 지역별 농산물 소득자료집 세부조사자료(농촌진흥청, 매년조사)
② 거베라, 금어초, 리아트리스 : 2006 화훼분야 우수영농 활용 자료모음집(농촌진흥청)
③ 알스트로메리아 : 2010 원예특작영농활용모음집(농촌진흥청)

2) 농작물실제소득인정기준에서 직접 해당 농지의 지력(地力)을 이용하지 아니하고 재배 중인 작물을 이전하여 해당 영농을 계속하는 것이 가능하다고 인정하는 경우는 단위경작면적당 실제소득(제1호의 요건에 해당하는 경우에는 위 1)에 따라 결정된 단위경작면적당 실제소득을 말한다)의 4개월분을 곱하여 산정한 금액으로 한다.

나. 농지로 보지 않는 경우

다음의 어느 하나에 해당하는 토지는 이를 토지보상법 시행규칙 제48조 제1항 및 제2항의 규정에 의한 농지로 보지 아니한다(토지보상법 시행규칙 제48조 제3항).

(1) 사업인정고시일등 이후부터 농지로 이용되고 있는 토지
(2) 토지이용계획 · 주위환경 등으로 보아 일시적으로 농지로 이용되고 있는 토지
(3) 타인소유의 토지를 불법으로 점유하여 경작하고 있는 토지
(4) 농민(「농지법」 제2조제3호의 규정에 의한 농업법인 또는 「농지법 시행령」 제3조제1호

및 동조제2호의 규정에 의한 농업인을 말한다. 이하 이 조에서 같다)이 아닌 자가 경작하고 있는 토지

(5) 토지의 취득에 대한 보상 이후에 사업시행자가 2년 이상 계속하여 경작하도록 허용하는 토지

다. 자경농지가 아닌 농지에 대한 영농손실액

자경농지가 아닌 농지에 대한 영농손실액은 다음 각 호의 구분에 따라 보상한다(토지보상법 시행규칙 제48조 제4항).

(1) 농지의 소유자가 해당 지역(영 제26조 제1항 각 호의 어느 하나의 지역을 말한다.)에 거주하는 농민인 경우

(가) 농지의 소유자와 제7항에 따른 실제 경작자(이하 "실제 경작자"라 한다)간에 협의가 성립된 경우 : 협의내용에 따라 보상

(나) 농지의 소유자와 실제 경작자 간에 협의가 성립되지 아니하는 경우에는 다음의 구분에 따라 보상

1) 제1항에 따라 영농손실액이 결정된 경우: 농지의 소유자와 실제 경작자에게 각각 영농손실액의 50퍼센트에 해당하는 금액을 보상

2) 제2항에 따라 영농손실액이 결정된 경우: 농지의 소유자에게는 제1항의 기준에 따라 결정된 영농손실액의 50퍼센트에 해당하는 금액을 보상하고, 실제 경작자에게는 제2항에 따라 결정된 영농손실액 중 농지의 소유자에게 지급한 금액을 제외한 나머지에 해당하는 금액을 보상

(2) 농지의 소유자가 해당 지역에 거주하는 농민이 아닌 경우

농지의 소유자가 해당 지역에 거주하는 농민이 아닌 경우 실제 경작자에게 보상한다.

라. 경작자의 자의에 의한 이농 등의 사유에 의한 영농손실액

실제 경작자가 자의에 의한 이농, 해당 농지의 소유권 이전에 따른 임대차계약의 해지 등의 사유로 인하여 보상협의일 또는 수용재결일 당시에 경작을 하고 있지 아니하는 경우의 영농

손실액은 농지의 소유자가 해당지역에 거주하는 농민인 경우에 한하여 농지의 소유자에게 보상한다(토지보상법 시행규칙 제48조 제5항).

마. 실제경작자 인정요건

실제 경작자는 다음의 자료에 의하여 사업인정고시일등 당시 타인소유의 농지를 임대차 등 적법한 원인에 의하여 점유하고 자기소유의 농작물을 경작하는 것으로 인정된 자를 말한다. 이 경우 실제 경작자로 인정받으려는 자가 제3호의 자료만 제출한 경우 사업시행자는 해당 농지의 소유자에게 그 사실을 서면으로 통지할 수 있으며, 농지소유자가 통지받은 날부터 30일 이내에 이의를 제기하지 아니하는 경우에는 제2호의 자료가 제출된 것으로 본다(토지보상법 시행규칙 제48조 제7항). 또한 실제경작자는 자기소유의 농작물을 경작하여야 하므로 농지소유자의 농작물을 대신 재배하는 경우는 보상대상자인 실제경작자가 아니며 나아가 실제경작자가 해당 지역에 거주할 것을 요건으로 하지 않으므로 해당지역에 거주하지 않는다고 하여 실제 경작자에서 제외되는 것도 아니다.

(1) 농지의 임대차계약서

(2) 농지소유자가 확인하는 경작사실확인서

(3) 해당 공익사업시행지구의 이장 · 통장이 확인하는 경작사실확인서

(4) 그 밖에 실제 경작자임을 증명하는 객관적 자료

【판시사항】

구 공공용지의취득및손실보상에관한특례법시행규칙 제29조 제1항 소정의 영농손실액 지급대상자(실제의 경작자)가 반드시 당해 지역에 거주하는 농민이어야 하는지 여부(대법원 2002. 6. 14. 선고 2000두3450 판결)

【판결요지】

공공사업시행지구에 농경지가 편입되고 그 농경지에서 실제로 작물을 재배하고 있는 이상 특별한 사정이 없는 한 구 공공용지의취득및손실보상에관한특례법시행규칙(1997. 10. 15. 건설교통부령 제121호로 개정되기 전의 것) 제29조 제1항에 정한 영농손실액 지급대상이 되고, 반드시 당해 지역에 거주하는 농민이어야 지급대상자(실제의 경작자)가 되는 것은 아니다.

실제경작자 인정 기준[237]

(기본조사 및 보상업무에 관한 지침 제47조 제4항 별표 2)

구분		실제경작자 인정기준	비고
가. 자경농지		경작사실확인서(이장, 통장확인)	
나. 자경농지가 아닌 경우	나-1 농지소유자가 해당지역에 거주하는 농민인 경우	• 경작사실확인서(이장, 통장확인) • 협의성립 : 농업손실보상 합의서 • 협의불성립 : 나-2의 서류	• 협의성립시 : 확인서+합의서 • 협의불성립 : 나-2 방식에 의함 (50% 지급가능)
	나-2 거주하지 아니하는 농민인 경우	• 경작사실확인서(이장, 통장 확인) + i)농지를 임대차 등 적법한 원인에 의해 점유하고 있다는 사실을 증명하는 객관적 자료(임차농→공사), ii) 농지소유자의 확인(공사↔농지소유자)	i) 방식을 원칙으로 하며, 이 방식이 불가능할 경우 ii) 의 방식에 의함

* 해당지역(토지보상법 시행령 제26조 제1항

i) 해당토지의 토지소재지와 동일한 지(행정시를 포함)•구•읍•면(도농복합형태인 시의 읍•면을 포함), ii) 위 i)의 지역과 연접한 시•군•읍면, iii) 위 i) 및 ii) 외의 지역으로서 해당 토지의 경계로부터 직선거리로 30㎞ 이내의 지역

* 객관적인 자료

예를 들어, i) 농지의 임대차계약서(소유자와 계약), ii) 농지소유자가 확인하는 경작동의서, iii) 농지소유자에게 토지사용료를 지급한 사실을 증명하는 자료, iv) 농지소유자에게 농산물을 보낸 사실을 증명하는 서류 등

237) 한국토지주택공사, 보상실무편람, 2016, 377~378면 참조

※ 농지소유자 확인절차

방법	조치사항
적법점유 여부 조회 (공사→농지소유자)	• 이의제기 : 이의내용에 따라 처리 •이의미제기 : 실제경작자가 적법하게 점유하여 경작한 것으로 간주
• 적법점유 여부 조회방법 : 배달증명 • 토지소유자 의견제시 기간 : 조회서 예상 수령일부터 30일 부여 • 송부자료 : 농지점유의 적법성 조회서, 경작사실확인서(농지위원, 이통자확인)사본, 반송용 우표 등(요금별납 봉투, 반송용 봉투 및 우표 등)	

바. 농지의 지력을 이용하지 않고 작물을 재배하는 경우

(1) 이전하여 중단 없이 계속 영농이 가능한 작목 등

농작물실제소득인정기준 별지 2에서 직접 해당 농지의 지력을 이용하지 아니하고 재배 중인 작물을 이전하여 해당 영농을 계속하는 것이 가능하다고 인정하는 경우는 i) (버섯) 원목에 버섯종균 파종하여 재배하는 버섯, ii) (화훼) 화분에 재배하는 화훼작물, iii) (육묘) 용기(트레이)에 재배하는 어린묘 등이 있다.

〔별지 2〕

이전하여 중단없이 계속 영농이 가능한 작목 및 재배방식

① (버섯) 원목에 버섯종균 파종하여 재배하는 버섯

② (화훼) 화분에 재배하는 화훼작물

③ (육묘) 용기(트레이)에 재배하는 어린묘

(2) 영농손실보상의 방법

(가) 원칙 – 실제소득

직접 해당 농지의 지력을 이용하지 않고 작물을 재배하는 경우에는 4개월분의 실제소득으로 영농손실을 보상하는 것이 원칙이다. 이때 영농손실보상청구는 재결절차에 의하여야 하고 이에 불복할 경우 행정소송절차에 의하여야 한다.

농작물실제소득인정기준

제3조(실제소득의 산정방법) 연간 단위경작면적당 실제소득은 다음의 산식에 의하여 산정한다.

※ 연간 단위경작면적당 실제소득=농작물 총수입÷경작농지 전체면적×소득률

제4조(농작물 총수입의 입증자료) 농작물 총수입은 다음 각호의 입증자료에 의하여 산정하되, 위탁수수료 등 판매경비를 제외한 실제수입액을 기준으로 한다.

1. 농수산물유통및가격안정에관한법률(이하 이 조에서 "농안법"이라 한다) 제21조제1항의 규정에 의한 도매시장관리사무소 · 시장관리자, 동법 제22조의 규정에 의한 도매시장법인 · 시장도매인, 동법 제24조의 규정에 의한 공공출자법인 또는 동법 제48조의 규정에 의한 민영도매시장의 개설자 · 시장도매인이 발급한 표준정산서(농안법 제41조제2항의 규정에 의한 표준정산서를 말한다) 또는 거래실적을 증명하는 서류(출하자의 성명 · 주소, 출하일, 출하품목, 수량, 판매금액, 판매경비, 정산액 및 대금지급일 등을 기재한 계산서 · 거래계약서 또는 거래명세서 등으로서 당해 대표자가 거래사실과 같다는 것을 증명한 서류를 말한다. 이하 이 조에서 같다)
2. 농안법 제43조의 규정에 의한 농수산물공판장 · 동법 제51조의 규정에 의한 농수산물산지유통센터 또는 동법 제69조의 규정에 의한 종합유통센터가 발급한 거래실적을 증명하는 서류
3. 「유통산업발전법」 별표의 규정에 의한 대규모점포중 대형마트, 전문점, 백화점이 발급한 거래실적을 증명하는 서류
4. 관광진흥법 제3조제1항제2호가목의 규정에 의한 호텔업을 영위하는 업체가 발급한 거래실적을 증명하는 서류
5. 식품위생법시행령 제21조제1호의 규정에 의한 식품제조 · 가공업을 영위하는 업체가 발급한 거래실적을 증명하는 서류
6. 관세법 제248조제1항의 규정에 의하여 세관장이 교부한 수출신고필증

7. 국가 · 지방자치단체 · 공공단체 또는 농안법 제43조의 규정에 의하여 농수산물공판장을 개설할 수 있는 생산자단체와 공익법인이 발급한 거래실적을 증명하는 서류
8. 「농어업재해보험법」 제8조제1항에 의한 보험사업자가 발행한 보험료 산정을 위한 서류
9. 세무서 등 관계기관에 신고 · 납부한 과세자료

제5조(소득률의 적용기준) ① 제3조의 규정에 의한 소득률은 다음 각호의 우선순위에 의하여 적용한다.

1. 농촌진흥청장이 매년 조사 · 발표하는 농축산물소득자료집(이하 "소득자료집"이라 한다)의 도별 작물별 소득률
2. 제1호의 도별 작물별 소득률에 포함되어 있지 아니한 농작물에 대하여는 유사작목군의 평균소득률, 이 경우 유사작목군은 식량작물 · 노지채소 · 시설채소 · 노지과수 · 시설과수 · 특용약용작물 · 화훼 · 통계청조사작목 등으로 구분한다.

② 제1항 각호의 규정에 의한 소득자료집은 사업인정고시일등이 속한 연도에 발간된 소득자료집을 말한다. 다만, 사업인정고시일등이 속한 연도에 소득자료집이 발간되지 않은 경우에는 사업인정고시일등 전년도에 발간된 소득자료집을 말한다.

제6조(실제소득금액 산정특례) ① 사업시행자는 제3조에 의하여 산정된 실제소득이 소득자료집의 작목별 평균소득(동일 작물이 없는 경우에는 유사작물군의 평균소득)의 2.0배를 초과할 경우에는 단위면적당 평균생산량의 2배를 판매한 금액으로 한다. 다만, 생산량을 확인할 수 없는 경우에는 평균소득의 2.0배로 한다.

② 별지 1에서 규정하는 단위면적당 평균생산량의 2배를 초과하는 작물과 재배방식에 해당하는 경우에는 제1항에도 불구하고 최대생산량 및 평균생산량을 적용하여 산정한다.

③ 직접 농지의 지력(地力)을 이용하지 아니하고 재배중인 작물을 이전하여 중단없이 계속 영농이 가능하여 단위면적당 실제소득의 4개월분에 해당하는 농업손실보상을 하는 작물 및 재배방식은 별지 2와 같다.

(나) 예외 - 사업시행자 결정

다만, 영업의 성격이 강한 화훼재배, 판매행위에 대하여 토지보상법 시행규칙 제45조에 따른 영업손실보상 대상으로 볼 것인지, 같은 법 시행규칙 제48조에 의한 영농손실보상대상으로 볼 것인지 여부는 토지보상법에서 정한 일정한 절차(물건조서 작성, 보상계획의 열람 등, 조서내용에 의한 이의신청)에 의하여 사업시행자가 결정하여야 하며, 국토교통부는 영농손실액 보상과 영업보상이 중복될 수 없고, 영농손실액 보상 또는 영업보상 중 어느 것으로 보상하여야 하는지는 사업시행자가 보상의 요건 및 사실관계 등을 종합적으로 확인하여 판단 · 결정할 사항이라 유권해석한 바 있다.[238)]

【판시사항】

구 공익사업을 위한 토지 등의 취득 및 보상에 관한 법률 제77조 제2항에서 정한 농업손실보상청구권에 관한 쟁송은 행정소송절차에 의하여야 하는지 여부 및 공익사업으로 인하여 농업손실을 입게 된 자가 사업시행자에게서 위 규정에 따른 보상을 받기 위해서는 재결절차를 거쳐야 하는지 여부(대법원 2011. 10. 13. 선고 2009다43461 판결)

【판결요지】

구 공익사업을 위한 토지 등의 취득 및 보상에 관한 법률(2007. 10. 17. 법률 제8665호로 개정되기 전의 것, 이하 '구 공익사업법'이라 한다) 제77조 제2항은 "농업의 손실에 대하여는 농지의 단위면적당 소득 등을 참작하여 보상하여야 한다."고 규정하고, 같은 조 제4항은 "제1항 내지 제3항의 규정에 의한 보상액의 구체적인 산정 및 평가방법과 보상기준은 건설교통부령으로 정한다."고 규정하고 있으며, 이에 따라 구 공익사업을 위한 토지 등의 취득 및 보상에 관한 법률 시행규칙(2007. 4. 12. 건설교통부령 제556호로 개정되기 전의 것)은 농업의 손실에 대한 보상(제48조), 축산업의 손실에 대한 평가(제49조), 잠업의 손실에 대한 평가(제50조)에 관하여 규정하고 있다. 위 규정들에 따른 농업손실보상청구권은 공익사업의 시행 등 적법한 공권력의 행사에 의한 재산상의 특별한 희생에 대하여 전체적인 공평부담의 견지에서 공익사업의 주체가 그 손해를 보상하여 주는 손실보상의 일종으로 공법상의 권리임이 분명하므로 그에 관한 쟁송은 민사소송이 아닌 행정소송절차에 의하여야 할 것이고, 위 규정들과 구 공익사업법 제26조, 제28조, 제30조, 제34조, 제50조, 제61조, 제83조 내지 제85조의 규정 내용 및 입법 취지 등을 종합하여 보면, 공익사업으로 인하여 농업의 손실

238) 2013. 8. 29. 공공지원팀-2713 질의회신 참조.

을 입게 된 자가 사업시행자로부터 구 공익사업법 제77조 제2항에 따라 농업손실에 대한 보상을 받기 위해서는 구 공익사업법 제34조, 제50조 등에 규정된 재결절차를 거친 다음 그 재결에 대하여 불복이 있는 때에 비로소 구 공익사업법 제83조 내지 제85조에 따라 권리구제를 받을 수 있다.

(3) 휴경지가 농지보상 대상인지 여부 및 보상기준

휴경지는 실농보상대상에 해당되지 아니한다. 실농보상은 경작지에 대한 보상이므로 휴경지는 보상대상에 해당되지 아니한다고 보나, 계절적인 휴경이나 작물의 특수성으로 인한 휴경 등 일시적으로 휴경하는 경우에는 실농보상 대상에 해당된다고 보며, 이 경우 실농보상비는 휴경 직전에 실제 재배한 작물을 기준으로 보상한다.

3. 농지

가. 농지 등의 개념

(1) 농지

아래의 토지는 농지로 본다.

(가) 전 · 답, 과수원, 그 밖에 법적 지목(地目)을 불문하고 실제로 농작물 경작지 또는 대통령령으로 정하는 다년생식물 재배지로 이용되는 토지[239)]

(나) 위의 토지의 개량시설과 위의 토지에 설치하는 농축산물 생산시설로서 고정식온실 · 버섯재배사 및 비닐하우스와 그 부속시설물로서 보일러, 양액탱크, 종균배양설비, 농자재 및 농산물보관실, 작업장 등 해당 고정식온실 · 버섯재배사 및 비닐하우스에서 농작물 또는 다년생식물을 재배하기 위하여 직접 필요한 시설

(다) 해당 고정식온실 · 버섯재배사 및 비밀하우스에서 생산된 농작물 또는 다년생식물을 판매하기 이한 간이진열시설(연면적 33㎡ 이하인 경우로 한정한다)

(라) 시설 면적이 6,000㎡ 이하에서 농림축산식품부령으로 정하여 공고하는 면적 이상인 고정식온실 · 버섯재배사 및 비닐하우스에서 재배하는 농작물 또는 다년생식물의 관리

239) 다만, 「초지법」에 따라 조성된 초지 등 대통령령으로 정하는 토지는 제외한다.

를 위하여 설치하는 시설

(마) 농림축산식품부령으로 정하는 그 부속시설, 간이퇴비장, 농막 · 간이저온저장고 및 간이액비저장조 중 농림축산식품부령으로 정하는 시설

【판시사항】

구 농지법 제2조 제1호에서 정한 '농지'의 판단 기준(대법원 2007. 5. 31. 선고 2006두8235 판결)

【판결요지】

농지전용에 따른 농지조성비를 부과하기 위하여는 그 토지가 구 농지법(2005. 7. 21. 법률 제7604호로 개정되기 전의 것) 제2조 제1호 소정의 농지여야 하는데, 위 법조 소정의 농지인지의 여부는 공부상의 지목 여하에 불구하고 당해 토지의 사실상의 현상에 따라 가려져야 할 것이고, 농지의 현상이 변경되었다고 하더라도 그 변경 상태가 일시적인 것에 불과하고 농지로서의 원상회복이 용이하게 이루어질 수 있다면 그 토지는 여전히 농지법에서 말하는 농지에 해당하며, 공부상 지목이 잡종지인 토지의 경우에도 이를 달리 볼 것은 아니다. 또한, 구 농지법 소정의 농지가 현실적으로 다른 용도로 이용되고 있다고 하더라도 그 토지가 적법한 절차에 의하지 아니한 채 형질변경되거나 전용된 것이어서 어차피 복구되어야 할 상태이고 그 형태와 주변토지의 이용상황 등에 비추어 농지로 회복하는 것이 불가능한 상태가 아니라 농지로서의 성격을 일시적으로 상실한 데 불과한 경우라면 그 변경 상태가 일시적인 것에 불과하다고 보아야 한다.

따라서 벼 경작지로 이용되어 오다가 건물부지, 주차장, 잔디밭 등으로 불법형질변경된 토지에 대하여, 전체 토지면적 중 건물부지가 차지하는 부분이 극히 일부이고 주차장이나 잔디밭에 깔린 자갈, 잔디 등은 비교적 쉽게 걷어낼 수 있는 점 등에 비추어 농지의 성격을 완전히 상실하여 농지로 회복이 불가능한 상태에 있는 것이 아니라 농지의 성격을 일시적으로 상실하여 그 원상회복이 비교적 용이한 상태에 있다고 보아 구 농지법상 농지에 해당한다.

한편, 이러한 농지는 경자유전의 원칙에 따라 자기의 농업경영에 이용하거나 이용할 자가 아니면 소유하지 못하는 것이 원칙이다(농지법 제6조 제1항). 그렇더라도 예외적으로 농지법 제20조 제1항은 대리경작자의 지정 등을, 같은 법 제23조에서는 농지를 임대차 또는 사용·대차할 수 있는 경우를 8가지로 제한하여 규정하고 있으므로, 농지법상 소유자 아닌 자가 농업경영을 할 수 있는 적법한 원인은 이에 한한다.

농지법 제23조 제23조(농지의 임대차 또는 사용대차)

① 다음 각 호의 어느 하나에 해당하는 경우 외에는 농지를 임대하거나 사용대(使用貸)할 수 없다.

1. 제6조제2항제1호 · 제4호부터 제9호까지 · 제9호의2 및 제10호의 규정에 해당하는 농지를 임대하거나 사용대하는 경우
2. 제17조에 따른 농지이용증진사업 시행계획에 따라 농지를 임대하거나 사용대하는 경우
3. 질병, 징집, 취학, 선거에 따른 공직취임, 그 밖에 대통령령으로 정하는 부득이한 사유로 인하여 일시적으로 농업경영에 종사하지 아니하게 된 자가 소유하고 있는 농지를 임대하거나 사용대하는 경우
4. 60세 이상이 되어 더 이상 농업경영에 종사하지 아니하게 된 자로서 대통령령으로 정하는 자가 소유하고 있는 농지 중에서 자기의 농업경영에 이용한 기간이 5년이 넘은 농지를 임대하거나 사용대하는 경우
5. 제6조제1항에 따라 소유하고 있는 농지를 주말 · 체험영농을 하려는 자에게 임대하거나 사용대하는 경우, 또는 주말 · 체험영농을 하려는 자에게 임대하는 것을 업(業)으로 하는 자에게 임대하거나 사용대하는 경우
6. 제6조제1항에 따라 개인이 소유하고 있는 농지를 한국농어촌공사나 그 밖에 대통령령으로 정하는 자에게 위탁하여 임대하거나 사용대하는 경우
7. 다음 각 목의 어느 하나에 해당하는 농지를 한국농어촌공사나 그 밖에 대통령령으로 정하는 자에게 위탁하여 임대하거나 사용대하는 경우
   가. 상속으로 농지를 취득한 자로서 농업경영을 하지 아니하는 자가 제7조제1항에서 규정한 소유 상한을 초과하여 소유하고 있는 농지
   나. 대통령령으로 정하는 기간 이상 농업경영을 한 후 이농한 자가 제7조제2항에서 규정한 소유 상한을 초과하여 소유하고 있는 농지
8. 자경 농지를 농림축산식품부장관이 정하는 이모작을 위하여 8개월 이내로 임대하거나 사용대하는 경우

(2) 농지로 보지 않는 토지(토지보상법 시행규칙 제48조 제3항)

다만, 아래의 토지는 농지로 보지 않는다. 따라서 이러한 토지에 속하는 경우에는 일실손실이 발생한다고 볼 수 없으므로 영농손실보상의 대상이 되지 않는다.

(가) 사업인정고시일 등 이후부터 농지로 이용되고 있는 토지

(나) 영농손실보상은 원칙적으로 농경지를 대체 취득하여 영농을 재개하는데 소요되는 기간 동안의 일실손실에 대한 보상이기 때문에 토지이용계획 · 주위환경 등으로 보아 일시적으로 농지로 이용되고 있는 토지

(다) 타인소유의 토지를 불법으로 점유하여 경작하고 있는 토지(이는 영농손실 대상 농지에 해당하지 않으므로 보상계약 체결 전에 사용기간이 만료된 경우는 보상대상이 아니다.[240] 다만, 보상협의 당시 허가기간 또는 임대차계약기간이 2년 미만이 남은 경우에도 영농손실보상 대상이 되며,[241] 이러한 경우라고 하여 영농손실 보상기간을 잔여 허가기간 또는 임대차 계약기간으로 단축하여 적용할 수 없다.)

(라) 농민이 아닌 자가 경작하고 있는 토지

(마) 토지의 취득에 대한 보상 이후에 사업시행자가 2년 이상 계속하여 경작하도록 허용하는 토지 등은 농지로 보지 않는다.

(바) 농지법과는 달리 공간정보의 구축 및 관리에 관한 법률에 따른 지목이 전 · 답 · 과수원이 아닌 토지(지목이 임야인 토지는 제외함)로서 농작물 경작지 또는 다년생식물 재배지로 계속하여 이용되는 기간이 3년 미만인 토지

(사) 공간정보의 구축 및 관리에 관한 법률에 따른 지목이 임야[242]인 토지로서 산지관리법에

240) 공익사업을 위한 관계법령에서 보상에 관하여 제한을 둔 경우 또는 공익사업과 관계없이 임대차기간이 만료된 경우에는 당해 공익사업으로 인하여 특별한 손실이 발생하였다고 볼 수 없으므로 영농손실보상 대상에 해당되지 않는다(국토교통부 2014. 7. 17. 토지정책과-4584 질의회신 참조)

241) 토지보상법 시행규칙 제48조 제3항 제5호를 해석할 때 사업시행자가 토지의 취득에 대한 보상을 하기 전의 농지 소유자와 실제 경작자 간에 계약기간은 고려대상이 아니다(국토교통부 2014. 5. 13. 토지정책과-3108 질의회신 참조).

242) 임야에 관한 규정(농지법 시행령 제2조 제2항)은 2016. 1. 19.자로 개정 · 시행되었으며 농지법 시행령 부칙 제2조에서 농지의 범위에 관한 경과조치로서 이 영 시행당시 공간정보의 구축 및 관리에 관한 법률에 따른 지목이 전 · 답, 과수원이 아닌 토지로서 농작물 경작지 또는 제2조 제1항 제1호에 따른 다년생식물의 재배에 이용되고 있는 토지 및 이 영 시행 당시 공간정보의 구축 및 관리에 관한 법률에 따른 지목이 임야인 토지로서 토지 형질을 변경하고 제2조 제1항 제2호 또는 제3호에 따른 다년생식물의 재배에 이용되고 있는 토지는 종전의 규정에 따르도록 규정하고 있으므로 이런 경우는 시행령 제정 후에도 농지로 본다. 다만, 관계 법령의 입법 취지와 그 법령에 위반된 행위에 대한

따른 산지전용허가(다른 법률에 따라 산지전용허가가 의제되는 인가 · 허가 · 승인 등을 포함함)를 거치지 아니하고 농작물의 경작 또는 다년생식물의 재배에 이용되고 있는 토지 등은 농지, 이에 따라 농지법상 농지로 이용 중인 토지가 공익사업에 편입되는 경우 원칙적으로 농업손실보상에 해당하는 것으로 보나, 다만 지목이 임야이나 농지로 이용 중인 토지의 경우에 산지로서의 관리 필요성 등 전반적인 사정을 고려할 때 손실보상을 하는 것이 사회적으로 용인될 수 없다고 인정되는 경우에는 농업손실보상대상에 제외된다.[243)]

(아) 장기간 경작하지 아니한 휴경지

(3) 농업인 등의 개념

(가) 농민

농민이란 농지법 제2조 제3호의 규정에 의한 농업법인 또는 농지법 시행령 제3조 제1호 및 같은 조 제2호의 규정에 의한 농업인을 지칭한다.

(나) 농업인

농업인이란 농업에 종사하는 개인으로서 다음의 어느 하나에 해당하는 자를 말한다(농업법 시행령 제3조).

1) 1천제곱미터 이상의 농지에서 농작물 또는 다년생식물을 경작 또는 재배하거나 1년 중 90일 이상 농업에 종사하는 자
2) 농지에 330제곱미터 이상의 고정식온실 · 버섯재배사 · 비닐하우스, 그 밖의 농림축산식품부령으로 정하는 농업생산에 필요한 시설을 설치하여 농작물 또는 다년생식물을 경작 또는 재배하는 자
3) 대가축 2두, 중가축 10두, 소가축 100두, 가금 1천수 또는 꿀벌 10군 이상을 사육하거나 1년 중 120일 이상 축산업에 종사하는 자

비난가능성과 위법성의 정도, 합법화될 가능성, 사회통념상 거래 객체가 되는지 여부 등 전반적인 사실관계, 구체적인 배별 사안별로 대상 토지에 경작이 이루어지게 된 시기 및 경작이 이루어진 기간, 경작 규모 및 이용현황, 산지로서의 관리 필요성 및 농지화된 정도, 사업인정 고시와의 관계 등을 종합하여 고려할 때 손실보상을 하는 것이 사회적으로 용인될 수 없는 것이라면 영농손실 보상대상에 해당하지 않는다.

243) 2015. 6. 9. 토지정책과-4056 질의회신 참조.

4) 농업경영을 통한 농산물의 연간 판매액이 120만원 이상인 자

(다) 농업법인

'농업법인'이란 「농어업경영체 육성 및 지원에 관한 법률」 제16조에 따라 설립된 영농조합법인과 같은 법 제19조에 따라 설립되고 업무집행권을 가진 자 중 3분의 1 이상이 농업인인 농업회사법인을 말한다.

나. 보상금의 지급방법

(1) 영농손실액 수급자

(가) 원칙

토지보상법 제77조 제2항에서 농업의 손실에 대하여는 농지의 단위면적당 소득 등을 고려하여 실제 경작자에게 보상하여야 한다라고 규정하고 있으므로 영농손실 보상액은 실제경작자에게 지급함이 원칙이다. 여기서 실제경작자는 아래의 요건에 충족된 자를 말한다. 만일 실제경작자로 인정받으려는 자가 아래 3)의 자료만을 제출한 경우 사업시행자는 해당 농지의 소유자에게 그 사실을 서면으로 통지할 수 있으며, 농지소유자가 통지받은 날부터 30일 이내에 이의를 제기하지 아니하는 경우에는 2)의 자료가 제출된 것으로 본다(토지보상법 시행규칙 제48조 제7항).

1) 농지의 임대차계약서

2) 농지의 소유자가 확인하는 경작사실확인서

3) 해당 공익사업시행지구의 이장 · 통장이 확인하는 경작 사실확인서

4) 그 밖에 실제 경작자임을 증명하는 객관적 자료 등에 의하여 사업인정고시일 등 당시 타인소유의 농지를 임대차 등 적법한 원인에 의하여 점유하고 자기소유의 농작물을 경작하는 것으로 인정된 자

【판시사항】

화분에 난을 재배하던 토지가 수용되자 인근에 대체토지를 마련한 후 이전하여 화분에 난을 계속 재배하여 영농중단이 없었던 경우, 구 공공용지의취득및손실보상에관한특례법시행규칙 제29조가 정한 영농보상의 대상인지의 여부(대법원 2004. 4. 27. 선고 2002두8909 판결)

【판결요지】

구 토지수용법(2002. 2. 4. 법률 제6656호로 폐지되기 전의 것) 제45조 소정의 손실보상은 공익사업의 시행 등 적법한 공권력의 행사에 의한 재산상의 특별한 희생에 대하여 사유재산권의 보장과 전체적인 공평부담의 견지에서 행하여지는 조절적인 재산적 보상이라는 점과 공특법시행규칙 제29조 소정의 영농보상은 공공사업시행지구 안에서 수용의 대상인 농경지를 이용하여 경작을 하는 자가 그 농경지의 수용으로 인하여 장래에 영농을 계속하지 못하게 되어 특별한 희생이 생기는 경우 이를 보상하기 위한 것이라는 점(대법원 2000. 2. 25. 선고 99다57812 판결, 2001. 12. 28. 선고 2001다68396 판결 등 참조)에 비추어, 위와 같은 재산상의 특별한 희생이 생겼다고 할 수 없는 경우에는 손실보상 또한 있을 수 없고, 이는 공특법시행규칙 제29조 소정의 영농보상이라고 하여 달리 볼 것은 아니라고 할 것이다.

한편, 실제경작자는 사업인정고일 등 당시에 적법한 원인에 의하여 농지를 점유하고 있어야 하므로 불법으로 점유하거나 사업인정고시일 등 이후에 경작을 한 실제경작자는 보상대상이 아니다.

(나) 예외

1) 자경농지가 아닌 농지

자경농지가 아닌 농지로서 농지의 소유자가 해당지역에 거주하는 농민이며, 농지의 소유자와 실제경작자 간에 협의가 성립된 경우는 협의내용에 따라 영농손실을 보상한다.

2) 자경농지가 아닌 농지에 대한 영농손실액

자경농지가 아닌 농지에 대한 영농손실액은 다음의 구분에 따라 보상한다(토지보상법 시행규칙 제48조 제4항).

가) 농지의 소유자가 해당 지역(영 제26조제1항 각 호의 어느 하나의 지역을 말한다. 이하 이 조에서 같다)에 거주하는 농민인 경우

① 농지의 소유자와 제7항에 따른 실제 경작자(이하 '실제 경작자'라 한다)간에 협의가 성립된 경우 : 협의내용에 따라 보상

② 농지의 소유자와 실제 경작자 간에 협의가 성립되지 아니하는 경우에는 다음의 구분에 따라 보상

㉮ 제1항에 따라 영농손실액이 결정된 경우: 농지의 소유자와 실제 경작자에게 각각 영농손실액의 50퍼센트에 해당하는 금액을 보상

㉯ 제2항에 따라 영농손실액이 결정된 경우: 농지의 소유자에게는 제1항의 기준에 따라 결정된 영농손실액의 50퍼센트에 해당하는 금액을 보상하고, 실제 경작자에게는 제2항에 따라 결정된 영농손실액 중 농지의 소유자에게 지급한 금액을 제외한 나머지에 해당하는 금액을 보상

나) 농지의 소유자가 해당 지역에 거주하는 농민이 아닌 경우 : 실제 경작자에게 보상, 여기서 해당지역은 해당 토지의 소재지와 동일한 시(행정시를 포함함) · 구(자치를 말함) · 읍 · 면(도농복합형태인 시의 읍 · 면을 포함함) 및 위의 지역과 연접한 시 · 구 · 읍 · 면, 위의 각 지역 외의 지역으로서 해당 토지의 경계로부터 직선거리로 30㎞ 이내의 지역 중 어느 하나의 지역을 의미한다.

(다) 실제경작자가 이농한 경우

실제 경작자가 자의에 의한 이농, 해당 농지의 소유권 이전에 따른 임대차계약의 해지 등의 사유로 인하여 보상협의일 또는 수용재결일 당시에 경작을 하고 있지 아니하는 경우의 영농손실액은 제4항에도 불구하고 농지의 소유자가 해당지역에 거주하는 농민인 경우에 한하여 농지의 소유자에게 보상한다(토지보상법 시행규칙 제48조 제5항).

4. 농기구

가. 농기구에 대한 매각손실액 보상

(1) 원칙

당해 지역에서 경작하고 있는 농지의 3분의 2 이상에 해당하는 면적이 공익사업시행지구에

편입됨으로 인하여 농기구를 이용하여 해당 지역에서 영농을 계속할 수 없게 된 경우(과수 등 특정한 작목의 영농에만 사용되는 특정한 농기구의 경우에는 공익사업시행지구에 편입되는 면적에 관계없이 해당 지역에서 해당 영농을 계속할 수 없게 된 경우를 말한다) 해당 농기구에 대해서는 매각손실액을 평가하여 보상하여야 한다.

(가) 농기구의 개념

토지보상법 시행규칙 제48조 제6항에서 말하는 농기구란 농업을 능률적이고 효율적으로 하기 위한 기계 및 기구 등을 말한다. 다만, 호미, 낫 등 인력을 사용하는 소농구는 농기구보상의 대상이 되는 농기구로 보지 않는다.

(나) 경작하고 있는 농지의 개념

토지보상법 시행규칙 제48조 제6항에서 말하는 경작하고 있는 농지라 함은 소유하고 경작하는 농경지와 임차하여 경작하는 농지를 모두 포함한다. 다시 말해, 토지보상법 시행규칙 제48조 제6항의 규정에 의하여 농지의 2/3 이상에 해당하는 면적이 공익사업시행지구에 편입됨으로 인하여 당해 지역에서 영농을 계속할 수 없게 된 경우, 농기구에 대하여는 매각손실액을 평가하여 보상하도록 되어 있으므로, 농지의 2/3 이상에 해당하는 면적에는 자신이 소유하고 경작하는 농지 외에 임차하여 경작한 농지도 포함된다.[244]

(다) 영농을 계속할 수 없게 된 경우

토지보상법 시행규칙 제48조 제6항에서 말하는 영농을 계속할 수 없게 된 경우란 농업을 폐지하는 경우뿐만 아니라 잔여 농지의 규모 및 대상농기구의 규격 등으로 고려할 때 종전의 농업형태를 계속하기 어려운 경우도 포함된다.[245] 즉, 수용으로 인하여 농업은 계속 영위할 수 있지만, 수용 후 남은 잔여 농지의 규모 등을 고려할 때 기존 농업형태가 아닌 다른 형태로의 변경이 불가피한 경우, 종전의 농업형태를 위해서는 필요하였지만 변경된 농업형태에서는 불필요하게 된 농기구 또한 보상대상이 된다.

(2) 예외

다만, 매각손실액의 평가가 현실적으로 곤란한 경우에는 원가법에 의하여 산정한 가격의

244) 2005. 11. 7. 토지정책팀-1079 질의회신 참조.
245) 중앙토지수용위원회 7. 28. 토지정책과-4766 질의회신 참조.

60퍼센트 이내에서 매각손실액을 정할 수 있다(토지보상법 시행규칙 제48조 제6항).

매각손실액 = 원가법에 의하여 산정한 금액 - 기준시점에서 현실적으로 매각할 수 있는 가액

나. 특정한 작목의 영농에 사용되는 특정 농기구

과수 등 특정한 작목의 영농에만 사용되는 특정한 농기구의 경우에는 공익사업의시행지구에 편입되는 면적에 무관하게 해당 지역에서 해당 영농을 계속할 수 없게 된 경우에는 이를 보상하여야 한다.

제3장 축산업

1. 용어의 정의

가. 가축

'가축'이란 사육하는 소 · 말 · 면양 · 염소(유산양을 포함한다. 이하 같다) · 돼지 · 사슴 · 닭 · 오리 · 거위 · 칠면조 · 메추리 · 타조 · 꿩, 그 밖에 농림축산식품부령으로 정하는 동물(動物) 등을 의미하며(축산법 제2조 제1호), 또한 '토종가축'이란 제1호의 가축 중 한우, 토종닭 등 예로부터 우리나라 고유의 유전특성과 순수혈통을 유지하며 사육되어 외래종과 분명히 구분되는 특징을 지니는 것으로 농림축산식품부령으로 정하는 바에 따라 인정된 품종의 가축을 말한다(같은 조 제1의 2호). 위 개념을 기초로 살펴보면, 결국 가축이 아닌 동물을 사육하는 것은 가축사육업이 아니므로 축산업에도 해당되지 않는다.

나. 가축사업업

'가축사육업'이란 가축을 사육하여 판매하거나 젖 · 알 · 꿀을 생산하는 업을 말한다(축산법 제2조 제8호).

이는 아래에서 보는 봐와 같이 허가 가축사육업, 등록 가축사육업, 등록에서 제외되는 가축사육업 등으로 구분된다.

(1) 허가 가축사육업

허가 가축사육업은 가축 종류 및 사육시설 면적이 아래 축산법 시행령 제13조에서 정하는

기준에 해당하는 가축사업육업으로서 축산법 시행령 별표 1에서 정하는 시설 · 장비 및 단위 면적당 적정사육두수와 위치에 관한 사항을 갖추어 시장 등에게 허가를 받아야 한다.

축산법 시행령 제13조(허가를 받아야 하는 가축사육업)

법 제22조제1항제4호에서 "가축 종류 및 사육시설 면적이 대통령령으로 정하는 기준에 해당하는 가축사육업"이란 다음 각 호의 구분에 따른 가축사육업을 말한다.

1. 2015년 2월 22일 이전: 다음 각 목의 가축사육업
   가. 사육시설 면적이 600제곱미터를 초과하는 소 사육업
   나. 사육시설 면적이 1천제곱미터를 초과하는 돼지 사육업
   다. 사육시설 면적이 1천400제곱미터를 초과하는 닭 사육업
   라. 사육시설 면적이 1천300제곱미터를 초과하는 오리 사육업
2. 2015년 2월 23일부터 2016년 2월 22일까지: 다음 각 목의 가축사육업
   가. 사육시설 면적이 300제곱미터를 초과하는 소 사육업
   나. 사육시설 면적이 500제곱미터를 초과하는 돼지 사육업
   다. 사육시설 면적이 950제곱미터를 초과하는 닭 사육업
   라. 사육시설 면적이 800제곱미터를 초과하는 오리 사육업
3. 2016년 2월 23일 이후: 사육시설 면적이 50제곱미터를 초과하는 소 · 돼지 · 닭 또는 오리 사육업

(2) 등록 가축사육업

등록 가축사육업은 축산법 시행령 제13조에서 정하는 기준에 해당하지 않는 가축사육업으로서 축산법 시행령 별표 1에서 정하는 시설 · 장비 등을 갖추어 시장 등에 등록하여야 한다.

(3) 등록에서 제외되는 가축사육업

등록에서 제외되는 가축사육업이란 가축 사육시설의 면적이 10㎡ 미만인 닭 · 오리 · 거위 · 칠면조 · 메추리 · 타조 · 꿩사육업 및 말 · 노새 · 당나귀 · 토끼 · 개 · 꿀벌 등의 가축사육업을 말한다.

2 축산업의 손실에 대한 평가

가. 원칙

(1) 영업보상 규정 준용

토지보상법 시행규칙 제45조(영업손실의 보상대상인 영업), 제46조(영업의 폐지에 대한 손실의 평가 등), 제47조(영업의 휴업 등에 대한 손실의 평가, 다만, 다음 각 호의 규정은 제외한다)까지의 규정은 축산업에 대한 손실의 평가에 관하여 이를 준용한다(토지보상법 시행규칙 제49조 제1항). 한편, 축산업폐지의 요건 중 '인근주민에게 혐오감을 주어 다른 장소로 이전하는 것이 현저히 곤란하다는 것'은 객관적인 사정에 근거하여 인정되어야 한다. 가령, 양돈장이 이전 · 신축될 경우 악취, 해충발생, 농경지 오염 등 환경공해를 우려한 주민들의 반대가 있을 가능성이 있다는 가정적인 사정만으로 양돈장을 인접지역으로 이전하는 것이 현저히 곤란하다고 단정하기는 어렵다.[246] 따라서 이를 근거로 축산업을 폐지하는 것으로 보아서는 안 된다.

(2) 이전비가 가축의 가액을 초과하는 경우

토지보상법 시행규칙 제45조부터 제7조에서는 '영업시설 · 원재료 · 제품 및 상품의 이전에 소요되는 비용 및 그 이전에 따른 감손상당액'이 해당 물건의 가격보상보다 큰 경우에는 해당 물건의 가액으로 보상한다는 명문의 규정은 없지만, 토지보상법 시행규칙 제75조의 규정은 지장물과 관련된 기본적인 보상원칙이므로, 토지보상법 시행규칙 제45조 내지 제47조에도 적용된다고 볼 수 있다. 따라서 가축의 이전비가 가축의 가액을 초과하는 경우에는 손실보상의 일반원칙에 따라 가액으로 평가하면 된다.

나. 예외

다음의 경우에는 축산업에 대한 보상에 영업보상 규정을 준용하지 아니한다.

(1) 폐업보상에서 개인영업의 영업이익 하한
(2) 휴업보상에서 영업장소 이전 후 발생하는 영업이익 감소액
(3) 휴업보상에서 개인영업의 영업이익 하한

---

246) 대법원 2002. 10. 8. 선고 2002두5498 판결.

또한, 축산법 제22조에 해당하는 축산업을 경영하려는 자는 해당 영업장을 관할하는 시장 · 군수 또는 구청장의 허가 등을 받아야 하는데, 이를 받지 않는 경우는 기준마리수 이상의 가축을 사육하더라도 축산손실 보상이 되지 않는다.

【판시사항】

축산보상대상여부 판단기준(대법원 2009. 12. 10. 선고 2007두10686 판결)

【판결요지】

구 축산법(2002. 12. 26. 법률 제6821호로 개정되어 2003. 12. 27. 시행되기 전의 것) 제20조 제1항, 구 축산법 시행규칙(2004. 2. 14. 농림부령 제1460호로 개정되기 전의 것) 제24조 제1항 제2호는 '종계 1천 수 이상의 종계업을 영위하고자 하는 자는 그에 필요한 시설을 갖추어 시장 · 군수에게 신고하여야 한다'고 규정하고 있다.

그런데 원심판결 이유 및 원심이 적법하게 채택한 증거에 의하면, 원고는 종계 12,960수를 사육하여 종란을 생산하는 종계업을 영위하면서 관할 시장 · 군수에게 위와 같은 규정에 따른 종계업 신고를 하지 아니한 사실을 알 수 있으므로, 공특법 시행규칙 제25조의3 제1항 제2호에 따라 이 사건 종계업은 휴업보상의 대상이 되는 영업에서 제외된다.

그 외 축산업 보상은 허가 등을 받지 아니한 영업의 손실보상에 관한 특례가 적용되지 않는다. 즉, 축산업에 대한 보상은 토지보상법 시행규칙 제45조부터 제47조까지의 일반적인 보상기준을 준용하되, 폐 · 휴업의 최저보상 기준을 규정하고 있는 같은 규칙 제46조 제3항 후단 및 제47조 제5항 후단은 축산업 보상에서 적용을 배제하고 있다. 따라서 입법취지를 감안할 때 축산업에 대한 보상기준은 같은 규칙 제49조의 규정에 따라야 하며 같은 규칙 제52조는 영업보상에 대한 별도규정이 없는 일반영업보상에 적용되는 규정으로 보는 것이 타당하다.

3. 손실보상의 대상이 되는 축산업

가. 보상대상 축산업

손실보상의 대상이 되는 축산업은 다음의 어느 하나에 해당하는 경우로 한다(토지보상법 시행규칙 제49조 제2항). 따라서 손실보상의 대상인 축산업이 되기 위해선 보상대상인 영업의 요건 외에 보상대상 축산업의 요건을 갖추어야 한다.

(1)「축산법」제22조에 따라 허가를 받았거나 등록한 종축업 · 부화업 · 정액등처리업 또는 가축사육업

(2) 별표 3에 규정된 가축별 기준마리수 이상의 가축을 기르는 경우

(3) 별표 3에 규정된 가축별 기준마리수 미만의 가축을 기르는 경우로서 그 가축별 기준마리수에 대한 실제 사육마리수의 비율의 합계가 1 이상인 경우

[별표 3]

축산업의 가축별 기준마리수(제49조제2항관련)

가축	기준마리수
닭	200마리
토끼	150마리
오리	150마리
돼지	20마리
소	5마리
사슴	15마리
염소·양	20마리
꿀벌	20군

나. 별표 3에 규정된 가축외에 이와 유사한 가축

별표 3에 규정된 가축외에 이와 유사한 가축에 대하여는 제2항 제2호 또는 제3호의 예에 따라 평가할 수 있다(토지보상법 시행규칙 제49조 제3항).

4. 손실보상의 대상이 되지 않는 가축에 대한 평가

손실보상의 대상이 되지 아니하는 가축에 대하여는 이전비로 평가하되, 이전으로 인하여 체중감소 · 산란율저하 및 유산 그 밖의 손실이 예상되는 경우에는 이를 포함하여 평가한다(토지보상법 시행규칙 제49조 제4항).

제4장 휴업 또는 실직보상

1. 휴업 또는 실직보상 - 평균임금 등 보상

공익사업의 수행으로 인한 근로장소 이전 등으로 휴직하거나 실직하는 근로자의 임금손실에 대하여는 근로기준법에 따른 평균임금 등을 고려하여 보상하여야 한다. 여기서 평균임금이란 이를 산정하여야 할 사유가 발생한 날 이전 3개월 동안에 그 근로자에게 지급된 임금의 총액을 그 기간의 총일수로 나눈 금액을 말한다. 근로자가 취업한 후 3개월 미만인 경우도 이에 준한다(근로기준법 제2조 제1항 제6호).

2. 보상원칙

가. 보상대상 근로자

사업인정고시일등 당시 공익사업시행지구안의 사업장에서 3월 이상 「소득세법」에 의한 소득세가 원천징수된 자로서 휴업기간 또는 실직기간 동안에는 소득세가 원천징수된 사실이 없어야 한다.

나. 보상방법

위 가.항에 보상대상자에 대하여는 다음의 구분에 따라 보상하여야 한다(토지보상법 시행규칙 제51조 제1항). 다만, 영업보상과 휴직 및 실직보상은 보상대상 및 보상대상자를 달리하므로 휴직 및 실직보험금을 영업보상에 포함하여 영업자에게 지급하여서는 안된다. 한편, 휴업보상에 관하여 대법원은 수자원개발사업 지역에 편입된 농기구수리업 또는 잡화소매업 영업소의 영업손실에 관한 보상은 폐업보상이 아니라 휴업보상에 해당한다고 한 사례가 있으며,[247] 또한 도로구역 결정고시 전에 공장을 운영하다가 고시 후에 시로부터 3년 내에 공장을 이전할 것을 조건으로 공장설립허가를 받았더라도 그 공장부지가 수용되었다면 휴업보상의 대상이 된다고 본 사례도 있다.[248]

(1) 근로장소의 이전으로 인하여 일정기간 휴직을 하게 된 경우

근로장소의 이전으로 인하여 일정기간 휴직을 하게 된 경우에는 휴직일수(휴직일수가 120일을

247) 대법원 2001. 11. 13. 선고 2000두1003 판결.
248) 대법원 2001. 4. 27. 선고 2000다50237 판결.

넘는 경우에는 120일로 본다)에 「근로기준법」에 의한 평균임금의 70퍼센트에 해당하는 금액을 곱한 금액. 다만, 평균임금의 70퍼센트에 해당하는 금액이 「근로기준법」에 의한 통상임금을 초과하는 경우에는 통상임금을 기준으로 한다.

(2) 근로장소의 폐지 등으로 인하여 직업을 상실하게 된 경우

사업인정고시일 등 당시 공익사업시행지구 안의 사업장에서 3월 이상 근무한 근로자로서 근로장소의 폐지 등으로 인하여 직업을 상실하게 된 경우에는 「근로기준법」에 의한 평균임금의 120일분에 해당하는 금액으로 보상한다.

【판시사항】

휴업보상을 인정한 수용재결에 대하여 폐업보상을 요청하며 이의신청을 하였으나 이의재결에서 인용되지 않고 휴업보상금만 증액되었는데 그 휴업보상금을 이의유보 없이 수령한 경우, 이의재결의 결과에 승복한 것인지 여부(대법원 2001. 11. 13. 선고 2000두1003 판결)

【판결요지】

토지소유자가 수용재결에서 정한 손실보상금을 수령할 당시 이의유보의 뜻을 표시하였다 하더라도, 이의재결에서 증액된 손실보상금을 수령하면서 이의유보의 뜻을 표시하지 않은 이상 특별한 사정이 없는 한 이는 이의재결의 결과에 승복하여 수령한 것으로 보아야 하고, 위 증액된 손실보상금을 수령할 당시 이의재결을 다투는 행정소송이 계속중이라는 사실만으로는 추가보상금의 수령에 관하여 이의유보의 의사표시가 있는 것과 같이 볼 수는 없다 할 것인바, 이러한 법리는 휴업보상을 인정한 수용재결에 대하여 폐업보상을 하여 줄 것을 요청하면서 이의를 신청하였으나 이의재결에서 이를 받아들이지 않으면서 증액하여 인정한 휴업보상금을 이의유보의 뜻을 표시하지 않고 수령한 경우에도 마찬가지로 적용된다.

3. 영업장소의 적법성 여부

사업장이 영업보상대상이 아니어도 휴직 또는 실직보상이 가능하다. 즉 영업장이 적법한 장소가 아니거나 무허가영업 등에 해당되어 영업보상의 대상이 아닌 경우에도 휴직보상 등의 대상자가 될 수 있다.[249)]

> **【판시사항】**
>
> 벽돌공장이 관계 법령에 따른 등록을 하지 아니하였다는 이유로 폐업 · 휴업보상의 대상이 되는 영업에서 제외한 조치가 적법한지 여부(대법원 1998. 2. 10. 선고 96누12665 판결)
>
> **【판결요지】**
>
> 택지개발촉진법에 의하여 시행하는 택지개발사업구역 내의 토지상에서 벽돌제조업자들이 시멘트벽돌 제조업에 종사해 오면서 그에 필요한 건물 및 시설로서 각 해당지장물을 소유하고 있으나, 위 제조업자들이 위 각 지장물 소재지에 관하여 주택건설촉진법 제41조 제1항에 따른 주택자재생산업자로서의 등록을 마치지 아니하였으므로, 이는 토지수용법 제57조의2, 공공용지의취득및손실보상에관한특례법 제4조, 같은법시행규칙 제25조의3 제1항 제2호의 각 규정 등에 의하여 폐업보상 또는 휴업보상의 대상이 되는 영업에서 제외된다.

249) 국토교통부 2010. 3. 15. 토지정책과-1406 질의회신 참조.

제5장 사업폐지 등에 대한 보상

1. 사업폐지 등에 대한 보상

가. 보상방법

공익사업의 시행으로 인하여 건축물의 건축을 위한 건축허가 등 관계법령에 의한 절차를 진행중이던 사업 등이 폐지 · 변경 또는 중지되는 경우 그 사업 등에 소요된 법정수수료 그 밖의 비용 등의 손실에 대하여는 이를 보상하여야 한다(토지보상법 시행규칙 제57조).

나. 사업폐지 등에 대한 보상액을 토지보상액에 반영할 수 있는지

양자는 보상대상과 보상대상자를 달리한다. 즉 사업폐지 등에 대한 보상은 토지에 관하여 지출된 비용이지만 토지보상과는 보상대상 및 보상대상자를 달리하므로 이러한 손실을 토지의 보상액에 반영하여 평가할 수 없다.

2. 사업폐지 등에 대한 보상청구권에 관한 쟁송형태 등

가. 쟁송형태

구 공익사업을 위한 토지 등의 취득 및 보상에 관한 법률(2007. 10. 17. 법률 제8665호로 개정되기 전의 것, 이하 '구 공익사업법'이라고 한다) 제79조 제2항, 공익사업을 위한 토지 등의 취득 및 보상에 관한 법률 시행규칙 제57조에 따른 사업폐지 등에 대한 보상청구권은 공익사업의 시행 등 적법한 공권력의 행사에 의한 재산상 특별한 희생에 대하여 전체적인 공평부담의 견지에서 공익사업의 주체가 손해를 보상하여 주는 손실보상의 일종으로 공법상 권리임이 분명하므로 그에 관한 쟁송은 민사소송이 아닌 행정소송절차에 의하여야 한다.

【판시사항】

구 공익사업을 위한 토지 등의 취득 및 보상에 관한 법률 제79조 제2항 등에 따른 사업폐지 등에 대한 보상청구권에 관한 쟁송형태(=행정소송)(대법원 2012. 10. 11. 선고 2010다23210 판결)

【판결요지】

구 공익사업을 위한 토지 등의 취득 및 보상에 관한 법률(2007. 10. 17. 법률 제8665호로 개정되기 전의 것, 이하 '구 공익사업법'이라고 한다) 제79조 제2항, 공익사업을 위한 토지 등의 취득 및 보상에 관한 법률 시행규칙 제57조에 따른 사업폐지 등에 대한 보상청구권은 공익사업의 시행 등 적법한 공권력의 행사에 의한 재산상 특별한 희생에 대하여 전체적인 공평부담의 견지에서 공익사업의 주체가 손해를 보상하여 주는 손실보상의 일종으로 공법상 권리임이 분명하므로 그에 관한 쟁송은 민사소송이 아닌 행정소송절차에 의하여야 한다. 또한 위 규정들과 구 공익사업법 제26조, 제28조, 제30조, 제34조, 제50조, 제61조, 제83조 내지 제85조의 규정 내용 · 체계 및 입법 취지 등을 종합하여 보면, 공익사업으로 인한 사업폐지 등으로 손실을 입게 된 자는 구 공익사업법 제34조, 제50조 등에 규정된 재결절차를 거친 다음 재결에 대하여 불복이 있는 때에 비로소 구 공익사업법 제83조 내지 제85조에 따라 권리구제를 받을 수 있다고 보아야 한다.

나. 재결의 필요성

공익사업으로 인한 사업폐지 등으로 손실을 입게 된 자는 구 공익사업법 제34조, 제50조 등에 규정된 재결절차를 거친 다음 재결에 대하여 불복이 있는 때에 비로소 구 공익사업법 제83조 내지 제85조에 따라 권리구제를 받을 수 있다고 보아야 한다.

【판시사항】

구 공익사업을 위한 토지 등의 취득 및 보상에 관한 법률 제79조 제2항 등에 따른 사업폐지 등에 대한 보상청구권에 관한 쟁송형태(=행정소송) 및 공익사업으로 인한 사업폐지 등으로 손실을 입은 자가 위 법률에 따른 보상을 받기 위해서 재결절차를 거쳐야 하는지 여부(대법원 2012. 10. 11. 선고 2010다23210 판결)

【판결요지】

구 공익사업을 위한 토지 등의 취득 및 보상에 관한 법률(2007. 10. 17. 법률 제8665호로 개정되기 전의 것, 이하 '구 공익사업법'이라고 한다) 제79조 제2항, 공익사업을 위한 토지 등의 취득 및 보상에 관한 법률 시행규칙 제57조에 따른 사업폐지 등에 대한 보상청구권은 공익사업의 시행 등 적법한 공권력의 행사에 의한 재산상 특별한 희생에 대하여 전체적인 공평부담의 견지에서 공익사업의 주체가 손해를 보상하여 주는 손실보상의 일종으로 공법상 권리임이 분명하므로 그에 관한 쟁송은 민사소송이 아닌 행정소송절차에 의하여야 한다. 또한 위 규정들과 구 공익사업법 제26조, 제28조, 제30조, 제34조, 제50조, 제61조, 제83조 내지 제85조의 규정 내용 · 체계 및 입법 취지 등을 종합하여 보면, 공익사업으로 인한 사업폐지 등으로 손실을 입게 된 자는 구 공익사업법 제34조, 제50조 등에 규정된 재결절차를 거친 다음 재결에 대하여 불복이 있는 때에 비로소 구 공익사업법 제83조 내지 제85조에 따라 권리구제를 받을 수 있다고 보아야 한다.

XI. 이주대책의 수립 등

제1장 이주대책 일반

1. 이주대책수립의 재량성

이주대책은 공공사업의 시행에 필요한 토지 등을 제공함으로 인하여 생활근거를 상실하게 되는 자를 위하여 사업시행자가 이주정착지를 선정하여 그 이주정착지에 대하여 도로 · 급배수시설 및 기타 공공시설 등 당해 지역조건에 따른 생활기본시설을 제공하여 주어야 하는 계획을 말하는데, 이러한 이주대책은 이주대책자들에게 종전의 생활상태를 원상으로 회복시키면서 동시에 인간다운 생활을 보장하여 주기 위한 생활보상의 일환이다. 이는 국가의 적극적이고 정책적인 배려에 의하여 마련된 제도이므로, 사업시행자가 이주대책기준을 정하여 이주대책 대상자 중에서 이주대책을 수립 · 실시해야 할 자를 선정하여 그들에게 공급할 택지 또는 주택의 내용이나 수량을 정하는데 재량을 갖는 것은 당연한 귀결이다.

【판시사항】

공익사업의 사업시행자가 이주대책기준을 정하여 이주대책 대상자 중에서 이주대책을 수립 · 실시해야 할 자를 선정하여 그들에게 공급할 택지 또는 주택의 내용이나 수량을 정하는데 재량을 가지는지 여부(대법원 2013. 12. 26. 선고 2013두17701 판결)

【판결요지】

공익사업법에서 이주대책 제도를 둔 취지, 각 규정의 문언 등을 종합하여 보면, 사업시행자는 공익사업법 시행규칙 제53조 제1항이 정한 사유가 있는 경우를 제외하고 이주대책 대상자 중 이주정착지에 이주를 희망하는 자가 10호 이상인 경우에 이주대책을 수립 · 실시하여야 하며, 이주대책기준을 정하여 이주대책 대상자 중에서 이주대책을 수립 · 실시하여야 할 자를 선정하여 그들에게 공급할 택지 또는 주택의 내용이나 수량을 정할 수 있고, 이를 정하는 데 있어 재량을 가지므로 이를 위해 사업시행자가 설정한 이주대책기준은 그것이 객관적으로 합리적이 아니라거나 타당하지 않다고 볼 만한 다른 특별한 사정이 없는 한 존중되어야 할 것이며, 이주대책 대상자 중에서 이주대책을 수립 · 실시하여야 할 자에 선정되지 아니하거나 이주대책 대상자 중 이주정착지가 아닌 다른 지역으로 이주하고자 하는 자에 대하여는 반드시 이주정착금을 지급하여야 할 것이다(대법원 2009. 3. 12. 선고 2008두12610 판결 등 참조).

2. 이주대책의 수립

가. 이주대책의 수립 및 이주정착금 지급

사업시행자는 공익사업의 시행으로 인하여 주거용 건축물을 제공함에 따라 생활의 근거를 상실하게 되는 자를 위하여 이주대책을 수립 · 실시하거나 이주정착금을 지급하여야 한다(토지보상법 제78조 제1항). 사업시행자는 이에 따라 이주대책을 수립하려면 미리 관할 지방자치단체의 장과 협의하여야 한다(토지보상법 제78조 제2항). 여기서 주거용 건축물이라 함은 건축법상 단독주택이나 공동주택에 한하지 않는다. 그에 따라 당해 건축물이 주거용으로 용도변경이 가능한 건축물로서 실제 허가 또는 신고를 하고 용도변경을 한 경우에는 주거용 건축물에 해당한다. 다만, 토지보상법 시행령 제40조 제3항의 규정에 의하면 허가를 받거나 신고를 하고 건축 또는 용도변경을 하여야 하는 건축물을 허가를 받지 아니하거나 신고를 하지 아니하고 건축 또는 용도변경을 한 건축물의 소유자는 이주대책대상자에서 제외한다고 규정하고 있다. 따라서 가령, 거주하고 있는 건축물이 주거용 건축물인 주택 등이 아닌 관리사로서 해당 건축물을 적법한 허가 또는 신고 없이 임의로 증축 또는 개축하여 주거용으로 사용하고 있는 경우 이주대책대상자가 되지 않는다.

【판시사항】

공익사업을 위한 토지 등의 취득 및 보상에 관한 법률 시행령 제40조 제3항 제1호 등에서 정한 '허가를 받거나 신고를 하여야 하는 건축물을 허가를 받지 아니하거나 신고를 하지 아니하고 건축한 건축물의 소유자'에, 주거용 용도가 아닌 건축물을 임의로 주거용으로 용도를 변경하여 사용하는 사람이 포함되는지 여부(대법원 2013. 10. 24. 선고 2011두26893 판결)

【판결요지】

구 공익사업법에 의한 이주대책 제도 및 주거이전비 보상 제도는 공익사업의 시행으로 생활근거를 상실하게 되는 이를 위하여 종전의 생활상태를 원상으로 회복시키면서 동시에 인간다운 생활을 보장하여 주기 위한 이른바 생활보상의 일환으로 국가의 적극적이고 정책적인 배려에 의하여 마련된 제도로서 건물 및 그 부속물에 대한 손실보상 외에는 별도의 보상이 이루어지지 아니하는 주거용 건축물의 철거에 따른 생활보상적 측면이 있다는 점을 비롯하여 위 각 법규정의 문언, 내용 및 입법 취지 등을 종합하여 보면, 구 공익사업법 시행령 제40조 제3항 제2호에 따른 공익사업을 위한 관계 법령에 의한 고시 등이 있은 날 당시를 기준으로 공부상 주거용 용도가 아닌 건축물을 허가를 받거나 신고를 하는 등 적법한 절차에 의하지 아니하고 임의로 주거용으로 용도를 변경하여 사용하는 이는 구 공익사업법 시행령 제40조 제3항 제1호와 구 공익사업법 시행규칙 제24조, 제54조 제1항 단서에서 정하는 '허가를 받거나 신고를 하고 건축하여야 하는 건축물을 허가를 받지 아니하거나 신고를 하지 아니하고 건축한 건축물의 소유자'에 포함되는 것으로 해석함이 타당하다(대법원 2011. 6. 10. 선고 2010두26216 판결 등 참조).

다만, 1989. 1. 24. 이전에 건축된 무허가 주거용 건축물은 이주대책대상에 포함되며, 나아가 건축허가를 받아 건축되었으나 사용승인을 받지 못한 건축물의 소유자는 그 건축물이 건축허가와 전혀 다르게 건축되어 실질적으로는 건축허가를 받은 것으로 볼 수 없는 경우가 아니라면 무허가건축물의 소유자에 해당하지 않는다.

【판시사항】

관할 행정청으로부터 건축허가를 받아 택지개발사업구역 안에 있는 토지 위에 주택을 신축하였으나 사용승인을 받지 않은 주택의 소유자 갑이 한국토지주택공사에 이주자택지 공급대상자 선정신청을 하였는데 위 주택이 사용승인을 받지 않았다는 이유로 한국토지주택공사가 이주자택지 공급대상자 제외 통보를 한 사안에서, 위 처분이 위법하다고 본 원심판단을 정당하다고 한 사례(대법원 2013. 8. 23. 선고 2012두24900 판결)

【판결요지】

관할 행정청으로부터 건축허가를 받아 택지개발사업구역 안에 있는 토지 위에 주택을 신축하였으나 사용승인을 받지 않은 주택의 소유자 갑이 사업 시행자인 한국토지주택공사에 이주자택지 공급대상자 선정신청을 하였는데 위 주택이 사용승인을 받지 않았다는 이유로 한국토지주택공사가 이주자택지 공급대상자 제외 통보를 한 사안에서, 공공사업의 시행에 따라 생활의 근거를 상실하게 되는 이주자들에 대하여는 가급적 이주대책의 혜택을 받을 수 있도록 하는 것이 공익사업을 위한 토지 등의 취득 및 보상에 관한 법률이 규정하고 있는 이주대책 제도의 취지에 부합하는 점, 구 공익사업을 위한 토지 등의 취득 및 보상에 관한 법률 시행령(2011. 12. 28. 대통령령 제23425호로 개정되기 전의 것, 이하 '구 공익사업법 시행령'이라 한다) 제40조 제3항 제1호는 무허가건축물 또는 무신고건축물의 경우를 이주대책대상에서 제외하고 있을 뿐 사용승인을 받지 않은 건축물에 대하여는 아무런 규정을 두고 있지 않은 점, 건축법은 무허가건축물 또는 무신고건축물과 사용승인을 받지 않은 건축물을 요건과 효과 등에서 구별하고 있고, 허가와 사용승인은 법적 성질이 다른 점 등의 사정을 고려하여 볼 때, 건축허가를 받아 건축되었으나 사용승인을 받지 못한 건축물의 소유자는 그 건축물이 건축허가와 전혀 다르게 건축되어 실질적으로는 건축허가를 받은 것으로 볼 수 없는 경우가 아니라면 구 공익사업법 시행령 제40조 제3항 제1호에서 정한 무허가건축물의 소유자에 해당하지 않는다는 이유로 갑을 이주대책대상자에서 제외한 위 처분이 위법하다고 본 원심판단을 정당하다.

(1) 이주대상자에 통지

(가) 이주대상자 및 대상자 확대

1) 이주대상자

공익사업으로 인하여 주거용 건축물을 제공함에 따라 생활의 근거를 상실하게 되는 자는 말하는데, 이는 공익사업시행지구 안에서 주거용 건축물을 소유하고 그 건축물에서 거주하는 자를 말한다. 한편 세입자의 경우에는 이주대책 수립시 이주대책 대상자에서 제외되는데, 이는 소유자와 세입자는 생활의 근거의 상실 정도에 있어서 차이가 있는 점, 세입자에 대해서 주거이전비와 이사비가 보상되고 있는 점을 고려할 때, 입법자가 이주대책 대상자에서 세입자를 제외하고 있는 점 등에서 세입자의 재산권이나 평등권을 침해하는 것이라 볼 수는 없다.

【판시사항】

공익사업을위한토지등의취득및보상에관한법률시행령 제40조 제3항 제3호(이하 '이 사건 조항'이라 한다)가 이주대책의 대상자에서 세입자를 제외하고 있는 것이 세입자의 재산권을 침해하는지 여부 및 세입자의 평등권을 침해하는지 여부(헌법재판소 2006. 2. 23. 선고 2004헌마19 결정)

【결정요지】

이주대책은 헌법 제23조 제3항에 규정된 정당한 보상에 포함되는 것이라기보다는 이에 부가하여 이주자들에게 종전의 생활상태를 회복시키기 위한 생활보상의 일환으로서 국가의 정책적인 배려에 의하여 마련된 제도라고 볼 것이다. 따라서 이주대책의 실시 여부는 입법자의 입법정책적 재량의 영역에 속하므로 공익사업을위한토지등의취득및보상에관한법률시행령 제40조 제3항 제3호(이하 '이 사건 조항'이라 한다)가 이주대책의 대상자에서 세입자를 제외하고 있는 것이 세입자의 재산권을 침해하는 것이라 볼 수 없다.

또한, 소유자와 세입자는 생활의 근거의 상실 정도에 있어서 차이가 있는 점, 세입자에 대해서 주거이전비와 이사비가 보상되고 있는 점을 고려할 때, 입법자가 이주대책 대상자에서 세입자를 제외하고 있는 이 사건 조항을 불합리한 차별로서 세입자의 평등권을 침해하는 것이라 볼 수는 없다.

2) 미거주자까지 확대

사업시행자는 이주대책대상자의 범위를 확대하는 기준을 수립하여 실시하는 것은 허용되기 때문에 이주대책대상자를 미거주자까지 확대할 수는 있다. 다만, 이 경우 사업시행자는 미거주자에게 생활기본시설을 설치해 줄 의무를 부담하지 않는다.

【판시사항】

사업시행자가 미거주 소유자까지 이주대책대상자에 포함시킬 수 있는지 여부 및 이때 미거주 소유자에 대하여도 생활기본시설을 설치하여 줄 의무를 부담하는지 여부(대법원 2014. 9. 4. 선고 2012다109811 판결)

【판결요지】

사업시행자가 이주대책대상자의 범위를 확대하는 기준을 수립하여 실시하는 것은 허용된다(대법원 2009. 9. 24. 선고 2009두9819 판결 참조). 다만 사업시행자가 공익사업법 제78조 제1항, 공익사업법 시행령 제40조 제3항이 정한 이주대책대상자의 범위를 넘어 미거주 소유자까지 이주대책대상자에 포함시킨다고 하더라도, 법령에서 정한 이주대책대상자가 아닌 미거주 소유자에게 제공하는 이주대책은 법령에 의한 의무로서가 아니라 시혜적인 것으로 볼 것이므로, 사업시행자가 이러한 미거주 소유자에 대하여도 공익사업법 제78조 제4항에 따라 생활기본시설을 설치하여 줄 의무를 부담한다고 볼 수는 없다.

(나) 통지

사업시행자가 법 제78조제1항에 따른 이주대책을 수립하려는 경우에는 미리 그 내용을 같은 항에 따른 이주대책대상자에게 통지하여야 한다(토지보상법 시행령 제40조 제1항).

(다) 이주대책대상자에서 제외되는 자

1) 이주대책 제외자

이주대책자는 공익사업의 시행으로 인하여 주거용 건축물을 제공함에 따라 생활의 근거를 상실한 자를 말하는데, 다음의 어느 하나에 해당하는 자는 이주대책대상자에서 제외한다(토지보상법 시행령 제40조 제5항).

가) 허가를 받거나 신고를 하고 건축 또는 용도변경을 하여야 하는 건축물을 허가를 받지 아니하거나 신고를 하지 아니하고 건축 또는 용도변경을 한 건축물의 소유자

나) 해당 건축물에 공익사업을 위한 관계 법령에 따른 고시 등이 있은 날부터 계약체결일 또는 수용재결일까지 계속하여 거주하고 있지 아니한 건축물의 소유자 다만, ⅰ) 질병으로 인한 요양, ⅱ) 징집으로 인한 입영, ⅲ) 공무, ⅳ) 취학, ⅴ) 해당 공익사업지구 내 타인이 소유하고 있는 건축물에의 거주, ⅵ) 그 밖에 가목부터 라목까지에 준하는 부득이한 사유 등의 어느 하나에 해당하는 사유로 거주하고 있지 아니한 경우에는 거주자로 본다.

다) 타인이 소유하고 있는 건축물에 거주하는 세입자
다만, 해당 공익사업지구에 주거용 건축물을 소유한 자로서 타인이 소유하고 있는 건축물에 거주하는 세입자는 제외한다.

2) 이주대책대상자에서 제외시키는 거부조치시 불복방법

공익사업을 위한 토지 등의 취득 및 보상에 관한 법률상의 공익사업시행자가 하는 이주대책대상자 확인 · 결정은 구체적인 이주대책상의 수분양권을 부여하는 요건이 되는 행정작용으로서의 처분이지 이를 단순히 절차상의 필요에 따른 사실행위에 불과한 것으로 평가할 수는 없다. 따라서 수분양권의 취득을 희망하는 이주자가 소정의 절차에 따라 이주대책대상자 선정신청을 한 데 대하여 사업시행자가 이주대책대상자가 아니라고 하여 위 확인 · 결정 등의 처분을 하지 않고 이를 제외시키거나 거부조치한 경우에는, 이주자로서는 사업시행자를 상대로 항고소송에 의하여 제외처분이나 거부처분의 취소를 구할 수 있다. 나아가 이주대책의 종류가 달라 각 그 보장하는 내용에 차등이 있는 경우 이주자의 희망에도 불구하고 사업시행자가 요건 미달 등을 이유로 그중 더 이익이 되는 내용의 이주대책대상자로 선정하지 않았다면 이 또한 이주자의 권리의무에 직접적 변동을 초래하는 행위로서 항고소송의 대상이 된다.[250]

---

250) 대법원 2014. 2. 27. 선고 2013두10885 판결.

(2) 이주대책 수립대상

(가) 수립대상지역 및 비용 등 상계

이주대책은 국토교통부령으로 정하는 부득이한 사유가 있는 경우를 제외하고는 이주대책대상자 중 이주정착지에 이주를 희망하는 자의 가구 수가 10호(戶) 이상인 경우에 수립 · 실시한다. 이에 따른 이주정착지 안의 택지 또는 주택을 취득하거나 같은 항 단서에 따른 택지 또는 주택을 취득하는 데 드는 비용은 이주대책대상자의 희망에 따라 그가 지급받을 보상금과 상계(相計)할 수 있다(토지보상법 시행령 제40조 제6항).

여기서 '국토교통부령이 정하는 부득이한 사유'라 함은 다음에 해당하는 경우를 말한다(토지보상법 시행규칙 제53조 제1항).

1) 공익사업시행지구의 인근에 택지 조성에 적합한 토지가 없는 경우
2) 이주대책에 필요한 비용이 당해 공익사업의 본래의 목적을 위한 소요비용을 초과하는 등 이주대책의 수립 · 실시로 인하여 당해 공익사업의 시행이 사실상 곤란하게 되는 경우

(나) 이주대책수립 등 의제 및 비용부담자

다만, 사업시행자가 「택지개발촉진법」또는 「주택법」등 관계 법령에 따라 이주대책대상자에게 택지 또는 주택을 공급한 경우(사업시행자의 알선에 의하여 공급한 경우를 포함한다)에는 이주대책을 수립 · 실시한 것으로 본다(토지보상법 시행령 제40조 제2항). 이렇듯 이주대책으로 관련 법령에 따라 주택 등을 특별공급한 경우에도 생활기본시설 비용은 사업시행자가 부담하여야 한다.

【판시사항】

이주대책으로 관련 법령에 따라 주택 등을 특별공급한 경우에도 생활기본시설 비용은 사업시행자의 부담인지(대법원 2011. 6. 23. 선고 2007다63089, 63096 판결)

【판결요지】

구 공익사업법 시행령 제40조 제2항 단서에 따라 택지개발촉진법 또는 주택법 등 관계 법령에 의하여 이주대책대상자들에게 택지 또는 주택을 공급(이하 '특별공급'이라 한다)하는 것도 구 공익사업법 제78조 제1항의 위임에 근거하여 사업시행자가 선택할 수 있는 이주대책의 한 방법이므로, 특별공급의 경우에도 이주정착지를 제공하는 경우와 마찬가지로 사업시행자

의 부담으로 같은 조 제4항이 정한 생활기본시설을 설치하여 이주대책대상자들에게 제공하여야 한다고 봄이 상당하고, 이주대책대상자들이 특별공급을 통해 취득하는 택지나 주택의 시가가 그 공급가액을 상회하여 그들에게 시세차익을 얻을 기회나 가능성이 주어진다고 하여 달리 볼 것은 아니다.

(3) 부수사업에 대한 이주대책 수립요청 등

(가) 이주대책 수립요청

부수사업(토지보상법 제4조 제6호 및 제7호)[251]에 따른 사업의 사업시행자는 다음의 요건을 모두 갖춘 경우 부수사업의 원인이 되는 주된사업(토지보상법 제4조제1호부터 제5호까지의 규정에 따른 사업)의 이주대책에 부수사업의 이주대책을 포함하여 수립 · 실시하여 줄 것을 주된사업의 사업시행자에게 요청할 수 있다(토지보상법 시행령 제40조 제3항).

1) 부수사업의 사업시행자가 법 제78조제1항 및 이 조 제2항 본문에 따라 이주대책을 수립 · 실시하여야 하는 경우에 해당하지 아니할 것
2) 주된사업의 이주대책 수립이 완료되지 아니하였을 것

(나) 비용부담

이 경우 부수사업 이주대책대상자의 이주대책을 위한 비용은 부수사업의 사업시행자가 부담한다.

(다) 주된사업자의 협조의무

이주대책의 수립 · 실시 요청을 받은 주된사업의 사업시행자는 이주대책을 수립 · 실시하여야 하는 경우에 해당하지 아니하는 등 부득이한 사유가 없으면 이에 협조하여야 한다(토지보상법 시행령 제40조 제4항).

---

251) 토지보상법 제4조(공익사업)
6. 제1호부터 제5호까지의 사업을 시행하기 위하여 필요한 통로, 교량, 전선로, 재료 적치장 또는 그 밖의 부속시설에 관한 사업
7. 제1호부터 제5호까지의 사업을 시행하기 위하여 필요한 주택, 공장 등의 이주단지 조성에 관한 사업

나. 주택도시기금 우선지원

국가나 지방자치단체는 이주대책의 실시에 따른 주택지의 조성 및 주택의 건설에 대하여는 「주택도시기금법」에 따른 주택도시기금을 우선적으로 지원하여야 한다(토지보상법 제78조 제3항).

다. 이주대책의 내용

(1) 비용부담자 및 포함내용

(가) 비용부담자 등

이주대책의 내용에는 이주정착지(이주대책의 실시로 건설하는 주택단지를 포함한다)에 대한 도로, 급수시설, 배수시설, 그 밖의 공공시설 등 통상적인 수준의 생활기본시설이 포함되어야 하며, 이에 필요한 비용은 사업시행자가 부담한다. 따라서 만일, 사업시행자가 이를 이주대책대상자에게 전가한 경우에는 그 금액 상당액을 부당이득으로 반환하여야 한다.

【판시사항】

공익사업의 시행자가 자신이 부담하여야 하는 생활기본시설 설치비용을 이주대책대상자에게 전가한 경우, 이를 부당이득으로 반환할 의무가 있는지 여부(대법원 2014. 8. 20. 선고 2014다6572 판결)

【판결요지】

구 공익사업을 위한 토지 등의 취득 및 보상에 관한 법률(2007. 10. 17. 법률 제8665호로 개정되기 전의 것) 제78조에 따르면, 사업시행자는 공익사업의 시행으로 인하여 주거용 건축물을 제공함에 따라 생활의 근거를 상실하게 되는 자(이하 '이주대책대상자'라 한다)를 위하여 대통령령이 정하는 바에 따라 이주대책을 수립 · 실시하거나 이주정착금을 지급하여야 하는데(제1항), 이주대책의 내용에는 이주정착지에 대한 도로 · 급수시설 · 배수시설 그 밖의 공공시설 등 당해 지역조건에 따른 생활기본시설이 포함되어야 하고, 이에 필요한 비용은 사업시행자가 부담하여야 한다(제4항 본문). 따라서 사업시행자는 자신이 부담하여야 하는 생활기본시설 설치비용을 이주대책대상자에게 전가한 경우에 이를 부당이득으로 반환할 의무가 있다.

(나) 지방자치단체의 보조(행정청이 아닌 사업시행자가 이주대책 수립)

다만, 행정청이 아닌 사업시행자가 이주대책을 수립 · 실시하는 경우에 지방자치단체는 비용의 일부를 보조할 수 있다(토지보상법 제78조 제4항). 이에 따른 생활기본시설에 필요한 비용의 기준은 대통령령으로 정한다(토지보상법 제78조 제7항).

(2) 생활기본시설의 범위

위 (1)의 본문에 따른 통상적인 수준의 생활기본시설은 다음의 시설로 한다(토지보상법 시행령 제41조의2 제1항).

(가) 도로(가로등 · 교통신호기를 포함한다). 여기의 도로에는 주택단지 안의 도로를 당해 주택단지 밖에 있는 동종의 도로에 연결시키는 도로 모두가 포함된다.

(나) 상수도 및 하수처리시설

(다) 전기시설

(라) 통신시설

(마) 가스시설

【판시사항】

'주택단지 안의 도로를 당해 주택단지 밖에 있는 동종의 도로에 연결시키는 도로'를 모두 포함하는지 여부(대법원 2014. 1. 16. 선고 2012다37374,37381 판결)

【참조조문】

구 주택법령의 내용과 아울러 간선시설인 도로의 역할 및 효용에다가 앞에서 본 이주대책 대상자들에게 생활의 근거를 마련해 주려는 구 공익사업법 내지 위 전원합의체 판결의 취지를 보태어 보면, 이 사건과 같은 공익사업인 택지개발사업지구 내에서 주택건설사업이나 대지조성사업을 시행하는 사업주체가 이주대책대상자에게 생활기본시설로서 제공하여야 하는 도로는 그 길이나 폭을 불문하고 구 주택법의 위 규정들에서 설치에 관하여 직접적으로 규율하고 있고 사업주체가 그 설치의무를 지는 구 주택법 제2조 제8호에서 정하고 있는 간선시설에 해당하는 도로, 즉 주택단지 안의 도로를 당해 주택단지 밖에 있는 동종의 도로에 연결시키는 도로를 모두 포함한다고 할 것이다.

라. 주거용 건물의 보상방법

주거용 건물의 거주자에 대하여는 주거 이전에 필요한 비용과 가재도구 등 동산의 운반에 필요한 비용을 산정하여 보상하여야 한다(토지보상법 제78조 제5항). 이에 따른 보상에 대하여는 국토교통부령으로 정하는 기준에 따른다(토지보상법 제78조 제8항).

마. 이주 농 · 어민 보상

(1) 보상방법

공익사업의 시행으로 인하여 영위하던 농업 · 어업을 계속할 수 없게 되어 다른 지역으로 이주하는 농민 · 어민이 받을 보상금이 없거나 그 총액이 국토교통부령으로 정하는 금액에 미치지 못하는 경우에는 그 금액 또는 그 차액을 사업시행자가 보상하여야 한다(토지보상법 제78조 제6항).

(2) 사업시행자부담비용 – 계산식

사업시행자가 부담하는 생활기본시설에 필요한 비용은 다음의 계산식에 따라 산정한다(토지보상법 시행령 제41조의2 제2항).

(가) 택지를 공급하는 경우

사업시행자가 부담하는 비용 = 해당 공익사업지구 안에 설치하는 제1항에 따른 생활기본시설의 설치비용 × (해당 이주대책대상자에게 유상으로 공급하는 택지면적 ÷ 해당 공익사업지구에서 유상으로 공급하는 용지의 총면적)

(나) 주택을 공급하는 경우

사업시행자가 부담하는 비용 = 해당 공익사업지구 안에 설치하는 생활기본시설의 설치비용 × (해당 이주대책대상자에게 유상으로 공급하는 주택의 대지면적 ÷ 해당 공익사업지구에서 유상으로 공급하는 용지의 총면적)

(다) 설치비용의 내용

해당 공익사업지구 안에 설치하는 생활기본시설의 설치비용은 해당 생활기본시설을 설치하는 데 드는 공사비, 용지비 및 해당 생활기본시설의 설치와 관련하여 법령에 따라 부담하는 각종 부담금으로 한다(토지보상법 시행령 제41조의1 제3항).

바. 차상위계층 등 우선고용 및 취업알선

사업시행자는 해당 공익사업이 시행되는 지역에 거주하고 있는 수급권자 및 차상위계층이 취업을 희망하는 경우에는 그 공익사업과 관련된 업무에 우선적으로 고용할 수 있으며, 이들의 취업 알선을 위하여 노력하여야 한다.

3. 이주대책대상자 부담비용

이주대책대상자가 부담하여야 할 비용은 분양받을 택지의 소지가격 및 택지조성비의 합계액이다. 한편 택지조성비에는 공공시설용지가 아닌 택지의 조성비와 농지법 제38조의 규정에 따른 농지보전부담금 또는 산지관리법 제19조의 규정에 따른 대체산림자원조성비 등 부대비용이 포함된다.

제2장 이주정착금

1. 이주정착금의 지급

사업시행자는 다음의 어느 하나에 해당하는 경우에는 이주대책대상자에게 이주정착금을 지급하여야 한다(토지보상법 시행령 제41조). 이러한 이주대책대상자가 이주정착금을 지급받기 위해서는 이주대책대상자의 요건을 구비하여야 한다.
가. 이주대책을 수립 · 실시하지 아니하는 경우
나. 이주대책대상자가 이주정착지가 아닌 다른 지역으로 이주하려는 경우

그 외 이주대책대상자가 개발제한구역 내에서 이축허가를 받아 이전한 경우 또한 토지보상법 시행령 제41조 제2호에서 사업시행자는 토지보상법 제78조 제1항에 따라 이주대책대상자가 이주정착지가 다른 지역으로 이주하려는 경우에 해당하므로 이주대책대상자에게 이주정착금을 지급하여야 한다.[252)]

252) 2015. 5. 14. 토지정책과-3428 질의회신 참조.

【판시사항】

이주정착금 지급대상자도 이주대책대상자의 요건을 구비하여야 하는지 여부(대법원 2016. 12. 15. 선고 2016두49754 판결)

【판결요지】

주택재개발정비사업구역 지정을 위한 공람공고 당시 사업구역에 위치한 자신 소유의 주거용 건축물에 거주하던 중 분양신청을 하고 그에 따른 이주의무를 이행하기 위해 정비구역 밖으로 이주한 후 을 주택재개발정비사업조합과의 분양계약 체결을 거부함으로써 현금청산대상자가 된 갑이 을 조합을 상대로 이주정착금의 지급을 청구한 사안에서, 갑은 조합원으로서 정비사업의 원활한 진행을 위하여 정비구역 밖으로 이주하였다가 자신의 선택으로 분양계약 체결신청을 철회하고 현금청산대상자가 된 것에 불과하므로, 도시 및 주거환경정비법 시행령 제44조의2 제1항에서 정한 '질병으로 인한 요양, 징집으로 인한 입영, 공무, 취학 그 밖에 이에 준하는 부득이한 사유로 인하여 거주하지 아니한 경우'에 해당한다고 보기 어려워 갑이 도시 및 주거환경정비법상 이주정착금 지급자로서의 요건을 갖추지 않았음에도, 이와 달리 본 원심판단에 법리를 오해한 잘못이 있다.

2. 이주정착금 산정기준

이주정착금은 보상대상인 주거용 건축물에 대한 평가액의 30퍼센트에 해당하는 금액으로 한다. 다만, 그 금액이 6백만원 미만인 경우에는 6백만원으로 하고, 1천2백만원을 초과하는 경우에는 1천2백만원으로 한다(토지보상법 시행규칙 제53조 제2항).

제3장 주거이전비

1. 주거이전비 보상청구권의 법적 성격

가. 공법상 권리

주거이전비는 당해 공익사업 시행지구 안에 거주하는 세입자들의 조기이주를 장려하여 사업추진을 원활하게 하려는 정책적인 목적과 주거이전으로 인하여 특별한 어려움을 겪게 될 세입자들을 대상으로 하는 사회보장적인 차원에서 지급되는 금원의 성격을 가지므로, 적법하게 시행된 공익사업으로 인하여 이주하게 된 주거용 건축물 세입자의 주거이전비 보상청구권은 공법상의 권리이고, 따라서 그 보상을 둘러싼 쟁송은 민사소송이 아니라 공법상의 법률관계를 대상으로 하는 행정소송에 의하여야 한다.[253)]

한편, 세입자가 임시수용시설로 제공된 도촌이주단지에 입주하면서 주거이전비를 포기하겠다는 취지의 포기각서를 제출한 경우 그 효력이 문제될 수 있는데, 판례는 이러한 포기각서는 강행규정인 토지보상법 시행규칙 제54조 제2항에 위배되어 무효라는 입장이다.[254)]

나. 재결사항인지 여부

주거이전비도 보상의 법적 근거를 두고 있으며, 토지보상법상 청구인의 주거이전비보상에 대하여 재결신청의 청구 외에는 이의신청절차가 없고, 재결절차를 거치지 않고서는 당사자소송에 의해서도 청구인의 권리를 구제받을 수 있는 길이 없는 바, 주거이전비 보상대상자도 관계인에 해당하므로 수용재결신청청구권이 있다고 할 것이다. 즉, 주거이전비도 재결사항이다.

2. 주거이전비 보상

가. 주거용 건축물의 소유자

공익사업시행지구에 편입되는 주거용 건축물의 거주자에 대하여는 주거 이전에 필요한 비용과 가재도구 등 동산의 운반에 필요한 비용을 보상하여야 한다. 이때 주거용 건축물의 소유자는 언제부터 거주하였는지와 무관하게 보상당시 해당 공익사업지구 내에 거주하기만 하면 보상대상자가 되는데, 이는 주거이전비가 실제 소요되는 비용에 대한 보상이기 때문이다. 이때 공부상의 용도가 반드시 주거용이어야 하는지가 문제될 수 있는데, 판례는 그 건축물의 공부상 용도와 관계없이 실제 주거용으로 사용되는지 여부에 따라 결정해야 하고 그 사용목적, 건물의 구조와 형태 및 이용관계 그리고 그곳에서 일상생활을 영위하는지 여부 등을 아울러 고려하여 합목적적으로 결정해야 하는데 만일, 임차인이 건물 중 일부를 주거용으로 사용해 왔다면 건축물의 공부상 용도와 무관하게 주거이전비 지급대상이 된다.[255)] 즉 주거

253) 대법원 2008. 5. 29. 선고 2007다8129 판결.
254) 대법원 2011. 7. 14. 선고 2011두3685 판결.
255) 서울행정법원 2009. 10. 28. 선고 2009구합1183 판결.

이전비 보상청구권의 객체인 건물이 반드시 공부상 주거용일 것을 전제로 하는 것은 아니다.

구분	내용
대상자	공익사업시행주구에 편입되는 주거용 건축물의 소유자 (다만, 건물소유자가 실제 거주하고 있지 아니하거나, '89.1.25 이후 건축된 무허가건물에 거주한 자는 제외)
지급금액	통계청이 조사 · 발표하는 도시가계조사통계의 근로자 가구의 가구원수별 월평균 가계지출비 × 2월분 (동일 주민등록상에 등록된 가족 수를 기준으로 산정 · 출생 · 입양 · 혼인 등으로 인하여 증가된 가족 포함)
지급시기	사업지구 밖으로 이주하고 주민등록 이전 확인 후 지급

(1) 실거주자

공익사업시행지구에 편입되는 주거용 건축물의 소유자에 대하여는 해당 건축물에 대한 보상을 하는 때에 가구원수에 따라 2개월분의 주거이전비를 보상하여야 한다. 이때 소유자에 대한 주거이전비 보상은 정비계획에 관한 공람 · 공고일부터 해당 건축물에 대한 보상을 하는 때까지 계속하여 소유 및 거주한 주거용 건축물 소유자를 대상으로 한다.

【판시사항】

구 도시 및 주거환경정비법상 주거용 건축물 소유자에 대한 주거이전비 보상은 정비계획에 관한 공람 · 공고일부터 해당 건축물에 대한 보상을 하는 때까지 계속하여 소유 및 거주한 주거용 건축물 소유자를 대상으로 하는지 여부(대법원 2015. 2. 26. 선고 2012두19519 판결)

【판결요지】

구 도시 및 주거환경정비법(2009. 5. 27. 법률 제9729호로 개정되기 전의 것, 이하 같다) 제36조 제1항, 제40조 제1항, 구 공익사업을 위한 토지 등의 취득 및 보상에 관한 법률(2013. 3. 23. 법률 제11690호로 개정되기 전의 것) 제78조 제5항, 제9항, 공익사업을 위한 토지 등의 취득 및 보상에 관한 법률 시행규칙 제54조 제1항, 제2항의 문언과 규정형식 등을 종합하면, 구 도시 및 주거환경정비법상 주거용 건축물의 소유자에 대한 주거이전비의 보상은 주거용 건축물에 대하여 정비계획에 관한 공람 · 공고일부터 해당 건축물에 대한 보상을 하는 때까지 계속하여 소유 및 거주한 주거용 건축물의 소유자를 대상으로 한다.

(2) 비거주자

다만, 건축물의 소유자가 해당 건축물 또는 공익사업시행지구 내 타인의 건축물에 실제 거주하고 있지 아니하거나 해당 건축물이 무허가건축물등인 경우에는 보상대상에서 제외된다(토지보상법 시행규칙 제54조 제1항). 그러나 1989. 1. 24. 이전 무허가건축물의 소유자로서 보상 당시 거주하면 보상대상자에 포함된다.

나. 주거용 건축물의 세입자

(1) 거주요건

세입자에 대하여는 거주 개시시점은 규정하고 있으나 거주 종료시점은 규정하고 있지 아니하기 때문에 세입자가 주거이전비 보상을 받기 위해서 반드시 공익사업에 대한 고시 및 공고일 내지 그 산정통보일까지 계속하여 거주할 것을 요하지 아니한다.

구분	내용
대상자	공익사업시행주구에 편된되는 주거용 건축물의 세입자에 대해서는 사업인정고시일 등 또는 공익사업을 위한 관계법령에 의한 고시 등이 있는 당시 사업지구 안에서 3개월 이상 거주한 자 (다만, 무허가건물 세입자는 기준일일 당시 사업지구 안에서 1년 이상 거주한 경우 대상자는 포함)
지급금액	통계청이 조사 · 발표하는 도시가계조사통계의 근로자 가구의 가구원수별 월평균 가계지출비 × 4월분(동일 주민등록상에 등록된 가족 수를 기준으로 산정 · 출생 · 입양 · 혼인 등으로 인하여 증가된 가족 포함)
지급시기	사업지구 밖으로 이주하고 주민등록 이전 확인 후 지급

【판시사항】

도시 및 주거환경정비법상 주거용 건축물의 세입자가 주거이전비를 보상받기 위하여 정비사업 시행에 따른 관리처분계획인가고시 및 그에 따른 주거이전비에 관한 보상계획 공고일 내지 산정통보일까지 계속 거주해야 하는지 여부(대법원 2012. 2. 23. 선고 2011두23603 판결)

【판결요지】

주거이전비는 당해 공익사업시행지구 안에 거주하는 세입자들의 조기이주를 장려하여 사업을 원활하게 추진하려는 정책적인 목적을 가지면서 동시에 주거이전으로 인하여 특별한 어려움을 겪게 될 세입자들을 대상으로 하는 사회보장적인 차원에서 지급하는 성격의 것인 점(대법원 2006. 4. 27. 선고 2006두2435 판결 등 참조) 등을 종합하면, 도시정비법상 주거용 건축물의 세입자가 주거이전비를 보상받기 위하여 반드시 정비사업의 시행에 따른 관리처분계획인가고시 및 그에 따른 주거이전비에 관한 보상계획의 공고일 내지 그 산정통보일까지 계속 거주하여야 할 필요는 없다고 할 것이다.

(2) 세입자 유형

(가) 일반 세입자

공익사업의 시행으로 인하여 이주하게 되는 주거용 건축물의 세입자(법 제78조제1항에 따른 이주대책대상자인 세입자는 제외한다)로서 사업인정고시일등 당시 또는 공익사업을 위한 관계법령에 의한 고시 등이 있은 당시 해당 공익사업시행지구 안에서 3개월 이상 거주한 자에 대하여는 가구원수에 따라 4개월분의 주거이전비를 보상하여야 한다.

【판시사항】

구 도시 및 주거환경정비법에 따른 주택재개발 사업의 경우 공익사업을 위한 토지 등의 취득 및 보상에 관한 법률 시행규칙 제54조 제2항 본문에서 정한 주거이전비의 보상대상자를 정하는 기준일(대법원 2010. 9. 9. 선고 2009두16824 판결)

【판결요지】

공익사업을 위한 토지 등의 취득 및 보상에 관한 법률 제78조 제5항, 같은 법 시행규칙 제54조 제2항, 구 도시 및 주거환경정비법(2008. 3. 28. 법률 제9047호로 개정되기 전의 것) 제4조 제1항, 제2항, 같은 법 시행령 제11조 제1항 등 각 규정의 내용, 형식 및 입법경위, 주거이전비는 당해 공익사업시행지구 안에 거주하는 세입자들의 조기이주를 장려하여 사업추진을 원활하게 하려는 정책적인 목적과 주거이전으로 인하여 특별한 어려움을 겪게 될 세입자들을 대상으로 하는 사회보장적인 차원에서 지급하는 성격의 것인 점 등을 종합하면, 도시정비법상 주거용 건축물의 세입자에 대한 주거이전비의 보상은 정비계획이 외부에 공표됨으로써 주민 등이 정비사업이 시행될 예정임을 알 수 있게 된 때인 정비계획에 관한 공람공고일 당시 당해 정비구역 안에서 3월 이상 거주한 자를 대상으로 한다.

여기서 관계 법령에 의한 고시 등에는 사업지역 지정 고시일뿐만 아니라 고시를 하기 전에 관계 법령에 의해 공람공고 절차를 거친 경우에는 그 공람공고일도 포함한다.

【판시사항】

주거이전비 보상요건과 관련하여 "고시 등이 있은 날"의 의미(부산지방법원 2008. 8. 22. 선고 2008나2279 판결 : 상고)

【판결요지】

공익사업을 위한 토지 등의 취득 및 보상에 관한 법률 시행규칙 제54조 제2항은 세입자에 대한 주거이전비 보상대상을 "사업인정고시일 등 당시 또는 공익사업을 위한 관계 법령에 의한 고시 등이 있은 당시 당해 공익사업시행지구 안에서 3월 이상 거주한 자"로 규정하는바, 위 규정이 주거이전비 보상기준일을 "고시가 있은 날"이 아니라 "고시 등이 있은 날"로 규정한 취지는, 토지수용절차에 같은 법을 준용하는 '관계 법령' 중에는 바로 사업인정고시를 할 뿐 고시 이전에 주민 등에 대한 공람공고를 예정하지 아니한 법률이 있는 반면, 사업인정고시 이전에 주민 등에 대한 공람공고를 예정한 법률도 있기 때문에, 그러한 경우를 모두 포섭하기 위한 것으로 보일 뿐만 아니라, 고시가 있기 전이라도 재개발사업의 시행이 사실상 확정되고 외부에 공표되어 누구나 사업 시행 사실을 알 수 있게 된 후 재개발사업지역 내로 이주한 자를 주거이전비 보상 대상자로 보호할 필요는 없는 데다가, 재개발사업이 있을 것을 알고 보상금을 목적으로 재개발사업예정지역에 이주, 전입하는 것을 방지함으로써 정당한 보상을 하기 위함이라고 볼 것이므로, "고시 등이 있은 날"에는 재개발사업지역 지정 고시일뿐만 아니라 고시를 하기 전에 관계 법령에 의해 공람공고 절차를 거친 경우에는 그 공람공고일도 포함된다고 보아야 할 것이어서, 고시 전에 관계 법령에 따른 공람공고 절차를 거친 때에는 그 공람공고일을 보상기준일로 볼 수 있다. 또한, 위 규정의 "3월 이상 거주"라 함은 실제로 그곳에 거주하는 것을 말하는 것이지, 그곳에 주민등록이 되어 있는 것을 말하는 것이 아니므로, 주민등록상 등재 여부 및 다른 여러 가지 사정에 비추어 실제 거주 여부를 판단하여야 한다.

(나) 무허가건축물 세입자의 보상요건

다만, 공부상 주거용 용도가 아닌 건축물인 무허가건축물등에 입주한 세입자로서 사업인정고시일등 당시 또는 공익사업을 위한 관계법령에 의한 고시 등이 있은 당시 그 공익사업지구 안에서 1년 이상 거주한 세입자에 대하여는 주거이전비를 보상하여야 한다(토지보상법 시행규칙 제54조 제2항).

【판시사항】

무허가건축물 등에 입주한 세입자의 주거이전비 보상 요건(대법원 2013. 5. 23. 선고 2012두11072 판결)

【판결요지】

공부상 주거용 용도가 아닌 건축물을 허가 · 신고 등의 적법한 절차 없이 임의로 주거용으로 용도를 변경하여 사용한 경우 그 건축물은 원칙적으로 주거이전비 보상 대상이 되는 '주거용 건축물'로는 볼 수 없고, 이는 단지 '무허가건축물 등'에 해당하여 예외적으로 그 건축물에 입주한 세입자가 주거이전비 보상 대상자로 될 수 있을 뿐이다. 나아가 구법 시행규칙 제54조 제2항 단서가 주거이전비 보상 대상자로 정하는 '무허가건축물 등에 입주한 세입자'는 기존에 주거용으로 사용되어 온 무허가건축물 등에 입주하여 일정 기간 거주한 세입자를 의미하고, 공부상 주거용 용도가 아닌 건축물을 임차한 후 임의로 주거용으로 용도를 변경하여 거주한 세입자는 이에 해당한다고 할 수 없다.

이와 관련하여 도시 및 주거환경정비법 시행규칙 제9조의2 제2항도 주거이전비의 보상은 법 제54조 제2항 본문에도 불구하고 도시 및 주거환경정비법 시행령 제11조에 따른 공람공고일 현재 해당 정비구역에 거주하고 있는 세입자를 대상으로 한다고 규정하고 있다.

(다) 이주자인 세입자

이주자인 세입자의 경우에는 주거이전비 보상대상에서 제외된다.

3. 주거이전비 산정기준 등

가. 주거이전비의 성격

(1) 실비변상적 보상

공익사업의 시행으로 인하여 주거용 건축물의 거주자에 주거이전에 필요한 비용으로 지급하는 주거이전비는 실비보상적 성격을 갖는다. 즉, 주거이전비는 보상금수령 후 새로운 주택을 취득하거나 임차하는 기간 동안의 임시거주에 소요되는 비용을 보상하는 것이다. 따라서 주거용 건축물이 사업지구에 일부 편입된 경우라도 그로 인한 철거 및 보수공사로 장기간 주거지로 사용할 수 없는 경우에는 주거이전비 및 이사비 지급의 대상이 된다.

(2) 세입자(실비변상 + 생활보상)

다만, 세입자에 대한 주거이전비는 이러한 실비변상적 성격 외에도 세입자들의 조기이주를 장려하여 사업추진을 원활하게 하려는 정책적인 목적과 주거이전으로 인하여 특별한 희생을 겪게 될 세입자들을 대상으로 하는 사회보장적 차원에서 지급하는 성격도 갖는다.

【판시사항】

세입자에 대한 주거이전비의 성격(대법원 2012. 9. 27. 선고 2010두13890 판결)

【판결요지】

주거이전비는 당해 공익사업시행지구 안에 거주하는 세입자들의 조기이주를 장려하여 사업추진을 원활하게 하려는 정책적인 목적과 주거이전으로 인하여 특별한 어려움을 겪게 될 세입자들을 대상으로 하는 사회보장적인 차원에서 지급하는 성격의 것인 점(대법원 2006. 4. 27. 선고 2006두2435 판결, 대법원 2010. 9. 9. 선고 2009두16824 판결 등 참조), 정비계획에 관한 공람공고일 당시에는 주거이전비의 지급을 청구할 상대방인 사업시행자가 확정되어 있지 아니하고 사업시행 여부도 확실하지 아니한 상태인 점, 주택재개발정비사업을 시행하기 위해서는 정비사업조합의 설립인가와 사업시행계획에 대한 인가를 받아야 하고 사업시행자는 사업시행계획의 인가 · 고시가 있은 후에 비로소 정비사업을 위하여 필요한 경우에는 토지 · 물건 그 밖의 권리를 수용할 수 있게 되는 점 등을 종합하여 보면, 구 도시정비법상 주거용 건축물의 세입자에 대한 주거이전비의 보상은 정비계획에 관한 공람공고일 당시 당해 정비구역 안에서 3월 이상 거주한 자를 대상으로 하되, 그 보상의 방법 및 금액 등의 보상내용은 정비사업의 종류 및 내용, 사업시행자, 세입자의 주거대책, 비용부담에 관한 사항, 자금계획 등이 구체적으로 정해지는 사업시행계획에 대한 인가고시일(이하 '사업시행인가고시일'이라고 한다)에 확정된다고 할 것이다. 또한 구 도시정비법에 의한 주택재개발정비사업의 경우에는 공익사업법 제15조(제26조 제1항에 따라 준용되는 경우를 포함한다)에 따라 보상계획을 공고하고 토지소유자 및 관계인에게 보상계획을 통지하는 절차가 아니라 구 도시정비법 제31조, 구 도시정비법 시행령 제42조 등에 규정된 공고 및 통지절차를 거치는 것으로 충분하다고 보아야 한다.

나. 산정기준

(1) 산정기준

주거이전비는「통계법」제3조제3호에 따른 통계작성기관이 조사 · 발표하는 가계조사통계의 도시근로자가구의 가구원수별 월평균 명목 가계지출비를 기준으로 산정한다.

• 소유자 : 도시근로자가구의 가구원수별 명목 가계지출비 × 2개월분
• 세입자 : 도시근로자가구의 가구원수별 명목 가계지출비 × 4개월분

【주거이전비 산정 방법 및 금액 - 2021. 4/4분기 기준】

국가통계포털(KOSIS)에서 조사발표한 월평균가계지출비를 적용한 주거이전비 산정방법과 금액은 아래와 같다.

【소유자의 경우】

산정기준	산정근거	기준금액		산정금액 [기준금액×2개월 분]
도시근로자가구의 가구원수별 월평균가계 지출비	가계조사통계[http://www.	1인	2,251,370	4,502,740
		2인	3,209,825	6,419,650
		3인	4,561,310	9,122,620
		4인	5,713,270	11,426,540
		5인 이상	5,727,805	11,455,610

【세입자의 경우】

산정기준	산정근거	기준금액		산정금액 [기준금액×4개월 분]
도시근로자가구의 가구원수별 월평균가계 지출비	가계조사통계[http://www.	1인	2,251,370	9,005,480
		2인	3,209,827	12,839,310
		3인	4,561,310	18,245,240
		4인	5,712,522	22,853,090
		5인 이상	5,727,560	22,910,240

(2) 가구원 수에 따른 구분

가구원수가 5인인 경우에는 5인 이상 기준의 월평균 가계지출비를 적용하며, 가구원수가 6인 이상인 경우에는 5인 이상 기준의 월평균 가계지출비에 5인을 초과하는 가구원수에 다음의 산식에 의하여 산정한 1인당 평균비용을 곱한 금액을 더한 금액으로 산정한다(토지보상법 시행규칙 제54조 제3항).

> 1인당 평균비용 = (5인 이상 기준의 도시근로자가구 월평균 가계지출비 − 2인 기준의 도시근로자가구 월평균 가계지출비) ÷ 3

다. 보상액의 산정시기 등

(1) 산정시기

공익사업의 시행으로 인하여 이주하는 주거용 건축물의 세입자에게 지급되는 주거이전비는 공익사업법 및 그 시행규칙이 적용 · 준용됨에 따라 지급의무가 인정되는 것이고, 구 도시정비법에 의한 정비사업의 사업시행인가의 고시가 있는 때에 공익사업법에서 정한 사업인정 및 고시가 있은 것으로 간주되어 토지 · 물건 및 권리를 취득하거나 사용할 수 있는 법률상의 지위를 얻게 됨에 따라 공익사업법 제3조에 의하여 공익사업법 규정이 준용되게 되므로, 개정 시행규칙 시행 이후에 사업시행인가 고시가 이루어진 정비사업에 관하여 세입자에게 지급되는 주거이전비에 관하여는, 특별한 사정이 없는 한 사업시행인가 고시 당시 시행 중인 개정 시행규칙이 준용되어 그 시행규칙에서 정한 보상대상자의 요건 및 보상금액에 따라 보상의무가 정하여진다고 할 것이다. 그리고 주거이전비의 보상내용은 사업시행인가 고시가 있은 때에 확정되므로 이때를 기준으로 보상금액을 산정하여야 한다.[256]

(2) 산정기준이 낮게 변경된 경우

통계에 따라 보상금액을 산정 · 확정하여 협의통지를 한 경우 통지일로부터 1년(토지 등 감정평가로 산정하는 보상금은 1년 경과 시 재평가하고 있는 사례를 고려) 한에 산정기준(통계)이 낮게 변경되어 보상금액이 낮아진 경우에는 당초 협의통지금액으로 보상하여야 한다.

---

256) 대법원 2012. 8. 30. 선고 2011두7755 판결.

[국토교통부 – 통계에 의한 손실보상금 산정기준 적용지침]

> ㅁ 적용대상
>
> 사업시행자가 통계기간의 발표자료를 기준으로 산정하는 손실보상금
>
> – 영농손실보상(규칙 제48조 제1항), 일정조건의 영업보상금(규칙 제46조 제3항, 제47조 제5항), 주거이전비(규칙 제54조 제3항), 영업보상 특례보상(규칙 제52조), 이농 · 이어비(규칙 제56조) 등
>
> ㅁ 보상기준
>
> ① 산정기준(통계) 변경으로 가격이 하락한 경우
>
> 사업시행자자 보상금을 확정하여 협의 통지한 경우 통지일로부터 1년 안의 산정기준(통계)이 낮게 변경된 경우 당초 통지 금액으로 보상
>
> ② 산정기준(통계) 변경으로 가격이 상승한 경우
>
> 사업시행자가 보상금을 확정하여 협의통지한 이후 산정기준(통계)이 높게 변경된 경우에는 변경된 기준을 적용하여 산정한 금액으로 보상
>
> ③ 적용대상
>
> 2011. 10. 1.부터 협의계약을 체결하는 분부터 적용

(3) 지급시기

구 도시 및 주거환경정비법(2009. 2. 6. 법률 제9444호로 개정되기 전의 것) 제40조 제1항에 의하여 준용되는 공익사업을 위한 토지 등의 취득 및 보상에 관한 법률 제78조 제5항 및 구 공익사업을 위한 토지 등의 취득 및 보상에 관한 법률 시행규칙(2008. 4. 18. 국토해양부령 제7호로 개정되기 전의 것) 제54조 제2항, 제55조 제2항의 각 규정에 의하여 공익사업의 시행에 따라 이주하는 주거용 건축물의 세입자에게 지급해야 하는 주거이전비 및 이사비의 지급의무는 사업인정고시일 등 당시 또는 공익사업을 위한 관계 법령에 의한 고시 등이 있은 당시에 바로 발생한다. 그러나 그 지급의무의 이행기에 관하여는 관계 법령에 특별한 규정이 없으므로, 위 주거이전비 및 이사비의 지급의무는 이행기의 정함이 없는 채무로서 채무자는 이행청구를 받은 다음날부터 이행지체 책임이 있다.[257] 보상실무상 대상자인 가옥소유자

257) 대법원 2012. 4. 26. 선고 2010두7475 판결.

및 세입자가 사업지구 밖으로 이주하고 주민등록 이전 확인 후 지급된다.

4. 가구원의 주거이전비 청구 가능성

주거이전비는 가구원 수에 따라 소유자 또는 세입자에게 지급되는 것으로서 소유자와 세입자가 지급청구권을 가지는 것으로 보아야 하므로, 소유자 또는 세입자가 아닌 가구원은 사업시행자를 상대로 직접 주거이전비 지급을 구할 수 없다.

【판시사항】

공익사업시행지구에 편입되는 주거용 건축물의 소유자 또는 세입자가 아닌 가구원이 사업시행자를 상대로 직접 주거이전비 지급을 구할 수 있는지 여부(대법원 2011. 8. 25. 선고 2010두4131 판결)

【판결요지】

구 공익사업을 위한 토지 등의 취득 및 보상에 관한 법률(2007. 10. 17. 법률 제8665호로 개정되기 전의 것, 이하 '구 법'이라 한다) 제78조 제5항, 제7항, 구 공익사업을 위한 토지 등의 취득 및 보상에 관한 법률 시행규칙(2007. 4. 12. 건설교통부령 제126호로 개정되기 전의 것, 이하 '구 시행규칙'이라 한다) 제54조 제1항, 제2항, 제3항의 내용과 형식 및 주거이전비의 구체적 산정방식 등에 비추어 보면, 구 법과 그 위임에 따라 제정된 구 시행규칙에서 정한 주거이전비는 가구원 수에 따라 소유자 또는 세입자에게 지급되는 것으로서 소유자와 세입자가 지급청구권을 가지는 것으로 보아야 하므로, 소유자 또는 세입자가 아닌 가구원은 사업시행자를 상대로 직접 주거이전비 지급을 구할 수 없다.

5. 주거이전비청구 소송형태

구 공익사업을 위한 토지 등의 취득 및 보상에 관한 법률(2007. 10. 17. 법률 제8665호로 개정되기 전의 것) 제78조 제5항, 제7항, 같은 법 시행규칙 제54조 제2항 본문, 제3항의 각 조문을 종합하여 보면, 세입자의 주거이전비 보상청구권은 그 요건을 충족하는 경우에 당연히 발생하는 것이므로, 주거이전비 보상청구소송은 행정소송법 제3조 제2호에 규정된 당사자소송에 의하여야 한다. 다만, 구 도시 및 주거환경정비법(2007. 12. 21. 법률 제8785호로 개정되기 전의 것) 제40조 제1항에 의하여 준용되는 구 공익사업을 위한 토지 등의 취득 및 보상에 관한 법률 제2조, 제50조, 제78조, 제85조 등의 각 조문을 종합하여 보면, 세입자의 주거이전비 보상에 관하여 재결이 이루어진 다음 세입자가 보상금의 증감 부분을 다투는 경우에는 같은 법 제85조 제2항에 규정된 행정소송에 따라, 보상금의 증감 이외의 부분을 다투는 경우에는 같은 조 제1항에 규정된 행정소송에 따라 권리구제를 받을 수 있다.[258]

제4장 이사비

1. 동산의 이전비 보상 등

가. 이사비 보상대상자

이사비 보상대상자는 공익사업시행지구에 편입되는 주거용 건축물의 거주자로서 공익사업의 시행으로 인하여 이주하게 되는 자로 보는 것이 타당하다. 따라서 거주자가 소유자인지 세입자인지 또는 언제부터 거주하였는지, 무허가건축물 등인지에 관계없이 보상당시 주거용 건축물에 거주하기만 하면 보상대상자가 된다.

구분	내용
대상자	주거용 건물에 거주하는 자로서 사업시행으로 인하여 이주하게 되는 자
지급금액	가재도구 등 동산의 운반에 필요한 실비로 하되 주거용 건물 점유면적 기준에 의하여 지급 ※ 가옥 소유자와 세입자 이사비는 동일
지급시기	사업지구 밖으로 이주하고 주민등록 이전 확인 후 지급

258) 대법원 2008. 5. 29. 선고 2007다8129 판결.

【판시사항】

이사비의 보상대상자(대법원 2010. 11. 11. 선고 2010두5332 판결)

【판결요지】

공익사업을 위한 토지 등의 취득 및 보상에 관한 법률 제78조 제5항, 같은 법 시행규칙 제55조 제2항의 각 규정 및 공익사업의 추진을 원활하게 함과 아울러 주거를 이전하게 되는 거주자들을 보호하려는 이사비(가재도구 등 동산의 운반에 필요한 비용을 말한다) 제도의 취지에 비추어 보면, 이사비 보상대상자는 공익사업시행지구에 편입되는 주거용 건축물의 거주자로서 공익사업의 시행으로 인하여 이주하게 되는 자로 보는 것이 타당하다.

【판시사항】

이사비 보상대상자(대법원 2013. 1. 16. 선고 2011두19815 판결)

【참조조문】

도시정비법상 주택재개발사업에 있어서 주거용 건축물의 소유자인 현금청산대상자로서 현금청산에 관한 협의가 성립되어 사업시행자에게 주거용 건축물의 소유권을 이전하거나 현금청산에 관한 협의가 성립되지 아니하여 공익사업법에 의하여 주거용 건축물이 수용된 이에 대하여는 같은 법을 준용하여 주거이전비 및 이사비를 지급하여야 한다고 봄이 상당하다.

나. 이사비 보상방법

(1) 공익사업으로 이전하는 동산

(가) 대상

동산 이전비는 공익사업시행지구 내의 토지 또는 건축물 등에 소재하는 동산으로 하되, 이사비 보상대상이 되는 주거용 건축물 내의 가재도구 등의 동산 및 영업보상의 대상인 영업시설 등은 제외한다.

(나) 보상방법

토지등의 취득 또는 사용에 따라 이전하여야 하는 동산에 대하여는 이전에 소요되는 비용 및 그 이전에 따른 감손상당액을 보상하여야 한다(토지보상법 시행규칙 제55조 제1항). 한편, 영업과 거주를 각기 다른 건물에서 영위하고 있는 경우에는 주거이전비, 이사비, 영업보상비, 동산이전비 등을 중복되지 않는 범위 내에서 청구할 수 있다.

(2) 주거용 건축물 소유자의 이사

(가) 공익사업시행지구 안의로의 이사

공익사업시행지구에 편입되는 주거용 건축물의 거주자가 해당 공익사업시행지구 밖으로 이사를 하는 경우에는 별표 4의 기준에 의하여 산정한 이사비(가재도구 등 동산의 운반에 필요한 비용을 말한다.)를 보상하여야 한다(토지보상법 시행규칙 제55조 제2항).

■ 공익사업을 위한 토지 등의 취득 및 보상에 관한 법률 시행규칙 [별표 4] 〈개정 2021. 8. 27.〉

이사비 기준(제55조제2항 관련)

주택연면적기준	이사비			비고
	임금	차량운임	포장비	
1. 33제곱미터 미만	3명분	1대분	(임금 + 차량운임) × 0.15	1. 임금은 「통계법」 제3조제3호에 따른 통계작성기관이 같은 법 제18조에 따른 승인을 받아 작성 · 공표한 공사부문 보통인부의 임금을 기준으로 한다. 2. 차량운임은 한국교통연구원이 발표하는 최대적재량이 5톤인 화물자동차의 1일 8시간 운임을 기준으로 한다. 3. 한 주택에서 여러 세대가 거주하는 경우 주택연면적기준은 세대별 점유면적에 따라 각 세대별로 계산 · 적용한다.
2. 33제곱미터 이상 49.5제곱미터 미만	4명분	2대분	(임금 + 차량운임) × 0.15	
3. 49.5제곱미터 이상 66제곱미터 미만	5명분	2.5대분	(임금 + 차량운임) × 0.15	
4. 66제곱미터 이상 99제곱미터 미만	6명분	3대분	(임금 + 차량운임) × 0.15	
5. 99제곱미터 이상	8명분	4대분	(임금 + 차량운임) × 0.15	

【LH 분기별 법정보상비 산정금액(2021년 4/4분기)

(단위:원)

주택 연면적	이사비
33㎡ 미만	619,020
33㎡ 이상~ 49.5㎡ 미만	905,740
49.5㎡ 이상~ 66㎡ 미만	1,132,180
66㎡ 이상~ 99㎡ 미만	1,358,610
99㎡ 이상	1,811,480

주택 연면적	이사비 (차량운임비변경)
33㎡ 미만	750,300
33㎡ 이상~ 49.5㎡ 미만	1,168,310
49.5㎡ 이상~ 66㎡ 미만	1,460,390
66㎡ 이상~ 99㎡ 미만	1,752,460
99㎡ 이상	2,336,620

☞ 2016.1.6. 이후 보상계획을 공고하는 사업지구부터 차량운임비 변경자료 적용

(2) 공익사업시행지구 밖으로의 이사

이사비의 보상을 받은 자가 당해 공익사업시행지구안의 지역으로 이사하는 경우에는 이사비를 보상하지 아니한다(토지보상법 시행규칙 제55조 제3항)..

(3) 인테리어 평가

인테리어의 경우 건물과 일체로 하여 건물의 효용을 유지 · 증대시키기 위한 것으로 건물로부터 분리하는데 과다한 비용이 들고 또 이를 분리하여 떼어낼 경우 그 경제적가치가 현저히 감소할 것이 분명하므로 건물에 포함하여 평가하여야 할 것이다. 따라서 인테리어는 건축물에 포함하여 평가하는 것이 원칙이다.[259]

259) 국토교통부 2013. 4. 18 공공지원팀-1280 질의회신 참조.

2. 이사비 지급의무 이행지체 책임의 기산점

공익사업의 시행에 따라 이주하는 주거용 건축물의 세입자에게 지급해야 하는 이사비지급의 기산점은 채무자가 이행청구를 받은 날이다.

【판시사항】

이사비 지급의무의 이행지체 책임 기산시점(=채무자가 이행청구를 받은 다음날)(대법원 2012. 4. 26. 선고 2010두7475 판결)

【판결요지】

구 도시 및 주거환경정비법(2009. 2. 6. 법률 제9444호로 개정되기 전의 것) 제40조 제1항에 의하여 준용되는 공익사업을 위한 토지 등의 취득 및 보상에 관한 법률 제78조 제5항 및 구 공익사업을 위한 토지 등의 취득 및 보상에 관한 법률 시행규칙(2008. 4. 18. 국토해양부령 제7호로 개정되기 전의 것) 제54조 제2항, 제55조 제2항의 각 규정에 의하여 공익사업의 시행에 따라 이주하는 주거용 건축물의 세입자에게 지급해야 하는 주거이전비 및 이사비의 지급의무는 사업인정고시일 등 당시 또는 공익사업을 위한 관계 법령에 의한 고시 등이 있은 당시에 바로 발생한다. 그러나 그 지급의무의 이행기에 관하여는 관계 법령에 특별한 규정이 없으므로, 위 주거이전비 및 이사비의 지급의무는 이행기의 정함이 없는 채무로서 채무자는 이행청구를 받은 다음날부터 이행지체 책임이 있다.

XII. 환매권의 행사

제1장 환매권의 개념 등

1. 환매권의 개념 등

가. 환매권의 개념

매도인이 일정한 요건만 갖추면 다시 매수할 수 있는 권리를 말한다. 공익사업을 위해 토지 등을 취득하는 경우 그 사업의 폐지 등으로 토지가 필요 없게 된 때는 소유자 또는 그 포괄승계인(이하 '환매권자'라 한다) 등에게 환매할 수 있도록 환매권을 인정하고 있다. 예로, 택지개발촉진법의 예정지구로 지정된 곳의 토지가 지정의 해제나 변경, 실시계획의 승인취소 또는 변경 기타 등의 사유로 수용한 토지 등의 전부 또는 일부가 필요 없게 된 때에는 수용 당시의 토지 등의 소유자 또는 그 포괄승계인에게 환매권을 인정하고 있다. 즉, 환매권자는 시행자가 토지 등이 필요 없게 된 날로부터 1년 내에 토지 등의 수용 당시 지급받은 보상금에 보상금 지급일로부터 환매일까지의 법정이자를 가산하여 지급하고 이를 환매할 수 있도록 규정하고 있다. 관련법은 공익사업을 위한 토지 등의 취득 및 보상에 관한 법률이다.

나. 환매권 존부 등 소송의 성격

환매권의 존부에 관한 확인을 구하는 소송 및 환매금액의 증감을 구하는 소송은 민사소송에 해당한다.

【판시사항】

환매권의 존부에 관한 확인을 구하는 소송 및 환매금액의 증감을 구하는 소송이 민사소송에 해당하는지 여부(출처 : 대법원 2013. 2. 28. 선고 2010두22368 판결)

【판결요지】

구 공익사업을 위한 토지 등의 취득 및 보상에 관한 법률(2010. 4. 5. 법률 제10239호로 일부 개정되기 전의 것, 이하 '구 공익사업법'이라 한다) 제91조에 규정된 환매권은 상대방에 대한 의사표시를 요하는 형성권의 일종으로서 재판상이든 재판 외이든 위 규정에 따른 기간 내에 행사하면 매매의 효력이 생기는 바(대법원 2008. 6. 26. 선고 2007다24893 판결 참조), 이러한 환매권의 존부에 관한 확인을 구하는 소송 및 구 공익사업법 제91조 제4항에 따라 환매금액의 증감을 구하는 소송 역시 민사소송에 해당한다.

2. 환매의 요건

가. 환매권행사 시기

(1) 환매권 행사시기

토지의 협의취득일 또는 수용의 개시일부터 10년 이내에 해당 사업의 폐지 · 변경 또는 그 밖의 사유로 취득한 토지의 전부 또는 일부가 필요 없게 된 경우 협의취득일 또는 수용의 개시일 당시의 토지소유자 또는 그 포괄승계인은 다음의 구분에 따른 날부터 10년 이내에 그 토지에 대하여 받은 보상금에 상당하는 금액을 사업시행자에게 지급하고 그 토지를 환매할 수 있다(토지보상법 제91조 제1조).

1) 사업의 폐지 · 변경으로 취득한 토지의 전부 또는 일부가 필요 없게 된 경우: 관계 법률에 따라 사업이 폐지 · 변경된 날 또는 제24조[260]에 따른 사업의 폐지 · 변경 고시가 있는 날

2) 그 밖의 사유로 취득한 토지의 전부 또는 일부가 필요 없게 된 경우: 사업완료일

---

260) 토지보상법 제24조(사업의 폐지 및 변경) ① 사업인정고시가 된 후 사업의 전부 또는 일부를 폐지하거나 변경함으로 인하여 토지등의 전부 또는 일부를 수용하거나 사용할 필요가 없게 되었을 때에는 사업시행자는 지체 없이 사업지역을 관할하는 시 · 도지사에게 신고하고, 토지소유자 및 관계인에게 이를 통지하여야 한다.
② 시 · 도지사는 제1항에 따른 신고를 받으면 사업의 전부 또는 일부가 폐지되거나 변경된 내용을 관보에 고시하여야 한다.
③ 시 · 도지사는 제1항에 따른 신고가 없는 경우에도 사업시행자가 사업의 전부 또는 일부를 폐지하거나 변경함으로 인하여 토지를 수용하거나 사용할 필요가 없게 된 것을 알았을 때에는 미리 사업시행자의 의견을 듣고 제2항에 따른 고시를 하여야 한다.
④ 시 · 도지사는 제2항 및 제3항에 따른 고시를 하였을 때에는 지체 없이 그 사실을 국토교통부장관에게 보고하여야 한다.
⑤ 별표에 규정된 법률에 따라 제20조에 따른 사업인정이 있는 것으로 의제되는 사업이 해당 법률에서 정하는 바에 따라 해당 사업의 전부 또는 일부가 폐지되거나 변경된 내용이 고시 · 공고된 경우에는 제2항에 따른 고시가 있는 것으로 본다.
⑥ 제2항 및 제3항에 따른 고시가 된 날부터 그 고시된 내용에 따라 사업인정의 전부 또는 일부는 그 효력을 상실한다.
⑦ 사업시행자는 제1항에 따라 사업의 전부 또는 일부를 폐지 · 변경함으로 인하여 토지소유자 또는 관계인이 입은 손실을 보상하여야 한다.
⑧ 제7항에 따른 손실보상에 관하여는 제9조제5항부터 제7항까지의 규정을 준용한다.

【판시사항】

환매권 행사기간의 의미(대법원 2010. 9. 30. 선고 2010다30782 판결)

【판결요지】

'공익사업을 위한 토지 등의 취득 및 보상에 관한 법률' 제91조 제1항에서 환매권의 행사요건으로 정한 "당해 토지의 전부 또는 일부가 필요 없게 된 때로부터 1년 또는 그 취득일로부터 10년 이내에 그 토지를 환매할 수 있다"라는 규정의 의미는 취득일로부터 10년 이내에 그 토지가 필요 없게 된 경우에는 그때로부터 1년 이내에 환매권을 행사할 수 있으며, 또 필요 없게 된 때로부터 1년이 지났더라도 취득일로부터 10년이 지나지 않았다면 환매권자는 적법하게 환매권을 행사할 수 있다는 의미로 해석함이 옳다.

여기서, 취득한 토지가 10년 이내에 필요 없게 되었는지의 여부는 사업시행자의 주관적인 의사가 아니라 제반 사정에 비추어 객관적 · 합리적으로 판단하여야 한다.

【판시사항】

환매권의 행사 요건 및 판단 기준(대법원 2016. 1. 28. 선고 2013다60401 판결)

【판결요지】

토지보상법상 환매권은 당해 사업의 폐지 · 변경 기타의 사유로 인하여 취득한 토지 등의 전부 또는 일부가 필요 없게 된 때에 행사할 수 있는바, 여기서 '당해 사업'이란 협의취득 또는 수용의 목적이 된 구체적인 특정 사업을 가리키는 것으로, 당해 사업의 '폐지 · 변경'이란 이러한 특정 사업을 아예 그만두거나 다른 사업으로 바꾸는 것을 의미하며, '취득한 토지가 필요 없게 되었을 때'라 함은 사업시행자가 토지보상법 소정의 절차에 따라 취득한 토지 등이 일정한 기간 내에 그 취득 목적 사업인 사업의 폐지 · 변경 등의 사유로 당해 사업에 이용할 필요가 없어진 경우를 의미하고, 취득한 토지가 필요 없게 되었는지의 여부는 당해 사업의 목적과 내용, 취득의 경위와 범위, 당해 토지와 사업의 관계, 용도 등 제반 사정에 비추어 객관적 사정에 따라 합리적으로 판단하여야 한다(대법원 1994. 5. 24. 선고 93다51218 판결, 대법원 2007. 1. 11. 선고 2006다5451 판결 등 참조).

(2) 수용개시일의 의미

토지보상법 제50조 제1항에서 토지수용위원회의 재결사항은 손실보상, 수용 또는 사용의 개시일과 기간 등으로 하고 있는바, 수용의 개시일은 관할토지수용위원회에서 재결을 통해 특정된 날을 의미한다. 즉, 수용개시일은 재결서에 기재된 수용개시일을 의미하는 것이다.[261)]

(3) 토지보상법 제91조 제1항의 위헌여부

헌재는 2020. 11. 26. 토지보상법 제91조 제1항 중 환매권 행사기간을 "토지의 협의취득일 또는 수용의 개시일부터 10년 이내"로 제한하고 있는 부분을 재산권의 침해가 현저하다고 판단하여 헌법불합치결정으로 하였다. 이러한 헌법불합치결정은 헌재가 법률의 위헌성을 인정하면서도 입법자의 입법형성의 자유를 존중하고 법의 공백과 혼란을 피하기 위하여 일정기간 해당 법률이 잠정적인 계속효를 가진다는 것을 인정하는 결정형식이다. 따라서 입법자가 개정 전까지 위 해당 법률조항은 그대로 효력이 인정됨에 유의하여야 한다.

> 공익사업을 위한 토지 등의 취득 및 보상에 관한 법률 제91조 제1항 위헌소원
> (헌재 2020. 11. 26. 선고 2019헌바131 전원재판부결정))
>
> **【판시사항】**
>
> 가. 환매권의 발생기간을 제한하고 있는 '공익사업을 위한 토지 등의 취득 및 보상에 관한 법률'(이하 '토지보상법'이라 한다) 제91조 제1항 중 '토지의 협의취득일 또는 수용의 개시일(이하 이 조에서 "취득일"이라 한다)부터 10년 이내에' 부분(이하 '이 사건 법률조항'이라 한다)이 재산권을 침해하는지 여부(적극)
>
> 나. 헌법불합치결정을 선고하면서 적용중지를 명한 사례
>
> **【결정요지】**
>
> 가. 토지수용 등 절차를 종료하였다고 하더라도 공익사업에 해당 토지가 필요 없게 된 경우에는 토지수용 등의 헌법상 정당성이 장래를 향하여 소멸한 것이므로, 이러한 경우 종전 토지소유자가 소유권을 회복할 수 있는 권리인 환매권은 헌법이 보장하는 재산권의 내용에 포함되는 권리이다.
>
> 환매권의 발생기간을 제한한 것은 사업시행자의 지위나 이해관계인들의 토지이용에 관한 법률관계 안정, 토지의 사회경제적 이용 효율 제고, 사회일반에 돌아가야 할 개발이

261) 2018. 1. 26. 토지정책과-660 참조.

익이 원소유자에게 귀속되는 불합리 방지 등을 위한 것인데, 그 입법목적은 정당하고 이와 같은 제한은 입법목적 달성을 위한 유효적절한 방법이라 할 수 있다.

그러나 2000년대 이후 다양한 공익사업이 출현하면서 공익사업 간 중복 · 상충 사례가 발생하였고, 산업구조 변화, 비용 대비 편익에 대한 지속적 재검토, 인근 주민들의 반대 등에 직면하여 공익사업이 지연되다가 폐지되는 사례가 다수 발생하고 있다. 이와 같은 상황에서 이 사건 법률조항의 환매권 발생기간 '10년'을 예외 없이 유지하게 되면 토지수용 등의 원인이 된 공익사업의 폐지 등으로 공공필요가 소멸하였음에도 단지 10년이 경과하였다는 사정만으로 환매권이 배제되는 결과가 초래될 수 있다. 다른 나라의 입법례에 비추어 보아도 발생기간을 제한하지 않거나 더 길게 규정하면서 행사기간 제한 또는 토지에 현저한 변경이 있을 때 환매거절권을 부여하는 등 보다 덜 침해적인 방법으로 입법목적을 달성하고 있다. 이 사건 법률조항은 침해의 최소성 원칙에 어긋난다.

이 사건 법률조항으로 제한되는 사익은 헌법상 재산권인 환매권의 발생 제한이고, 이 사건 법률조항으로 환매권이 발생하지 않는 경우에는 환매권 통지의무도 발생하지 않기 때문에 환매권 상실에 따른 손해배상도 받지 못하게 되므로, 사익 제한 정도가 상당히 크다. 그런데 10년 전후로 토지가 필요 없게 되는 것은 취득한 토지가 공익목적으로 실제 사용되지 못한 경우가 대부분이고, 토지보상법은 부동산등기부상 협의취득이나 토지수용의 등기원인 기재가 있는 경우 환매권의 대항력을 인정하고 있어 공익사업에 참여하는 이해관계인들은 환매권이 발생할 수 있음을 충분히 알 수 있다. 토지보상법은 이미 환매대금증감소송을 인정하여 당해 공익사업에 따른 개발이익이 원소유자에게 귀속되는 것을 차단하고 있다. 이 사건 법률조항이 추구하고자 하는 공익은 원소유자의 사익 침해 정도를 정당화할 정도로 크다고 보기 어려우므로, 법익의 균형성을 충족하지 못한다. 결국 이 사건 법률조항은 헌법 제37조 제2항에 반하여 재산권을 침해한다.

나. 이 사건 법률조항의 위헌성은 환매권의 발생기간을 제한한 것 자체에 있다기보다는 그 기간을 10년 이내로 제한한 것에 있다. 이 사건 법률조항의 위헌성을 제거하는 다양한 방안이 있을 수 있고 이는 입법재량 영역에 속한다. 이 사건 법률조항의 적용을 중지하더라도 환매권 행사기간 등 제한이 있기 때문에 법적 혼란을 야기할 뚜렷한 사정이 있다고 보이지는 않는다. 이 사건 법률조항 적용을 중지하는 헌법불합치결정을 하고, 입법자는 가능한 한 빠른 시일 내에 이와 같은 결정 취지에 맞게 개선입법을 하여야 한다.

재판관 이선애, 재판관 이종석, 재판관 이미선의 반대의견

환매권은 헌법상 재산권의 내용에 포함되는 권리이며, 그 구체적인 내용과 한계는 법률에 의하여 정해진다. 이 사건 법률조항은 환매권의 구체적인 모습을 형성하면서 환매권 행사를 제한하고 있으므로 이를 염두에 두고 기본권 제한입법의 한계를 일탈한 것인지 살펴볼 필요가 있다. 대체로 10년이라는 기간은 토지를 둘러싼 사업시행자나 제3자의 이해관계가 두껍게 형성되고, 토지의 사회경제적 가치가 질적 변화를 일으키기에 상당한 기간으로 볼 수 있다. 우리나라의 경우 부동산 가치 변화가 상당히 심하고, 토지를 정주 공간보다는 투자의 대상으로 인식하는 사회적 경향이 상당히 존재하고, 원소유자가 환매권을 행사하는 주된 동기가 상승한 부동산의 가치회수인 경우가 있음을 고려하면, 이 사건 법률조항의 환매권 발생기간 제한이 환매권을 형해화하거나 그 본질을 훼손할 정도로 불합리하다고 볼 수 없다.

토지보상법은 5년 이내에 취득한 토지 전부를 공익사업에 이용하지 아니하였을 때 환매권을 인정하여 이 사건 법률조항에 따른 환매권 제한을 상당 부분 완화하고 있다. 환매권 발생기간을 합리적 범위 내로 제한하지 않는다면 해당 토지가 공익사업의 시행을 위하여 취득된 날로부터 상당한 기간이 지난 이후에도 언제든지 환매권이 발생할 수 있어 공익사업시행자의 지위나 해당 토지를 둘러싼 관계인들의 법률관계가 심히 불안정한 상태에 놓일 수밖에 없게 된다. 부동산등기부의 기재로 환매권 발생을 예견할 수 있었다고 하더라도 이러한 사정이 공익사업 시행을 전제로 형성된 법률관계의 안정 도모라는 공익의 중요성을 가볍게 하는 요소라고 단정할 수 없다. 이 사건 법률조항의 환매권 발생기간 제한은 입법목적 달성을 위해 필요한 범위 내의 것이고 원소유자의 불이익이 달성하려는 공익보다 크다고 할 수 없다.

따라서 이 사건 법률조항은 기본권 제한 입법의 한계를 일탈하거나 환매권 행사를 형해화하여 재산권을 침해한다고 볼 수 없다.

나. 취득일로부터 5년 이내 토지 전부를 해당 사업에 이용하지 않는 경우

(1) 환매권행사 기간

취득일부터 5년 이내에 취득한 토지의 전부를 해당 사업에 이용하지 아니하였을 때에는 해당 공익사업에 필요 없게 되었는지 여부와 관계없이 환매의 대상이 된다. 이 경우 환매권은 취득일부터 6년 이내에 행사하여야 한다(토지보상법 제91조 제2조).

【판시사항】

사업시행자가 취득한 토지 등이 그 취득목적사업에 이용될 필요가 없어졌다고 볼 만한 객관적 사정이 발생하면 환매권을 행사할 수 있는지 여부(대법원 1995. 2. 10. 선고 94다31310 판결)

【판결요지】

공공용지의취득및손실보상에관한특례법 제9조 제1항이 환매권을 인정하고 있는 입법이유는, 토지 등의 원소유자가 사업시행자로부터 토지 등의 대가로 정당한 손실보상을 받았다고 하더라도 원래 자신의 자발적인 의사에 기하여 그 토지 등의 소유권을 상실하는 것이 아니어서 그 토지 등을 더이상 당해 공공사업에 이용할 필요가 없게 된 때, 즉 공익상의 필요가 소멸한 때에는 원소유자의 의사에 따라 그 토지 등의 소유권을 회복시켜 주는 것이 공평의 원칙에 부합한다는 데에 있다고 할 것이므로, 사업시행자가 같은 법 소정의 절차에 따라 취득한 토지 등이 일정한 기간 내에 그 취득목적사업인 공공사업의 폐지 · 변경 등의 사유로 그 공공사업에 이용될 필요가 없어졌다고 볼 만한 객관적인 사정이 발생하면 사업시행자의 주관적인 의사와는 관계없이 환매권자가 토지 등을 환매할 수 있다고 보아야 할 것이다.

(2) 토지보상법 제91조 제2항의 입법취지

토지보상법 제91조는 토지의 협의취득일로부터 10년 이내에 당해 사업의 폐지 · 변경 그 밖의 사유로 취득한 토지의 전부 또는 일부가 필요 없게 된 경우(제1항) 뿐만 아니라, 취득일로부터 5년 이내에 취득한 토지의 전부를 당해 사업에 이용하지 아니한 때(제2항)에도 취득일 당시의 토지소유자 등이 그 토지를 매수할 수 있는 환매권을 행사할 수 있도록 규정하고 있는바, 사업시행자가 공익사업에 필요하여 취득한 토지가 그 공익사업의 폐지 · 변경 등의 사유로 공익사업에 이용할 필요가 없게 된 것은 아니라고 하더라도, 사실상 그 전부를 공익사업에 이용하지도 아니할 토지를 미리 취득하여 두도록 허용하는 것은 토지보상법에 의하여 토지를 취득할 것을 인정한 원래의 취지에 어긋날 뿐 아니라 토지가 이용되지 아니한 채 방치되는 결과가 되어 사회경제적으로도 바람직한 일이 아니기 때문에, 취득한 토지가 공익사업에 이용할 필요가 없게 되었을 때와 마찬가지로 보아 환매권의 행사를 허용하려는 것이 토지보상법 제91조 제2항의 입법취지라고 할 수 있다.[262)]

262) 대법원 2010. 1. 14. 선고 2009다76270 판결.

다. 환매권 행사 허용여부 판단기준

'취득한 토지 전부'가 공공사업에 이용되지 아니한 경우에 한하여 환매권을 행사할 수 있고 그중 일부라도 공공사업에 이용되고 있으면 나머지 부분에 대하여도 장차 공공사업이 시행될 가능성이 있는 것으로 보아 환매권의 행사를 허용하지 않는다는 취지이므로, 이용하지 아니하였는지 여부도 그 취득한 토지 전부를 기준으로 판단할 것이고, 필지별로 판단할 것은 아니라 할 것이다.

【판시사항】

환매권 행사의 허용 여부를 판단하는 기준 및 환매권 행사의 방법 및 그 행사를 위하여 지급할 금액(대법원 1995. 2. 10. 선고 94다31310 판결)

【판결요지】

공공용지의취득및손실보상에관한특례법 제9조 제1항은 공공사업에 필요한 토지 등의 취득일부터 10년 이내에 당해 공공사업의 폐지·변경 기타의 사유로 인하여 취득한 토지 등의 전부 또는 일부가 필요 없게 되었을 때를 환매권 행사의 요건으로 하고 있음에 반하여, 제2항은 그 취득일부터 5년을 경과하여도 취득한 토지 등의 전부를 공공사업에 이용하지 아니하였을 때를 환매권 행사의 요건으로 하고 있는 등 그 요건을 서로 달리하고 있으므로, 어느 한쪽의 요건에 해당되면 다른 쪽의 요건을 주장할 수 없게 된다고 할 수는 없고, 양쪽의 요건에 모두 해당된다고 하여 더 짧은 제척기간을 정한 제2항에 의하여 제1항의 환매권의 행사가 제한된다고 할 수도 없을 것이므로, 제2항의 규정에 의한 제척기간이 도과되었다 하여 제1항의 규정에 의한 환매권 행사를 할 수 없는 것도 아니라 할 것이다.

공공용지의취득및손실보상에관한특례법 제9조 제2항은 제1항과는 달리 "취득한 토지 전부"가 공공사업에 이용되지 아니한 경우에 한하여 환매권을 행사할 수 있고 그중 일부라도 공공사업에 이용되고 있으면 나머지 부분에 대하여도 장차 공공사업이 시행될 가능성이 있는 것으로 보아 환매권의 행사를 허용하지 않는다는 취지이므로, 이용하지 아니하였는지 여부도 그 취득한 토지 전부를 기준으로 판단할 것이고, 필지별로 판단할 것은 아니라 할 것이다.

공공용지의취득및손실보상에관한특례법 제9조에 의한 환매는 환매기간 내에 환매의 요건이 발생하면 환매권자가 수령한 보상금의 상당금액을 사업시행자에게 미리 지급하고 일방적으로 의사표시를 함으로써 사업시행자의 의사와 관계없이 환매가 성립되는 것이고, 토지 등의 가격이 취득 당시에 비하여 현저히 변경되었더라도 같은 법 제9조 제3항에 의하여 당사자 간에 금액에 대하여 협의가 성립되거나 토지수용위원회의 재결에 의하여 그 금액이 결정되지 않는 한, 그 가격이 현저히 등귀된 경우이거나 하락한 경우이거나를 묻지 않고 환매권을 행사하기 위하여는 수령한 보상금의 상당금액을 미리 지급하여야 하고 또한 이로써 족하다.

라. 환매권 행사방법

환매기간 내에 환매의 요건이 발생하는 경우, 환매대상토지의 가격이 취득 당시에 비하여 현저히 하락하거나 상승하였다고 하더라도, 환매권자는 수령한 보상금 상당액만을 사업시행자에게 미리 지급하고 일방적으로 매수의 의사표시를 함으로써 사업시행자의 의사와 관계없이 환매가 성립된다.

【판시사항】

환매권 행사 방법(대법원 2000. 11. 28. 선고 99두3416 판결)

【판결요지】

공공용지의취득및손실보상에관한특례법 제9조 제1항에 의하면 환매기간 내에 환매의 요건이 발생하는 경우, 환매대상토지의 가격이 취득 당시에 비하여 현저히 하락하거나 상승하였다고 하더라도, 환매권자는 수령한 보상금 상당액만을 사업시행자에게 미리 지급하고 일방적으로 매수의 의사표시를 함으로써 사업시행자의 의사와 관계없이 환매가 성립된다.

마. 토지가격 평가기준

토지보상평가지침

제55조【환매토지에 관한 평가】 ① 법 제91조에서 규정한 환매권의 행사와 관련하여 사업시행자 등으로부터 환매토지에 관한 평가 의뢰가 있는 경우에서 환매당시의 적정가격 결정은 다음 각 호의 기준에 따른다. 〈개정 2003.2.14, 2009.10.28〉

1. 환매당시에 공시되어 있는 표준지의 공시지가 중 환매당시에 가장 근접한 시점의 표준지 공시지가를 기준으로 하되, 그 공시기준일부터 가격시점까지의 당해 시 · 군 · 구의 지가변동률, 생산자물가상승률 그 밖에 당해 토지의 위치 · 형상 · 환경 · 이용상황 등을 종합 고려한 가격으로 평가한다. 이 경우 당해 공익사업에 따른 공법상 제한이나 개발이익이 있는 경우에는 이를 고려한 가격으로 평가한다. 다만, 그 공법상 제한이나 개발이익이 환매권의 행사 등으로 없어지게 되는 경우에는 그 공법상 제한 등이 없는 상태를 기준으로 한다. 〈개정 2003.2.14, 2009.1

0.28〉

2. 환매토지가 다른 공익사업에 편입되는 경우에는 제1호에도 불구하고 비교표준지의 선정, 적용공시지가의 선택, 지가변동률의 적용 그 밖의 평가 기준은 그 다른 공익사업에 편입되는 경우와 같이 한다. 〈신설 2009.10.28〉

3. 비교표준지의 선정은 환매토지의 인근지역에 있는 것으로서 그 공부상 지목 및 이용상황 등이 유사한 것으로 하되, 제1호 단서의 규정에 따라 그 공법상 제한 등이 없는 상태를 기준으로 평가하는 경우에는 인근지역에 있는 것으로서 그 공법상 제한 등이 없는 상태로 공시된 표준지를 선정한다. 다만, 인근지역에 그 공법상 제한 등이 없는 상태로 공시된 표준지가 없는 경우에는 인근지역에 있는 그 공법상 제한 등이 있는 상태로 공시된 표준지를 선정하거나 동일수급권 안의 유사지역에 있는 그 공법상 제한 등이 없는 상태로 공시된 표준지를 선정할 수 있다. 〈개정 2003.2.14, 2009.10.28〉

4. 이용상황 등의 판단은 환매당시를 기준으로 하되, 당해 공익사업의 시행 등으로 토지의 형질변경 등이 이루어진 경우에는 그 형질변경 등이 된 상태를 기준으로 한다. 다만, 원상회복을 전제로 하는 등 평가의뢰자로부터 다른 조건의 제시가 있는 경우에는 그에 따른다. 〈개정 2003.2.14, 2009.10.28〉

② 환매가격의 결정에 따른 법시행령 제48조의 규정에 따른 "인근유사토지의 지가변동률"의 산정은 환매토지의 인근지역에 있는 것으로서 그 공부상 지목 및 이용상황 등이 유사한 토지(이하 이 조에서 "표본지"라 한다)의 취득당시부터 환매당시까지의 가격변동률로 하되 다음 각 호의 기준에 따른다.〈개정 2003.2.14, 2007.2.14, 2009.10.28〉

1. 지가변동률의 산정을 위한 표본지의 선정은 당해 공익사업과 직접 관계가 없는 것으로서 인근지역에 있는 공시지가 표준지로 함을 원칙으로 한다. 다만, 당해 공익사업과 직접 관계가 없는 것으로서 환매토지와 그 공부상 지목 및 이용상황 등이 유사한 공시지가 표준지가 인근지역에 없는 경우에는 인근지역에 있는 공시지가 표준지가 아닌 것으로서 그 공부상 지목 및 이용상황 등이 유사한 토지를 표본지로 선정한다. 〈개정 2003.2.14〉

2. 제1호에 따른 표본지를 선정하는 경우에서 그 환매토지가 취득 이후 환매당시까

지 당해 공익사업과 직접 관계없이 용도지역 또는 용도지구 등이 변경된 경우에는 그 환매토지와 용도지역 또는 용도지구 등의 변경과정이 같거나 유사한 인근지역에 있는 공시지가 표준지등을 표본지로 선정하는 것을 원칙으로 한다. 〈신설 2007.2.14, 개정 2009.10.28〉

3. 취득당시와 환매당시의 표본지의 적정가격 결정은 당해 표본지의 표준지 공시지가를 기준으로 하되 다음 산식에 따른다. 다만, 다음 연도의 표준지 공시지가가 공시되어 있지 아니한 경우에는 당해 표본지의 취득당시 또는 환매당시 연도의 표준지 공시지가에 그 공시기준일부터 가격시점까지의 당해 시 · 군 · 구의 이용상황 또는 용도지역별 지가변동률을 고려한 가격으로 결정하며, 취득당시의 시점이 1989년 12월 31일 이전인 경우에서 취득당시 표본지의 적정가격 결정은 당해 표본지의 1990년 1월 1일자 표준지 공시지가에 취득당시부터 1989년 12월 31일까지의 당해 시 · 군 · 구의 이용상황별 지가변동률을 고려한 가격으로 한다. 〈개정 2003.2.14, 2009.10.28〉

취득(환매)당시 연도의 표준지 공시지가 + [(다음연도의 표준지 공시지가 – 취득(환매)당시 연도의 표준지 공시지가) ×경과일수/당해연도 총일수] ≒ 취득(환매)당시의 표본지 적정가격)

4. 제2호에 따른 취득당시와 환매당시의 표본지의 적정가격을 결정하는 경우에서 1호에 따라 선정된 표본지가 공시지가 표준지가 아니거나 취득당시 또는 환매당시 중 어느 한시점에만 공시지가 표준지인 경우에는 인근지역 또는 동일수급권 안의 유사지역에 있는 것으로서 그 공부상 지목 및 이용상황 등이 유사한 다른 공시지가 표준지와 당해 표본지의 지역요인 및 개별요인 등을 비교하여 환매당시 연도 또는 다음 연도의 1월 1일자를 기준으로 하여 각각 산정된 지가를 당해 표본지의 취득당시 또는 환매당시 연도의 표준지 공시지가로 본다. 〈개정 2003.2.14, 2009.10.28〉

③ 평가의뢰자로부터 적정한 환매가격의 제시요청이 있는 경우에는 다음 각 호의 기준에 따른다. 〈개정 2003.2.14, 2007.2.14, 2009.10.28〉

1. 환매당시의 평가가격이 지급한 보상금액에 제2항에 따라 산정된 인근 유사토지의 지가변동률을 고려한 가격보다 적거나 같을 경우에는 지급한 보상금액으로 결정

한다. 〈개정 2009.10.28〉

2. 환매당시의 평가가격이 지급한 보상금액에 제2항에 따라 산정된 인근 유사토지의 지가변동률을 고려한 금액보다 많을 경우에는 다음 산식에 따라 산정된 금액으로 한다. 〈신설 2002.2.1, 개정 2009.10.28〉

환매가격 = 보상금액 + [환매당시의 평가가격 − (보상금액 ×(1 + 지가변동률))]

第56조【공익사업시행지구밖 대지 등의 평가】 ① 법 제79조 제1항 단서에 따라

환매당시 토지가액의 평가에서 적용공시지가는 환매 당시에 공시되어 있는 공시지가 중 환매 당시에 가장 가까운 시점에 공시지가로 한다. 다만, 해당 공익사업에 따른 공법상 제한이나 가격의 변동이 있는 경우에는 이를 고려한 가액으로 감정평가하되, 해당 사업의 폐지 · 변경 또는 그 밖의 사유로 인하여 그 공법상 제한이나 가격의 변동이 없어지게 되는 경우에는 이를 고려하지 않는다.

또한, 해당 공익사업의 시행으로 토지의 형질변경 등이 이루어진 경우에는 그 형질변경 등이 된 상태를 기준으로 하되, 원상회복을 전제로 하는 등 다른 조건의 제시가 있는 경우에는 그에 따른다. 그 외 환매토지가 다른 공익사업에 편입되는 경우에는 비교표준지의 선정, 적용공시지가의 선택, 지가변동률의 적용, 그 밖의 감정평가기준은 다른 공익사업에 편입되는 경우와 같다.

제2장 환매권의 통지

1. 환매권자에 통지

사업시행자는 환매할 토지가 생겼을 때에는 지체 없이 그 사실을 환매권자에게 통지하여야 한다. 다만, 사업시행자가 과실 없이 환매권자를 알 수 없을 때에는 공고하여야 하며(토지보상법 시행령 제92조 제1항), 이 경우의 공고는 전국을 보급지역으로 하는 일간신문에 공고하거나 해당 토지가 소재하는 시 등의 게시판에 7일 이상 게시하는 방법으로 한다.

2. 환매권행사 제한

환매권자는 통지를 받은 날 또는 공고를 한 날부터 6개월이 지난 후에는 환매권을 행사하지 못한다(토지보상법 시행령 제92조 제2항).

제3장 환매권의 협의요건

1. 환매권행사의 협의요건

매수하거나 수용한 잔여지는 그 잔여지에 접한 일단의 토지가 필요 없게 된 경우가 아니면 환매할 수 없다(토지보상법 제91조 제3조).

2. 환매금액

환매금액은 아래 표와 같은 방법으로 계산한다.

환매가격 = 보상액 + {환매당시의 토지가액 –[보상액 X (1 + 지가변동률)]}

가. 토지가격의 변경

(1) 현저한 변경

토지의 가격이 취득일 당시에 비하여 현저히 변동된 경우는 환매권 행사 당시의 토지가격이 지급한 보상금에 환매 당시까지의 해당 사업과 관계없는 인근 유사토지의 지가변동률을 곱한 금액보다 높은 경우로 한다.

【판시사항】

환매대상토지의 가격이 취득 당시에 비하여 현저히 변경된 경우, 환매가격의 결정 방법(대법원 2000. 11. 28. 선고 99두3416 판결)

【판결요지】

공공용지의취득및손실보상에관한특례법 및 같은법시행령에는 환매대상토지의 가격이 취득 당시에 비하여 현저히 변경된 경우 어떠한 방법으로 정당한 환매가격을 결정할 것인지에 관하여 명시적으로 정하고 있는 규정은 없으나, 같은 법 제9조 제1항, 제3항, 같은법시행령 제7조 제1항, 제3항의 규정을 종합하여 보면, 환매권 행사 당시의 환매대상토지의 가격, 즉 환매권 행사 당시를 기준으로 한 감정평가금액이 협의취득 당시 사업시행자가 토지소유자에게 지급한 보상금에 환매 당시까지의 당해 사업과 관계 없는 인근 유사토지의 지가변동률을 곱한 금액보다 적거나 같을 때에는 사업시행자가 취득할 때 지급한 보상금의 상당금액이 그 환매가격이 되는 것이 그 규정에 비추어 명백하므로, 환매권 행사 당시의 환매대상토지의 가격이 현저히 상승하여 위 보상금에 인근 유사토지의 지가변동률을 곱한 금액을 초과할 때에도 마찬가지로 인근 유사토지의 지가상승분에 해당하는 부분은 환매가격에 포함되어서는 아니되는 것인 만큼, 그 경우의 환매가격은 인근 유사토지의 지가변동률을 기준으로 하려면 위 보상금에다 환매대상토지의 환매 당시의 감정평가금액에서 위 보상금에 인근 유사토지의 지가변동률을 곱한 금액을 공제한 금액을 더한 금액, 즉 '보상금+{환매당시의 감정평가금액−(보상금×지가변동률)}'로, 지가상승률을 기준으로 하려면 환매대상토지의 환매 당시의 감정평가금액에서 위 보상금에 인근 유사토지의 지가상승률을 곱한 금액을 뺀 금액, 즉 '환매당시의 감정평가금액−(보상금×지가상승률)'로 산정하여야 한다.

여기서 유사토지의 지가변동률이라 함은 환매대상토지와 지리적으로 인접하고 그 공부상 지목과 토지의 이용상황 등이 유사한 인근 유사토지의 지가변동률을 가리키는 것이지, 국토교통부장관이 부동산 거래신고 등에 관한 법률 시행령 제17조에 따라 고시하는 시 · 군 · 구의 지가변동률을 의미하는 것은 아니다.

【판시사항】

'인근 유사토지의 지가변동률'의 의미 및 그 지가변동률을 산정하기 위한 인근 유사토지의 선정 방법(대법원 2000. 11. 28. 선고 99두3416 판결)

【판결요지】

공공용지의취득및손실보상에관한특례법시행령 제7조 제1항의 인근 유사토지의 지가변동률이라 함은 환매대상토지와 지리적으로 인접하고 그 공부상 지목과 토지의 이용상황 등이 유사한 인근 유사토지의 지가변동률을 가리키는 것이지 그 토지가 속해 있는 시 · 군 · 구 단위의 지목별 평균지가변동률을 인근 유사토지의 지가변동률이라 할 수 없는 것인바, 지가변동률을 산정하기 위한 인근 유사토지는 협의취득시부터 환매권 행사 당시 사이에 공부상 지목과 토지의 이용상황 등에 변화가 없고 또 계속하여 기준지가 및 공시지가가 고시되어 온 표준지 중에서 합리적인 지가변동률을 산출할 수 있을 정도의 토지를 선정하면 족하고 반드시 동일한 행정구역 내에 있을 것을 요하지 아니하며 또 반드시 다수의 토지를 선정하여야 하는 것은 아니다.

(2) 현저한 변동이 없는 경우

토지가액이 취득일 당시에 비하여 현저히 변동되지 아니한 경우에는 보상금에 상당하는 금액으로 한다. 여기서 보상금에 상당하는 금액이라 함은 협의취득 당시 토지 등의 소유자가 사업시행자로부터 지급받은 보상금을 의미하며 여기에 환매권 행사 당시까지의 법정이자를 가산한 금액을 말하는 것은 아니다.

【판시사항】

"보상금의 상당금액"의 의미(대법원 1994. 5. 24. 선고 93누17225 판결)

【판결요지】

"보상금의 상당금액"이라 함은 같은 법에 따른 협의취득 당시 토지 등의 소유자가 사업시행자로부터 지급받은 보상금을 의미하며 여기에 환매권 행사 당시까지의 법정이자를 가산한 금액을 말하는 것은 아니다.

나. 가격 결정방법

(1) 당사자간의 협의 원칙

토지의 가격이 취득일 당시에 비하여 현저히 변동된 경우 사업시행자와 환매권자는 환매금액에 대하여 서로 협의하되, 협의가 성립되지 아니하면 그 금액의 증감을 법원에 청구할 수 있다(토지보상법 제91조 제4조). 법 제91조제4항에 따른

(2) 개별법에 환매금액을 별도로 정한 경우

공익사업의 시행으로 발생하는 개발이익은 그 비용의 부담자인 사업시행자를 통하여 궁극적으로는 공익에 귀속되어야 할 것이지 특정의 토지소유자에게 귀속될 성질의 것이 아니어서 환매권자에게 이를 보장해줄 수는 없으며, 비록 수용되지 아니한 인근 토지소유자들이 간접적, 반사적으로 개발이익을 누리고 있다 하더라도 이를 대비하여 평등의 원칙에 위배된다고 볼 수 없다. 또 이 사건 법률조항이 환매가격에 대하여 징발재산정리에관한특별조치법(국가가 매수한 당시의 가격에 증권의 발행연도부터 환매연도까지 연 5푼의 이자를 가산한 금액, 제20조 제1항), 임대주택법(토지의 매각 또는 공급가격에 환매시까지의 법정이자를 가산한 금액, 제8조 제1항)과 달리 규정하고 있더라도, 이러한 법률들과는 입법목적 등을 달리하는 것이므로 평등의 원칙에 위반되지 않는다.[263) 따라서 개별 법률에서 별도로 환매금액을 규정하고 있는 경우에는 이에 따른다.

3. 환매권등기의 대항력

환매권은「부동산등기법」에서 정하는 바에 따라 공익사업에 필요한 토지의 협의취득 또는 수용의 등기가 되었을 때에는 제3자에게 대항할 수 있다(토지보상법 제91조 제5조).

263) 헌법재판서 2005. 4. 28. 선고 2002헌가25 결정.

제4장 공익사업의 변환

1. 환매권 행사기간

국가, 지방자치단체 또는「공공기관의 운영에 관한 법률」제4조에 따른 공공기관 중 대통령령으로 정하는 공공기관이 사업인정을 받아 공익사업에 필요한 토지를 협의취득하거나 수용한 후 해당 공익사업이 제4조제1호부터 제5호까지에 규정된 다른 공익사업(별표에 따른 사업이 제4조제1호부터 제5호까지에 규정된 공익사업에 해당하는 경우를 포함한다)으로 변경된 경우 환매권 행사기간은 관보에 해당 공익사업의 변경을 고시한 날부터 기산(起算)한다. 여기서 '「공공기관의 운영에 관한 법률」제4조에 따른 공공기관 중 대통령령으로 정하는 공공기관'이란「공공기관의 운영에 관한 법률」제5조 제3항 제1호의 공공기관을 말한다.

2. 환매권자에 통지

국가, 지방자치단체 또는「공공기관의 운영에 관한 법률」제4조에 따른 공공기관 중 대통령령으로 정하는 공공기관은 공익사업이 변경된 사실을 환매권자에게 통지하여야 한다(토지보상법 제91조 제6조). 만일 환매권자를 알 수 없거나 그 주소 · 거소 또는 그 밖에 통지할 장소를 알 수 없을 때에는 공고로 통지를 갈음할 수 있다. 이 경우 공고는 사업시행자가 공고할 서류를 해당 토지의 소재지를 관할하는 시장(행정시의 시장을 포함한다) · 군수 또는 구청장(자치구가 아닌 구의 구청장을 포함한다)에게 송부하여 해당 시(행정시를 포함한다) · 군 또는 구(자치구가 아닌 구를 포함한다)의 게시판에 14일 이상 게시하는 방법으로 한다.

3. 환매권행사 제한

환매권 행사시 새로 변경된 공익사업을 기준으로 다시 환매권 행사의 요건을 갖추지 못하는 한 환매권을 행사할 수 없고 환매권 행사 요건을 갖추어 환매권을 행사할 수 있는 경우에 그 환매권 행사기간은 당해 공익사업의 변경을 관보에 고시한 날로부터 기산한다.

【판시사항】

공익사업의 변환이 인정되는 경우, 환매권 행사가 제한되는지 여부(대법원 2010. 9. 30. 선고 2010다30782 판결)

【판결요지】

공익사업의 변환을 인정한 입법 취지 등에 비추어 볼 때, '공익사업을 위한 토지 등의 취득 및 보상에 관한 법률' 제91조 제6항은 사업인정을 받은 당해 공익사업의 폐지·변경으로 인하여 협의취득하거나 수용한 토지가 필요 없게 된 때라도 위 규정에 의하여 공익사업의 변환이 허용되는 다른 공익사업으로 변경되는 경우에는 당해 토지의 원소유자 또는 그 포괄승계인에게 환매권이 발생하지 않는다는 취지를 규정한 것이라고 보아야 하고, 위 조항에서 정한 "제1항 및 제2항의 규정에 의한 환매권 행사기간은 관보에 당해 공익사업의 변경을 고시한 날로부터 기산한다."는 의미는 새로 변경된 공익사업을 기준으로 다시 환매권 행사의 요건을 갖추지 못하는 한 환매권을 행사할 수 없고 환매권 행사 요건을 갖추어 제1항 및 제2항에 정한 환매권을 행사할 수 있는 경우에 그 환매권 행사기간은 당해 공익사업의 변경을 관보에 고시한 날로부터 기산한다는 의미로 해석해야 한다.

4. 공익사업 변환으로 인한 사업주체의 변경

토지보상법 제91조 제6항 전문은 당초의 공익사업이 공익성의 정도가 높은 다른 공익사업으로 변경되고 그 다른 공익사업을 위하여 토지를 계속 이용할 필요가 있을 경우에는, 환매권의 행사를 인정한 다음 다시 협의취득이나 수용 등의 방법으로 그 토지를 취득하는 번거로운 절차를 되풀이하지 않게 하기 위하여 이른바 '공익사업의 변환'을 인정함으로써 환매권의 행사를 제한하려는 것이다. 토지보상법 제91조 제6항 전문 중 '해당 공익사업이 제4조 제1호부터 제5호까지에 규정된 다른 공익사업으로 변경된 경우' 부분에는 별도의 사업주체에 관한 규정이 없음에도 그 앞부분의 사업시행 주체에 관한 규정이 뒷부분에도 그대로 적용된다고 해석하는 것은 문리해석에 부합하지 않는다. 따라서 국가 등 사업시행자가 사업인정을 받은 후 토지보상법 제4조 제1호부터 제5호 사업으로 변경된 경우에는 변경된 공익사업의 사업시행자가 국 등이 아니어도 공익사업의 변환이 인정된다.[264)]

264) 대법원 2015. 8. 19. 선고 2014다201391 판결.

제5장 환매권의 공고

환매권의 공고는 전국을 보급지역으로 하는 일간신문에 공고하거나 해당 토지가 소재하는 시(행정시를 포함한다) · 군 또는 구(자치구가 아닌 구를 포함한다)의 게시판에 7일 이상 게시하는 방법으로 한다.

XIII. 공익사업시행지구 밖의 토지 등의 보상

제1장 공익사업시행지구 밖의 토지 등의 보상

1. 일반적 기준

가. 공익사업지행지구밖의 대지 등에 대한 보상규정의 성격 – 열거규정

공익사업시행지구 밖의 보상조항은 열거조항이 아닌 예시조항으로 보고 있다. 그러므로 토지보상법 시행규칙 제7절 제59조 공익사업시행지구밖의 대지 등에 대한 보상, 제60조 공익사업시행지구밖의 건축물에 대한 보상, 제61조 소수잔존자에 대한 보상, 제62조 공익사업시행지구밖의 공작물등에 대한 보상, 제63조 공익사업시행지구밖의 어업의 피해에 대한 보상, 제64조 공익사업시행지구밖의 영업손실에 관한 보상, 제65조 공익사업시행지구밖의 농업의 손실에 관한 보상 등에 규정되어 있지 아니한 사항에 대하여도 이들 관련 조항을 유추적용하여 보상할 수 있다.

이렇듯 공익사업시행지구 밖의 보상규정을 열거조항으로 보고 유추적용을 하는 경우라도, 토지보상법 시행규칙 제23조의2 내지 7에서 공공사업시행지구 밖에 있는 영업과 공작물 등에 대한 간접손실에 대하여도 일정한 조건하에서 이를 보상하도록 규정하고 있는 점 등에 비추어, 공공사업의 시행으로 인하여 그러한 손실이 발생하리라는 것을 쉽게 예견할 수 있고 그 손실의 범위도 구체적으로 이를 특정할 수 있는 경우라면, 그 손실의 보상에 관하여 공공용지의취득및손실보상에관한특례법시행규칙의 관련 규정 등을 유추적용할 수 있다고 제한적으로 해석함이 상당하다.[265)]

265) 대법원 2002. 11. 26. 선고 2001다44352 판결.

【판시사항】

공공사업시행지구 밖의 수산제조업자가 공공사업의 시행으로 그 배후지가 상실되어 영업을 할 수 없게 된 경우, 그 손실보상액 산정에 관하여 공공용지의취득및손실보상에관한특례법시행규칙의 간접보상 규정을 유추적용할 수 있는지 여부(대법원 2002. 3. 12. 선고 2000다73612 판결)

【판결요지】

공공사업시행지구 밖에서 관계 법령에 따라 신고를 하고 수산제조업을 하고 있는 사람에게 공공사업의 시행으로 인하여 그 배후지가 상실되어 영업을 할 수 없게 되었음을 이유로 손실보상을 하는 경우 그 보상액의 산정에 관하여는 공공용지의취득및손실보상에관한특례법시행규칙의 간접보상에 관한 규정을 유추적용할 수 있다.

나. 손실보상 등

(1) 손실보상

공익사업이 시행되는 지역 밖에 있는 토지 등이 공익사업의 시행으로 인하여 본래의 기능을 다할 수 없게 되는 경우에는 그 손실을 보상하여야 한다(토지보상법 제79조 제2항).

(2) 보상액 산정방법

손실보상시 보상액은 양당사자인 사업시행자와 손실을 입은 자가 협의하여 결정하는 것이 원칙이다. 다만, 양자사이에 협의가 성립되지 아니한 때에는 사업시행자 또는 손실을 입은 자는 관할 토지수용위원회에 재결을 신청할 수 있다(토지보상법 제80조 제2항).

(3) 보상청구권자

사업시행자가 사업시행지구 밖의 토지 등을 공익사업에 직접 필요하여 취득하는 것이 아니라 소유자를 위하여 취득하는 것이므로, 소유자의 의사에 반하여 취득할 수 없다. 따라서 그에 대한 보상은 기본적으로 소유자의 청구를 그 요건으로 한다.

(4) 보상청구기간

보상청구기간은 해당 공익사업의 공사완료일부터 1년 내이다. 따라서 1년이 지난 후에는 청구할 수 없다.

다. 손실의 보상계획 공고

사업시행자는 가.항에 따른 보상이 필요하다고 인정하는 경우에는 보상계획을 공고할 때에 보상을 청구할 수 있다는 내용을 포함하여 공고하거나 전국을 보급지역으로 하는 일간신문에 보상에 관한 계획을 공고하여야 한다(토지보상법 제79조 제3항, 토지보상법 시행령 제41조의 4).

2. 손실보상 또는 비용보상 재결의 신청

재결을 신청하려는 자는 손실보상재결신청서에 다음의 사항을 적어 관할 토지수용위원회에 제출하여야 한다(토지보상법 시행령 제42조 제1항). 이의 신청에 따른 손실보상의 재결을 위한 심리에 관하여는 법 제32조제2항 및 제3항을 준용한다(토지보상법 시행령 제42조 제2항).

가. 재결의 신청인과 상대방의 성명 또는 명칭 및 주소

나. 공익사업의 종류 및 명칭

다. 손실 발생사실

라. 손실보상액과 그 명세

마. 협의의 내용

■ 공익사업을 위한 토지 등의 취득 및 보상에 관한 법률 시행규칙[별지 제20호서식] 〈개정 2016. 6. 14.〉

손실보상재결신청서

접수번호		접수일
재결의 신청인	성명 또는 명칭	
	주소	
신청의 상대방	성명 또는 명칭	
	주소	
공익사업의 종류 및 명칭		

손실발생 내용

손실보상액과 그 명세

협의 경위

「공익사업을 위한 토지 등의 취득 및 보상에 관한 법률」(ㅁ제9조제7항 ㅁ제80조제2항) 및 같은 법 시행령(ㅁ제6조의2 ㅁ제42조제1항)에 따라 위와 같이 재결을 신청합니다.

년 월 일

신청인 (서명 또는 인)

토지수용위원회 위원장 귀하

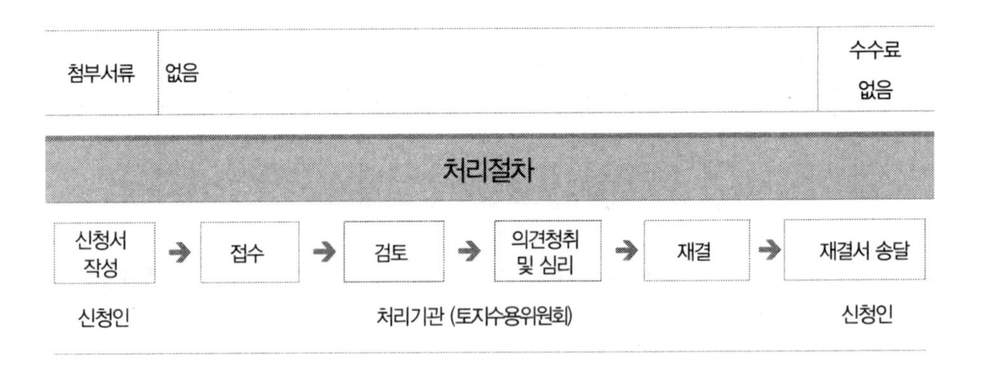

첨부서류	없음	수수료 없음

처리절차

신청서 작성 → 접수 → 검토 → 의견청취 및 심리 → 재결 → 재결서 송달

신청인 | 처리기관 (토지수용위원회) | 신청인

210mm×297mm[백상지 80g/㎡]

제2장 공익사업시행지구 밖의 대지 등에 대한 보상

1. 보상방법

토지보상법 제74조 제1항에 따르면 동일한 소유자에게 속하는 일단의 토지의 일부가 협의에 의하여 매수되거나 수용됨으로 인하여 잔여지를 종래 목적에 사용하는 것이 현저히 곤란할 때에는 해당 토지소유자는 사업시행자에게 잔여지를 매수하여 줄 것을 청구할 수 있으며, 사업인정 이후에는 관할 토지수용위원회에 수용을 청구할 수 있고, 이 경우 수용의 청구는 매수에 관한 협의가 성립되지 아니한 경우에만 할 수 있다고 규정하고 있다.

가. 보상원칙

공익사업시행지구밖의 대지(조성된 대지를 말한다) · 건축물 · 분묘 또는 농지(계획적으로 조성된 유실수단지 및 죽림단지를 포함한다)가 ⅰ) 공익사업의 시행으로 인하여 산지나 하천 등에 둘러싸여 교통이 두절되거나, ⅱ) 경작이 불가능하게 된 경우에는 그 소유자의 청구에 의하여 이를 공익사업시행지구에 편입되는 것으로 보아 보상하여야 한다.

나. 예외

다만, 그 보상비가 도로 또는 도선시설의 설치비용을 초과하는 경우에는 도로 또는 도선시설을 설치함으로써 보상에 갈음할 수 있다(토지보상법 시행규칙 제59조).

【판시사항】

기존 도로를 성토하여 옹벽을 쌓는 방식으로 교차로공사를 시행한 결과, 공사 전에는 기존 도로에의 진출입이 편리한 토지가 공사 후에는 진출입이 곤란하게 되자 사업시행자가 위 토지의 이용을 위하여 진출입도로를 설치하여 주었으나 상당한 정도의 지가하락이 발생한 경우, 사업시행자의 손실보상 또는 손해배상책임의 인정 여부(수원지방법원 2000. 12. 28. 선고 2000가합822 판결 : 항소)

【판결요지】

공공용지의취득및손실보상에관한특례법은 사업시행자가 공공사업에 필요한 토지 등을 협의에 의하여 취득 또는 사용할 경우 이에 따르는 손실보상의 기준과 방법을 정하는 것을 목적으로 하는 법이므로, 공공사업의 시행으로 손실을 입은 자는 사업시행자와 사이에 손실보상에 관한 협의가 이루어지지 않은 이상, 같은 법 제3조 제1항에 근거하여 곧바로 사업시행자에게 구체적인 손실보상청구권을 행사할 수는 없다 할 것이고, 손실보상 의무가 있는 공공사업의 시행자가 그 손실보상절차를 이행하지 아니하고 목적물의 소유자 또는 관계인으로부터 동의를 얻지도 아니한 채 공공사업을 시행하여 그 목적물에 대하여 실질적이고 현실적인 침해를 가하였다면 그 소유자나 관계인들에게 불법행위가 된다고 할 것이나, 같은 법 시행규칙 제23조의2에 의하면, "공공사업의 시행지구(댐건설을 위하여 다목적댐 건설예정지로 지정된 토지를 포함한다)밖의 대지(조성된 대지를 말한다) · 건물 또는 농경지(계획조성된 유실수 및 죽림단지를 포함한다)가 공공사업의 시행으로 인하여 산지나 하천 등에 둘러싸여 교통이 두절되거나 경작이 불가능하게 된 경우는 그 소유자의 청구에 의하여 이를 공공사업시행지구안에 편입되는 것으로 보아 보상하고 다만, 당해 토지의 매수비가 도로 또는 도선시설의 설치비용을 초과하는 경우에는 토지의 매수에 갈음하여 도로 또는 도선시설을 설치할 수 있다."고 규정하고 있는바, 교차로공사로 인하여 어떤 토지와 기존도로 사이에 옹벽이 설치되게 되어 기존도로에의 진출입이 곤란하게 되자 사업시행자가 위 토지의 이용을 위하여 진출입도로를 개설하여 주기로 하여 그에 따라 진출입도로를 설치하여 주었다면 위 시행규칙 제23조의2를 유추적용하여 손실보상을 할 의무가 발생되었다고 보기 어려운 한편, 나아가 이미 실질적으로 위 시행규칙 제23조의2 단서에 의한 의무를 이행한 것이라고 할 것이므로, 사업시행자에게 이와 별도로 지가하락 등 사실상의 손해에 관하여서까지 위 간접보상에 관한 규정의 유추적용에 의한 손실보상의무가 있다고 할 수는 없다.

2. 경작의 불가능성 판단

공익사업의 시행으로 인하여 경작이 불가능하게 되었다는 등의 판단은 소유자의 주관적인 판단을 기준으로 하는 것이 아니라, 해당지역의 입지조건(위치 · 형상 등), 이용상황, 용도지역, 잔여농지의 면적, 교통수단, 공공사업의 시행으로 인하여 소음과 진동의 발생, 일조량의 감소 등을 종합적으로 고려하여 객관적으로 판단하여야 한다.

【판시사항】

경작의 불가능성 판단기준(대법원 2004. 10. 27. 선고 2002다21967 판결)

【판결요지】

구 공공용지의취득및손실보상에관한특례법시행규칙(2002. 12. 31. 건설교통부령 제344호로 폐지) 제23조의2 소정의 '경작이 불가능하게 된 경우'라 함은 그 농경지가 공공사업의 시행으로 인하여 산지나 하천 등에 둘러싸이는 등으로 경작 자체가 불가능하게 되는 경우를 의미하는 것이지 공공사업의 시행으로 인하여 소음과 진동의 발생, 일조량의 감소 등으로 기존에 재배하고 있는 농작물의 비닐하우스 부지로는 부적당하다고 하더라도 다른 농작물을 재배하는 데에는 별다른 지장이 없어 보이는 경우까지를 포함하는 것은 아니다.

제3장 공익사업시행지구 밖의 건축물에 대한 보상

토지보상법 시행령 제39조에 따르면 잔여지가 대지로서 면적이 너무 작거나 부정형 등의 사유로 건축물을 건축할 수 없거나 건축물의 건축이 현저히 곤란한 경우, 농지로서 농기계의 진입과 회전이 곤란할 정도로 폭이 좁고 길게 남거나 부정형 등의 사유로 영농이 현저히 곤란한 경우, 공익사업의 시행으로 교통이 두절되어 사용이나 경작이 불가능하게 된 경우, 이와 유사한 정도로 잔여지를 종래의 목적대로 사용하는 것이 현저히 곤란하다고 인정되는 경우 등 4개의 경우 중 어느 하나에 해당하는 경우에는 해당 토지소유자는 사업시행자 또는 관할 토지수용위원회에 잔여지를 매수하거나 수용하여 줄 것을 청구할 수 있고, 잔여지가 이 중 어느 하나에 해당하는지를 판단할 때에는 잔여지의 위치, 형상, 이용상황 및 용도지역, 공익사업 편입토지의 면적을 종합적으로 고려하여야 한다.

한편, 토지보상법 시행규칙 제62조에 따르면 공익사업시행지구 밖에 있는 공작물 등이 공익사업의 시행으로 인하여 그 본래의 기능을 다할 수 없게 된 경우에는 그 소유자의 청구에 의하여 이를 공익사업시행지구에 편입하는 것으로 보아 보상을 한다고 규정하고 있다.

1. 보상방법

소유농지의 대부분이 공익사업시행지구에 편입됨으로써 건축물(건축물의 대지 및 잔여농지를 포함한다.)만이 공익사업시행지구밖에 남게 되는 경우로서 그 건축물의 매매가 불가능하고 이주가 부득이한 경우에는 그 소유자의 청구에 의하여 이를 공익사업시행지구에 편입되는 것으로 보아 보상하여야 한다(토지보상법 시행규칙 제60조). 따라서 공익사업의 시행으로 인하여 남게된 잔여건물이 그 본래의 기능을 다할 수 없게 되는 경우라고 인정되지 않는 경우에는 보상의 대상이 되지 않는다.

2. 보상요건

가. 소유농지의 대부분이 공익사업시행지구에 편입되었다는 의미

공익사업의 시행으로 인하여 소유 농지의 대부분이 공익사업시행지구에 편입되었다는 것은 기존의 영농규모나 상황으로 보아 수용 후 공익사업시행지구 밖에 남은 잔존 농지로는 더 이상의 영농이 불가능한 상황을 의미한다.

나. 매매가 불가능하다는 의미

공익사업의 시행으로 인한 수용으로 공익사업시행지구 밖의 건축물의 매매가 불가능하게 되었다함은 사실상 매매가 불가능한 경우는 물론이고 공익사업이 시행되지 않았다면 받을 수 있는 가격으로 매매가 불가능한 경우도 포함한다.

제4장 소수잔존자에 대한 보상

1. 보상방법 등

가. 보상방법

소수잔존자 보상은 1980년대 처음으로 도입된 제도로서, 공익사업의 시행으로 인하여 1개 마을의 주거용 건축물이 대부분 공익사업시행지구에 편입됨으로써 잔여 주거용 건축물 거주자의 생활환경이 현저히 불편하게 되어 이주가 부득이한 경우에는 당해 건축물 소유자의 청구에 의하여 그 소유자의 토지 등을 공익사업시행지구에 편입되는 것으로 보아 보상하여야 한다(토지보상법 시행규칙 제61조).

나. 보상시 고려사항

다만, 소수잔존자 보상은 이주를 전제로 하기 때문에 보상액과 도로나 도선시설 설치비용을 비교할 필요가 없으며, 또한 소수잔존자 보상의 경우는 보상대상과 관련된 제한은 없으므로 토지 및 그 토지상의 건축물 등이 보상대상이다.

2. 소수잔존자의 요건

소수잔존자에 대한 보상은 공익사업의 시행으로 인하여 동일한 마을 내의 대부분의 토지 · 건물이 수용됨으로 인하여 남게 된 잔존자가 소수가 되어 더 이상 공동생활을 영위하는 것이 불가능하거나 불편하게 된 경우 그들의 생활권을 보장해 주려는 차원에서 인정되는 것으로써 아래와 같은 요건에 충족하여야 한다.

가. 공익사업의 시행으로 1개의 마을의 주거용 건축물이 대부분 공익사업시행지구에 편입되어야 한다.

나. 소수의 잔존자로는 마을을 구성하여 더 이상 생활을 계속하는 것이 경제적 · 사회적으로 곤란하여 이주가 불가피하다고 사회통념상 판단되는 경우여야 한다.

다. 소수잔존자의 소유 토지나 생활체가 반드시 공익사업시행지구에 편입되었는지 여부는 판간의 기준이 되지 아니한다.

3. 소수잔존자의 판단

소수잔존자의 범위 등에 대한 판단은 공익사업의 시행으로 인하여 동일한 마을 내의 대부분의 토지 · 건물 수용됨으로 인하여 남게된 종전의 생활공동체, 잔존 규모, 지리적 · 자연적 조건 등으로 종합적으로 고려하여 판단하여야 한다.

제5장 공익사업시행지구 밖의 공작물 등에 대한 보상

1. 공작물의 개념 등

가. 공작물의 개념

공작물은 건축물 부대시설(담장, 대문, 장독대, 세면장, 연못, 파고라, 자가수도 및 농축산용 관정, 마당포장, 잔디, 옥외광고물, 석축, 제방), 기타시설(공장내부의 기계설비 및 상품, 주유소, 종교시설, 건자재, 소규모 점포시설, 유선방송, 주민공동재산, 지장전주 등)이 있다.

나. 공작물의 종류

일반적으로 보상 시 주의하여 살펴보아야 할 공작물 등은 건축물에 부대한 시설인 담장, 대문, 화단, 잔디, 옥외광고물 등 및 기타 종교시설, 주유소, 공장내부의 기계설비 및 상품 등이며, 이하에서는 위 각 공작물 등에 대하여 살펴보기로 한다.

(1) 건축물의 부대시설

(가) 담장

담장이란 건물의 둘레나 정해진 구역 등을 둘러쌓은 연속한 벽과 같은 건축부속 공작물을 말하는데, 이에는 토담, 벽돌담, 블록담, 기성 콘크리트 담장 등이 있다. 이러한 담장은 길이, 높이, 구조 등을 구체적으로 확인하며 만일 재료가 혼용되고 그 상이한 자재가 주된 자재보다 현저히 고가인 경우 별도의 목록을 작성하여 구분 조사하여야 한다. 다만, 주간이 분명하지 아니하고 밑둥에서 가지가 많은 관현목, 수목을 나란히 조밀 식재하여 일정구역의 경계물로 이용하고 있는 경우에도 이를 울타리로 처리함이 용이하며, 그 수량산정 방법은 다른 조경수목과 달리 그루수로 헤이지 않고 수령과 식재구간의 길이로 조사하도록 한다. 실무적으로 담장을 이용하여 창고, 화실 등을 설치하는 경우가 있는데, 이때 창고 등으로 이용되는 담장 부분은 담장의 길이에서 제외하여야 한다. 다만, 담장에 걸쳐 차양을 설치한 경우에는 담장과 차양은 각각의 독립된 물건으로 보고 조사한다.

(나) 대문

대문이란 성, 담 등에 통행을 위하여 만든 출입구를 말하는데, 이에는 그 사용된 원재료에 따라 목재대문, 석조 · 벽돌조기둥 대문, 철근콘크리트조기둥 대문, 철판기둥 대문 등이 있다. 이러한 대문이 부착된 기둥과 이에 접속된 담장이 엄밀히 구분되는 때에는 기둥을 대문에 포함한 개념으로 조사하여야 한다. 또한, 대문 양측 기둥역할을 하는 부분의 재질, 형상 등이 이와 접한 담장과 유사하여 이를 특별히 구분할 필요가 없다면 그 기둥부분을 담장길이에 포함하여 조사할 수 있다.

(다) 화단

화단이란 정원을 장식하기 위해 장식초화 화목류 등을 심어 아름답게 가꾼 것을 말하는데, 이러한 화단은 그 둘레에 구획물을 설치했을 때는 별도의 지장물로 보아 보상하여야 하며, 화단 내부에 조경수목이나 조경석 등 또한 별도로 보상하여야 하는데, 특히 화단의 경계석, 조경석, 석축, 벽돌조 등으로 일정 부분을 구획하거나 단을 축조한 형태의 화단을 조성한 경우에는 그 구조물의 높이와 외곽의 길이를 조사하며, 조경석의 경우 그 수량을 조사할 수 있으면 개수로 조사하여 보상에 반영하여야 한다.

(라) 잔디

근래의 조경 등을 위하여 토지에 잔디를 포설하는 경우가 많은데, 이러한 잔디가 야외조경 · 정원조성 등의 목적으로 그 지표면 등에 포설된 경우 이를 별도의 물건으로 보아 조사하여야 한다. 그 실측방법 및 토지에의 화체여부 등에 관한 문제는 마당포장의 경우와 같다.

(마) 옥외광고물(간판)

공중에게 상시 선전하거나 표시하기 위하여 옥외에 설치한 공고물은 이에 부수되는 공작물(게시시설)과 함께 조사한다. 간판의 종류나 수령의 표기방법은 지상 또는 건축물 등의 공작물에 정착되어 있는 형식과 그 재질에 따라 부착식, 돌출식, 입식, 기둥식, 탑식, 아치식, 입체문자식, 후면지탱식, 매달기식 등 매우 다양하므로 각각의 양태에 따라 적절히 표현한다.

(사) 장독대

지상 건축물 또는 지하실 구조된 건축물 형태의 스라브위를 장독대로 사용하고 있는 경우에는 건축물의 조사방법에 따르며, 그 겸용의 용도를 표시한다(예, 장동대겸용창고 - 브럭조시멘스라브조-24.06㎡, 장독대겸용지하실 - 시멘벽돌조-16.20㎡), 지표면에 블록조시멘트모르타르 · 쌓기 등의 단을 축조한 경우에는 그 재질과 면적 및 높이를 조사한다.

(아) 세면장(급수장)

옥외에 설치한 세면장 또는 급수대는 마당과 구분하여 그 구조와 면적 등을 조사하며, 세면장 위에 공작물 등이 설치되어 있는 경우에는 그 공작물에 포함된 것으로 처리하도록 한다(차양이 설치된 경우는 제외한다).

(자) 석축, 제방

원칙적으로 석축, 제방 기타 이와 유사한 공작물 등은 이로 인해 보호되고 있는 토지의 가치에 화체되었다고 보기 때문에 별도로 조사하지 않는다. 이때 이와 유사한 시설이란 반드시 동 시설이 토지를 보호하고 있는 것을 요건으로 하는 것이 아니라 토지의 가치에 화체된 경우를 의미한다고 해석된다. 따라서 대지조성비, 농지의 농업기반시설 투입비 등 토지가치에 투하 비용이 화체되었다고 판단되는 비용은 당해 토지가 보상대상이 되는 한 별도의 보상대상이 되지 않는 것으로 보아야 한다. 다만, 개인이 하천점용허가를 받아 하천의 석축, 제방 등을 보사한 경우나 마을주민들이 국유지인 도로를 보수한 경우처럼 석축, 제방 등의 설치자와 그 토지의 소유자가 다른 경우에는 토지와 별개로 그 설치자에게 석축, 제방 등의 설치로 인해 증가된 가치를 보상해 주어야 하므로 동 석축, 제방의 설치자, 설치년도, 관리상태, 석축의 주재료, 높이, 길이 등을 조사한다.

(차) 파고라

파고라라 함은 목재 또는 철근재 등에 의한 차양식 구조로 등나무, 장미, 덩굴나무 등을 지지하거나 그 밑에 벤치를 설치하여 휴식장소로 이용하는 등의 시설을 뜻하며, 그 사용자재와 면적을 조사한다. 만약 벤치가 있는 경우에는 별도의 공작물로서 조사하여 보상한다.

(카) 자가수도 및 농 · 축산용 관정(우물 및 취수펌프 포함)

관정이라 함은 통상적으로 지하수에 수도관을 박아 물을 끌어올리는 시설을 말하며, 수동 혹은 모터를 이용한 자동 모두를 포함한다. 관정을 타설하고 모터를 이용하여 식음용으로 취수하는 형식은 자가수도로 표기하며, 관정의 수량과 모터의 출력수를 조사한다(예, 자가수도 - 모터 0.5마력 1정).

특히 취수원으로부터 급수전(수도꼭지 등)까지의 일반적인 규모의 급수관로는 이를 따로 조사하지 아니하고 취소시설에 포함된 것으로 본다. 우물은 구조별(흄관, 시멘트, 돌쌓기 등)로 구분하고 직경과 깊이를 조사하며, 간이상수도는 수원, 연장, 사용자재, 규격 등을 조사한다.

급수배관 등의 설비는 일반적으로 건축물 또는 자가수도에 화체된 개념으로 처리하나, 관정 등의 소유여부와 관계없이 원리 취수원으로부터 송수관을 통하여 급수받고 있는 경우에는 지하에 매설된 관을 별도로 목록을 작성한다. 다만 폐관정은 보상대상이 아니다.

(타) 마당(바닥) 포장

마당의 포장 등이 현황도로로 이용되는 등 토지에 화체되었다고 보는 경우에는 이는 별도로 조사하지 아니한다. 다만, 토지에 화체된 것으로 보기 어려운 경우에는 포장면적, 사용자재, 타자재의 혼용여부 등을 조사한다. 일단의 부지의 포장에 부분적으로 다른 자재가 혼용된 경우에는 자재별로 조사하되 상이한 자재가 극히 경미한 때에는 이를 주된 자재에 포함할 수 있으며, 포장면적의 산정은 대분의 포장지역이 부정형이기 때문에 실무적으로 용이하지 않으므로, 소유자의 동의를 얻어 구간별로 임의 구획하여 정형화된 면적으로 측정할 수 있다.

(2) 종교시설

건축법상의 시설구분으로 제2종 근린생활시설에 해당하지 않는 종교집회장과 그곳에 설치된 봉안당을 말하는데, 특히, 공익사업을 위한 수용시 교회 · 사찰 등 종교시설이 편입된 경우에는 건축물에 대한 실측조사와는 별도로 그 시설물 등의 소유관계 · 소속 교단 또는 종단 대표자의 종교적 직함 및 거주형태 · 개설시기 · 신도수 등을 조사하여 이후 종교용지공급 또는 이주대책의 적격여부에 대해 검토하여야 한다. 또한 그와 별도로 건물벽체와 일체를 이루는 조각물 또는 고가의 아라베스크 방식의 색상유리 등의 경우 수량을 따로 조사하여 평가의뢰시 건축물에 포함하여 평가할 것인지를 명확히 제시하여야 한다.

사찰의 경우 법당, 내외부의 불상, 좌대, 석물 등 각종 예불용품과 관련 집기류, 교회의 경우 실내외 각종 예배관련시설 조형물 및 도구 등에 대하여는 물건조서를 작성하고 이전비를 보상하며, 무당(점술영업자)의 경우에도 소유자의 진술을 토대로 관련 집기류를 예불용품에 준하여 처리하며, 영업보상 대상여부도 별도 검토한다.

(3) 주유소

주유소란 한 개 이상의 연료 펌프를 갖추고 있으며, 자동차에 대한 일반 정비도 수행하는 상업 시설을 말하는데, 이러한 주유소는 통상 주유관련 설비와 건물 및 캐노피 등으로 구성되어 있다. 따라서 수용대상 물건의 조사시 이러한 구조적 특성을 기초로 각각의 구조물을 조사하여야 하는데 이중 건물 및 캐노피는 건축물 대장에 등록되어 있으므로 건물에 준하여 조사하여야 한다. 그 외 주유관련 설비의 경우에는 주유기, 기름탱크, 지하콘크리트 설비 등으로 구분되며 현장조사를 통하여 정확한 목록을 작성하여야 하며, 세차장의 경우에는 지상 또는 지하구조물인 집수조(물탱크) · 정화조 · 침전조의 재질과 용량을 조사하면 된다. 경우에 따라 기름탱크, 지하콘크리트 BOX, 배관설비를 통칭하여 주유설비 1식이라고 조사되는 경우가 있으나 현장조사를 철저히 하여 다음과 같이 정확한 목록을 확정하여야 한다.

- 주유기 : 5기
- 지하매설 기름탱크 : 20,000 ℓ X 5기(SS 4, 2,330 X L4,880)
- 배관설비 : 주유관 100, 통기관 100, 송유관 40, 맨홀, 누유검사관
- 차량탑재용 기름탱크 : 3,000 ℓ X 1기

(4) 공장내부의 기계설비 등

공장이 수용대상인 경우에는 중요한 것은 그 내부의 기계설비 등에 대한 조사인데, 그 중 가중 중요한 기계설비의 경우에는 그 종류(품명), 제작년월일, 제작자 · 규격 또는 출력수 등을 조사하여야 하고, 만일 리스기계가 있는 경우 보상대상여부를 검토하고 대여자, 대여조건 등을 조사한다. 그 외 기계 등의 장치가 건축물과 일체를 이루고 있는 경우에는 그것의 이전가능성 여부를 함께 조사하여야 하며, 만일 해체 · 이전하게 될 경우 그로 인하여 당초 목적대로 사용이 불가능하다는 것이 확인될 경우에는 당해 목록에 부기하여 적절한 보상이

이루어지도록 해야 한다. 또한 닥트설비의 경우 일반적으로 건축물과 일체를 이루는 경우에는 별도의 물건으로 보지 아니하기 때문에 문제가 되지 아니하지만, 그와 달리 별도 제작하여 천장 등에 부착한 경우에는 별도의 물건으로 조사해야 한다.

(5) 건자제

토지 등에 야적된 건자재는 소유자로부터 그 품명과 규격, 수량 등의 목록을 제출받아 현지 확인을 거쳐 수량을 잠정짓는 방법이 바람직하며, 수량을 정확히 파악할 수 없는 경우에는 몇 톤 트럭 몇 대분 형식으로라도 조사하여야 한다.

(6) 주민공동재산

주민공동재산에는 마을회관, 노인정, 정자, 성황당, 당상나무, 장승, 공동 집수암거, 상수도 탱크, 지하수관, 공동우물, 선착장, 세척장 또는 구조물이 설치된 빨래터 등을 들 수 있는 바, 새마을회 등 주민단체가 있을 때에는 그 단체명의의 공동재산이 있는지 여부를 파악한다.
국고보조금 등이 지원된 경우 국고보조금을 고려하지 않고 평가함에 따라 그 보상액도 국가 또는 지자체와 투자비율에 따라 분배할 필요가 없고, 당해시설의 소유자(마을주민 전체 및 공유 또는 총유자 전원)가 보상금액을 수령할 수 있도록 하여야 한다.
산업단지의 경우 국고보조 시설이 있는바, 이 경우도 위와 같이 보조금을 해당 지자체가 수령하는 것이 아니라 그 시설을 소유자가 전액 수령하는 것이 타당하다.

(7) 지장전주

사업구역내 편입된 지장전주는 한전주, 통신주, 가로등, 군부대 경비전주 등 그 종류별로 수량을 조사하고 위치도면을 작성한다. 편입된 지장전주의 종류를 먼저 파악한 후 소관청별로 현황을 조회하여 현지 확인 하는 방법으로 조사한다. 조사된 지장전주는 이설대상과 철거대상 등으로 구분하여 관계기관과 협의하고, 가로등 기타 대체시설을 하게 되는 시설물은 기존시설에 대한 이전비용을 부담하지 않도록 한다.

(8) 유선방송 선로

유선방송 시청구역의 경우 주영업시설을 이전하지 않더라도 철거되는 선로 등 영업시설에 대해서는 이전보상 하여야 하므로 유선방송사업자로부터 주선로에 대한 토목과 도면을 제출

받아 현지확인하는 방법으로 조사한다.

(9) 화훼시설

비닐하우스 등을 설치하고 회훼업을 운영하는 경우 공작물 등에 대한 실측조사와는 별도로 영업보상 또는 농업보상의 적격여부 등 보상의 종류를 먼저 파악한 후 상품에 대한 수량조사에 임한다. 동일한 보상대상에 대해서 영업보상과 농업보상이 중복되지 않게 처리할 수는 없기 때문이다.

화훼, 분재 등을 진열하고 판매를 목적으로하는 화훼업소는 다른 기준에 위배되지 않는다면 영업 및 이전보상대상으로 분류하고 업주로부터 진열된 상품에 대한 품목별 목록자료 등의 자료를 제출받아 이를 확인하는 방법으로 조사하는 것이 무난하다.

하우스 내 지력을 이용하여 재배된 작물의 1차적인 출하를 주목적으로 하는 형태는 주된 작물에 대한 이식의 필요성 유무에 따라 다음과 같이 처리한다. 먼저 다년생 관상수나 수익수와 같은 수목류는 이식비 보상대상으로 분류하여 물건조서를 작성하고, 농업보상과 관련된 재배면적은 이를 따라 조사한다. 다음 단년생 화초 등의 경우에는 작물의 품목별 재배면적 등에 영농조사를 실시하여 농업보상으로 처리한다.

(10) 소규모 점포시설

(가) 일용잡화의 판매를 주목적으로 하는 슈퍼 · 구멍가게 · 기타 이와 유사한 소규모 점포시설의 경우 이전실비를 보상할 수 있도록 집기류를 조사한다(모든 업소는 평면도상에 상호를 표기한다). 이때 잡다한 집기류는 조사하지 아니한다. 주요설비에 대한 목록을 토대로 대상업소의 전반적인 영업규모를 판단하며, 나머지 소형집기류는 영업권 또는 이전실비를 평가할 때 충분히 참작되므로 소유자에게도 이와 같은 물건조서 작성 범위와 개념을 정확히 설명해 주도록 한다.

점포 내부의 설비, 집기 등을 이전실비로 평가보상한 경우에는 이후 그 점포부분에 대하여 이사비 산출면적에 산입하지 않도록 주의하여야 한다.

세입자가 경미한 부수정착물의 소유권 등을 주장하더라도 조서를 따로 작성하는 것은 바람직하지 않다고 앞서 설명한 바 있다. 그러나 점포건물 등을 임차하여 적법한 영업행위를 하거나 기타 무형적 권리로서 구체적 손실이 있는 경우에는 임차인이 달아낸 가추 또는 창고 등 구분 작성이 가능한 지상정착물들을 세입자 명의로 기록한다.

(나) 창고 등의 장소에 재고상품을 상시 적재하고 있는 것으로 확인될 때에는 그 통상적인 수량을 별도로 목록을 작성토록 한다.

(다) 음식점의 경우, 주요 주방설비와 기타 이동이 용이하지 아니한 집기, 장치 등을 조사기록 한다.

• 냉동고 – 1999년식, 동명산업 - 1식
• 조리대 - 철채(2.7X1,2X0.7m) – 1식
• 육절기 - 90년식, 일성깁) – 1식
• 수족관 - 철재, 강화유리 - 1식
• 에어컨 - 94년식, 삼성(15평형) – 1대

2. 보상방법

가. 원칙

공익사업시행지구밖에 있는 공작물등이 공익사업의 시행으로 인하여 그 본래의 기능을 다할 수 없게 되는 경우에는 그 소유자의 청구에 의하여 이를 공익사업시행지구에 편입되는 것으로 보아 보상하여야 한다(토지보상법 시행규칙 제62조).

나. 예외

다만, 공작물 등의 용도가 폐지되었거나 기능이 상실되어 경제적 가치가 없는 경우이거나 또는 공작물 등의 가치가 보상이 되는 다른 토지 등의 가치에 충분히 반영되어 토지 등이 가격이 증가한 경우 및 사업시행자가 공익사업에 편입되는 공작물 등에 대한 대체시설을 하는 경우에는 보상의 대상이 되지 아니한다.

【판시사항】

공익사업을 위한 토지 등의 취득 및 보상에 관한 법률 시행규칙 제36조 제2항 제3호에서 정한 '대체시설'로 인정하기 위한 요건(대법원 2012. 9. 13. 선고 2011다83929 판결)

【판결요지】

공익사업을 위한 토지 등의 취득 및 보상에 관한 법률(이하 '공익사업법'이라 한다) 제75조 제1항 제1호는 공작물에 대하여 이전에 필요한 비용으로 보상하되 이전이 어렵거나 그 이전으로 인하여 공작물을 종래의 목적으로 사용할 수 없게 된 경우에는 당해 물건의 가격으로 보상하도록 규정하고 있고, 같은 조 제6항의 위임에 따라 공작물에 대한 보상액의 구체적인 산정 및 평가방법과 보상기준을 정하고 있는 공익사업을 위한 토지 등의 취득 및 보상에 관한 법률 시행규칙 제36조 제2항 제3호는 '사업시행자가 공익사업에 편입되는 공작물 등에 대한 대체시설을 하는 경우'에는 이를 별도의 가치가 있는 것으로 평가하여서는 아니 된다고 규정하고 있다. 이처럼 대체시설을 하는 경우 별도의 손실보상을 하지 않도록 규정한 것은 그러한 대체시설로서 공작물 소유자에게 실질적으로 손실이 보상된 것으로 볼 수 있기 때문이므로, 대체시설로 인정되기 위해서는 기존 공작물과 기능적인 측면에서 대체가 가능한 시설이어야 할 뿐만 아니라, 특별한 사정이 없는 한 기존 공작물 소유자가 대체시설의 소유권을 취득하거나 소유권자에 준하는 관리처분권을 가지고 있어야 한다.

(1) 또한 공작물의 용도가 폐기되었거나 기능이 상실되어 경제적 가치가 없는 경우(예를 들어 저수지가 공익사업의 시행이전에 이미 그 시설의 용도가 폐기되었거나 기능이 상실된 경우, 농경지가 주택용지나 공업용지로 전환된 경우의 종전의 도수로, 상수도가 공급된 후 종전의 생활용수용 관정 등)에는 이를 별도의 가치가 있는 것으로 평가하여서는 아니 된다.

(2) 공작물 등의 가치가 보상이 되는 다른 토지 등의 가치에 충분히 반영되어 토지 등의 가격이 증가한 경우(예를 들어, 석축이나 제방등과 같이 그 공작물로서 토지 등이 그것에 의하여 보호되어 그 가격이 증가되어 있는 경우, 몽리답의 가격에 화체된 관행용수권의 시설, 몽리토지의 가격에 화체된 저수지의 시설 등)은 이를 별도의 가치가 있는 것으로 평가하여서는 아니 된다.

(3) 사업시행자가 공익사업에 편입되는 공작물 등에 대한 대체시설을 설치하는 경우 이를

별도의 가치가 있는 것으로 평가하여서는 아니 된다.

3. 본래의 기능을 다 할 수 없게 되는 경우의 판단기준

공익사업의 시행으로 인하여 그 본래의 기능을 다 할 수 없게 되는 경우라 함은 공작물 등이 건축물과 일체로 사용되어 효용을 발휘하였지만 공익사업으로 인한 이전으로 건축물은 철거 또는 이전 되었지만 공작물 등만 사업시행지구 밖에 남게 됨으로 인하여 공작물 본래의 효용을 발휘할 수 없게 된 경우를 의미한다.

제6장 공익사업시행지구 밖의 어업의 피해에 대한 보상

1. 보상방법

가. 보상방법

공익사업의 시행으로 인하여 해당 공익사업시행지구 인근에 있는 어업에 피해가 발생한 경우 사업시행자는 실제 피해액을 확인할 수 있는 때에 그 피해에 대하여 보상하여야 한다. 이 경우 실제 피해액은 감소된 어획량 및 「수산업법 시행령」 별표 4의 평년수익액 등을 참작하여 평가한다(토지보상법 시행규칙 제63조 제1항). 위와 같은 어업의 피해에 대한 보상은 어업에 대한 피해가 발생하고, 사업시행자가 실제 피해액을 확인할 수 있는 때에 보상하므로 토지보상법 제62조 사전보전의 원칙에 대한 예외로서 사후보상의 성격을 갖는다.

【판시사항】

[1] 구 수산업법 제81조의 규정에 의한 손실보상청구권이나 손실보상 관련 법령의 유추적용에 의한 손실보상청구권의 행사방법(=민사소송) 및 구 공익사업을 위한 토지 등의 취득 및 보상에 관한 법률의 관련 규정에 의하여 취득하는 어업피해에 관한 손실보상청구권의 행사 방법(=행정소송)

[2] 공공사업의 시행으로 손해를 입었다고 주장하는 자가 보상을 받을 권리를 가졌는지 판단하는 기준 시기(=공공사업 시행 당시) 및 공공사업 시행에 관한 실시계획 승인과 그에 따른 고시 이후 영업허가나 신고가 이루어진 경우 공공사업 시행으로 허가나 신고권자가 특별한 손실을 입게 되었다고 볼 수 있는지 여부(대법원 2014. 5. 29. 선고 2013두12478 판결)

【판결요지】

[1] 구 수산업법(2007. 1. 3. 법률 제8226호로 개정되기 전의 것, 이하 같다) 제81조의 규정에 의한 손실보상청구권이나 손실보상 관련 법령의 유추적용에 의한 손실보상청구권은 사업시행자를 상대로 한 민사소송의 방법에 의하여 행사하여야 한다(대법원 2001. 6. 29. 선고 99다56468 판결 참조). 그렇지만 구 공익사업을 위한 토지 등의 취득 및 보상에 관한 법률(2008. 2. 29. 법률 제8852호로 개정되기 전의 것, 이하 '구 공익사업법'이라 한다)의 관련 규정에 의하여 취득하는 어업피해에 관한 손실보상청구권은 민사소송의 방법으로 행사할 수는 없고, 구 공익사업법 제34조, 제50조 등에 규정된 재결절차를 거친 다음 그 재결에 대하여 불복이 있는 때에 비로소 구 공익사업법 제83조 내지 제85조에 따라 권리구제를 받아야 하며, 이러한 재결절차를 거치지 않은 채 곧바로 사업시행자를 상대로 손실보상을 청구하는 것은 허용되지 않는다고 봄이 타당하다.

[2] 손실보상은 공공사업의 시행과 같이 적법한 공권력의 행사로 가하여진 재산상의 특별한 희생에 대하여 전체적인 공평부담의 견지에서 인정되는 것이므로, 공공사업의 시행으로 손해를 입었다고 주장하는 자가 보상을 받을 권리를 가졌는지의 여부는 해당 공공사업의 시행 당시를 기준으로 판단하여야 하고, 그와 같은 공공사업의 시행에 관한 실시계획 승인과 그에 따른 고시가 된 이상 그 이후에 영업을 위하여 이루어진 각종 허가나 신고는 위와 같은 공공사업의 시행에 따른 제한이 이미 확정되어 있는 상태에서 이루어진 것이므로 그 이후의 공공사업 시행으로 그 허가나 신고권자가 특별한 손실을 입게 되었다고는 볼 수 없다(대법원 1991. 1. 29. 선고 90다6781 판결, 대법원 2006. 11. 23. 선고 2004다65978 판결 등 참조).

2. 보상대상 판단시 고려사항

공익사업의 시행으로 인하여 해당 공익사업시행지구 인근에 있는 어업에 피해가 발생한 경우를 해석함에 있어서는 공익사업의 시행과 피해 발생의 연관성, 공익사업의 시행으로 인한 피해발생의 예견성, 피해의 특정성, 공익사업시행지구 밖의 인근 어업의 피해에 대한 보상규정의 취지 등을 종합적으로 고려하여 판단하여 한다. 이를 기초로 살펴본다면 가령, 공익사업의 시행으로 건설된 발전기에서 배출되는 온배수로 인하여 해당 공익사업시행지구 인근에 있는 어업에 피해가 발생한 경우에도 토지보상법 시행규칙 제63조에 의거하여 보상할 수 있다.[266]

266) 2009. 11. 13. 법제처 09-0328 질의회신 참조.

[별표 4] 〈개정 2016. 8. 31.〉

어업보상에 대한 손실액의 산출방법 · 산출기준 및 손실액산출기관 등

(제69조 관련)

1. 어업별 손실액 산출방법

가. 법 제8조에 따른 면허어업의 경우로서 법 제34조제1항제1호부터 제6호까지 및 제35조제6호(법 제34조제1항제1호부터 제6호까지의 규정에 해당하는 경우로 한정한다)에 해당하는 사유로 어업권이 제한 · 정지 또는 취소되었거나 그 사유로 법 제14조에 따른 어업면허 유효기간의 연장이 허가되지 않은 경우

1) 어업권이 취소되었거나 어업권 유효기간의 연장이 허가되지 않은 경우: 평년수익액 ÷ 연리(12퍼센트) + 어선 · 어구 또는 시설물의 잔존가액

2) 어업권이 정지된 경우: 평년수익액 × 어업의 정지기간 + 시설물 등 또는 양식물의 이전 · 수거 등에 드는 손실액 + 어업의 정지기간 중에 발생하는 통상의 고정적 경비. 다만, 1)에 따른 보상액을 초과할 수 없다.

3) 어업권이 제한된 경우: 평년수익액과 제한기간이나 제한 정도 등을 고려하여 산출한 손실액. 다만, 1)에 따른 보상액을 초과할 수 없다.

나. 법 제41조에 따른 허가어업 및 법 제47조에 따른 신고어업의 경우로서 법 제34조제1항제1호부터 제6호까지의 규정과 법 제35조제6호(법 제34조제1항제1호부터 제6호까지의 규정에 해당하는 경우로 한정한다)에 해당하는 사유로 허가어업 또는 신고어업이 제한 · 정지 또는 취소된 경우. 다만, 법 제49조제1항 및 제3항에 따라 준용되는 법 제34조제1항제1호부터 제3호까지의 규정에 해당하는 사유로 허가어업 또는 신고어업이 제한된 경우는 제외한다.

1) 허가어업 또는 신고어업이 취소된 경우: 3년분 평년수익액 + 어선 · 어구 또는 시설물의 잔존가액

2) 허가어업 및 신고어업이 정지된 경우(어선의 계류를 포함한다): 평년수익액×어업의 정지기간 또는 어선의 계류기간+어업의 정지기간 또는 어선의 계류기간 중에 발생하는 통상의 고정적 경비. 다만, 1)에 따른 보상액을 초과할 수

없다.

3) 허가어업 또는 신고어업이 제한되는 경우: 어업의 제한기간 또는 제한 정도 등을 고려하여 산출한 손실액. 다만, 1)에 따른 보상액을 초과할 수 없다.

다. 법 제72조제2항 및 「수산자원관리법」 제43조제2항에 따른 이전 또는 제거 명령에 따른 경우로서 측량 · 검사에 장애가 되는 물건에 대한 이전 또는 제거 명령을 받고 이전 또는 제거를 한 경우와 소하성어류의 통로에 방해가 되는 물건에 대한 제거명령을 받고 제거 공사를 한 경우: 물건의 이전 또는 제거 공사에 드는 비용과 이전 또는 제거로 인하여 통상적으로 발생하는 손실

2. 어업별 손실액 산출방법에 관련된 용어의 정의 및 산출기준

가. 면허어업, 허가어업 및 신고어업의 손실액 산출방법에서 "평년수익액"이란 평균 연간어획량을 평균 연간판매단가로 환산한 금액에서 평년어업경비를 뺀 금액을 말한다. 이 경우 평균 연간어획량, 평균 연간판매단가 및 평년어업경비의 산출기준은 다음과 같다.

1) 평균 연간어획량의 산출기준

가) 3년 이상의 어획실적(양식어업의 경우 생산실적을 말한다. 이하 같다)이 있는 경우: 법 제96조제2항 및 「수산자원관리법」 제12조제4항에 따라 보고된 어획실적, 양륙량(揚陸量) 또는 판매실적(보상의 원인이 되는 처분을 받은 자가 보고된 실적 이상의 어획실적 등이 있었음을 증거서류로 증명한 경우에는 그 증명된 실적을 말한다)을 기준으로 산출한 최근 3년 동안의 평균어획량(양식어업의 경우 생산량을 말한다. 이하 같다)으로 하되, 최근 3년 동안의 어획량은 보상의 원인이 되는 처분일이 속하는 연도의 전년도를 기준연도로 하여 소급 기산(起算)한 3년 동안(소급 기산한 3년의 기간 동안 일시적인 해양환경의 변화로 연평균어획실적의 변동폭이 전년도에 비하여 1.5배 이상이 되거나 휴업 · 어장정비 등으로 어획실적이 없어 해당 연도를 포함하여 3년 동안의 평균어획량을 산정하는 것이 불합리한 경우에는 해당 연도만큼 소

급 기산한 3년 동안을 말한다)의 어획량을 연평균한 어획량으로 한다.

나) 어획실적이 3년 미만인 경우: 다음의 계산식에 따라 계산한 추정 평균어획량

(1) 면허어업: 해당 어장의 실적기간 중의 어획량 × 인근 같은 종류의 어업의 어장(통상 2개소)의 3년 평균어획량 ÷ 인근 같은 종류의 어업의 어장의 해당 실적기간 중의 어획량

(2) 허가어업 또는 신고어업: 해당 어업의 실적기간 중의 어획량 × 같은 규모의 같은 종류의 어업(통상 2건)의 3년 평균어획량 ÷ 같은 규모의 같은 종류의 어업의 해당 실적기간 중의 어획량. 다만, 같은 규모의 같은 종류의 어업의 어획량이 없으면 비슷한 규모의 같은 종류의 어업의 어획량을 기준으로 3년 평균어획량을 계산한다.

※ (1) 및 (2)의 계산식에서 실적기간은 실제 어획실적이 있는 기간으로 하되, 같은 규모 또는 비슷한 규모의 같은 종류의 어업의 경우에는 손실을 입은 자의 실제 어획실적이 있는 기간과 같은 기간의 실제 어획실적을 말한다.

※ 어획량의 기본단위는 킬로그램을 원칙으로 하고, 어획물의 특성에 따라 생물(生物) 중량 또는 건중량(乾重量)을 기준으로 한다. 다만, 김은 마른 김 1속을 기준으로 하고, 어획물을 내용물 중량으로 환산할 필요가 있으면 해양수산부장관이 고시하는 수산물가공업에 관한 생산고 조사요령의 수산물 중량환산 및 수율표를 기준으로 한다.

2) 평균 연간판매단가의 산출기준

가) 평균 연간판매단가는 보상액의 산정을 위한 평가시점 현재를 기준으로 하여 소급 기산한 1년 동안의 수산물별 평균 판매단가[해당 수산물이 계통출하(系統出荷)된 주된 위판장의 수산물별 · 품질등급별 판매량을 수산물별로 가중평균하여 산출한 평균 판매단가를 말한다]로 한다.

나) 계통출하된 판매실적이 없는 경우 등의 평균 연간판매단가는 가)의 평균 연간판매단가에도 불구하고 다음과 같이 계산한다.

(1) 계통출하된 판매실적이 없는 경우: 다음의 우선순위에 따른 가격을 기준으로 평균 연간판매단가를 계산해 낸다.

(가) 해당 지역 인근의 수산업협동조합의 위판가격

(나) 해당 지역 인근의 수산물도매시장의 경락가격

(2) 소급 기산한 1년의 기간 동안 어획물의 일시적인 흉작 · 풍작 등으로 어가(魚價)의 연평균 변동폭이 전년도에 비하여 1.5배 이상이 되어 가)의 평균 연간 판매단가를 적용하는 것이 불합리한 경우: 소급 기산한 최초의 1년이 되는 날부터 다시 소급하여 기산한 1년 동안의 평균 판매단가에 소급하여 기산한 최초의 1년 동안의 수산물 계통출하 판매가격의 전국 평균 변동률을 곱한 금액으로 한다.

3) 평년어업경비의 산출기준

평년어업경비는 보상액 산정을 위한 평가시점 현재를 기준으로 1년 동안 소급하여 기산한 해당 어업의 연간 어업경영에 필요한 경비로 하되, 경비항목 및 산출방법은 다음과 같다.

가) 경비항목

구분	경비항목
1. 생산관리비	① 어미고기 및 수산종자 구입비 ② 미끼구입비 ③ 사료비 ④ 유지보수비 ⑤ 연료 및 유류비 ⑥ 전기료 ⑦ 약품비 ⑧ 소모품비 ⑨ 어장관리비[어장 청소, 해적생물(害敵生物) 구제(驅除) 및 표지시설 설치 등] ⑩ 자원조성비 ⑪ 용선료(傭船料)
2. 인건비	① 어업자 본인의 인건비 ② 본인 외의 사람에 대한 인건비
3. 감가상각비	① 시설물 ② 어선 또는 관리선[선체, 기관 및 의장품(艤裝品) 등 포함] ③ 어구 ④ 그 밖의 장비 및 도구
4. 판매관리비	① 가공비 ② 보관비 ③ 용기대 ④ 판매수수료 ⑤ 판매잡비(운반 · 포장 등)
5. 그 밖의 잡비	① 각종 세금과 공과금 ② 어장행사료 ③ 주식 · 부식비 ④ 복리후생비 ⑤ 보험료 및 공제료 ⑥ 그 밖의 경비

나) 산출방법

(1) 평년어업경비는 가)에서 규정하고 있는 경비항목별로 계산하되, 규정된 경비항목 외의 경비가 있으면 그 밖의 경비항목에 포함시켜 전체 평년어업경비가 산출되도록 해야 한다.

(2) 경비항목별 경비 산출은 어선의 입항 및 출항에 관한 신고사항, 포획 · 채취물의 판매실적, 유류 사용량, 임금정산서, 보험료 및 공제료, 세금납부실적, 국토교통부의 건설공사표준품셈 등 수집 가능한 자료를 확보 · 분석하고 현지 실제조사를 통하여 객관적이고 공정하게 해야 한다. 다만, 인건비, 감가상각비 및 판매관리비 중 판매수수료의 산출은 다음과 같이 한다.

(가) 인건비 중 어업자 본인의 인건비는 본인 외의 사람의 인건비의 평균단가를 적용하고, 본인 외의 사람의 인건비는 현실단가를 적용하되, 어업자가 직접 경영하여 본인 외의 자의 인건비가 없으면 「통계법」 제18조에 따른 승인을 받아 작성 · 공포한 제조부문 보통인부의 노임단가를 적용한다. 이 경우 제29조제1항에 따른 신고어업에 대한 인건비는 투입된 노동시간을 고려하여 계산해야 한다.

(나) 감가상각비는 신규 취득가격을 기준으로 하여 해당 자산의 내용연수(耐用年數)에 따른 상각률을 적용하여 계산한 상각액이 매년 균등하게 되도록 계산해야 한다. 이 경우 어선의 내용연수 및 잔존가치율은 다음과 같이 하되, 어선의 유지 · 관리 상태를 고려하여 이를 단축 · 축소할 수 있다.

선질별	내용연수(년)	잔존가치율(%)
강선	25	20
F.R.P.선	20	10
목선	15	10

(다) 판매관리비 중 판매수수료는 해당 어선의 주된 양륙지 또는 어업장이 속한 지역에 있는 수산업협동조합의 위판수수료율을 적용한다.

(3) 생산관리비 중 소모품비와 감가상각비의 적용대상 구분은 내용연수를 기준으로 하여 내용연수가 1년 이상인 것은 감가상각비로, 1년 미만인 것은 소모품비로 한다.

(4) 수산 관련 법령에서 규정하고 있는 수산종자 살포, 시설물의 철거 등 어업자의 의무사항은 어장면적 및 경영규모 등을 고려하여 적정하게 계산해야 한다.

(5) 산출된 경비가 일시적인 요인으로 통상적인 경우보다 변동폭이 1.5배 이상이 되어 이를 적용하는 것이 불합리하다고 판단되면 인근 비슷한 규모의 같은 종류의 어업(같은 종류의 어업이 없는 경우에는 비슷한 어업) 2개 이상을 조사하여 평균치를 적용할 수 있다.

(6) 어업생산주기가 1년 이상 걸리는 경우 수산종자 구입비, 사료비, 어장관리비 및 판매관리비 등 생산주기와 연계되는 경비항목에 대해서는 생산주기로 나누어 연간 평균 어업경비를 계산해야 한다. 이 경우 생산주기는 국립수산과학원의 관할 연구소와 협의하여 정한다.

나. 면허어업, 허가어업 및 신고어업의 손실액 산출방법에서 "어선 · 어구 또는 시설물의 잔존가액"이란 보상액의 산정을 위한 평가시점 현재를 기준으로 하여 「감정평가 및 감정평가사에 관한 법률」에 따른 평가방법 및 기준에 따라 평가한 어선 · 어구 또는 시설물의 잔존가액을 말한다. 다만, 해당 잔존가액은 보상을 받으려는 자가 어선 · 어구 또는 시설물을 재사용하는 등의 사유로 보상을 신청하지 않으면 손실액 산출에서 제외한다.

다. 면허어업, 허가어업 및 신고어업의 손실액산출방법에서 "통상의 고정적 경비"란 어업의 정지기간 중 또는 어선의 계류기간 중에 해당 시설물 또는 어선 · 어구를 유지 · 관리하기 위하여 통상적으로 발생하는 경비를 말한다.

3. 어업별 손실액의 산출방법 및 산출기준 등에 따른 어업별 손실액의 산출에 대한 예외로서 다음 각 목의 어느 하나에 해당하는 정당한 사유가 없음에도 불구하고 어업실적이 없어 제1호 및 제2호의 어업별 손실액의 산출방법 및 산출기준 등에 따라 어업별 손실액을 산출할 수 없는 경우의 어업별 손실액은 어업의 면허 · 허가 또는 신고에 든 인지세 · 등록세 등 모든 경비와 해당 어업의 어선 · 어구 또는 시설물의 매각이나 이전에 따른 손실액으로 한다.

가. 법 제34조제1항제1호부터 제6호까지 및 제35조제6호(법 제34조제1항제1호부터 제6호까지의 규정에 해당하는 경우로 한정한다)에 해당하는 사유로 면허 · 허가

를 받거나 신고한 어업을 처분하여 어업실적이 없는 경우. 다만, 법 제81조제1항제1호 단서에 따라 보상대상에서 제외되는 법 제34조제1항제1호부터 제3호까지의 규정(법 제49조제1항 및 제3항에 따라 준용되는 경우를 포함한다)에 해당하는 사유로 허가를 받거나 신고한 어업이 제한되는 경우는 제외한다.

나. 그 밖에 법 제30조에 따른 휴업, 태풍 피해 복구 등 정당한 사유가 있는 경우

4. 어업별 손실액의 산출기관 등

가. 어업별 손실액의 산출기관

1) 보상의 원인이 되는 처분을 한 행정기관: 제66조제1항에 따라 보상을 받으려는 자가 제출한 서류로 어업별 손실액을 계산할 수 있는 경우

2) 전문기관: 제66조제1항에 따라 보상을 받으려는 자가 제출한 서류로 어업별 손실액을 계산할 수 없는 경우

나. 전문기관에 의한 손실액의 산출 등

1) 행정관청은 제66조제1항에 따른 서류로 손실액을 계산할 수 없으면 피해의 범위와 정도에 대하여 해양수산부장관이 지정하는 수산에 관한 전문조사 · 연구기관 또는 교육기관으로 하여금 손실액 산출을 위한 용역조사를 하게 한 후 그 조사결과를 토대로 「감정평가 및 감정평가사에 관한 법률」에 따른 2명 이상의 감정평가사에게 손실액의 평가를 의뢰하되, 법 제81조제2항에 따라 보상액을 부담할 수익자가 있으면 수익자에게 용역조사 및 손실액 평가를 의뢰하게 할 수 있다. 다만, 지정된 손실액조사기관으로부터 조사 신청이 없는 경우 등 용역조사를 할 수 없는 부득이한 경우에는 감정평가사에게 용역조사 및 손실액 평가를 함께 의뢰할 수 있다.

2) 1)에 따라 용역조사나 손실액 평가를 의뢰받은 자(이하 "조사평가자"라 한다)는 신뢰성 있는 어업경영에 관한 증거자료나 인근 같은 종류의 어업의 생산실적 등을 조사하거나 평가하여 손실액을 계산해야 한다.

3) 조사 · 평가를 의뢰한 행정관청 또는 수익자는 손실액 산정의 적정성을 확인하

기 위하여 필요하면 조사평가자에게 조사 또는 평가에 관련된 증거자료 및 보완자료의 제출을 요구할 수 있다. 이 경우 조사평가자는 요구한 자료를 지체 없이 제출해야 한다.

4) 조사 · 평가를 의뢰한 행정관청 또는 수익자는 조사평가자의 조사 또는 평가 결과가 관계 법령을 위반하여 조사 또는 평가되었거나 부당하게 조사 또는 평가되었다고 인정하면 해당 조사평가자에게 그 사유를 밝혀 다시 조사 또는 평가를 의뢰할 수 있으며, 조사평가자의 조사 또는 평가 결과가 적정한 것으로 인정할 수 없는 특별한 사유가 있으면 다른 조사평가자에게 손실액의 조사 또는 평가를 다시 의뢰할 수 있다. 이 경우 보상액의 산정은 다시 평가한 손실액의 산술평균치를 기준으로 한다.

5) 1) 및 4)에 따른 용역조사 및 평가에 드는 경비는 법 제81조에 따라 보상의 책임이 있는 자가 부담해야 한다.

6) 해양수산부장관은 1)에 따라 지정한 수산에 관한 전문조사연구기관 또는 교육기관이 다음의 어느 하나에 해당하면 그 지정을 취소할 수 있다. 이 경우 지정이 취소된 기관은 그 취소가 있는 날부터 3년 이내에는 다시 손실액 산출을 위한 용역기관으로 지정받을 수 없다.

가) 거짓이나 그 밖의 부정한 방법으로 지정을 받았거나 조사를 한 경우

나) 조사자료를 제출하지 않았거나 그 내용이 부실한 경우

7) 해양수산부장관은 1) 또는 6)에 따라 용역조사기관을 지정하거나 그 지정을 취소한 경우에는 그 사실을 관보에 고시해야 한다.

8) 1) 및 4)에 따라 손실액 산출에 관한 조사 또는 평가를 의뢰받은 조사평가자나 조사평가를 의뢰한 수익자는 조사 및 평가에 필요한 범위에서 행정관청, 어선의 입항 · 출항 신고기관, 수산업협동조합 등에 관련 서류의 열람 · 발급을 요청할 수 있으며, 요청을 받은 행정관청 등은 특별한 사유가 없으면 그 요청에 따라야 한다.

9) 8)에 따라 조사평가자 또는 수익자가 행정관청에 서류의 열람 · 발급을 의뢰할 때에는 다음 각 호의 사항을 적은 의뢰서를 제출해야 한다.

가) 의뢰자의 주소 · 성명 또는 명칭

나) 열람하거나 발급받으려는 목적

다) 열람하거나 발급받으려는 내용

라) 열람 · 발급이 필요한 서류 또는 공문서의 종류 및 수량

10) 1)부터 7)까지에서 규정한 사항 외에 용역조사 및 손실액 평가의 의뢰절차 등 에 관하여 필요한 사항은 해양수산부장관이 정하여 고시한다.

3. 보상액 상한

보상액은「수산업법 시행령」별표 4에 따른 어업권 · 허가어업 또는 신고어업이 취소되거나 어업면허의 유효기간이 연장되지 아니하는 경우의 보상액을 초과하지 못한다(토지보상법 시행규칙 제63조 제2항).

4. 보상제외자

공익사업의 시행으로 손실을 입었다고 주장하는 자가 보상을 받을 권리를 가졌는지 여부는 해당 공익사업의 시행당시를 기준으로 판단한다.

따라서 사업인정고시일 등 이후에 어업권의 면허를 받은 자 또는 어업의 허가를 받거나 신고를 한 자는 보사대상자가 아니다(토지보상법 시행규칙 제63조 제3항).

제7장 공익사업시행지구 밖의 영업손실에 대한 보상

1. 보상방법

공익사업시행지구 밖에서 제45조에 따른 영업손실의 보상대상이 되는 영업을 하고 있는 자가 공익사업의 시행으로 인하여 다음의 어느 하나에 해당하는 경우에는 그 영업자의 청구에 의하여 당해 영업을 공익사업시행지구에 편입되는 것으로 보아 보상하여야 한다(토지보상법 시행규칙 제64조 제1항).

가. 배후지의 3분의 2 이상이 상실되어 그 장소에서 영업을 계속할 수 없는 경우

여기서 배후지란 해당 영업의 고객이 소재하는 지역을 의미하므로 공익사업의 시행 후에도 해당 영업의 고객이 소재하는 지역이 그대로 남아 있는 상태에서 그 고객이 공익사업의 시행으로 설치된 시설 등을 이용하고 사업자가 제공하는 시설이나 용역 등은 이용하지 않게 되었다는 사정은 배후지의 상실에 해당하지 아니한다. 또한, 여기서 배우지의 3분의 2 이상이 상실되어 그 장소에서 영업을 계속할 수 없는 경우 원칙적으로 폐업으로 본다.

【판시사항】

'배후지'의 의미 및 공공사업 시행지구 밖에서 영업을 영위하던 사업자에게 공공사업 시행 후에도 그 영업의 고객이 소재하는 지역이 그대로 남아 있는 상태에서 고객이 공공사업 시행으로 설치된 시설 등을 이용하고 사업자가 제공하는 시설이나 용역은 이용하지 않게 되었다는 사정이 '배후지 상실'에 해당하는지 여부(대법원 2013. 6. 14. 선고 2010다9685 판결)

【판결요지】

구 공공용지의 취득 및 손실보상에 관한 특례법 시행규칙(2002. 12. 31. 건설교통부령 제344호 공익사업을 위한 토지 등의 취득 및 보상에 관한 법률 시행규칙 부칙 제2조로 폐지) 제23조의5는 "공공사업 시행지구 밖에서 관계 법령에 의하여 면허 또는 허가 등을 받거나 신고를 하고 영업을 하고 있는 자가 공공사업의 시행으로 인하여 그 배후지의 3분의 2 이상이 상실되어 영업을 할 수 없는 경우에는 제24조 및 제25조의 규정에 의하여 그 손실액을 평가하여 보상한다."고 규정하고 있다. 여기서 '배후지'란 '당해 영업의 고객이 소재하는 지역'을 의미한

다고 풀이되고, 공공사업 시행지구 밖에서 영업을 영위하여 오던 사업자에게 공공사업의 시행 후에도 당해 영업의 고객이 소재하는 지역이 그대로 남아 있는 상태에서 그 고객이 공공사업의 시행으로 설치된 시설 등을 이용하고 사업자가 제공하는 시설이나 용역 등은 이용하지 않게 되었다는 사정은 여기서 말하는 '배후지의 상실'에 해당한다고 볼 수 없다.

나. 진출입로의 단절, 그 밖의 부득이한 사유로 인하여 일정한 기간 동안 휴업하는 것이 불가피한 경우

2. 보상대상

영업손실의 보상이 되기 위해서는 사업인정고시일 등 전부터 적법한 장소에서 인적 · 물적시설을 갖추고 계속적으로 행하고 있는 영업으로서 그러한 영업을 행함에 있어서 관계법령에 의한 허가 등을 필요로 하는 경우에는 사업인정고시일 등 전에 허가 등을 받아 그 내용대로 행하고 있는 영업이어야 한다. 어업의 경우에도 위와 같은 요건에 충족하여 관계법령 등에 의해 허가 · 면허 · 신고 등을 필요로 하는 경우에는 당해 허가 등을 받아 그 허가 등을 받은 내용대로 행하고 있는 영업이면 되므로 허가 · 면허 · 신고 등을 필요로 하지 아니하는 자유영업도 그 대상이 된다.

3. 보상금 환수

사업시행자는 영업자가 보상을 받은 이후에 그 영업장소에서 영업이익을 보상받은 기간 이내에 동일한 영업을 하는 경우에는 실제 휴업기간에 대한 보상금을 제외한 영업손실에 대한 보상금을 환수하여야 한다(토지보상법 시행규칙 제64조 제2항). 이때 환수되는 보상금은 실제 휴업기간만을 고려하고 영업기간 동안의 영업이익 감소 여부 등은 고려하지 않는다.

제8장 공익사업시행지구 밖의 농업의 손실에 대한 보상

경작하고 있는 농지의 3분의 2 이상에 해당하는 면적이 공익사업시행지구에 편입됨으로 인하여 당해지역(영 제26조제1항 각호의 1의 지역을 말한다)에서 영농을 계속할 수 없게 된 농민에 대하여는 공익사업시행지구 밖에서 그가 경작하고 있는 농지에 대하여도 제48조제1항 내지 제3항 및 제4항제2호의 규정에 의한 영농손실액을 보상하여야 한다(토지보상법 시행규칙 제65조). 여기서 경작하고 있는 농지 및 농민은 영농보상 및 농기구보상의 내용을 준용하며, 영농을 계속할 수 없게 되었는지의 여부는 경제적인 관점에서 판단하여야 한다.

제2편
토지보상법상의 재결절차

Ⅰ. 수용재결절차 일반

1. 수용재결 및 보상재결의 개념

가. 수용재결

수용재결은 공익사업에 필요한 토지 등을 취득함에 있어서 토지보상법상에 따른 수용재결절차를 거치는 경우, 재결에 의하여 토지 등을 수용함에 상응하는 토지 등에 대한 손실보상금 결정도 함께 이루어지므로 수용과 손실보상이 재결에 함께 포함된다.

나. (손실)보상재결

보상재결은 토지의 취득을 전제로 하지 않은 손실보상의 문제가 발생하는 경우, 이에 대한 재결은 위와 같은 수용재결과 구분하여 별도로 보상재결이라 하는데, 토지보상법 및 개별법에서는 이에 대한 절차를 규정하고 있다. 한편, 수용재결신청은 사업시행자만이 신청할 수 있으나 손실보상재결신청은 손실을 입은 토지소유자 등도 관할 토지수용위원회에 재결을 신청할 수 있다.

다. 손실보상 청구방법

손실보상청구는 법률에 명시된 사항만 청구가 가능하고 당해 법률에 손실보상에 대해 명시되지 아니한 사항은 민사소송 등을 제기하여 구제받아야 한다. 이때 손실보상청구권의 소멸시효는 토지보상법을 준용하는 경우에는 손실이 있는 것을 안 날부터 1년이 지나거나 손실이 발생한 날부터 3년이 지난 후에는 이를 청구할 수 없으며, 해당 법률에 토지보상법을 준용하는 규정이 없는 경우 국가재정법 제96조 또는 지방재정법 제82조의 규정에 의거하여 5년 또는 민법 제162조에 따라 10년간 행사하지 아니하면 소멸시효가 완성된다.

2. 수용재결의 효과

가. 사업시행자

(1) 토지 등에 대한 소유권 취득

수용재결이 되어 보상금을 지급하거나 공탁하면 사업시행자는 토지수용위원회가 정한 수용시기에 그 토지 등에 대한 소유권을 취득하게 되고 그 토지 등에 있던 다른 권리는 소멸하게 된다.

(2) 보상금 지급의무

사업시행자는 토지수용위원회에서 정한 보상금을 수용의 개시 일까지 토지소유자에게 지급하여야 하고 토지소유자가 보상금 수령을 거부할 때에는 이를 공탁할 수 있다. 만약 사업시행자가 수용의 개시 일까지 보상금을 지불하거나 공탁하지 아니하면 그 수용 재결은 효력을 잃게 되며 보상금을 공탁할 경우에도 공탁서에 반대급부조건을 기재하였을 때에는 그 공탁은 무효가 됨에 유의하여야 한다.

나. 토지소유자

(1) 토지소유자의 권리, 의무 등

수용재결이 되면 그 효과로서 토지소유자는 토지수용위원회에서 정한 보상금을 사업시행자로부터 받을 권리가 생긴다.

(2) 토지 등의 인도와 이전의무

사업시행자가 수용시기까지 토지소유자에게 보상금을 지급하거나 공탁을 하게되면 토지소유자는 수용된 토지나 물건을 사업시행자에게 인도하거나 이전할 의무를 진다. 만일, 토지소유자가 수용시기가 지난 후에도 임의로 물건의 인도나 이전을 거부할 경우 사업시행자는 시 · 도지사 또는 시장 · 군수 · 구청장 등에게 행정대집행을 신청할 수 있다.

3. 수용재결에 대한 구제절차

가. 재결 전 구제절차 - 사업시행자에 대한 수용재결신청 청구

(1) 수용재결신청 청구

토지보상법 상 수용재결 신청은 사업시행자만이 할 수 있도록 되어 있다. 따라서 만약, 사업시행자가 고의로 수용재결신청을 지연시킴으로 인하여 토지소유자가 불의측의 손해를 보게 되는 일이 없도록 토지소유자는 사업시행자에 대하여 조속히 수용재결신청 할 것을 청구할 수 있다.

(2) 재결신청 청구의 절차

토지소유자 등의 재결신청 청구는 사업시행자가 제시한 보상협의 기간을 경과하여야 할 수 있으며, 사업시행자가 토지소유자로부터 재결신청 청구를 받게되면 그 청구를 받은 날로부터 60일 이내에 관할 토지수용위원회에 수용재결 신청을 하여야 한다.

(3) 재결신청 청구의 효과

사업시행자가 재결신청 청구를 받고도 재결 신청을 지연하게 되면 재결신청 청구서를 받은 날을 기준하여 60일이 경과된 날로부터 지체된 기간에 대하여 관계 법령에서 정하는 해당 이자액을 보상금에 가산하여 지급하게 된다.

(4) 토지소유자의 잔여지 수용청구

토지소유자 또는 건물소유자는 수용재결신청 청구 후 토지의 일부가 수용되고 남는 잔여토지가 종래의 목적대로 이용이 곤란하거나 건물의 일부가 철거되어 잔여부분으로는 종래의 용도로 사용이 곤란할 때에는 그 토지나 건물 전부에 대한 수용을 청구할 수 있으며 토지수용위원회에서는 청구내용을 검토하여 가 · 부를 결정하게 된다.

나. 재결 후 구제절차 - 이의신청, 행정소송

손실의 보상은 손실을 입은 토지소유자 등이 사업시행자 또는 당해 처분을 한 행정청과 그 손실에 대하여 협의하여 결정하되, 만일 협의가 성립되지 아니하거나 협의를 할 수 없는 경우에는 관할 토지수용위원회에 손실보상재결을 신청할 수 있으며, 또한 토지소유자 등이 위 재결에 불복할 경우에는 이의신청[267] 또는 행정소송을 제기할 수 있다. 이때 개별법에서 토지보상법을 준용한다는 규정이 있으면 손실보상재결에 대해 불복할 경우 이의신청재결도 가능하나 준용규정이 없는 경우에는 곧바로 행정소송을 제기하여야 한다.[268]

267) 특히, 지방토지수용위원회의 재결에 대해 이의신청을 하고자 하는 경우 반드시 수용재결을 한 지방토지수용위원회에 이의신청서를 제출하여야 하고 그 지방토지수용위원회는 제출된 이의 신청서를 중앙토지수용위원회에 이송하게 됨에 유의하여야 한다.

268) 수용재결에 대하여 이의가 있는 토지소유자는 수용재결서를 받은 날부터 30일 이내에 중앙토지수용위원회에 이의신청을 할 수 있으며, 이의신청과 관계없이 수용재결서를 받은 날부터 60일 이내에 관할 법원에 행정소송을 제기할 수 있다.

참고로, 이의신청은 보상금을 수령하거나 공탁금을 수령한 후에도 제기할 수 있다. 하지만 이 경우에는 반드시 수용보상금 청구서나 공탁금 출급청구서에 '이의를 유보하고 보상금의 일부로 수령한다.'라는 조건을 달고 보상금을 수령하여야 하며, 만약 조건 없이 보상금을 수령하고 이의신청을 하게 되면 그 이의신청은 각하됨에 특별히 유념하여야 한다.

Ⅱ. 주요 법률상 보상재결관련 규정

1. 토지보상법상 보상재결 규정

가. 사업 준비를 위한 출입의 허가 등

사업시행자는 공익사업을 준비하기 위하여 타인이 점유하는 토지에 출입하여 측량 · 조사함으로써 발생하는 손실을 보상하여야 한다. 이에 따른 손실의 보상은 손실이 있음을 안 날부터 1년이 지났거나 손실이 발생한 날부터 3년이 지난 후에는 청구할 수 없다. 이때 손실의 보상은 사업시행자와 손실을 입은 자가 협의하여 결정하는데, 만일 협의가 성립되지 아니하면 사업시행자나 손실을 입은 자는 관할 토지수용위원회에 재결을 신청할 수 있다(토지보상법 제9조 4,5,6항).

나. 장해물 제거 등

사업시행자는 타인이 점유하는 토지에 출입하여 측량 또는 조사를 함에 따라 장해물 제거 등을 함으로써 발생하는 손실을 보상하여야 하며, 이에 따른 손실보상에 관하여는 토지보상법 제9조제5항부터 제7항까지의 규정을 준용한다(토지보상법 제12조).

다. 사업의 폐지 및 변경

사업시행자는 사업인정고시가 된 후 사업의 전부 또는 일부를 폐지 · 변경함으로 인하여 토지소유자 또는 관계인이 입은 손실을 보상하여야 하며, 이에 따른 손실보상에 관하여는 토지보상법 제9조 제5항부터 제7항까지의 규정을 준용한다(토지보상법 제24조).

라. 토지 및 물건에 관한 조사권 등

사업시행자는 타인이 점유하는 토지에 출입하여 측량 · 조사함으로써 발생하는 손실(감정평가업자가 제1항 제2호에 따른 감정평가를 위하여 측량 · 조사함으로써 발생하는 손실을 포함한다)을 보상하여야 하며, 이에 따른 손실보상에 관하여는 토지보상법 제9조 제5항부터 제7항까지의 규정을 준용한다(토지보상법 제27조

마. 천재지변 시의 토지의 사용)

사업시행자는 천재지변이나 그 밖의 사변으로 인하여 공공의 안전을 유지하기 위한 공익사업을 긴급히 시행할 필요가 있을 시, 시장 · 군수 등의 허가를 받아 타인의 토지를 사용함으로써 발생하는 손실을 보상하여야 하며, 이에 따른 손실보상에 관하여는 토지보상법 제9조 제5항부터 제7항까지의 규정을 준용한다(토지보상법 제38조).

바. 잔여지 등의 매수 및 수용 청구

동일한 소유자에게 속하는 일단의 토지의 일부가 협의에 의하여 매수되거나 수용됨으로 인하여 잔여지를 종래의 목적에 사용하는 것이 현저히 곤란할 때에는 해당 토지소유자는 사업시행자에게 잔여지를 매수하여 줄 것을 청구할 수 있으며, 사업인정 이후에는 관할 토지수용위원회에 수용을 청구할 수 있다. 이 경우 수용의 청구는 매수에 관한 협의가 성립되지 아니한 경우에만 할 수 있으며, 그 사업의 공사완료일까지 하여야 하며 이에 따른 매수 또는 수용의 청구가 있는 잔여지 및 잔여지에 있는 물건에 관하여 권리를 가진 자는 사업시행자나 관할 토지수용위원회에 그 권리의 존속을 청구할 수 있다. 이때 잔여지 및 잔여지에 있는 물건에 대한 구체적인 보상액 산정 및 평가방법 등에 대하여는 토지보상법 제70조, 제75조, 제76조, 제77조 및 제78조제4항부터 제6항까지의 규정을 준용한다(토지보상법 제74조).

사. 그 밖의 토지에 관한 비용보상 등

(1) 사업시행자는 공익사업의 시행으로 인하여 취득하거나 사용하는 토지(잔여지를 포함한다) 외의 토지에 통로 · 도랑 · 담장 등의 신설이나 그 밖의 공사가 필요할 때에는 그 비용의 전부 또는 일부를 보상하여야 하며, 이에 따른 비용 또는 손실의 보상에 관하여는 토지보상법 제73조 제2항을 준용한다. 다만, 그 토지에 대한 공사의 비용이 그 토지의

가격보다 큰 경우에는 사업시행자는 그 토지를 매수할 수 있는데, 이에 따른 토지의 취득에 관하여는 토지보상법 제73조 제3항을 준용한다.

(2) 또한, 공익사업이 시행되는 지역 밖에 있는 토지 등이 공익사업의 시행으로 인하여 본래의 기능을 다할 수 없게 되는 경우에는 그 손실을 보상하여야 하며, 이에 따른 보상이 필요하다고 인정하는 경우에는 보상계획을 공고할 때에 보상을 청구할 수 있다는 내용을 포함하여 공고하거나 전국을 보급지역으로 하는 일간신문에 공고하는 방법으로 보상에 관한 계획을 공고하여야 한다. 이에 따른 비용 또는 손실의 보상에 관하여는 토지보상법 제73조 제2항을 준용하며, 나아가 이에 따라 취득하는 토지에 대한 구체적인 보상액 산정 및 평가 방법 등에 대하여는 토지보상법 제70조, 제75조, 제76조, 제77조 및 제78조 제4항부터 제6항까지의 규정을 준용한다(토지보상법 제79조).

아. 손실보상의 협의 · 재결

토지보상법 제79조 제1항 및 제2항에 따른 비용 또는 손실이나 토지의 취득에 대한 보상은 사업시행자와 손실을 입은 자가 협의하여 결정하되, 협의가 성립되지 아니하였을 때에는 사업시행자나 손실을 입은 자는 대통령령으로 정하는 바에 따라 관할 토지수용위원회에 재결을 신청할 수 있다(토지보상법 제80조).

2. 하천법상 보상재결 규정

하천법 제7조(하천의 구분 및 지정)

① 하천은 국가하천과 지방하천으로 구분한다.

② 국가하천은 국토보전상 또는 국민경제상 중요한 하천으로서 다음 각 호의 어느 하나에 해당하여 국토교통부장관이 그 명칭과 구간을 지정하는 하천을 말한다.

1. 유역면적 합계가 200제곱킬로미터 이상인 하천
2. 다목적댐의 하류 및 댐 저수지로 인한 배수영향이 미치는 상류의 하천
3. 유역면적 합계가 50제곱킬로미터 이상이면서 200제곱킬로미터 미만인 하천으

로서 다음 각 목의 어느 하나에 해당하는 하천

가. 인구 20만명 이상의 도시를 관류(貫流)하거나 범람구역 안의 인구가 1만명 이상인 지역을 지나는 하천

나. 다목적댐, 하구둑 등 저수량 500만세제곱미터 이상의 저류지를 갖추고 국가적 물 이용이 이루어지는 하천

다. 상수원보호구역, 국립공원, 유네스코생물권보전지역, 문화재보호구역, 생태 · 습지보호지역을 관류하는 하천

라. 삭제 [2018.8.14] [[시행일 2019.2.15]]

4. 범람으로 인한 피해, 하천시설 또는 하천공작물의 안전도 등을 고려하여 대통령령으로 정하는 하천

③ 지방하천은 지방의 공공이해와 밀접한 관계가 있는 하천으로서 시 · 도지사가 그 명칭과 구간을 지정하는 하천을 말한다.

④ 국토교통부장관은 제2항에 따라 국가하천을 지정하려는 경우에는 관계 중앙행정기관의 장과 협의한 후 「수자원의 조사 · 계획 및 관리에 관한 법률」 제29조에 따른 국가수자원관리위원회(이하 "국가수자원관리위원회"라 한다)의 심의를, 시 · 도지사가 제3항에 따라 지방하천을 지정하려는 경우에는 같은 법 제32조에 따른 지역수자원관리위원회(이하 "지역수자원관리위원회"라 한다)의 심의를 거쳐야 한다. 지정을 변경하거나 해제하는 경우에도 또한 같다.

⑤ 국토교통부장관이 지방하천을 국가하천으로 지정한 때에는 지방하천의 지정은 그 효력을 잃는다.

⑥ 국토교통부장관 또는 시 · 도지사가 제2항 또는 제3항에 따라 국가하천 또는 지방하천으로 지정하거나 지정을 변경 또는 해제하는 경우에는 국토교통부령으로 정하는 바에 따라 이를 고시하고, 관계 서류를 관계 시장 · 군수 또는 구청장(자치구의 구청장을 말한다. 이하 같다)에게 보내야 하며, 시장 · 군수 또는 구청장은 관계 서류를 일반인이 볼 수 있도록 하여야 한다.

⑦ 2 이상의 하천이 합류되거나 분기되는 지점에서의 하천 구간의 경계는 하천관리청이 정하되, 하천관리청이 서로 다른 경우에는 관계 하천관리청이 협의하여 정한다.

가. 하천 편입토지 손실보상

(1) 타인의 토지에의 출입 등

국토교통부장관, 환경부장관, 하천관리청, 국토교통부장관 · 환경부장관 · 하천관리청으로부터 명령이나 위임 · 위탁을 받은 자 또는 국토교통부장관 · 하천관리청의 하천공사를 대행하는 자는 하천공사, 하천에 관한 조사 · 측량, 그 밖에 하천관리를 위하여 필요한 경우에는 타인의 토지에 출입하거나 특별한 용도로 이용되지 아니하고 있는 타인의 토지를 재료적치장 · 통로 또는 임시도로로 일시 사용할 수 있으며 부득이한 경우에는 죽목 · 토석, 그 밖의 장애물을 변경하거나 제거할 수 있다(하천법 제75조).[269] 이에 따른 처분이나 제한으로 손실을 입은 자가 있거나 하천관리청이 시행하는하천공사로 손실을 입은 자가 있는 때에는 국토교통부장관 또는 환경부장관이 행한 처분이나 공사로 인한 것은 국고에서, 시 · 도지사가 행한 처분이나 공사로 인한 것은 해당 시 · 도에서 그 손실을 보상하여야 하며(하천법 제76조), 손실보상을 함에 있어서 이 법에 규정된 것을 제외하고는「공익사업을 위한 토지 등의 취득 및 보상에 관한 법률」을 준용한다.

이에 따른 손실을 보상함에 있어서는 국토교통부장관 또는 환경부장관, 시 · 도지사는 손실을 입은 자와 협의하여야 하며, 협의가 성립되지 아니하거나 협의를 할 수 없는 때에는 토지수용위원회에 재결을 신청할 수 있다.

(2) 감독처분으로 인한 손실보상

하천관리청 또는 환경부장관의 처분으로 생긴 손실과 국토교통부장관의 처분으로 생긴 손실 또는 국토교통부장관의 명령에 따라 하천관리청이 그 처분을 취소 또는 변경함으로 생긴 손실의 보상에 관하여 준용하며, 이 경우 해당 손실이 하천법 제70조 제1항 제2호 및 제4호에 따른 처분으로 생긴 것인 때에는 하천관리청 또는 환경부장관은 그 공사 또는 사업에 관한

---

269) 이에 따라 타인의 토지에 출입하려는 자는 출입할 날의 3일 전까지 그 토지의 소유자 또는 점유자나 관리인에게 그 일시와 장소를 통지하여야 한다. 타인의 토지에 출입하려는 자는 그 권한을 나타내는 증표를 지니고 이를 관계인에게 내보여야 하며, 일출 전 · 일몰 후에는 그 토지의 점유자의 승낙 없이 택지 또는 울타리나 담장으로 둘러싸인 타인의 토지에 출입하여서는 아니 된다. 또한, 타인의 토지를 재료적치장 · 통로 또는 임시도로로 일시 사용하거나 죽목 · 토석, 그 밖의 장애물을 변경 또는 제거하려는 자는 미리 그 소유자 또는 점유자나 관리인의 동의를 얻어야 한다. 다만, 그 소유자 또는 점유자나 관리인의 주소 또는 거소를 알 수 없거나 동의를 얻을 수 없는 때에는 관할 시장 · 군수 · 구청장의 허가를 받아야 한다.

비용을 부담하는 자에 대하여 그 손실의 전부 또는 일부를 보상하게 할 수 있다(하천법 제77조).

나. 공익을 위한 처분 등으로 인한 손실보상

(1) 하천점용에 대한 손실보상의 협의 등

하천점용허가로 손실을 받은 기득하천사용자가 있는 때에는 그 하천점용허가를 받은 자가 그 손실을 보상하여야 하며, 이에 따른 손실의 보상에 관하여는 하천점용허가를 받은 자와 기득하천사용자가 협의하여야 한다. 만일, 협의가 성립되지 아니하거나 협의를 할 수 없는 때에는 당사자는 관할 토지수용위원회에 재결을 신청할 수 있다.

한편, 하천점용에 대한 손실보상을 함에 있어서 이 법에 규정한 것을 제외하고는「공익사업을 위한 토지 등의 취득 및 보상에 관한 법률」을 준용한다(하천법 제35조).

(2) 공용부담 등으로 인한 손실보상

타인의 토지에의 출입 등에 따른 처분이나 제한으로 손실을 입은 자가 있거나 하천관리청이 시행하는 하천공사로 손실을 입은 자가 있는 때에는 국토교통부장관 또는 환경부장관이 행한 처분이나 공사로 인한 것은 국고에서, 시 · 도지사가 행한 처분이나 공사로 인한 것은 해당 시 · 도에서 그 손실을 보상하여야 하며, 이에 따른 손실을 보상함에 있어서는 손실을 입은 자와 협의하여야 한다. 만일, 협의가 성립되지 아니하거나 협의를 할 수 없는 때에는 관할 토지수용위원회에 재결을 신청할 수 있다. 한편, 공용부담 등으로 인한 손실보상을 함에 있어서 이 법에 규정된 것을 제외하고는「공익사업을 위한 토지 등의 취득 및 보상에 관한 법률」을 준용한다(하천법 제76조).

(3) 감독처분으로 인한 손실보상

제76조(공용부담으로 인한 손실보상)는 제70조(공익을 위한 처분 등)에 따른 하천관리청 또는 환경부장관의 처분으로 생긴 손실과 제71조(하천관리청에 대한 감독 등)에 따른 국토교통부장관의 처분으로 생긴 손실 또는 국토교통부장관의 명령에 따라 하천관리청이 그 처분을 취소 또는 변경함으로 생긴 손실의 보상에 관하여 준용하며, 이 경우 해당 손실이 하천법 제70조 제1항 제2호 및 제4호에 따른 처분으로 생긴 것인 때에는 하천관리청 또는 환경부장관은 그 공사 또는 사업에 관한 비용을 부담하는 자에 대하여 그 손실의 전부 또는 일부를 보상하게 할 수 있다(하천법 제77조).

(4) 재결의 신청

하천점용에 대한 손실보상의 협의가 성립되지 아니하거나 협의를 할 수 없어 관할 토지수용위원회에 손실보상에 관한 재결을 신청하려는 자는 다음의 사항을 재결신청서에 적어 관할 토지수용위원회에 제출하여야 한다(하천법 시행령 제40조).

(가) 재결신청인 및 상대방의 성명 · 주소

(나) 손실발생의 사실

(다) 협의과정에서 재결신청인이 제시 또는 요구한 손실보상액과 상대방이 제시한 손실보상액의 명세

(라) 협의의 경위

(마) 그 밖에 재결에 참고가 될 사항

3. 도로법상 보상재결 규정

가. 공익을 위한 처분

도로관리청은 다음의 어느 하나에 해당하는 경우 이 법에 따른 허가나 승인을 받은 자에게 제96조에 따른 처분[270]을 하거나 조치를 명할 수 있으며(도로법 제97조), 이에 따른 도로관리청의 처분으로 생긴 손실의 보상에 관하여는 도로법 제99조를 준용한다.

(1) 도로 상황의 변경으로 인하여 필요한 경우

(2) 도로공사나 그 밖의 도로에 관한 공사를 위하여 필요한 경우

(3) 도로의 구조나 교통의 안전에 대한 위해를 제거하거나 줄이기 위하여 필요한 경우

(4) 「공익사업을 위한 토지 등의 취득 및 보상에 관한 법률」 제4조에 따른 공익사업 등 공공의 이익이 될 사업을 위하여 특히 필요한 경우

---

270) 도로법 제96조(법령 위반자 등에 대한 처분) 도로관리청은 다음 각 호의 어느 하나에 해당하는 자에게 이 법에 따른 허가나 승인의 취소, 그 효력의 정지, 조건의 변경, 공사의 중지, 공작물의 개축, 물건의 이전, 통행의 금지 · 제한 등 필요한 처분을 하거나 조치를 명할 수 있다.
1. 제36조 · 제40조제3항 · 제46조 · 제47조 · 제49조 · 제51조 · 제52조 · 제61조 · 제73조 · 제75조 · 제76조 · 제77조 · 제106조제2항 또는 제107조를 위반한 자
2. 거짓이나 그 밖의 부정한 방법으로 제36조 · 제52조 · 제61조 · 제77조 또는 제107조에 따른 허가나 승인을 받은 자

나. 도로관리청에 대한 명령

다음의 어느 하나에 해당하면 일반국도, 특별시도 · 광역시도, 지방도 및 시도(특별자치시장이 도로관리청이 되는 시도로 한정한다)에 관하여는 국토교통부장관이, 시도(특별자치시장이 도로관리청이 되는 시도는 제외한다) · 군도 또는 구도에 관하여는 특별시장 · 광역시장 또는 도지사가 도로관리청에게 처분의 취소, 변경, 공사의 중지, 그 밖에 필요한 처분이나 조치를 할 것을 명할 수 있으며, 이에 따른 감독관청의 명령으로 도로관리청이 그의 처분을 취소 또는 변경하여 발생하는 손실의 보상에 관하여는 도로법 제99조를 준용한다. 또한 이에 따른 감독관청의 명령이 도로법 제98조 제1항 제3호에 해당하는 사유로 인한 것인 경우에는 그로 인한 손실에 대하여 도로관리청은 그 사업에 관한 비용을 부담하는 자에게 손실의 전부 또는 일부를 보상하도록 할 수 있다(도로법 제98조).

(1) 도로관리청이 한 처분이나 공사가 도로에 관한 법령이나 국토교통부장관이나 특별시장 · 광역시장 또는 도지사(이하 이 조에서 '감독관청'이라 한다)의 처분을 위반한 경우

(2) 도로의 구조를 보전하거나 교통의 위험을 방지하기 위하여 특히 필요하다고 인정되는 경우

(3) 「공익사업을 위한 토지 등의 취득 및 보상에 관한 법률」 제4조에 따른 공익사업 등 공공의 이익이 될 사업을 위하여 특히 필요하다고 인정되는 경우

다. 공용부담으로 인한 손실보상

도로법에 따른 처분이나 제한으로 손실을 입은 자가 있으면 국토교통부장관이 행한 처분이나 제한으로 인한 손실은 국가가 보상하고, 행정청이 한 처분이나 제한으로 인한 손실은 그 행정청이 속해 있는 지방자치단체가 보상하여야 하며, 이에 따른 손실의 보상에 관하여는 국토교통부장관 또는 행정청이 그 손실을 입은 자와 협의하여야 한다. 만일, 협의가 성립되지 아니하거나 협의를 할 수 없는 경우에는 대통령령으로 정하는 바에 따라 관할 토지수용위원회에 재결을 신청할 수 있다(도로법 제99조). 한편, 위의 내용에서 정한 것 외에 공용부담으로 인한 손실보상에 관하여는 「공익사업을 위한 토지 등의 취득 및 보상에 관한 법률」을 준용한다.

4. 도시개발법상 보상재결

가. 장애물 등의 이전과 제거

시행자는 환지 예정지를 지정하거나 제37조제1항에 따라 종전의 토지에 관한 사용 또는 수익을 정지시키는 경우나 대통령령으로 정하는 시설의 변경 · 폐지에 관한 공사를 시행하는 경우 필요하면 도시개발구역에 있는 건축물과 그 밖의 공작물이나 물건 및 죽목(竹木), 토석, 울타리 등의 장애물을 이전하거나 제거할 수 있다. 이 경우 시행자(행정청이 아닌 시행자만 해당한다)는 미리 관할 특별자치도지사 · 시장 · 군수 또는 구청장의 허가를 받아야 한다(도시개발법 제38조 제1항).

나. 타인 토지의 출입

도시개발사업의 시행자(제11조 제1항 각 호의 어느 하나에 해당하는 자[271])는 도시개발구역의 지정, 도시개

---

271) 도시개발법 제11조(시행자 등)

① 도시개발사업의 시행자(이하 "시행자"라 한다)는 다음 각 호의 자 중에서 지정권자가 지정한다. 다만, 도시개발구역의 전부를 환지 방식으로 시행하는 경우에는 제5호의 토지 소유자나 제6호의 조합을 시행자로 지정한다.

1. 국가나 지방자치단체
2. 대통령령으로 정하는 공공기관
3. 대통령령으로 정하는 정부출연기관
4. 「지방공기업법」에 따라 설립된 지방공사
5. 도시개발구역의 토지 소유자(「공유수면 관리 및 매립에 관한 법률」 제28조에 따라 면허를 받은 자를 해당 공유수면을 소유한 자로 보고 그 공유수면을 토지로 보며, 제21조에 따른 수용 또는 사용 방식의 경우에는 도시개발구역의 국공유지를 제외한 토지면적의 3분의 2 이상을 소유한 자를 말한다)
6. 도시개발구역의 토지소유자(「공유수면 관리 및 매립에 관한 법률」 제28조에 따라 면허를 받은 자를 해당 공유수면을 소유한 자로 보고 그 공유수면을 토지로 본다)가 도시개발을 위하여 설립한 조합(도시개발사업의 전부를 환지 방식으로 시행하는 경우에만 해당하며, 이하 "조합"이라 한다)
7. 「수도권정비계획법」에 따른 과밀억제권역에서 수도권 외의 지역으로 이전하는 법인 중 과밀억제권역의 사업 기간 등 대통령령으로 정하는 요건에 해당하는 법인
8. 「주택법」 제4조에 따라 등록한 자 중 도시개발사업을 시행할 능력이 있다고 인정되는 자로서 대통령령으로 정하는 요건에 해당하는 자(「주택법」 제2조제12호에 따른 주택단지와 그에 수반되는 기반시설을 조성하는 경우에만 해당한다)
9. 「건설산업기본법」에 따른 토목공사업 또는 토목건축공사업의 면허를 받는 등 개발계획에 맞게 도시개발사업을 시행할 능력이 있다고 인정되는 자로서 대통령령으로 정하는 요건에 해당하는 자

9의2. 「부동산개발업의 관리 및 육성에 관한 법률」 제4조제1항에 따라 등록한 부동산개발업자로서 대통령령으로 정하는 요건에 해당하는 자

10. 「부동산투자회사법」에 따라 설립된 자기관리부동산투자회사 또는 위탁관리부동산투자

발사업에 관한 조사 · 측량 또는 사업의 시행을 위하여 필요하면 타인이 점유하는 토지에 출입하거나 타인의 토지를 재료를 쌓아두는 장소 또는 임시도로로 일시 사용할 수 있으며, 특히 필요하면 장애물등을 변경하거나 제거할 수 있다(도시개발법 제64조 제1항).

다. 손실보상

도시개발법 제38조 제1항(「국토의 계획 및 이용에 관한 법률」 제56조제1항을 위반한 건축물에 대하여는 그러하지 아니하다)이나 제64조 제1항에 따른 행위로 손실을 입은 자가 있으면 시행자가 그 손실을 보상하여야 하며, 따른 보상의 기준에 관하여는「공익사업을 위한 토지 등의 취득 및 보상에 관한 법률」 제14조, 제18조, 제61조, 제63조부터 제65조까지, 제67조, 제68조, 제71조부터 제73조까지, 제75조, 제75조의2, 제76조, 제77조 및 제78조 제5항 · 제6항 · 제9항을 준용한다. 또한, 이에 따른 손실보상에 관하여는 그 손실을 보상할 자와 손실을 입은 자가 협의하여야 한다. 만일, 협의가 성립되지 아니하거나 협의를 할 수 없으면 관할 토지수용위원회에 재결을 신청할 수 있으며, 이에 따른 관할 토지수용위원회의 재결에 관하여는「공익사업을 위한 토지 등의 취득 및 보상에 관한 법률」 제83조 부터 제87조까지의 규정을 준용한다(도시개발법 제65조).

5. 건축법상 보상재결 규정

가. 기존의 건축물에 대한 안전점검 및 시정명령 등

특별자치시장 · 특별자치도지사 또는 시장 · 군수 · 구청장은 기존 건축물이 국가보안상 이유가 있거나 제4장(제40조부터 제47조까지)을 위반하여 대통령령으로 정하는 기준에 해당하면 해당 건축물의 철거 · 개축 · 증축 · 수선 · 용도변경 · 사용금지 · 사용제한, 그 밖에 필요한 조치를 명할 수 있으며, 이에 따라 필요한 조치를 명하면 정당한 보상을 하여야 한다(건축법 제81조).

회사로서 대통령령으로 정하는 요건에 해당하는 자

11. 제1호부터 제9호까지, 제9호의2 및 제10호에 해당하는 자(제6호에 따른 조합은 제외한다)가 도시개발사업을 시행할 목적으로 출자에 참여하여 설립한 법인으로서 대통령령으로 정하는 요건에 해당하는 법인

나. 손실보상

특별자치시장 · 특별자치도지사 또는 시장 · 군수 · 구청장이 보상하는 경우에는 기존의 건축물에 대한 안전점검 및 시정명령 등의 처분으로 생길 수 있는 손실을 시가(時價)로 보상하여야 한다(건축법 시행령 제116조). 이에 따른 보상금액에 관하여 협의가 성립되지 아니한 경우 특별자치시장 · 특별자치도지사 또는 시장 · 군수 · 구청장은 그 보상금액을 지급하거나 공탁하고 그 사실을 해당 건축물의 건축주에게 알려야 한다. 이 경우 그 건축주가 원하면 전자문서로 알릴 수 있다. 또한, 이에 따른 보상금의 지급 또는 공탁에 불복하는 자는 지급 또는 공탁의 통지를 받은 날부터 20일 이내에 관할 토지수용위원회에 재결(裁決)을 신청(전자문서로 신청하는 것을 포함한다)할 수 있다.

6. 개발제한구역의 지정 및 관리에 관한 법률상 보상재결 규정

특별시장 · 광역시장 · 특별자치시장 · 특별자치도지사 · 시장 또는 군수는 도시 · 군관리계획을 수립하려고 할 때에는 인구 · 경제 · 사회 · 문화 · 교통 · 환경 · 토지이용, 그 밖에 도시 · 군관리계획의 수립에 필요한 사항을 미리 조사하거나 측량하여야 한다. 또한, 국토교통부장관은 개발제한구역에 관한 정책의 수립, 개발제한구역의 효율적인 관리 등을 위하여 건축물, 토지의 소유 및 이용 등에 관한 실태를 조사할 수 있는데, 이에 따른 조사나 측량 등을 위하여 타인의 토지에 출입하거나 그에 따른 손실을 보상하는 경우에는 「국토의 계획 및 이용에 관한 법률」 제130조와 제131조를 준용한다(개발제한구역의 지정 및 관리에 관한 법률 제6조).

7. 국토의 계획 및 이용에 관한 법률상 보상재결 규정

국토교통부장관 등 시행자가 타인의 토지에 출입하거나 타인의 토지를 재료 적치장 또는 임시통로로 일시사용하거나 나무, 흙, 돌 그 밖의 장해물의 제거 변경 등으로 인하여 손실을 입은 자가 있으면 그 행위자가 속한 행정청이나 도시 · 군계획시설사업의 시행자가 그 손실을 보상하여야 하며, 이에 따른 손실 보상에 관하여는 그 손실을 보상할 자와 손실을 입은 자가 협의를 하되, 협의가 성립되지 아니하거나 협의를 할 수 없는 경우에는 관할 토지수용위원회에 재결을 신청할 수 있다. 이때, 관할 토지수용위원회의 재결에 관하여는 「공익사업을 위한 토지 등의 취득 및 보상에 관한 법률」 제83조부터 제87조까지의 규정을 준용한다(국토의 계획 및 이용에 관한 법률 제131조).

8. 농어촌도로정비법상 보상재결 규정

농어촌도로정비법에 따른 처분이나 제한으로 인하여 손실을 입은 자가 있으면 해당 군수가 그 손실을 보상하여야 하며, 이에 따른 손실 보상에 관하여는 해당 군수가 그 손실을 입은 자와 협의를 하되, 협의가 성립되지 아니할 때에는 해당 군수는 스스로 결정한 금액을 손실을 입은 자에게 지급하여야 한다. 이 경우 보상금에 관하여 불복하는 자는 보상금을 받은 날부터 30일 이내에 관할 토지수용위원회에 재결(裁決)을 신청할 수 있다(농어촌도로정비법 제28조).

9. 댐건설 및 주변지역 지원 등에 관한 법률상 보상재결 규정

댐건설사업시행자는 댐건설에 관한 조사 · 측량이나 댐건설을 위하여 필요한 때에는 타인의 토지에 출입하거나 타인의 토지를 일시 사용할 수 있으며, 특히 필요한 때에는 나무, 토석(土石) 또는 그 밖의 장애물을 변경하거나 제거할 수 있다. 이에 따른 행위로 손실을 입은 자가 있을 때에는 댐건설사업시행자는 그 손실을 보상하여야 하며, 손실보상에 관하여는 댐건설사업시행자와 손실을 입은 자가 협의를 하되, 협의가 성립되지 아니하거나 협의할 수 없는 경우에는 관할 토지수용위원회에 재결(裁決)을 신청할 수 있다(댐건설 및 주변지역 지원 등에 관한 법률 제10조).

10. 도시공원 및 녹지 등에 관한 법률

특별시장 · 광역시장 · 특별자치시장 · 특별자치도지사 · 시장 또는 군수는 ⅰ) 사정의 변경으로 인하여 허가받은 사항의 이행이나 도시공원 또는 녹지에 관한 사업의 계속시행이 곤란하게 된 경우, ⅱ) 다른 도시 · 군계획시설사업(「국토의 계획 및 이용에 관한 법률」 제2조제10호에 따른 도시 · 군계획시설사업을 말하며, 지하 또는 공중에 설치하는 경우만 해당한다)의 시행을 위하여 필요한 경우의 어느 하나에 해당하는 경우에는 제24조제1항, 제27조제1항 단서 또는 제38조제1항에 따른 허가를 받은 자에게 제45조에 따른 처분을 할 수 있다.

이에 따른 처분으로 인하여 손실을 입은 자가 있을 때에는 처분을 한 특별시장 · 광역시장 · 특별자치시장 · 특별자치도지사 · 시장 또는 군수가 그 손실을 보상하여야 한다. 이 경우 그 손실이 제1항 제2호에 따른 처분으로 인한 것일 때에는 특별시장 · 광역시장 · 특별자치시장 · 특별자치도지사 · 시장 또는 군수는 그 도시 · 군계획시설사업에 관한 비용을 부담하는 자에게 그 손실의 전부 또는 일부를 보상하게 할 수 있는데, 손실의 보상에 관하여 그 손실을 입은 자와 협의를 하되, 협의가 성립되지 아니하거나 협의를 할 수 없을 때에는 관할 토지수용위원회에 재결을 신청할 수 있다. 이에 따른 재결에 관하여는 「공익사업을 위한 토지 등의 취득 및 보상에 관한 법률」 제83조 부터 제87조까지의 규정을 준용한다(도시공원 및 녹지 등에 관한 법률 제46조).

제3편
토지수용 및 불복절차

Ⅰ. 토지수용 일반

1. 공용수용의 의의

공용수용이란 국가 또는 지방자치단체 등이 공공의 필요에 의하여 손실보상을 전제로 개인의 재산권을 강제적으로 취득하는 것을 의미한다. 즉, 일반적으로 도로·항만·주택건설 · 공영차고지 · 하천 · 제방 등 특정 공익사업 기타 복리행정상의 목적을 위하여 특정한 재산권이 필요한 경우에 그것을 매매 기타 민사상의 방법으로 취득할 수 없는 부득이한 경우에 해당 공익사업의 신속하고 효율적인 수행을 위하여 소유자의 의사와 관계없이 그 재산을 취득할 수 있게 하는 제도이다. 이러한 이유로 공용수용은 사업시행자가 토지소유자 및 관계인과 협의가 성립한 때에 계약체결을 하는 협의에 의한 토지 등의 취득과는 구별된다.

가. 공용수용의 주체

종래 공익사업의 주체는 국가나 지방자치단체 등의 행정주체나 공공기관이었으나, 사회 · 경제적 발전에 따른 복리행정의 증대로 상당부분 민간에게 업무가 이전되어 사인의 역할이 확대되고 있다. 이에 현재 공용수용의 주체는 국가나 지방자치단체뿐만 아니라 공공조합·영조물법인과 같은 공공단체일 수도 있고, 사인도 수용권을 부여받은 경우에는 공무수탁사인으로서 공용수용의 주체가 될 수 있다. 토지보상법은 이와 같은 공익사업의 주체를 총칭하여 '사업시행자'라 칭한다. 위와 같은 공용수용의 특질로 말미암아 다음과 같은 특성을 내포한다.

나. 공용수용의 목적

공용수용의 목적은 특정한 공익사업[272]을 원활하게 수행하여 공익을 증진하기 위하여 타인의 재산권을 취득하는 것이며, 어떤 사업이 공익사업인가의 여부는 그 사업자체의 성질로 보아 그 사업의 공공성과 독점성을 인정할 수 있는가의 여부로써 정할 것이고 그 사업주체 여하에 따라 정할 것이 아니다.[273] 이러한 공익사업은 개별 법률에서 규정하고 있으나 일반

---

272) 따라서 몰수 등과 같은 경찰상의 목적, 조세징수 등과 같은 재정상의 목적 등을 위하여 타인의 재산권을 제한 또는 박탈하는 것과는 구별된다.
273) 대법원 1970. 9. 22. 선고 70누81 판결.

법인 토지보상법 제4조에는 토지 등을 취득하거나 사용할 수 있는 공익사업을 규정하고 있다.

다. 공용수용의 목적물

공용수용의 목적물은 특정한 재산권이고 공익사업을 위하여 사인의 재산(토지·물건 및 권리 등) 그 자체를 취득하고 사인의 재산을 소멸시키는 행위이다. 위와 같은 공용수용의 목적물 즉, 적용대상에 대하여 토지수용법 제3조에서는 토지 및 이에 관한 소유권 외의 권리, 토지와 함께 공익사업을 위하여 필요한 입목(立木), 건물, 그 밖에 토지에 정착된 물건 및 이에 관한 소유권 외의 권리, 광업권 · 어업권 또는 물의 사용에 관한 권리, 토지에 속한 흙 · 돌 · 모래 또는 자갈에 관한 권리 등을 규정하고 있다.

라. 공용수용의 수단

공용수용에 의한 토지의 취득은 강제취득이다. 따라서 국가 또는 지방자치단체 등이 매매 기타 임의적인 방법으로 토지 등을 취득하는 것은 공용수용이 아니다. 이 점에서 사법상 계약에 의한 임의매수와 구별된다. 즉 공용수용은 사업시행자가 피수용자의 의사 여하를 불문하고 직접 공익사업을 위하여 필요한 토지 · 건축물 등 목적물의 권리 그 자체를 일방적으로 취득하는 것으로서, 이에 의한 권리취득은 민법 제185조의 법률의 규정에 의한 권리변동에 속하며 국가 또는 지방자치단체가 해당 토지를 원시취득한 것으로 본다. 다만, 공용수용의 위와 같은 특성으로 인해 이는 당사자와의 협의에 의한 매수가 불가능한 경우에만 허용된다.

마. 공용수용의 보상 - 정당보상의 원칙

공용수용은 손실보상을 전제로 한다. 이에 따라 공용수용으로 토지 등의 권리를 박탈당한 자, 즉 공공의 필요를 위하여 특별한 희생을 입은 자에게 공평부담의 견지에서 그에 대하여 정당한 보상이 주어진다.

2. 공용수용의 법적 근거

공용수용은 공공의 필요를 위하여 개인의 재산권을 강제적으로 취득하는 것이므로 반드시 법률의 근거가 있어야 한다.

가. 헌법

헌법 제23조 제1항은 "모든 국민의 재산권은 보장된다. 그 내용과 한계는 법률로 정한다."고 규정하고 이어서 같은 조 제2항은 "재산권의 행사는 공공복리에 적합하도록 하여야 한다"고 밝히고 있으며, 같은 조 제3항은 "공공필요에 의한 재산권의 수용·사용 또는 제한 및 그에 대한 보상은 법률로써 하되, 정당한 보상을 지급하여야 한다."고 규정하고 있으며, 헌법의 이러한 이념적 기초하에 토지보상법이 제정되어 시행되고 있다.

나. 일반법

공용수용에 대한 일반법으로는 토지보상법이 있다. 토지보상법은 종래 협의에 의한 토지취득절차를 규율하여 왔던 공공용지의 취득 및 손실보상에 관한 특례법(이하 '공취법'이라 함)과 토지의 공법적인 수용취득 절차를 규율하여 왔던 토지수용법을 통합한 법률이다. 한편, 공취법과 토지보상법은 법적성격이 사법과 공법이라는 점 및 토지의 취득절차에 관한 사항만 다를 뿐, 그 외 토지 등의 수용 후 손실보상 및 기타의 사항에 대하여 매우 유사한 규정을 두고 있을 뿐만 아니라, 질적 기능면에 있어서도 공익사업을 위한 토지의 취득 절차라는 점에서 공통적인 성격을 갖고 있다. 이렇듯 내용적으로 유사한 성격을 갖는 두 법체계의 2원화로 인한 절차의 중복, 법령적용의 불명확 등 법집행상 적지 않은 혼란이 발생하자, 두 법을 모두 폐지하고 협의취득과 수용취득 그리고 이들에 대한 보상절차를 통하여 제정한 법이 토지수용 · 보상에 관한 일반법인 토지보상법이다.

다. 특별법

그 외 공용수용에 관한 특별법으로는 국토의 계획 및 이용에 관한 법률·광업법·도로법·하천법·징발법·도시 및 주거환경정비법, 도시개발법, 도시공원 및 녹지 등에 관한 법률, 농어촌도로정비법, 댐건설 및 주변지역 지원 등에 관한 법률, 사방사업법, 기업도시 개발특별법 등 많은 법률들이 있다.

〈손실보상 규정체계〉

<table>
<tr><td rowspan="6">법규</td><td colspan="5">헌법 제23조 제3항</td></tr>
<tr><td>법률</td><td colspan="2">토지보상법
(보상의 일반법적 지위)</td><td colspan="2">감정평가 및 감정평가사에 관한 법률
(감정평가의 일반법)</td></tr>
<tr><td rowspan="4">시행령,
시행규칙,
훈령</td><td colspan="2">토지보상법 시행령</td><td colspan="2">감정평가법 시행령</td></tr>
<tr><td colspan="2">토지보상법 시행규칙</td><td colspan="2">감정평가법 시행규칙</td></tr>
<tr><td colspan="2">농작물실제소득인정기준</td><td colspan="2">감정평가에 관한 규칙</td></tr>
<tr><td colspan="2">감정평가 실무기준</td><td colspan="2">감정평가 실무기준</td></tr>
<tr><td rowspan="2">비법규</td><td>법원</td><td>행정부</td><td>중앙토지
수용위원회</td><td>사업시행자</td><td>감정평가사
(한국감정평가협회 내규)</td></tr>
<tr><td>보상관련
판례</td><td>국토교통부,
법제처 등의
질의회신</td><td>재결사례,
토지수용업
무편람 등</td><td>내규·방침</td><td>토지보상평가지침,
광업권보상평가지침,
어업권등보상평가지침,
영업손실보상평가지침,
선하지의공중부분사용에
따른손실보상평가지침
분묘에대한보상액의산정지침</td></tr>
</table>

Ⅱ. 공용수용의 당사자

공용수용의 당사자라 함은 공용수용의 주체인 수용자와 수용권의 객체인 피수용자를 말한다.

1. 공용수용의 주체 - 수용권자

토지 등에 대하여 수용권을 가지는 자를 공용수용의 주체라 하며, 이처럼 수용권을 가지는 공용수용의 주체를 토지보상법 제4조에서는 사업시행자라 칭한다. 사업시행자는 공익사업의 주체로서 수용의 목적물을 취득할 권리와 이에 부수된 권리로서 수용예정지에 대한 측량·조사권리, 장애물제거등, 토지조서 및 물건조서의 작성, 재결신청 및 수용목적물의 확장청구권 등의 권리를 가지는 반면, 손실보상 의무, 비용부담 의무 등을 동시에 부담하며, 이러한 권리·의무는 사업주체로서 가지는 것이므로 토지보상법에 따라 그 사업을 승계(합병 기타의 사유)한 자에게 이전되고, 토지보상법에 따라 이행한 절차와 그 밖의 행위는 사업시행자, 토지소유자 및 관계인 승계인에도 그 효력이 미친다.

2. 공용수용의 상대방 – 피수용자

수용의 목적물인 재산권의 주체를 피수용자라 하는데, 이러한 피수용자는 수용할 토지 또는 건축물 등의 소유자와 그 토지 또는 물건에 대하여 소유권 이외의 권리(지상권, 저당권 등)를 가지는 관계인을 포함하는 개념이다.[274] 한편 토지보상법 제2조 제3호에서는 '토지소유자'를 공익사업에 필요한 토지의 소유자를 말한다고 정의하고 있고, 같은 조 제5호에서는 '관계인'을 사업시행자가 취득 또는 사용할 토지에 관하여 지상권·지역권·전세권·저당권·사용대차 또는 임대차에 의한 권리 기타 토지에 관한 소유권 외의 권리를 가진 자 또는 그 토지에 있는 물건에 관하여 소유권 그 밖의 권리를 가진 자를 말한다. 다만, 제22조의 규정에 의한 사업인정의 고시가 있은 후에 권리를 취득한 자는 기존의 권리를 승계한 자를 제외하고는 관계인에 포함되지 아니한다고 정의하고 있다.

그 외 피수용자는 자신이 소유하고 있는 토지 등을 수용 당함으로 인하여 갖는 손실보상청구권 및 이를 실현하기 위한 절차상의 권리로 재결신청권 및 수용청구권 등을 가지는 이외에 목적물이 공익사업을 위하여 불필요하게 될 경우의 환매권과 기타의 권리를 가진다. 그리고 토지소유자 또는 관계인은 사업인정의 신청, 재결의 신청, 의견서 제출 등의 행위를 할 때 변호사나 그 밖의 자를 대리인으로 선임할 수 있다(토지보상법 제5조).

【판시사항】

토지수용재결 전에 토지를 매수하여 대금을 완결한 후 인도받은 자가 수용재결에 대하여 관계인으로서 이의신청할 수 있는지 여부(대법원 1982. 9. 14. 선고 81누130 판결)

【판결요지】

토지에 대한 수용재결절차개시 이전에 당해토지를 매수하여 대금을 완급하고 그 토지를 인도받아 사용권을 취득하였으나 그 소유권이전등기만을 마치지 아니한 자는 토지수용으로 말미암아 그 소유권을 취득할 수 없게 되는 결과를 초래하는 점에 비추어 토지수용법 제4조 제3항에서 말하는 관계인으로 해석함이 상당하므로 토지수용위원회의 수용재결에 대하여 이의를 신청할 수 있다.

---

274) 이에는 토지 등의 소유자 및 관계인 외에도 공법인, 사법인, 국가도 포함될 수 있다.

Ⅲ. 공용수용의 목적물

1. 목적물의 종류

수용의 목적물에 대하여는 공용수용에 관한 일반법인 토지보상법과 각 개별법에서 정하고 있는데, 일반법인 토지보상법 제3조는 취득 또는 사용할 수 있는 적용대상 목적물에 대하여, 토지 및 이에 관한 소유권 이외의 권리, 토지와 함께 공익사업을 위하여 필요로 하는 입목, 건물 기타 토지에 정착한 물건, 이에 관한 소유권 외의 권리, 광업권·어업권 또는 물의 사용에 관한 권리, 토지에 속한 흙·돌·모래 또는 자갈에 관한 권리 등을 규정하고 있다.

2. 목적물의 제한

공용수용은 공익사업을 위하여 타인의 특정한 재산권을 법률의 힘에 의하여 강제적으로 취득하는 것이므로 수용할 목적물의 범위는 원칙적으로 사업을 위하여 필요한 최소한도에 그쳐야 하며,[275] 그 외 물건자체의 성질상 수용이 불가능하거나 제한되는 것들이 있는데, 예를 들어, 외국대사관 등의 부지 및 건축물 등 치외법권이 인정되는 자의 재산권, 이미 공익사업에 수용 또는 사용되고 있는 토지 그리고 공물도 공용폐지 되지 않는 한 공용수용의 목적물이 되지 않는다.

3. 목적물의 확장

공용수용은 공익사업을 위하여 타인의 특정한 재산권을 법률의 힘에 의하여 강제적으로 취득하는 것이므로 수용할 목적물의 범위는 원칙적으로 사업을 위하여 필요한 최소한도에 그쳐야 한다. 따라서 공익사업에 필요하지 않는 토지 등을 수용하는 것은 원칙상 인정되지 않는다. 다만, 토지 등의 소유자 또는 사업시행자의 이익을 위하여 공익사업에 필요한 토지 이외의 토지가 수용의 대상이 될 수 있는데, 이를 확장수용(확장수용 및 지대수용)이라 한다.

---

275) 대법원 1987. 9. 8. 선고 87누395 판결.

가. 확장수용

(1) 완전수용 - 수용하는 토지의 매수청구 등

사업인정 고시가 있은 후 해당 토지소유자는 사업시행자에게 i) 토지를 사용하는 기간이 3년 이상인 때, ii) 토지의 사용으로 인하여 토지의 형질이 변경되는 때, iii) 사용하고자 하는 토지에 그 토지소유자의 건축물이 있는 때에는 그 토지의 매수를 청구하거나 관할 토지수용위원회에 그 토지의 수용을 청구할 수 있는데(토지보상법 제72조), 이를 완전수용이라 한다. 이 경우 관계인은 사업시행자 또는 관할 토지수용위원회에 그 권리의 존속을 청구할 수 있다.

(2) 전부수용 - 잔여지의 매수 및 수용청구

토지보상법은 잔여지매수 및 수용청구(제74조) 외에 잔여지의 가치하락 및 공사비 보상(제73조) 및 잔여건축물보상(제75조의2) 등 잔여지보상에 관한 일련의 규정을 두고 있다. 잔여지보상은 간접손실보상으로 다루어지고 있는 바, 대법원은 공공사업의 시행결과 공공사업의 기업지 밖에서 발생한 간접손실에 대하여 사업시행자와 협의가 이루어지지 아니하고, 그 보상에 관한 명문의 법령이 없는 경우에 피해자가 구 공공용지의 취득 및 손실보상에 관한 특례법 시행규칙상의 손실보상에 관한 규정을 유추적용하여 사업시행자에게 보상을 청구할 수 있다고 판시한바 있다.[276] 그러다가 토지수용법 제74조 제1항에서 "동일한 소유자에게 속하는 일단의 토지의 일부가 협의에 의하여 매수되거나 수용됨으로 인하여 잔여지를 종래의 목적에 사용하는 것이 현저히 곤란할 때에는 해당 토지소유자는 사업시행자에게 잔여지를 매수하여 줄 것을 청구할 수 있으며, 사업인정 이후에는 관할 토지수용위원회에 수용을 청구할 수 있다."고 규정하여 사업시행자에 대한 매수청구와 수용위원회에 대한 수용청구를 병렬적으로 인정하고 있다.

---

276) 대법원 1999. 10. 8. 선고 92다27231 판결.

토지사용으로인한손실보상청구서

(잔여지매수청구서)

◎ 대상토지

소재지	편입토지			잔여토지			비고
	지번	지목	면적(㎡)	지번	지목	면적(㎡)	

본인은 상기토지 소유자로서 철도청 ( )건설사업소에서 시행하는 ( )사업 구간 내 편입되어 손실보상을 받은 토지의 잔여토지를 본래의 용도로 계속 이용이 곤란하여 매수청구하오니 조치하여 주시기 바랍니다.

200 년 월 일

매수청구자(토지소유자) 성 명 : (인)

주민등록번호 : -

주 소 :

전 화 번 호 :

철도청 ( )건설사업소장 귀하

(가) 잔여지수용의 의의 및 요건

1) 잔여지수용의 의의

동일한 토지소유자에 속하는 일단의 토지의 일부가 협의매수되거나 수용됨으로 인하여 잔여지를 종래의 목적에 사용하는 것이 현저히 곤란한 때에는 당해 토지소유자는 사업시행자에게 잔여지를 매수하여 줄 것을 청구할 수 있으며, 사업인정이후에는 관할 토지수용위원회에 수용을 청구할 수 있다. 이를 전부수용 또는 잔여지수용이라 한다. 전부수용의 경우 수용의 청구는 매수에 관한 협의가 성립되지 아니한 경우에 한하되, 그 사업의 공사완료일까지 하여야 한다(토지보상법 제74조 제1항).

이러한 잔여지 수용청구권은 손실보상의 일환으로 토지소유자에게 부여되는 권리로서 그 요건을 구비한 때에는 잔여지를 수용하는 토지수용위원회의 재결이 없더라도 그 청구에 의하여 수용의 효과가 발생하는 형성권적 성질을 가지므로, 잔여지 수용청구를 받아들이지 않은 토지수용위원회의 재결에 대하여 토지소유자가 불복하여 제기하는 소송은 위 법 제85조 제2항에 규정되어 있는 '보상금의 증감에 관한 소송'에 해당하여 사업시행자를 피고로 하여야 한다.[277)]

2) 잔여지수용의 요건 및 존속청구

잔여지 매수 · 수용은 다음의 요건을 충족하여야 하며(토지보상법 제74조 제1항), 이에 따라 매수 또는 수용의 청구가 있는 잔여지 또는 잔여지에 있는 물건에 관하여 권리를 가진 자는 사업시행자 또는 관할 토지수용위원회에 그 권리의 존속을 청구할 수 있다(같은 조 제2항).

가) 동일한 토지소유자에 속하는 일단의 토지의 일부가 협의에 의하여 매수되거나 수용되어야 한다. 여기서 일단의 토지란 연속된 일체의 토지로서 단일한 경제적 목적에 이용되고 있는 것이라고 할 수 있다.

나) 협의매수 또는 수용으로 인해 잔여지를 종래의 목적에 사용하는 것이 현저히 곤란하여야 한다. 이는 매수 또는 수용 당시의 구체적인 용도에 물리적으로뿐만 아니라 많은 비용이 소요되는 등 사회적·경제적으로 사용하는 것이 곤란하게 된 경우를 포함한다.

---

277) 대법원 2010. 8. 19. 선고 2008두822 판결.

(나) 청구의 상대방

해당 토지소유자는 사업시행자에게 잔여지의 수용청구를 할 수 있으나, 사업인정 이후에는 관할토지수용위원회에 수용을 청구할 수 있다(토지보상법 제74조 제1항).

(다) 청구기간 및 불복소송

1) 청구기간

토지보상법 제74조 제1항에 의하면, 잔여지 수용청구는 사업시행자와 사이에 매수에 관한 협의가 성립되지 아니한 경우 일단의 토지의 일부에 대한 관할 토지수용위원회의 수용재결이 있기 전까지 관할 토지수용위원회에 하여야 하고, 잔여지 수용청구권의 행사기간은 제척기간으로서, 토지소유자가 그 행사기간 내에 잔여지 수용청구권을 행사하지 아니하면 그 권리가 소멸한다.

2) 불복소송

잔여지 수용청구가 인용되지 아니할 경우 토지수용위원회의 재결에 대해서는 사업시행자를 피고로 '보상금증감에 관한 소송'으로 제기하여야 한다.

【판시사항】

잔여지 수용청구권 행사기간의 법적 성질(=제척기간) 및 잔여지 수용청구 의사표시의 상대방(=관할 토지수용위원회)(대법원 2010. 8. 19. 선고 2008두822 판결)

【판결요지】

구 '공익사업을 위한 토지 등의 취득 및 보상에 관한 법률'(2007. 10. 17. 법률 제8665호로 개정되기 전의 것) 제74조 제1항에 의하면, 잔여지 수용청구는 사업시행자와 사이에 매수에 관한 협의가 성립되지 아니한 경우 일단의 토지의 일부에 대한 관할 토지수용위원회의 수용재결이 있기 전까지 관할 토지수용위원회에 하여야 하고, 잔여지 수용청구권의 행사기간은 제척기간으로서, 토지소유자가 그 행사기간 내에 잔여지 수용청구권을 행사하지 아니하면 그 권리가 소멸한다. 또한 위 조항의 문언 내용 등에 비추어 볼 때, 잔여지 수용청구의 의사표시는 관할 토지수용위원회에 하여야 하는 것으로서, 관할 토지수용위원회가 사업시행자에게 잔여지 수용청구의 의사표시를 수령할 권한을 부여하였다고 인정할 만한 사정이 없는 한, 사업시행자에게 한 잔여지 매수청구의 의사표시를 관할 토지수용위원회에 한 잔여지 수용청구의 의사표시로 볼 수는 없다.

(3) 이전수용 - 건축물등 물건에 대한 보상

건축물·입목·공작물 기타 토지에 정착한 물건에 대하여는 이전에 필요한 비용으로 보상하여야 한다. 다만 ⅰ) 건축물 등의 이전이 어렵거나 그 이전으로 인하여 건축물 등을 종래의 목적대로 사용할 수 없게 된 경우, ⅱ) 건축물 등의 이전비가 그 물건의 가격을 넘는 경우, ⅲ) 사업시행자가 공익사업에 직접 사용할 목적으로 취득하는 경우에는 해당 물건의 가격으로 보상하여야 하는데, 이를 이전수용이라 한다(토지보상법 제75조 제1항).

(4) 잔여건축물의 수용 - 잔여건축물의 손실에 대한 보상

사업시행자는 동일한 건축물 소유자에 속하는 일단의 건축물의 일부가 취득 또는 사용됨으로 인하여 잔여건축물의 가격이 감소되거나 그 밖의 손실이 있는 때에는 국토교통부령으로 정하는 바에 따라 그 손실을 보상하여야 한다. 다만, 잔여건축물의 가격감소분과 보수비를 합한 금액이 잔여 건축물의 가격보다 큰 경우에는 사업시행자는 그 잔여건축물을 매수할 수 있으며(토지보상법 제75조의2 제1항), 또한 동일한 건축물소유자에 속하는 일단의 건축물의 일부가 협의에 의하여 매수되거나 수용됨으로 인하여 잔여건축물을 종래의 목적에 사용하는 것이 현저히 곤란한 때에는 그 건축물 소유자는 사업시행자에게 잔여건축물을 매수해 줄 것을 청구할 수 있고, 사업 인정 후에는 관할 토지수용위원회에 수용을 청구할 수 있다(토지보상법 제75조의2 제2항).

나. 지대수용

토지수용법에 의하여 수용되는 대상지역은 원칙적으로 공공의 이익이 되도록 하기 위함인데, 지대수용은 이 지역을 초과해서 부근일대 토지까지 수용함으로써 토지수용사업의 효율적인 진행과 토지수용 이후 얻어지는 개발가치가 주변지역의 특정인에게 돌아가지 못하도록 하는 조치이다. 이를 지대수용이라 하는데, 우리 실정법은 지대수용을 채택하지 않고 있다. 다만, 사업시행을 위하여 필요한 경우에 인접한 토지·건축물 등의 일시적 사용만이 인정되고 있을 뿐이다(국토의 계획 및 이용에 관한 법률 제95조 제2항).

Ⅳ. 사업의 준비

1. 사업준비를 위한 출입의 허가

가. 출입허가의 신청

사업시행자는 공익사업의 준비를 위하여 타인이 점유하는 토지에 출입하여 측량 또는 조사를 하고자 하는 때에는 사업의 종류와 출입할 토지의 구역 및 기간을 정하여 특별자치도지사·시장·군수 또는 구청장의 허가를 받아야 하며(토지보상법 제9조 제2항), 다만, 사업시행자가 국가인 때에는 당해 사업을 시행할 관계 중앙행정기관의 장이, 특별자치도지사·시장·군수 또는 구청장에게 통지하고, 사업시행자가 특별시·광역시 또는 도인 때에는 특별시장·광역시장 또는 도지사가 이를 시장·군수 또는 구청장에게 각각 통지하여야 한다(토지보상법 제9조 제1, 2항).

한편 사업시행자가 사업 준비를 위하여 타인의 토지 등에 출입 시 허가 없이 출입하게 하면 200만 원 이하의 벌금형에 처해진다(같은 제96조).

■ 공익사업을 위한 토지 등의 취득 및 보상에 관한 법률 시행규칙 【별지 제2호서식】 〈개정 2016. 6. 14.〉

제 호

토지출입 허가증

1. 성명(또는 명칭) :
2. 주 소 :
3. 사업의 종류 :
4. 출입목적 :
5. 출입할 토지의 구역 :
6. 출입기간 : 년 월 일 ~ 년 월 일

「공익사업을 위한 토지 등의 취득 및 보상에 관한 법률」 제9조제2항에 따라 위와 같이 타인이 점유하는 토지에 출입하는 것을 허가합니다.

년 월 일

특별자치도지사
시장 · 군수 · 구청장 직인

210㎜×297㎜[백상지 150g/㎡]

나. 출입허가의 공고·통지

특별자치도지사·시장·군수 또는 구청장은 허가를 한 경우 및 통지를 받은 경우 또는 특별자치도·시·군·구가 사업시행자인 경우로서 타인이 점유하는 토지에 출입하여 측량 또는 조사를 하려는 경우에는 사업시행자, 사업의 종류와 출입할 토지의 구역 및 기간을 공고하고 이를 토지점유자에게 통지하여야 하며(토지보상법 제9조 제3항), 이 경우 토지점유자는 정당한 사유 없이 허가를 받거나 통지를 한 사업시행자가 통지하고 출입·측량 또는 조사하는 행위를 방해하지 못한다(토지보상법 제11조). 만일, 이를 위반하면 200만원 이하의 벌금형에 처해진다(토지보상법 제97조 제2항).

2. 출입과 장애물의 제거 등

가. 출입의 통지와 공고

사업시행자가 측량 또는 조사를 위하여 허가를 얻어 타인이 점유하는 토지에 출입하고자 하는 경우에는 출입하고자 하는 날의 5일 전까지 그 일시 및 장소를 특별자치도지사·시장·군수 또는 구청장에게 통지하여야 하며(토지보상법 제10조 제1항), 통지를 받은 때에는 지체 없이 이를 공고하고 그 토지점유자에게 통지하여야 한다(같은 조 제2항). 다만, 일출 전이나 일몰 후에는 토지점유자의 승낙 없이 그 주거나 경계표·담 등으로 둘러싸인 토지에 출입할 수 없다(같은 조 제3항).

나. 장애물의 제거 등

사업시행자는 타인이 점유하는 토지에 출입하여 측량 또는 조사를 함에 있어서 장애물의 제거 또는 토지의 시굴을 하여야 할 부득이한 사유가 있는 경우에는 그 소유자 및 점유자의 동의를 얻어야 한다. 다만, 그 소유자 및 점유자의 동의를 얻지 못한 때에는 사업시행자는 특별자치도지사·시장·군수 또는 구청장의 허가를 얻어 장애물의 제거 등을 할 수 있는데(토지보상법 제12조 제1항), 이에 따른 허가를 얻고자 하는 때에는 미리 그 소유자 및 점유자의 의견을 들어야 한다. 제1항의 규정에 따라 장애물의 제거 등을 하고자 하는 자는 장애물의 제거 등을 하고자 하는 날의 3일 전까지 그 소유자 및 점유자에게 통지하여야 한다(같은 조 제2, 3항).

다. 증표 등의 휴대

특별자치도지사·시장·군수 또는 구청장의 허가를 받고 타인이 점유하는 토지에 출입하고자 하는 자 및 장애물의 제거 등을 하고자 하는 자는 그 신분을 표시하는 증표 및 특별자치도지사·시장·군수 또는 구청장의 허가증을 휴대하여야 하며, 증표 및 허가증은 토지 또는 장애물의 소유자 및 점유자 그 밖의 이해관계인에게 이를 내보여야 한다(토지보상법 제13조).

3. 손실의 보상

가. 손실보상 의무

사업시행자는 타인이 점유하는 토지에 출입하여 측량·조사함으로써 발생하는 손실(토지보상법 제9조 제4항) 및 장애물의 제거 등을 함으로써 발생하는 손실을 보상하여야 한다(토지보상법 제12조 제4항).

나. 제척기간

사업시행자의 손실의 보상은 손실이 있은 것을 안 날부터 1년이 지나거나(토지보상법 제9조

제5항), 손실이 발생한 날부터 3년이 지난 후에는 이를 청구할 수 없다(토지보상법 제12조 5항).

Ⅴ. 공용수용의 절차

공용수용은 공익상 필요에 의하여 상대방의 의사에 반하여 재산권을 강제적으로 취득하는 절차이다. 따라서 그로 말미암아 발생하는 수용자와 피수용자의 이해상반관계를 조정하기 위한 토지보상법상의 일정한 절차에 따라 행해져야 하는 것이 원칙이다.

1. 보통절차

토지보상법이 정한 통상의 수용절차는 사업인정 ▶ 토지조서·물건조서의 작성 ▶ 협의 ▶ 재결·화해의 4단계로 나누어진다. 이하에서는 위 각 절차에 대하여 설명하고자 한다.

가. 사업인정

(1) 사업인정의 의의

토지보상법상의 사업인정이라 함은 특정사업이 그 사업에 필요한 토지를 수용 또는 사용할 수 있는 공익사업임을 인정하고 사업시행자에게 일정한 절차를 거쳐 그 사업에 필요한 토지를 수용 또는 사용하는 공법상의 권리를 설정하여 주는 행위를 말하는데, 사업시행자가 토지 등을 수용하거나 사용하려는 경우에는 국토교통부장관으로부터 사업인정을 받아야 하며, 소정의 수수료를 납부하여야 한다(토지보상법 제20조). 다만, 개별법에 의하여 사업인정이 의제되는 경우(예를 들어, 택지개발촉진법 제12조 2항 및 도시개발법 제22조 제3항의 규정)에는 별도로 사업인정을 받지 아니하여도 된다.

(2) 사업인정의 법적 성질

토지보상법 제14조의 규정에 의한 사업인정은 그 후 일정한 절차를 거칠 것을 조건으로 하여 일정한 내용의 수용권을 설정해 주는 행정처분의 성격을 띠는 것으로서 그 사업인정을 받음으로써 수용할 목적물의 범위가 확정되고 수용권으로 하여금 목적물에 관한 현재 및 장래의 권리자에게 대항할 수 있는 일종의 공법상의 권리로서의 효력을 발생시킨다.

【판시사항】

토지수용법 제14조 사업인정의 성격 및 그 사업인정의 위법부당한 하자를 이유로 수용재결처분의 취소를 구할 수 있는지 여부(대법원 1987. 9. 8. 선고 87누395 판결)

【판결요지】

토지수용법 제14조에 따른 사업인정은 그후 일정한 절차를 거칠 것을 조건으로 하여 일정한 내용의 수용권을 설정해 주는 행정처분의 성격을 띠는 것으로서 그 사업인정을 받음으로써 수용할 목적물의 범위가 확정되고 수용권으로 하여금 목적물에 관한 현재 및 장래의 권리자에게 대항할 수 있는 일종의 공법상의 권리로서의 효력을 발생시킨다고 할 것이므로 위 사업인정단계에서의 하자를 다투지 아니하여 이미 쟁송기간이 도과한 수용재결단계에 있어서는 위 사업인정처분에 중대하고 명백한 하자가 있어 당연무효라고 볼만한 특단의 사정이 없다면 그 처분의 불가쟁력에 의하여 사업인정처분의 위법, 부당함을 이유로 수용재결처분의 취소를 구할 수 없다.

(3) 사업인정권자

사업인정권자는 국토교통부장관이다. 다만 국토교통부장관은 사업인정을 하려면 관계 중앙행정기관의 장 및 시·도지사와 협의하여야 하며, 미리 중앙토지수용위원회 및 사업인정에 관하여 이해관계가 있는 자의 의견을 청취하여 한다(토지보상법 제21조). 그러나 오늘날 대부분의 공익사업의 경우에 각 개별법에서 시장·군수 또는 자치구청장 등이 작성한 사업계획 등을 감독관청이 인가하면 그 것을 사업인정으로 간주하고 있으며(국토의 계획 및 이용에 관한 법률 제96조 제2항), 특히 도시계획사업의 경우에는 종전에는 국토교통부장관이 행하던 도시계획결정 및 실시계획 인가 등의 권한이 도지사 또는 시장·군수·자치구청장에게 이양되었기 때문에 사업인정권자와 사업시행자가 동일하게 되는 경우도 발생하게 되었다.

(4) 사업인정의 요건

(가) 사업인정의 요건

사업인정이란 공익사업을 토지 등을 수용 또는 사용할 사업으로 결정하는 것으로서 공익사업의 시행자에게 그 후 일정한 절차를 거칠 것을 조건으로 일정한 내용의 수용권을 설정하여 주는 형성행위이므로, 아래와 같은 요건을 충족하여야 한다.

1) 토지보상법 제4조의 규정에 따른 공익사업이어야 하고, 수용할 수 있는 공익사업은 일반법인 토지보상법 외에 개별법에도 규정되고 있다. 특히 사업계획 등을 감독관청이 인가·승인하면 그것을 사업인정으로 간주하는 경우(예를 들어, 국토의 계획 및 이용에 관한 법률 제96조 제2항, 도시 및 주거환경 정비법 제40조 제2항, 택지개발촉진법 제12조 제2항 등)도 있음에 유의하여 한다..

2) 사업의 공공필요성 즉, 공익성이 인정되어야 한다. 사업으로 인하여 침해되는 공익에는 환경상 이익과 문화적 가치가 포함되며, 사업으로 인하여 침해되는 사익에는 모든 사적이익이 포함된다. 사업의 내용과 방법이 공익과 사익 등 제 이익사이에 비례의 원칙에 적합하여야 한다.

3) 사업시행자에게 해당공익사업을 수행할 의사와 능력이 있어야 한다고 한다..

【판시사항】

사업인정기관이 공익사업을 위한 토지 등의 취득 및 보상에 관한 법률상의 사업인정을 하기 위한 요건(대법원 2011. 1. 27. 선고 2009두1051 판결)

【판결요지】

사업인정이란 공익사업을 토지 등을 수용 또는 사용할 사업으로 결정하는 것으로서 공익사업의 시행자에게 그 후 일정한 절차를 거칠 것을 조건으로 일정한 내용의 수용권을 설정하여 주는 형성행위이므로, 해당 사업이 외형상 토지 등을 수용 또는 사용할 수 있는 사업에 해당한다고 하더라도 사업인정기관으로서는 그 사업이 공용수용을 할 만한 공익성이 있는지의 여부와 공익성이 있는 경우에도 그 사업의 내용과 방법에 관하여 사업인정에 관련된 자들의 이익을 공익과 사익 사이에서는 물론, 공익 상호간 및 사익 상호간에도 정당하게 비교 · 교량하여야 하고, 그 비교 · 교량은 비례의 원칙에 적합하도록 하여야 한다. 그뿐만 아니라 해당 공익사업을 수행하여 공익을 실현할 의사나 능력이 없는 자에게 타인의 재산권을 공권력적 · 강제적으로 박탈할 수 있는 수용권을 설정하여 줄 수는 없으므로, 사업시행자에게 해당 공익사업을 수행할 의사와 능력이 있어야 한다는 것도 사업인정의 한 요건이라고 보아야 한다.

(나) 초과수용의 효과

공용수용은 공익사업을 위하여 타인의 특정한 재산권을 법률의 힘에 의하여 강제적으로 취득하는 것이므로 수용할 목적물의 범위는 원칙적으로 사업을 위하여 필요한 최소한도에 그쳐야 하며, 한도를 넘는 부분은 수용대상이 아니다.

【판시사항】

초과수용의 효과(대법원 1994. 1. 11. 선고 93누8108 판결)

【판결요지】

공용수용은 공익사업을 위하여 타인의 특정한 재산권을 법률의 힘에 의하여 강제적으로 취득하는 것이므로 수용할 목적물의 범위는 원칙적으로 사업을 위하여 필요한 최소한도에 그쳐야 하므로 그 한도를 넘는 부분은 수용대상이 아니므로 그 부분에 대한 수용은 위법하고, 초과수용된 부분이 적법한 수용대상과 불가분적 관계에 있는 경우에는 그에 대한 이의재결 전부를 취소할 수밖에 없다.

(다) 공익사업 필요성에 대한 입증책임

공용수용은 공익사업을 위하여 특정의 재산권을 법률에 의하여 강제적으로 취득하는 것을 내용으로 하므로 그 공익사업을 위한 필요가 있어야 하고, 그 필요가 있는지에 대하여는 수용에 따른 상대방의 재산권침해를 정당화할 만한 공익의 존재가 쌍방의 이익의 비교형량의 결과로 입증되어야 하며, 그 입증책임은 사업시행자에게 있다.[278]

(5) 사업인정절차

(가) 사업인정의 신청

사업시행자는 토지 등을 수용 또는 사용하고자 하는 때에는 국토교통부장관에게 사업인정을 신청하여야 한다(토지보상법 제20조 제1항).

(나) 협의 및 의견청취

국토교통부장관은 사업인정을 하고자 하는 때에는 관계 중앙행정기관의 장 및 시·도지사와 협의하여야 하며, 미리 중앙토지수용위원회 및 사업인정에 관하여 이해관계가 있는 자의

278) 대법원 2005. 11. 10. 선고 2003두7507 판결.

의견을 들어야 한다(토지보상법 제21조).

(다) 사업인정의 고시

국토교통부장관은 사업인정을 한 때에는 지체 없이 그 뜻을 사업시행자, 토지소유자 및 관계인, 관계 시·도지사에게 통지하고, 사업시행자의 성명 또는 명칭사업의 종류·사업지역 및 수용 또는 사용할 토지의 세목을 관보에 고시해야 하는데(토지보상법 제22조 제1항), 사업인정의 사실을 통지받은 시·도시자는 관계 시장·군수 및 구청장에게 이를 통지하여야 한다(같은 조 제2항).

또한, 토지의 세목 고시는 사업인정에 의하여 지정된 범위 내에서 구체적으로 수용할 수 있는 목적물을 임시로 결정하는 행위이며, 이로써 목적물에 대하여 막연한 효력밖에 없었던 사업인정이 현실화되고 구체화 된다.

【판시사항】

토지세목공고의 의의(대법원 1988. 12. 27. 선고 판결)

【판결요지】

토지의 세목의 공고는 사업인정에 의하여 지정된 범위내에서 구체적으로 수용할 수 있는 목적물을 임시로 결정하는 행위이며, 이로써 목적물에 대하여 막연한 효력밖에 없었던 사업인정이 현실화하고 구체화 된다.

(라) 사업인정고시의 흠결

기업자가 토지수용법 제23조 소정의 토지조서 및 물건조서를 작성함에 있어서 토지소유자를 입회시켜서 이에 서명날인을 하게 하지 아니하였다는 사유만으로는 이의재결이 위법하다 하여 그 취소의 사유로 삼을 수는 없으니, 그러한 사유가 이의재결의 무효원인이 될 수 없다.[279]

279) 대법원 1993. 8. 13. 선고 93누2148 판결.

> **【판시사항】**
> 도시계획사업허가의 공고시에 토지세목의 고시의 누락과 그 수용재결처분의 취소(대법원 1988. 12. 27. 선고 판결)
>
> **【판결요지】**
> 도시계획사업허가의 공고시에 토지세목의 고시를 누락한 것은 절차상의 위법으로서 취소사유에 불과하고 그 하자가 중대하고 명백하여 사업인정 자체가 무효라고는 할 수 없으므로 이러한 위법을 선행처분인 사업인정단계에서 다투지 아니하였다면 그 쟁송기간이 이미 도과한 후인 수용재결단계에 있어서는 그 처분의 불가쟁력에 의하여 위 도시계획사업허가의 위와 같은 위법 부당함을 들어 수용재결처분의 취소를 구할 수는 없다.

(마) 사업인정의 효력

국토교통부장관은 사업인정을 하였을 때에는 지체 없이 그 뜻을 사업시행자, 토지소유자 및 관계인, 관계 시 · 도지사에게 통지하고 사업시행자의 성명이나 명칭, 사업의 종류, 사업지역 및 수용하거나 사용할 토지의 세목을 관보에 고시하여야 하며, 사업인정은 고시한 날부터 그 효력을 발생하고(토지보상법 제22조 제4항). 그 외 사업인정고시의 효력으로 수용권이 발생하고, 수용할 목적물의 범위가 확정되며, 관계인의 범위가 확정되고, 토지 등의 보전의무가 발생하는데, 이러한 보전의무에 위반하여 건축물의 건축·대수선, 공작물의 설치 또는 물건의 부가·증치를 한 토지소유자 또는 관계인은 당해 건축물·공작물 또는 물건을 원상으로 회복하여야 하며 이에 관한 손실의 보상을 청구할 수 없다(토지보상법 제25조 제3항). 또한, 사업인정의 효력은 토지수용위원회를 구속한다. 따라서 토지수용위원회는 사업인정의 내용에 반하는 재결을 할 수 없다.

(바) 사업인정의 실효

사업인정은 사업시행자가 일정한 기간 내에 재결신청을 하지 아니하거나 당해 사업의 폐지 및 변경으로 그 효력을 상실한다.

1) 재결신청기간의 경과로 인한 실효

사업시행자가 사업인정고시가 있은 날부터 1년 이내에 재결신청을 하지 아니한 때에는 사업인정고시가 있은 날부터 1년이 되는 날의 다음 날에 사업인정은 그 효력을 상실한다(토지보상법 제23조 제1항). 이 경우 사업시행자는 사업인정이 실효됨으로 인하여 토지소유자 또는 관계인이 입은 손실을 보상하여야 한다(같은 조 제2항).

2) 사업의 폐지·변경으로 인한 실효

사업인정고시가 있은 후 사업의 전부 또는 일부를 폐지하거나 변경함으로 인하여 토지 등의 전부 또는 일부를 수용 또는 사용할 필요가 없게 된 때에는 사업시행자는 지체 없이 사업지역을 관할하는 시·도지사에게 신고하고, 토지소유자 및 관계인에게 이를 통지하여야 한다(토지보상법 제24조 제1항). 시·도지사는 신고를 받으면 사업의 전부 또는 일부가 폐지나 변경된 내용을 관보에 고시하여야 하며, 고시일로부터 그 고시된 내용에 따라 사업인정의 효력 전부 또는 일부가 상실된다. 이러한 경우 사업시행자는 사업의 전부 또는 일부를 폐지·변경함으로 인하여 토지소유자 또는 관계인이 입은 손실을 보상하여야 한다(토지보상법 제24조 제6항).

(사) 사업인정의 후속절차

1) 수용취득의 경우

사업인정을 받은 사업시행자는 토지조서 및 물건조서의 작성, 보상계획의 공고·통지 및 열람, 보상액의 산정과 토지소유자 및 관계인과의 협의의 절차를 거쳐야 하며(토지보상법 제26조 제1항 본문), 이 경우 토지보상법 제14조(토지조서 및 물건조서의 작성), 제15조(보상계획의 열람), 제16조(협의) 및 제68조(보상액의 산정)의 규정을 준용한다(토지보상법 제26조 제1항 단서).

2) 협의취득 불성립의 경우

사업인정 이전에 토지보상법 제14조 내지 제16조 및 제68조의 규정에 의한 절차를 거쳤으나 협의가 성립되지 아니하여 제20조의 규정에 의한 사업인정을 받은 사업으로서 토지조서 및 물건조서의 내용에 변동이 없는 때에는 제1항의 규정에 불구하고 제14조 내지 제16조의 규정에 의한 절차를 거치지 아니할 수 있다. 다만, 사업시행자 또는 토지소유자 및 관계인이 제16조의 규정에 의한 협의를 요구하는 때에는 협의하여야 한다(토지보상법 제26조 제2항).

(아) 사업인정에 대한 권리구제

1) 항고소송

토지수용법상의 사업인정의 고시가 있으면 그 이해관계인은 그 위법을 다툴 법률상 이익이 있어 그 취소를 구할 소송요건을 구비하고 있다고 해석함이 상당하다.[280)]

2) 원고적격

사업인정에 대한 항고소송의 원고적격은 당해 수용절차에 의하여 토지 등이 수용 또는 사용될 염려가 있는 자 및 그 관계인에 한정된다. 따라서 사업시행지 밖의 주민은 사업인정에 의해 직접 법률상 지위에 영향을 받는 자가 아니므로 원칙적으로 원고적격은 인정되지 않는다. 그러나 사업계획의 승인처분에 대해서는 사업계획승인처분의 근거 내지 관계 법규가 공익뿐만 아니라 인근 주민의 개인의 개별적 이익도 보호하고 있는 경우에는 인근 주민에게 당해 사업계획승인처분의 취소를 구할 원고적격이 인정된다. 특히 사업계획승인이 환경영향평가의 대상이 되는 경우에 환경영향평가대상지역에 거주하는 주민은 당해 사업계획승인처분을 다툴 원고적격이 있다. 더 나아가서 "환경영향평가 대상지역 밖의 주민"이라 할지라도 당해 사업시행으로 인하여 그 처분 전과 비교하여 수인한도를 넘는 환경피해를 받거나 받을 우려가 있는 경우에는 당해 사업시행 등으로 인하여 환경상 이익에 대한 침해 또는 침해우려가 있다는 것을 "입증"함으로써 당해 사업인정처분의 무효확인 등 항고소송을 구할 원고적격을 인정받을 수 있다고 볼 것이다.[281)]

나. 토지조서·물건조서의 작성 등

(1) 토지조서·물건조서의 작성

(가) 조서의 의의 및 취지

토지조서와 물건조서는 사업시행자가 공익사업을 위해 수용 또는 사용할 필요가 있는 토지 및 그 토지 위에 있는 물건의 내용을 기재하는 문서이다. 토지조서와 물건조서는 재결절차의 개시 전에 사업시행자로 하여금 미리 토지에 대하여 필요한 사항을 확인하게 하고, 또한 토지소유자와 관계인에게도 이를 확인하게 하여 토지의 상황을 명백히 함으로써 토지의 상황에

280) 대법원 1973. 7. 30. 선고 72누137 판결.
281) 대법원 2006. 3. 16. 선고 2006두330 판결.

관한 당사자 사이의 차후 분쟁을 예방하며 토지수용위원회의 심리와 재결 등의 절차를 용이하게 하고 신속·원활을 기하려는데 그 작성의 목적이 있다.

(나) 토지조서·물건조서의 작성

사업시행자는 사업인정고시가 있은 후에는 토지조서 및 물건조서를 작성한다(토지보상법 제27조 제1항). 다만, 사업인정 이전에 협의절차를 거쳤으나 협의가 성립되지 아니한 경우에 토지조서 및 물건조서의 내용에 변동이 없는 때에는 토지조서 및 물건조서를 다시 작성하지 않아도 된다(토지보상법 제26조 제2항). 또한, 사업인정을 받은 사업시행자는 토지조서 및 물건조서를 작성하여 서명 또는 날인을 하고 토지소유자 및 관계인의 서명 또는 날인을 받아야 한다. 다만, 토지소유자 및 관계인이 정당한 사유 없이 서명 또는 날인을 거부하거나 또는 토지소유자 및 관계인을 알 수 없거나 그 주소 또는 거소를 알 수 없는 등의 사유로 인하여 서명 또는 날인을 할 수 없는 경우에는 그러하지 아니하되 사업시행자는 해당 토지조서 및 물건조서에 그 사유를 기재해야 한다(토지보상법 제14조 제1항).

(다) 조서의 효력

사업인정고시가 있은 후에는 토지소유자 또는 관계인이 토지조서 및 물건조서의 내용에 대하여 14일의 열람기간 이내에 이의를 제기하는 경우를 제외하고는 작성된 토지조서 및 물건조서의 내용에 대하여 이의를 제기할 수 없다. 다만, 토지조서 및 물건조서의 내용이 진실에 반하는 것을 입증하는 때에는 그렇지 않다. 나아가 적법하게 작성된 토지조서와 물건조서는 이의가 부기된 사항을 제외하고 거기에 기재된 사항이 진실에 합치하는 것으로 추정되며, 이의를 부기하지 않는 사항에 대하여 후일 이의를 제기하기 위해서는 조서의 기재가 진실이 아니라는 것을 입증해야 한다. 이의가 부기된 사항에 대하여는 토지수용위원회가 수용재결시 결정을 내린다.

(라) 하자 있는 조서의 효력

1) 내용상 하자 있는 조서의 효력

가령, 작성된 조서에 권리관계 및 물적상태 등에 관하여 사실과 다른 기재가 있는 경우에도 조서가 진실한 것으로 추정되는지가 문제가 될 수 있는데, 이러한 경우에도 조서의 기재가 진실에 반하는 것을 입증할 때까지는 그 효력을 부인할 수 없다고 보아야 한다.

2) 절차상 하자있는 조서의 효력

가령, 작성된 조서에 서명·날인이 누락되거나 기재사항 등이 누락된 조서는 조서로서의 효력이 부인되므로 조서의 기재에 대한 증명력에 관하여 진실한 것으로 추정력이 인정되지 않는다. 따라서 이의제기가 없었어도 이의를 제기할 수 있다. 판례도 같은 입장이다.

【판시사항】

토지조서 작성상의 하자가 재결의 효력에 미치는 영향(대법원 1993. 9. 10. 선고 93누5543 판결)

【판결요지】

토지수용을 함에 있어 토지소유자 등에게 입회를 요구하지 아니하고 작성한 토지조서는 절차상의 하자를 지니게 되는 것으로서 토지조서로서의 효력이 부인되어 조서의 기재에 대한 증명력에 관하여 추정력이 인정되지 아니하는 것일 뿐, 토지조서의 작성에 하자가 있다 하여 그것이 곧 수용재결이나 그에 대한 이의재결의 효력에 영향을 미치는 것은 아니라 할 것이므로 토지조서에 실제 현황에 관한 기재가 되어 있지 아니하다거나 실측평면도가 첨부되어 있지 아니하다거나 토지소유자의 입회나 서명날인이 없었다든지 하는 사유만으로는 이의재결이 위법하다 하여 그 취소를 구할 사유로 삼을 수 없다.

3) 토지·물건조서의 하자와 재결의 효력

토지수용을 함에 있어 토지소유자 등에게 입회를 요구하지 아니하고 작성한 토지조서는 절차상의 하자를 지니게 되는 것으로서 토지조서로서의 효력이 부인되어 조서의 기재에 대한 증명력에 관하여 추정력이 인정되지 아니하는 것일 뿐, 토지조서의 작성에 하자가 있다 하여 그것이 곧 수용재결이나 그에 대한 이의재결의 효력에 영향을 미치는 것은 아니라 할 것이므로 토지조서에 실제 현황에 관한 기재가 되어 있지 아니하다거나 실측평면도가 첨부되어 있지 아니하다거나 토지소유자의 입회나 서명날인이 없었다든지 하는 사유만으로는 이의재결이 위법하다 하여 그 취소를 구할 사유로 삼을 수 없다.[282] 따라서 토지조서작성상 하자만으로는 수용재결의 취소사유가 되지 않는다고 한다.

282) 대법원 1993. 9. 10. 선고 93누5543 판결.

【판시사항】

토지수용위원회의 수용재결 및 이의재결 중 지장물에 대한 부분만이 무효인 경우, 토지에 대한 수용재결 및 이의재결까지 무효로 된다고 할 수 없다고 한 원심의 판단을 수긍한 사례(대법원 2005. 9. 30. 선고 2003두12349,12356 판결)

【판결요지】

기업자가 토지수용법 제23조 소정의 토지조서 및 물건조서를 작성함에 있어서 토지소유자를 입회시켜서 이에 서명날인을 하게 하지 아니하였다 하더라도 그러한 사유만으로는 그 토지에 대한 수용재결 및 이의재결까지 무효가 된다고 할 수 없고, 기업자가 토지소유자에게 성의 있고 진실하게 설명하여 이해할 수 있도록 협의요청을 하지 아니하였다거나, 협의경위서를 작성함에 있어서 토지소유자의 서명날인을 받지 아니하였다는 하자 역시 절차상의 위법으로서 수용재결 및 이의재결에 대한 당연무효의 사유가 된다고 할 수도 없다(대법원 1993. 8. 13. 선고 93누2148 판결 참조).

(2) 보상계획

(가) 보상계획의 공고

사업인정을 받은 사업시행자는 토지조서 및 물건조서를 작성한 때에는 공익사업의 개요, 토지조서 및 물건조서의 내용과 보상의 시기·방법 및 절차 등을 기재한 보상계획을 전국을 보급지역으로 하는 일간신문에 공고하고, 토지소유자 및 관계인에게 각각 통지하여야 한다(토지보상법 제26조 제1항, 같은 법 제15조 제1항). 다만, 토지소유자 및 관계인이 20인 이하인 경우에는 공고를 생략할 수 있다(토지보상법 제26조 제1항 후단, 제15조 제1항 단서).

(나) 보상계획의 열람

사업시행자는 공고 또는 통지를 한 때에는 그 내용을 14일 이상 일반인이 열람할 수 있도록 하여야 한다(토지보상법 제26조 제1항, 같은 법 제15조 제2항). 다만, 사업지역이 2이상의 시·군 또는 자치구에 걸쳐있거나 사업시행자가 행정청이 아닌 경우에는 해당 특별자치도지사·시장·군수 또는 구청장에게도 그 사본을 송부하여 열람을 의뢰하여야 한다(토지보상법 제26조 제1항, 같은 법 제15조 제2항).

(다) 이의 신청

공고 또는 통지된 토지조서 및 물건조서의 내용에 이의가 있는 토지소유자 또는 관계인은 열람기간 내에 사업시행자에게 서면으로 이의를 제기할 수 있다(토지보상법 제26조 제1항, 같은 법 제15조 제3항). 이 경우 사업시행자는 해당 토지조서 및 물건조서에 제기된 이의를 부기하고 그 이의가 이유가 있다고 인정하는 때에는 적절한 조치를 하여야 한다(토지보상법 제26조 제1항, 같은 법 제15조 제4항).

(3) 보상액의 산정

사업시행자는 토지 등에 대한 보상액을 산정하고자 하는 경우에는 부동산 가격공시 및 감정평가에 관한 법률에 의한 감정평가업자 3인을 선정하여 토지 등의 평가를 의뢰하여야 한다. 다만, 사업시행자가 국토교통부령이 정하는 기준에 따라 직접 보상액을 산정할 수 있는 때에는 그렇지 않다(토지보상법 제68조 제1항). 이에 따라 사업시행자가 감정평가업자를 선정할 때 해당 토지를 관할하는 시·도지사와 토지소유자는 감정평가업자를 자가 1인씩 추천할 수 있다. 이 경우 사업시행자는 추천된 감정평가업자를 포함하여 선정해야 한다(같은 조 제2항).

다. 협 의

(1) 협의의 의의

협의에는 사업인정 전의 협의(토지보상법 제16조)와 사업인정 후의 협의(토지보상법 제26조)의 두 가지가 있다. 사업인정을 받은 사업시행자는 토지소유자 및 관계인과 협의의 절차를 거쳐야 한다. 토지보상법은 협의절차를 필요적 절차로 하고 있다. 따라서 협의절차는 의무적인 것으로서 협의를 거치지 않고 재결을 신청하는 것은 위법이다. 다만, 사업인정 이전에 협의절차를 거쳤거나 협의가 성립되지 않아 사업인정을 받은 사업의 경우에는 토지조서 및 물건조서의 내용에 변동이 없는 때에는 협의의 절차를 거치지 아니할 수 있다. 그러나 이 경우에도 사업시행자 또는 토지소유자 및 관계인이 협의를 요구한 때에는 협의하여야 한다(토지보상법 제26조 제2항). 또한, 사업시행자는 협의 후 토지소유자 및 관계인과 무조건 합의에 도달하여야 하는 것은 아니며, 만일 협의가 성립되지 아니하거나 협의를 할 수 없을 때에는 사업인정고시가 있은 날부터 1년 이내에 관할 토지수용위원회에 재결을 신청할 수 있다(토지보상법 제26조 제1항).

(2) 협의의 성질

사업시행자가 그 사업에 필요한 토지를 협의 취득하는 행위는 사경제주체로서 행하는 사법상의 법률행위에 지나지 않으며, 공권력의 주체로서 우월한 지위에서 행하는 공법상의 행정처분이 아니므로 이는 행정소송의 대상이 되지 않는다.[283]

(3) 협의의 내용 및 효과

(가) 협의의 내용

협의는 토지소유자 및 관계인 전원과 하여야 하며, 사업인정의 고시가 있은 날부터 1년 이내에 하여야 하며(토지보상법 제26조 제1항, 같은 법 제28조 제1항), 이때 협의할 사항은 토지수용위원회의 재결에 의하여 결정될 모든 사항, 즉 수용할 토지의 범위·수용시기·손실보상 등에 대하여 하여야 한다(토지보상법 제50조).

(나) 협의의 효과

협의가 성립하면 공용수용의 절차는 종결되고 수용의 효과가 발생한다. 그 결과 사업시행자는 협의에서 정해진 수용의 시기까지 보상금을 지급 또는 공탁하여야 하고(토지보상법 제40조), 토지소유자 및 관계인 등은 그 시기까지 토지·물건을 사업시행자에게 인도 또는 이전하여야 하며(토지보상법 제43조), 그에 따라 사업시행자는 목적물에 대한 권리를 취득하고, 피수용자는 그 권리를 상실한다(토지보상법 제45조). 이 경우 사업시행자가 토지·물건을 취득하는 것은 승계취득으로서, 이전 소유자의 권리 위에 존속하는 부담과 제한들을 그대로 승계하게 된다.

283) 대법원 1992. 10. 27. 선고 91누3871 판결.

【판시사항】

토지수용법 제25조 제1항에 의한 협의가 성립되어 기업자 앞으로 소유권이전등기를 경료하였으나 그 협의에 대하여 같은 법 제25조의2 제1항에 의한 토지수용위원회의 확인을 거치지 않은 경우 기업자의 소유권 취득의 법적 성질(대법원 1994. 6. 28. 선고 94누2732 판결)

【판결요지】

토지수용법 제25조 제1항에 의한 협의단계에서 기업자와 토지소유자 사이에 협의가 성립되어 그를 원인으로 기업자 앞으로 소유권이전등기가 경료되었다 하더라도 그 협의에 대하여 같은 법 제25조의2 제1항에 의한 토지수용위원회의 확인을 받지 아니한 이상, 재결에 의한 수용의 경우와는 달리 그 토지를 원시취득한 것으로 볼 수 없고, 원래의 소유자로부터 승계취득한 것이라고 볼 수밖에 없다 할 것인바, 수용재결처분은 그 후의 토지승계인들에 대하여도 효력이 미치는 것이므로, 수용재결처분이 있은 뒤, 다른 개발사업을 위하여 토지수용위원회의 확인절차를 거치지 않은 수용협의와 그에 기한 소유권이전등기로 소유권을 승계취득한 자가 있다 하더라도 수용재결처분은 하등 영향을 받지 아니한다.

(4) 협의성립의 확인

사업시행자는 협의가 성립된 경우 사업인정의 고시가 있은 날부터 1년 이내에 당해 토지소유자 및 관계인의 동의를 얻어 관할 토지수용위원회에 협의성립의 확인을 신청할 수 있다(토지보상법 제29조 제1항). 그리고 사업시행자가 협의가 성립된 토지의 소재지·지번·지목 및 면적 등에 대하여 공증인법에 의한 공증을 받아 협의성립의 확인을 신청한 때에는 관할 토지수용위원회가 이를 수리함으로써 협의성립이 확인된 것으로 본다(같은 조 제3항).
또한, 협의의 확인은 재결로 보며(같은 조 제4항), 사업시행자·토지소유자 및 관계인은 그 확인된 협의의 성립이나 내용을 다툴 수 없다(같은 조 제4항).

【판시사항】

기업자와 토지 소유자 사이에 토지에 관하여 권리취득을 위한 협의가 성립되었으나 관할 토지수용위원회의 협의성립의 확인을 받지 아니한 경우 토지수용법에 의한 권리취득으로 볼 수 있는지 여부(대법원 1992. 9. 14. 선고 92다21319 판결)

【판결요지】

기업자가 사업인정을 받은 후 토지 소유자와 토지에 관하여 권리의 취득을 위한 협의가 성립되었다고 하더라도 관할 토지수용위원회의 협의성립의 확인을 받지 아니하였다면 이는 토지수용법에 의한 권리취득이라고 볼 수 없다.

【판시사항】

토지수용법 제25조의 협의에 의한 소유권취득의 성질(대법원 1997. 7. 8. 선고 96다53826 판결)

【판결요지】

기업자와 토지 소유자 사이에 토지수용법 제25조가 정하는 협의가 성립하였으나 기업자가 같은 법 제25조의2가 정하는 바에 따라 협의성립에 관하여 관할 토지수용위원회의 확인을 받지 아니한 경우에 기업자가 토지소유권을 취득하기 위하여는 법률행위로 인한 부동산물권변동의 일반원칙에 따라 소유권이전등기를 마쳐야 하고, 소유권이전등기를 마치지 아니하고도 토지소유권을 원시취득하는 것은 아니다.

■ 공익사업을 위한 토지 등의 취득 및 보상에 관한 법률 시행규칙
[별지 제14호서식] 〈개정 2016. 6. 14.〉

협의성립확인신청서

(앞쪽)

접수번호	접수일

<table>
<tr><td rowspan="2">신 청 인
(사업시행자)</td><td>성명 또는 명칭</td></tr>
<tr><td>주 소</td></tr>
</table>

협의가 성립된 토지등의 명세

<table>
<tr><td rowspan="2">소재지</td><td rowspan="2">지번</td><td rowspan="2">지목
(물건의
종류
및
구조)</td><td rowspan="2">면적
(수량)</td><td rowspan="2">보
상
액</td><td rowspan="2">지
급
일</td><td colspan="2">토지 또는 물건의
소유자</td><td colspan="3">관계인</td></tr>
<tr><td>성명
또는
명칭</td><td>주소</td><td>성명
또는
명칭</td><td>주소</td><td>권리의
종류</td></tr>
<tr><td></td><td></td><td></td><td></td><td></td><td></td><td></td><td></td><td></td><td></td><td></td></tr>
<tr><td></td><td></td><td></td><td></td><td></td><td></td><td></td><td></td><td></td><td></td><td></td></tr>
</table>

<table>
<tr><td rowspan="2">토지 또는 물건을
사용하는 경우</td><td>사용 방법</td></tr>
<tr><td>사용 기간</td></tr>
<tr><td rowspan="2">협의에 의하여 취득하거나
소멸되는 권리</td><td>취득하는 권리 및 취득시기</td></tr>
<tr><td>소멸되는 권리 및 소멸시기</td></tr>
</table>

년 월 일 사업인정의 고시가 있었던 사업에 관하여 위와 같이 협의가 성립되었으므로 「공익사업을 위한 토지 등의 취득 및 보상에 관한 법률」 제29조제1항 · 제3항 및 같은 법 시행령 제13조제1항에 따라 위와 같이 협의성립의 확인을 신청합니다.

년 월 일

신청인(사업시행자) 인

토지수용위원회 위원장 귀하

첨부서류	1. 토지소유자 및 관계인의 동의서 1부 2. 계약서 1부 3. 토지조서 및 물건조서 각 1부 4. 사업계획서 1부 5. 공증을 받은 서류 1부(「공익사업을 위한 토지 등의 취득 및 보상에 관한 법률」 제29조제3항에 따라 공증을 받은 경우에만 제출합니다)	수수료 「공익사업을 위한 토지 등의 취득 및 보상에 관한 법률 시행규칙」 별표 1에서 정하는 금액

210mm×297mm[백상지 80g/㎡]

(뒤쪽)

처리절차

이 신청서는 아래와 같이 처리됩니다.

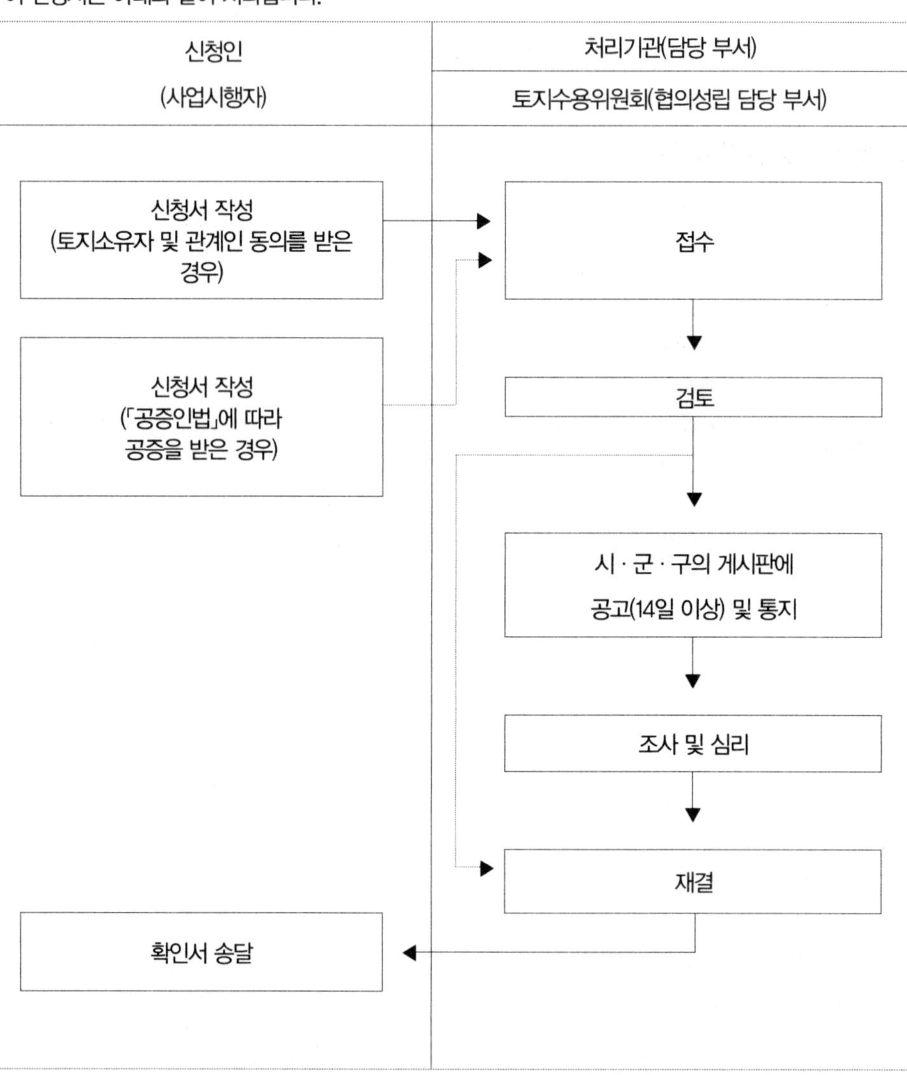

라. 재결·화해

(1) 재 결

(가) 재결의 의의 및 성질

토지수용위원회의 재결은 협의가 성립되지 아니하거나 협의를 할 수 없는 경우에 행하는 수용절차를 완결시키는 공용수용의 최종 절차이다. 이는 사업시행자로 하여금 토지의 소유권 또는 토지의 사용권을 취득케 하고 토지소유자 또는 관계인 등에게 지급하여야 하는 손실보상액을 결정하는 형성적 행정처분이지만, 수용재결은 행정심판의 재결과는 구별되며 원행정행위에 속한다.

(나) 재결의 신청

협의가 성립되지 아니하거나 협의를 할 수 없는 때에는 사업시행자는 사업인정고시가 있은 날부터 1년 이내에 관할 토지수용위원회에 재결을 신청할 수 있으며(토지보상법 제26조 제1항), 이 기간 안에 재결신청을 하지 아니한 때에는 사업인정고시는 기간 만료일의 다음날부터 그 효력을 상실한다.

(다) 재결신청의 청구

재결신청은 사업시행자만이 할 수 있는 절차이다. 그럼에도 수용절차의 조속한 종결은 토지소유자 및 관계인 등에게 커다란 이해관계가 있기 때문에 사업인정고시가 있은 후 협의가 성립되지 아니한 때에는 토지소유자 및 관계인은 서면으로 사업시행자에게 재결을 신청을 할 것을 청구할 수 있다. 이 경우 사업시행자는 그 청구가 있은 날부터 60일 이내에 관할 토지수용위원회에 재결을 신청해야 하여하며, 이 기간을 경과하여 재결을 신청한 때에는 그 경과한 기간에 대하여 소송촉진 등에 관한 특례법 제3조의 규정에 의한 법정이율을 적용하여 산정한 금액을 관할 토지수용위원회에서 결정한 보상금에 가산하여 지급하여야 한다(토지보상법 제30조).

(라) 재결기관 - 관할 토지수용위원회

토지 등의 수용과 사용에 관한 재결을 하기 위하여 국토교통부에 중앙토지수용위원회를, 시·도에 지방토지수용위원회를 두며, 중앙토지수용위원회는 국가 또는 시·도가 사업시행자인 사업 수용 또는 사용할 토지가 2 이상의 시·도에 걸쳐있는 사업의 재결에 관한 사항을 관장하고, 지방토지수용위원회의는 그 외의 사업의 재결에 관한 사항을 관장한다(토지보상법 제51조).

(마) 재결의 절차

1) 공고·열람 및 의견진술

토지수용위원회는 재결신청서를 접수한 때에는 지체 없이 이를 공고하고 공고한 날부터 14일 이상 관계서류의 사본을 일반인이 열람할 수 있도록 하여야 하며, 토지수용위원회가 이에 따른 공고를 한 때에는 관계서류의 열람 기간 중에 토지소유자 또는 관계인은 의견을 제시할 수 있다(토지보상법 제31조).

2) 심 리

가) 조사 및 심리

토지수용위원회는 열람기간이 경과한 때에는 지체 없이 당해 신청에 대한 조사 및 심리를 하여야 하며, 심리를 함에 있어서 필요하다고 인정하는 때에는 사업시행자·토지소유자 및 관계인을 출석시켜 그 의견을 진술하게 할 수 있으며, 이에 따라 사업시행자·토지소유자 및 관계인을 출석하게 하는 경우에는 사업시행자·토지소유자 및 관계인에게 미리 그 심리의 일시 및 장소를 통지하여야 한다(토지보상법 제32조).

나) 토지소유자 등의 출석 및 진술

토지수용위원회는 심리에 필요하다고 인정할 때에는 사업시행자·토지소유자·관계인 또는 참고인에 대하여 위원회에 출석하여 진술케 하거나 그 의견서 또는 자료의 제출을 요구할 수 있고, 감정평가업자 그 밖의 감정인에 대하여 감정평가를 의뢰하거나 위원회에 출석하여 진술케 할 수 있고, 토지수용위원회의 위원 또는 사무기구의 직원이나 지방토지수용위원회의 업무를 담당하는 직원으로 하여금 실지 조사권을 갖는다(토지수용법 제58조).

(바) 재 결

1) 재결기간

토지수용위원회는 심리를 개시한 날부터 14일 이내에 재결을 하여야 한다. 다만, 특별한 사유가 있은 때에는 1차에 한하여 14일의 범위 안에서 이를 연장할 수 있다(토지보상법 제35조).

2) 재결방식

토지수용위원회의 재결은 서면으로 하며, 이에 따른 재결서에는 주문 및 그 이유와 재결의 일자를 기재하고, 위원장 및 회의에 참석한 위원이 이에 기명날인한 후 그 정본을 사업시행자·토지소유자 및 관계인에게 송달해야 한다(토지보상법 제34조).

3) 재결내용

토지수용위원회의 재결사항은 수용 또는 사용할 토지의 구역 및 사용방법, 손실의 보상, 수용 또는 사용의 개시일과 기간, 그 밖에 이법 및 다른 법률에서 규정한 사항이며, 사업시행자·토지소유자 또는 관계인이 신청한 범위 안에서 재결하여야 한다. 다만, 손실의 보상에 있어서는 증액재결을 할 수 있다(토지보상법 제50조).

【판시사항】

토지수용위원회가 사업의 시행이 불가능하게 되는 것과 같은 재결을 행할 수 있는지 여부 (대법원 1994. 11. 11. 선고 93누19375 판결)

【판결요지】

토지수용법은 수용 · 사용의 일차 단계인 사업인정에 속하는 부분은 사업의 공익성 판단으로 사업인정기관에 일임하고, 그 이후의 구체적인 수용 · 사용의 결정은 토지수용위원회에 맡기고 있는바, 이와 같은 토지수용절차의 2분화 및 사업인정의 성격과 토지수용위원회의 재결사항을 열거하고 있는 같은 법 제29조 제2항의 규정 내용에 비추어 볼 때, 토지수용위원회는 행정쟁송에 의하여 사업인정이 취소되지 않는 한 그 기능상 사업인정 자체를 무의미하게 하는, 즉 사업의 시행이 불가능하게 되는 것과 같은 재결을 행할 수는 없다.

4) 재결의 실효

사업시행자가 수용 또는 사용의 개시일까지 토지수용위원회가 재결한 보상금을 지급 또는 공탁하지 아니하는 때에는 당해 토지수용위원회의 재결은 그 효력을 상실한다. 이 경우 재결의 실효로 토지소유자 또는 관계인이 손실을 입은 경우 사업시행자는 그 손실을 보상하여야 한다(토지보상법 제42조).

(사) 재결의 효과

토지수용위원회 재결로서 아래와 같은 효과가 발생한다.

1) 사업시행자는 토지수용위원회가 재결한 보상금을 지급하고 토지소유자 등의 토지 및 건축물 등에 대한 권리를 취득한다.
2) 토지소유자 및 관계자 등은 손실보상청구권 및 환매권을 취득하며, 수용물건의 인도·이전 의무를 지며,
3) 재결은 불가변력이 발생한다. 따라서 당해 토지수용위원회 스스로도 이를 변경하지 못하며,
4) 재결이 확정되면 민사소송법상 확정판결이 있은 것으로 보며, 재결서 정본은 집행력 있는 판결의 정본과 동일한 효력을 가진다.
5) 재결이 있은 후 수용하거나 사용할 토지나 물건이 토지소유자 또는 관계인의 고의나 과실 없이 멸실되거나 훼손된 경우 그로 인한 손실은 사업시행자가 부담한다.
6) 재결은 사업시행자가 수용 또는 사용의 개시일까지 보상금을 지급 또는 공탁하지 아니한 때에는 그 효력을 상실한다.

(아) 재결에 대한 불복

사업시행자, 토지소유자 또는 관계인은 재결에 불복할 때에는 재결서를 받은 날부터 90일 이내에, 이의신청을 거쳤을 때에는 이의신청에 대한 재결서를 받은 날부터 60일 이내에 각각 행정소송을 제기할 수 있다. 이 경우 사업시행자는 행정소송을 제기하기 전에 늘어난 보상금을 공탁하여야 하며, 보상금을 받을 자는 공탁된 보상금을 소송이 종결될 때까지 수령할 수 없다. 이에 따라 제기하려는 행정소송이 보상금의 증감(增減)에 관한 소송인 경우 그 소송을 제기하는 자가 토지소유자 또는 관계인일 때에는 사업시행자를, 사업시행자일 때에는 토지소유자 또는 관계인을 각각 피고로 한다(토지보상법 제85조). 한편, 토지소유자 및 관계인 등이 지급이나 공탁된 보상금을 수령하였더라도 그 수령 시에 일부 수령이라는 등 이의 유보의사를 밝힌 이상 토지수용위원회의 재결에 승복한 것은 아니다.

【판시사항】

이의유보의 의사를 밝히고 한 토지수용보상금 수령의 효과(대법원 1985. 8. 20. 선고 83누303 판결)

【판결요지】

토지소유자가 토지수용법 제61조 제2항 제1호 또는 제3항의 규정에 의하여 기업자로부터 지급되거나 공탁된 보상금을 수령하였다고 하더라도 그 수령시에 일부의 수령이라는 등 이의유보의 의사를 밝힌 이상 그가 토지수용위원회의 재결에 승복한 것으로 되지는 아니한다.

1) 이의신청

가) 이의신청의 방법 및 기한

중앙토지수용위원회의 재결에 이의가 있는 자는 중앙토지수용위원회에, 지방토지수용위원회의 재결에 대하여 이의가 있는 자는 해당 지방토지수용위원회를 거쳐 중앙토지수용위원회에 각각 이의신청을 하되 재결서의 정본을 받은 날로부터 60일 이내에 하여야 한다(토지보상법 제83조). 한편, 토지수용위원회가 재결한 보상금에 대하여 사업시행자가 불복할 경우 사업시행자는 보상금을 받을 자에게 자기가 산정한 보상금을 지급하고 그 금액과 토지수용위원회가 재결한 보상금과의 차액(差額)을 공탁하여야 한다(토지보상법 제40조).

【판시사항】

수용재결서가 수용시기 이전에 피수용자에게 적법하게 송달되지 아니한 경우, 수용절차가 당연무효로 되는지 여부(대법원 1995. 6. 13. 선고 94누9085 판결)

【판결요지】

수용재결서가 수용시기 이전에 피수용자에게 적법하게 송달되지 아니하였다고 하여 수용절차가 당연 무효가 된다고 할 수는 없고, 다만 그 수용재결서의 정본이 적법하게 송달된 날로부터 수용재결에 대한 이의신청기간이 진행된다.

나) 당사자

청구인은 사업시행자·토지소유자·관계인 등 관할 토지수용위원회의 재결에 이의가 있는 자이이며, 피청구인은 관할 토지수용위원회이다.

다) 이의신청에 대한 재결

중앙토지수용위원회는 이의신청이 있는 경우 심리를 통하여 원재결이 위법 또는 부당하다고 인정하는 때에는 그 재결의 전부 또는 일부를 취소하거나 보상액을 직접 변경할 수 있으며, 이에 따라 보상금이 증액된 경우 사업시행자는 재결의 취소 또는 변경의 재결서 정본을 받은 날부터 30일 이내에 보상금을 받을 자에게 그 증액된 보상금을 지급하여야 한다(토지보상법 제84조 제2항). 다만, 사업시행자가 당해 재결에 불복할 경우에는 증액된 보상금을 공탁한 후 행정소송을 제기할 수 있다(토지보상법 제85조 1항 후문).

라) 이의신청에 대한 재결의 효력

재결서를 받은 날부터 90일 이내에, 이의 신청을 거쳤을 경우에는 이의 신청에 대한 재결서를 받은 날부터 60일 이내에 소송이 제기되지 아니하거나 그 밖의 사유로 이의 신청에 대한 재결이 확정된 때에는 민사소송법상의 확정판결이 있은 것으로 보며, 재결서 정본은 집행력 있는 판결의 정본과 동일한 효력을 가진다(토지보상법 제86조 제1항). 한편, 이러한 이의신청이나 행정소송의 제기는 집행부정지의 원칙상 사업의 진행 또는 토지의 수용 또는 사용을 정지시키지는 아니하지만, 이의 신청에 관한 이 규정은 행정심판법에서 규정하고 있는 집행정지신청을 배제하는 것은 아니므로 중앙토지수용위원회는 직권 또는 신청에 의하여 재결의 집행정지결정을 할 수 있다1(행정심판법 제30조 제2항).

2) 행정소송

지방토지수용위원회 또는 중앙토지수용위원회의 재결에 대하여 불복이 있는 사업시행자·토지소유자 또는 관계인은 재결서를 받은 날부터 90일 이내에, 이의신청을 거친 때에는 이의신청에 대한 재결서를 받은 날부터 60일 이내에 각각 행정소송을 제기할 수 있는데, 이에 따른 행정소송은 지방토지수용위원회나 중앙토지수용위원회의 재결의 취소 또는 무효확인을 구하는 항고소송과 보상금의 증액 또는 감액만을 청구하는 보상금증감청구소송인 형식적 당사자소송의 두 가지가 있다.

가) 취소소송

① 소의 대상

행정소송법 제19조가 정하는 원처분주의의 원칙에 따라 원처분인 신청에 대한 재결이 소의 대상이 된다.

> **【판시사항】**
>
> 토지소유자 등이 수용재결에 불복하여 이의신청을 거친 후 취소소송을 제기하는 경우 피고적격(=수용재결을 한 토지수용위원회) 및 소송대상(=수용재결)(대법원 2010. 1. 28. 선고 2008두1504 판결)
>
> **【판결요지】**
>
> 공익사업을 위한 토지 등의 취득 및 보상에 관한 법률 제85조 제1항 전문의 문언 내용과 같은 법 제83조, 제85조가 중앙토지수용위원회에 대한 이의신청을 임의적 절차로 규정하고 있는 점, 행정소송법 제19조 단서가 행정심판에 대한 재결은 재결 자체에 고유한 위법이 있음을 이유로 하는 경우에 한하여 취소소송의 대상으로 삼을 수 있도록 규정하고 있는 점 등을 종합하여 보면, 수용재결에 불복하여 취소소송을 제기하는 때에는 이의신청을 거친 경우에도 수용재결을 한 중앙토지수용위원회 또는 지방토지수용위원회를 피고로 하여 수용재결의 취소를 구하여야 하고, 다만 이의신청에 대한 재결 자체에 고유한 위법이 있음을 이유로 하는 경우에는 그 이의재결을 한 중앙토지수용위원회를 피고로 하여 이의재결의 취소를 구할 수 있다고 보아야 한다.

② 제소기간

재결에 불복할 때에는 재결서를 받은 날부터 90일 이내에 이의 신청을 거쳤을 때에는 이의 신청 재결서를 받은 날부터 60일 이내에 제기하여야 한다(토지보상법 제85조 제1항). 한편, 재결서를 송달받지 못한 때의 제소기간이 문제 되는데, 대법원은 이에 대하여 이의신청에 대한 재결이 있은 사실과 재결의 내용을 알 수 있었더라도 행정소송의 제소기간은 진행되지 않는다고 보았다.

【판시사항】

이의신청에 대한 재결서의 정본이 송달되지 아니하였어도, 이의신청에 대한 재결이 있은 사실과 재결의 내용을 알 수 있었다면 행정소송의 제소기간이 진행되는지 여부(대법원 1992. 7. 28. 선고 91누12905 판결)

【판결요지】

토지수용법 제75조의2 제1항은 "이의신청의 재결에 대하여 불복이 있을 때에는 재결서가 송달된 날로부터 1월 이내에 행정소송을 제기할 수 있다"고 규정하고 있으므로, 중앙토지수용위원회의 재결에 대하여 이의를 신청한 수용대상토지의 소유자인 원고가, 다른 토지 소유자인 제3자에 대한 재결서를 송달받음으로써 또 공탁된 보상금의 증액분을 수령함으로써 자신의 이의신청에 대한 재결이 있은 사실과 그 재결의 내용을 알 수 있었다고 하더라도, 그렇다고 하여 재결서(재결서의 정본)가 송달되지 아니하였음에도 불구하고 이의신청의재결에 대한 행정소송의 제소기간이 진행된다고 볼 수는 없다.

다만, 그렇다고 하더라도, 재결에 대하여 불복할 수 있는 기간을 무한정 인정하는 것은 법적 안정성이나 행정목적달성 등에 문제가 있을 수 있기 때문에 이러한 경우에는 행정소송법 제20조 제2항에 따라 재결이 있은 날부터 1년 이내에 제기하여야 한다고 보는 것이 맞다. 또한 재결취소소송을 제기기간 내에 제기하였다가 제기기간 경과 후에 손실보상청구소송으로 소변경을 하는 경우 등 해당 소제기가 제기기간 내에 제기한 것이라면 소변경도 적법하다.

【판시사항】

잔여지를 뺀 수용재결처분이 위법하다는 것을 이유로 한 이의재결 취소청구의 소를 잔여지의 가격감소로 인한 손실보상청구의 소로 변경한 경우, 제소기간 준수 여부의 기준시(=이의재결 취소청구소송 제기시)(대법원 1999. 10. 12. 선고 99두7517 판결)

【판결요지】

동일한 토지소유자에 속하는 일단의 토지의 일부가 수용됨으로 인하여 잔여지의 가격이 감소된 경우에, 토지소유자가 잔여지를 포함시키지 않은 수용재결처분이 위법하다고 주장하면서 그 취소를 구하는 이의신청을 하여 이의신청을 기각하는 이의재결을 받은 뒤, 중앙토지수용위원회를 상대로 이의재결의 취소를 청구하는 소송을 제기, 그 소가 진행되던 도중에 기업자를 피고로 추가하여 이의재결 취소청구의 소를 잔여지의 가격감소로 인한 손실보상청구의 소로 변경하였다면, 이의재결 취소청구의 소가 당초에 제소기간을 준수하여 적법하게 제기된 이상, 뒤의 소변경은 제소기간이 경과된 후에 이루어졌어도 부적법하지 아니하다.

③ 하자의 승계문제

사업인정과 그 후의 재결은 단계적인 일련의 절차이기는 하지만, 사업인정 단계의 하자를 사업인정단계에서 다투지 아니하였다면 그 쟁송기간이 이미 도과한 후인 수용재결단계에 있어서는 그 처분의 불가쟁력에 의하여 그 부당함을 이유로 그 취소를 다툴 수 없다. 즉, 사업인정의 하자는 수용재결에 승계되지 않는다.

【판시사항】

도시계획사업허가의 공고시에 토지세목의 고시의 누락과 그 수용재결처분의 취소(대법원 1988. 12. 27. 선고 판결)

【판결요지】

도시계획사업허가의 공고시에 토지세목의 고시를 누락한 것은 절차상의 위법으로서 취소사유에 불과하고 그 하자가 중대하고 명백하여 사업인정 자체가 무효라고는 할 수 없으므로 이러한 위법을 선행처분인 사업인정단계에서 다투지 아니하였다면 그 쟁송기간이 이미 도과한 후인 수용재결단계에 있어서는 그 처분의 불가쟁력에 의하여 위 도시계획사업허가의 위와 같은 위법 부당함을 들어 수용재결처분의 취소를 구할 수는 없다.

④ 보상금공탁

사업시행자는 행정소송을 제기하기 전에 늘어난 보상금을 공탁하여야 하며, 보상금을 받을 자는 공탁된 보상금을 소송이 종결 될 때까지 수령할 수 없다(토지보상법 제85조 제1항). 여기서 보상금의 공탁은 소제기 전에 하지 못하였어도 사실심변론종결 전까지 공탁을 하게 되면 하자가 치유된다.

【판시사항】

사업시행자가 재결에 불복하여 이의신청을 거쳐 행정소송을 제기하는 경우 이의재결에서 증액된 보상금을 공탁하여야 할 시기(대법원 2008. 2. 15. 선고 2006두9832 판결)

【판결요지】

공익사업을 위한 토지 등의 취득 및 보상에 관한 법률 제85조 제1항의 규정 및 관련 규정들의 내용, 사업시행자가 행정소송 제기시 증액된 보상금을 공탁하도록 한 위 제85조 제1항 단서 규정의 입법 취지, 그 규정에 의해 보호되는 보상금을 받을 자의 이익과 그로 인해 제한받게 되는 사업시행자의 재판청구권과의 균형 등을 종합적으로 고려하여 보면, 사업시행자가 재결에 불복하여 이의신청을 거쳐 행정소송을 제기하는 경우에는 원칙적으로 행정소송 제기 전에 이의재결에서 증액된 보상금을 공탁하여야 하지만, 제소 당시 그와 같은 요건을 구비하지 못하였다 하여도 사실심 변론종결 당시까지 그 요건을 갖추었다면 그 흠결의 하자는 치유되었다고 본다.

[서식] 토지수용 재결처분 취소등 청구의 소

소 장

원 고 ○ ○ ○(주민등록번호)

○○시 ○○구 ○○길 ○○ (우편번호 ○○○-○○○)

피 고 1. △△토지수용위원회

○○시 ○○구 ○○길 ○○ (우편번호 ○○○-○○○)

위원장 △ △ △

2. △△시 △△구

법률상 대표자 △△△구청장

○○시 ○○구 ○○길 ○○ (우편번호 ○○○-○○○)

토지수용재결처분 취소등 청구의 소

청 구 취 지

1. 피고 중앙토지수용위원회가 20○○. ○. ○.자 원고에 대하여 한 별지목록 기재 토지에 대한 이의재결처분 중 보상금증액신청을 기각한 부분을 취소한다.
2. 피고 △△시 △△구는 원고에게 금 50,000,000원을 지급하라.
3. 소송비용은 피고들의 부담으로 한다.

라는 판결을 원합니다.

청 구 원 인

1. 기초사실

가. △△시장은 19○○. ○. ○. 국토의 계획 및 이용에 관한 법률 제88조, 제91조에 따라 도시계획사업인 '○○ – ○○동 도로확장공사'의 실시계획을 인가 고시함으로써, 원고 소유 별지기재 토지(이하 '이 사건 토지')가 위 도시계획사업지역에 편입되었다.

나. 피고 ○○구는 위 도시계획사업의 시행자로서 이 사건 토지를 취득하기 위하여 원고와 협의를 하였으나 협의가 성립되지 않아 ○○특별시지방토지수용위원회에 이 사건 토지의 수용을 위한 재결을 신청하였고, 동 위원회는 19○○. ○. ○. 위 사업시행을 위하여 피고 성북구가 이 사건 토지를 수용하되 그 손실보상금을 100,000,000원[총평수(10,000평)×평당단가(10,000원)], 수용시기를 19○○. ○. ○.로 정하여 토지수용재결을 하였습니다.

다. 이에 원고는 보상금을 증액하여 달라는 이의신청을 하였고, 이에 피고 중앙토지수용위원회는 19○○. ○. ○. 원고의 보상금증액신청을 기각하는 이의재결(이하 '이 사건 재결')을 하였습니다.

2. 이 사건 재결의 위법성

가. 피고 중앙토지수용위원회의 위 재결은 공익사업을 위한 토지 등의 취득 및 보상에 관한 법률 제70조 제1항의 산정방법을 위배한 것으로서 내용상 흠이 있어 위법하므로

취소되어야 할 것입니다.

나. 이 사건 토지는 표준지가가 선정되어 있지 않고, 또한 인접지역에 소재하는 표준지 중에는 이 사건 토지와 동일하거나 유사한 지목의 표준지도 없습니다.

다. 그럼에도 서울특별시지방토지수용위원회 또는 피고 중앙토지수용위원회는, 인접지역의 표준지의 기준시가를 기준으로 손실보상액을 산정한 소외 토지평가사합동사무소의 판단을 기초로 하여 토지수용재결 및 이 사건 재결을 발하였던 것입니다.

라. 그러나 앞서 본 바와 같이 이 사건 토지에는 표준지가가 선정되어 있지 않을 뿐 아니라, 더 나아가 이 사건 토지와 동일하거나 유사한 지목도 없으므로 결국 공익사업을 위한 토지 등의 취득 및 보상에 관한 법률 제67조 제1항의 일반조항에 의하여 보상액을 산정하였어야 할 것입니다. 만약 이에 의한다면 이 사건 토지에 대한 보상액은 최소한 금 150,000,000원[총평수(10,000평)×평당단가(15,000원)]에 이를 수 있었을 것입니다.

3. 결론

그렇다면 피고 중앙토지수용위원회의 이 사건 재결 중 보상금증액신청을 기각한 부분은 내용상 하자가 있어 위법하여 취소되어야 할 것이며, 피고 ㅇㅇ시 ㅇㅇ구는 이미 지급한 보상금과 위 정당한 보상액과의 차액인 금 50,000,000원을 원고에게 추가 지급하여야 할 것입니다.

입 증 방 법

1. 갑 제1호증의 1 재결서정본송부
1. 갑 제1호증의 2 재결서
1. 갑 제2호증 이의신청서
1. 갑 제3호증 도면
1. 갑 제4호증 확인서

첨 부 서 류

1. 위 입증방법 각 1통
1. 소장사본 1통
1. 납 부 서 1통

20○○년 ○월 ○일

원 고 ○ ○ ○ (인)

○ ○ 행 정 법 원 귀중

[별지]

부 동 산 의 표 시

○○시 ○○구 ○○동 ○○
대 10,000평방미터. 끝.

[서식] 답변서 - 재결처분취소 등

답 변 서

사 건 2000구합 000 재결처분취소 등

원 고 임 O O

피 고 OO지방토지수용위원회 외 1명

위 사건에 관하여 피고 OOO도시개발 주식회사의 소송대리인은 다음과 같이 답변합니다.

청구취지에 대한 답변

1. 원고의 피고 OOO도시개발 주식회사에 대한 청구를 기각한다.
2. 원고와 피고 OOO도시개발 주식회사 사이에서 생긴 소송비용은 원고의 부담으로 한다.

라는 판결을 구합니다.

청구원인에 대한 답변

1. 다툼이 없는 사실

피고 OOO도시개발 주식회사(이하 '피고 OOO'이라고만 합니다)는, 원고의 소장 주장 사실 중, 피고 OOO은 OOO시 도시계획시설[도시계획도로(중로 2-1호선 등) 및 학교용지 조성공사]을 위하여 국토의 계획 및 이용에 관한 법률 제86조의 규정에 의거 사업시행자지정 및 같은 법 제88조 규정에 의한 실시계획을 득한자 라는 사실 및 피고 OOO지방토지수용위원회는 피고 OOO의 토지수용신청에 대하여 별지 목록 기재 1. 부동산 중 31㎡ 및 지상 건물인 별지 목록 기재 2. 부동산에 대하여 2000.

O. O. 수용재결을 한 재결청이라는 사실은 다툼이 없는 사실로 정리합니다.

2. 원고 주장의 요지

원고 주장의 요지는,

첫째, 피고 OO지방토지수용위원회가 2000. O. O. 수용 재결한 OO시 도시계획시설 사업[도시계획도로(중로2-1호선등) 및 학교용지 조성공사]부지 내에 원고 소유의 주택면적 290.92㎡중 24.9㎡만이 사업부지로 편입되므로, 위 부분만의 수용재결로 위 초등학교 진입도로 부지의 확보에 아무런 문제가 없음에도, 이 사건 건물 전체를 수용한 것은 위법부당하다고 주장하며,

둘째, 이 사건 재결에서 산정된 원고에 대한 보상가액은 토지부분 18,243,500언, 건물부분 77,436,500원에 불과한바 이는 이 사건 부동산이 위치한 지역의 부동산거래가액의 4분의 1에 불과하여, 보상가액이 적정치 아니하다는 등의 주장을 합니다.

하지만 원고의 위와 같은 주장의 진실한 목적은, 아래에서 상세히 설명하는 바와 같이 자신이 추가보상금을 노리는 속칭 알박기나 다름없는 행위를 정당화 하기위한 주장으로서 이유 없다 할 것입니다.

3. 원고 주장의 허구성

가. 이 사건 재결의 부당성에 대한 주장에 대하여

도시계획시설 사업에 따른 토지 등이 공익사업 부지로 편입된 경우 사업시행자와 토지(물건) 등의 소유자 간에 협의가 성립되지 아니하거나 협의를 할 수 없을 때에는 사업시행자는 토지보상법 제28조, 국토의 계획 및 이용에 관한 법률 제95조 및 제96조의 규정에 의하여 관할 토지수용위원회에 재결신청 할 수 있습니다.

피고 OOO은 OO시도시계획시설사업[도시계획시설 : 녹지(경관녹지 등) 조성공사]을 위하여 국토의 계획 및 이용에 관한 법률 제88조 및 같은 법 시행령 제97조 규정에 의한 실시계획 인가를 득하고, OO시장이 같은 법 제91조 및 같은 법 시행령 제100조 규정에 의거 실시계획을 변경인가 한 후 이를 고시[OO시 고시 제2007-43호(2007. 3. 26), OO시 고시 제2007-126(2007. 7. 16.), OO시 고시 제2007-244호(2007.

12. 31.), OO시 고시 제2008-18호(2008. 2. 4.)}하였으며(을 제1호증 : OOO보 참조),

위 고시로 인해 피고 OOO은 수용 또는 사용할 토지 및 지장물(건물) 조서내역에 부평리 641-3번지 이 사건 건물 127.57㎡(1층, 2층 포함)를 포함한 도시계획시설(연결녹지 등)사업 실시계획 변경인가를 득하였습니다.

그러므로 이 사건 도시계획시설[녹지(경관녹지 등) 조성공사] 사업은 국토의 계획 및 이용에 관한 법률 제95조 규정에 의하여 도시계획시설 사업의 시행자인 피고 OOO은 도시계획시설 사업에 필요한 토지·건축물 또는 그 토지에 정착된 물건, 토지·물건 또는 그 토지에 정착된 물건에 관한 소유권외의 권리 등 물건 또는 권리를 수용 또는 사용할 수 있습니다.

이에 따라 피고 OOO은 시 사건 도시계획시설 사업부지에 포함된 이 사건 부동산의 대한 협의 취득을 위하여 소유자인 원고와 손실보상 협의를 하였지만, 원고가 보상가가 저렴하다는 이유 등으로 협의를 거부하여 결국 협의가 성립되지 아니하였습니다.

그래서 원고는 부득이 토지보상법 제28조 규정에 의하여 피고 OO토지수용위원회에 이 사건 부동산에 대한 수용재결 신청을 하였고, 위 위원회에서는, 피고 OOO이 토지보상법령 규정에 의하여 사업시행자가 보상계획 공고 및 열람, 손실보상에 관한 협의요청 및 2~3차에 걸쳐 협의를 촉구하는 등의 적법한 절차를 거쳐 재결 신청한 사실을 확인하고 2000. O. O. 수용 재결하였던 것입니다(을 제2호증 : OO지방토지수용위원회 수용재결서 정본 송달 참조).

그 후 피고 OOO은 위 수용재결에 따라 2000. O. O. 원고에게 손실보상금을 공탁하였고(을 제3호증 : 공탁서 참조), 적법하게 소유권을 취득하였습니다.

그 과정에서 원고는 토지보상법 제31조 및 같은 법 시행령 제15조 규정에 의한 재결신청서류 공고 및 열람기간 동안 피고 OO지방토지수용위원회에 이에 대한 의견서를 제출하기도 하였는데, 그 내용은 보상금이 저렴하므로 실질적인 보상을 요구한다는 것일 뿐, 도시계획시설 사업부지에 포함된 주택면적이 24.9㎡이므로 127.57㎡를 수용하는 것은 부당하다는 의견은 없었습니다(을 제4호증 : 의견서 참조).

또한, 토지보상법 제83조 규정에 의거 원고는 피고 OO지방토지수용위원회를 거쳐 중앙토지수용위원회에 제출한 이의신청서에도 위와 마찬가지로 현 시세를 반영한 보상금의 지급을 요청하였을 뿐, 당해 사업에 편입된 주택면적에 대한 내용은 전혀 없었습니다(을 제5호증 : 이의신청서 참조).

더구나 원고가 주장하는 도시계획 선에 편입되지 않은 건물면적의 경우 사업인정단계에서 그 사유를 들어 사업인정권자인 OO시장과 다투었어야 할 것이고 그 쟁송기간이 이미 도과한 후인 이 사건 수용재결 단계에 있어서는 사업인정처분이 당연무효라고 볼만한 특단의 사정이 없는 한 그 위법을 이유로 이 사건 수용재결 처분의 취소를 구할 수는 없다 할 것입니다(대법원 1987. 9. 8.선고 87누395 참조).

그럼에도 불구하고 원고가 지금에 와서 위와 같은 주장을 하는 취지는, 결국 보상금을 노리고 이곳저곳 민원을 발생케 하여 피고 OOO을 심리적으로 압박한 후 보다 많은 보상금을 받으려고 하는 얄팍한 수단으로 밖에 볼 수 없습니다.

실제로 원고는 위와 같은 사유를 들어 이제 와서 OO시에도 민원을 제기하는 등의 소란을 피우며 피고 OOO을 압박하고 있는 실정이기도 합니다.

나. 보상가액이 적정치 아니하다는 주장에 대하여

피고 OOO이 이 사건 부동산의 수용과 관련된 일련의 과정은 위 제2항과 같습니다. 따라서 이하에서는 원고가 주장하는 보상가액의 적정성여부에 대하여 살펴 보겠습니다.

통상, 보상금의 결정에 있어 토지에 대하여는 토지보상법 제70조의 규정에 의하여 부동산가격 공시 및 감정평가에 관한 법률에 의한 공시지가를 기준으로 하되, 그 공시기준일로부터 가격시점까지의 관계법령에 의한 당해 토지의 이용계획, 당해 공익사업으로 인한 지가의 영향을 받지 아니하는 지역의 지가변동률, 생산자 물가상승률, 그밖에 당해 토지의 위치·형상·환경·이용상황 등을 참작하여 평가한 가격으로 보상토록 정하고 있고, 물건은 토지보상법 제75조의 규정에 의거 이전비로 보상하되 이전이 어렵거나 그 이전으로 인하여 종래의 목적으로 사용할 수 없게 된 때에는 물건의 가격으로 보상하도록 규정되어 있으며, 수목의 경우에 토지보상법 시행규칙 제39조 규정에 의거 수종·수령·수고·근원직경·흉고직경·관리상태·이식가능성 및 그 난이도, 취득가격 등을 종합적으로 고려하여 평가하여 보상토록 되어 있습니다.

피고 OO지방토지수용위원회도 위와 같은 규정 및 토지보상법 제58조 및 같은 법 제68조의 규정에 의거 2개의 감정평가기관에 감정평가를 의뢰하여 이를 산술평균한 금액으로 보상액을 정함에 있어, 토지소유자 등의 권리보호 측면을 감안하여 그 평가액과 사업시행자인 피고 OOO이 제시한 금액을 비교하여 이 사건 부동산에 대한 손실보상금을 정한 것입니다(갑 제1호증의 2 : 재결서 참조).

이렇듯 원고가 문제 삼고 있는 보상금은 피고 OO지방토지수용위원회에서 적법한 절차에 따라 결정된 것으로 그 과정에 어떠한 하자나 불법적인 요소가 개입된 바도 없습니다. 그럼에도 원고는 수용에 따른 보상금이 적정치 않다는 억지를 부리고 있는데, 이는 단지 피고 OOO로부터 추가보상금을 지급받기 위한 목적입니다.

그에 대한 근거로는 첫째, 현재 이 사건 사업부지에는 원고 외에도 수많은 부동산의 소유자들의 있었지만 모두 피고 OOO과 원만한 합의를 이루고, 이미 사업지내에 있는 자신들이 소유하고 있던 각각의 부동산들을 피고 OOO에게 인도·명도를 완료한 상태라는 것만으로도, 원고의 추가보상금 주장이 억지라는 것을 알 수 있습니다. 다시 말해, 원고가 주장하는 바와 같이 만일 피고 OOO이 수용보상금으로 지급하였던 금액이 주변 시세의 1/4정도 수준의 터무니없는 금액이었다고 한다면 상식적으로 누구도 이를 합의금으로 수령하고 피고 OOO에게 자신들 소유의 부동산을 순순히 명도·인도할 사람은 없다는 것입니다.

둘째, 원고 소유의 이 사건 부동산은 피고 OOO이 사업자로 있는 부평1지구와 그 바로 인접지인 부평2지구에 걸쳐 있고, 특히 부평2지구 속해 있는 원고 소유의 나머지 부동산은 공동주택부지로 지정되어 있기 때문에 그 곳에 대한 수용 시 더 많은 보상금을 받기 위한 초석을 다지기 위함입니다(을 제6호증의 1 : 획지 및 건축물에 관한 도시관리계획 변경결정도, 같은 호증의 2 : 토지이용 및 시설에 관한 도시관리계획 변경결정도 각 참조).

그 이유는, 만일 피고가 이 사건 부동산에 대한 수용보상금을 현재와 같은 수준으로 수령할 경우, 향후 부평2지구의 수용보상금 협상 시에도 결국 그 것이 기준이 될 수도 있고 그럴 경우 부평2지구 수용보상협상에도 자신의 생각과는 달리 보상금 수령에 많이 불리해지지는 않을까하는 위기감에서 기인한듯합니다.

4. 결 어

이상에서 보는 바와 같이 피고 OOO이 이 사건 부동산의 소유권을 취득하였음에도 불구하고, 계속해서 원고가 이 사건 부동산을 불법 점유·사용하며 피고 OOO의 공익사업을 방해하는 진실한 목적은 오직 추가보상금을 노리는 것으로 판단됩니다.

그렇다면 위와 같은 원고의 소위는 재건축, 재개발 등의 건설사업 등에서 흔히 볼 수 있는 속칭 알박기나 다름없는 행위로서, 원고와 같이 오직 자신의 사리사용을 채우기에만 급급한 사람 때문에 이 사건 공익사업이 지체되어 애꿎은 OO시 주민들 및 지역 주민들이 피해를 보아서는 아니 되는 것입니다.

따라서 원고의 주장은 어느 모로 보나 이유 없다 할 것이므로 마땅히 기각 되어야할 것입니다.

입 증 방 법

1. 을 제1호증 OOO보
1. 을 제2호증 OO지방토지수용위원회 수용재결서 정본 송달
1. 을 제3호증 공탁서
1. 을 제4호증 의견서
1. 을 제5호증 이의신청서
1. 을 제6호증의 1 획지 및 건축물에 관한 도시관리계획 변경결정도

   2 토지이용 및 시설에 관한 도시관리계획 변경결정도

첨 부 서 류

1. 위 각 입증방법
1. 소송위임장
1. 송달료 납부영수증

2000. 0. .

피고 000의 소송대리인
변호사 0 0 0 (인)

00지방법원 제0행정부 귀중

나) 무효확인소송

토지수용에 관한 중앙 또는 지방토지수용위원회의 수용재결이 그 성질에 있어 구체적으로 일정한 법률효과의 발생을 목적으로 하는 점에서 일반의 행정처분과 전혀 다를 바 없으므로 수용재결처분이 무효인 경우에는 그 재결 자체에 대한 무효확인을 소구할 수 있다.[284)]

다) 보상액증감청구소송 – 형식적 당사자 소송

지방토지수용위원회나 중앙토지수용위원회의 재결 또는 중앙토지수용위원회의 이의신청 재결 중 보상금에 대하여 불복이 있는 때에는 보상금증감청구소송을 제기할 수 있으며, 이에 따라 제기하는 보상액증감청구소송의 경우에 당해 소송을 제기하는 자가 토지소유자 또는 관계인인 때에는 사업시행자를, 사업시행자인 때에는 토지소유자 또는 관계인을 각각 피고로 한하여 제기할 수 있다(토지보상법 제85조 제2항).

【판시사항】

구 '공익사업을 위한 토지 등의 취득 및 보상에 관한 법률' 제74조 제1항에 의한 잔여지 수용청구를 받아들이지 않은 토지수용위원회의 재결에 대하여 토지소유자가 불복하여 제기하는 소송의 성질 및 그 상대방(대법원 2010. 8. 19. 선고 2008두822 판결)

【판결요지】

구 '공익사업을 위한 토지 등의 취득 및 보상에 관한 법률'(2007. 10. 17. 법률 제8665호로 개정되기 전의 것) 제74조 제1항에 규정되어 있는 잔여지 수용청구권은 손실보상의 일환으로 토지소유자에게 부여되는 권리로서 그 요건을 구비한 때에는 잔여지를 수용하는 토지수용위원회의 재결이 없더라도 그 청구에 의하여 수용의 효과가 발생하는 형성권적 성질을 가지므로, 잔여지 수용청구를 받아들이지 않은 토지수용위원회의 재결에 대하여 토지소유자가 불복하여 제기하는 소송은 위 법 제85조 제2항에 규정되어 있는 '보상금의 증감에 관한 소송'에 해당하여 사업시행자를 피고로 하여야 한다.

---

284) 대법원 1993. 1. 19. 선고 91누8050 판결.

소 장

원 고　　○○○(주민등록번호)
　　　　○○시 ○○구 ○○길 ○○(우편번호 ○○○-○○○)
　　　　전화·휴대폰번호:
　　　　팩스번호, 전자우편(e-mail)주소:
피 고　　서울특별시 ◇◇구
　　　　법률상 대표자 ◇◇구청장
　　　　○○시 ○○구 ○○길 ○○(우편번호 ○○○-○○○)

토지수용에 대한 보상금 증액 청구의 소

청 구 취 지

1. 피고 서울특별시 ◇◇구는 원고에게 금 70,000,000원 및 이에 대한 이 사건 판결선고 다음날부터 완제일까지 연 20%의 비율에 의한 금원을 지급하라.
2. 소송비용은 피고의 부담으로 한다.

라는 판결과 가집행의 선고를 구합니다.

청 구 원 인

1. 원고는 서울 ○○구 ○○동 ○○○의 ○ 대 366㎡ 중 2분의 1 지분 및 같은 동 ○○○의 ○○ 대 72㎡ 중 2분의 1 지분의 소유자입니다.

2. 피고 서울특별시 ◇◇구가 도시계획사업으로 위 토지를 ◎◎광장 조성공사구간에 편입하고, 위 도시계획사업의 시행자로서 원고와 토지수용을 위한 협의를 하였으나, 그 가격이 저렴하여 협의가 성립되지 아니하자 소외 서울특별시 지방토지수용위원회에 그 수용을 위한 재결을 신청하였습니다.

3. 서울특별시 지방토지수용위원회는 20○○. ○. ○○. 이 사건 토지를 수용하고 원고에 대한 손실보상금을 350,855,000원으로 정하는 재결을 하였고, 피고는 위 금원을 공탁하였습니다. 이에 원고는 "이의를 유보하고 보상금의 일부를 수령한다"는 조건을 명시하고 위 공탁금을 수령한 후 중앙토지수용위원회에 이의신청을 하였습니다.

4. 중앙토지수용위원회는 20○○. ○. ○○. 이 사건 토지의 손실보상금을 370,855,000원으로 증액 변경하는 내용의 이의재결을 하였으나, 위 중앙토지수용위원회가 결정한 보상금액은 싯가의 3분의 2도 안되는 금액이므로 이 사건 토지에 관한 손실보상금액은 귀원의 감정결과에 따라 확장하기로 하고 우선 금 70,000,000원만 청구합니다.

입 증 방 법

1. 갑 제 1호증	등기부등본
1. 갑 제 2호증	토지대장 등본
1. 갑 제 3호증	토지가격 확인원

첨 부 서 류

1. 위 입증방법 각 1통
1. 소장부본 1통
1. 송달료납부서 1통

20○○. ○. ○.
위 원고 ○○○ (서명 또는 날인)

○○행정법원 귀중

[서식] 토지수용이의재결처분취소 청구의 소

소 장

원 고 홍 길 동 (000000-0000000)

ㅇㅇ시 ㅇㅇ구 ㅇㅇ동 ㅇㅇㅇ

소송대리인 변호사 ㅇ ㅇ ㅇ

ㅇㅇ시 ㅇㅇ구 ㅇㅇ동 ㅇㅇㅇ (우 :)

(전화 : ,팩스 :)

피 고 1. 중앙토지수용위원회

대표자 위원장 ㅇㅇㅇ

2. ㅇㅇ 시

대표자 시장 ㅇㅇㅇ

토지수용이의재결처분취소 청구의 소

청 구 취 지

1. 피고 중앙토지수용위원회가 2010. 2. 10. 원고에 대하여 한 별지 목록 기재 토지 및 건물 등의 수용에 관한 이의재결서에서 원고의 신청을 기각한 부분 가운데 금 25,000,000원에 해당하는 부분을 취소한다.
2. 피고 ㅇㅇ시는 원고에게 금 25,000,000원과 이에 대하여 20ㅇㅇ. 8. 6.부터 소장부본 송달일까지는 연 5%, 그 다음날부터 다 갚는 날까지는 연 20%의 각 비율로 계산한 돈을 지급하라.
3. 소송비용은 피고들의 부담으로 한다.

4. 제2항은 가집행할 수 있다.

라는 판결을 구합니다.

청 구 원 인

1. 이 사건 이의재결의 경위

가. 원고는 별지 목록 기재 제1토지(이하 "이 사건 토지"라 한다)를 소유하고 있었는데, 위 토지가 피고 ㅇㅇ시(이하 "피고시"라 한다)가 도시계획사업인 ㅇㅇ도시고속도로건설공사 2, 3, 4 공구의 기업자로서 국토의계획및이용에관한법률 제22조의2에 의하여 실시계획승인을 받고 20ㅇㅇ. 3. 12. ㅇㅇ시 고시 제ㅇㅇㅇ호로 고시되었다가 같은 해 12. 15. ㅇㅇ시 고시 ㅇㅇㅇㅇ호로 변경인가고시된 사업시행지 안에 편입되었으므로 피고시는 그 소유자인 원고와 이 사건 토지의 취득 및 별지 목록 제2 기재 각 물건 등의 이전을 위하여 원고와 협의하였으나 협의가 성립되지 아니하였습니다.

나. 이에 피고시는 피고 중앙토지수용위원회(이하 "피고 중토위"라 한다)에 이 사건 토지의 수용을 위한 재결을 신청하였고, 피고 중토위는 20ㅇㅇ. 6. 27. 위 사업시행을 위하여 피고시가 이 사건 토지를 수용하기로 하고 이 사건 토지 및 지장물 등에 대한 손실보상금을 합계 금 432,167,010원으로 정하고, 수용시기는 같은 해 8. 5.로 한다는 내용의 수용재결을 하였습니다.

다. 원고가 위 수용재결에 불복하여 피고 중토위에 이의신청을 하자, 피고 중토위는 ㅇㅇ감정평가법인과 한국감정원으로 하여금 위 수용재결일을 기준으로 한 이 사건 토지 및 지방물의 가격을 평가하도록 하였고, 20ㅇㅇ. 2. 10. 잔여지에 대한 보상청구를 받아들이지 아니한 채 이 사건 토지 및 지장물에 대한 보상금을 위 두 감정기관의 감정가격을 산술평균하여 금 487,263,320원으로 증액 변경하는 취지의 이의재결(이하 "이 사건 이의재결"이라 한다)을 하였습니다.

2. 이 사건 이의재결의 위법

이 사건 이의재결은 다음과 같은 점에서 위법합니다.

가. 이 사건 토지는 원래 총면적 388㎡의 대지이었으나 이 사건 수용으로 161㎡만 남게 되고 형상도 부정형으로 되었으며 이 사건 도시계획시설인 도시고속도로에 인접하게 됨으로서 그 잔여지의 가치가 하락하였음에도 불구하고 그 가치하락분에 대한 보상이 이루어지지 않은 잘못이 있습니다.

나. 이 사건 토지가 도시계획법상 주거지역으로 지정되어 기존의 모텔 외 숙박시설의 설치가 금지되어 없게 되었고 인근지역으로의 이전을 위한 비용이 기존토지나 시설 등에 대한 보상액의 합계액을 초과하여 종래의 영업을 계속하기 어려운 경우에 해당하므로 폐업보상을 하여야 함에도 휴업보상만을 한 것은 잘못입니다.

다. 재결의 기초가 된 감정평가가 이 사건 토지 및 지상 건물의 손실보상금의 산정방법에 관한 관계법령의 기준을 준수하지 아니함으로서 그 보상금이 관한계법령에 따른 정당한 보상금이 되지 못하여 위법합니다.

따라서 이 사건 이의재결은 위법하므로, 피고 중토위에 대하여는 이 사건 이의재결의 취소를, 피고시에 대하여는 정당한 보상금액의 지급을 구하는 바 추후 감정에 의하여 확정하기로 하고 우선 피고 중토위에 대하여는 금 25,000,000원에 해당하는 부분의 취소를 구하고 피고시에 대하여는 위 금액 및 이에 대한 지연손해금의 지급을 구하고자 본소 청구에 이르렀습니다.

입 증 방 법

추후 변론시 제출하겠습니다.

첨 부 서 류

1. 주민등록초본 1통
1. 소장부본 2통
1. 위임장 1통

20○○. ○. .

위 원고 소송대리인 변호사 ○ ○ ○ (인)

○○행정법원 귀중

(2) 화해

토지수용위원회는 그 재결이 있기 전에는 그 위원 3인으로 구성되는 소위원회로 하여금 사업시행자·토지소유자 및 관계인에게 화해를 권고하도록 할 수 있으며.[285] 화해가 성립되면 당해 토지수용위원회는 화해조서를 작성하여 화해에 참여한 위원·사업시행자·토지소유자 및 관계인이 이에 서명 또는 날인하여야 한다(§33 ②). 이에 따라 화해조성에 서명 또는 날인이 된 경우에는 당사자 간에 화해조서와 동일한 내용의 합의가 성립된 것으로 본다(토지보상법 제33조).

2. 약식절차

토지보상법은 토지·물건의 사용에 대하여 천재지변 등 긴급한 상황시 다음과 같은 약식절차를 규정하여 타인의 토지를 사용토록 하고 있다.

가. 천재·지변시의 토지의 사용

천재·지변 그 밖의 사변으로 인하여 공공의 안전을 유지하기 위한 공익사업을 긴급히 시행할 필요가 있는 때에는 사업시행자는 특별자치도지사·시장·군수 또는 구청장의 허가를 받아 즉시 타인의 토지를 사용할 수 있다. 시장·군수 또는 구청장은 이에 따라 허가를 하거나 통지를 받은 때에는 즉시 토지의 소유자 및 점유자에게 통지하여야 한다. 이에 따른 토지의 사용기간은 6월을 넘지 못하며, 토지를 사용함으로써 발생하는 손실은 보상하여야 한다(토지보상법 제38조).

285) 이 경우 소위원회는 위원장이 지명하거나 위원회에서 선임한 위원으로 구성하되, 그 구성에 관하여 필요한 사항은 대통령령으로 정한다.

나. 시급한 토지의 사용

재결신청을 받은 토지수용위원회는 그 재결을 기다려서는 재해를 방지하기 곤란하거나 그 밖에 공공의 이익에 현저한 지장을 줄 우려가 있다고 인정할 때에는 사업시행자의 신청을 받아 대통령령으로 정하는 바에 따라 담보를 제공하게 한 후 즉시 해당 토지의 사용을 허가할 수 있다. 이에 따른 토지의 사용기간은 6개월을 넘지 못하며(토지보상법 제39조), 토지수용위원회가 허가를 한 때에는 즉시 토지소유자 및 점유자에게 통지하여야 한다.

한편, 이에 따라 시급을 요하는 토지를 사용하는 경우 토지수용위원회의 재결이 있기 전에 토지소유자 또는 관계인의 청구가 있는 때에는 사업시행자는 자기가 산정한 보상금을 토지소유자 또는 관계인에게 지급하여야 하며, 토지소유자 또는 관계인은 사업시행자가 토지수용위원회의 재결에 의한 보상금의 지급시기까지 이를 지급하지 아니하는 때에는 제39조의 규정에 따라 제공된 담보의 전부 또는 일부를 취득한다(토지보상법 제41조).

3. 협의에 의한 취득

가. 토지조서 및 물건조서의 작성

사업시행자는 공익사업의 수행을 위하여 토지 등의 수용 또는 사용을 위한 사업인정 전에 협의에 의한 토지 등을 취득 또는 사용이 필요한 때에는 토지조서와 물건조서를 작성하여 서명 또는 날인하고 토지소유자와 관계인의 서명 또는 날인을 받아야 한다. 다만, 토지소유자 및 관계인을 알 수 없거나 그 주소 · 거소를 알 수 없는 등의 사유로 서명 또는 날을 받을 수 없는 경우에는 그러하지 아니하다.

나. 보상계획의 열람 등

사업시행자가 토지조서와 물건조서를 작성하였을 때에는 공익사업의 개요, 토지조서 및 물건조서의 내용과 보상의 시기 · 방법 및 절차 등이 포함된 보상계획을 전국을 보급지역으로 하는 일간신문에 공고하고, 토지소유자 및 관계인에게 각각 통지하여야 하며, 특별자치도지사, 시장, 군수 또는 구청장에게도 통지하여야 한다. 다만, 토지소유자와 관계인이 20인 이하인 경우에는 공고를 생략할 수 있다. 이에 따른 공고나 통지를 하였을 때에는 그 내용을 14일 이상 일반인이 열람할 수 있도록 하여야 하지만, 사업지역이 둘 이상의 시 · 군 또는 구에 걸쳐 있거나 사업시행자가 행정청이 아닌 경우에는 해당 특별자치도지사, 시장 · 군수 또는 구청장에게도 그 사본을 송부하여 열람을 의뢰하여야 한다.

다. 협의

사업시행자는 토지 등에 대한 보상에 관하여 토지소유자 및 관계인과 성실하게 협의하여야 한다, 협의를 하려는 사업시행자는 협의기간 · 협의장소 및 협의방법, 보상의 시기 · 절차 · 방법 및 금액, 계약에 필요한 구비서류 등이 기입된 보상협의요청서를 토지소유자 및 관계인에게 통지하여야 한다. 다만, 토지소유자 및 관계인을 알 수 없거나 그 주소 · 거소 또는 그 밖에 통지할 장소를 알 수 없을 때에는 공고로 통지에 갈음할 수 있다.

보상금액 등은 사업인정을 받은 사업시행자와 토지소유자가 협의하여 정하되, 협의가 성립되지 아니하거나 협의를 할 수 없을 경우에는 사업시행자가 관할토지수용위원회에 재결을 신청할 수 있다, 이 경우 재결에 이의가 있는 자는 중앙토지수용위원회에 이의를 신청할 수 있고, 이의신청 없이 행정소송을 제기할 수 있다.

라. 계약의 체결

사업시행자는 협의가 성립되었을 때에는 토지소유자 및 관계인 등과 계약을 체결하여야 한다.

Ⅵ. 공용수용의 효과

1. 공용수용 효과의 발생시기

사업시행자가 천재지변시의 토지사용 또는 시급한 토지사용을 제외하고는 수용 또는 사용의 개시일(토지수용위원회가 재결로써 결정한 수용 또는 사용을 시작하는 날을 말한다)까지 관할토지수용위원회가 재결한 보상금을 지급하거나 또는 수용하거나 사용하려는 토지등의 소재지의 공탁소에 이를 공탁한 경우 수용의 효과가 발생한다(토지보상법 제40조 제1, 2항). 이렇듯 사업시행자가 수용개시일까지 관할토지수용위원회가 재결한 보상금을 지급하거나 공탁하여야만 수용의 효과가 발생하는 것이며, 만일 그렇지 아니하였을 때에는 해당 토지수용위원회의 재결은 효력을 상실한다(토지보상법 제40조 제2항). 그 결과 사업시행자는 토지수용위원회가 재결로써 사용을 시작하는 날인 사용개시일에 토지나 물건의 사용권을 취득하며, 그 토지나 물건에 관한 다른 권리는 사용의 기간 중에는 이를 행사하지 못한다(토지보상법 제45조 제2항).

2. 수용자(사업시행자)에 대한 효과

가. 사업시행자의 권리취득 등

(1) 권리의 취득 · 소멸 및 제한

사업시행자는 수용개시일에 토지나 물건의 소유권을 취득하며, 그 토지나 물건에 관한 다른 권리는 이와 동시에 소멸한다. 사업시행자는 사용개시일에 토지나 물건의 사용권을 취득하며, 그 토지나 물건에 관한 다른 권리는 사용기간 중에는 행사하지 못한다. 그럼에도 불구하고 토지수용위원회의 재결로 인정된 권리는 소멸되거나 그 행사가 정지되지 아니한다(토지보상법 제45조).

(2) 원시취득

수용에 의한 사업시행자의 권리취득은 사업시행자와 토지소유자와의 사이에 계약 등에 기한 즉, 법률행위에 의한 승계취득이 아닌, 수용 즉, 민법 제187조 법률의 규정에 의한 원시취득이다. 따라서 등기 없이도 수용 또는 사용개시일에 권리의 취득이 이루어진다. 이렇듯 수용에 의한 취득이 원시취득인 까닭에 토지소유자에게 수용으로 인한 하자담보책임을 물을 수 없다.

> 【판시사항】
>
> 토지수용법 제63조에 의한 토지소유자의 토지 등 인도의무에 목적물에 대한 하자담보책임이 포함되는지 여부(대법원 2001. 1. 16. 선고 98다58511 판결)
>
> 【판결요지】
>
> 토지수용법에 의한 수용재결의 효과로서 수용에 의한 기업자의 토지소유권취득은 토지소유자와 수용자와의 법률행위에 의하여 승계취득하는 것이 아니라, 법률의 규정에 의하여 원시취득하는 것이므로, 토지소유자가 토지수용법 제63조의 규정에 의하여 부담하는 토지의 인도의무에는 수용목적물에 숨은 하자가 있는 경우에도 하자담보책임이 포함되지 아니하여 토지소유자는 수용시기까지 수용 대상 토지를 현존 상태 그대로 기업자에게 인도할 의무가 있을 뿐이다.

그러나 협의매수에 의한 토지수용의 경우라 하더라도 관할토지수용위원회로부터 협의성립의 확인을 받지 아니한 것이면 원시취득이 아니라 승계취득이 됨에 유의하여야 한다. 따라서 만일, 사업시행자가 협의취득시 관할토지수용위원회로부터 확인을 받지 아니한 경우에는 그 소유권을 취득하기 위한 소유권이전등기를 경료하여야 한다.[286)]

> **【판시사항】**
>
> 토지수용위원회로부터 확인받지 아니한 기업자와 토지 소유자의 수용협의의 효력(대법원 1978. 11. 14. 선고 78다1528 판결)
>
> **【판결요지】**
>
> 토지수용에 있어서 기업자와 토지소유자의 협의성립에 대한 관할 토지수용위원회의 확인을 받지 아니한 것이면 그 토지를 원시적으로 취득한 것으로는 볼 수 없고 원래의 소유자로부터 승계취득을 한 것이라고 해석할 수 밖에 없다.

나. 토지·물건의 인도 등

(1) 토지소유자 등의 인도 및 이전의무

토지소유자 및 관계인과 그 밖에 토지소유자나 관계인에 포함되지 아니하는 자로서 수용하거나 사용할 토지나 그 토지에 있는 물건에 관한 권리를 가진 자는 수용 또는 사용의 개시일까지 그 토지나 물건을 사업시행자에게 인도하거나 이전하여야 한다(토지보상법 제43조). 만일, 사업시행자가 수용 또는 사용의 개시일까지 보상금을 지급하거나 공탁하지 않으면 재결의 효력이 상실하므로 그에 따라 인도·이전의무도 소멸하며 목적물의 인도 등과 보상금의 지급 등은 동시이행관계에 있다고 보는 것이 맞다.

(2) 대 집 행

토지소유자 및 관계인 등이 정하여진 기간 이내에 의무를 이행하지 아니하거나 완료하기 어려운 경우 또는 그로 하여금 그 의무를 이행하게 하는 것이 현저히 공익을 해친다고 인정되는 사유가 있는 경우에는 사업시행자는 시·도지사나 시장·군수 또는 구청장에게 행정대집행법에서 정하는 바에 따라 대집행을 신청할 수 있고, 이 경우 신청을 받은 당해 지방자치단체의

---

286) 대법원 1997. 7. 8. 96다53286 판결.

장은 정당한 사유가 없으면 이에 따라야 한다(토지보상법 제89조 제1항). 이에도 불구하고 사업시행자가 국가나 지방자치단체인 경우에는 행정대집행법에서 정하는 바에 따라 직접 대집행을 할 수 있다(같은 조 제2항). 한편, 토지보상법 제89조의 규정상 제3자에게 대집행하게 할 수 있다는 내용은 없지만, 행정대집행법상 대집행의 경우 대집행기관은 스스로 대집행하거나 제3자로 하여금 대집행하도록 할 수 있도록 규정되어 있으므로 토지보상법 제89조에 의한 대집행에 있어서도 제3자로 하여금 대집행하도록 할 수 있다고 해석함이 타당하다.

(3) 인도 또는 이전의 대행

특별자치도지사, 시장 · 군수 또는 구청장은 i) 토지나 물건을 인도하거나 이전하여야 할 자가 고의나 과실 없이 그 의무를 이행할 수 없을 때, ii) 사업시행자가 과실 없이 토지나 물건을 인도하거나 이전하여야 할 의무가 있는 자를 알 수 없을 때에는 사업시행자의 청구에 의하여 토지나 물건의 인도 또는 이전을 대행하여야 한다(토지보상법 제44조).

다 위험부담의 이전

사법상 매매의 경우와 달리[287] 토지수용위원회의 재결이 있은 후 수용하거나 사용할 토지나 물건이 토지소유자 또는 관계인의 고의나 과실 없이 멸실되거나 훼손된 경우 그로 인한 손실은 사업시행자가 부담하고, 사업시행자는 그것을 이유로 하여 손실보상의 면제나 감액을 주장할 수 없다(토지보상법 제46조).

【판시사항】

토지 및 지상물에 대한 수몰보상 약정후 입목이 홍수로 멸실된 경우 입목에 대한 보상금 지급약정을 해제할 수 있는지 여부(대법원 1977. 12. 27. 선고 76다1472 판결)

【판결요지】

땜 건설로 인한 수몰지역내의 토지를 매수하고 지상임목에 대하여 적절한 보상을 하기로 특약하였다면 보상금이 지급되기 전에 그 입목이 홍수로 멸실되었다고 하더라도 매수 또는 보상하기로 한 자는 이행불능을 이유로 위 보상약정을 해제할 수 없다.

---

287) 쌍무계약에서 당사자일방의 채무가 당사자쌍방의 책임없는 사유로 이행할 수 없게 된 때에는 채무자는 상대방의 이행을 청구하지 못한다. 이렇듯 사법상 매매의 경우 일반적으로 매도인(채무자)이 위험부담을 진다(채무자 위험부담주의 -민법 제537조).

3. 피수용자에 대한 효과

가. 손실보상(손실보상청구권)

(1) 개 설

공용수용은 특정한 공익사업을 위하여 타인의 토지 등 재산권을 강제로 취득하는 것이기 때문에 필연적으로 피수용자에 대한 보상을 전제로 하며, 그 손실에 대한 보상은 정당보상을 원칙으로 한다. 즉, 헌법 제23조 제3항은 "공공필요에 의한 재산권의 수용·사용 또는 제한 및 그에 대한 보상은 법률로써 하되 정당한 보상을 지급하여야 한다."고 규정하여 공용수용으로 인한 재산권침해에 대한 정당보상의 원칙을 천명하고 있으며, 그에 기초하여 토지수용법이 제정되었고, 공용수용의 일반법인 토지보상법은 손실보상에 대한 일정한 원칙을 정하고, 다시 손실보상의 내용에 관하여 구체적인 규정을 두고 있다.

(가) 보상금의 지급 또는 공탁

재결의 효과로서 사업시행자는 피수용자인 토지소유자 및 관계인에게 관할 토지수용위원회가 재결한 보상금을 지급해야 하는 의무를 지며, 이에 대한 반대급부로 피수용자는 손실보상청구권을 갖게 된다. 사업시행자는 천재지변시의 토지사용 및 시급한 토지사용의 경우를 제외하고는 수용 또는 사용개시일까지 관할 토지수용위원회가 재결한 보상금을 지급하여야 한다(토지보상법 제40조 제1항). 만일, 사업시행자가 이에 불복할 경우에는 사업시행자는 자기가 산정한 보상금을 지급하고 그 금액과 토지수용위원회가 재결한 보상금과의 차액을 공탁하여야 하며, 이 경우 보상금을 받을 자는 그 불복의 절차가 종결될 때까지 공탁된 보상금을 수령할 수 없다(토지보상법 제40조). 그리고 사업인정고시가 된 후 권리의 변동이 있을 때에는 그 권리를 승계한 자가 보상금 또는 공탁금을 받는다(토지보상법 제40조 제3항). 다만, 사업시행자는 ⅰ) 보상금을 받은 자가 그 수령을 거부하거나 보상금을 수령할 수 없을 때, ⅱ) 사업시행자의 과실 없이 보상금을 받을 자를 알 수 없을 때, ⅲ) 관할 토지수용위원회가 재결한 보상금에 대하여 사업시행자가 불복할 때, ⅳ) 압류나 가압류에 의하여 보상금의 지급이 금지되었을 때에는 수용 또는 사용의 개시일까지 수용하거나 사용하려는 토지 등의 소재지의 공탁소에 보상금을 공탁할 수 있다(토지보상법 제40조 제2항).

(나) 재결의 실효

사업시행자가 수용 또는 사용의 개시일까지 관할토지수용위원회가 재결한 보상금을 지급하거나 공탁하지 아니할 경우 해당토지 수용위원회의 재결은 효력을 상실한다(토지보상법 제42조 제1항). 사업시행자는 이에 따라 재결의 효력이 상실됨으로 인하여 토지소유자 또는 관계인이 입은 손실을 보상하여야 한다(같은 조 제2항).

(2) 손실보상에 관한 원칙

토지보상법이 규정하고 있는 손실보상에 관한 일반원칙은 다음과 같다.

(가) 사업시행자 보상원칙

제61조(사업시행자 보상) 공익사업에 필요한 토지등의 취득 또는 사용으로 인하여 토지소유자나 관계인이 입은 손실은 사업시행자가 보상하여야 한다.

(나) 사전보상원칙

제62조(사전보상) 사업시행자는 해당 공익사업을 위한 공사에 착수하기 이전에 토지소유자와 관계인에게 보상액 전액(全額)을 지급하여야 한다. 다만, 제38조에 따른 천재지변 시의 토지 사용과 제39조에 따른 시급한 토지 사용의 경우 또는 토지소유자 및 관계인의 승낙이 있는 경우에는 그러하지 아니하다.

(다) 현금보상원칙

제63조(현금보상 등) ① 손실보상은 다른 법률에 특별한 규정이 있는 경우를 제외하고는 현금으로 지급하여야 한다. 다만, 토지소유자가 원하는 경우로서 사업시행자가 해당 공익사업의 합리적인 토지이용계획과 사업계획 등을 고려하여 토지로 보상이 가능한 경우에는 토지소유자가 받을 보상금 중 본문에 따른 현금 또는 제7항 및 제8항에 따른 채권으로 보상받는 금액을 제외한 부분에 대하여 다음 각 호에서 정하는 기준과 절차에 따라 그 공익사업의 시행으로 조성한 토지로 보상할 수 있다. 1. 토지로 보상받을 수 있는 자: 「건축법」 제57조제1항에 따른 대지의 분할 제한

면적 이상의 토지를 사업시행자에게 양도한 자가 된다. 이 경우 대상자가 경합(競合)할 때에는 제7항제2호에 따른 부재부동산(不在不動産) 소유자가 아닌 자로서 제7항에 따라 채권으로 보상을 받는 자에게 우선하여 토지로 보상하며, 그 밖의 우선순위 및 대상자 결정방법 등은 사업시행자가 정하여 공고한다.

2. 보상하는 토지가격의 산정 기준금액: 다른 법률에 특별한 규정이 있는 경우를 제외하고는 일반 분양가격으로 한다.
3. 보상기준 등의 공고: 제15조에 따라 보상계획을 공고할 때에 토지로 보상하는 기준을 포함하여 공고하거나 토지로 보상하는 기준을 따로 일간신문에 공고할 것이라는 내용을 포함하여 공고한다.

② 제1항 단서에 따라 토지소유자에게 토지로 보상하는 면적은 사업시행자가 그 공익사업의 토지이용계획과 사업계획 등을 고려하여 정한다. 이 경우 그 보상면적은 주택용지는 990제곱미터, 상업용지는 1천100제곱미터를 초과할 수 없다.

③ 제1항 단서에 따라 토지로 보상받기로 결정된 권리는 그 보상계약의 체결일부터 소유권이전등기를 마칠 때까지 전매(매매, 증여, 그 밖에 권리의 변동을 수반하는 모든 행위를 포함하되, 상속 및 「부동산투자회사법」에 따른 개발전문 부동산투자회사에 현물출자를 하는 경우는 제외한다)할 수 없으며, 이를 위반할 때에는 사업시행자는 토지로 보상하기로 한 보상금을 현금으로 보상할 수 있다. 이 경우 현금보상액에 대한 이자율은 제9항제1호가목에 따른 이자율의 2분의 1로 한다.

④ 제1항 단서에 따라 토지소유자가 토지로 보상받기로 한 경우 그 보상계약 체결일부터 1년이 지나면 이를 현금으로 전환하여 보상하여 줄 것을 요청할 수 있다. 이 경우 현금보상액에 대한 이자율은 제9항제2호가목에 따른 이자율로 한다.

⑤ 사업시행자는 해당 사업계획의 변경 등 국토교통부령으로 정하는 사유로 보상하기로 한 토지의 전부 또는 일부를 토지로 보상할 수 없는 경우에는 현금으로 보상할 수 있다. 이 경우 현금보상액에 대한 이자율은 제9항제2호가목에 따른 이자율로 한다.

⑥ 사업시행자는 토지소유자가 다음 각 호의 어느 하나에 해당하여 토지로 보상받기로 한 보상금에 대하여 현금보상을 요청한 경우에는 현금으로 보상하여야 한다. 이 경우 현금보상액에 대한 이자율은 제9항제2호가목에 따른 이자율로 한다.

1. 국세 및 지방세의 체납처분 또는 강제집행을 받는 경우

2. 세대원 전원이 해외로 이주하거나 2년 이상 해외에 체류하려는 경우

3. 그 밖에 제1호 · 제2호와 유사한 경우로서 국토교통부령으로 정하는 경우

⑦ 사업시행자가 국가, 지방자치단체, 그 밖에 대통령령으로 정하는 「공공기관의 운영에 관한 법률」에 따라 지정 · 고시된 공공기관 및 공공단체인 경우로서 다음 각 호의 어느 하나에 해당되는 경우에는 제1항 본문에도 불구하고 해당 사업시행자가 발행하는 채권으로 지급할 수 있다.

1. 토지소유자나 관계인이 원하는 경우

2. 사업인정을 받은 사업의 경우에는 대통령령으로 정하는 부재부동산 소유자의 토지에 대한 보상금이 대통령령으로 정하는 일정 금액을 초과하는 경우로서 그 초과하는 금액에 대하여 보상하는 경우

⑧ 토지투기가 우려되는 지역으로서 대통령령으로 정하는 지역에서 다음 각 호의 어느 하나에 해당하는 공익사업을 시행하는 자 중 대통령령으로 정하는 「공공기관의 운영에 관한 법률」에 따라 지정 · 고시된 공공기관 및 공공단체는 제7항에도 불구하고 제7항제2호에 따른 부재부동산 소유자의 토지에 대한 보상금 중 대통령령으로 정하는 1억원 이상의 일정 금액을 초과하는 부분에 대하여는 해당 사업시행자가 발행하는 채권으로 지급하여야 한다.

1. 「택지개발촉진법」에 따른 택지개발사업

2. 「산업입지 및 개발에 관한 법률」에 따른 산업단지개발사업

3. 그 밖에 대규모 개발사업으로서 대통령령으로 정하는 사업

⑨ 제7항 및 제8항에 따라 채권으로 지급하는 경우 채권의 상환 기한은 5년을 넘지 아니하는 범위에서 정하여야 하며, 그 이자율은 다음 각 호와 같다.

1. 제7항제2호 및 제8항에 따라 부재부동산 소유자에게 채권으로 지급하는 경우

가. 상환기한이 3년 이하인 채권: 3년 만기 정기예금 이자율(채권발행일 전달의 이자율로서, 「은행법」에 따라 설립된 은행 중 전국을 영업구역으로 하는 은행이 적용하는 이자율을 평균한 이자율로 한다)

나. 상환기한이 3년 초과 5년 이하인 채권: 5년 만기 국고채 금리(채권발행일 전달의 국고채 평균 유통금리로 한다)

2. 부재부동산 소유자가 아닌 자가 원하여 채권으로 지급하는 경우

가. 상환기한이 3년 이하인 채권: 3년 만기 국고채 금리(채권발행일 전달의 국고채 평균 유통금리로 한다)로 하되, 제1호가목에 따른 3년 만기 정기예금 이자율이 3년 만기 국고채 금리보다 높은 경우에는 3년 만기 정기예금 이자율을 적용한다.

나. 상환기한이 3년 초과 5년 이하인 채권: 5년 만기 국고채 금리(채권발행일 전달의 국고채 평균 유통금리로 한다)

(라) 개인별보상 및 일괄보상의 원칙

제64조(개인별 보상) 손실보상은 토지소유자나 관계인에게 개인별로 하여야 한다. 다만, 개인별로 보상액을 산정할 수 없을 때에는 그러하지 아니하다.

제65조(일괄보상) 사업시행자는 동일한 사업지역에 보상시기를 달리하는 동일인 소유의 토지등이 여러 개 있는 경우 토지소유자나 관계인이 요구할 때에는 한꺼번에 보상금을 지급하도록 하여야 한다.

(마) 사업시행이익과의 상계금지

제66조(사업시행 이익과의 상계금지) 사업시행자는 동일한 소유자에게 속하는 일단(一團)의 토지의 일부를 취득하거나 사용하는 경우 해당 공익사업의 시행으로 인하여 잔여지(殘餘地)의 가격이 증가하거나 그 밖의 이익이 발생한 경우에도 그 이익을 그 취득 또는 사용으로 인한 손실과 상계(相計)할 수 없다.

(바) 개발이익의 배제원칙

> **제67조(보상액의 가격시점 등)** ② 보상액을 산정할 경우에 해당 공익사업으로 인하여 토지등의 가격이 변동되었을 때에는 이를 고려하지 아니한다.

(사) 재결시기준원칙

> **제67조(보상액의 가격시점 등)** ① 보상액의 산정은 협의에 의한 경우에는 협의 성립 당시의 가격을, 재결에 의한 경우에는 수용 또는 사용의 재결 당시의 가격을 기준으로 한다.

(3) 보상액의 가격시점, 보상액의 산정 및 손실보상의 기준

(가) 보상액의 가격시점 - 개발이익 배제의 원칙

보상액의 산정은 협의에 의한 경우는 협의 성립 당시의 가격을, 재결에 의한 경우는 재결당시의 가격을 기준으로 하며, 보상액을 산정함에 있어 당해 공익사업으로 인하여 토지 등의 가격에 변동이 있는 때에는 이를 고려하지 아니한다(토지보상법 제67조).

(나) 보상액의 산정(평가방법)

사업시행자는 토지 등에 보상액을 산정하고자 하는 경우에는 감정평가업자 3인(시 · 도지사와 토지소유자가 모두 감정평가업자를 추천하지 아니하거나 시 · 도지사 또는 토지소유자 어느 한쪽이 감정평가업자를 추천하지 아니하는 경우에는 2인)을 선정하여 토지 등의 평가를 의뢰하여야 한다(토지보상법 제68조 제1항).

■ 공익사업을 위한 토지 등의 취득 및 보상에 관한 법률 시행규칙
[별지 제15호서식] 〈개정 2016. 6. 14.〉

사업시행자의 명칭

수신자
(경유)
제 목 **보상금 산정을 위한 감정평가 의뢰**

「공익사업을 위한 토지 등의 취득 및 보상에 관한 법률」 제68조제1항 및 같은 법 시행규칙 제16조제1항에 따라 아래와 같이 보상액의 산정을 위한 감정평가를 의뢰합니다.

사업시행자	성명 또는 명칭	
	주소	
공익사업의 명칭		
가격시점		
평가서 제출기한		
평가 의뢰 물건 (토지 및 물건의 명세)		
평가조건 및 참고사항		

사업시행자 인

기안자 직위(직급) (서명 또는 인)	검토자 직위 (직급) (서명 또는 인)	결재권자 직위(직급) (서명 또는 인)

협조자

시행 처리기관-일련번호(시행일자) 접수 처리과명-일련번호(접수일자)

우편번호 주소 / 홈페이지 주소

전화번호( ) 팩스번호( ) / 전자우편주소 /

작성방법

1. "평가 의뢰 물건(토지 및 물건의 명세)"란에는 아래 사항을 적습니다.
 가. 토지의 명세에는 토지의 소재지, 지번, 지목, 이용상황, 면적 및 토지소유자 등과 취득 또는 사용을 구분하여 적습니다.
 나. 물건의 명세에는 물건의 소재지, 지번, 물건의 종류, 구조 · 규격, 수량 · 면적, 소유자 등과 취득 또는 사용을 구분하여 적습니다.
 다. 대상물건이 건축물 등 물건인 경우에는 이전 또는 취득, 영업인 경우에는 폐업 또는 휴업을 구분하여 물건의 명세에 적습니다.
2. 「공익사업을 위한 토지 등의 취득 및 보상에 관한 법률 시행규칙」 제16조제1항제7호의 보상액 평가를 위한 사전 의견수렴에 관한 사항은 "평가조건 및 참고사항"란에 평가조건 등과 구분하여 적습니다.

210mm×297mm[백상지 80g/㎡]

[서식] 시가감정신청서

시가감정평가 신청서

사 건 2019구합 0000 토지수용보상금

원 고 김 0 0

피 고 0 0 시

위 사건에 관하여 원고의 소송대리인은 주장사실의 입증을 위하여 아래와 같이 시가감정 신청을 합니다.

– 아 래 –

1. 감정의 목적

피고가 00도시계획시설 조성사업에 편입되는 이 사건 부동산 등에 대해 보상평가를 할 당시 내지 그 근접시기를 기준한 이 사건 부동산 시가의 감정을 통해, 이전 토지의 보상평가가 지나치게 낮게 책정되었음을 입증하고, 정확한 감정을 통해 원고가 받아야 할 이 사건 토지수용보상금을 정확히 신청하고자 합니다.

2. 감정처

귀원이 지정하는 감정기관

3. 감정할 사항

가. 감정평가 부동산

인천시 00구 00길 000

인천시 00구 00길 000

나. 입증취지

이전 토지의 보상평가가 지나치게 낮게 책정되었음을 입증하고, 정확한 감정을 통해 원고가 받아야 할 이 사건 토지수용보상금을 정확히 하고자 합니다.

2019. 1. .

원고의 소송대리인

법무법인 00

담당변호사 0 0 0

서울행정법원 제1행정부 귀중

(다) 손실보상의 기준 – 공시지가 기준 적정가격

협의 또는 재결에 의하여 취득하는 토지에 대하여는 부동산 가격공시에 관한 법률에 따른 공시지가를 기준으로 하여 보상하되, 그 공시기준일로부터 가격시점까지의 관계법령에 의한 당해 토지의 이용계획, 당해 공익사업으로 인한 지가의 영향을 받지 아니하는 지역의 대통령령이 정하는 지가변동률, 생산자 물가상승률 그 밖에 당해 토지의 위치·형상·환경·이용상황 등을 참작하여 평가한 적정가격으로 보상하여야 한다(토지보상법 제70조 제1항).

(4) 손실보상의 내용

토지보상법은 공용수용으로 인한 손실보상에 대하여 상세한 기준과 내용을 규정하고 있는데, 그에 따른 보상내용은 크게 i) 재산권보상(공용수용의 목적물인 토지·물건·권리 등에 대한 보상), ii) 간접손실보상(공익사업의 실시 또는 완성 후에 시설이 사업지 밖의 재산권에 미치는 손실에 대한 보상), iii) 생활보상(공용수용으로 인하여 생활근거를 상실한 재산권자에 대한 생활재건을 내용으로 하는 보상)으로 나눌 수 있다.

(가) 재산권 보상

재산권 보상에는 토지수용에 따른 보상, 사용하는 토지의 보상인 사용보상(토지수용법 제71조 제1항), 사업의 폐지 및 변경으로 인한 손실보상(토지보상법 제24조 제6항), 공익사업의 준비과정인 측량·조사로 인한 손실보상(토지보상법 제9조 제4,5항), 공익사업을 위한 토지 등의 취득이 직접 원인이 되어 부수적으로 발생한 손실인 잔여지손실, 건축물 등의 이전에 따른 손실, 광업권, 어업권 등의 권리보상, 영업손실 등의 부대손실보상(토지보상법 제73조, 같은 법 제75조, 같은 법 제75조의2, 같은 법 제76조, 같은 법 제77조), 일정한 사유로 인하여 공익사업에 필요한 토지 이외의 토지를 수용하는 것인 확장수용(토지보상법 제72조, 같은 법 제74조, 같은 법 제75조 제1항 단서)에 대한 보상이 있다.

(나) 간접손실보상(사업손실보상·제3자보상)

간접손실보상에 대한 토지보상법상의 법적 근거는 토지보상법 제73조(잔여지의 손실과 공사비 보상), 제74조(잔여지 등의 매수 및 수용 청구), 제79조(그 밖의 토지에 관한 비용 보상) 및 같은 법 시행규칙 제59조(공익사업시행지구 밖의 대지 등에 대한 보상), 같은 규칙 제60조(공익사업시행지구 밖의 건축물에 대한 보상), 같은 규칙 제61조(소수잔존자에 대한 보상),

같은 규칙 제62조(공익사업시행지구 밖의 공작물등에 대한 보상), 같은 규칙 제63조(공익사업시행지구 밖의 어업의 피해에 대한 보상), 같은 규칙 제64조(공익사업시행지구 밖의 영업손실에 대한 보상), 같은 규칙 제65조(공익사업시행지구 밖의 농업의 손실에 대한 보상) 등 공익사업지구 밖의 토지 등의 보상이 있다.

여기서 간접손실이라 함은 공공사업의 시행으로 사업시행지 밖에 미치는 손실을 말하는데, 가령, 공공사업의 시행으로 사업시행지 밖의 주변 토지 등의 소유자에게 미치는 수용으로 인한 잔여지 및 공작물 등에 대한 손실이 그 대표적인 예이다. 이렇듯 공익사업의 시행으로 인하여 그 지구 밖인 사업지 주변에 미치는 손실에는 물리적 · 기술적 · 경제적·사회적손실 등으로 구분할 수 있는데, 그 중 물리적 · 기술적 손실이라 함은 예를 들어, 공익사업을 위한 공사 중에 발생하는 소음·진동이나 또는 공익사업으로 완성된 건축물 등으로 인한 일조 또는 전파에 의한 장애 등 넓은 의미의 공해이며, 그 외 경제적 · 사회적 손실이라 함은 예를 들어, 댐건설 등인 수몰로 지역주민이 이전함으로써 발생되는 생산체계와 유통구조의 변화 또는 어업권의 소멸에 따라 발생되는 지역경제의 변화를 통하여 개인에 미치는 간접적인 피해를 의미한다.

(다) 생활보상

생활보상은 공익사업으로 인한 개인의 생활기반의 침해에 대하여 종전의 생활상태의 재건을 목적으로 생존권 보장의 이념에 기초하여 행하여지는 보상으로서 가령 댐건설 사업이나 대규모 택지개발사업 등과 같은 공익사업으로 인하여 기존 거주지로부터 다른 지역으로 이주하여야 하는 경우에, 종전 거주지에서의 생활 상태를 재건할 목적으로 이루어는 일련의 보상대책을 의미한다.[288]

1) 영세민 보상

가) 휴직 또는 실직 보상

사업인정고시일 등 당시 공익사업시행지구안의 사업장에서 3월 이상 근무한 근로자(「소득세법」에 의한 소득세가 원천징수된 자에 한한다)에 대하여는 ⅰ) 근로장소의 이전으로 인하여 일정기간 휴직을 하게 된 경우 : 휴직일수(휴직일수가 120일을 넘는 경우에는 120일로

---

288) 류지태, "생활보상 논의의 비판적 검토", 감정평가연구 제15집 제2호, 한국부동산연구원, 2005. 12. 129면.

본다)에「근로기준법」에 의한 평균임금의 70퍼센트에 해당하는 금액을 곱한 금액,[289] ii) 근로장소의 폐지 등으로 인하여 직업을 상실하게 된 경우 :「근로기준법」에 의한 평균임금의 120일분에 해당하는 금액의 구분에 따라 보상하여야 한다(토지보상법 시행규칙 제51조).

나) 허가 등을 받지 아니한 영업의 손실보상에 관한 특례

사업인정고시일등 전부터 허가 등을 받아야 행할 수 있는 영업을 허가 등이 없이 행하여 온 자가 공익사업의 시행으로 인하여 제45조제1호 본문에 따른 적법한 장소에서 영업을 계속할 수 없게 된 경우에는 제45조제2호에 불구하고「통계법」제3조제3호에 따른 통계작성기관이 조사 · 발표하는 가계조사통계의 도시근로자가구 월평균 가계지출비를 기준으로 산정한 3인 가구 3개월분 가계지출비에 해당하는 금액을 영업손실에 대한 보상금으로 지급하되, 제47조제1항제2호에 따른 영업시설 · 원재료 · 제품 및 상품의 이전에 소요되는 비용 및 그 이전에 따른 감손상당액(이하 이 조에서 "영업시설등의 이전비용"이라 한다)은 별도로 보상한다. 다만, 본인 또는 생계를 같이 하는 동일 세대안의 직계존속 · 비속 및 배우자가 해당 공익사업으로 다른 영업에 대한 보상을 받은 경우에는 영업시설 등의 이전비용만을 보상하여야 한다(토지보상법 시행규칙 제52조).

다) 이농비 또는 이어비 보상 (§78·⑥, 동법시행규칙 §56)

이농비 또는 이어비(離漁費)는 공익사업의 시행으로 인하여 영위하던 농 · 어업을 계속할 수 없게 되어 i) 공익사업에 편입되는 농지의 소재지(어민인 경우에는 주소지를 말한다)와 동일한 시 · 군 또는 구, ii) 위의 지역과 인접한 시 · 군 또는 구의 어느 하나 외의 지역으로 이주하는 농민(농지법 시행령」제3조제1호에 따른 농업인으로서 농작물의 경작 또는 다년생식물의 재배에 상시 종사하거나 농작업의 2분의 1 이상을 자기의 노동력에 의하여 경작 또는 재배하는 자를 말한다) 또는 어민(연간 200일 이상 어업에 종사하는 자를 말한다)에게 보상한다(토지보상법 제78조 제6항, 같은 법 시행규칙 제45조).

라) 주거이전비 보상 (동법 시행규칙 제54조)

공익사업시행지구에 편입되는 주거용 건축물의 소유자에 대하여는 해당 건축물에 대한 보상을

289) 다만, 평균임금의 70퍼센트에 해당하는 금액이「근로기준법」에 의한 통상임금을 초과하는 경우에는 통상임금을 기준으로 한다.

하는 때에 가구원수에 따라 2개월분의 주거이전비를 보상하여야 한다. 다만, 건축물의 소유자가 해당 건축물 또는 공익사업시행지구 내 타인의 건축물에 실제 거주하고 있지 아니하거나 해당 건축물이 무허가건축물 등인 경우에는 그러하지 아니하다(토지보상법 시행규칙 제54조) 공익사업시행으로 이주되는 주거용 건물의 세입자가 주거이전비 등 청구권을 취득하려면 계속 거주가 그 요건은 아니다. 즉 사업인정 고시일 등이 있은 당시 당해 공익사업 시행지구 안에서 3월 이상 거주한 자에 해당하는 세입자는 이후의 사업시행자의 주거이전비 산정통보일 또는 수용개시일까지 계속 거주할 것을 요구하지 않는다(대판 2006.4.27., 2006두2435).

【판시사항】

공익사업의 시행으로 인하여 이주하는 주거용 건축물의 세입자에게 지급되는 주거이전비와 이사비의 법적 성격, 그 청구권의 취득시기 및 이사비의 지급금액(대법원 2006. 4. 27. 선고 2006두2435 판결)

【판결요지】

공익사업을 위한 토지 등의 취득 및 보상에 관한 법률 제78조 제5항 및 같은 법 시행규칙 제54조 제2항, 제55조 제2항의 각 규정에 의하여 공익사업의 시행에 따라 이주하는 주거용 건축물의 세입자에게 지급하는 주거이전비와 이사비는, 당해 공익사업 시행지구 안에 거주하는 세입자들의 조기이주를 장려하여 사업추진을 원활하게 하려는 정책적인 목적과 주거이전으로 인하여 특별한 어려움을 겪게 될 세입자들을 대상으로 하는 사회보장적인 차원에서 지급하는 금원의 성격을 갖는다 할 것이므로, 같은 법 시행규칙 제54조 제2항에 규정된 '공익사업의 시행으로 인하여 이주하게 되는 주거용 건축물의 세입자로서 사업인정고시일 등 당시 또는 공익사업을 위한 관계 법령에 의한 고시 등이 있은 당시 당해 공익사업 시행지구 안에서 3월 이상 거주한 자'에 해당하는 세입자는 이후의 사업시행자의 주거이전비 산정통보일 또는 수용개시일까지 계속 거주할 것을 요함이 없이 위 사업인정고시일 등에 바로 같은 법 시행규칙 제54조 제2항의 주거이전비와 같은 법 시행규칙 제55조 제2항의 이사비 청구권을 취득한다고 볼 것이고, 한편 이사비의 경우 실제 이전할 동산의 유무나 다과를 묻지 않고 같은 법 시행규칙 제55조 제2항 [별표 4]에 규정된 금액을 지급받을 수 있다.

마) 주거용 건축물 등의 보상에 관한 특례

주거용 건축물로서 평가한 금액이 6백만원 미만인 경우 그 보상액은 6백만원으로 한다. 다만, 무허가건축물 등에 대하여는 그러하지 아니하다(토지보상법 시행규칙 제58조 제1항).

2) 이주대책(생활재건조치)(§78)

가) 의 의

이주대책은 공익사업의 시행에 필요한 토지 등을 제공함으로 인하여 생활의 근거를 상실하게 되는 이주자들을 위하여 사업시행자가 기본적인 생활시설이 포함된 택지를 조성하거나 그 지상에 주택을 건설하여 이주자들에게 이를 그 투입비용의 원가만을 부담하게 하여 개별 공급하는 것으로서, 그 본래의 취지에 있어 이주자들에 대하여 종전 생활 상태를 원상으로 회복시키면서 동시에 인간다운 생활을 보장하여 주기 위한 이른바 생활보상의 일환으로 국가의 적극적이고 정책적인 배려에 의하여 마련된 제도이다.[290] 따라서 이주대책의 수립 · 실시 등의 생활재건조치는 당연히 생활보상의 하나의 내용으로 이해되어야 할 것이다.[291] 토지보상법 제78조 제1항에서는 사업시행자는 공익사업의 시행으로 인하여 주거용 건축물을 제공함에 따라 생활의 근거를 상실하게 되는 자를 위하여 이주대책을 수립·실시하거나 이주정착금을 지급하여야 한다고 규정하고 있다.

【판시사항】

'이주대책'의 제도적 취지(대법원 2003. 7. 25. 선고 2001다57778 판결)

【판결요지】

구 공공용지의취득및손실보상에관한특례법(2002. 2. 4. 법률 제6656호로 폐지) 제8조 제1항은 "사업시행자는 공공사업의 시행에 필요한 토지 등을 제공함으로 인하여 생활근거를 상실하게 되는 자(이하 '이주자'라고 한다)를 위하여 대통령령이 정하는 바에 따라 이주대책을 수립 실시한다."고 규정하고 있는바, 위 특례법상의 이주대책은 공공사업의 시행에 필요한 토지 등을 제공함으로 인하여 생활의 근거를 상실하게 되는 이주자들을 위하여 사업시행자가 '기본적인 생활시설이 포함된' 택지를 조성하거나 그 지상에 주택을 건설하여 이주자들에게 이를 '그 투입비용 원가만의 부담하에' 개별 공급하는 것으로서, 그 본래의 취지에 있어 이주자들에 대하여 종전의 생활상태를 원상으로 회복시키면서 동시에 인간다운 생활을 보장하여 주기 위한 이른바 생활보상의 일환으로 국가의 적극적이고 정책적인 배려에 의하여 마련된 제도라 할 것이다.

---

290) 대법원 1992. 7. 28. 선고 92다14908 판결.

291) 김성수, 행정법 Ⅰ, 박영사, 1998, 632면.

나) 이주대책수립

사업시행자가 이주대책을 수립하고자 하는 때에는 미리 관할 지방자치단체의 장과 협의하여야 하며(토지보상법 제78조 제2항), 또한 사업시행자가 이주대책을 수립·시행한 경우에는 국가나 지방자치단체는 이주대책의 실시에 따른 주택지의 조성 및 주택의 건설에 대하여 주택법에 의한 국민주택기금을 우선적으로 지원하여야 한다(토지보상법 제78조 제3항).

다) 이주대책의 내용

이주대책의 내용으로는 이주정착지(이주대책의 실시로 건설하는 주택단지를 포함한다)에 대한 도로·급수시설·배수시설 기타 공공시설 등 당해 지역조건에 따른 생활기본시설이 포함되어야 하며, 이에 필요한 비용은 사업시행자의 부담으로 한다. 다만, 행정청이 아닌 사업시행자가 이주대책을 수립 실시하는 경우에는 지방자치단체는 비용의 일부를 보조할 수 있다(토지보상법 제78조 제4항). 이 경우 주거용 건물의 거주자에 대하여는 주거 이전에 필요한 비용과 가재도구 등 동산의 운반에 필요한 비용을 산정하여 보상하여야 하며(같은 조 제5항), 그 외 공익사업의 시행으로 인하여 영위하던 농·어업을 계속할 수 없게 되어 다른 지역으로 이주하는 농·어민이 지급받을 보상금이 없거나 그 총액이 국토교통부령이 정하는 금액에 미달하는 경우에는 그 금액 또는 그 차액을 보상하여야 한다(같은 조 제5항).

【판시사항】

이주정착지에 대한 공공시설 등의 설치비용을 당사자들의 합의로 이주자들에게 부담시킬 수 있는지 여부(대법원 2003. 7. 25. 선고 2001다57778 판결)

【판결요지】

구 공공용지의취득및손실보상에관한특례법시행령(2002. 12. 30. 대통령령 제17854호로 폐지) 제5조 제1항은 " 법 제8조 제1항의 규정에 의하여 수립되는 이주대책의 내용에는 이주정착지에 대한 도로 · 급수시설 · 배수시설 기타 공공시설 등 당해 지역조건에 따른 생활기본시설이 포함되어야 한다."고 규정하고 있으며, 동 제4항은 " 제1항의 규정에 의한 이주대책의 시행에 필요한 비용은 사업시행자의 부담으로 한다. 다만, 행정청이 아닌 사업시행자가 이주대책을 수행하는 경우에 지방자치단체는 비용의 일부를 보조할 수 있다."고 규정하고 있는바, 이주대책의 제도적 취지에 비추어 볼 때, 같은법시행령 제5조 제1항 및 제4항은 사업시행자가 이주자들을 위한 이주대책으로써 이주정착지에 택지를 조성하여 개별 공급하는 경우, 그 이주정착지에 대한 도로, 급수 및 배수시설 기타 공공시설 등 당해 지역조건에 따른 생활기본시설이 설치되어 있어야 하고, 또한 그 공공시설 등의 설치비용은 사업시행자가 부담하는 것으로써 이를 이주자들에게 전가할 수는 없는 것이며, 이주자들에게는 다만 분양받을 택지의 소지(소지)가격 및 택지조성비 정도를 부담시킬 수 있는 것으로 해석함이 상당하고, 이와 같은 규정들은 그 취지에 비추어 볼 때 당사자의 합의로도 그 적용을 배제할 수 없는 강행법규에 해당한다.

라) 이주대책대상자의 권리

이주대책대상자에게는 다음의 권리가 부여된다.

① 이주대책수립계획 청구권

이주대책대상자로 선정된 자는 이주대책대상자에 대한 이주대책계획수립 청구권을 갖는다.

② 특별공급신청권

이주대책은 공공사업에 협력한 자에게 특별공급의 기회를 요구할 수 있는 법적인 이익을 부여하고 있는 것으로 그들에게는 특별공급신청권이 인정된다.[292)]

③ 아파트 수분양권

이주대책대상자로 선정된 자에게는 이주대책대상자 아파트를 분양받을 권리가 있다. 사업시행자가 이주대책에 관한 구체적인 계획을 수립하여 이를 해당자에게 통지 내지 공고한 후 이주자가 수분양권을 취득하기를 희망하여 이주대책에 정한 절차에 따라 사업시행자에게 이주대책대상자 선정신청을 하고 사업시행자가 이를 받아들여 이주대책대상자로 확인 · 결정하면 구체적인 수분양권이 발생하게 된다.[293)]

나. 환매권

토지보상법상 환매권을 인정하는 이유는 토지 등의 원소유자가 사업시행자로부터 토지 등의 대가로 정당한 손실보상을 받았다고 하더라도 원래 자신의 자발적인 의사에 기하여 그 토지 등의 소유권을 상실하는 것이 아니어서 그 토지 등을 더 이상 당해 공공사업에 이용할 필요가 없게 된 때, 즉 공익상의 필요가 소멸한 때에는 원소유자의 의사에 따라 그 토지 등의 소유권을

292) 대법원 2003. 7. 25. 선고 2001다57778 판결.
293) 대법원 2003. 7. 25. 선고 2001다57778 판결.

회복시켜 주는 것이 공평의 원칙에 부합하기 때문이다.

환매권행사의 요건은 기업자가 소정의 절차에 따라 취득한 토지 등이 일정한 기간 내에 그 취득목적사업인 공공사업의 폐지 변경 등의 사유로 그 공공사업에 이용될 필요가 없어졌다고 볼 만한 객관적 사정이 발생하여야 기업자의 주관적인 의사와는 관계없이 환매권자가 토지 등을 환매할 수 있다.[294]

294) 대법원 1993. 12. 28. 선고 93다34701 판결.

찾아보기

ㄱ

ㅇ

ㅈ

ㅊ

ㅌ

ㅍ

ㅎ

저자 행 정 사

법학박사 김 동 근

대한민국 법률전문도서 최다출간 공식인증 저자(KRI 한국기록원)

숭실대학교 법학과 졸업

숭실대학교 대학원 법학과 졸업(행정법 박사)

현, 숭실대학교 초빙교수(행정법 강의)

국가전문자격시험출제위원

대한행정사회 중앙연수교육원 교수(행정심판)

대한행정사회 특별위원회 위원

대한행정사회 대의원

YMCA병설 월남시민문화연구소 연구위원

내외일보·내외경제신문 논설위원

전, 서울시장후보 법률특보단장

중앙법률사무교육원 교수

대한부동산학회 이사

공인행정사협회 법제위원회 법제위원장

공인행정사협회 토지수용보상전문가과정 전임교수

저서, 사건유형별 행정소송 이론 및 실무(법률출판사)

사건유형별 행정심판 이론 및 실무(진원사)

핵심재개발 · 재건축분쟁실무(진원사)

건축법 이론 및 실무(진원사)

주택법 이론 및 실무(진원사)

국토계획법 이론 및 실무(진원사)

도시개발법 이론 및 실무(진원사)

공저자 변호사 김 요 한

고려대학교 법학과 졸업

건국대학교 부동산대학원 석사학위 취득

서울대학교 법과대학원 석사과정 수료

서울시립대학교 도시과학대학원 도시계획학 석사학위취득

서울시립대학교 세무대학원 석사과정 수료

건국대학교 일반대학원 부동산학과 박사학위 취득

주요경력

제37회 사법시험 합격

사법연수원 제27기 수료

수원지방법원 판사

서울중앙지방법원 판사

법무법인 세종 기업자문파트너 변호사

현 법무법인 태한 대표변호사

[개정판] 토지수용 및 손실보상절차

2022년 1월 5일 1판 1쇄 인쇄
2022년 1월 10일 1판 1쇄 발행

토지수용 및
손실보상절차

저 자 김동근 · 김요한
발 행 인 김용성
발 행 처 법률출판사
서울시 동대문구 휘경로2길 3, 4층
☎ 02) 962- 9154 팩스 02) 962- 9156
등 록 번 호 제1- 1982호
ISBN 978-89-5821-394-9 13360
e-mail : lawnbook@hanmail.net

정 가 70,000원